XIMALAYADE
SHEHUIYU
ZONGJIAO

喜马拉雅的社会与宗教

[法] 石泰安等/著
耿昇/译

中国藏学出版社

目　录

社会与艺术

宗教的起源

历史与传说

社会与艺术

吐蕃王朝政治史

雅克·巴科

一、传说时代的历史，天赞普和封建制

我们始终都很难把吐蕃神话传说中的那些可以追溯到汉藏遥远历史时代的固有内容，与外来（主要是来自印度）的内容区别开来，同时更难将前者与虽为当地固有，但却被佛教歪曲了的内容区别开来。所以，吐蕃人坚信地下是一尊叫作“大地之主”的神灵的住处，在随意掘地或搞建筑的时候容易面临打扰这尊神的危险。这种观念非常明显也是很古老的汉人式的。然而，这种观念似乎变成了印度神话中的龙王、栖身于水中和洞中的蛇。同样，在吐蕃人的古老宗教苯教（他们也叫作卍字教）的巫术中，我们也可以发现喇嘛教的密教仪轨。同样，那种认为死者的灵魂可以转生到一个人或动物的新鲜尸体上，以及自愿返归或不返归已遭遗弃的尸体上的纯粹万物有灵论的教理，也具有梵文名称。因而，我们无法知道这种教理是从什么方向，第一次越过了喜马拉雅山麓。

对于古代吐蕃的传奇性的和真实的历史，至少有一部分，已由斯坦因和伯希和从甘肃携归的，具有千年历史的纸卷写本古代

编年史所记载。

据古代编年史记载，在吐蕃人传奇历史的初期，吐蕃各部族逐渐地以武力互相争夺，并征服包括布拉马普特拉河（雅鲁藏布江）[1] 东部大河套在内的地区，他们的后面跟着牛群。当时的牦牛刚刚作为一种野生动物出现并象征势力，对牦牛的驯养似乎是导致吐蕃民族定居的主要因素。我再重复一遍，如果没有除了在高地亚洲之外，其他任何地区都不存在的牦牛，吐蕃则是人类无法居住的地区。

据古代编年史[2]记载，吐蕃的传奇历史可以追溯到公元最初的几个世纪。其可靠的历史起始于5世纪。但那时涉及的仍是内部历史、宫廷中的阴谋等具体情节，分别只包括许多小王国的一个或最重要的一个。

吐蕃真正的历史时代，仅仅从公元7世纪开始，以其与唐朝的关系和汉文史籍中的记载而为人所知。除了某些年表之外，作为公元7世纪之前的历史，吐蕃人自己仅仅写过某些具有参考价值的佛教史。

总而言之，在吐蕃民族的历史上可以区别出三个时代，蒙昧时代，从发祥到公元7世纪；7—15世纪的吐蕃赞普（这并不完全符合史实——译者）；15世纪之后的神职人员和达赖喇嘛。这后两个时代的历史也是吐蕃的佛教史。各个时代之间仅由某些具有决定性意义的事件划分。在15世纪，赞普的政府遭到了衰落；与此同时，则是神职人员逐渐在拉萨王座上代替了他们，其权力在不断增长。

创立吐蕃王朝的第一位国王是聂墀赞普。在薨于650年的吐

---

① 布拉马普特拉河在西藏仍保留了其当时的名称："藏布"，意为"江河"。

② 巴黎国立图书馆和伦敦印度事务部图书馆所保存的在敦煌发现的古代藏文编年史的原件，将是对从古代到藏文编年史写成的10世纪之间的汉文文献具有裨益的补充。它们在巴黎国立图书馆所藏伯希和敦煌藏文写本中的最后编号为Pt. 1286、1287和1288号（翻译发表于《敦煌吐蕃历史文书》中，作为《吉美博物馆年鉴》第51卷而刊行）。我于下文将经常参阅此书，以及伯希和在法兰西学院的授课讲义：《有关吐蕃的古汉文文献》。

蕃王朝的统一者和佛教赞普松赞干布之前，由聂墀赞普开创的世系共包括30代赞普。这样一来，我们就可以把第一位赞普的时间置于公元3世纪末或4世纪初，赞普世系就如同后来的达赖喇嘛世系一样，持续的时间都很短①。

聂墀原来不是吐蕃人而是印度人。据传说记载，他或属统治尼泊尔的李恰比家族，或者据另一种传说认为是属于释迦家族的一个古老的支系。更具体一些说，这就是他本为萨罗国王铎罗犀那特多（胜军）的三太子佛陀师利（觉祥）。其双眼自下而上合闭，完全如同鸟眼一般。其父将他置于一个铜盆内而抛入恒河中。他也如同罗姆鲁斯（被从水中救出的罗马第一个国王——译者）一样，被农民从水中救了出来。他活下来了，长大成人并知道了其身世，最后决心成为国王。其兄弟们搜捕他，并准备杀死之，他便逃到了北部山区并越过了喜马拉雅山麓。他在大山的另一侧遇到的第一批人是牧羊人，后者认为他是从天上掉下来的。由于他们不会讲他的语言，于是便用手势询问他自何而来。他向他们指了指身后那些高耸的山峰。游牧人不知道印度，他们认为这些巨大的山峰是世界的边缘，这是在他们的信仰中已得到证实的情况。他们制造了一乘特殊的轿子，立即把外来人抬上了自己的肩膀，奉他为王并崇拜他。他的名字即由此而来："聂墀赞普"之意为"坐在颈背上的国王"。吐蕃赞普自天而降的特征持续了历代王朝，在千年之后又通过达赖喇嘛而纳入佛教之中了。

这就是雅砻的第一位国王。"雅砻"一名意为"很高的谷地"，也用以指吐蕃的其他地区。本处所指的雅砻地区是发源于哲古湖的一条河的喜马拉雅山河谷，此河于泽当附近从右岸注入了雅鲁藏布江。这是连接印度和吐蕃的一条最合乎情理和最近的路。但今天却不大有人来往了。该河谷是最为肥沃的地区，最为适合耕种。泽当是吐蕃继拉萨和日喀则之后的第三大城市。在距

---

① 所有藏文佛教史著作都提供了吐蕃赞普世系。它们之间有不同程度的变化，逐渐都开始转抄由敦煌写本中提供的名表了。

两条河的汇合点不远处的一个叫做洛卡的地方，河谷中隐蔽着该地区最为古老的历史建筑，特别是王陵[①]。在雅鲁藏布江的北岸向西走一程远便是桑耶寺，这是西藏最为古老的寺院，据说正在被流沙埋没。

吐蕃第一个王朝共有 7 位赞普，即 7 位“南拉墀”，意为“在天上登王位者”[②]。他们都是巫师和长生不老者，但明显是重新升天。一旦当他们的长子可以御马时，他们就返回天上去了，而且也不在人间留下任何踪迹。这就是最早的神话传说。

第一个王朝的结局是灾难性的。它的最后一位赞普仅以其死后的名字为人所知，这就是止贡赞普，意为“被刀杀者”。但据传说认为，这是由其年迈的祖母误给他起的天生灵魂得救的名字。其祖母稍有一点耳聋，她误解了对为给他起名字而提出的咨询的回答。

支贡的性格暴躁，他于某一日向其大臣们挑战，除了他的马夫罗阿木之外，所有人都回避了。罗阿木作为条件而硬性规定要用赞普的魔器进行决斗。赞普被迫接受了。赞普失去了自己不可战胜的武器。他想如同其先祖们一样登天而摆脱之，但罗阿木以阴谋诡计杀死了他并篡夺了王位。他将国王的两个太子流放了。

到了第 8 代赞普支贡时代，神奇的故事继续存在，但传说比较合乎人情了。支贡采纳并传播了苯教教理，苯教即卍字教[③]。这就是吐蕃人信仰佛教之前的宗教，行巫术仪轨。它后来与喇嘛教结合在一起了，现在于西藏的东南部还有大量信徒。

赞普被装在一个铜盆中并被冲入了雅鲁藏布江，他的身体却逆江而上直达该江的发源地，进入了一条河龙的怀抱。其第 3 个

---

① 见弗兰克发表于1910年的《孟加拉皇家学会会刊》中的《吐蕃第一位国王聂墀赞普的神权王国》一文。作者把吐蕃王朝的摇篮置于拉达克地区。这种论点是站不住脚的。在斯拉金特维特的《吐蕃的国王》一书中，拉达克的世系是与雅砻的世系单独记载的，图齐先生于最近一次在西藏的旅行和他对藏王陵的研究，提供了某些具有决定性意义的文件。

② 前三个王朝各自有 7 位国王。

③ 苯教中的卍是向左转的。

儿子夏墀[①]出生于支贡死后，因神孕而生。当他获悉自己是赞普的合法儿子之后，便出发去寻找其兄弟们及聂墀（应为支贡——译者）。他首先找到了其兄弟们并向他们泄露了他们的国王出身。他们就在其避难地建立了工布王国。聂墀（应为支贡——译者）也被发现了。母龙希望用一个长有如同飞鸟的双眼一般自下而上合闭着眼睛的孩子来交换他的身体，即如同自天而降的第一位赞普的眼睛一样。经过长期的寻找，夏墀找到了一位由人和鸟而生的姑娘。她正双眼自下而上地合闭着睡觉。他便将她抱去并作为食物而将她放入蛇的嘴巴中。蛇于是便将其父的身体还给了其兄弟们，他们为其父修建起了一座坟墓。他本人虽是其兄弟中最为年轻的一个，但却具有天神的本质，又以布岱勃窣野[②]名而重新征服了吐蕃王位。

他那些异族起源和成为神圣崇拜对象的先祖们，仅仅是行使了俗权。布岱勃窣野是一位民族化的赞普。他的“天神”出身很可能是完全起源于吐蕃的。他向其臣民们传授使用牛轭和犁，灌溉、种植树木和修建桥梁。

后来的6位赞普也叫作6位列族人（leh）。在他们的统治下，吐蕃人发现或重新发现了木炭，冶炼铁、铜和银。我们已看

---

① Ch·贝尔公爵于1920年出使拉萨，他认识了一个贵族家庭，即拉喀萨尔家族。他们就是吐蕃第8代赞普的后裔，从其先祖以来共有1400年了。根据这一基础，即按6—7世纪的22代赞普计算，每代赞普的平均执政期为10多年。

② “布”似乎是在吐蕃所知道的第一个名字，有时也指吐蕃的一个地区。有关吐蕃最为古老的汉籍《通典》（成书于801年）记载的某些历史事实，似乎是这一传说的真实基础。利鹿孤（支贡）于414年被乞佛炽盘（罗阿木）杀害，后者于427年死亡。当其父被杀时，樊尼（夏墀）还是孩子。利鹿孤之弟夺取政权。当樊尼长大成人后，他离开了西宁的西南地区，率其部与统治新疆的沮渠蒙逊相会合。他成了鹘提勃窣野。

在414年和427年这些时间与松赞干布于650年薨逝之间，共有23代赞普执政，即每位赞普的执政时间平均为十几年。这种史料证实了我们前面的看法。另外一种汉人的传统是把“赞普”（国王）译作“赞府”，后者是甘肃的吐蕃行政官员们的尊号。汉族的官僚制会使所有传统都无法传播，但它却把所有藩属都看作是归附或反叛的附庸。对其辞汇的解释可能会造成对这些渴望权威和自主的蒙昧民族的赞普们的误解。在17世纪时，当蒙古人奉佛教为公教时，喇嘛们也想方设法地把他们的可汗，说成是支贡一个从工布迁往贝加尔湖的儿子的后裔。这种既是吐蕃又是印度的所谓直系亲属世系也倚仗释迦牟尼本人的名声，这对于赞普们来说则是很讨人喜欢的。

到觉囊巴们是熟练的铁铸工。汉族史学家们指出了他们的武器的质量，尤其是防御性武器，如甲胄和锁子甲等①。

紧接着后面的7位赞普是岱族人，他们虽然在位，却又不具体行使职权。他们由大相辅政。大相们实际上行使国家最高权力，并父子相传，形成了与赞普家族并存的另一个家族。这些大相们在道德和智力方面都高人一等，比巫师们还要不可思议。他们正是在这一方面有别于赞普。他们为凡人，而赞普则处于人类之上。赞普就如同偶像一般留在其宫中，从不参与政务，在古代编年史中仅仅作为划分年代的标记。岱族人之后的5位赞普的情况依然如故，这就是说一直持续到公元6世纪末。在13位赞普在位期间。共有15位大相，大相们的世代基本与赞普们的世代相同。随着赞普们个人权力的巩固，大相的数目也就增多了。在松赞干布时代有4位大相，在他后面的4位赞普期间共有20名大相。后者就是于8世纪初统一整个吐蕃王朝的赞普们。

在公元6世纪末，吐蕃王国始终是围绕着雅砻小王国的一批封地。但在这一时代，还有其他17个小王国。敦煌世系谱牒中提到了每一个小王国的王子和两位大相的名字。这种对一般总是陪同其主的两名辅弼大臣的记载并不是指两位相继出任的大相，而是两位同时任职者，或为一个等级，或为一种必须的二元论，就如同存在着行政和宗教两种不同的权力一样。在今天仍是这样，东部地区一般都有两个提婆（德瓦），一个居第一位，另一个居第二位，分别占有不同的两个王宫。曾有过世袭小王国的理塘、巴塘和甘孜的情况即如此。

这17个小王国就已经占据了今西藏的全部地方，从拉达克起一直到达雅鲁藏布江大河套地区。雅砻王朝以琼瓦为首府，以虎头宫为王宫，那里为中心省，已经包括紧傍后来很快就创建的

① 虽然铁工的职业在吐蕃受到了鄙视，如同屠夫或刽子手（这两个词在藏文中是同一词）们的职业一样。我们可以通过村中的匠人们的产品来判断这一点，这些产品仅供家庭使用。这都是一些专门艺术家们的作品，也是镌铁的代表作，其技术引起了我们的金银匠们的赞赏。在吐蕃东部的德格，则以其铁工而享有盛名。

逻些（当时尚不存在）的领土。

推翻第一批大相们的权力并开创了赞普个人权力的社会变革，似乎是与为反对两位王子而策划的阴谋相吻合的，尽管后者也有自己的大相们治理封地。但他们不是君主，而是赞普的附庸。其中之一令人杀死了另一位并吞并了其领地。该王爷势力的增长及其过分的暴虐，又导致了由吐蕃赞普参与的第二次阴谋，这一现象表现了吐蕃赞普的软弱无能[①]。该赞普是松赞干布的祖父达布聂色。赞普在这次阴谋期间死去了。出于失去了赞普的支持，阴谋分子的恐惧如此大，以至于其中之一由于害怕在辗转不安的睡眠中说梦话，首先假装与其妻吵翻以使之不再于其身旁就寝。他后来又装作与她和解，为了更为安全一些，于某天晚上咬断了她的舌头，其妻因这一伤残而死亡。

这位堕落到被迫策划反对其附庸之一地步的赞普的例证，可能使他的儿子，尤其是使其孙子，产生了一种把王权和大相及王爷们权力对立起来的思想。第一位是论赞，他让其他朝臣、王子和大相们发表要忠诚的誓言。他亲自统率一支1万人的军队，去征服其对手森波杰，夷平了其王宫和吞并了其辖地。森波杰的儿子逃到了突厥人中。这一事件可能发生在7世纪初叶，即处于我们这里的墨洛温王朝中期。

当时论赞被称为南日（意为“天山”）。他犒赏其忠诚的拥护者时，分配给他们各自300—1500户。其中有一位忠诚的朝臣叫作邦色，他通过杀死了其王爷而夺取了2万户并将之奉送给赞普。赞普保留了虚有权，仍把他们连同封地还给了他，这在很大程度上是实行了一种在边缘地区于许多情况下都适用的一种习惯，即作为送礼的回报而当场把刚刚收到的礼物再回赠。赞普及其大相们在一次宴会上庆祝他们的胜利。在他们饮酒数巡的时候，当场作了一些充满暗示竞争和他们的恶感、并且还充满着狂妄和威胁的歌词。

---

① 这两位王子是年喀尔的老王爷达甲瓦·森波杰和赤邦松·森波杰的王爷宇那。年喀尔后来可能成了王宫的所在地。

一般都被归于松赞干布的统一大业,其实大部分已由其父完成了。在松赞干布时代,我们还将讲到对森波杰发动的战争,是为了王国的成立,对于参加的人来说,这是为了感激未来的君主。

据当时记载神权政治及其起源的官方宗教史《玛尼宝训集》认为，同样是南日而不是松赞干布派遣其谋臣吞米桑布扎[①]前往印度以携回一种文字体系，这样就已经把西藏文字的发明稍微提前了一段时间。但我们应将此理解作那种大写字母的文字，即在拉萨最为古老的碑刻，那通被称为“长石”的尖方形的碑文中使用的文字。这种文字始终是木刻印刷品中采纳的文字。至于草书字，例如敦煌写本中的写法，我们可以说其中大部分成份，于数世纪以来就存在于在西域和从贵霜与笈多王朝时代起，印度本地使用的那种印度文字[②]中了。西藏文字中有双重借鉴，也不是不可能的，既借鉴于一种已经是用毛笔或木尖笔书写的字母，也可能是借鉴于晚期由印度大师们把这种曲线字母改成了直线形，以阴文而雕刻在石板或木板上印刷的那种。尽管那些草体字的不规则性，在今天已有了很大的发展，但它不一定是对用雕刻刀所刻的直线文字的一种畸变。

南日在很快就被镇压下去的一次暴乱中，因中毒而死亡。

在结束由最近发现的一些古老文书揭示的最早和传说性的神奇历史之前，又必须用另一类传说与之对照比较。后者远不如前者古老，其时间为佛教最终获胜的时代。吐蕃佛教的这种传奇性并不是直接来自古代，而相反只追溯到比较晚的时代，如同通过一种毛细虹吸现象一样而使受到浸润、使之变得神圣并使之与国王世系融为一体。据晚期的喇嘛教神权政治的正史记载，这些国

---

① 编年史中没有提到这位著名的大相。但据传说认为，于南日在位初年，有一位具有双重势力的大相，甚至在一位信使到达之前，他就手执已写好的复信了。在《玛尼宝训集》中，也赋予吞米桑布扎同样的本领。据《白琉璃除锈》记载，吞米的主人是拉日僧格的李琼。

② 藏文字母不是由古典梵文字天城字母（神字）派生而来，正如许多作家和笔者本人都不厌其烦地多次重复的那样。请大家特别参阅鲁道尔夫·霍思勒的《东突厥斯坦佛教文献特藏中的残稿》和J·费利奥札:《西藏文字的起源》和《外国古今文字提要》的新版本。

王们的所作所为，恰恰是必然会招致和宣告佛教的出现。据这种正史记载说，第 26 代赞普拉日自天而获得了第一项神谕。某一天，两只抱在一起以祈祷的手、一个圣物盒、一件珍宝和一本书掉到了其王宫宫殿的屋脊上。我们现在要讲到的第 30 代赞普[①]是第一位皈依佛门的国王和吐蕃人，他可能是观世音菩萨在人间的化身，如同后来很晚时代的达赖喇嘛一样[②]。佛教之前的苯教，也使吐蕃佛教借鉴了在仪轨、经文和圣像方面表现出来的大部分观点。

吐蕃民族的这部神圣的和感化人的历史，被《玛尼宝训集》说成是佛教注定要获胜的历史，它距由汉族编年史学家们记载的7—9 世纪的赞普们统治时代，唐蕃关系中不断的敌对行动和暴力等事实的真相相差甚殊。下面一段节录文[③]可以使人想到当时唐朝面临的是怎样的一个对手："胜兵数十万……以赭涂面为好……其刑，虽小罪必抉目，或刖、劓……其狱，窟地深数丈，内囚于中，二三岁乃出……，""寇至举烽燧，百里一亭"。"其铠胄精良"。"兵法严而师无馈粮，以卤获为资。每战，前队尽死，后队乃进"。"君死，皆自杀以殉，所服玩乘马皆瘗。起大屋冢颠，树众木为祠所。赞普与其臣岁一小盟……三岁一大盟"。"'若心迁变，怀奸反复。神明鉴之，同于羊狗'"。"母拜于子，子倨于父，出入皆少者在前，老者居其后"。

吐蕃的文武官吏共分 5 等。其告身第一等为瑟瑟（绿松石)，第二等为金，第三等为金涂银，第四等为银，第五等为熟铜。章饰告身缀在一块布上，佩带在肩膊。

所有兵士都武装以军刀，其中有一部分人还有弓弩或长矛。他们下马排阵出战，一直抵抗到战死，他们在战斗之余仍佩带军刀，甚至直到今天的情况仍如此。当时的军刀是挂在腰带上的。

---

① 据《玛尼宝训集》记载则为第 33 代，此著在他之前提到了 12 代赞普，共分成了 6 个以支系姓氏或王朝名称而分类的集团；天墀七王、上部"登"二王、列族六王、萨拉岱八王、赞氏五王和松赞干布的 4 代直接前任，但没有王朝名称。

② 有关赞普天神起源的传说同样也出现在达赖喇嘛的宗教和天神世系中了。

③ 此节录文摘自《唐书·吐蕃传》——编注

另一种习惯也保留下来了，一支铁箭为官方驿使的标志。奥地利人哈雷，在最近几年，还在新年时举行的中世纪式的阅兵中，发现了穿类似甲胄和锁子甲的骑士。他们头戴伊朗式的盔，或者是会使人联想到日本式的那种古盔。

二、信奉佛教的和发动征战的赞普，松赞干布：8世纪的吐蕃王朝，墀芒松芒、墀都松、墀德祖赞和墀松德赞

那位被称作松赞干布[①]的人，当时还是孩子。生活在他的那个整个必须消灭投毒的家族中。在我们即将谈到的誓词中，他的大相之一发誓说，无论是他还是其后裔们，都不用毒药反对赞普及其后裔。当时吐蕃的封建制是在同一块土地上诞生的，非常蒙昧，充满着原始的传说，如用牛、马和人在大人物的墓前作祭祀等。

在他执政期间，其大相邦色献出曾获得的两万户。但邦色在晚年却策划了阴谋，想把赞普请到其家中以杀死他。赞普获悉了这一圈套，于是便准备惩罚这个叛徒。大相的儿子抢在宣判之前，亲自砍下了其父的头颅并献给赞普，赞普为了犒赏他，仍把封地留给了他。另外一名大相噶尔芒赞松囊失宠了，也自刎首级[②]。

一位已退职的年老大相"曝日"去了，他要求赞普对他的后裔们许下诺言。赞普为了犒赏他的忠诚，特别向他许诺在其坟墓上祭祀100头牛。赞普和大相互相交换了隆重的誓言，保证他们的后裔要忠诚以回报保护。一方违约就会使另一方解除义务。

敦煌文书没有谈到松赞干布与印度的和亲。也很少讲其青年时代，他的生命始终受毒药的威胁。据编年史记载，当时唐朝采

---

① 在汉文中又叫弃宗弄赞，在藏文中又叫作墀松赞或松德赞。他最为著名的历史名字松赞干布是死后追谥的封号。据《菩提树》记载，他可能是在13岁时即位的。其后的几代赞普的名字，很容易与其年号相混淆。他们之间具有许多共同的成分，但排列次序不同。他们名字的相似性如此之大，以至于使史学家们自己都搞错了。我们应该记住其顺序或仅仅记住其全名。

② 对于那些在其受保护的颈部练刀术的人来说，这一本领似乎并不是不可能的。

取和亲政策。《玛尼宝训集》中首先记载了他与吐蕃女子的婚事，这些婚事至少为他获得了对 3 个省[①]的统治权，形成了吐蕃联邦的中心，并使它向西开拓。虽然《玛尼宝训集》的史料价值不大，但也没有任何理由臆造或伪造这些属于内政方面的事实，我们可以将此看作是真实的，它接着又想象性地，并运用可以作为抒情舞台上的奇妙内容的小说形式，记载了赞普两次与外族的和亲[②]。从这些记叙中仅仅能看到上述和亲事件本身的真实性，第一次是与印度公主墀尊[③]和亲，她是尼婆罗国王盎输伐摩的公主；第二次是与唐朝公主和亲。对于第一次和亲，除了藏文史料之外，我们没有掌握有汉族作家们的记叙，应该感谢有关吐蕃与中原汉地关系的史著。

唐朝的第二位皇帝太宗与吐蕃赞普互换使者[④]。当松赞干布获悉太宗皇帝分别把公主许配给了突厥人和青海地区的吐谷浑人时，于是便委托他的第二位使节，负责谈判他与皇帝一位公主的和亲。在吐谷浑人的挑唆下，皇帝拒绝了[⑤]。吐蕃人于是便向吐谷浑人发动战争并在青海湖击败了他们。他们发兵威胁松潘和中原地区。太宗派三路军队迎击。吐蕃赞普边战边退，但仍然气势汹汹。经过 7 年的战争。到 641 年，他得到了文成公主，后者实际上是皇亲。汉文史著中记载说，赞普亲自前往迎接其未婚妻，公主由礼部尚书持节护送到甘肃的河源。“弄赞率其部兵次柏海，亲迎于河源。见道宗，执子婿之礼甚恭。既而叹大国服饰礼仪之美，俯仰有愧沮之色，及与公主归国，谓所亲曰：‘我父祖未有通婚上国者，今我得尚大唐公主，为幸实多。当为公主筑一城，以夸示后代’”。[⑥]

---

① 指象雄（古格）、茹庸和蔡庸。

② J·巴科：《吐蕃赞普松赞干布与唐朝公主和亲考》。

③ 应是尼泊尔公主。

④ 吐蕃赞普于 634 年派出了第一个使节。唐朝皇帝“下书临抚”。

⑤ 为了向赞普解释其出使的失败，吐蕃赞普误将此归咎于当时正在帝国宫中晋见的吐谷浑头领的反对。

⑥《旧唐书·吐蕃传》——编注

婚后，赞普向唐朝皇帝派去了其大相禄东赞，携带一只高7尺的金鹅作为礼物，象征着皇帝亲自率兵远征高丽的疾速。此大相更以噶尔之姓而著称，他是《玛尼宝训集》中的主人翁，唯有他的名声才一直很大①。正是他戳穿了由邦色策划的阴谋。他在高龄和退休之后，于临死之前6年时，又奉召复职，以取代由他罢免的大相。松赞干布共有4位大相。

来自印度和唐朝的两名外族王后都是虔诚的佛教徒，争相皈依赞普和建立庙宇。她们后来被神化为陀罗母（度母），唐朝公主被神化成绿度母，尼婆罗公主被美化成了白度母。在被称为拉萨的大都市庙宇觉康寺（大昭寺）内，有一尊佛陀12岁时的金像，在印度铸成，由文成公主下嫁时带到那里②。

松赞干布筑逻些城，首先从他的汉族妻子修筑的那个被称作红宫的布达拉宫开始。历史上的喇嘛们都把位于拉萨省内的雍布拉冈宫③，说成是由拉脱脱日在一个世纪之前营建的。他们始终

① 这一为大众喜欢的与唐朝公主和亲的故事，也是舞台上白话神秘剧中的内容。赞普堂堂正正地留在了拉萨，派遣其噶尔大相前去为他向皇帝的公主求婚。噶尔大相在与印度、波斯和鞑靼等国王的其他求婚者们的竞争中赢得了唐朝公主之后，他便以第三者的身份在这次婚事中代表其主赞普。他甚至在王后的床上也代表了赞普。他后来又嘲弄皇帝和败坏他的荣誉，然后逃回了吐蕃，在那里又更巧妙地使用了诡计，平息了两位王后的嫉妒。禄东赞是他的汉文名字。其藏文名字是噶尔·东赞域宗。

② 这尊雕像是真人原大身高的两倍，叫作“尊敬的王爷”。它是由摩揭陀的国王进献给唐朝皇帝的，被认为是一尊原像。其面容与一般所见的佛像的尊容没有任何相似之处。所有吐蕃人都知道这尊像，至少从名字上知道，它成了吐蕃人朝圣的主要对象。

③ 一幅附在布里亚特和尚马祖诺夫游记故事中的图版向我们揭示了这座宫殿的存在。他的游记故事是由J·德尼克在《环球》第10卷，第19和20期中发表的，于1904年5月出版，其标题为《1898—1901年的3次拉萨之行》。大家经常把这一建筑称为雍布拉冈宫（用大块坚硬的石头砌成的寺庙），此名可能是由于该建筑的外形和它产生的强烈印象。《环球》中发表的图片是在宫殿后面拍摄的，因为照片是偷拍的（这是在1899年），而且还由于在建筑的正面有许多来回走动的过往人。该建筑的真正名字叫作甘康萨，意为“迷人的新宫”。远征吐蕃的固始汗于1642年就驻扎在那里，即正当达赖喇嘛扩大布达拉宫的时候，这一古老的王宫虽然被遗弃给了取经人和恶劣的气候，但它似乎显得是无法摧毁的，它那用坚硬的岩石砌成的墙壁是那样的厚，成了金字塔形的圆柱体，矗立在它的地基上。

为了不把这一雍布拉冈与雅尔的雍布拉冈相混淆，请参阅图齐：《到拉萨及其以外地区》第1版，第177页和第49页对页的插图；A·费拉丽：《卫藏圣迹志》第49、50、124、126和插图25。

都在设法把拉萨及其省份的古老历史，追溯到传说时代的过去。但直到王朝的末年，吐蕃的赞普们仍是雅砻的赞普。

吐蕃与汉地的早期关系促进了物质方面的发展。吐蕃人开始学习造米酒、青稞酒、陶器、灌溉青稞田，因为那里雨量很少而很难耕种。他们从唐朝获得了纸和墨。再稍后，他们又获得了中原的茶叶和印度的首饰。

吐蕃文明的双重特点就是从这一时代开始的。这同一位赞普皈依了印度宗教，同时又热衷于汉族生活的儒雅特征。他脱去了皮装和野兽皮而穿上丝锦长袍。他那些自天朝宫廷返回的使节们及其汉族妻子，向其宫廷传授优雅生活和文明的仪礼。如果说民众仍不肯顺从物质方面的高雅，而在礼仪方面却超过了其师，即他们吸收了所有的和以各种细微差异出现的仪礼。但不是在举止方面，而是在语言方面。文成公主作为典型的汉族女子，故而又发展了农业。她极力反对女子用赭石涂面的习惯，这一习惯至今在吐蕃高原上仍未被摒弃。在于阗教法史中，吐蕃人就被称为“赭面人”。

吐蕃与印度的关系则具有完全不同的特点。从这一时代起，汉族的政治和社会影响，在未来的年代中，则表现为物质方面的关系，不可避免地要受由吐蕃的不太好客的性格所提供的可能性的限制。印度的影响则完全是精神宗教方面的，不受大山和气候的阻碍。印度对吐蕃山地人精神世界的影响，随着它对后者的感染而成为迅速的和最终性的。当吐蕃不断对汉地天朝作出反应时，常常爆发战斗，它对自己并不了解的印度，始终保持了崇拜的心理。吐蕃从印度继承了许多传说，当这些传说在印度已寿终正寝时，在吐蕃仍充满活力并保留了最初的激情。吐蕃艺术（至少就我们所知的那种艺术而言）也很快得到了发展，其素材和技术成份部分是土著的，部分是从汉地借鉴的，而仅仅向印度借鉴了某些形式上的传说及文学内容。

不仅吐蕃与印度的关系，是从松赞干布在位期间开始的，中原地区与尼婆罗的关系也是从这个时代开始的。648 年，从中原汉地赴印度的直接通道，第一次穿过了吐蕃领土。

当取经僧玄奘重新从北部绕过吐蕃而返回唐朝时，另外一个由王玄策率领的唐朝使团又打开了一条通过吐蕃高原而到达摩揭陀国（即今之比哈尔）的道路。该使团在那里遭到了杀戮。松赞干布忠于他和唐朝皇帝的联姻，于是便发兵进攻摩揭陀以惩罚罪犯。背信弃义的国王阿罗那顺（那伏帝阿罗那顺）被作为战俘而押解给天朝皇帝。

这条新路在以后的数世纪期间，成了军事或外交征服的大通道，是最近却又最危险的一条路，被称为官道。此路也是在1950年才被放弃，可能已荒凉了。另一条路稍偏北一些，这是一条商路，也就是商队之路，打通的时间较晚。它至今一方面仍是中国的茶叶之路，另一方面又是羊毛之路①。

当松赞干布于650年薨逝时，唐朝太宗皇帝的继任人高宗皇帝也为其服丧并遣使参加其葬礼。在松赞干布执政后，作为对赞普那奇异而又豪华的礼物的回报，唐朝皇帝也应他的要求而为他送去了压榨纸浆的碾、大量的纸墨、蚕种、工人等。这些礼物只能对那些骑士们在我们即将谈到的事业中有用，即它们在后来都被用于了佛教。

如同已故赞普一样，松赞干布的孙子墀芒松赞（或芒松芒赞）在孩提时代，就登上了王位，由著名的噶尔大相摄政。有关这名在位27年的新赞普的统治，敦煌编年史保持沉默。这是否是说，在这位赞普执政期间，没有任何值得记叙的宫中阴谋呢？我认为是这样的。敦煌吐蕃纪年的写本对此作出了解释。在27年期间，芒松赞普20次变换驻地。他的一生是在巡视中度过的，其大相噶尔也是不断地旅行。他们共同分割了吐蕃部落联盟的辽阔领土，很少互相见面。在他执政的末年，每年召开一次大会。这种活跃的生活和不断的迁移，不利于宫中阴谋诡计的产生。编年史学家在追述这一切时，也具有一定的困难。他在位期

① 就在印度本土的噶伦堡，那里的茶叶种植园是茶叶之路的一端，吐蕃的骑士和定居居民，仅仅饮用中国中原地区的茶叶。

间主要关心的焦点是战争。

公元659年和663年，大相征服了青海湖一带的吐谷浑，这是一个操通古斯语种的民族，唐朝支持他们以便把他们当作自己与吐蕃人之间的缓冲地。他在大部分时间内都生活于他们之中，既为了挫败唐朝的计谋，又便于监视其新征服地。因为这里是其征服地中最为重要和最为不驯服的地区。在赞普一方面，他即前往北方征战，使他的征服建立在大相征服的基础上。在驱散了塔里木盆地的突厥人之后，唐朝在其西陲面对两个新的对手。除了西部的大食人之外，又增加了南部的吐蕃人。这两个同时发动征服的民族，在帕米尔附近相遇了，都处于其征服能力的鼎盛时代。对于他们双方之间的关系，我们所知甚少。黑衣大食的哈里发和吐蕃赞普似乎都在避免发生冲突，为了他们的利益而串通一气。

公元670年，吐蕃人入侵了东突厥斯坦。唐朝在8年期间被迫放弃了西陲四镇：焉耆、龟兹、疏勒和于阗。唐朝被帕米尔与西亚分隔开了。当时吐蕃人控制了新疆和大勃律。他们控制这一地区近两个世纪，唯有692—787年之间除外。

大相在离开了17年之后，又返回了赞普身旁并于次年（667年）卒殁。墀芒松赞普吞并了居住在汉人领土上的匈奴人，这种威胁又导致了与唐朝的新战争。670年，吐蕃人进入四川和云南，他们在那里建立了军营，共侵占了17个州。

当墀芒松于676年薨逝时[①]，其王国从于阗起一直到西宁和凉州，此外还包括北部的回纥人地区、古格[②]，那日的一部分和

① 这是据吐蕃的记载。汉文史料认为，679年这一时间是举行葬礼的时间，在吐蕃国王和王后死后两年或三年后才举行这种仪式。在这一期限中还应再补充以使者到达唐朝宫廷的时间。

② 玛法木错湖地区。

南部的尼婆罗。它一直深入到云南和四川[①]。

墀都松（器弩悉弄）在承其父而出任赞普时也很年幼。其母墀玛洛行使某种摄政权。从679年起，在举行了死者的葬礼之后，一位强大的大论钦陵及其家族统治了该王国。695年，他在青海湖地区与中央政权作战。赞普于699年与唐朝缔结盟约。当赞普居住在年喀尔和后来迁至气候比吐蕃温和的尼婆罗时，大相们于谷地举行冬季会议，在高原上举行夏季会议，他们始终都在不同的地区和处于视察之中。墀都松生活并执政28年。这一漫长的统治时期，使人认为他是受人尊敬的赞普，即使编年史中没有向我们提供他诞生的具体时间也罢。几乎所有的赞普都早逝，然而墀都松则很健壮。编年史告诉我们，他可以套住野牦牛和抓住老虎的耳朵。他很早之前就已参政，也就是从694年起，在19岁的时候，他便不停地在其王国内巡视。在薨逝之前，他争得了时间以征服突厥人，亲自长途远征唐朝西南部的南诏。所以，他的各个住所也都相距数十公里，这就意味着需要数月的旅行。他在远征南诏期间死亡。高宗皇帝遣使吊祠。

在墀都松统治期间，文成公主于680年逝世。高宗皇帝也遣使致哀并祭祀。同一年，吐蕃人把陈行焉的尸体归还唐朝，他是唐朝先前派遣的使节。因为他在吐蕃大相钦陵面前“不为屈”，甚至在威胁下也不肯屈服，所以被扣留囚禁长达19年。

墀都松在薨逝时，与天朝宫廷和解了，虽然也遭到了论钦陵的反对，钦陵及其左右的百余人都自杀。自30年来，其将军们

---

① 它们之间持久的外交关系即将开始，持久的和无情的战争状态并没有使之断绝和改变其彬彬有礼的形式。在两个世纪期间，战争仍是吐蕃人和汉人之间接触的第一种形式，他们之间的这种接触形式没有被互换使节和礼物所取代，反而是奇怪地被加强了。所以在侵占了吐谷浑领土和侵犯唐朝的领土之后，赞普又遣使（仲琮）入唐朝宫廷朝贺。仲琮“少游太学，颇知书。帝召见问曰：‘赞普孰与其祖贤？’对曰：‘勇果善断不逮也，然勤以治国，下无敢欺，令主也……’”然而该使节却称赞其赞普，将唐朝与吐蕃的文明进行了比较。吐蕃的劣势则由于上下为了全面的利益而团结一致得到了抵消。“是能久而彊也”。皇帝要求他解释一下吐蕃人的行为。使节跪下说道：“臣奉命来献，它非所闻”。皇帝同意他的话，然而，由于使节无权谈论政务，故杀其礼（伯希和译本）。就在墀都松即位的那一年，其军队进攻唐朝的4个州，押走了官吏及其畜群。

不断地侵犯边疆，他被迫以武力平息叛乱。

就在墀都松薨逝的704这一年，他的继承人墀德祖赞——唐史中的弃隶蹜赞诞生。新赞普的祖母墀玛洛重新摄政，她召集了会议并遣使负责为其孙子向一位唐朝公主求婚。她需要立即镇压一次反叛，处死了叛乱者并罢免了尼婆罗的国王，该国王出身于吐蕃王家。

当其孙子在尼婆罗的温和气候中成长时，女摄政官必须留在吐蕃的准地。赞普年长6岁时，为婚配唐朝金城公主[①]才到达逻些[②]。

同一年（710年），也就是睿宗皇帝登基的那一年，吐蕃人又以重礼索取黄河九曲地，以为金城公主“汤沐邑”。获得这块领土之后，他们便在那里放牧自己的畜群，并把军队驻扎在唐朝的边界上。他们从那里入侵唐土。

年轻赞普的整个童年时代，都是在尼婆罗度过的。他于712年在8岁时登基。其祖母墀玛洛也于同年死亡，第二年被埋葬。唐朝派遣使节前往承认新赞普。稚童赞普仅于夏季居住尼婆罗，冬天则前往红山居住。他的大相们仍根据传统，而在王国内尽可能多的地方召开冬季会议和夏季会议，并设法扩大开拓。他们夺取了或曾试图夺取孽多城（吉尔吉特）[③]。他在位期间不断与唐朝发生战争。据藏文史料记载，他们取得了战争的胜利；但据汉

---

① 她是中宗皇帝的养女。这些皇家公主享有藏文中的“公主”的头衔，这是由汉文尊号“公”组成的。由于金城公主非常年轻，所以皇帝在她身旁派遣了许多伶人以供其消遣，同时还有乐队和匠役。他亲自送她到达始平县，悲涕歔欷。他甚至赦免了始平县的那些被判处死刑的人，赐民免税一年，改始平县为“金城”县，易乡名为“凤池”，里曰“怆别”（伯希和的译本）。这类感情是不可能假装佯作的。当时吐蕃人的蒙昧，需要穿越地面的恐怖和辽阔程度以及汉人对于孩子们的温情，是非常容易理解的。

皇帝利用这一机会在花园中举行了一次宴会，并组织了一场汉人与吐蕃人之间的马球赛，皇帝与诸匠们也都参加了（伯希和译本）。这种游戏及其名称“马球”源出于吐蕃，我们已经指出，后经迦湿弥罗而传入印度。

② 或拉萨，这是古代史中首次对其历史都城的记载。

③ 据《菩提树》记载，墀德祖赞也曾娶过一位康国（撒马尔罕）的公主为妃。他在孽多城的战役中，曾得大食人的支持，当时的吐蕃赞普之一与黑衣大食（阿拔斯）王朝保持关系并送礼。

文史料记载，他们有时也会遭到惨败。

714年，吐蕃人要求与唐朝缔结盟约，他们入侵和劫掠了兰、渭和其他州。唐朝迅速作出的反击是很强烈的。天朝派出的反击吐蕃人的王师大举斯杀，以至于使“洮水为之不流”，还获得了成千上万的马羊。吐蕃人于是再度要求缔结和约，但遭到了拒绝。双方仍处于对峙状态。然而，皇帝仍向金城公主派遣一名使节以平息她的恐惧心情。当时赞普刚刚年长成人，他的使节则被遣返，因为赞普想以平等的身份对待天朝皇帝，公主在两位执政国主之间作了调解，以重修友好关系。赞普致书唐朝皇帝指出，前任赞普作不了其将军们的主，而他自己则是自总国事。他又指出吐蕃进行的征兵不会导致增加新部队。“兵以新故相代，非集也”。他在中立领土上所筑的城，是为了响应唐朝皇帝也在那里令人筑城一事。他还指出“假令二国和，以迎送”等。唐天朝皇帝以礼物赠送赞普，并款待其使，但不再复盟。

吐蕃人派遣了一位高级人物前往洮河畔以祭祀他们的阵亡兵士。后来，由汉族史学家亲自证实，吐蕃人每年仍继续侵犯边界，在唐朝军队集聚之前便撤走了。725年，他们遭到一次失败，“恸而走山”。第二年，有人向唐朝皇帝建议议和以纾边患。为了在一次胜利的基础上进行谈判，唐朝又于727年初击败吐蕃。吐蕃人索求一要塞甘松，遭到了拒绝。因为“甘松中国阻”，于是便把会盟碑立在了赤岭关。吐蕃人是不知满足的索求者，他们又索求汉文五经著作。皇帝令人抄好后赠送他们，尽管其左右的亲信们都害怕某些书会向他们传授战斗艺术，并使他们拥有武器。赞普在20岁时开始至少于夏季到处巡视。他前往北方狩猎野牦牛，亲自于727年秋季夺取了唐朝城市瓜州和其他地方。藏文编年史记载说：“在此期间，唐帝国地域非常辽阔。它包括了全部北方的突厥人和一直扩展到波斯。中原地区的许多财富都流向了高原地区并集中到了瓜州。吐蕃人全部出动抢劫。他们获得了大量珍贵物资，以至于直至普通黑头臣民（农奴），也可以穿汉地的漂亮丝绸。”大相们仍继续进行征战并于729年取得了重大胜利，他们在此之前还遭到过一次藏文编年史没有记载的失败①。

这年冬季，赞普正在红山，唐朝一个搜集情报的使节前来会谈。730 年的条约是我们所知道的吐蕃最为古老的文献资料，这就是拉萨寺院中的石碑。

墀德祖赞没有经过战斗便以威胁和诡计，而降服了南诏部分地区的王子阁罗凤。南诏王成为吐蕃的附庸对于唐帝国是一种令人不可容忍的侮辱。他经常向吐蕃赞普献地、城堡、农奴和唐朝战俘。南诏王的这种背叛也可能说明他们种族的近似。南诏的白蛮和乌蛮，完全如同古代写本所提到的那样，是摩些人，他们虽然居住在汉人的领土上，但主要是吐蕃人而不是汉人②。阁罗凤在政治上归附吐蕃赞普的同时，又选择了佛教。

公元 732 年，吐蕃赞普在红山（他每年冬天都在那里度过）接见了一个波斯使节，第二年又会见了唐朝使节。正是由于他的灵活性以及某种程度上的到处露面，才使如此弱小的一个民族的政府，得以在如此遥远的地方，也能感到其势力并维持其开拓成果。

公元 738 年，赞普废除了 730 年的会盟条约并缔结另一项条约。前一年，唐朝利用大勃律（吉尔吉特）被吐蕃人战败的机会，而占领了其国。吐蕃人通过新条约，设法让人承认了他们对要塞玛孜的占领，从而可以抵消唐朝的占据。墀德祖赞在位的整个期间，在唐朝边境上一直不停地爆发战斗。在下一个世纪期

---

① 《旧唐书》记载说："贼败，散走投山，哭声四合"。

② 现在白倮倮人与黑倮倮人之间的差异，也可以使人联想到他们与 8 世纪的"蛮"人的相似性。从地理学和民族学来讲，他们都与摩些人近似。但由于他们距吐蕃太远，而难以成为由墀德祖赞征服的南诏国的蛮人。

对南诏国的征服，是明显启发了格萨尔王史诗中一片断的、唯一一种已知历史事实。格萨尔也如同墀德祖赞一样，用诡计攻击南诏王。他引诱收买南诏王的儿子，使后者成为南诏王和自己忠诚的附庸。对于剩余内容，格萨尔史诗与所有的常见长篇史诗都很相似，其中心内容是诱拐一位女子，即由霍尔（或回鹘）国王诱拐林地王格萨尔的妻子。这首诗在形成过程中还吸收了一些传说。

现在摩些人都是西藏人古老宗教的信徒。佛教很少能进入他们之中，佛教在真正的摩些人中仍为一种外来宗教信仰，没有与民族的宗教信仰结合起来。

间，战争仍如同前一个世纪一样在继续：吐蕃人对唐朝边境侵犯和劫掠袭击，夺取城池。根据战斗的结果不同，有的城池保守住了，有的遗弃了。和平条约缔结之后，立即就由于胡族人长期以来的不守信用而被违背。

在双方阵营中，首领们都多少有一点自作主张，而远不是听其政府定夺。唐蕃在数千公里的边境上，都难以划界，又不使用地图绘制术。本来这种地图在今天，可以使我们把边界走向与和约文件相契合。

有关这一时代吐蕃的汉文史著，是西部边界地区的历史。它详细地记载了战斗、失败和胜利。藏文编年史则是吐蕃的内部史、宫廷史和王国的开拓史，它们仅仅记载胜利，认为唯有胜利才值得记载。当金城公主于740年（或741年）薨逝时，吐蕃派出了一个使节前往唐朝报丧，并要求谈判缔结和约。唐朝皇帝作为回报，也派出了一个使节负责前往吊祭，同时又拒绝了议和。与此同时，在740年，吐蕃对唐朝边城的劫掠活动，只是由于非常寒冷的冬季的严酷气候才停止，“贼久之自引退”。741年，吐蕃人的40万军队（这一数字不大可靠）被击败，但第二年又从唐朝手中夺取了石堡城。

墀祖德赞是一位专门发动征服的赞普。同时也好佛事。根据他的王命而开始并完成了大量大藏经的翻译。

他的太子拉本于739年逝世。其弟墀松德赞继任王位。后者于755年或756年即位，于760年有了一位王冠的继承人。他亲自行使职权，在吐蕃历史上留下了深深的怀念。他在作出决议方面，尤其是在选择能够与他合作的人才方面，表现得十分突出。他在与唐朝不断的战斗中，又将其王国的边界往后收缩。完全如同他的前任们一样，他把两种互相矛盾的爱好结合在一起了，即爱好战争和佛教。当佛教祖师们从两个方向穿越喜马拉雅山的时候，吐蕃将领及其军队正在发动战争，把一些条约强加于人。组织友邦和同盟以对付唐朝和巴格达的穆斯林哈里发们。

年轻的赞普刚一即位，就对其臣民们征收重税。由赤赞东赞和阁罗凤指挥的吐蕃军队夺取了吐鲁番（原文如此——编注）。稍后不久，赤苏仁木夏将军又收复了已经反叛的于阗。这几次相继夺取同批大绿洲，说明了通过奇袭而对沙漠以远地区发动的征服，是何等脆弱。为了维持这一切而需要作出多大的努力啊！前几代赞普的征服不是吞并，而仅仅是强迫联盟和承认其宗主权。稍后不久，唯有吞并才表现得可以确保归附。对于古格或象雄，也就是玛法木错湖地区的处置，即如此。墀松德赞的妹妹赛玛喀尔嫁给了象雄国王李迷夏，她对自己的命运感到不满意，于是便暗中唆使其兄向其王夫发动战争。这样一来，墀松德赞又重新征服并吞了象雄。这也是为什么古代编年史正确地（但没有解释其原因）多次把由几位相继执政的赞普，置于同一地区。敦煌吐蕃纪年中几乎是逐年地记载了爆发的战役和派遣的使节，但却没有提供有关其目的或规模的任何资料。我们丝毫不能由此而认为，唯有在唐代汉地才与吐蕃赞普保持了不间断的关系，一旦当后者不太黩武时，就与之保持正常的交往关系。

同在 763 年，回鹘人帮助唐朝从反叛的契丹人手中夺回了洛阳，但是在经过彻底抢劫之后，才将该城还给唐朝。吐蕃人把唐朝的边界从突厥斯坦的龟兹，恢复到距位于陕西省内的京师有 100 古里（lieue，每古里约合 4 公里）的地方，即今甘肃省境内。在 10 月—11 月间，吐蕃将领綝息野和大相达札路恭（马重英）在一场令人震骇的战役中，夺取了唐朝京师长安①，把皇帝驱跑了。他们以自己选择的皇帝代替了逃跑者，经过 15 天的占领和抢劫之后才撤退。这次胜利是短暂的，代宗皇帝很快就还京了，但吐蕃人仍继续在其西侧，于唐朝本地上，甘肃省以远地区、陕西省和云南省作战，他们在那里镇压了南诏的一次叛乱。在 7 世纪—8 世纪期间，军事上的成功使吐蕃人控制了一个地域辽阔的王国，这是由于同时使用战马和弓弩而取得的战术上的成功。唯有吐蕃武士，即那些骑马的弓弩手们，才既有骑兵的灵活

---

① 在布达拉宫那块独石方尖碑上，即在“长石”上，长安即今位于渭河畔的西安府。

性又有步兵的装备。这就是一种投掷武器，也就是一种牛尖小弓，既使用方便又强有力。出于同样的原因，4 个世纪之后，蒙古人也变得所向无敌了。但他们的征服更为持久，因为他们人数更多，韬略更好，同时也是由于他们可以留下兵营，而且还善于调和当地政权①。

如果阅读一下吐蕃人在唐代的每年入侵和背信弃义的行为，那就会由于其中的重复而感到千篇一律的单调。对于唐朝宫廷来说，具有这样一个邻居是一种考验，同时也造成了边民的长期不安。吐蕃人仅仅是为了消除汉人的不信任心情才歃誓，而且始终都会取得同样的成就。在该世纪初，人们还必须深入了解大汉帝国，才不会对如此的天真感到惊讶。在 1910 年之前，官吏界养成的世界观与 8 世纪时没有多大差距。大汉帝国除了它自己之外，仅仅知道一些附属民族，那些已归附的或未归附的蒙昧民族。吐蕃人的朝贺属于正常现象，送礼情况也如此。所有这一切都是理所当然的。如果在违犯这种规则时不能去惩罚，出于面子②的原因，就应得到皇家的恩赐和宽宏大量的饶恕。

公元 778 年（误，应为 780 年。——译者），德宗登上了唐朝的皇位。该皇帝具有无可比拟的仁慈，他想实现和平和通过道德而赢得敌人的友爱。他遣其太常少卿释放吐蕃人的 500 名战俘，厚给礼物和棉衣。吐蕃人首先是不轻信，然后就感到震惊，最后就感到高兴。他们满怀高兴地欢迎如此之多的宽宏大量，同时也遣使回报。其结果是从第二年起，赞普却突然向一位唐朝使节抱怨。因为天朝皇帝致他的信中，使用了一位君主对待其附庸的一些令人感到耻辱的术语，而不是使用像从前（707—710 年）那样的“舅甥”之间的关系。当天朝皇帝获悉这抱怨之后，便

---

① 在此之前很久，这种令人烦扰的机动性也属于高卢人，他们乘两匹马的马车，上面坐有两个人，即御手和武士（《高卢史》，C·T·特夫诺著）。在恺撒时代，高卢骑兵就已经换掉了车子而表现得不太有效。

② 这里的“面子”与我们西方所称为的“威望”不同，其差异是从宇宙观上来看的。一个辽阔帝国的“面子”，要比我们现代的威望更为伟大和更少稚气，而今天的那些小民族或仅仅是他们的首领，正在追求后者。

令人以“献”为“进”，“赐”为“寄”，“领取”为“领之”，他解释说前宰相不通故事。当国书经过这样的修改之后，赞普也好意地释放了800名唐朝俘虏。

赞普陶醉在胜利的兴奋之中，直到企图与唐朝平等，而唐朝所作的唯一让步，则表现在“舅”和“甥”的术语上。当汉族史学家叙述唐蕃互换拜访和赐礼中，他称吐蕃的礼物为“贡”，因为没有其他术语来指从四面八方涌向“大唐帝国”的东西。在两个世纪之后，当佛教使武士贵族阶级手中的武装被解除时，它也未能使那些在处理宗教事务时，被提拔的和可以与皇帝平起平坐的高级神职人员们趾高气扬的情绪，有所收敛。

在吐蕃王国存在的整个期间，他们的使节经常出入唐帝国宫廷中，并且比其他异族人更具有优先权，甚至还超过了倭国人，他们坐在皇帝的西侧（右侧）。

783年还举行了一次会盟宣誓仪式，首先在吐蕃领土上隆重歃誓，后来于同年夏季又在唐土上重新举行。皇帝借这一机会公开抱怨，200年来没有一年是在和平中度过的。新的会盟仅仅持续到次年。

786年，吐蕃人在夺取唐朝数城之后，想以重新会盟的方式来使自己的征服得到承认。皇帝拒绝了。第二年，赞普重新提出了他的要求，声称他无意中越过了边界，不知道边界在哪里；而且各城的节度使们望见其军队就感到害怕，亲自把城池拱手相送，吐蕃人毕竟不敢强行进入。他还补充说如果重新歃誓，则需要更多的证人。无论是否是骗局，皇帝也接受了。

这一次，吐蕃没有过一年就违约，甚至就在举行歃誓仪式的同一天，这一事件值得记叙。当皇帝决定举行歃誓仪式时，他希望吐蕃人提前归还盐、夏二州以证明其诚意。赞普回答说他将在会盟之后退还各州。皇帝于是便强调会盟地点必须在平原上，即不在由吐蕃人选择的山区之外的任何地点举行，因为在山区容易设埋伏。双方的不信任状态达到了如此之程度，以至于双方代表都同意各自带领3000名全副武装的士兵驻扎在营地外，率领一支不带武器的侍从站立在祭坛的脚下，最后还要派遣一支小分队到对方阵营中去以监视部队。

吐蕃将领在西侧埋伏了3万名士兵，其监视巡逻部队的首领扑向了唐朝官员，后者不带武器，请他们进帐。他们于是便击鼓和呼噪以发出信号。对于天朝代表团来说，这是灾难性的。共有1000多名汉人被杀，其余均被俘，其中包括60多名武官和宦官。在往吐蕃押解的时候，他们双手反剪背后，每个人都绑着一块从脖子到脚趾的木板，用3根绳子捆牢。夜间把他们推倒在地上，把他们的头发绑在一起，绳子拴在橛子上，然后再往他们身上盖一块毛罽，看守人睡在上面以防止他们逃走①。这种野蛮的虐待是为了报复将军们没有执行皇帝的允诺。

皇帝在一道诏令中公布了这些事实，他自我指责"朕之不明，致其至此……朝之荩臣，婴縶穹庐，眇然殊域。念其家室，或未周于屡空"。②

一次流行病把吐蕃人从盐、夏二州赶了出去，但他们放火烧了房舍。他们化装成汉族士兵而突然到达吴山和宝鸡，焚烧了一切，杀死了青年男子，砍下了老人和儿童的手臂或剔去他们的双眼。对于他们准备押往西部以准备分配给羌族和吐谷浑的强壮者，"令东向辞国，众恸哭"③。

在这种极端的疯狂和残暴停止之前，即在另外的半个多世纪期间，唐朝边境上又出现过几次相继的骑马勇士入侵之浪潮，其目的仅仅是在其边境地区蹂躏另一个文明世界。装备基本相差无几的唐帝国的软弱无能，主要是由于其边境过分辽阔而无法以武力保护。由于其平原和城市中无争议地占有的财富，使劫掠袭击

① 我们应该承认，有大量敌人投降，便提出了一个在战斗中必然会出现的军事问题：抽出过多的战斗人员去看守俘虏，会因人数不足而无法控制他们。当时出于安全的考虑，必须对这一问题作出彻底解决，近代战争史学家们，都默契地将这一问题置于一旁不提。

② 《旧唐书·吐蕃传》——编注

③ 戴密微先生在《吐蕃僧诤记》中翻译了许多首这些汉族俘虏写的保存在敦煌石窟中的诗。它们描述了吐蕃荒凉的地貌、山峰和奇形怪状的深渊，已绝望的流放者们的难以忍受的抱怨。（"令东向辞国，众恸哭"文字摘自《新唐书·吐蕃传》——编注）

者们感到吃惊。从吐蕃一方来说，在其边缘地带既没有乡村，也没有城市。而只有非常容易防守的山谷区。如果说吐蕃人没有保守自己征服成果的优势，但也可以在唐军到达之前就携带自己的战利品而去。汉族史学家们也记载了唐朝的一些猛烈的抵抗，其中发生在墀松德赞时代的一次抵抗规模最大。唐朝于 792 年击退了“贼”并收复了沦陷的领土。

唐朝军队带回了 3 万只左耳。他们在计算被活捉的俘虏和被斩的首级时，始终以 1 万作为基本单位，并以此来估量胜利的规模。对于这些数字不要咬文嚼字地理解。“一万”仅仅是“很多”的一种表达方式。从前还有另一种作法，当讲到慈禧太后时，也称她为“万岁”。

在唐朝进行这次报复之前，在由吐蕃人强占并劫掠的大量城市中，应该提到连云堡是如何陷落的。该堡位于一个高地，颇峻峭，通过正面袭击是无法攻克的。但当吐蕃人以 7 门高大的弩炮，用石块填满了城中唯一的一口井时，此堡投降了。那里是汉人可以向西瞭望的唯一一个要塞。戍边将军们不敢承认这一丢失。由于敌人在撤退时带走了战俘和牲畜，所以他们仅满足于向皇帝呈奏祝贺“贼”[①] 兵退去的表章。

三、吐蕃早期的佛教，莲花生和热巴巾传播佛教，朗达玛的抑佛和佛教寺院

然而，墀松德赞在吐蕃人记忆中的赫赫名声，却并不是由于他从波斯到黄河流域的军事征服。这些人没有从他自己不知道的军事历史中获得任何荣耀。他们把墀松德赞当作一位伟大的赞普，仅仅是由于他贤明，是一位优秀的统治者，在某种程度上也是由于他是佛教徒。其母是唐朝公主，因而也使他成为一位笃信

① “贼”字在吐蕃并没有在唐朝那样的贬义。今天紧傍中原的倮倮人（彝族）就曾从事骑兵抢劫的行为，从前也以其好斗的传统而攻击那些大商队。

宗教的人。事实上，当时佛教尚未能在一个不但非常执著于其原始宗教，而且还长期处于战争中的民族中扎根。下面就是王朝编年史中，对在吐蕃王朝时代，针对墀松德赞而记载的有关佛教的情况：“我们接受了无可比拟的佛教教法，在王国的中心和边缘地区到处修建精舍。佛教教理一旦奠定之后，所有人都充满了怜悯心情，通过对十真谛的记忆，他们都摆脱了生死轮回。他们被升为塞缚悉底迦（吉祥万字符）。”叙述者继这一声明之后，立即重复了一系列的最为明显的破坏和战争远征。正如我们于下文将要看到的那样，赞普对佛教主要是好奇而不是虔诚。

如果说现在于湄公河与扬子江在西藏境内地段的苯教，仍保留了其传统，那么吐蕃的民族宗教则具有夹杂着很发达巫术的一种原始宗教的色彩。这种宗教现在于西藏地区还有许多信徒，但严重浸透着佛教的内容。它也有《甘珠尔》和《丹珠尔》以及喇嘛教的圣像和仪轨。另一方面，吐蕃佛教也向苯教借鉴了许多殡葬仪礼，向某些湖泊和雪峰开光（祝圣）使之成为神的住处，以及对这些地区的崇拜。同样，它仍以印度名字保留了“龙”的名称和形式。出自吐蕃的神话神灵，如“大地之主”住在地下，这与龙和汉族人的堪舆术相混淆了。所以吐蕃在与印度有任何接触之前，就出现了一条龙附身止贡赞普的事件。

佛教在吐蕃的缓慢发展，完全可以解释我们所掌握的古代碑铭中对此保持的沉默。当佛教传入吐蕃时，它已有了近千年的存在史了，即使在印度本土上的变化也很大。在印度，佛教属于国粹人物和民众，佛教就是在他们之间传播的。佛教是大众性的。因为为了对僧侣种姓作出反应，它出自广泛的基础，以自身的上进力而逐步地攀登社会金字塔的台阶：小民、富翁、房产主、王子，一直到婆罗门僧侣。最后，在阿育王时代，它攀上了顶峰，征服了王位。同时，佛教又具有始终都不太大众化和更具有思辨性的特点。

在吐蕃则出现了相反的过程，赞普是第一位皈依佛门的人。佛教是从王位上开始传播，而且还是以其晚期形式出现的。它由那里艰难地传到了宫廷，慢慢地向民间扩散，它不像在印度那样是自我传播的，而是在政权的压力下扩展的。我们于下文将会看到，其差距如此之大，以至于一位不信教和想扼杀佛教的王子，只有先杀死赞普。在一个世纪之后，在吐蕃则需要重新讲说佛教。我们可以想象，经过如此之传播和 14 个世纪之后，在喇嘛教中已很难辨认出释迦牟尼说法的情节了。一种由政权依次先强加于人，接着禁废，然后又重新强加于人的佛教，由此而必然与当局的尊重和畏惧相联系。其中包括很大一部分形式主义，基本是缺乏宗教思想。我们将会看到其对立面，即精通于最为出类拔萃的神秘论的国粹阶级的自然反应。后者逃往沙漠中的私人阿兰若中去了。官方的喇嘛教则相反，它在大型和有势力的寺院中占据统治地位。吐蕃的寺院没有锡兰和汉地佛刹中的那种平静的魅力。那里的一切都是严酷的、粗野的，常常也是宏伟的。

我们再回头来谈 8 世纪，传入吐蕃的佛教之命运，与基督教在 15 世纪传入南美洲时的遭遇并非毫无相似性。一种非常发达的宗教仪轨掩饰了其教理，从原则上攻击了地方上的迷信和巫术。事实上，它吸收了后者的本质并使它发生了深刻的质变。新的仪轨完全代替了旧仪轨，但古老仪轨中的迷信也导入了新仪轨中并沿存下来了。

第一次采取的支持佛教的尝试来自墀松德赞。他从印度请来了寂护班智达，但面对吐蕃人对自己古老的民族巫教的忠诚而失败了[①]。赞普为了设法使人放弃这一巫教的理论，在对付当时维护蒙昧民族迅速繁荣的巫术力量的欺骗性方面，则是不大有成功之希望的。在 8 世纪时的这一股激情的推动下，佛教也在艰难地前进。它与征服精神如此不相容，以至于使这种教理原则之间的斗争，成了吐蕃人历史上的真正悲剧。最后取得胜利的是佛教精神。它取得胜利是由于与古老宗教观念的调和，这种调和是伟大的战争和佛教国王们的人格化。从这一时代起，吐蕃历史仅仅成

① 墀松德赞的妻子之一是苯教徒，她为了背叛他而企图勾引佛教经典的大译师毗卢遮那。

了吐蕃佛教史。稍后不久，同时代的唐蕃关系史几乎始终是与宗教问题有关的。但它不是教理问题，而是人员问题。

在彻底放弃的理论失败之后，佛教仅仅是在莲花生上师[①]妥协时，才取得了成功。他带来了大乘密宗，即在印度最新诞生的教宗。密教推动了神秘学的力量，以确保迅速解脱，这样一来就避免了生命无休止的继承。对于吐蕃人来说，目的是新颖的，但手段却是人所共知的。最正确的则应该是说这些手段的精神，因为密教在目的方面是玄奥的，即宗教方面的成就，但它赋予了这种宗教一种信条的有形表现。某些吐蕃人，即神秘主义者，他们仅追求目的，其他人则占有信条，以培养他们的密教道德。吐蕃人的气质把这两种对立的倾向，推向了边缘。

佛教在这种形式下可以吸引一个巫术民族，而又不会使他们感到吃惊，因为该民族经常与神学界接触。吐蕃人从佛教的苦修中主要是获得了（在加强之的同时）对恐怖气氛的追求。由佛陀所要求的在坟墓上的默祷，在莲花生的行为中变成了粗犷现实主义的一种令人毛骨悚然的发展[②]。吐蕃的某些殡葬仪轨，在恐怖方面超过了一切可以想象的程度。现在的密教徒是宁玛巴，或“古旧派”，也就是“红教”，其中有些是最没有文化修养的和行为鲁莽的人。他们可以结婚、蓄留长发、食肉和在酒醉中追求灵魂的庸俗状态。正是他们在仪轨中把切开的人粪便吹成喇叭，表演用人头颅制成的酒杯和用人皮绷的鼓，在仪礼性的宴会上用人头颅杯饮茶或喝酒。佛教（如果还可以用此名称呼它的话）的这种外表形式，未受多大损害地度过了9世纪时的抑佛。

红教喇嘛很少在寺院中生活。他们是世俗人，但也如同正统的传教一样，在居民中进行赎罪祈祷。然而，他们比祖师们更为明显的是巫士。在宁玛巴中，真正的祖师是家长，如同在苯教中一样。

然而，这种巫术的目的，仅仅是使由寂护传入的龙树教理获

① 出生于乌苌国，今喀布尔的喀兹尼。
② 参阅 G·Ch·图散：《莲花生遗教》译本。

胜。据我们的吐蕃史学家认为，魔鬼是佛教第一次失败的唯一原因，莲花生上师的主要作用是用巫术战胜了魔鬼。这就是经文中的莲花生。经文中的事实都如此以无稽之谈作掩饰，以至于使伪真的界限也变得随心所欲了。我们把吐蕃史建立在这些经文的基础之上，仅仅保留了一些可能是真实的实例。这一已神化的人物作为宁玛巴祭坛上的主要偶像，以及在正统教徒中作为次要形象的存在，加强了对这一历史人物的信仰。但令人感到非常为难的是，敦煌写本中对这样一位可能占有如此重要位置的人物，却几乎缄口不言。我们很难绝对肯定，这位世人把喜马拉雅山地区的许多寺院建筑都归于他的宗教大师，是否是一位如此举足轻重的人物。所以，龙树的教理也很容易战胜稍后不久到达吐蕃的汉族佛教祖师们的寂静和被动的教理（禅），汉族祖师们是应墀松德赞之邀参加一次隆重的大辩论会的。大乘和尚和两位僧侣为莲花戒以及莲花生的弟子们击败，然后被逐出了吐蕃。这至少是官方历史的记载。一卷敦煌汉文写本[1]是于大辩论之后，仅仅一个世纪的时间写成的，因而证实了其真实性和重要性。赞普本人提出了问题。3 名汉人对 30 名印度人。汉僧大乘和尚支持顿门禅对渐门禅的优势，然而却禁止忽视功德，而仅限于宣布功德不足以确保拯救。这次辩论持续了两年，既在拉萨也在沙州（敦煌）举行，该和尚于 780 年被召到了那里。吐蕃赞普对该和尚并没有恶感，虽然指责他热爱与教法严重对立的战争。王宫中的情况却相反，非常仇视汉族祖师。吐蕃宫廷驱逐了他们，但未能排斥他们的教理，也没有阻止这种教理后来在吐蕃传播。

戴密微先生认为这是唐朝外交令人赞赏的创造，即这是一个负责神秘的和具有安抚思想的使命。对于和尚们来说，主要的问题还不在于在比赛中获胜，而在于向一个不安分的和好战的民族灌输一种软弱无力的禅的思想。吐蕃保守的贵族们并没有上当。

由该写本作出的另一种证实，是这个时代在民间尚不存在佛教信仰。它认为 782 年交换战俘是吐蕃与汉族佛教的首次接触，

① 见戴密微：《拉萨僧诤记》。

在这批战俘中有数名僧侣。这一证据还动摇了有关皈依吐蕃佛教的莲花生的传说。莲花生表现得更可能是一位属于王宫的外来博士，而没有政治行动。

莲花生开始翻译梵文经典。这项翻译工作持续了数世纪，尤其是在9世纪期间，由一批翻译家承担。他们首先需要以通俗语言术语创造一种文学的和抽象的语言。这种很不自然的语言正是古典藏语。吐蕃人不专门学习，也不会懂这种语言。此外还存在有一类“宝藏”[①] 的著作，据称是奇迹般地被伏藏于石窟中，然后又以神启的方式被掘藏。这就是被归于莲花生或有关莲花生的著作。对这些著作的编注本，从由两个重叠的和由一条水平线分开的小圈，就可以辨认出来。在不认识的语言和文字中的情况即如此。一些活佛喇嘛在某些仪轨中发表了某些译文。

最后，无论民众的皈依状况如何，在791年时，佛教被奉为吐蕃国教。这是否是指唯一的一种官方的或被承认的宗教呢？正如晚期在蒙古皇帝宫廷中出现的那种情况，该宫廷欢迎多种宗教，包括景教。我对此无法作出决断。

藏文文字变成了西藏和蒙古[②]，乃至布里雅特西伯利亚，以及突厥斯坦和汉地[③]的佛教神圣语言。这种语言用拉丁字母转写之后基本是无法发音的。一种多音节的语言是不能用字母转写和难以区别其同样的音素，又缺乏一种复杂的写法。在纂写本部西藏史中加入这些专有名词是第一个困难。赞普的名字是根据其令人棘手的写法确定的，它们对于那些发这些音的嘴唇和阅读的眼睛来说，都是一种严重考验。其真正的发音是不大好办的。

吐蕃最大的赞普墀松德赞薨逝于797年，这是在他执政41

① 本处的“宝藏”指“伏藏”。

② 现在蒙古在宗教方面附属于拉萨，唯有在政治方面它才起重要作用。

③ 汉传佛教则是另一回事，虽然那里西部的大型佛刹吸引了许多吐蕃朝圣取经人。

年之后遭到军事上的严重失利的一年[①]。他的继承人赛那来执政时间不长。他可能向桑耶寺奉献了一部梵文三藏经，现在可能还收藏在那里。他曾三次试图使其臣民们的财富平等，其母以鸩杀而中断了他的良好愿望。他当时仅仅17岁。于是又从印度请回来了大译师莲花戒并赞助佛教。有关木内赞保和赛那来这两代赞普。藏族、蒙古族和汉族史学家们都为此提供了某些不太吻合的资料。赛那来共有三个合法生的儿子。第一位死去了或遁入佛门；第二位是墀松德赞，又叫热巴巾（意为“长发人”），于816年继任王位。他完全不再是黩武之士了，而成为一名虔诚者，占据一个对于他来说过分辽阔的王国。他可能是吐蕃王朝的最后一位“王中王”。

但在此之前，由于热巴巾部下的恶意，而使天朝皇帝感到失望和气馁，后者于819年在一道诏令中抱怨说：“朕临御万邦，推布诚信……申恩示礼，曾无阙焉。”正当最后一位吐蕃使节受到了彬彬有礼的接待后，刚刚离去和还“未出境”时，吐蕃人就如同蚂蚁一般地集合起来，犯边并在河套地区进行大规模的劫掠。皇帝克制了自己的愤怒，令人释放了被擒的使节，认为他们与这次入侵无关，希望对他们的这种宽宏大度和信任，能触动他们的心。

在此后不久，墀祖德赞又与唐朝会盟。会盟歃誓于821年在唐朝京师、边界和822年于拉萨多次重复。会盟誓辞已被雕刻在拉萨城的大寺觉康寺（大昭寺）的石碑上了。双方规定要在给战俘们穿戴好之后，再把他们遣返。当唐朝使节前往拉萨，而从甘肃兰州渡过黄河时，这座已成为吐蕃辖地的城市，还有唐朝的城郭和中心大街。其居民是落入吐蕃政权的汉人。当他们看到唐朝使节的旌节时，便夹道观看。老人手拉他们的孩子向他们诉说

① 据汉文史料记载是785年，正是在这一年或是据《青史》记载的780年，插入了木内赞保的统治期间，某些史料中没有记载他。在这一问题上，仍可能是如同在松赞干布的问题上一样。把在另一位赞普执政期间发生的荣誉事件，归于了其中最著名的一位。

伟大天朝的庄严。

在古边界赤岭，使节发现了两块被推倒的会盟碑，都是汉文碑，藏文碑仍竖立在那里。

在臧河之西南，地很平坦且肥沃[①]。在河岸上有柽柳，山多柏[②]。

> 坡皆丘墓，旁作屋，赪涂之，绘白虎，皆虏贵人有战功者，生衣其皮[③]，死以旌勇，徇死者瘗其旁。度悉结罗岭，凿石通车，逆金城公主道也。至麋谷，就馆。臧河之北川，赞普之夏牙也。周以枪累，率十步植百长槊，中剚大帜为三门，相距皆百步。甲士持门，巫祝鸟冠虎带击鼓，凡入者搜索乃进。中有高台，环以宝楯，赞普坐帐中，以黄金饰蛟螭虎豹，身披素褐，结朝霞冒首，佩金镂剑。钵掣逋立于右，宰相列台下。唐使者始至，给事中论悉答热来议盟，大享于牙右，饭举酒行，与华制略等，乐奏《秦王破阵曲》……百伎皆中国人[④]。盟坛广十步，高二尺。使者与虏大臣十余对位，酋长百余坐坛下，上设巨榻，钵掣逋升，告盟，一人自旁译授于下。已歃血，钵掣逋不歃[⑤]。盟毕，以浮屠重为誓，引郁金水以饮，与使者交庆，乃降。
>
> 元鼎还，虏元帅尚塔藏馆客大夏川，集东方节度诸将百余，置盟策台上，遍晓之，且戒各保境，毋相暴犯

---

① 很可能是指雅砻河谷。

② 有一座王宫就被称为柽柳宫。柏树是南部河谷深处的自然植物。在夏季，树上遍是蝉，震耳欲聋的蝉鸣声是当地的特点。

③ 今天西藏的老虎已经变得很少了。康地的人穿豹皮，仅仅作为衣服里子的下部。雪地的虎是白色带黄条，这是吐蕃人所知道的唯一一种虎，也是他们在绘画中所画的那种虎。

④ 这是由吐蕃赞普从战争中抓回的乐队。

⑤ 佛教是一种官方宗教。汉族史学家记载说要把佛陀供在兵营一角的小佛堂中。“钵掣逋”一名再不是指大巫师，而是指宫廷中的佛教首领和大相。当时就有佛教的宗教大相了，唯有他才可以与达赖喇嘛相比较，戴密微先生指出了此人所起的巨大作用，他后来负责撰写唐朝的会盟条约（《拉萨僧诤记》）。

……尚塔藏语元鼎曰："回鹘小国，我尝讨之，距城三日危破，会国有丧乃还，非我敌也。唐何所畏，乃厚之?"元鼎曰："回鹘有功[①]，且如约，未始妄以兵取尺寸地，是以厚之。"塔藏默然。[②]

汉文史书中的这一段长长的记载值得引证，因为其中含有非常丰富的有关9世纪时吐蕃文明程度的资料：军事王权；仍过着一定程度的游牧生活，尽管有汉族菜肴和印度的细纱头巾，尚很蒙昧；但尽量使其由军事胜利而获得的荣耀，适合外邦宫廷的方式。由此而产生了无可指责的外交习惯。最后是吐蕃元帅的饶舌，被唐朝使节的一句打下去了，即仅仅在提到由他所代表的被触怒的荣誉。

当时佛教在立法中只占有很少的位置，尽管据《玛尼宝训集》记载，松赞干布可能把理想法建立在了《十德经》的基础上了。松赞干布在废除他之前的12位小国王自利性的法律之后，又颁布了道德法。他惩处了十恶。惩罚也针对宫廷中那些仅仅要求避免作孽的人。这已经就是一种宗教政权向一个精英阶级发号施令了。它要求民众，即世俗政权实施以十六诫的形式出现的十德，其中也包括自然法并反映了孔子的智慧行为。实际上，在9世纪时，司法从征服的必要性和维护权力机构，尤其是维护道路安全方面获得了启发。这一时代为我们留下的唯一文献，就是诏令或出自现职官员的应时命令。但它们足可以使人了解，作为他们的资料来源以及他们解释的全部风俗习惯。此外，他们还参阅了一部根据估计盗窃的款项的多少，而量刑的刑法。各种性质的罪行都将被视作是盗窃了一笔特定的款子。法官只要参阅一下刑法即可宣布判决。但对于特殊的偷盗，判决将要考虑到三种因素：受害者的社会地位、实施偷盗时的困难程度、所盗物的性

① 即在夺取西安府之后与吐蕃人作战。

② 这是伯希和在法兰西学院讲授有关吐蕃的汉文古文献时所讲解的情况。此两段文字实则引自唐刘元鼎《使吐蕃经见纪略》一文，见《全唐文》卷七一六——译者

质。其等级共分成了三大类：平民、平民以上和大相、公主或王后以下；大相、公主或王后；再向上直到王子，国王和国家，但我们的文献未对此作记载。行窃的地方可以是一所房屋或营地，一顶开着的或关闭的帐篷，一处有或无狗看守的帐篷。最后，诏令规定了对偷盗青稞、马匹和银钱的处罚，这些东西是西域道路上最需要和最为引人垂涎的东西。所有这些因素都改变了行窃和惩治的严重性。甚至对于行盗的意图都要惩罚。一个尚未来得及行窃的盗贼，其条件是假设他家中存有更多的白银的话，那就将被认为是偷窃了 2 两；如果他家中所存白银不足二两，将被认为是偷盗了一两半。“如果一匹马被盗，除非他是大相和非同一般平民，假如行窃者在试图出售时被抓获，那就要把马匹折成白银的两数和钱，然后行运撬开关闭的宅门而行窃的法律。”这种法律似乎仅仅保护王子、官吏和商人。当时的法律至少有一部分如此，施行神意裁判，主要是以火来进行。

热巴巾赞助和传播佛教，但并不是任何一种佛教。他主张的是中观宗佛教，在藏文中叫乌玛巴，也叫作中道。它是以龙树的教理为基础的，已经流传 8 个世纪之久了。这是由寂护传入的教理，该教理在宫廷之外很少有所知，未能传入民间。它比理想主义更为消极，尽管其名称很有节制，但却是绝对的虚无主义。它不仅否认现象的明显真实性，而且还否认现象本身，不仅否认因果，而且也否认一切。除了那些流传不甚广的著作之外，龙树的思想还包括在《大智度论》中。这部经文发挥得最为充分的一种文本，共为 10 万偈，一种较简本共为 2.5 万偈，另外一种只有 8 偈。所有的吐蕃人家庭都根据其财富而拥有一部部头大小不等的该经文。这部书成了非常活跃的贸易对象。家长们让他们的祖师或住在他们家中的过路喇嘛来诵读，以确保彼世的功德和本世的好收成。在今天，无论是他们还是其祖师，都不大懂这部过分深奥的经文了。这是命中注定要产生的僵化，随着岁月的流逝，通过这种僵化作用而使一种教理思想，干涸到仅仅存在于文字之中了。但热巴巾想以玄学的内容来说服其臣民。色界是空的和虚幻的。因此，它对于我们的感官和感觉的反应，也是空的和虚幻的；我们由感性认识而产生的思想，也是缺乏真实内容的，由思想而产生的意志是缺乏基础的。对这几类因素或意识的概括完全是幻想，其中不存在“我”。此外，我们在西方说：“二者必居其一”。龙树说：既非此种又非彼种事物，既非生灵也非非生灵。事实上仅仅是为了锻炼我们的思想，它远离了我们，即在我们对立面的中道，以及我们的理解无法接触的道路上调和了。当时甚至向吐蕃小学生传授人类复合体的空性。

这种教理以其最为简单的形式《般若波罗蜜多心经》（一种普通经文中的两页）在热巴巾时代就已经传播开了。敦煌8世纪的藏书中就包括它的某些收藏品。《心经》于今天和过去一样，也大量传播[1]—种类似的教理，它对于行动来说具有毁灭性，逐渐适合了一位软弱的、神奇的、仅仅注重于宗教辩论而不是维持其王国的国王。

赞普的兄弟朗达玛被唐朝称为达磨，他后来被当作是一位亵渎宗教的人，但他仅仅是民族传统的保守者和外来宗教的敌对者。他令人通过扭断脖子而杀死了其兄赞普。“把其面扭向了背部一侧。”这是836年的事，朗达玛夺取了王位，驱散了僧侣，迫使他们还俗，强迫他们结婚和拆毁其寺院。842年，朗达玛本人又被一名化装成舞蹈家的和尚[2]所杀。后者在他长衣袖中藏有一张弓。他边舞边逐渐接近赞普，突然向赞普射了一箭。射穿了其咽喉，把他钉在了座位的靠背上。他骑上了自己的一匹用炭染黑的白马。由于他泅水渡河，所以当马出水时就变成白色的了。同时，和尚又翻穿了自己的白黑大衣。他就这样逃脱了追捕者，后者被甩脱了或被这一奇迹吓坏了。他到达时是魔鬼，在离开时反倒成了天使。这一事件每年都要用隆重的宗教舞蹈来纪念，象征性地追述这一悲剧的主要情节。但人们也表演有关同一内容的哑剧。其中对这位凶残的人作了嘲弄并使大家取笑他。

---

① 1920年，在北京还可以发现这一经文的藏文、汉文、蒙古文和满文刊本。

② 此人叫作贝吉多杰（吉祥金刚），属于拉垅寺。

传说中也有朗达玛，并把他作为魔鬼的化身和凶残的人。其中认为他长有小角，这是其恶魔本性的象征，他细心地将之藏在帽中。他比美提亚国王更多疑，为了使这一秘密能得以保守，他每天都杀死为他梳戴的女子①。在吐蕃人的记忆中，其名字受人憎恨的程度，就如同虔诚国王的名字受人尊重一般。

朗达玛的抑佛似乎没有触及到莲花生一派的信徒们，后者很少在教团中生活，而且也婚配。这种迫害触及到了那些许愿要独身生活者们的教团。当时很可能毁掉了一些经书，其余的则被伏藏起来了。对于某些经文的发现产生了掘藏师们的传说。在篡权者死后，被流放的僧侣们没有立即返回。然而，史料中在这一点上是互相矛盾的。据史学家布顿记载，当佛教在卫地和藏地消失了 70 年之后。经过十名僧侣的努力才得以恢复。其他作者们认为是在 108 年之后。但这后一个数字具有象征性意义，并没有历史意义。宗教史希望佛教的隐没是短期的，而且仅仅是由于一魔鬼的妖法。然而，在两个世纪之后，我们将会看到像阿底峡那样的印度班智达和玛尔巴那样的吐蕃人，也在吐蕃从事弘法事业。

我们可以怀疑在事实上是否有一种巧合，即在朗达玛开始抑佛的 4 年之后，在唐朝也爆发了对外来佛教僧侣的法难，其中受迫害者之中就有印度人宝月。到了 845 年，抑佛就触及到了佛教本身。

以上就是吐蕃史学家们在宗教传说方面对热巴巾和朗达玛的看法。墀祖德赞与汉族史学家们所说的达磨，具有一个略有小别的方面。前者在获得了许多可靠的保证之后，在 821 年会盟时设法使人承认了他占据的全部领土，从而确立了吐蕃短暂的鼎盛时

---

① 由朗达玛发明的这种帽子被称为“高塔”帽，后来变得很时髦了。当时，唯有贵族才有权戴它。它包括有一个椭圆形的小圣物盒，一般都是金质的，固定在两个角上，这是根据拉萨地方政府中的地位而决定的贵族标志。他们那些没有任职的儿子和其他地区（甚至包括藏地）的大官吏们，都应该戴这种扎在垂到胸部的辫子上的宝盒。第一类叫作“政府的仆从”。其帽子上的两个角形成了一个奇怪的小垫圈，两端绑在头顶上，或者是朗达玛有两只鹿角。这一非常特殊的小物件就使他在外表上有一顶小白帽或一顶合头的帽子。参阅图齐的《到拉萨及其以外地区》第 1 版第 100 页对页，有关戴这种帽子的贵族们的画像。

期。继此之后，他与唐朝维持友好关系。“虏使来，必报。所贡有玉带、金皿、獭褐、犛牛尾、霞氈、马、羊、橐它。赞普立几三十年，病不事，委任大臣……死，以弟达磨嗣。达磨嗜酒，好畋猎，喜内，且凶愎少恩，政益乱。”（《新唐书·吐蕃传》——译者）除了被其敌对的兄弟和佛教的破坏者杀死了虔诚的赞普之外，两种面貌的人——宗教人士（吐蕃人）和世俗人士，毫无困难地结合在一起了。

（译自法国巴黎1962年出版的《西藏史导论》）

"吐蕃"名称源流考

路易·巴赞　哈密屯

以 Tebet、Thebet、Thebeth、Tgbot、Thibocht 形式出现的"吐蕃"（Tibet）一名在欧洲语言中要上溯到 18 世纪中叶①。其中带有-h-的拼写法（如同 th 一样）②，可以不予考虑，因为它没有真正的语言意义，要归于一种继承用拉丁文拼写外来词［?］的中世纪传统，"吐蕃"（Tibet）一名的 Tebet 和 Tibot 等书写形式，都是由中世纪的欧洲旅行家们同时向其蒙古文形式 Töböt

---

① 尤其是在马可·波罗、鲁布鲁克（Rubrouck）、柏朗嘉宾（Plan Carpin）和鄂多立克（Odoricde）的著作中更为如此。请参阅布勒士奈德（E. Bretschneider）：《中世纪研究》第 2 卷，第 24—25 页，特别是列昂·费尔（Léon Feer）：《吐蕃名称的辞源、历史和拼写法》，其摘要载《第七届国际东方学代表大会论文集》（维也纳 1886 年版，第 63—81 页），维也纳 1889 年版，第 1—19 页。由列昂·费尔根据藏文 bod 而提出的吐蕃名称的辞源，至今在学术界仍然广泛受到支持，正如梅维恒（Victor H. Mair）的近作所证明的那样，见《吐蕃与吐鲁番，论吐蕃和吐鲁番古代汉名的起源》，载《西域和内陆亚洲研究》第 1 卷（1990 年），第 14—70 页，他重复了费尔的所有论据。此外，正是梅维恒这后一篇论文在某种程度上导致了本文解释吐蕃名称的尝试。有关这一问题，请参阅梅维恒在《中国—柏拉图研究》的最后一部分（宾夕法尼亚大学东方研究系）第 18 卷，1990 年 5 月，第 B-8 和 B-9 页。

② 请参阅在伯希和的《马可·波罗注释》中罗列的 t-th 之间交替变化的大量例证（第 1—3 卷，巴黎 1959 年—1973 年版），诸如 Catay-Cathay 来自 Qiray（契丹）、Temu-Themur 来自突厥文 tämür（铁）、Themurči 与 Tämürçin（铁木真、成吉思汗的名字）、Tauris-Thauris 系指波斯城市讨来思或大不里士等，在其他地方还有 Alcai-Alchai-Altai 用于指阿尔泰山等。

（见下文不远处）和向同一个名词在波斯语中的形式 Tibit、Tibbit、Tibbet、Tibat、Tibbat、Tibbut，Tibbat 等借鉴而来的[①]。至于该名词的波斯文形式，它们在大部分情况下都可能是以 Tubbat 的写法为基础的。它一般都被写作 tbt、tbbt 或 Tubbat，这是阿拉伯文中的“吐蕃”名称，它就这样出现在 9—13 世纪之间的穆斯林史学家或舆地学家们的大量著作中[②]。然而，阿拉伯文的形式 Tubbat 却作为诸如粟特文中的 Twp'yt 那样的一种写法的正规对音。我们把这种粟特文形式读作 Topet，它作为吐蕃的名称，而出现在可断代为 9 世纪第二个 10 年的喀喇巴勒哈逊三体文合璧碑文中粟特文行文第 19 行的开头处[③]。事实上，其阿拉伯文形式中的第 1 个开口元音-u-就相当于 twp'yt 中的开口元音-w-，Tubbat 中的强开口浊辅音-bb-就相当于在阿拉伯文中付诸阙如的开口清辅音-p-。至于 twp'yt 中的两个粟特文字母，y 可能标注的-e 或-ä-一类的半开口和中前唇元音（它在阿拉伯文中同样也付诸阙如）在 Tupbat 的尾音节中则用开口元音-a-来表示。吐蕃名称的 twb'（'）yt 这种形式同样也出现在被断代为 841 至 842 年的拉

① 请参阅德麦松（Pierre Desmaisons）的《波斯文—法文辞典》（第 1—4 卷，罗马 1908—1914 年版），第 1 卷，第 459 页，第 2 行；斯登加斯（F. Steingass）的《综合波斯文—英文辞典》（伦敦 1892 年版）第 279 页第 2 行。

② 有关提及吐蕃的中世纪各种穆斯林舆地文献，请参阅费郎（Gabriel Ferrand）：《阿拉伯波斯突厥东方古文献辑注》，巴黎 1913—1914 年版，第 2 卷索引第 730 页有关吐蕃的条目。大家还可以参阅在由若贝尔（A. Jaubert）刊布的《埃德里奇舆地书》（1836—1840 年巴黎版，第 1 卷，第 490—943 和 498 页；第 2 卷，第 221 和 350 页）中将吐蕃名称记作 tbt 的形式。有关 tbbt 和 tubbat 的写法，请参阅米诺尔斯基（V. Minorsky）版本的《世界境域志》第 92—93 页，同时也请参阅其《马韦奇论中国、突厥和印度》第 42 节，第 27—28 页和 16—17 页。

③ 我与奥拉夫·哈桑（Olaf Hasan）的读法不同，他在这条题识的第一个版本中，于此在第 19 行读作 twp'wtč' hy（吐蕃人）。请参阅哈桑：《粟特文书和喀拉巴勒哈逊碑解读》，载《芬兰—乌戈尔学会会刊》第 44 卷，第 3 期，赫尔辛基 1930 年版，第 20 和 24 页。哈密屯（J. Hamilton）于 60 年代根据拉科斯特（Lacoste）的拓片而对该碑的释读中读作 Twp'ytč'ny，而且也如同粟特文专家吉柯丰在他对喀拉巴勒哈逊碑的粟特文进行释读时所作的那样，其文载《内陆亚细亚研究》第 28 卷，1988 年，第 34、37 和 47 页。

达克粟特文碑铭中①。此外，在一篇很可能是于9世纪前后写成的帕拉维（pehlavi，中期波斯语）语的文献中，出现了用twpyi的词形来作为吐蕃的名称②。另外，11世纪的希腊医生西梅翁（Symeon，塞特[seth]的儿子）可能把Touπά za或Touàz作为了麝香出产地的名称③。然而，吐蕃的名称在粟特文、帕拉维文和希腊文中的这些不同形式，都可以归结到一种雏形Topet。

在时代上继续向上追溯，在8世纪上半叶的鲁尼突厥文碑铭中，大家也发现在古突厥文中用Töpüt的形式来指吐蕃的名称④。然而，在我们读作Töpüt的鲁尼突厥文形式和我们读作Topet的粟特文、帕拉维文或希腊文形式之间，存在着一种明显的差异。这就是说，在第一种情况下，是于第二个音节上存在着一个开口元音-ü-；在第二种情况下，则是于第二个音节上存在着更为开口的元音-e-或-ö-。然而，诸如-e-或-ä-的第二个半开口元音与诸如第一个开口元音的结合，在突厥文中显得是很正常的；诸如-ü-那样的第一个开口元音分裂成一个诸如-e-或-ä-那样的半开口元音，则显得是特殊的。因此，我们就会趋向于假设认为，诸如

---

① 有关拉达克的碑文，请参阅米勒（F·W·K·Mille）：《拉达克的粟特文碑文》，载《普鲁斯皇家科学院会议纪要》，1925年，第371—373页；邦文尼斯特：《粟特语考证》，载《东方和非洲研究学院学报》第9卷，1938年，第502—505页；普雷斯登（Mark Presden）：《粟特语及其文献》，载《剑桥伊朗史》第3卷，第2册，第1229页。这篇简短的碑文已被断代为210年，无疑属于伊嗣俟（Yaztigird）统治时代，它以这样一段文字结束："致吐蕃（Tw p'(')yr）可汗的信"。字母之间的一细横笔（'）以及吐蕃名字中的y（大家有时也读作Twp'nyt和Twp'yyt）应该相当于石碑上的一处瑕疵，而不是一个字母。

② 载《〈耶斯那（Yasna）〉注释》第4卷第58页，请参阅《〈耶斯那〉注释和三种帕拉维语残卷》，由安克莱萨里亚（Anklesaria）发表的原文、对音转写文和英译文，孟买1957年版，第34页。有关对该文的可能断代，请参阅吉努（P. Gignoux）：《论〈阿维斯陀（Avesto）〉中的〈耶斯那〉之存在》，载《亚洲研究学报》第32卷，1986年，第53—64页。

③ 请参阅前引列昂·费尔：《吐蕃名称的辞源、历史和拼写法》，第12页注［1］。

④ 尤其是在阙特勤碑和毗伽可汗碑第4—5行中，分别于东侧或其他地方。请参阅汤姆森（V. Thomson）：《鄂尔浑碑铭释读》，载《芬兰—乌戈尔学会论丛》第5卷，1896年，第98、114、115和140页；奥尔昆（H. N. Orkon），《古代突厥碑铭》第1卷，弟24、30和52页，第1卷索引第169页。有关在第一个音节中带有ö（而不是ü）的句子的读法，请参阅下文不远处。

Topet（也就是突厥文中的 Töpät）那样的一种形式，是于比从 9 世纪初叶而不是 8 世纪的 Töpät 最多晚一个世纪的时候出现的，但它却应该是早于这后一种形式。

我们在这方面应重提一下从 7 世纪初叶开始，汉人在唐代用于指 Tibet 的形式出现的名词“吐蕃”（高本汉对音写作 t'uo-pi-wen，蒲立本认为是 t'o-puan）①，这种汉文对音很可能在公元 600 年左右②来标注一种诸如 Töpäh 那样的形式。然而，Töpän 和 Töpät 也完全具有同一个词 töpä 的两种不同形式的外貌，而该词很可能是一个意为“顶峰、高度、高地”③ 的众所周知的突厥文，或者是它在一种阿尔泰语中的对音词。o-n-t 的反复变化是蒙古文的特征，其中一方面是带-n 的名词复数形式是通过由-t 来代替-n 而形成的；另一方面是名词中的尾音-n 往往是不发音的：mori（n）意为马，其复数形式为 morit；el či(n)意为“使者，使节”，其复数形式为 el čit；sumu(n)意为“箭”，其复数形式为 sumut 等。这种现象在突厥文中要不明确得多，此类反复变化于其中仅仅是偶然地和间断性地出现，没有形成诸如蒙古语中的那种正规体系。元音之后的哑音-n 于其中以残存状况保持下来了：指示代词 bu(n)附有一种没有附带成份的形式 bu，以及带有变化的后缀之前的词根 bun-（在回鹘文中变成了 mun-；在大部分现代语言中，位置格为 bunda 或 munda；其复数形式为 bular

① 有关“吐蕃”的名称，请参阅诸桥辙次（Moroha shi Tetsuji）：《汉和辞典》第 3300—3373 页条，第 3 卷，第 842 页。有关这些汉文方块字的古代发音，请参阅高本汉（B. Karlgren）：《汉文典修订》（1957 年斯德哥尔摩重版）第 62d 条，第 37 页和第 195m 条，第 71 页；还可以参阅蒲立本：《中古汉语，历史语音研究》，温哥华 1984 年版，附录 1，第 232—237 页有关中古汉语的发音问题和晚古汉语的问题。

② 为了解释说在公元 7 世纪左右之前，人们在汉文文献中未发现指西藏人的专用名词（也就是“吐蕃”），大家无疑应假设认为汉人直到那时为止实际上并不了解他们。有关这一问题，特别请参阅莫勒（G. Mole）的著作：《从北魏到五代时期的吐谷浑人》，罗马 1970 年版，第 172 页注［473］。我们于其中在有关 641 年事件的问题上，可以读到对吐蕃名称的论证。

③ 克洛松（G. Clauson）：《13 世纪之前突厥辞源辞典》，牛津 1972 年版，第 436 页；多尔菲（G. Doerfer）《新波斯语中的突厥和蒙古语成份》第 2 卷，威斯巴登 1965 年版，第 172 条，第 450—452 页。

或 bunlar 等）。如古突厥文 ortu（中心，中央）和 ortun（中央的），对于形容词 tolu（充满的）也会造成同样的现象，但 tolun ay 意指“满月”（在奥斯曼语中作 dolu、dolun · ag）。蒲立本在一篇有关古汉语辅音体系的论文中①，阐明了非常著名的职官尊号“达干”（tarqan）的一种古突厥文 tarpa 的踪迹，以及与 bôri 同时存在的；用于指“狼”的一种形式是 bôrin②，“狼”是“达干”的某些大官吏们为纪念突厥人的神话先祖而享有的尊号。至于在蒙古文中很正常的以-n 结尾的名词，那种带有-t 的复数形式，它出现在古突厥文中以指特勤（tegin，其复数形式为 tegit）和达干（targan，其复数形式为 targat）。人们普遍都会将此视为蠕蠕人（?）——古蒙古语的一种影响，这是非常可能的。但这个问题由于以-t 结尾的复数形式，也存在于粟特语中的事实，而复杂化了。因为粟特语是一种东伊朗语，它曾为古突厥文提供了许多借鉴因素。此外，大家在突厥文中发现了许多与以-n 结尾的名词和带-t 词尾的蒙文复数形式相同的写法，但由于失去了一个复数名词的意义，所以突厥文 Bayat（主，神）、蒙古文 bayat（富翁）则是 bayan 的复数形式，突厥文 süt（奶）在蒙古文中作 süt，指“奶制品”，它是 süt（奶）的复数形式。最后，古突厥文在 alparut（勇敢的武士）元音之后，具有一种带有-t 的复数形式（不带-n，可能是哑音的-n 脱落了），它是 laparu（在蒙古文中未出现过的词，在突厥文中系派生自 alp 一词，意为“英雄”）的复数形式，古突厥文 qana-t（翼，请参阅蒙古文 qana，意义相同）可能是以-t 结尾的一种古老的复数形式，但却未受此影响，变成了单数（请参阅上文的 süt 一词）。

蒲立本于其前引论文中，最终成功地在突厥文官号的最古老汉文对音中，辨认出了最后一个音节的元音之后的一种三项轮番变化的遗迹：-o ~ -n ~ -t（如指“达干”的 tarqa ~ tarqan ~ tarqat，

---

① 蒲立本：《古汉语中的辅音体系》第 2 部分，载《泰东》杂志第 9 卷，第 2 期，1963 年，第 226—262 页。

② 同上引文第 261 页。

指“特勤”的 tegi ~ tegin-tegit)。我们在 töpä(顶峰)~ ptöpän ~ töpāt(吐蕃)的形式中，重新发现的正是这种轮番变化。正如大家已经看到的那样，这同一种反复变化在蒙古文中是传统性的(morin ~ morin 意为单数的“马”，morit 则意为复数的“马”等)。töpä 所具有的“顶峰、高地”的意义，完全适用于指“世界屋脊”，也就是一个著名的高海拔地区。我们提议将一种突厥语或突厥—蒙古语的辞源归于吐蕃的这些名称（因而也是归于它们后来的阿拉伯—波斯文以及更晚期的西文名称)。

因此，我们的提议，与一般人根据藏文词 Bod 而提出的“吐蕃”名称的辞源是矛盾的，Bod 是该地区的一个土著名词，有时与土著宗教的名称 Bon（苯教）交替使用，有时又由其他藏文词作以补充以形成 stod Bod（上部吐蕃）或 mtho Bod（高部吐蕃)[1] 等词组。这样的辞源是以藏语的近代发音为基础的，其中提到的具有“上部、高部”意义的形容修饰词，经受了一种语音损耗，从而把它们分别简化为 to 或 t'o（tö 或 t'ö)。因此，“吐蕃”的外来名称的各种不同写法，都要追溯到 to-bod 或 t'o-böd(tö-böd 或 t'ö-böd)，这就可以很好地解释出现在 8 世纪前三分之一年代的古代突厥文碑铭中（鄂尔浑第一和第二碑）中的 Töpüt(吐蕃）的形式了。但为了从辞源上进行证实，而依靠一种与所解释的事实晚 1000 年的发音，则具有冒险性。此外，这种假设也会与下述事实相抵触，汉文中“吐蕃”一个最古老（7 世纪初叶）的异文就相当于 Töpän 或一种类似的发音，无论如何是带有-n 而不是-t 的尾音，而这个时代的汉文对音明显地把尾音-t（或者是 Bod 中的-d）与-n 区别开了。

8 世纪的突厥文 Töpüt 不仅远不能驳倒一种以 töpä（顶峰，高地）为基础的突厥语或突厥—蒙古语辞源，而是更应该是由于第二个音节中的元音 ü（而不是 à）形成一种确认。因为古典

① 特别请参阅本文开始时引证的费郎和梅维恒的论文，同时还可参阅格李默德(Grenard)：《西藏》(巴黎 1904 年版)，第 242 页注①；哈密屯：《五代回鹘史料》（巴黎 1955 年版）第 20 页注［3］。

回鹘突厥文（8 世纪碑铭中突厥文的直接继承者）经常把这个指“顶峰”的名字写作 Töpü 的形式。这里是指第二个元音与第一个元音的一种开口同化。大家在蒙古文中也发现了这种情况，其中除了其传统的（古老的）写法 twyb'd = Töbät 之外，我们在近代发音中还发现了 Töwöt（吐蕃，早在 1240 年左右的《蒙古秘史》中就已经写作 Töböt）[1]。我们在这个问题上还应该指出，蒙古文的写法（很可能是借鉴自突厥文）促使人读作 Töpüt，而不是根据传统而自最早读音（8 世纪的突厥文碑铭中的形式）所作的那样。同样，我们应该读作 töpu（顶峰）而不是 tüpü，后者是写作 twypw 的古典回鹘文形式，其中的音节 wy 标准为-ó-。请参阅新回鹘文 töpä、柯尔克孜文 töbö 等，它们也具有同样的意义。

“乌古斯”突厥文中带有 ä 第一个元音的形式（奥斯曼语 täpä，安纳托利亚语 täpä ~ däpä，土库曼语 däpä，均意为“顶峰”）提出了一种历史语音的问题。如果它们代表着对一种旧有状态的保持，那就应该承认诸如 töpä 这类的形式，经受了在后一个辅音 p 影响下的第一个元音的唇化过程。这样一种语音发展在理论上是可能的，但我们在这个方言领域中没有找到例证，如动词 täp-（尥蹶子、踢蹄子，指马匹）的音节 täp，也完全出现在古典回鹘文和喀喇汗王朝的突厥文中了，它于其中明显与 täpü 中的词组 täp（顶峰，颅顶）相对立[2]，保持了元音 ä（在奥斯曼语中作 täp，在土库曼语中作 däp，具有相同的意义）。但大家在奥斯曼语和安纳托利亚突厥语中观察到了一种相反的发展过程，也就是在古突厥语 köp（qop-köp，意为“大批、全体”）的 käp 中的一种唇音的退化（p 之前的元音非开口化）[3]。带有 ö（töpü）的形式出现得要古老得多，大家最好是把它们视为历史上的早期写法。

---

① 海涅什（E. Haenisch）：《〈蒙古秘史〉中的辞汇》，莱比锡 1939 年版，第 183 页。

② 上引克洛松：《13 世纪之前突厥语辞源辞典》，第 435 和 436 页；杰夫纳朱尔斯基（Drevnetjursij）：《辞典》（列宁格勒 1969 年版）第 552 页和 580 页。

③ 上引克洛松书，第 686 页；杰夫纳朱尔斯基：《辞典》第 317 页。

这种考察导致了修改一种假设，即认为 töpä ~ töpü ~ tä-pä 等词的蒙古文对音词，可能是词根 dä'ä-（古典蒙古文作 dägä-，其中的 g 表示在一个音节间，辅音脱落之后的一种误写），意指“在……之上”、“在上部”。它产生了各种派生词，带有后缀-rä、dä'ärä（13—14 世纪）、därä、där 等，其辞意都为“在……之上”；带有后缀-tü、dälätü、dätü、dät 等，意为“在上部”或“在高部”①。这种假设是以一种已得到明确证实的事实为出发点的，这就是在那些-p-普遍失去了其闭音的蒙文词中，便相当于具有音节间的一个-p 的突厥文。大家发现了一种元音重复，稍后不久又带有一种结合。例如，突厥文 qapa（封闭）~ 蒙古文 qa'a（有时又写作 qara-或 qā，意为关闭、封闭）②，又会导致提出一种 däpä（甚至是 däpä）之雏形的假设（以解释突厥文的开唇元音）。这样就会引起多种异议。我们刚刚阐述了支持第一个元音 ö（而不是 ä）的原因。对于第二个元音来说，各种突厥语言的内在比较，使得一个 ö 的存在变得更为令人质疑了，元音 o 和 ö 似乎是原来就固有的，出现在保存于第一个音节中的突厥文中（o ~ ö 在非起始音节的出现，是由于 a ~ ä 的开口音同化的次要现象，或增加一些与前面的词结合或合，并而失去重音的词汇的原因）③。此外，蒙古文的声母 d-的正规突厥文对应词是 y-（蒙古文 dai-sun ~ 突厥文 yari-sun，意为“敌人”，蒙古文 da'aki、dāki ~ 突厥文 yapari-，意为“羊毛”；蒙古文 dü-zügä，意为马镫子，~ 突厥文 yüzük 意为“环”、“索圈”等④。当然，这后一种

---

① 上引海涅什书第 34 页的 de'ere；第 35 页，dege'unuber，带有一个保留下来的-g-。

② 上引海涅什书第 54 页，ha'ahu（环绕）。有关已清楚地知道的蒙古文或突厥文形式，请参阅大家常用的各种辞典。

③ 出现了婆罗谜（Brāhmi）文字的突厥回鹘语中的非开始音节中的 O—ö 的写法（当不是指未参照语音差异的机械记音时）应该是对由 t-ü 的造成的结果（比较开放）的特殊差异的记音，没有采用在语位学上的合适作法。在回鹘语中，诸如 birök（在……情况下）那样的写法标志着 oq-ök 失去重音词的结合（上引杰夫纳朱尔斯基《辞典》第 1 卷，第 103 和 369 页，第 4 卷第 382 页）；奥斯曼语中现在时的后缀是一个古老的失去重音的辅动词 yori-（行走，前往等）。

④ 特别请参阅鲍培（N. Poppe）：《阿尔泰语言比较语法》，威斯巴登 1960 年版，第 22—23 页。

论据并非是决定性的，因为大家在声母中发现了蒙古文 d-和突厥文 t-的对应关系。蒙古文 dör-bän ~ 突厥文 tör-t，意为“四”；蒙古文 darpan ~ 突厥文 tarqan 意指“达干”，是一个官号，请参阅上文；蒙古文 dalai ~ 突厥文 taluy，意为“海洋”）。但这里也可能是指蒙古文中的古清辅音 t-浊化为 d-的过程，大家可以认为我们掌握了有关“达干”这个尊号的历史证据，所有的古老证据都因此而支持声母 t-而不是 d-的写法。于 taluy 和 t rt（无疑应为 tört）于 8 世纪时的首次出现，与 dalai 和 dörbäu 在 13 世纪的出现之间，具有近五个世纪的间隔。古典蒙古文 t-向近代蒙古文 d-的浊化进程，在南部和东部的各种方言中，尤其是在鄂尔多斯蒙古语的相当数量的辞汇中，都已经出现了：古典词 toqo（为马匹等备鞍子）、toqta-（坚持，保持坚定）、tasura-（折断、撕下或自我粉碎）、tusa（有益，有用）、tata-（拉、拽，请参阅突厥文 tart-，其词义相同） ~ 鄂尔多斯语 doxo-、dorta-、dasur-、du-sa、dusa、data-（具有同样的辞义）[①]。同样的现象从 11 世纪起就出现在乌古斯突厥语中了：daqi（也，普通突厥语作 taqi，请参阅蒙古文 taki ~ daki，意为“也”，借鉴自突厥文）；däuä（骆驼，古突厥语作 täwa[y]，täwi，请参阅蒙古文 tämägän） 等[②]。这种清辅音浊化的现象比出现在许多奥斯曼语、安纳托利亚突厥语和土库曼语中，正如前引 däpa（顶峰）一样。它是过渡性的，因而对于辞源比较学没有多大意义。正如大家可以在古代和现代安纳托利亚突厥语的许多方言性犹豫不决中，所发现的那样：däp ~ täpä，duz ~ tuz（盐）、dürlü ~ türlü（种类）等。那些古突厥文始终保留 t-的辞汇，也都如此。

在许多情况下，带 t-词尾的一个古突厥文的对应词，则以带声母 d-的形式出现。这里是指蒙古文向突厥文的借鉴，也正如对于前引 daki 和 darqan 一样。大家在已知的最古老的蒙古文献

---

① 鲍培：《蒙古语比较研究导论》，赫尔辛基 1955 年版，第 102—105 页。

② 11 世纪的回鹘语方言中由 t-到 d-的浊音化，已由喀什噶里（Kasgari）所指出，请参阅阿塔赖（B. Atalay）：《突厥语大辞典》，安卡拉 1943 年版，索引第 165—166 页。

《蒙古秘史》（约为1240年左右）中找到了明确的例证，它于其中在törä和dörä（法律、规则、习惯法）之间犹豫不决，这是向古突厥文töra（8世纪）的借鉴[①]。在经过阐述我们对于在突厥文töpä、töpü、täpä等（顶峰），与蒙古文dä'-ä（在上部、高部）之间的辞源比较，我们便认为，其辞义是出自“最高的”和“最好的”的突厥文yeg、其正常对应关系应为蒙古文中的-d ~突厥文中的y-，dä'-ä要上溯到dägä-，保存在古典蒙古文的写法中[②]。这种考证又使我们趋向提议，将蒙古文dobo（山岭）作为突厥文töpä（其今日尚无多见的意义仍是“山峰、山岭”）的对音词，我们倾向于将此视为向突厥文的一种借鉴，带有声母的浊化（请参阅daki、darqan和dörä），最不常见的则是元音级的变化。

如若无这种变化，那么其辞源就很清楚了，在döpä之前带有经浊化的声母的töpä，清辅音p从古蒙古文时代就已经失去[③]，p变成了bo就如同在向突厥文topraq（土地、腐殖层）借鉴的蒙古文tobraq ~ tobroq（近代作towror等）中一样，由此而产生了döbä一词，它由于在蒙古文中常见的唇音结合的原因其中的ö……ä和o……a的古老变化过程变成了由ö……ö和o……o的变化（请参阅Töbät先变作Töböt和后又变作döbö、döwö，而不是dob和dowo[均意为“山岭”]的例证）。

因此，我们应该研究一下元音级的这种变化（对于同一个词在突厥文和在蒙古文中都带有等级的对立）是否为可能，其例证很罕见。如果排除了那些由于后缀i的不稳定性而变得不大可靠的例证的话，那就是由此而出现了i-i的反复变化，正如在

---

① 海涅什：同上引书，第37和151页；杰夫纳朱尔斯基：《辞典》第580和581页；上引克洛松书，第531页。该突厥文就如同对于töpä-töpü一样，以两种不同的形式出现（尾音-ä ~ -ü），törö-törü。在这两种情况下，正是带-ü的一些不同写法出现在8世纪的碑铭文献中了。

② 汉文对音转写词在aäga'ün中保留了带有-g-的dägä-，海涅什作dege'n，上文业已引证。

③ 上引鲍培《蒙古语比较研究导论》第93—98页。

突厥文 bič- ~ bič（砍断）、bin-bin（千）等词中一样。但大家在突厥文（tarqan ~ tärkän，“干达”，官号，上文业已提及）和蒙古文（ratu- ~ gätul-，意为“穿越”，请参阅突厥文 käč-）中的某些颇有意义的例证。至于那些对于同一个辞源相同的假设词，而使突厥文与蒙古文相对立的例证（唯有它们才使我们的假设合乎情理），则更为罕见，正如大家在或然性问题上所预料到的那样。因为在突厥文的 i/a 和在蒙古文中的 i/b 的一种可能性的组合，导致了在类似情况下的 i/ab 之可能性。但是，在排除了所有令人质疑的情节之后，我们却可以举出两个意义相反的例证（突厥文中的后部元音，蒙古语中的前部元音，或反之），它们的语意一致性是相当真实可信的：突厥文 qarya ~ 蒙古文 käriyä（乌鸦，qarira ~ kärigä）；西部奥斯曼和安纳托利亚突厥语 öbäk（堆积，堆）~古典蒙古文 obora(n)和近代蒙古语 owö(n)（石堆，鄂博，俄文作 obon，äbägä(n)-obaran)。突厥语中对于唇音中塞音的保留，在其他地方却会使人猜测到，其前面还有一个长元音的 p 的更古老的雏形 öpägä(n)-oparu(n)，因为短元音之后的 b 变成了西突厥语中的 w 或 v（8 世纪的碑铭突厥文中作 ab，安纳托利亚语和奥斯曼突厥文中作 av，意为“猎物、猎狩”）。请参古典蒙古文 aba，近代蒙古语作 aw，意为“围猎、哄猎”。

这后一个例证对于我们的假设具有下面一个词组的语音对应意义：突厥文 öpä 或 öpä ~ 蒙古文 dobo（山岭），突厥文 öpäk 或 öbäk ~ 蒙古文 obora(n)（堆积）。

因此，在结束这段有关辞源的冗长讨论时，我们提议根据该地名的最古老的汉文对音“吐蕃”（Töpän，7 世纪初叶，带有-n，从而否认了以藏文 Bod 来解释的辞源），它在突厥碑铭中出现的形式 Töpüt（约为公元 730 年），及其在 6 世纪时的粟特文和 9 世纪的中期伊朗文形式（它们都代表着 Töpüt），我们与突厥文 töpa ~ töpü（顶峰，高处）相比较的所有形式，来解释其阿拉伯—波斯文，以及后来西文中的形式 Tibet，吐蕃本来就是“世界屋脊”，也被人称为“高地”。

我们觉得 töpät ~ Töpüt 中的-t 似乎是一种“阿尔泰语”（更确切地说是突厥—蒙古语）中的复数形式。但这种后缀在粟特文中也具有相同的作用。至于 Töpän 一词中的-n，大家对此初看起来可能会联想到突厥—蒙古语中的哑音“-n”，这里也可能是指突厥—蒙古语中集合辞汇的古后缀，现在尚残存有某些踪迹：突厥文 är ~ 蒙古文 ärä（雄性者、男子）、突厥文集合名词 ärän（男人）发展成了 ärän-lär（同上）[1]。在蒙古语中，raqai（猪、野猪），阿尔泰语中的集合名词 gaqan（野猪）则成了一个部族的名称；以-tu 结尾的形容词派生词具有以-tan 结尾的蒙古文的复数形式[2]。大家还可以列举带-(a)n ~ -(än)的后缀其他突厥文和蒙古文例证，其中有些具有一种集合名词的意义，余者则不具这种意义[3]。我们确实觉得在全部突厥—蒙古语中，应该在没有集合名词意义的哑音节中的-h(其最佳例证是蒙古文的第一人称单数的人称代词：bi[我] = bi[n]。请参阅突厥文 bän[碑铭中的古突厥词-bin-])，这种后缀-(a)n ~ -(ä)n 其集合名词的功能仅仅是零星地残存下来了（在突厥文中，除了前面提到的集合名词 ärän 之外，还有派生自 or[u]i[孩子、儿子]的 orian 之外，后者仅仅在古突厥文中才有“孩子”的意义，在当代的用法中却指“小伙子”，与“少女”相对应）。

在 töpüt 的古老异体字 topän 中，正是其集合词的意义（“形成吐蕃的整片高地”）似乎最终需要保留下来。前引 börin（狼

---

① 杰夫纳朱尔斯基：《辞典》第 176 页；上引克洛松书，第 232 页。土耳其的近代突厥语中的 erenler 是伊斯兰教苦行僧们的呼吁术语。

② 上引鲍培书：第 176—177 页；韩百诗（Louis Hambis）：《蒙古书面语言语法》，巴黎 1945 年版，第 3 页，第 2 条。

③ 有关蒙古文，请参阅上引韩百诗书。作者指出，在古蒙古文中，hoqan 指“犬”，qularan 指“盗贼”，此外还有前文已引证过的 raqan。但名词的哑尾音-n 则相当于一种单数形式，与以-t 结尾的复数形式相对：mori(n)指“马”的单数，morit 指“马”的复数。在安纳托利亚突厥语中，qizan 是“少女”、“童贞女”的古代集合名词，但在地区性的意义上也具有“青年小伙子”（童男）的意义。在其他地区，派生词 tämrän（派生自 tämir，意为“铁”）指“箭矢或矛枪上的铁”；k k n（派生自 k k，根）意为“起源”，或者是另外一种完全不同的意义“把，根柄”（指甜瓜或西瓜把）。但它们后来都具有了特殊的意义。

群，突厥可汗大官吏们的集团）派生自 böri（狼）。

无论对于现存的后缀（哑音-h 本身可以被认为是一种后缀）作什么样的解释，被比作突厥文 töppä-töpü 和可能还有蒙古文 dobo 的一组名词 Töpän、Töpät、Töpüt，似乎完全属于阿尔泰语系，更具体地说应该是突厥—蒙古语族。大家可以认为这一语族的严密结构出自一种基本的一致性，或者是在很长期间的相互影响和前历史时代的互相借鉴[①]。吐蕃的蒙文名字在古典蒙古文中作 Töbät（《蒙古秘史》，约为 1240 年）和 Töbät，在近代蒙古文中作 Töwöt，显得如同是借鉴自突厥文名称的不同写法 Töpät（而不是 Töpüt）一般。

该名称在汉文对音中最早出现的形式"吐蕃"（Töpän）要追溯到 7 世纪初叶。因此。汉人可能是通过一个属于操突厥—蒙古语族的民族，而于当时就知道了这种称呼，这要比它以带 t 的形式 Töpüt 在蒙古突厥人中的出现早一个世纪，而要比它以 Töpüt 的异体形式在伊朗—粟特文中的出现早两个世纪。

然而，大家恰恰知道具有这种语言属性的一个民族，于 4—7 世纪期间，占据了介于一方面是吐蕃和另一方面是汉人和蒙古突厥人之间的一种居间地理方位。这里是指吐谷浑人[②]，他们是一个属于鲜卑种族的民族，约于公元 4 世纪初叶从他们在辽河流

---

① 在阿尔泰语范围内，具有遗传性衍生关系的突厥—蒙古语的一种在不同程度上是传统性的辞义倾向于取代另外一种主要是由多尔菲阐明的理论，此人在承认突厥—蒙古语比较研究对于重新复原古突厥语的重要意义的同时，又承认蒙古语（仅仅从 13 世纪起才以活跃的方式出现，而突厥语却是自 8 世纪起开始出现的）则是一种具有其他起源的语言，但它在其辞汇和甚至是其语法中，都深受先是古突厥文，后是历史突厥语的影响，甚至是改变，以至于在它以文字定形时，就显得如同是与突厥语组具有亲缘关系。请参阅巴赞（Louls Bazin）：《突厥—蒙古问题辨析》，载《突厥学报》第 15 卷，1983 年，第 31—58 页。

② 有关汉文字的古代发音问题，请参阅高本汉：《汉文典修订》（斯德哥尔摩 1957 年再版）第 62d—1202a 条（但该字应如同第 1202d 那样读音），和第 458b 条。大家还可以参阅蒲立本：《中日汉语，历史语音学研究》和《晚古汉语》。有关该名词的对音与发音，还可以参阅莫莱：《从北魏到五代时期的吐谷浑》，载《东方丛刊》第 41 卷，罗马 1970 年号，第 1 期，第 66—67 页。大家将会于其中发现有关汉文史料和年代的全部具体解释。

域的今满洲的发祥地，一直迁移到青海湖和柴达木地区，其王国在那里一直维持到 633 年，即当他们被吐蕃王国摧毁为止①。这样一来，从公元 4 世纪到世纪末左右，吐谷浑人在吐蕃本土的北方和东北方占据了一片辽阔的土地，青海湖周围从柴达木沼泽地直到罗布淖尔，在北方面对突厥人，在东北方和东方却面对汉人②。

因此，我们可以假设认为，吐蕃最早是通过吐谷浑人的媒介作用，而被突厥人和汉人所熟识的。他们双方为了指该地区而采纳了一种借鉴自吐谷浑语中意为"高峰、高地"的名称，汉人直接采用了以-n 结尾的集合名词形式 Töpän；突厥人为了更为清楚起见（以-h 结尾的集合名词在突厥文语很罕见），而采纳了以-t 结尾的复数名词的突厥—蒙古语形式 Töpät（传到了粟特文中），在 8 世纪时变成了 Töpüt（蒙古人稍后以 Töpüt 的名字采纳了它），又先变作 Töpät，后变作 Töwöt。其最早的不同形式为 Töpät，即根据一种保留了这种不同形式的突厥口语，这也是黠戛斯语的原形 töbö（高地），其单数形式 töpä 在黠戛斯语中很正常地向 töbö 发展。

在 8 世纪初叶，大部分吐谷浑人都逃亡到了鄂尔多斯地区，因而也就是位于中国京师长安与鄂尔浑河畔的突厥都城之间的大道上③。然而，在阙特勤的鲁尼突厥文碑铭中，于重新提及阙特勤在 731 这个羊年的薨逝和 732 年的猴年立墓碑之后，该墓志铭东北角的一行文字就这样结束了该句子："吐谷浑（Tuy[u]run）部族的首领带来了同样多的装饰匠人"；或者更应该是："（从汉

① 请参阅伯希和《吐谷浑和苏毗考》，载《通报》第 20 卷，1921 年，第 323—331 页；莫莱，同上引书，第 12 页以下。

② 有关大批吐谷浑人在 663 年被吐蕃人击败后离开青海湖地区，并接着定居在甘肃东部和鄂尔多斯地区的情况，特别请参阅上引莫莱的著作第 58—63 页和相对应的注释。

③ 请参阅上引莫莱书，第 59—61 页。

地）带来如此之多装饰匠人者是吐谷浑部族的首领”①。大家确实通过该碑南侧第 11—13 行而获知，毗伽可汗从当时位于长安的中国天朝宫廷中请来了其弟阙特勤墓志铭的装饰师②。此外，大家还知道，吐谷浑部族的首领在 731—732 年间，应该是在位于灵州和五原郡之间的黄河河套地区行使职权。这就是说，它恰恰位于汉族装饰师为了从中国宫廷，前往位于鄂尔浑河流域的突厥京师沿途的领土上③。因此，我们觉得很明显，当时从汉地边境护送这批汉族匠人，一直到达鄂尔浑河流域的 Tuy（u）run（吐谷浑，见上）部族首领，正是被对音作吐谷汗的突厥或蒙古部族首领的名字。

Tuy[u]run 的第一种意义应为“隼”或“白色苍鹰”。勒·柯克（Le Coq）于其论文《突厥驯鹰术考》就已经指出，在“蒙古的鲁尼突厥文碑铭中”出现的 Tuyrun 或 Tog-run 一词，可能相当于隼或一种白色苍鹰的名字④。拉德洛夫（Radloff）于其巨著《突厥方言辞典》⑤ 中指出，在察合台语、巴拉巴的塔塔儿语和黠戛斯语（应为哈萨克语）中，Tuyrun 意为“白隼”，但儒达克辛（Judaxin）于其在一般情况下更为明确具体的吉尔吉斯语—俄语辞典（1965 年）⑥ 中，却赋予了该词“白色苍鹰”的意义，我们无疑更应该倾向于后者。辞书作家们往往会把苍鹰和

① 请参阅汤姆森：《鄂尔浑碑铭释读》第 2 分册，载《芬兰—乌戈尔学会论丛》第 5 卷，赫尔辛克府 1896 年版，第 119—120 页；奥尔昆：《古代突厥碑铭》第 1 卷（伊斯坦布尔 1936 年版），第 52—53 页；塔拉·特肯（Talat Tekin）：《鄂尔浑突厥文语法》（布卢明顿 1968 年版）第 237 和 272 页；克洛松：同上引书，第 568 页。将部族名称 Tay(u)-run（吐谷浑）和相当于汉文“大官”的 t(a)y-qu(a)n 之间的混淆，也出现在一篇碑文东南侧的一行文字中。克洛松误解了这一段文字。

② 汤姆森：同上引书，第 119 页；奥尔昆：同上引书，第 1 卷，第 28 页；特肯：同上引书，第 232 页和 263 页。

③ 莫莱：同上引书，第 189 页注［518］。

④ 柯克：《突厥驯鹰术考》，载《巴斯勒档案》，第 4 卷，第 1 期描印本，莱比锡和柏林 1913 年版，第 2 页注［2］和第 10—11 页。

⑤ 拉德洛夫：《突厥方言辞典》4 卷本，圣彼得堡 1893—1911 年版，第 3 卷，第 1424（而不是 1432）页。

⑥ 儒达克辛：《吉尔吉斯语—俄语辞典》，第 2 版，莫斯科 1965 年版。请参阅 tuj-gun-条目。

与之颇为相似的隼相混淆。因此，吐谷浑首领于8世纪正是取了Tuy(u)run（白色苍鹰），无疑是由于其狩猎的本领而负盛名和因其颜色而引人注目的飞鸟之名。其部族正是由此而获名，他们当时生活在满洲辽河以西的辽西[①]。此外，在邻近的高丽存在有"白色苍鹰"的事实，又特别是由于1851年由一名阿拉伯旅行家和商人苏莱曼（Sulayman）提及[②]。雷米·多尔（Remy Dor）还在一条注释的手稿中，向我们具体解释说，黠戛斯人中的Tuyrun"这类白色苍鹰"又使人联想到了"一名勇敢的英雄"。

在以《辽史》为基础的一幅各民族和部族的统计表中，魏特夫和冯家昇[③]特别参照了伯希和的观点[④]。他们重新提出，大约到了唐代末年前后，"吐谷浑"一名的汉文对音经常被简化为"吐浑"或"退浑"。他们提醒大家注意，这些对音可能是代表着鄂尔浑突厥文中的尊号Tuyrun，被拉德洛夫于其辞典（第3卷，第1424页，并非是魏特夫和冯家昇所指出的那样是第1432页）解释为"一种显职高位"。它应被解释为"注意或感觉到的人"，来自突厥文tay（注意，感觉）。然而，据我们看来，这种解释与以"白色苍鹰"来解释tuyrun的作法，没有任何矛盾，甚至还倾向于证实这种解释。因为自突厥文tuy（感觉）派生来的tuy-run一词（"感觉"。请参阅奥斯曼语duy-，意为"感觉"和"敏感"；派生词duyrun意为"敏感的"）非常适用于指这种猛禽，以指其感觉的敏锐度（尤其是视觉的敏锐度），这是猎禽的一种特别引人注目的特征。它也适应于吐谷浑的名祖之名。此外，"白色的苍鹰"除了具有英雄主义和尊贵特征之外，还会使

① 请参阅莫莱：同上引书，序言第12页和正文第1—3页。

② 费郎：《阿拉伯波斯突厥东方古文献辑注》，第1卷，巴黎1913年版，第46页；同氏：《851年写成的阿拉伯商人苏莱曼印度和中国旅行记》，巴黎1922年版，第72—73页。

③ 魏特夫和冯家昇：《中国社会史·辽（907—1125年）》，纽约1949年版，第105页，第25和26条。

④ 伯希和：《吐谷浑和苏毗考》，载《通报》第20卷，1921年，第323页。

人联想到首领头人的主要本领——目光敏锐犀利①。

另外，我们提到在阙特勤（köl Tegin）碑内南侧的一行文字（因而与包括有 Tuy[u]-run 一词的东北侧一行文字正好相对）中存在着一种似乎代表着 Tuy(u)rut 的形式，它是 Tuy(u)run 的带-t 的复数写法。令人遗憾的是，该行的这部分文字残缺不全，大家只能有把握地阅读出如下内容："样磨（Yaghma）和吐谷军部族"②，样磨是出自九姓乌古斯的一个操突厥语的重要部族名称，他们至少从 10 世纪起就居住在疏勒地区。至于与 Tuy(u)run 并列在的 Tuy(u)rut 的形式，它似乎证明了吐谷浑语言中用于指民族的习惯用法，即使用带-t 的复数形式与带-n 的集合名词形式的交替变化，正如我们在 Töpän-Töpänt 的例证中所猜测的那样。

所有这些比较都发生在一种"阿尔泰语"（更具体地说是突厥—蒙古语）的语言背景中，它们提出了与相继由不同作家触及到的吐谷浑人的语言属性直接相联系的诸问题，其中有些人把吐谷浑人视为通古斯人，而其他人则把他们看作是操蒙古语言的民族。这后一种观点于 1921 年受到了伯希和的支持③。为了支持他们是古蒙古人的假设，伯希和提出了一种历史证据（在唐代于鲜卑的后裔室韦人中有一个蒙兀民族的存在，它使人联想到了蒙古人的部族）。但他最重要的还是提出了一些语言论据：在根

① 前引莫莱的精辟论著：《从北魏到五代时期的吐浑谷人》第 67 页。他于其中在有关对吐谷浑一名进行解释的历史问题上，出现了一个错误。这并不是拉德洛夫（《辞典》第 3 卷，第 1432 页）把阙特勤碑中的官号 Tuyrun 与吐谷浑联系起来了，也不是他将该词视为动词 fuy（感觉）的派生词。事实上，拉德洛夫于其《辞典》第 3 卷第 1424 页（并非是 1432 页，这是魏特夫和冯家昇的错误）仅限于指出（就如同是两个不同的词和未提及的动词 tuy-一样）：1. tujrun——一种官衔；稍后不远处又在 2. Tujrun-白色苍鹰。正是魏特夫和冯家昇于 1949 年（同上引书，第 105 页注 [26]，在有关"退浑"的对音问题上）都想到了把吐（谷）浑的名称与由拉德洛夫（《辞典》第 3 卷第 1432 [1424]页）提及的尊号 tujrun 作以区别，并且以动词 tuy-（感受）来解释之。但并未因此而联想到像勒柯克曾作过的那样，将这种写法比作由拉德洛夫于下文不远处作出的"白色苍鹰"的解释。

② 汤姆森：同上引书，第 120 页；拉德洛夫：《蒙古古突厥碑铭》，圣彼得堡 1895 年版，第 38—39 页；奥尔昆：同上引书，第 1 卷，第 54 页；特肯：同上引书，第 238 页和 272 页。

③ 伯希和：同上引书，第 325—330 页。

据汉文的对音的吐谷浑语言中，存在着一个第二人称单数的人称代词 ču 或 čü，它就相当于蒙古语中的 či（你）；还存在着一个词 aqan，它与蒙文 aqa（哥哥）具有相同的意义。但在“吐谷浑”中却带有一个哑音的-h；此外还存在一个词 bara（父亲），同样也与作为尊号使用的蒙古文 abara（叔父、伯父）等作了比较①。吐谷浑（Tuyrun ~ Tuyrut）和吐蕃（Töpän ~ Töpät）等名词所代表的以-h 结尾的集合名词，与以-t 结尾的复数形式，似乎同样也支持了古蒙古语的论点。

最后，伯希和于其 1921 年文②的一条附注中，通过蒙古文而解释了汉文对音中简化三至两个音节的作法（见上文）：“吐谷浑或退浑之间的交替使用，似乎与蒙古文同源对似词 ruyu-和 rui（要求）、güyü-和 güi-（奔驰）的轮番变化属于同一类。”事实上，从由汉文对音反映出的 Tuyurun（吐谷浑）到 Tuyrun（吐浑、退浑）的变化过渡，似乎证明了同时在蒙古文和突厥文中出现的一种历史性语音发展：由于中间（非重音的）元音的脱落，而使三音节变成两音节词的变化。这样一来，古典蒙古文 abala-（围猎）在近代蒙古文中作 awla-（请参阅突厥文 avla-，意为“狩猎”），古典蒙古文 ämünä 在近代蒙古文中作 ömnö（前面）等，古突厥文 yügürük 在喀喇汗突厥文中作 yügrük（疾速，出自意为“奔驰”的 yügür-），碑铭中的古突厥文 abišran 在回鹘文中作 tawisran，在近代语言中作 tawšan、tavšan 等，意为“兔子”（请参阅蒙古文 taulai，其意义相同）。

-run 这个音节是一种后缀，该动词的词根在古代可能为 tuyu，后来变作 tuy-，完全如同在突厥文中一样。突厥文和蒙古

① 请参阅伯希和：同上引书，第 328—329 页。稍后不久，伯希和又在《通报》第 29 卷（1932 年）第 26 页中，可能摒弃了他对于汉文对音“出”与蒙古文 či（你）之间对应关系的假设，更主张相当于蒙古文 äb 或 ä。请参阅蒲立本：《古汉语的辅音体系》第二部分，载《泰东》杂志，第 9 卷，第 2 期，1963 年，第 261 页；莫莱：同上引书，第 70—71 页。事实上，我们似乎应该把汉文“出”视为 či、而不是 i 的对音，因为蒙古语中的第二人称代词 sg、či、gcn，činu（而不是 činü）都应该是古代的 či（晚期了）。

② 伯希和：同上引书，第 331 页。

文之间的比较提供了蒙古文中的双音节和突厥语中单音节动词词根的许多例证：蒙古文 uqa-（设想，理解）和古突厥文 uq-（词义相当多）、蒙古文 Sana-（想）和突厥文 San-（词义相同）、蒙古文 tata-（派生自 tarta-，意为“拉拽”）在突厥文中作 tart-（词义相同）等。甚至在蒙古语中，某些动词词根（如伯希和所指出的那些）都代表着在双音节和单音节写法之间的犹豫不决：ayu ~ ai-（受惊，请参阅古突厥文，带有-n 的自反动词，如 ayin-，其意义相同）、abu- ~ ab-（取、拿）等。

因此，从“吐谷浑”向“吐浑”的发展，既可以通过突厥文，又可以通过蒙古文来解释。同样，Töpän 和 Töpät ~ Töpüt 作为 töpä-töpü 的派生词，而带有-n 和-t 后缀的作法，可以严格地通过突厥文来解释。带有-n 的名词的-t 的复数形式，以及以-n 结尾的集合名词，都于其中零散地出现了。然而，töpä 面对蒙古文 dobo 显得如同是一种突厥文形式，tuy 一早在 8 世纪时就已经出现在突厥文中了①。据我们所知，它在蒙古文中没有对应词，该名词和该动词很可能是出自突厥文辞汇。

因此，我们也如同伯希和一样，倾向于把吐谷浑人视为一个受到了古突厥文化强烈影响（至少在其辞汇中如此）的古蒙古部族集团。他们特别是借鉴了 töpä（高地）一词，但却把它以一个古蒙古文后缀的方式作了处理：蒙古文 dobo（山岭）可能也是借鉴自 täpä，仅仅在元音音级上有所变化，并使辅音浊化：古蒙古文 töpa 可能很正常地产生了蒙古文 tö'ä。同样，其名祖的名称吐谷浑（白色苍鹰）可能起源于突厥文。现知的最古老蒙文文献《蒙古秘史》（约为 1240 年），就包括相当多的由蒙古人享有的突厥文名字。

“白色苍鹰”的名字，可能同样也以无疑应读作 turun 的形式，出现在 10 世纪的一篇回鹘文短文中，被潦草地书写在敦煌

① 杰夫纳朱尔斯基：《辞典》第 584 页；上引克洛松书，第 567 页。

藏经洞的一卷汉文佛经的背面①。下面就是这篇文献，它可能代表着一句谚语，并被记载了两次："所以，在谚语中就有：飞鹰的后裔共有九只。这九只之中，有一只白鹰。因为它是苍鹰，所以它是猛禽；由于它很凶暴，所以它很善于捕食。"大家可以认为苍鹰的九只鹰雏，代表着被王族统治的"十姓回鹘"中的另外九姓，尤其是白鹰在某种意义上是回鹘人的象征，甚至指回鹘人的 uyrur 一名本身在汉文中也被用意为"回旋轻捷如鹘"的两个方块字来对音作"回鹘"。至于 turun 这种写法，我们完全有理由认为这里确实是指白色苍鹰。在 933 年，也就是在大致相当于我们文献的时代，甘州的回鹘夜落隔可汗向后唐明宗皇帝进白鹘（白鹰）一联②。此外，很可能是 9—10 世纪敦煌的这句回鹘谚语中的 turun 一词在意指"吐谷浑"的同时，还可能变成了回鹘人的第九个部族。因为大家知道，当时在敦煌汉文写本中主要是被称为"退浑"的吐谷浑人，至少直到 9 世纪末，仍如同回鹘人一样生活在甘州地区③。对于回鹘文写本中的 TWXWN 一词的写法，它似乎是指 Turun 而不是 Tuyrun。据我们来看，这里更应该是指一种不同写法、一种遗漏或书写错误，尤其是在这卷抄写得非常漫不经心的写本中更为如此。事实上，大家丝毫无法理解，一直将二合元音-uy-保持到我们当代的这个具有"白色苍鹰"之意义的词，怎么会在 9 世纪时失去了这个二合元音中的第二种成份呢？此外，"退浑"这种对音法在 9 世纪末，还被用于表示吐谷浑的名字。它明确地说明，其名字中第一个音节 Tuy-的发音，而"吐浑"的对音恰恰又具体采用了"吐谷浑"最古老

① 这里是指分藏于伦敦大英博物馆和巴黎国立图书馆中的一卷写本，分别被编为 or・8212（116）号和 P. 2969 号。请参阅在哈密屯版本中对卷子背面回鹘文书的研究：《9—10 世纪敦煌回鹘文献汇编》第 1 卷，第 17 号文书，第 97—101 页。

② 哈密屯：《9—10 世纪敦煌回鹘文献汇编》；同氏：《五代回鹘史料》，第 79 和 93 页。

③ 有关这个问题，请参阅西姆斯—威廉姆斯（Sims-Millams）和哈密屯：《敦煌 9—10 世纪突厥—粟特文献汇编》，收入了《伊朗碑铭集》第 2 套第 3 卷，伦敦 1990 年版，其中第 63—76 页是对 G 号写本的研究，尤其是注 G16 和其中所涉及的汉文写本第 42—47 幅图版。

对音中的第一个和第三个字，它可以通过一种简单的机械性简化来解释。

由于我们在西藏学方面没有任何资格，所以我们清楚地知道，自己对于“吐蕃”的“西方名字 Tibet”起源于“突厥—蒙古语”的假设，与由最有资格的藏学家们普遍接受的起源论背道而驰。它可能过分大胆冒昧了，甚至是过分不太恰当适宜。尤其是在一篇为该地区最大的藏学专家乌瑞编辑的纪念文集中，这样讲就更为不妥了。因此，我们非常谦虚地提出这种假设，不是作为一种定论，而是作为我们所希望的一种讨论内容。

这样一来，为了促进辩论，我们应该简单地概括总结一下自己的主要论据了。

1. 藏文辞源，于其传说开头部分提出的两种不同说法，非常符合逻辑地是以把第二个音节，与吐蕃的土著名称 Bod 等同起来为基础的，它有许多障碍。对于第一个音节，它是以 stod（或 mtho）在一种假想的词组中（意为“上部吐蕃”）的近代发音为基础的。据我们所知（这种所知无疑是不充分完整的），人们尚未能确定 stod（mtho）在当时的发音。因为当时要比大家认定的该名称的出现时间早近 1000 年。其汉文对音“吐蕃”从公元 7 世纪初叶就已经出现，它大致可以被复原为对 Töpän 的对音。它出现在一个汉文对音明确地把尾音-n 与-d ~ -t（被用 t 表示）区别开的时代，它在第二个音节中并不适用于-bod。

2. 9 世纪时的伊朗—粟特文对音，并不会由于这后一种异议的障碍而不能成立，因为它们确实表现了首先保存在“吐蕃”的阿拉伯—波斯文中，或后来的“西文”名字中的尾音-t。它们实际上可能是对 Töpat 的对音，我们必须把这种形式与吐蕃的突厥文名称 Töpät 作以比较，后者在 8 世纪时就已经清晰地出现在蒙古的碑铭中了。但 Töpät 完全可以被认为是 Töpän 的一个以-t 结尾的“阿尔泰语”（突厥—蒙古语，尤其是蒙古语）的复数形式，这就证明了 Töbät（近代作 Töwöt）的古典蒙古文形式，以-d 结尾的古典蒙古文中的写法（以 t 结尾的复数形式，这与元音后缀之前的带-d-的清辅音浊化相似），从语音上来看并不是合情合理。至于8世纪时的突厥文 Töpüt，具有一种第二个音节唇音的同化现象，如同在近代蒙古文中一样（或者是1240年左右在《蒙古秘史》中就已经作 Töböt 了），却是带有一个 ü 而不是 ö（元音 o～ö 一般不出现在古突厥文的第一个音节中）。这种唇音化现象也出现在古突厥文（碑铭文和回鹘文）中的 töpü（顶峰，高地）中，它是自 töpä（被保留在新回鹘文中了）变化而来的，而后者本身又是诸如黠戛斯语中的 töbö 等写法的原形，其未被唇音化的元音被保留在安纳托利亚语和土库曼语等突厥语中了，分别作 täpä 和 däpä（此外，带有由于-öp-异化作-äp-的非唇音化现象，就如同在奥斯曼语 häp 中一样，其古老的形式作 köp）。Töpät（古典蒙古文作 Töbät，无疑出自突厥文）～Töpü，意指吐蕃，töpöä～töpü（顶峰，高地）在语音上异体字之间的这种对应关系，与下面的一种事实结合在一起了，-t 与一个以-h 结尾的名词（无论是否集合名词）相比较而相当于一个正常的复数形式，这就可以使人把 Töpät～Töpüt 解释得如同一个用于指“世界屋脊”的“高地”的古老复数名词。

3. 作为吐蕃名称的阿拉伯—波斯文 Tubbat 或 Tibbat，于其不同的写法中，表现了在 u 和 i 之间的犹豫不决。无论是在阿拉伯文中，还是在波斯文中，都不存在 ö，u 表现了其唇音特征，i 则表现了其腭音特征。其中所拥有的第三个阿拉伯—波斯文元音 a 无论如何也是不恰当的。它似乎完全应该上溯到了 Töpät（～Töbät）。“吐蕃”的“西文”名字几乎可以肯定是来自波斯文（它是中世纪西域的通用语言），更应该是以其 Tibat 的形式出现，很可能是读作 Tibät（Tibet 及其近似形式均由此而来）或 Tebät（请参阅马可·波罗的写法 Tebet）。但它没有重复阿拉伯文中的双辅音 b，仅仅以单一的 b 来区别之。阿拉伯—波斯的科学传统，似乎向突厥人或西域的伊朗—粟特人借鉴了该词。这个问题值得作一番历史研究。

4. 附带的假设（与前者有着无关宏旨的联系）。汉人和突厥人（接着可能由于后者而先涉及了伊朗—粟特人，再其后又是蒙古人）可能接受了吐谷浑人对“吐蕃”的称呼 Töpan ~ Töpät ~ Töpüt 的名称，吐谷浑人是一个“阿尔泰”民族集团，于公元 4 世纪初叶自满洲和辽河地区起，经东部甘肃而定居在青海湖和柴达木地区，甚至一直延伸到罗布淖尔和塔里木盆地南缘。他们直到 663 年被吐蕃人击败之前，一直统治着这片辽阔的领土。其后，他们的主要首领和大部分吐谷浑部族都逃向了甘肃和鄂尔多斯地区。吐谷浑人在一方面是吐蕃和另一方面是汉人与突厥人（无疑还有粟特人）之间，居于媒介地位以及他们与吐蕃人接触时代，所有这一切都会使人把他们视为 Töpän（后来作 Töpat，在东突厥语中变成了 Töpüt，但在突厥方言中保留作 Töpät。末将 töpä 变为 Töpu）一名的创始人，该词意为“高地”。该名从公元 7 世纪，就已由汉人以 Töpän（吐蕃）的形式所采纳，在 8 世纪的第一批突厥文献中，就已经以 Töput 的形式出现，但它却以稍微更古老一些的形式 Töpat，而传给伊朗—粟特人（或通过突厥人，或直接传播）。

5. 这些吐谷浑人取名自他们的名祖“白色苍鹰”（Tuy[u]run）。其名称的汉文对音代表着其历史上第一个时代（在汉文史书中要追溯到公元 3 世纪）的 Tuyurun，后来自 9 世纪起为 Tuyrun（大家可以参阅在 732 年在阙特勤鲁尼突厥文碑铭中就已经出现的 Tuy[u]run 一词及其复数形式 Tuy[u]rut）。如果我考虑到最后一个时代的汉文对音“退浑”（它更显得如同仅仅是“吐谷浑”的一种简称）的话，那也可以写作 Turun。根据各种可能来看，先是名祖英雄的名字和后为部族集团的这个名字，与“白色苍鹰”（Tu-yrun）的名字相同，它在突厥社会中是一种象征英雄行为的飞鸟，其名可能是派生自突厥文 tuy-（感觉），以使人联想到猛禽犀利敏锐的目光。这些吐谷浑人语言中的那些罕见的残余均属于“突厥—蒙古语”族，带有在他们的突厥文或古突厥文属性方面的矛盾征象。对这些残余的研究更会使人将此视为古蒙古语，其语言在辞汇中受到了突厥语的强烈影响，尤其是在有关 tuyrun 和 töpä 等词的问题上更为如此。

附　记

在此文写作的最后一刻，由于今天刚从撒马儿罕前来的西姆斯—威廉姆斯博士使我们获得了“吐蕃”名称的一种 twpt 的写法。它是由利夫希克（Livšik）教授从阿夫拉锡亚卜（Afrāsiyāb）发现的一幅壁画中抄录下来的，那里是撒马儿罕的一个古遗址。twpt mrty（吐蕃人）的题识于壁画中系指一个人物塑像。这里实际上指人们在继汉文对音“吐蕃”之后，直到今天所遇到的西藏地区名字的最古老的形式，因为这里所涉及的题识被考古学的证据断代为公元7世纪的下半叶。然而，twpt 的记音带有第一个唇元音，并普遍都会包含有 a 或 ä 的第二个音节中元音的一种有缺项动词的字体，它显得完全可以与我们上文作为吐蕃名称的第一种形式而提出的 töpät 类的名称兼容并蓄，因而它的古老性就这样得到了证实。

此外，也是在最后一刻，蒲立本教授的文章《黠戛斯名称考》（载《西域学报》第34卷，第1—2期，1990年，第98—108页，我们刚刚获悉了它），又向我们提到了用于指黠戛斯人的整整一大批汉文对音的存在，其中有一些都相当古老了，这就是“隔昆”（公元前2世纪）、“坚昆”（公元前1世纪）、“契骨”和“纥骨”（公元6世纪），同时还有公元6—8世纪的“结骨”。然而，尽管蒲立本先生提出了相当大胆的假设（据他认为，这里在所有的情况下都可能是指 Qirqir，它是由 Qirqiz 滥用颤音 r 而造成的一种不同写法，我们觉得公元前的这两种对音也都清楚地记下了 Qirqun 之音，而公元最初几个世纪的另外三种不同的对音也非常清楚地记下了 Qirqut 之音。民族名称 Qirqun ~

Qirqut 的不同写法可能分别为 qirq（四十部族，当时的 Qirgiz 代表着以 Z-结尾的另外一个复数形式）的以-n 结尾的集合名词和以-t 结尾的复数形式。因此，它们也完全如同我们刚才研究过的 Tuy(u)run ~ Tuy(u)rut 和 Töpan ~ Töpät 等写法相似。

（译自维也纳 1991 年出版的乌瑞纪念文集《西藏历史和语言》一书）

达摩多罗考

戴密微

在中国中原和西藏的图像作品中，绘有大量的一名负笈行脚僧的形象，他于其中始终都具有同一种绝对刻板的姿态，虽然它们之间也具有一些细小的差异。这里是指一名“胡貌梵像”（正如饶宗颐在他对 P. 3075 号敦煌写本所作的解释中，所指出的那样）的人，即具有西域或印度胡人的那种面庞、头戴和服装。他始终以一只手（一般是左手）执一种麈尾（蝇拂或鹿尾，这是说法大师或其谈话者的一种标识物）。另一只手中所执和挂在胸前或固定于其锡杖上的，是一名行脚僧的部分旅行用品，如瓶钵、药盆、香炉、念珠，甚至还有一口短刀……他背负的经文往往都是汉地式的经卷，被盛在一种诸如笈那样的篓子或书架上，汉地的学生们都背这种笈长途跋涉，以寻求名师。这种装书的工具一般都在上面由一个竹编的盖子覆盖，有时要悬挂在一根干树枝上（这是否代表着锡杖呢?），而这根树枝似乎要置于僧侣的肩上或腋下。这种笈始终都要相配一只虎，大家还经常在虎像的一角（往往是上方），看到带有光环或饰有光轮的一尊蹲在祥云间的佛陀的面庞，行脚僧也往往是驾这些祥云而行的和尚。

松本荣一于其《敦煌画的研究》（东京 1937 年版，第 147—148 幅图版）一书中，发表了这些图像中的 3 幅非常典型的和以彩色烘托的形象，其中之一收藏于大英博物馆（Ch. 00380 号），另外两幅分别收藏于吉美博物馆（被编为17683号）和原朝鲜总督府（自从日本殖民统治结束后，又变成了朝鲜国家博物馆）中的一幅。这后一幅画也出自敦煌，系由于1904—1914年左右考察了西域的大谷探险团（又称本愿寺探险团）自敦煌携至那里。松本荣一于其解说卷（其书第516—526页）中，企图将其中的人物比定为十八罗汉之一，他称之为达摩多罗；他同时又把他比定为“行脚僧”或更确切地说是巡礼僧。这是不确切的，因为这里更应该是指一名“祖师”、一名入华的番僧，以在那里需要翻译的一大批经文，而讲经说法。正如在印度之外地区传播佛教中，曾有过许多这样的人一样。其证据就是中国最大的巡礼朝圣人玄奘的彩色绢画像，保存在东京国家博物馆（松本荣一书，第517页图143；该图同时也转载于望月信亨《佛教大辞典》第1卷，图354中；该图又以大幅彩照刊登于台北的《中国美术》，1976年12月号中了）。他也背负笈，但他的外貌、服装及举止（赤脚或穿便鞋）则完全是汉地式的。著名的艺术史学家秋山光和于《美术研究》杂志（第238期，东京1965年1月版，第163—183页，共4幅图版，其中一幅为彩色，第11幅画像）中发表了一篇资料很丰富的文章，篇名叫作《论带有虎的两幅敦煌行脚僧绢画》，作者认为（第175页）把此人比定为玄奘是不容置疑的。这是镰仓时代日本的一种复制本，其原件应上溯到宋代。这与敦煌文书比较起来，已是很晚的了，现收藏于山本达郎的特藏中。将这幅画像考定为玄奘的作法，已由在一种宋代巡礼取经人物画汇编中的提及而得到证明，这些人均负笈从印度而归，被画在云中行走（见秋山光和书第175页和注[21]）。

秋山光和文共指出了出自敦煌的7幅负笈僧画。其中最漂亮的两幅都是吉美博物馆收藏的绢画，分别被编号为EO.1141和1138号，做工精良且画幅很大（约为50cm×80cm）。第1幅画已由秋山光和转载于其书第1幅图（质量很高的彩色细部画）和第2幅图（全图，黑白色）中了，同时也由尼古拉—旺迪埃夫人刊布于她最近的著作《吉美博物馆所藏敦煌的幡和画》（伯希和探险团考古档案第 14 卷，巴黎 1974 年版）第 207 幅图版（全图，比秋山光和第 2 幅图版的质量更好）中了。第 2 幅画则刊布于秋山光和第 3 幅图（全图）和第 4 幅图（细部图）以及尼古拉—旺迪埃书第 206 幅图版（全图，更为清晰）中了。由秋山光和提到的其他 5 幅画均为纸画，画幅较小（约为 30cm × 50cm），画工远不精致，尤其是在有关色调方面则更为如此。[1]吉美博物馆所藏画 MG. 17683（秋山光和书第 3 幅图，第 172 页，尼古拉—旺迪埃书第 208 幅图，质量更好一些）。[2]大英博物馆藏 Ch. 00380 号画（秋山光和书第 3 幅图版，第 172 页；斯坦因:《西域考古图记》第 994 页和《千佛洞》图 33，松本荣一书图 148a）。[3]大英博物馆 Ch. 0037（a）（秋山光和书图 4，第 173 页；《西域考古图记》第 947 页）。[4]朝鲜国家博物馆藏品（秋山光和书图 5，第 173 页）。[5]出自同一博物馆的藏品，于 1955 年收藏于天理的中山正菩特藏中了（秋山光和书图 6，第 174 页）。在由秋山光和指出和刊布的这 5 幅画之外，我们还应从中增补本于巴黎国立图书馆伯希和特藏的写本中发现的 4 幅绘画：[6]P. 3075 背（插图 33）。[7]P. 4029。[8]P. 4074 和[9]P. 4518（插图 39）。

我于此还应继秋山光和之后指出这些画的某些特点。在绢画[1]和[2]中，画中的人物在地上行走并穿有皮鞋，而在其他所有地方画中的人物都是踏祥云并穿着便鞋（在上文提到的第 9 幅纸画中画得很清楚）。但在第[1]幅绢画中，画中人物的神圣特征则以其头后部的一个光轮，以及从其笈中升起的缭绕云雾为标志，在第[2]幅绢画中，也有一股类似的云雾出自笈。在[7]、[8]和[9]等幅纸画中，他们驾的祥云以其身后的柱状升起，然后消失于其头顶之上，最后于更高的地方表现为一种隆突形状。我们下文将要讲到的佛陀形象就处于其中。在大部分纸画中，他都戴有一顶宽边草帽或竹编帽，正如汉族农民同时用作晴雨伞的那种斗笠一样。在第[1]幅绢画中，那名僧侣的外貌不大像胡人，大家可以于绘画的左上角丝绢破损的地方，辨认出一身小佛画来；而在右上角，却有一条粘贴在玫瑰色纸上的题榜，上面写有这样一条题识："宝胜如来一躯"。其下面以更小的字，写有两行诠释性文字，说明该画是由供养人为其幼弟去世 21 周年而布施的。宝胜是钵罗部多罗怛具的汉名，也是主持向饿鬼（也就是向死者，见由秋山书第 175—176 页，望月信亨辞典第 1270 页和 1914 页引证的资料）布施食物之仪轨的五佛（或七佛）之一。但是，这纯粹是一种偶然的巧合，因为在第[4]、[5]、[8]、[9]幅纸画中，大家又发现了这身驾祥云的小佛像，带有光轮和光环。它附有一条（或如同在纸画[9]中一样付诸阙如）榜题。榜题中提及同一尊佛名。在第[8]和[9]幅纸画前面附有"那谟"（顶礼，应读作"那谟"的"南无"）"宝胜如来佛"，丝毫没有暗示一种丧葬仪轨。我觉得很明显，虽然秋山光和、尼古拉—旺迪埃夫人及其他人都如此认为，但此名决不是指负笈僧，而是指一位要远远超过他的佛陀。在第[8]幅纸画中确实有一名具双手合十地跪在行人面前的僧侣，但由此而认为后者就是一种"应化"，或是该佛陀的化身，那也未免失之偏颇。

颇具想象才能的秋山光和，针对本处的宝胜一名而提出了一种极为诱人的假设。在 510—514 年由梁宝唱编修的一部叫作《名僧传》的文集（现在日本收藏有其片断，已被刊布于京都大藏经的补编中了）中，提到了一名叫作僧表的和尚，他在 5 世纪初叶可能离开了位于甘肃的汉族—胡族小王朝凉州而前往印度，以便找到在那里的罽宾朝拜佛陀的一种遗物（其著名的化缘钵）。但当时的形势将他滞留在中国中原和印度西北之间，所谓南道上的主要站口于阗了。在该地区一座被称为"赞摩伽蓝"的最古老寺院（它是否就是有关于阗的藏文文献中所说的 Tsar-ma 寺呢？见托玛斯：《新疆藏文文书资料集》第 1 卷，1935 年，第 104 页以下），他仿照制作了一身包金图像，高 10 尺并于其前额置有一块舍利。他认为此物代表着宝胜佛，该舍利从空中来自罽宾（上引秋山光和文，第 175 页）。僧表将其复制件携往了甘肃的凉州。难道我们不能像秋山光和那样认为，在中国—印度路上的主要驿站于阗受崇拜的该佛（他被认为将佛教传入了那里），变成了穿越西域危险的沙漠大碛的僧侣们的保护神了吗？被置于该于阗王的保护之下的旅行者们的画像，在敦煌发现得非常多，而且一成不变，敦煌是西域之路在汉地的终点。它们可能被这些旅行家作为一种宗教护符和通行证使用。至于要知道这些旅行家们是汉族取经僧，还相反仅仅是将佛经传入汉地的弘法祖师，那么装饰其中许多佛像的汉文题记，使人倾向于赞同这些可能性中的第一种。此外，正如大家在上文所看到的那样，大部分画像中那些明显的"胡族"外貌，则更有利于第2种假设。但大家将会看到，在其中的一幅画（画中的人物确实略有一些胡族面容，绢画工），其外套"右衽"（左襟翻于右襟之上），这是汉族的习惯；"左衽"则形成了胡族的一种家喻户晓的典型特征（见笔者旧作：《中国的左和右》，载《汉学论文集》，1973年版，第193页）。但在第[6]幅（也可能包括第[7]幅）纸画中，衣服确实似乎左衽。无论如何，这明显是出自我们对这些画像的研究，它们所代表的人物是同一类，更确切地说似乎是用同一名字所指的一种固定形象。

那么，为什么许多作者都以"达（昙）摩（磨）多罗"一名称呼他，并将他作为一名罗汉呢？我怀疑这其中有一些出自藏文史料的解释，而这些藏文史料本身又出自汉文史料。对此应负主要责任的人之一，就是大探险家，或更应该说是考古学家而不是语言学家的斯坦因。大家知道，在西藏就如同在汉地一样，民间信仰和图像又在印度传统的一组十六罗汉中增加了另外的两个人物，我的两位先生沙畹与烈维在1916年的《亚细亚学报》第7卷，第275—291页中，论述了新增补的这两个人物。新增加的这两个显赫人物在汉地与在西藏并非完全一样。在汉地，有关这些人物的最早资料之一，是由画家贯休提供的。他曾在四川成都度过了其生命的最后几年，并于913年初死于那里，这已经是《历代法宝记》之后一个世纪略多一些的时间了。至于西藏的这两名人物，上引两名法国学者都参照了印度藏学家钱德拉·达斯

1881年的游记（《拉萨和西域旅行纪》，1902年第2版，第145页）。文中描述了拉萨的一座小寺院，“其中供有16位上师……按代表他们由信事男达摩多罗接见的场面而排列，达摩多罗是古代中国中原最著名和最虔诚的佛教徒之一”。这名达摩多罗或者是Dharmatrā[tā]，一般都被绘于十八罗汉的西藏名表中第17位中，如在由北京大喇嘛章嘉呼图克图于1800年编制和由潘德于1890年刊布的名人表中。另外增补的两名罗汉是“信事男达摩”（又叫作“达摩多罗”）与汉文中的“和尚”（Hwa-Sa）。这后一个名字在藏族人中则以摩诃衍和尚或大乘和尚之名而为人所熟悉，他是敦煌的一名汉人，曾向吐蕃传播被称为禅宗的汉传佛教，并于8世纪末的汉—印僧诤会期间捍卫过禅宗教理。由北京的另一名大喇嘛于1860年左右，向《罗汉图赞集》的日本作者，也提供了类似的资料，这部文集刊布于1862年并由烈维和沙畹引证（见其文第283页），藏族的僧官可能使用了“达摩多罗”（Talamatala）的形式。这两位学者都正确地发现，这些形式当然是表示着一种汉文的“达摩多罗”，这是Dharmatrāta的对音，省略了尾音-ta而形成了汉文中的一种更为平衡的多音节名称，使之“平稳对称”。西藏传说中另增补的两名罗汉中第一位的名字，如同第2位（和尚）一样也来自汉地。前一个世纪的另外一名藏学家沃德尔（《藏传佛教或喇嘛教》，1895年版，剑桥大学，1934年第2版，第377—378页）同样也宣称，两名藏族罗汉中的第一名是“达摩多罗，在藏文中叫作信事男达摩或居士达摩”，他正确地把此人描述得完全如同人们对敦煌的负笈僧所作的画像一样。沃德尔不加任何考证地将佛陀的小像，比定为阿弥陀佛。他同样也是不作任何考证地将这位藏族的Dharmatala，比定为绘于印度佛教文献和经院哲学著作中的古代大师达摩多罗之一，或为格言偈句集《法集要颂经》的编纂者，或为说一切有部派的这一名或那一名阿毗达摩大论师，在《毗婆沙论》中提到者，《杂阿毗昙心论》（《大正藏》第1552号）应归于他的人……1921年，斯坦因于其《西域考古图记》第947页和949页中描述了他从敦煌携回的两幅画（上引第2和第3号纸画）时，以沃德尔书作为权威基础，试图把这些画所代表的“取经僧”或“隐修僧”，按照他的意愿而考证为《法集要诵经》的作者“达摩多罗居士”（原文如此），他变成了西藏人的第17位罗汉。直到伯希和时，情况就不一样了，他似乎未曾赞同先于他而到达敦煌的这名先驱的观点。秋山光和（其文第167页和168页）参照了1910年左右在未将伯希和特藏移至吉美博物馆之前，由卢浮宫博物馆亚洲艺术部编制的目录。其中把这两幅绢画都考定为代表着“骑虎的罗汉”，这种考定很可能是出自伯希和本人之手（他于1909年10月24日返回巴黎）。在1935—1936年于伦敦举行的中国艺术大型展览的目录中，则仅仅比较谨慎地写作“骑虎僧”……

因此，什么时候会承认在印度就如同在其他地方一样，同一个名字可能被不同时代的不同人物所享有呢？为什么魔鬼会以一名负笈行脚僧的外貌，而代表印度文学传说中的一名祖师呢？早在1931年，魏礼于其《敦煌画解说目录》第42—43页中，便提到了印度传说中的3名古代祖师，然后又于他们之中加入了第4位（至少是大家很少能预料到者），一名达摩多罗，他在奈良时代（8世纪）的日本被作为一名祖师，即继……舍利佛和狮子铠（《成实论》的作者被认为是狮子铠）之后的第3位，也就是“南都六宗”之一的成实宗的十代祖师和大师之一。这些宗派各自都保持有包括其先祖画像的“厨子”之一。这些画像的一种收藏于正仓院，这是752年的一卷写本（小野吉妙：《佛教的艺术和历史》，东京1916年版，第709页）。魏礼也没有忽视指出达摩多罗于5世纪初叶翻译的两部《达摩多罗禅经》（《大正藏》第618号）被错误地归于了他，同时还有汉地禅宗的另一个以一种奇怪名称“菩提达摩多罗”的“持衣侍从”之名而著称者，他出现于8世纪末该宗的一部地方年谱中。

魏礼的整个这条注释（在他不知道的情况下）又由我的那位已故的朋友林藜光于其有关《正法念处经》的著作（巴黎

1949 年版，第 341—351 页）中作了发挥。他于书中说明，除了人们可以将之断代为公元最初几个世纪中的几名古代达摩多罗之外，还有一位可能生活在公元 400 年左右者。他为一名瑜伽行者或佛教的瑜伽师，而汉人则更喜欢称之为禅师。在汉文大藏经中，所谓的《达摩多罗禅经》（《大正藏》第 618 号）被归于了这名晚期的达摩多罗，此人原籍为印度，但居住在迦湿弥罗。他在山中的隐修处，当时成了专心致志地从事三昧禅定修持的佛教僧侣们最喜欢的地方。事实上，这部著作并非是大藏经，而是一种“庚（瑜）伽遮罗浮迷”（《瑜伽修习手册》，在汉文中也叫作《译言修行道地》，这是《大正藏》第 618 号第 300 页序言中所介绍的内容。同样还请参阅《法兰西远东学院学报》第 44 卷，第 350 页）。其真正的作者并不是达摩多罗，而是另一名罽宾大师觉军，他很可能为达摩多罗的弟子。该经文的原文系由一名叫作佛陀跋陀罗的第 3 位罽宾人（一名“负笈僧”）携往中国中原，他又于 413 年左右于今江西庐山译出了该经（《法兰西远东学院学报》第 44 卷，第 378 页）。那里当时是由高僧慧远（约为 334—417 年）主持的一个非常兴旺繁荣的佛教僧众团体的中心，慧远是当时被称为西晋的中国南方佛教的大祖师，慧远本人也参与了译经并为此写了一篇序（《大正藏》第 618 号，第 15 卷，第 300 页；它同时也被刊布于《出三藏记集》中，见《大正藏》第 2145 号，第 9 卷，第 65—66 页。其中部分篇幅已由林藜光翻译，载上引书 342—343 页）。他在该序中，研究了自己于觉军的《译言修言道地》和《庚伽王摩斯那》（由修行略译）之间，所发现的由于达摩多罗而造成的教理差异。但该经文的汉译本没有流传到我们手中。大家还可以参阅笔者有关《瑜伽师地论》（僧伽罗叉造）的论文（载《法兰西远东学院学报》第 44 卷，第 2 期，1954 年，第 362 页注［2］和第 378—379 页；《高等实验学院年鉴》第 4 系，1950 和 1951 年）。《大正藏》第 618 号的另外一篇序系由佛陀跋陀罗和鸠摩罗什的一名汉族弟子慧观所作，它也被刊布于《出三藏记集》中了（《大正藏》第

2145 号，第 9 卷第 66—67 页）。正如林藜光校订的那样（见其文第 348 页注[6]），该经文将达（昙）摩多罗作为觉军的师傅，而他本人又是佛陀跋陀罗的大师，此人于 408 年入华。因此，达摩多罗可以被认为是《达摩多罗禅经》的作者，该经在汉地被称为觉军的《瑜伽师地论》。这部著作由于玄奘那颇具权威的名字而备受赞扬，后来变成了汉地禅宗的经典。

当该教派形成一宗时，它便建立了祖师世系，既有印度人也有汉人。对于印度人的名表，大家使用了所谓说一切有部那些祖师们离奇不可思议的古老世系。这些人有时被称为罗汉，有时又被称为菩萨，显得有些不合规则的混乱并不统一。正如大家在 6 世纪初叶的经文目录论著中发现的那两种一般，该经目叫作《出三藏记集》（请参阅烈维 1908 年于《亚细亚学报》第 93 页所作的解释；旧笔旧作《僧伽罗叉的〈瑜伽师地论〉》，载《法兰西远东学院学报》第 44 卷。第 2 期，1954 年，第 373 页）。在第 1 种名表中，最后两位印度祖师是觉军（第 52 位）和菩萨（!）达摩多罗；在第 2 种被归于佛陀跋陀罗（印度贫穷的译师，其中国竞争者们的历史狂癖作法，以有关其“祖师”们年谱的一系列问题来攻击之）的名表中，达摩多罗在 54 位祖师中占据第 23 位，这就是说这幅名表中明显是指说一切有部的古代大师。至于禅宗的第一批汉族祖师，人们一般可以计算到 6 位．其第一位是菩提达摩，这是充满传说中的一位著名祖师。

但情况并非始终如此。在这一问题上的最早史料之一，是在敦煌发现的一种有多卷写本的文献，这就是于 775 年撰写的《历代法宝记》。这部著作于 1928 年根据 S. 516 和 P. 2125 号敦煌写本而刊布于《大正藏》第 2075 号中了，后来于 1935 年又由一名中国人在沈阳刊布，附有大量考证。最近（1976 年 6 月），它又由最佳禅宗史专家柳田圣山根据 8 卷敦煌写本而刊布，附有一篇很长的导论和日文的译注（《早期的禅宗史》第 2 卷，载《禅语录》中，由东京的一书房刊布）。《历代法宝记》出自禅宗的一个地方支系，该支系的中心在四川成都（请参阅《通报》第 56

卷，1970年，第82页）。其中包括印度29位祖师的世系，从大迦叶直到菩提达摩多罗。但经文中还具体解释说（《大正藏》版本第180页，上引柳田圣山文，第59页），如果从中排除了达摩多罗并将他作为汉传六祖中的第1位，那么就只能计算到27位了。因此，达摩多罗被与菩提达摩结合为一个混合而又人数众多的人名了，所有这一切现在有时则仅仅残存一部分了。这样一来，在《历代法宝记》（《大正藏》本第180—181页，上引柳田圣山书第67页以下）为此人所作的传记（该传与菩提达摩的传奇故事有关）中，首先提到了“菩提达摩多罗”。但它在数行文字之后，又提到了“达摩多罗”。在其他地方又仅仅提到“达摩”（这是菩提达摩和达摩多罗名字中的共有成份）。菩提达摩本人在中国中原也经常以这种简化形式称呼，尤其是在日本更为如此。

西藏研究在京都的一代有志青年中，颇为时髦。他们的一些近期著作，阐明了在8世纪由吐蕃王权大举向外扩张时，在四川与吐蕃附近地区之间建立的文化、宗教和贸易的密切关系。我们可以引证上山大峻的《对有关禅宗的敦煌藏文文献的研究，主要是根据Pt. 116》（载《佛教文化研究所纪要》第13期，京都1974年6月，第1—11页）。我们同时还要研究一名前程无量的青年人小畠宏允的多篇文章，如《吐蕃禅宗和〈历代法宝记〉》，载《禅文化研究所纪要》，第6期，京都1974年5月，第139—176页；《西藏传说中的菩提达摩多罗禅师研究》，载《印度学佛教学研究》第24卷，第1期，东京1975年12月，第229—232页；《Pt. 116号写本中的禅师研究》，载《禅文化研究所纪要》第8卷，1976年8月，第1—31页。有一部晚期的和其史料价值令人质疑的著作《拔协》（据今枝由郎认为，它是14世纪初叶的一部编年史，见《亚细亚学报》，1975年，第126页）。该书已由石泰安刊布并附有法译文摘要（巴黎汉学研究所1961年版，第18页以下）。据该书认为，一名叫作Sań-？i（禅师？僧士？或者更可能是一个凭空杜撰的名词）的人，自称是唐朝派往吐蕃的一名使节的儿子，他可能被于704—754年执政的墀德祖赞遣往唐朝，以为其儿子——未来的墀松德赞（执政于755—796年）获得有关汉传佛教的经书。在那位禅师回来时，可能在益州（也就是成都）遇到了一名叫作金和尚的僧侣，他向此人传授其教义并给他3部汉文经书。然而，“金”只是一名定居在中国中原的新罗僧的姓（在新罗的发音中作Kim，系出自唐音），他生活在689—762年。他并非别人，就是建立于四川的一个禅宗分支的4位祖师之一（第3位），在《历代法宝记》中讲到了他们：智诜（609—702年）、处寂（648—734年）、无相（他就是“金和尚”的教名）和无住（714—774年）。《历代法宝记》就是在这名无住和尚圆寂之后不久写成的。无住在藏文史料中变成了Bu-？u或Bhu-？u，其中引证了他的语录（尤其是在Pt. 116号敦煌写本中。请参阅上引上山大峻文第4页以下；小畠宏允1976年8月文，第12—16页），而且是继菩提达摩多罗的语录之后，和其他禅宗大师的语录之前。这些大师中的最后一位就是汉印僧诤会上的摩诃衍和尚（还可以参阅《五部遗教》中的祖师世系，由图齐于《小部佛典》第2卷引证，罗马1958年版，第615页注[25]），他曾在成都保唐寺居住，在那里创建了一个绝对的“顿门派”（上引小畠宏允1974年文，第141和153—157页），叫作保唐宗。我们可以肯定，论述这些成都大师们的《历代法宝记》，在吐蕃很著名，它可能在那里被翻译和流传。菩提达摩多罗传的一种藏译本与，《历代法宝记》中菩提达摩多罗传记很相似，它载于《大臣遗教》（图齐译本，同上引杂志，第2卷，第68页以下，第81页以下是部分意大利文译本；请参阅小畠宏允1974年文，第162—164页中的汉藏文对照，以及自藏文本翻译的日译文），或者是在Pt. 813号敦煌藏文写本中（与小畠宏允1975年12月文，第229—230页的文献对照比较），在《瑜伽续部》（上引小畠宏允文，第229页）或在由图齐翻译的《五部遗教》（同上）的译本中。

下面就是在《历代法宝记》（《大正藏》第2075号，第

180—181 页，上引柳田圣山文，第 67—68 页）的汉文原版中这条传记的开头部分：

“梁朝第一祖菩提达摩多罗禅师者，即南天竺国王第三子。幼而出家，早禀师氏，于言下悟。阐化南天，大作佛事。是时观见，汉地众生，有大乘性。乃遣弟子佛陀、耶舍二人往秦地，说顿教悟法。秦中大德，乍闻狐疑，都无信受。被摈出，遂于庐山东林寺。时有法师远公问曰：‘大德将何教来？乃被摈出。’于是二婆罗门，伸手告远公曰：‘手作拳，拳作手，是事疾否？’远公答曰：‘甚疾。’二婆罗门曰：‘此未为疾。烦恼即菩提，此即为疾。’远公深达，方知菩提、烦恼本不异，即问曰：‘此法彼国复从谁学？’二婆罗门答曰：‘我师达摩多罗也！’远公既深信，已使译出禅门经一卷，具明大小乘禅法。西国所传法者，亦具引禅经序上（这里系指所谓的《达摩多罗禅经》，即《大正新修大藏经》第 618 号。它深受小乘的影响，但在作结论之前又引入了一段大乘经的附录，后 种经文也是在同一时代译成汉文的。在此时代，这两种乘于罽宾和西域是处于竞争状态的。详见《法兰西远东学院学报》第 44 卷，第 354—363 页）。二婆罗门译经毕，同日灭度，葬于庐山，塔庙见在。达摩多罗闻二弟子汉地弘化无人信受，乃泛海而来至。梁武帝出城恭迎，升殿问曰：‘和尚从彼国，将何教法来化众生？’达摩大师答：‘不将一字教来’。”

这条传记接着解释了，达摩多罗是如何获悉他的两名弟子死于汉地，而又并未在那里激起宗教信仰的。他渡海以亲自前往那里并受到了梁武帝（于 502—549 年在南京执政）的召对，他与皇帝的意见并不统一，正如有关菩提达摩传说全部汉文本所介绍的那样。达摩（正如他在本处被称呼的那样）于是便前往北魏王朝（386—534 年），对他在那里的事迹的记载的下文，基本是以有关菩提达摩的传统史料中相同的方式，而介绍的，仅仅增补了某些具有不同程度的荒谬怪诞的情节。此外，这条传记的全文是由一大堆令人惊愕的东拉西扯的内容拼凑而成的，有时在于庐山翻译《达摩多罗禅经》的译师佛陀跋陀罗（他确实是在于长安鸠摩罗什派的后秦人中失宠之后，才逃至那里投在慧远门下，该宗对他的特权感到嫉妒）与他同时代的佛陀耶舍（觉明）相混淆了。佛陀耶舍是另一名迦湿弥罗人。他在北魏时代，从408年起，于长安翻译了诸如《长阿含经》（《大正藏》第1号）和法藏部的律部经文（《大正藏》第1428—1431号）等经文。其名字由于被一分为二而产生了两名梵天：佛陀和耶舍。菩提达摩和达摩多罗的名字则被互相混合起来，而形成了菩提达摩多罗！正如大家在上文所看到的那样，该混合出现在被译作藏文的佛语集中，这种现象也出现在最古老的吐蕃佛经目录《登迦目录》（据图齐认为是9世纪初叶）中，大家于其中在自汉文翻译的律部经文（编作6113号）中发现了一部菩提达摩多罗的两卷本和91偈（共有32个音节的统计单位）的著作。请参阅拉露1935年于《亚细亚学报》第334页发表的文章，图齐：《小部佛典》第2卷，第47页；见芳村秀基：《登迦目录》，东京1950年版，第59—5页。小畠宏允（1974年5月文，第152页）怀疑这就是《大正藏》第618号的一种译本，即著名的《达摩多罗禅经》。

无论如何，达摩多罗一名及其各种奇形怪状的变形，明显都是西藏人非常熟悉的禅宗第一汉传祖师。从各种迹象来看，他们是从《历代法宝记》，或属于汉地禅宗成都支系的其他史料中，得到这一人名的。据这同一批史料记载，这一人物的继承人就是被认为向吐蕃传入（或至少是在那里传播）禅宗教理的摩诃衍和尚（大乘和尚）。如果说这两名创始人祖师被认为有资格在吐蕃补充十六罗汉名单，那么他们之中的第一位就如同在汉地一样，也被认为是负笈僧，这丝毫也不会使人感到惊奇。大家在图齐的《西藏画卷》（罗马1949年版，图122；请参阅上引上山大峻文，第176页和注[23]）中会发现他的一幅从那塘版西藏大藏经木刻版中印制出来的画像。他被画得坐在一个法台上，其笈放在背后的地上。他右手执一把麈尾，左手执一件法器，一道出自笈的光环承负着他；一只虎卧于其右部，他似乎是以其麈尾而威胁之；在上角，有不是一尊而是两尊带光环和光晕的佛陀，他们都驾于似乎是出自僧侣的祥云之上。如果我理解得正确的话，那么上山大峻就是宣布说在该僧的发髻中可能有一尊小阿弥陀佛，从而把它变成了观世音菩萨的一种化身，我在图齐的图版中未能设法看到这一切。无论如何，它与敦煌汉地形象的相似性是不容置疑的。

我在巴黎的一家古董店中找到了一幅非常漂亮的彩色绢画，画幅相当大（62cm×103cm），这符合西藏图像的标准规格，但其画工笔法无疑是汉地式的。正如西藏或蒙古喇嘛们向汉族艺术家订制的许多画像那样，也正如我于1920年左右在北京观察到的那样。这名和尚在一片布满鲜花的地面上向左行走。他穿着便鞋而不是拖鞋，作为头戴仅有一个花冠。其面庞极白。其颈为蓝色，右手执有一金刚。其背部有一笈架，上面放有经卷，但也有平装书（以汉地方式装订?）。这一切上面都带着一条飘荡的彩带，均为红色和绿色。此外还有一道黄色和黑色的大光环，如同一把平顶华盖，其笈的红色支柱一直升向该华盖。一只老虎向那个人物的左右行走。此虎之后有两棵长有白树干的大树，其叶子的品种不同。在该人物画的左边，约在其高度的中央，于被浓雾笼罩山地风景的上升祥云之上，有一身小佛跪着，在蓝色的背景中呈棕色和红色，带有光轮和光环，双手捧钵。他处于一个印度式的黄色华盖之下。在左上角更靠上的地方，于自由飘荡的祥云之上，跪着一名四臂菩萨，他也带有光轮和光环。其两只左手的每一只都抓有一条蛇，每只右手都似乎执有一金刚。这一切都是精心制造的。那名古董商向我正确地指出了，名字是达摩多罗。一身负笈的僧侣小画像也出现在图齐特藏中的一件唐卡之上（《西藏的画卷》，罗马1949年版，第3卷，图13，右下角）。在簇拥一身喇嘛（宗喀巴?）像的许多人物中，他携其虎向左走。现收藏于福尔德特藏中的一套（属于8世纪的教授——德国藏学家洛弗）以彩色版（约为42cm×50cm）和一篇解说而刊行，于1975年由韦尔雷姆以《1976年的唐卡历书》为题出版。大家可以从中看到一幅很大的达摩多罗（出版者为他起的名字）的画像。他身穿宽大的白色和青色并镶有红色花边的衣服，脚踏棕色皮鞋，长有胡髭，长眉毛下垂，头顶盘有发髻，左手执一件法器，右手执一根锡杖。其背负笈，以围绕其上身的一条白色布帛包裹。从其笈中升起一朵蓝色的鲜花，无疑是一朵莲花。其右部是一只白虎。山脉和祥云的风景都具有汉地的特征，并带有一棵开蓝花的树。在左上部，有一身跪着的小佛像（宝胜?），从该佛像之上沿画的上部边缘直到右上角，有另外5尊可能为"五禅佛"的小佛像，他们都带有光轮和光环，颜色各有差异，其手结契印的形状也各不相同。在这幅画的下部，有两身大天王像，左部是携带其诗琴的北方之王提多罗托，右部是附有其塔和其蛇的南部之王昆留罗叉。在同一套特藏中，在右部的一座释迦佛坛场之下，便是负笈僧的另外一种画像，其笈负于背部，这里也是由绕在上身的一条布带固定。其右部是一头黄色老虎，其面前还有其他野兽。从此人的右肩升起一朵祥云，于左上方负承一身蹲着的小佛。

另外一幅佛像画于圣彼得堡前亚洲博物馆的一本画册（见鄂登堡:《佛教书目》第5卷，1903年，1970年奥斯纳布吕克再版，第209幅图）中。他于本处呈跏趺坐姿，双脚赤裸，置身于一种山水画的风景中，背后负笈，左手捧一法器，右手执一麈尾，于头顶之上带有光轮，左上部于浮云中蹲有一佛，虎卧于右上方。其中的藏文题记是："向达摩多罗顶礼。"大家还可以在由洛利于《西藏艺术论集》（由麦克唐纳和今枝由郎主编，巴黎1977年版，图版A5和A40）刊布的一套图像中发现两组西藏的十八罗汉。在这批图版的一幅中，负笈僧的两侧由和尚与十八罗汉簇拥，绘作汉地佛像中的那种大腹便便和笑眯眯的外貌（布袋和尚）。他坐在一顶大华盖之下，背负其笈，右手执麈尾，左手执法器，其虎卧于他的脚下，左上部在祥云中是一身蹲着的小佛。其名似乎是写作"达摩多罗"。

因此，这是否是说 Darmatala、Dharmatara 和 Dharmatr［ta］等等一类（在汉文中叫作达摩多罗）在《历代法宝记》及藏文史料中，与菩提达摩如此巧妙地混合在一起的名字，是否应该如同在吐蕃所作的那样，被用于这种图像呢？那里当时才不久刚出现了汉地式的禅宗。就在汉地，菩提达摩的传说从 9 世纪起就在禅宗中形成了，上山大峻（其文第 176—180 页）认为有关他的敦煌画就应该被断代为这一时代。但正如我已经讲过的那样，我却认为这里更应该是指一类引进经文的僧侣，也可能是一名外来弘法大师而不是汉族朝圣取经人，而又没有任何赋予他这一名字的理由。这至少就是我认为能够赋予这篇仓促写成的札记的结论。人物画脚下的虎是为了说明什么呢？这也可能是向汉地图像画的借鉴。其中在一组十八罗汉之外，又增加的两名罗汉，被画成擒住了一只虎，虎代表着西方，而另一人却降服了一条龙，龙是东方的象征（请参阅上引沙畹—烈维文，第 285—286 页）。祥云中的小佛有时在西藏被画成一对，他们又是谁呢？……尚有许多问题有待于澄清。我祝愿更为深入的调查研究，提供更为完整的资料，特别是在藏学领域中能有助于这一问题的解决。

（译自巴黎 1978 年出版的《敦煌白画》一书的附录）

五世达赖喇嘛的雕像

A. 麦克唐纳

波士顿精美艺术博物馆收藏有一尊小雕像，已由普拉塔帕迪蒂亚·帕尔（Pratap aditya Pal）先生作了介绍，并在他与曾献纪合写的该博物馆的一次叫作《喇嘛教艺术》的展览会的展品目录中刊登了照片。这尊雕像的照片就是图 54，在第 52 页是这样描述的："济依西贝吉的一尊 18 世纪时的西藏青铜像。高 13 厘米，它是阿尔德里奇的礼物。底座的题识把该雕像确定为喇嘛教宁玛巴的济依西贝吉。这尊青铜雕像是由其非常虔诚的弟子阿旺喜饶委托制造的。该喇嘛穿几件僧袍，左手执一部写经，右手放在左腿上。这尊雕像是由其弟子在其大师圆寂后不久，委托制造的，这一事实保证了该躯雕像的质量。它具有典型的僧人仪表，头已受剃度，但其面部则具有明显的特征，显示出他具有严厉的个性。西藏人喜欢宣传他们的僧侣，同时又加以神化，为他们画了像，结果便在这个地区发展起一种有意义的图像学传统。这类画经常是理想化的，但有时候（像现在这样的情况）又有一种很明显的写实主义倾向。"

帕尔先生所介绍的喇嘛的身份及其弟子的见解，由于没有提供原文对照，所以他参考的说明无法核实。而他准确地指出喇嘛面容处理具有鲜明的个性化特点，却使人感到震惊。我们只要看一下前一页的照片，就可以深信不疑。帕尔先生强调（第 18

页）济依西贝吉雕像与阿底峡、宗喀巴那样一些著名信徒、五世达赖喇嘛或其继承者们雕像习惯处理相反的现实主义，是有道理的。

“但在有些情况下，特别是在17世纪以后，我们看到了一些画，它们可以透露出一些著名人物的情况，也许还可能保存有某些外形肖像，宁玛巴的济依西贝吉的像即属此例。这些相貌各不相同，个性（严肃的弟子）充分地表达了出来，所以这些画像可以被看作是相当真实的图像。”

因此，如果说帕尔先生把所介绍的人物称为济依西贝吉的看法是正确的，那么图像和与之相符的雕像的加工才能，就赋予了这尊雕像一种帕尔先生意想不到的价值。人们确实是仅仅通过概念的和不带个性的外表，来了解西藏的某些著名人物。但济依西贝吉远不是18世纪一位默默无闻的宁玛巴的喇嘛，而是达赖喇嘛本人的一个密教名字。帕尔先生很难考证出这一点，因为五世达赖喇嘛和曾谈论过他的西藏大师们很少使用这个名字。在那些提供了有关伟大的五世达赖喇嘛各种名字的资料的西方人士中，伯戴克（Petech）先生是第一个了解到济依西贝吉就是五世达赖喇嘛本人的学者。他在为T·V·韦利（Wylie）的《西藏地理》所写的书评中一条说明（载1963年的《通报》），作了这样的考证。他当时还不知道苏联大西藏学家A·I·沃斯特利科夫的杰出著作。这部著作撰写于1936年，直到1962年才用俄文出版，1970年在加尔各答被译成英文，其书名为《西藏历史文献》。在这部令人赞叹不已的著作中，沃斯特利科夫列了一张有关五世达赖喇嘛各种名字的基本还算很完整的表（印度版本，第46页），其中就有济依西贝吉这一名字。我将于下文重谈这个问题。至于阿旺喜饶，则是一个非常通用的名字，我们在西藏文献中发现了数名与五世达赖喇嘛同时代的人以此命名，且不提其他时代的僧人了。然而，在能够释读刻在波士顿雕像背部的铭文之前，就这一问题提出任何假设都是冒险的。对阿旺喜饶的考证始终是以赋予他的尊号为基础的。如果在铭文中提到了他，那仅仅是由于通过他们行使的职务和享有的尊号，我们可以把阿旺喜饶与其他称呼区别得开，因此，当我收到波士顿博物馆于1976年11月寄来的铭文全文的影印件时，觉得十分兴奋和惊喜。由于收到的时间较晚，所以本文显得不成熟，在许多方面是不完善的。但对题识的释读解开了所有的疑窦，证实了济侬西贝吉的图像确实是五世达赖喇嘛。五世达赖喇嘛是西藏最大的政治家之一，于1642年创建了西藏地方政府，是一位不仅在政治领域中，而且在艺术、文学和宗教思想方面也都能代表他那个时代的人物。所以我觉得现在就通过某些对照比较介绍这一文献，以便使大家能够进行更为全面的研究，是很有意义的。如同大部分可以澄清其意义的文献一样，该文献是我与两位藏族老师和朋友达布活佛和允丹嘉错，共同释读的。我不知怎样感谢他们的合作。那些经连结和删节的两个单音节的词组，已在注释中进行了分解，那些应归咎于铭文雕刻者，而不是撰写者的技术方面的错误，也都一一指出来了。

下面是译文，本人力求翻译其意而不追求文字的准确和典雅：

“祝愿莲花生①慈悲②的阳光，使利益阿旺喜饶的百瓣（荷花）③ 绽放。

祝愿（这个太阳的）光源永远在他心中闪耀，永不离开他。

为了他今生和永世（一直到达到菩提）。萨贺尔僧人撰。

按清册的登记表，我的首席喇嘛、所有耆那④中的最著名者济侬西贝吉这尊雕像体内的佛物，包括他本人的头发和一颗佛牙

① “莲花心　”是莲花生许多名字中的一个，但没有被列入“大师8名”一类中去。请参看A·M·布隆多：《神鬼遗教》，载纪念玛塞尔·拉露的《西藏学论文集》第29—126页，其中提供了有关这一问题讨论的参考资料，见第50页注[24]。她在《神鬼遗教》的第1页背面（第49页）和第4页正面（第51页），于自己的摘要文中就是以这一名字提到莲花生上师的。

② 达布活佛认为，本处的thugs-rje一般均译作“怜悯”，也具有byin-rlabs（“祝福”）之意。

③ 我没有翻译tshal一词，其义为“园”。

④ 这是佛陀著名的称号，意为“胜者”。

等。这尊能满足愿望和需要的雕像（同宝物一样），被视为司供祭之官阿旺喜饶的支柱。”

我们看到，这段铭文包括两部分，分别由两个人撰写。第一部分采用诗体，是萨贺尔僧人为阿旺喜饶写的。第二部分由阿旺喜饶亲自撰写，并在其名前面加上了他的尊号：司供祭之官。正是他让人制作了其喇嘛济侬西贝吉的塑像，他把它誉为佛陀，并把主要供物——他的头发和一颗佛牙放入雕像内。因此，这尊雕像外部以其模特儿的人格化表现，内部以其使之神化并赋予他生命的要素，成为喇嘛本人的替身及其弟子虔敬的支柱。

甚至在分析和展开由这段铭文提供的线索之前，我们就可以断定，其表达方式证明了两件事实。其一是用来确保阿旺喜饶吉祥如意的祈祷诗的署名人萨贺尔僧人，以及由其弟子司供祭之官阿旺喜饶代表的济侬西贝吉喇嘛，仅仅是同一个人，其二是这位大师的雕像是在喇嘛尚在人世时，由其弟子制造的。

实在说，第一种事实更为明显地容易使人接受，因为我们通过其他部分而获知，这两个名字都是西藏无与伦比的重要人物五世达赖喇嘛对自己的名字的指称。相反，除了达赖喇嘛本人之外，我们可以排除其他任何人用第一个名字称呼他的可能性。事实上，“萨贺尔僧”一词，与五世达赖喇嘛家族历史悠久和传奇性的起源有关。正如我们将要见到的那样，这是达赖喇嘛从其传记开始，通常用来签署各种著作的自谦字眼。但也正是由于这个原因，只有他才可以使用这个名字。他同样也是唯一一位自称“萨贺尔家族的老密教徒”，或“萨贺尔密教徒中的老疯子”，还有西藏大人物经常自封的其他带贬义的用语，我们不可设想别人会用这些名字来称呼他。因此，毋庸置疑，铭文中的诗体部分是由五世达赖喇嘛亲自写的。

我于上文已经指出，沃斯特利科夫曾提供了五世达赖喇嘛拥有的各种名字的一览表，但他始终未能具体解释它们的用法。所以，当他指出“五世达赖喇嘛的名字更经常的是被其绰号‘萨贺尔僧’（来自贺尔的信徒）[①] 代替”时，并没有考虑其实质内容，即这是只能由他“萨贺尔僧”一人使用的绰号。因此，我可以简单追述一下伟大的五世达赖喇嘛的主要名字，其中包括济依西贝吉。

我同样感到奇怪的是，1617 年出生于吐蕃王国摇篮的琼结王公家庭的这个孩子，在刚满数月时，就从觉囊巴多罗那他大师那里获得了第一个名字。多罗那他的人格和教理，后来成了五世达赖喇嘛猛烈攻击的对象，以至于使其寺庙改宗，其财产被没收，其作品被禁止，其后裔被流放到了蒙古哲布尊丹巴那里[②]，但当时却被请求为小王公选择一个名字。多罗那他在藏文中叫贡噶宁保。五世达赖喇嘛在其自传中的一段文字，对“道登的化身”不太恭维的文字中（《云裳》第 1 卷，第 23 页正面）告诉我们，他为这个孩子起了一个名字叫贡噶米珠多结旺吉甲保。这个孩子诞生于无论是西藏还是其家庭都很动乱的时代，西藏被以宗教竞争为基础的政治斗争所分裂，这些分裂也反映在其家族中。他首先被考虑成是在他诞生不久前圆寂的噶玛巴喇嘛和主巴噶举喇嘛的转世灵童（《云裳》第 1 卷，第 25 页背面）。

后来，甚至在格鲁巴内部，承认他是哲蚌寺僧侣们的殿宇之一的甘丹颇章的四世活佛转世的观点，也并不是被人毫不犹豫地接受的。诞生于 1619 年的同时代人扎巴坚参在他被承认是一位地位相同的喇嘛，哲蚌寺上部僧侣殿宇喇嘛的化身之前，也被其家族说成是四世达赖喇嘛允丹嘉错可能的化身。1621 年，在当时统治西藏的藏地统治者的政治赞许下，在其精神权威于格鲁巴中无可争议的两位大师，林美夏仲·衮乔曲佩和札什伦布寺的堪布班禅喇嘛的宗教担保下，以及四世达赖喇嘛家族蒙古人的赞同下，琼结的小王公被正式承认是允丹嘉错的“新化身”。1622

① 有关琼结王爷家族的神话起源和为萨贺尔确定方位的问题，见图齐：《西藏画卷》，罗马 1949 年版，第 2 卷，附录 10，《霍尔后裔家族》第 734—737 页。

② 参阅 E·G·史密斯：《〈一世班禅喇嘛洛桑索吉嘉仓自传〉再版导言》，德里 1969 年版，第 1 页，该页的注[4]和第 12—13 页。

年，在甘丹颇章举行了坐床典礼，萨贺尔家族的这个孩子就成了该寺的第五代化身和主人。他在5岁时进入教团，从班禅洛桑索尼嘉仓（1567—1662年）处获得了洛桑嘉错的名字（《云裳》第1卷，第30叶正面）。到了1638年，在他21岁时，他发了比丘（藏文为dge-slong，梵文为bnikshu）愿，林美夏仲在他前一个名字中又增加了“阿旺”的名字（《云裳》第1卷，第86页背面）。这就是五世达赖喇嘛（嘉错，意为“海洋”，在蒙古文中被译成“达赖”）正式名字的历史和意义，一般又以缩写形式阿旺罗桑嘉错的名字出现。正如我们已经看到的那样，这是他受戒僧的名字。在该名字之外还可以补充其他名字，都是当他在以下各领域获得深奥知识之后被授予的，在学习了作诗（藏文为snyan-ngag，印度又为kavya）之后被称为江央噶瓦谢年；在学习了印度文法（kalapa）[①] 之后又被称为东珠聂巴朗曹。他于1656年写成的有关印度和中国的占星术著作中的署名是阿旺洛桑嘉错晋美高恰土丹朗曹岱。他从中还增加了可能是他于1653年北京之行时，天朝皇帝封给他的名和号的藏文对音[②]。

至于伟大的五世达赖喇嘛在灌顶以使他进入特殊的密教教宗时获得的梵文名字，有的是由同时代的大师相赠，有的是由过去的喇嘛在显圣期间授予的，这类名字很多。莲花生上师授给他的名字是金刚无著（在一次显圣或授记中），在这之前于《莲花遗教》[③] 的题跋中，他用的名字是才曲多巴者。他还享有梵天子笑

① 这两种资料（而且已为人所熟知）是由隆多喇嘛提供的。kalapa是对《丹珠尔》中译成藏文的梵文语法的一种疏注；它被认为是相对容易的，属于“送给国王”的语法疏注类。这是达布仁保且向我指出的情况。

② 藏文木刻版本第55页背面。参看图齐：《西藏画卷》第136页有关这一文献的论述。

③ 莲花生最著名传记的德格版本第205页正面，我们一般称作《莲花遗教》；G·图散曾将此书译成法文：《莲花遗教》，巴黎1933年版。它在译意方面不太令人满意，但译得文字很好，可以使人有一个全面的了解，这是很珍贵的。

金刚的名字，在《吞木浦》第 2 和第 3 卷的多种小部经文中使用[①]，他还享有济侬西贝多吉（笑金刚）的名字，这个名字是由阿旺喜饶取的，刻在波士顿收藏的雕像背部，五世达赖喇嘛在我们下文将提到的列城版本的《秘传》[②] 第 368 页中，以及在《吞木浦》第 3 卷第 199 页中都使用过该名字。由于这一名字也用于 1820 年由藏博喇嘛所著的《世界（南瞻部洲）广说》中，所以很明显，它在大众场合中也使用，而不仅仅在受度僧们的小圈子中流行。

然而，在小雕像的题识中，没有任何内容可以使人作出断代。我们可以将之与由《云裳佛服》第 3 卷提供的资料进行比较。五世达赖喇嘛在一段文字中提供了一份小部佛典、愿文和其他著作的目录，这是他于 1679 年六月十九日在庆祝委任他的第五位，也就是最后一位摄政官、著名的桑结嘉错的欢乐气氛中写成的：

“我借专为多吉列巴和四臂（怙主）神举行遮食回施供的机会，写了一部容易携带的仪礼书，应我寺（私人的密教寺）僧侣们的要求，我写了一篇赞扬阿旺亦列的愿文，按这位大活佛的指示写了要题在唐卡背面的一篇文章……在塔林大师的要求下，我为摄政官和我本人写了一部长寿仪轨书……向透彻地理解了宁蒂的大圆满派祖师白玛赤来以诗的形式写了一封回信；……奉献给阿旺赤列大堪布的愿文，这种愿文既可以用作赞扬，又可以被看作是供茶（按这一种或另一种方向作改变的最后程式）；我为由司供祭之官制作的我的一尊镀金铜雕像——图像写了一篇题识，为拓制一篇有关佛陀行为的文献写了最后愿文，该文献由比

① 参阅上引 A · I · 沃斯特里科夫著作第 45 页注 [117] 和图齐的《西藏画卷》第 135 页，对这三部研究 17 世纪西藏艺术史很重要的著作，所作的精辟分析。第 2 卷已于 1974 年在印度出版，第 3 卷于 1976 年出版。如同其他许多研究西藏文明的最重要的著作的再版一样，这两部著作也是在我们的朋友史密斯的努力下出版，并慨然送给我们研究的。我无法表达对他的感激，因为阅读我的年轻同事和朋友今枝由郎于 10 月间给我带来的这两部著作，对于于此介绍的著作是很基本的。

② 《五世达赖喇嘛阿旺罗桑嘉错的神幻经历》，列城 1972 年版。有关巴黎国立图书馆收藏的一册手稿，见本人写的小考，发表于《大宫喇嘛艺术展览会目录》。

亚的格桑嘉错撰，由比亚的万户杰布扎西刻。”①

我几乎完整地翻译了这个句子，以不至于对插入这一小段文字的背景产生了误解，而它对于确定波士顿小雕像的时间是很重要的。它证明1679年的这一天，五世达赖喇嘛为由他的司供祭之官给他定制的一尊雕像写了一篇题识，而当时司供祭之官的头衔则是由阿旺喜饶享有的。这是否就意味着波士顿所藏小雕像的时间，可以由《云裳华服》的这条附注断代呢？不，因为在波士顿雕像使用的材料（青铜），与1679年司供祭之官命令制造的那尊雕像的原料（镀金铜）之间，存在有矛盾。我们曾要求波士顿博物馆作过一次实验室分析。虽然我们可以确定小雕像的金属质地，但仍无法知道，对于17世纪的西藏人来说，从科学角度讲的“镀金铜”含义是什么。相反，我们不可避免地要提出有关《云裳华服》记载的真实性问题，也就是说首先是《云裳华服》记述1679年出现的事件间的关系那部分的真实性。

无论是从其篇幅，还是从其内容来看，这一不朽的作品在西藏自传本文献中都属最重要者之列。因为正如苏联大西藏学家沃斯特里科夫正确指出的那样，它含有对西藏两位较大的政治家的回忆。他提出既有关这部著作编写的历史，又关系到前三卷出版时间的问题，前三卷大部分系伟大的五世达赖喇嘛所作，但不是全部。对《云裳》6卷的最佳概述，既包括由达赖喇嘛所作的一半，又包括由第司所作的一半的简述，是沃斯特里科夫所作的那一种：“包括普通西藏版式的6卷。其中有3卷（分别为364、281和241页）是由五世达赖喇嘛本人写成，收入6卷中。它是按年代顺序阐述的，最后的叙述是辛酉（铁鸡）年（1681年）一至九月间发生的事情。剩下的3卷（分别为360、338和383页）是这部未定著作的补编，是由第司桑结嘉错写的，从1692

---

① 《云裳》第3卷，第138页背面—139页正面。伟大的五世达赖喇嘛的自传及第司增加的补续，共同组成的6卷，可能不久即将于印度出版。读者可以顺便参阅这一影印重版本的原文，我这里就不再转载了。

年开始，到 1696 年完成。”[1] 在紧接着列举前三卷的一条注释之后，沃斯特里科夫斯基又指出：“据第司桑结嘉错认为（在其补篇最后一卷，第 378 页正面），最后一部是由五世达赖喇嘛的弟子写成的。”

基于第司书第 1 卷（《云裳》第 4 卷，第 161 页背面）的两段文字，我们可以作进一步的详述了。他首先描述了其师 3 卷自传的基本结构：“虽然从实质上来说，上师（如达赖喇嘛）的‘渐入解脱’（为了方便，我们把这一述语仅仅译作‘传记’）都不会出错，他们的根的本质与修成的佛陀一样，藐视文字记载，这位贵人还是亲自写了其外传[2]《云裳华服》的前两卷，即第 1 卷和第 2 卷，同时还写了第 3 卷的第 1 部分和该卷第 2 部分中的主要内容。这样一来共有 3 卷。”稍后不远，即在第 162 页正面中，第司又解释了五世达赖喇嘛赋予其回忆录书目的意义，并提供了下列时间表：“外传叫作《云裳的漂亮的平纹细布》，因为根据对律和论的疏注，此名指一种高价布，它不能遮盖皮肤，很透明光亮[3]。同样，与其他人的那些仅仅讲述与他们功劳有关的传记相反，这部珍贵的著作非常清楚地论述了善与恶。第 1 卷和第 2 卷一直论述到 1675 年（包括该年在内）这一木兔（乙卯）年，这是由五世达赖喇嘛上师亲自写成并已印制；在第 3 卷中，就已完成撰写和校对的部分来看，包括一直到达 1677 年这一火蛇（丁巳）年一月十五日之前阶段。紧接着，作为（达赖喇嘛）传记画的基础的文献，以对一直到 1679 年这一土羊（乙未）年六月十四日事件的记叙，都已写好，但未经他修改。对于后文，即从 1679 年六月十五日到 1681 年这一铁鸡（辛

① 参阅上引 A · I · 沃斯特里科夫文，第 187—188 页。

② 它既与内传《随记》（获得宗教文化）相抵触，又与秘传《有秘印者》相抵触。请参阅上文注[11]。我在本文的第 2 部分回头再来谈这三部大文献：《五世达赖喇嘛的一尊绝妙肖像概述》，即将发表于《亚细亚学报》中。

③ Z · 阿赫马：《17 世纪的汉藏关系》，载罗马《东方学报》，1970 年，他在第 24—25 页注[82]中出于自己的杜撰对 dukula 一词及五世达赖喇嘛对它的用法下了定义：这一定义没有任何依据。这本书中以藏文文献为基础的所有部分，都需要重新研究。

西）年的九月七日，他仅留下了某些手稿笔记，以摘要的形式对最重要的事件作了概述，需要与从外面（即由其他人，其书记们）所作的笔记进行对照。运用这些笔记进行编纂、以对最引人注目事件所作的概述为基础、再用其他人的笔记进行补充的人，就是他最忠实的弟子和密教徒①江央扎巴。从1681年这一铁鸡年的九月八日起，这位喇嘛王爷，这一外表世界和法的世界最漂亮的装饰物，没有留下有关任何事件的笔记。”

因此，对五世达赖喇嘛为其司供祭之官，于1679年六月十九日所作的题识的记载，属于这位大师借用其亲信成员的资料，以补充笔记的形式所写部分。所以，我不能排除一种假设，即在由曲本官制造的五世达赖雕像所使用的材料问题上，在达赖喇嘛可能未写完全部的虔诚的题献目录中，出现了错误。

另外，我们知道，摄政官对于1682年二月二十五日五世达赖喇嘛的圆寂，一直保守秘密到1697年。我们刚才已看到，伟大的五世达赖喇嘛在圆寂时未完成的自传，在1692年（第司补编部分的开始写作时间）仅印刷了三分之二，第3卷尚未刊印。另外，我觉得对阿旺喜饶雕像资料的信任，取决于此人在五世达赖喇嘛晚年生活中所占的重要地位，以及在他圆寂后所起的作用（如果他确实起过作用的话）。至于波士顿所藏小雕像的时间问题，如果说没有任何资料可以使人断定其时间，这一看法也不完全正确，其时间是在阿旺喜饶行使司供祭之官职务的时候。那么这一职务都包括些什么呢？其职权是什么呢？其次是否可以确定阿旺喜饶开始行使职务的时间呢？

“曲本官（司供祭之官）”这一尊号，由五世达赖喇嘛私府中最为显赫的成员之一森琼格享有。“森琼”的意思是“小住所”，指达赖喇嘛在布达拉宫中的居室。其个人卫队的士兵被称为内侍，其家族成员叫作禁卫，其中的 'gag 之意为“进口，通

---

① 这是对“罗汉”（藏文为 gnas-brtan，梵文为 Arhat）和持明（藏文为 rig-'jin，梵文为 Vidyādhara）的不太理想的译文。这一复合词经常被拼写作 rings-'jin，其意义相同。然而，我也尊重其不同的拼写法。

向……的道路”。因此，属于他的亲信中的人都可以“进入其居室”。为了简单地确定达赖喇嘛这一私舍的作用，我还可以指出，在当代，第十四世达赖喇嘛前地方政府的成员，如觉灯大喇嘛先生在前一代达赖喇嘛时就已任职，熟知 1959 年之前所存在的政府的组成，确定了西藏地方政府三大类官吏的组成与职能如次，贵族世俗官吏，即仲科尔（drung 'khor），由一个内阁（噶厦）主持，处理政务；僧官，由“大秘书”主持，负责宗教事务；达赖私府，即禁卫，由仪轨师，即大礼宾官负责，由为达赖喇嘛私人服务的宗教官吏组成。私府不同成员的组成和具体职责尚未被全面研究过，尚不为人所知。我仅仅知道大礼宾官负责官方正式节日的历法编制工作。

西藏地方政府创设于 1642 年，取名为甘丹颇章，意为“达赖喇嘛在哲蚌寺的宫殿”，哲蚌寺是靠近拉萨附近的格鲁派的三大寺院之一。五世达赖把西藏统一在蒙古王子固始汗（他获得了“藏王”的尊号）、哲蚌寺的甘丹颇章的管家索南群佩（他成了该地方政府的行政官或摄政官）和五世达赖喇嘛的三重权力之下。我现在尚难肯定五世达赖喇嘛是否像伯戴克先生较晚时代所说的那样，是“自外来的和上部来的”，肯定是他独自一人握有教权。他的特殊地位需要作进一步的分析，由于五世达赖喇嘛还施加过很大的政治影响，同时也是因为这个要人主宰了他那个时代的整个历史。这一特殊地位后来被掩盖起来了，甚至被否认了。

近代的西藏地方政府官员拥有长期管理西藏事务的经验，从内部了解这些事务，认为甘丹颇章自从 1642 年创设以来，特别是在 17 世纪下半叶期间设立了上文提到的三种官吏。我的意图不在于在此写一篇西藏地方政府的历史，因为这一课题还有许多不清楚的地方，本身尚需要研究。然而，有一件事实却提出了一种很有可能的假设，与对我们本文研究的五世达赖喇嘛的曲本官职能的分析，具有直接关系。对由甘丹颇章的创立者们、五世达赖喇嘛及其第五位第司桑结嘉错所写的史料的分析，证明了存在有两种而不是三种官僚队伍。五世达赖喇嘛及其继承人的地方政府是根据萨迦巴地方政府（我在近期的一篇文章中已指出了这一情况，它不包括宗教分支）的模式建立起来的，它包括一支由世俗人和出家人组成的官吏队伍，即僧俗官吏；此外还有达赖喇嘛的私府，由僧侣组成，即禁卫①。我所看到的当时的所有文献都倾向于证明，这一私府的作用在17世纪时比僧官队伍（尤其是孜仲）② 创立的时代要重要得多，行使了一部分过去由禁卫完成的职务。

下面就是有关五世达赖喇嘛私府组成资料的某些片断，不过还需要深入研究。有一段很重要，但却很难理解的文献，因为它既涉及贵族组织，又涉及1672年创立新年的庆祝节日。据这段文献来看，达赖喇嘛的私府似乎已经由一位大礼宾官主持，私府中共包括35名成员（《云裳》第2卷，第128页正面和背面）。一名索本（gsol-dpon），其字面意义为“司起居官员”。这一官职与“工室总管”相当一致。因为负责伟大的五世达赖喇嘛及其客人宴席的人，只能是一位达官贵人。这一段文字中还提到两名香火。但是，根据我对《云裳》的释读，真正有影响的官吏成员数目不可能超过12人左右。其中很可能包括管事，即达赖喇嘛私人财产的管理者。他手下还有数名属他管辖的人。在索南群佩于1642年成为西藏的第一名行政官吏之前，这一职务就由他充任；在甘丹颇章统治整个西藏期间，这一职务肯定从未停止存在过。其他资料是由《云裳华服》的开头部分提供的。当五

① 对于1642—1959年甘丹颇章的发展史的研究，尚未被全面地着手进行。我希望有朝一日能从事这项事业，但它是以对13世纪之前的吐蕃政治—宗教史的全面研究为前提的。我们感到非常荣幸，设在巴黎南特大街10号（L·A·140）的比较民族学和社会学实验室，用了两次讨论会来分析我们在研究西藏地方政府历史时遇到的难题，并向我提出了一些理论假设，从而促进了我们的工作。我向主持了这两次讨论会的德当·皮埃尔先生表示感谢，同时也向参加这些讨论会的同事们和朋友们表示感谢。

② 噶旺·通杜普写了一篇很有意义的学术报告，发表于《第29届东方学者代表大会文献集》中，标题为《西藏研究》，巴黎1976年版，有关布达拉宫的僧官学校，见《西藏最高学府》第75—86页。他于文中强调了口头传说和僧官个人的经历。可以参阅上引笔者本人小考，第86页。

世达赖喇嘛阐述自己是以怎样的观点、根据什么原则写其自传时，毫不犹豫地离开了原有的模式①。他当时提到了那些每天记载其生活中最重要事件，就像记载无足轻重的起居惯例那些最亲密的合作者们的名字。他使用了他们记载的这些资料。据我认为，这幅 8 个人名的表，是指私府中最亲近的成员。它说明在 1667 年和 1672 年间（开始撰写《云裳华服》的时间很难确定），他最为亲近的达官显贵就已经是《云裳》第 3 卷的编纂者江央扎巴、达尔巴家族的大译师阿旺平措伦珠，上文提到的两名香火之一，特尔波的阿旺南喀和另一位经常以一个地名提到的人物（可能是他的寺院的名字）强青巴，于此又附有他的受戒名期氏家族的阿旺年则。所有这些人都是大文豪。阿旺喜饶的名字于此没有出现，达赖喇嘛的其他合作者的名字前面未附尊号，而且我刚才提到其名字的所有人都是如此。我们可以认为，当时的曲本官同样也出现在他们的名字之中的可能性不大。事实上，在 1669 年八月二日，达赖喇嘛的曲本官（他自 1661 年以来，就经常仅以这一尊号而不附名字地出现，见《云裳》第 1 卷，第 305 页正面）继任了伟大的五世达赖喇嘛的第二位第巴（部落长）宰桑第巴赤列嘉错。他是著名的桑结嘉错的舅父，也是 5 位摄政官中最后和最为强大的一位。宰桑第巴殁于 1668 年，没有立即由人接替。达赖喇嘛亲领政务数月之久，正如他在第一位摄政官于 1658 年逝世之后所作的那样，达赖声称此人始终活在人世间。1669 年就任曲本官者，名叫罗桑吐道，正如伯戴克先生所指出的那样。1675 年，“他卷入了萨迦巴的一桩丑闻”，并被解除了职务。他在退位时获得了摄政宫的荣誉尊号，平安而又体面地生活于他在桑日的封地中。1675 年之后，其名经常以圣物的施主出现在《吞木浦》中。无论如何，一旦举行了由《云裳》第 1 卷，第 84 页背面描述的受任仪式之后（因为他辞去了曲本官的职务，以就任西藏地方政府的最高政治职务），达赖喇嘛就立即为他指定了一位继承人：“我任命杰达贡的学者达尔杰任司供祭

① 这一段文字将翻译发表于上文已宣布的，即将载于《亚细亚学报》的论文中。

之官一职”（《云裳》第2卷，第84页背面）。

但稍后不远处，同在第2卷第86页正面，达赖喇嘛又指出，在1669年闰八月二十三日，曲本官和15名其他僧侣，由他主持发了受戒僧（比丘）的最后誓愿。从此之后，文献中就仅仅提到曲本官阿旺喜饶。我们首先获悉，达赖喇嘛于1669年九月为由曲本官阿旺喜饶（《云裳》第2卷，第87页背面）奉献给密教教团，题了占卜性的词。因此，很清楚，在受具足戒之后，新的曲本官达尔杰获得了五世达赖喇嘛授给他的阿旺喜饶的名字。事实上，他被任命时很可能是在20岁至25岁之间，他充任这一职务一直到1682年伟大的五世达赖喇嘛圆寂，甚至还超过了这一时间。在过去的几年中，文献中经常和越来越频繁地提到他。我们首先获知，在1669年末和1670年初，五世达赖喇嘛重病期间，他忠心耿耿地侍奉了他（《云裳》第2卷，第90页背面）。后来，其名始终与五世达赖喇嘛的秘书长江央扎巴并列提及[①]。正如其尊号所指出的那样，他被正式委任负责组织祭祀，尤其是组织佛陀、神和上师的三种相的象征性祭祀，他们语言的所缘——经文、他们的人格所缘——代表他们的雕像和绘画、他们思想的所缘——神湖和窣堵波（即塔），都以达赖喇嘛的名义奉献在西藏的各大型寺庙或他的封地。在包括有由五世达赖喇嘛为纪念建立这三种所缘中的某一种，而写的题献内容的《吞木浦》[②]的所有各卷中，我们经常会遇到他的名字。他还负责监督由达赖喇嘛和为达赖喇嘛而完成的无数仪轨，这或是为了其他人的利益和普遍的利益，或是为了确保使他人的长寿和健康。他与大师的内侍、管家和特别秘书占据着一种特殊的地位，除了他在监督这些工作，而必须从事的旅行之外，他从未离开伟大的五世达赖。因此，他经常出现在1670—1681年的《云裳》第2卷和第3卷

① 参阅《云裳》第2卷，第9页背面，第93页背面，第105页正面，第115页背面，第121页正面，第132页背面，第133页正面，142页正面，第147页背面，第148页正面，第152页正面，第155页背面等处。

② 《吞木浦》第2卷，第508、509、531、574和575页；第3卷，第165页等处。

中。他于1676年主持建筑了一座宏伟的窣堵波，并亲自参加了开光仪式。他很可能出自达赖喇嘛私人的密教寺院，是达赖喇嘛和大掘藏师岱达林巴的弟子。后者是伟大的五世达赖喇嘛的最亲近的宁玛巴大师和弟子之一。这就解释了他在波士顿所藏雕像的背部题记，赋予了达赖喇嘛一个密教名字济依西贝吉的原因。据传说，他于1678年令人雕刻了一些雕像，绘制了唐卡，为昌珠寺定作了其他宗教艺术品。昌珠寺是7世纪时在吐蕃建筑的第一批寺庙之一。他请求达赖喇嘛写了目录，其文现载《吞木浦》第2卷，第481—531页。仍是在1678年，他令人修建了一座戒坛或曼陀罗（mandal，这是梵文mandala的藏文对音），它用两界或三界（就像在此情况下一样）代表包括位于中心的须弥山以及8个方向的各大洲的佛教世界。这名称与坛城有别，后者虽也译自梵文mandala，但它在藏文中指一部密教经典中的神的特殊天地，弟子在从事说法之前便被引入了这一世界。这座金、银和宝石的曼陀罗，是由当时的摄政官罗桑金巴出资修建的（《吞木浦》第2卷，第574页）。这位司供祭之官于1681年八月间将其师的私人衣服和其他物品，分发给他的最亲密弟子，特别是分发给岱达林巴（《云裳》第3卷，第214页正面）。但是，虽然这些例证都适用于行使与执行宗教仪礼有关的职务，但据我认为，他肯定也运用了其在行使司供祭之官职务的长时期内，于政治领域产生的影响，如同私府中其他主要成员一样。他的前任在行使职务期间，被选择充任西藏政治长官的职务。这一事实仅仅是许多现象之一，但它很重要。曲本官阿旺喜饶恰恰在达赖喇嘛圆寂时曾起过的作用，证明他的权限并不仅限于宗教范畴。这一事实不仅本身就有意义，而且还直接与1697年六月十九日，对达赖喇嘛为其镀金铜雕像，题写的题记的记载的真实性有关，它可能就是波士顿博物馆所藏的那尊小雕像。

五世达赖喇嘛的圆寂，即他“出发前往净土”的消息一直保密到1697年，这已经是人所共知的事实。因为再没有比对这位大上师最后一天的记载（一个时辰接着一个时辰地记叙），能更好地证明这一点了。这一记叙已由摄政官桑结嘉错载于《云裳》第4卷（即补编第1卷）中了，司供祭之官阿旺喜饶也出现在这一记叙中，我下文将提供译文，有时是摘要翻译。我有时也参阅《耳摄精义》[①]，这是由第司为1696—1697年向清朝皇帝通报五世达赖喇嘛圆寂而写的另一篇文献。此文的基础是我上文业已看到的，于1692—1696年写成的《云裳》的3卷补编，但它有时也可以提供某些在《云裳》中尚付阙如的具体情节。另外，第司的这些回忆录是有关他1682—1696年间活动的其他出版物，如《黄琉璃》《南瞻部洲第一庄严》《经教》和其他许多著作的基础。因此，它是我们应参阅的文献。

1682年这一水狗（壬戌）年一月四日，多吉扎寺活佛的一封信传到了正在布达拉宫的第司桑结嘉错手中。白玛赤来（1640—1718年）是西藏中部两个最大的宁玛巴寺院之一的第二位活佛，他与第二个寺院敏珠林寺的创始人、五世达赖喇嘛的主要弟子们及其师傅岱达林巴（1646—1714年）都属当时宁玛巴的大喇嘛之列。这封信强调了暗示着威胁达赖喇嘛本人的恶梦和不祥之兆，白玛赤来一再积极建议为达赖喇嘛的健康（他的一条腿实际上已无法使用了）而完成某些宗教仪轨，并请求他隐退（《云裳》第4卷，第240页背面；《耳摄精义》第16页正面和背面）。五世达赖喇嘛接受此议，处于隐居中，并举行了所规定的仪轨。这就是说，他不再参与任何公共生活，从1682年一月十五日起居均在布达拉宫私府的一居室中（《云裳》第4卷，第206叶正面和背面；《耳摄精义》，第16页背面）。除了一小部分人之外，在其余所有人的眼中，尤其是在清朝皇帝的心目中，这种隐退生活可能一直持续到1697年。但是，五世达赖喇嘛于二月九日召见了一些大喇嘛和蒙古贵族（《云裳》第4卷，第212页背面；《耳摄精义》，第17页背面）。之后，他又退回到了隐居之中。这可能就是人们认为他在以后几年中的生活方式。他很少在公共场合下露面，尤其是在一些重要场面中更少现

① 我们正准备影印发表这一木刻本，并附有可供读者参阅的导论和概述。

身，大部分时间都在静修。第司本人也无法接近幽居在一间叫作“太阳光”的房间中的主子（《云裳》第4卷，第213叶正面），便于九日晚上返回了拉萨（《耳摄精义》第21页背面）。十一日，第司又来到布达拉宫，要求会见达赖喇嘛。达赖喇嘛的私人医生达木曼仁巴（达木的医学博士）解释说，一直到十九日，仍要对五世达赖喇嘛继续进行医药——宗教治疗。二十四日，达赖喇嘛通过其私府的一位成员，带给第司一尊女保护神像，还有一封让他对自己的健康情况放心的信。但1682年二月二十五日，达木的医学博士携带着令人焦急的消息，前来寻找第司：达赖喇嘛的脉搏很弱，他希望会见摄政官以向他作一些训示。为了不引起警觉，因为达赖喇嘛被认为是不接见任何人的，第司决定伪装成西部省的一位使节，在早饭后前去。他派亲信去为内迴的健康情况问卜，并去会见达赖喇嘛。房中挤满了人，五世达赖喇嘛用两只手为摄政官祝福，这是他仅作过的一次。他拒绝了第司关于请来岱达林巴以排除他本人的障碍的建议。第司深知喇嘛即将圆寂，祈求他在人间多留一些时间。达赖喇嘛起身，走到房子的前面，与一名喇嘛开玩笑。天气很晴朗，他说“大家以为是夏季了”，然后返回房间里，突然呼吸困难（《云裳》第4卷，第215页正面和背面；《耳摄精义》第24—25页正面）。

神启的信到了，要求批复。达赖喇嘛无法书写了，他说：“第巴留下，你们其他人吃饭去吧。”一旦他们离开之后，他便抚摸着我的头，向我作了一些有关在本地方政府的政治和宗教事务中的行为、有关以接见施主（特别是汉人和蒙古人）来维持关系方面的详细指示。他教诲我如何治理国事、保卫国土和对付边界上的（敌人的）军队、西部的穆斯林教徒等。我向他说：“这无疑是因为我们被您的慈爱所抛弃，其他地方的净土正在召唤您（您即将归天）。由于我少有所为，所以自从我为您效劳以来，便得到了您的优待和慈爱，老爷！由于本人很少功德，您才不想再庇荫我，所以才出发前往净土，就如同把一个孩子抛在荒野一般地把我抛弃了①。在您出发前往净土之后，我再也不知道该如何行事了。当需要面临外部、内部和中心地区的天地万物的时候，我将很难应付。因为（在布顿大师之教法史中预言说）您将以连续的7个化身为众生谋福，肯定最好的化身即将出现。但我担心在辨认时会发生错误并出现障碍。所以，请您向我指明您将前往何地转生，谁将是您的双亲。只要您赏与对我宠爱和在来世中为您效劳的恩典，我将怀着欢乐而死去。”由于我受到疼痛之苦楚，不能发表漂亮的言辞，但此意确实是我之所言。他回答我说：“所有的事物都不是永远不变的，没有任何事是可靠的，但你不会有困难，不要思想太狭窄。我的脉搏不太正常，如果发生了某种严重事件，应该隐瞒一定的时间。我将很快转生，化身的发现将会很容易。对于我的地区和亲属来说，在我过去的行为和现时的事态之间应有联系，你稍后不久就会清楚地知道。招摇撞骗的人将会出现，但你不要受骗，思想上不要动摇。至于本教的政府，过去内部外部就已经发生了多次，时机对我们不利的竞争，试图为我教的传播确定界限。但他们的企图都未能得逞，他们仍两手空空。如果我现在隐退，这完全是为了本地方政府的利益。由于你过去的行为和命运，由于你在前世发愿的力量，我教的甘丹颇章不会受到威胁。因为你具有伟大的思想，你在世俗科学方面很博学，所以你能采取确保维持本教政府（甘丹颇章）、西藏和平与你在今世和来世财产的措施，你能完成我所说的一切。”……听了这一席话，我停止了哭泣。为了安慰我……他说：“我感到好多了。这可能是由于神经过分紧张，我没有任何重病。现在你去吃午饭

① 这一个句子仅出现在《耳摄精义》第26页正面和背面。

吧，传其他人。”我前去吃糌粑和汤。在此期间，司供祭之官阿旺喜饶和达木的医生去见了他，并对他说，如果他要想转移（死去），作为第司的我太年轻（当时39岁），而他们又一无所知，甘丹颇章具有重要意义。他们询问如何行动和强调（达赖喇嘛）转世的必要性等。他回答他们说，不会有困难，这很容易，随后，当我重新回到他身边时，他的呼吸更为压抑。我向他重复说他应留在本世。他于是便对我说：“送给我一些会倍增的佛物。”他吃了下去，喝了（头颅杯）中的一点精美饮料，并且也送给了我一些。由于他乐于前往净土，正当他把其凡胎与其法身汇合在一起之际，他打了三次嗝，呼吸停止了。在此时此刻，我还问他是否想对自己的死保密，是否想迅速转生和是否会在我们的家庭之一中转生（以不引起怀疑）等等，我们开始哭泣和祈祷。他又复活了，凝视着我们，他说：“不会有困难，将很容易。必须保守秘密。一切如同我尚活在人世一样行事。因为我的前任向仙女拉姆问卜，她都作了预言。因为她是我的主要保护神，你们不能决定的事，就去向女神请教，把所提出问题的纸条要放在面团中，摆在她的面前，再问签。”讲了这一席话之后，他在众目睽睽之下，把自己的凡胎肉体并入法身中了，面转向西，如同他睡着一样……我痛苦得昏了过去。当我恢复知觉之后，他双腿盘着坐在那里，背挺得很直，伸开的左手放在默祷的法印上，右手放在膝部，紧靠制服大地的法印。至于他的目光，其右眼已闭合，左眼不向上或向下转动，一动不动地盯着他右前方的空间。此时，我悲痛难忍，开始哭泣和痛苦地呼唤。

葬礼在证实达赖已圆寂后就立即举行了，即于1682年二月二十五日这一天，一切都很简单（《云裳》第4卷，第219页正面；《耳摄精义》，第 37 页正面）。为了必须对这一死亡保密，他们不得不这样做。他们宣读了宁玛巴的仪轨书以及向那若空行母的祈祷，然后用一尊其身体具有光轮的佛陀的衣服，把达赖喇嘛的尸体包了起来，或者是按照保尔·穆斯的说法是用一位“修成的佛”的衣服，这些衣服都是转轮王（Cakravartin）的，我将在其他地方另行分析其具体情况。

第司令人献上了如同装饰神那样的哈达和以百为单位的供品：100 盏灯、100 份遮食回供等（《耳摄精义》第 37 页背面末；《云裳》第 4 卷，第 219 页正面第 1 行）。

后来，第司明白了应偕同达赖喇嘛圆寂及其正式训言的见证人，一道立即作出决定。他宣布说：

> “本人享有总管的官职，我已受命主持政务；但除此外，我们全体的唯一心愿是根据普世的利益而维护政权。在有关需要保密的合适期限问题上，必须协调我们的意见。”大家的意见共分成了 4 类：一年或两年、一直到化身的出现、在发现化身之后直到他继任，一直到秋天。我们应该遵照这些不同观点中的哪一种呢？大家立即在珍贵的尸体面前，放上了“发表演说”的女神的雕像。大家把 4 种建议都写在放入面团中的纸条上，竿落到了“直到即位”那一条上。大家都深知我们没有保持这么长时间的足够权力。但是，首先是我们已获得了（由达赖喇嘛作出的）指示，这种详细解释又来自向神女的问卜，于是便作出了决定。直到那时为止，在场的所有人（由我本人开始）都宣誓遵守这一决定，并起草了一篇有关保密（决议）的正式文书（《耳摄精义》第 38 页正面，第 5 行；《云裳》第 4 卷，第 219 页背面）。为了在夜间守灵，我派人找来了司供祭之官，让他在一般情况下都睡在那里，此外还有比丘江央扎巴，但不让侍卫和其他人知道。我回到了我的起居室。

这一天晚上，焦虑驱散了睡意（这两句话仅见于《云裳》第4卷，第219页背面）。

这份文献的意义远远超出了本文的范围，因为它提供了考察有关甘丹颇章地方政府自成立以来的半个世纪期间，其组织者的智能及其功能的一种重大要素。它还证明（这就是为什么我要于此引证它），如果说司供祭之官阿旺喜饶在1669—1682年间所起的作用，就已经相当可观了，那么他在此后的作用也应该不小。但事实恰恰相反。无论是在政治领域还是在宗教领域，从其地位和影响来看，他始终都是当地的第二位政治家。其前任在任曲本官时，又被达赖喇嘛强行任命为甘丹颇章负责政治事务的高级官吏并非偶然。在达赖喇嘛周围私府的小集团中，曲本官一职也是一种政治职务。这就是为什么达赖喇嘛在向第司作了指示，以使后者在他圆寂之后，仍以他的名义维持甘丹颇章的政治稳定。达赖喇嘛又向司供祭之官阿旺喜饶重复了同样的指示。因此，在达赖喇嘛和第司的思想中，此人明显在行事中，也很善于从事西藏地方政府甘丹颇章首领的新生世系（五世达赖喇嘛是第一个曾行使该职权的人）中的政治活动。作为其圆寂的见证人，他也属于那些决定继续以五世达赖喇嘛的名义行使职权的人之列，也是这一噶厦成员共同写成的官方文书的署名人之一。该噶厦猜到了在私府内部的事，私府于1682年二月二十五日晚上夺取了政权。他当时同第司一样也有50来岁了。在为准备接受五世达赖喇嘛的木乃伊遗骸而建筑宏大的衣冠冢[①]所必须的12年期间，他将是为死者举行讲究排场的殡葬仪礼的主要组织者之一。1695年，由他主持了把木乃伊安置在这一“世界上唯一的装饰”的建筑物中。

从1670年起，他与《云裳》第3卷的编纂者江央扎巴，和

① 第司有关这一建筑落成史的3卷著作的版本，已在印度以此书名出版：《五世达赖喇嘛阿旺罗桑嘉错的葬礼和下葬仪轨的详细账目》，第1卷，新德里1973年版，第2卷，新德里1973年版。

另一位同谋人的关系很密切。在达赖喇嘛圆寂后的那天夜间，他们二人独自留在他的床边。据我认为，一切都说明《云裳》第3卷中，关于五世达赖喇嘛于1679年写的、并由阿旺喜饶雕刻在镀金铜雕像背部的题识的一句短语中，每项措辞都是正确的。无论是由达赖喇嘛、江央扎巴，还是司供祭之官本人写成的，实际情况都是这样。这它并没有告诉我们，1679年西藏镀金钢的质地如何。但这一切都向我们肯定，由阿旺喜饶于1679年制造的并由达赖喇嘛为之撰写题识的雕像，是用1679年的一名西藏人称之为“镀金铜”的材料制成的。

有关《云裳》第3卷内容的真实性问题，只有对波士顿收藏的小雕像进行图像学细节的研究，才可以证明这一切。我们于上文已提醒大家注意佩在达赖喇嘛腰带上的法剑，帕尔先生没有指出这一点，但其中的含义却没有逃脱他的注意。它或被称为phur-pa（神剑的藏文名字，意为“钉住”），或被称为phur-bu（最早之义为“橛子”，后来又具“法剑”之意，代表着富尔巴神）。这柄三棱剑的每一面上都有一个我无法辨认的东西。佩带法剑（五世达赖喇嘛经常就是这样称呼这柄宗教短剑的）的意义是可以稽考清楚的：这是宁玛派成员（“遵循在古代翻译的怛特罗教诲的人”）的标志，该派的创始要追溯到莲花生上师，人们把8世纪末使法剑周期传入吐蕃的功德归于了他。这一传说很古老，很可能与某种历史事实相符合。神剑的主要作用是歼灭和刺杀佛教的敌人。佛教的敌人既包括魔（这一类包括仇视佛教或佛教徒的非人，但他们都以魔的名义而被纳入了佛教的万神殿），又包括西藏的地神（它们属于佛教之前的万神殿和信仰），同时还包括作为宗教敌人的人间对手。保存在巴黎国立图书馆的一卷著名的敦煌写本（即伯希和敦煌藏文写本Pt. 44号）也证实，最晚不超过10世纪，据我的计算可能更早。法剑传入与由莲花生在吐蕃传播的佛法和修持有关，其信徒们在11—12世纪时获得了或自取宁玛巴之名。

置入五世达赖喇嘛雕像衣服中的法剑，证明了伟大的五世达赖喇嘛对该派人所共知的偏袒。除了已篡改其意义的政治背景之外，这种偏爱没有任何使人惊奇之处。因为莲花生是达赖喇嘛先前的化身，这是自该世系第一位祖师根敦主巴（1391—1475年）恢复（或建立）宗教世系之后，出现的事情。

五世达赖喇嘛对宁玛巴和萨迦巴祖师的恩泽，伴随着对主巴噶举巴的某种仇视，这种仇视既与琼结王爷的家族争执有关，又与不丹和吐蕃两种神权政治之间的政治竞争有关。这就是五世达赖喇嘛在其自传（第3卷，第11页背面）一段讽刺性的文字中，所证实的情况，他指责噶举巴的一位大文人——西藏大智者，抨击他不懂医学和试图自充为宁玛巴时表现出来的怯弱，当时主巴噶举巴被强行纳入到了西藏新的地方政府："正当封闭主巴（西藏大智者）的喉咙的时候，为了试图逃脱此难，他声称获得过传授医学知识，他胡乱地写下了自己对这一说法世系的回忆。后来，他试图冒充为宁玛巴，在腰带上佩了一把神剑。躲在这支神剑的后面，就如同躲在一根木棒的后面一般，以使人看不见……"。因此，五世达赖喇嘛由于完全相信这一象征物的意义才在腰间别有自己的神剑。

当然，对于由这样一位大人物携带一把或数把神剑，只能根据剑的来历，即是否是由伟大的五世达赖喇嘛之前的上师世系传下来的剑这一点，才能判定其是否为神圣之物。然而，偶然的情况说明，用以解释其最为珍贵的神剑之一来历的论述，在某种意义上成了可以估计其真实性的试金石，不仅仅包括似乎已被一致确认的《云裳华服》的前两卷，而且也包括整个第3卷。

大家确实可以在《头鸠罗》（第2卷，第268页背面）发现如下记载，发生在1675年九月末，可能是二十九日："我从多吉扎寺获得了尊敬的活佛（白玛赤来）的信息，声称他需要一把酷似我本人随身佩带的那种法剑。我把法剑赠给了他（下面就是其过程）：当时尚难断定它是否是由法王（北方国王）发掘到的伏藏，它长时间内为持明（即密教徒）阿旺布的法剑，阿旺布又将它赠给密教徒贡赞旺布。后来，我的索尔大喇嘛又长时期佩带在身。自从他将此剑传给我之后，我在长达 20 多年的时间内，把它作为自己的法剑。它被带到多吉扎寺时，恰逢持明（白玛赤来）正在其私间举行法剑成就仪轨。他喜出望外，就如同对待大神（为成就者准备法剑的曼陀罗之神）一般地凝视它。我认为这是预兆他战胜‘四魔’（四末罗，四恶）的吉祥标志。”

因此，大家可以看到，这柄珍贵的法剑，最早属于西藏西部地区的国王。此人就是北方酋主扎西多杰，他生活在 1550—1607 年左右，是宁玛巴的大法师之一①。其子北方大持明（密教徒）国王那旺保代（1580—1639 年），是多吉扎寺的第一代活佛，其转世活佛恰恰就是于 1675 年向五世达赖喇嘛索求一把法剑，以为己用的白玛赤来（1640—1718 年）。我刚才翻译的文献证明，这些宁玛巴大师们习惯于随身佩带这样一把法剑。因此，伟大的五世达赖喇嘛赠给多吉扎寺活佛的剑就是由他自己佩带了 20 多年的那把法剑，即从其密教大师索尔的一切种智者曲音让卓②（1610—1657 年）于 1655 年左右传给他时算起。有一种巧合，这柄法剑恰恰是在白玛赤来举行法剑成就仪轨的时候，被送到多吉扎寺的。这段文字颇为难懂，因为它过分简单了。本文的 3 位署名者曾多次释读，译文中除了某些无关紧要的拙劣处之外，其基本意思还是可靠的。

然而，这种资料与由第司的《耳摄精义》第 14 页背面—15 页背面所提供的，于 1618 年八月至九月对布达拉宫发生事件的记载相矛盾。它被《云裳》第 3 卷最后几页（第 244 页正面和背面）的记载分割成了几部分。我们尚记得，对于最后一次记载是在第 246 页正面，谈到 1681 年九月六日。

如果把分别由《耳摄精义》和《云裳》第 3 卷提供的资料

---

① bsnyen-phur。

② 北方酋主扎西多杰的生平已摘要发表于《阿旺之部》的传记中了，后一部著作由五世达赖喇嘛于 1654 年作，再版时附在白马赤来的《噶玛多旺大师传授之传记》之后，列城 1972 年版，由史密斯写序，见第 1—5 页。我们于下文将再回头来谈五世达赖喇嘛各种颈剑的来历和用法；尤其是有关在五世达赖喇嘛绝妙的图像的轮廓中提到的那一种。

（它们完全一致）联系起来看，那就会得出下面的结论。据达赖喇嘛的说法：“1681 年八月二十四至二十九日，我曾要求岱达林巴活佛对《明灯精义》，以及可以澄清其义的附录作疏注（这是对原藏文的不完整的译法。可以肯定的是，五世达赖喇嘛曾请求对有关宁玛巴两种说法的指示。第二部分似乎是对第一部著作中表达的教理的进一步深入论述）。二十五日，仁增且保活佛在‘阳光’的房间内为（新造的）诸如卓洛和古尔扎这类密教神的雕像开光（它们是第巴和我本人虔诚的附着物，以不可分割的方式使神的要义与它们的形象吻合起来）。我也到了那里，由我把花抛了出去（以为最后的开光）。看到了雕像和绘画便自动地使我（Lhan-skyes-su，意为‘我个人主动地’）产生了一种思想，即出于懒惰。我过去没有画出我的喇嘛们的脚印和手印，我当场便决定令人画出持明岱达林巴的脚印和手印，他是居画面中央的一人物，由其先前化身簇拥[①]。由于我非常强烈地产生了这种愿望，我要求（在岱达林巴很乐意地在准备作画的绢上）印下他的脚印和手印，当年木噶玛描画面的线条时，我立即写了一部自毗卢遮那佛起，一直至今的岱达林巴的前世史。因为他（岱达林巴）要求我高声念诵（Lung，这是实施一篇经文的先行仪礼），我照办了。我向他奉献供物（以酬谢他的度礼和留下了手足印痕），我不准备全部一一列举，但其中包括一只盛满精美食物的头颅杯、一套珍贵的上身和下身衣服、一根金刚杵、一只橛（金属杖，瑜伽行者的象征物）、一些仪轨性的大勺、一把优质铁漏勺以及几匹白绸。九月一日，……我会见了（第 245 页正面）许多喇嘛（我不再一一列举他们的名字），其中就包括多吉扎寺的仁增活佛。”

我觉得这一段文字（我们即将看到，在《耳摄精义》中的对应段落）似乎涉及的是同一人，即岱达林巴，后来又相继被称为岱达林巴活佛和仁增活佛（《云裳》第 3 卷，第 244 页正面末）和持明岱达林巴（第 244 页背面）。在上引《云裳》第 286

① 五世达赖喇嘛曾写过他的传记，见图齐：《西藏画卷》第 166 页。

页背面，有关白马赤来的段落中，他又被称为多吉扎寺的持明仁钦活佛和上文提到的多吉扎寺的仁增活佛。很明显，在所介绍的插曲中，他仅仅于1681年九月一日在布达拉。

第司这样介绍了同样的事件（《耳摄精义》第15叶正面）：（五世达赖喇嘛）“向伟大的持明掘藏师请教有关《明灯精义》的指示……后者于其私间（在布达拉宫），在无证人在场的情况下，向他单独传授。他让尊敬的掘藏师（仁保且掘藏师）接受为对我施行的恩惠的所缘物开光。如同（古尔）扎的绘画一样，我的喇嘛老爷利用这一机会，亲自前来抛撒青稞粒以开光。当他看到了挂在那里的自己的许多带有脚印和手印的画像时[①]，他自称由于懒惰，过去未能对他的喇嘛们施这样的礼仪。他请求前者把这些送给他，他当场就取了持明活佛的手足印痕，以将其画在代表后者的一幅画像（周围有许多前世化身）中。他问：何人善于作画?’司供祭之官回答说：‘年木的噶玛善画’。根据这一意见，他就让此人作画。他立即写了（《耳摄精义》，第15页背面）从毗卢遮那佛到当代的（岱达林巴的）前世史，以‘Kun-bzang ’bde-stong 等字开始，以让人写在唐卡的背后，并当即高声朗读”。第司然后奉送了一份与《云裳》中相同的向掘藏师供献的礼单，最后是几卷白绸。他然后又补充说：“我的喇嘛王爷不希望看到他离去，伟大的持明也不希望这样，但其仆人们的安排使他告辞。他作为离别的礼物而收到了王爷自己的一整套衣服，以作为虔诚的附着物、一件上衣和用以传授奥义的象征物、一条襟带等。他向他赠送了比过去要多得多的礼物和在政治及宗教两个方面的详细指示。他派人前往多吉扎寺以为对方的仁增活佛（即白马赤来）带去‘颈剑’，这是由法王旺保岱（多吉扎寺的第一代化身）发现的一种宝贝（伏藏）。它由两位持明（父亲与儿子）和索尔的曲音让卓携带。我的喇嘛王爷本人曾作为‘颈剑’而携带了25年。”

---

① 吉美博物馆拥有一套达赖喇嘛前世化身的系列画，画在两手和两脚痕迹之间和中间（MG. 19108 号和 MG. 19109 号等）。

正如我们看到的那样，这一记叙的第一部分，与我首先翻译的五世达赖喇嘛的叙述完全相吻合，它证明雕像的祝圣仪式仅由岱达林巴独自一人完成，其手足印都在同一日临摹下来，以画在其前世的画像中。我们还可以看到这篇记述的第二部分（阙《云裳》第3卷中的记载）明显与五世达赖喇嘛在第2卷中宣布的内容相矛盾。在1675年，他向在多吉扎寺的白马赤来派去了该寺院的转世活佛并按他的要求送去了法剑，第司认为，该剑的来源与他于1681年八月末或九月初，送往多吉扎寺的同一人手里的那一柄，完全一致。第司没有具体解释其时间，但无论如何也是在1675年的6年之后。它们是指同一把法剑这一事实，已由所提供的有关的具体解释证实。据他认为，在达赖喇嘛佩带法剑的时间1657年，20岁左右，而据第司认为是在1681年，25岁。同一供品不可能于1675年赠送和收到，而在6年之后又由同一人赠送给同一人。这两种资料是互不相容的，究竟哪一种错了呢？

这一详细情节非常重要，它不仅仅可以提供一种有关波士顿雕像时间的具体资料，而且尤其是因为它证实法剑是于1681年，而不是1675年赠送的。这就不仅使《云裳》第3卷独自的记载名誉扫地，说明五世达赖喇嘛不仅没有全文修订，甚至也没有全文撰写；而且也使第2卷失去信誉，根据第司的非常具体的资料来看，它是由五世达赖喇嘛亲自撰写和修订的。白马赤来的传记可以使我们解决其中的难题，但我们掌握的唯一一份传记是一部很短的自传，由他写于《国王遗教》末，编纂于1681年四月至五月，见印度版本第410—421页。其中没有任何有关法剑的记载，但尚不为结论性的。这不仅仅是由于白马赤来生平的叙述停止于1681年九月之前，而且尤其是由于有关其生平的这一简短梗概，是以获得推巴岛密教经典的说法为中心的，因为它结束了传经喇嘛们的世系。达布活佛当时就提醒我，作为走出这一死胡同的唯一办法（因为在我的两位藏族合作者来看，这确实是一个死胡同），必须阅读岱达林巴的传记。据第司的记载来看，岱达林巴于1681年八月末或九月初，向达赖喇嘛告别时，五世达赖喇嘛把法剑送往多吉扎寺，以赠给白马赤来。

这位喇嘛的内传（获得宗教修持的历史）和秘传（显圣史）已在印度发表；其外传可能已在印度重版。当我于1972年在噶伦堡的时候，据我所知尚未重版。但我当时受特惠得以参阅岱达林巴外传的木刻版，宁玛巴大学者多迥活佛非常乐意地借给了我。敏珠林的创始人自称居美多吉（1646—1714年），岱达林巴是他作为掘藏师的名字。他的传记是共包括108页的一部木刻版本[①]，由其弟大译师法祥（1654—1717年）于1689年修成。由于两兄弟之间存在的关系，这是一部特别真实的文献。法祥译师于1713年在60岁时写成了自传（在印度出版，载《宋·噶玛》第7卷，第9—140页）。他解释说，他们的父亲逝世的时候，他仅有9岁，其长兄在世俗生活方面充当他的父亲，而在宗教生活方面又作他的喇嘛（《宋·噶玛》第98页）。他们兄弟在前世互相之间也有联系：岱达林巴被承认是8世纪时吐蕃大师竹箐巴即毗卢遮那的转世化身；法祥则被认为是玉扎宁保的化身。玉扎宁保是一位毗卢遮那曾向其传法的王公（或公主）。另外，传记撰写的时间（在1689年，44岁，其弟34岁，这一时间与叙述的事件的时间非常接近）也使其内容更为可靠和真实。从1682年起，岱达林巴就被通告了伟大的五世圆寂的消息，写于保密时代的该传记中没有泄露这一事实。如果法祥译师通过其兄而获知了这一消息，那也是可能的。我可以肯定的一点，便是岱达林巴曾向其弟忠实地介绍过他最后一次与自己的“伟大的师傅和弟子”会见的情况，因为他知道这是最后一次会见。我觉得由法祥译师传播的岱达林巴资料的真实性似乎是可以肯定的。我在多迥活佛传的木刻版本第67页正面，发现了这一资料。1681年八月二十四日，岱达林巴在布达拉宫内的一处完成了为达赖喇嘛举行的仪礼。“第二天，他在布达拉宫的私人房中为守护神的许多画像和

---

① 原藏文是：Gter-chen chos-kyi rgyal-po'i rnam-thar dad-pa'i ? ing-rta zhes-bya ba bzhugs-so。

雕像，举行了开光仪式。他获得的礼物中，有在汉地制造的一种奇特的宝石装饰品，盛满佳肴的一只真正的头颅骨杯、一根金刚杵、一根金刚橛、一个由霍尔人制造的[1]经锤打的金属大汤勺和长匹的白丝绸等等。喇嘛尊前赶来向他赠送这些报酬，是因为他举行了开光仪礼。在那些完成这一仪礼的人中，就座和参加。他以自己的极为愉快的情绪博得了他们的欢心。家兄老爷说：'我理解，这些显赫的馈赠，标志着我长期以来都是这一教理的支持者'。喇嘛尊前当时写了一篇献给（家兄）王爷前世化身的愿文，他同时还非常坚持要家兄提供了他的手足印迹，以供画一幅相当于献给其前世的愿文的新唐卡。家兄说：我被迫接受了。后来，他又为喇嘛尊前写了某些有关修习《明灯精义》之说法的疏注文，以及有关对他本人所写的此文的附录的说明。后来，（家兄）向多吉扎寺的活佛讲授他刚刚发现的伏藏的奥义，相反，他（从多吉扎寺的化身处）获得了对长寿的祝圣。他向尊贵的第司提出了一项要求，以使博东的寺院封地像过去一样归属敏珠林，这一要求被接受了。作为离别的礼物，他获得了可观的礼品：位于洛若的扎西通门寺及其全部宗教艺术品，作为敏珠林寺的分寺；50 串一堆的钱币、35 匹织物、许多匹丝绸[2]、一个银曼陀罗（象征着三界）。（1681 年）9 月 5 日，他离开布达拉骑马前往拉萨，他在（大昭寺）释迦（牟尼）佛的雕像前施供并跪拜。”

这一记载与五世达赖喇嘛在《云裳》第 3 卷最后几页中的记载完全相符，所有情节都相吻合。它证明多吉扎寺的活佛也在布达拉，正如《云裳》顺便指出的那样，这不仅仅是为了达赖喇嘛于九月一日的一次简短召见，而且住了很长时间以获得岱达林巴的宗教指示，最终他获得了这种指示。由于岱达林巴于九月五日离开布达拉，所以五世达赖喇嘛不可能于这一时间，向多吉

① 这一词义根据时代不同而有所变化，本处很难对它作一番解释。本处很可能是指中国蒙古皇帝们的王朝。该物品可能来自汉地，其时间为 13—14 世纪。

② 我没有翻译 jasing dagul-mdong 一句，因为我不懂。

扎寺遣使以向白马赤来赠送橛，因为他即使不是就在此时此刻，也是在这之前曾在布达拉宫。我以及本文的另外两名共同署名人都觉得，第司在五世达赖喇嘛向多吉扎寺活佛赠送法剑的时间问题上，肯定搞错了。他于 1696 年写了《耳摄精义》，在此之前还于其他地方详细地指出过，发生在《云裳》最后一条目之后的事件；为清朝皇帝而总结了迫使他作出对五世达赖喇嘛圆寂保密那样重要决策的背景。根据当时的背景来看，这一情节不太重要，因为自岱达林巴，白马赤来和五世达赖喇嘛之间最后一次会晤，已过去 15 年了。这一情节本身意义不大，最重要的是能够纠正这种错误，由法祥译师抄写的岱达林巴的资料，证明了《云裳华服》全部三卷的真实性和可靠性。由于五世达赖喇嘛与当时的最高层人物保持关系，所以人们或掌握有他们的表章，或掌握有由他们的弟子们撰写的传记。《云裳华服》的内容，就可以由第司及其周围的人，能够利用的大量文献所核实、证实或驳斥。除了其他所有的原因——对受人仰慕和尊重的大师的孝道和忠诚之外，必然就是受善意支配的偏见。这是我的朋友允丹嘉错在我们共同阅读岱达林巴的前传之前，就向我指出的情况，这部传记说明他的看法是多么正确。

但是，既然已经证明五世达赖喇嘛佩带了 25 年的法剑，确实于 1675 年由他赠给了多吉扎寺的活佛，那么出于这一原因，我们就应该认为波士顿所藏达赖喇嘛的雕像（腰间佩带法剑）不可能是 1675 年之后的，而是否可以证明由同一名施主于 1679 年制造的镀金铜雕像是另一尊呢？肯定不是这样，因为我们知道五世达赖喇嘛拥有许多把“颈剑”（人们这样称呼他身上佩带的橛）。事实上，当 1695 年打开盛放达赖喇嘛遗体的灵柩以最终盛殓进专为接受其遗体而建筑的寝陵时，负责这一仪礼的司供祭之官，就用达赖喇嘛过去传授密教奥义时穿的服装，把他覆盖了起来，这是在翻阅了他拥有的衣服清单之后，所作出的决定。根据达赖喇嘛尚活在人世时编制的清册，在他头上放了一顶王冠，手上放有一只铃，（腰部）一把颈剑（《耳摄精义》第 65 页背面）。

波士顿藏雕像佩带的颈剑也不能用来确定雕像的时间，但如果需要的话，它可以增强这尊小雕像的真实性。相反，我应在它的小体积问题上多说几句。它仅有 13 厘米高，这使达布活佛和允丹嘉错感到非常吃惊。事实上，他们感到奇怪的是，一尊送给其级别如此之高的官吏和由于来自达赖喇嘛本人身上的佛物而使之圣化的一尊雕像，竟然只有这么小的尺寸。尤其是因为它是在五世达赖喇嘛活着时雕刻或铸造的，“与它相似”的大量的面具，金、银、青铜和镶有宝石等的雕像都要大得多，我们在《云裳华服》的三卷中发现了对此的记载。

因此，如此重要的一位官吏如何会选择在一尊如此之小的雕像背部雕刻了由他自己题的诗，在它上面配上珍贵的佛物，而他的社会地位和高级职务肯定能让人为他制造一尊用贵重金属制造的体积很大的雕像，以作为其题识和佛物的所依物。我确实对此感到惊奇，尤其是因为存在五世达赖喇嘛写于 1676 年的一篇小作品，包括在《吞木浦》第 2 卷中（第 292—294 页）。它是放入一尊“与我相似的”雕像中的佛物的清单，由五世达赖喇嘛私府的另一名高级官吏所立。此人的级别与司供祭之官的级别相当或低一些，即王室总管阿旺格来。《吞木浦》中的这篇短文，澄清了波士顿藏雕像中的“清单”一词的意义。其题识具体解释说，佛物清单是由伟大的五世的头发和一颗牙组成的，这与“清单相符合”。我们本来可以认为，这里是指阿旺喜饶的宗教艺术作品的特殊收藏品的“目录”（这也是藏文 dkarchag 的意义之一，其意也为“寺院指南”和“内容一览表”）。这种假设不能排除，有一定地位的西藏人确实拥有这种能从中看出雕像或窣堵波内容的目录①。但也有可能是波士顿藏小雕像的佛物清单，

① 见《喇嘛教艺术》，1975 年 5 月 15 日—6 月 30 日，由银行总公司主持的展览目录，第 15—18 页和第一幅插图。其中展出了 9 尊雕塑像和一卷经文，大量佛物的清单已由该目录的作者制订。他提供了很好的圣器图版，把底盘都抽了出去，其内物品都倒了出来，虽然我们不能无保留地同意这样一种非神圣化的做法。当然，作为象征性的意义，使人感到惊奇的是看到，放在同一小体积中的大量佛物，我们很容易设想它是为了这些作品的收货人才被登记在目录中的。

是由五世达赖喇嘛应其司供祭之官的要求写成的。无论如何，1767 年制造的五世达赖喇嘛雕像的清单，提供了某些有关所用材料的资料：珍宝，对于其中使用的质和量，我无法考证和具体解释清楚。除了由于其中包含有某种数量的一特殊种类的金和银的事实之外，这里首先提到的是两种“宝物”。根据制造雕像的艺术家们使用的工具以及食物的价格来看，有许多驮青稞、白色食物和两只动物的骨骼以取其肉，这就说明雕像是在拉萨制造的。主要雕刻家的姓名是以印度文名字的形式提及的：达那（Dhana，意为“布施”）。但由于它是在受印度诗影响的诗句中出现的，所以它很可能是从藏文名称译来的，如 sbyin-pa（意为“布施”）等[①]。但没有提供任何有关雕像本身的形状、达赖喇嘛的姿态或其服装的资料。下面就是佛物的清单，它们首先是由达赖喇嘛放进去的，这是由他本人奉献给雕像的。清单中包括五世达赖喇嘛世系的大喇嘛们的头发和衣服片等，明显没有任何东西是来自他自己身上的。我们通过对这一文献非常不完整的释读，使会觉得似乎可以证明，雕像的价格、体积和使用的材料，明显要比波士顿藏小雕像中的对应成份重要得多。但从宗教观点来看，波士顿藏小雕像内部的佛物价值至少与阿旺格来的雕像相等。对于西藏人来说，这肯定是使圣物身价百倍的东西。因此，这两尊雕像的用途不同。1676 年的那一尊肯定是为了供在地方政府总管的私人小佛堂中。如果说波士顿藏雕像如此之小，据本文共同署名的两名藏族学者认为，那是因为阿旺喜饶从不离开它。他将此雕像供在自己家中的私人祭台上，很可能在所有活动中都随身携带它，放在西藏艺术中非常常见又特别的佛物盒中，这种佛物盒又被人称之为“护符盒”[②]。以上便是唯一尚合乎情理的解释，它可以说明雕像的小体积、图像那令人震惊的质量、

---

① 在《云裳》第一卷，第 268 页正面中确实以此名提到了一个藏族匠人，认为他是五世达赖喇嘛一尊塑像的雕塑家。

② 在 N·杜格拉斯和 M·怀特的著作中，拍摄了一些精妙的样本。见《噶玛巴，西藏的黑帽派喇嘛》，卢扎克 1976 年版，第 139—142 页（这一编页是从第 134 页开始计算的，后来插入的图版没有编页数）。

由雕像代表的喇嘛为这尊特别雕像的施主所写诗句的存在，以及由其主人为小雕像起的名字："可以满足所有的需要和愿望（的宝物）"。这尊小雕像（很可能由五世达赖喇嘛本人所认可）是阿旺喜饶对他崇拜如佛的人的虔诚的所依物和他心中活佛最宝贵的寄托。

我的两位藏族合作者对最后这一点，都持非常肯定的态度：波士顿藏雕像是唯一的一尊，我们实际上很难设想会制造了两尊载有同一篇题识的雕像；他们同样还一致同意认为，它仅仅是为曲本官制造的，不存在任何其他不带有题识的雕像。

经阅读《云裳》中有关司供祭之官阿旺喜饶的段落，我们便可以看到，完全有可能是一位如此重要人物拥有数尊达赖喇嘛的雕像。虽然我无法证实，但始终认为波士顿收藏的小雕像，是在阿旺喜饶行使职务之后不久（1669 年或 1670 年）而专门为他制造的。五世达赖喇嘛的这幅图像似乎代表一名年龄约 50 岁而不是 60 岁的人，尽管我的合作者们向我指出，在为大师们制作的图像中有一种年轻化的倾向。我认为没有任何证据说明 1679 年为司供祭之官制造的五世达赖喇嘛的镀金铜雕像写的题识，适用于波士顿的小雕像。其中的佛物证明，它们没有在有关的段落中被记载下来。

波士顿藏雕像的意义大部分取决于其施主的人格。在试图勾勒这一轮廓的时候，我们从中窥见了在五世达赖喇嘛及其继承人行使职权期间，私府成员们所占的重要地位和扮演的角色。同样，复制这本《论文集》封面上的陶土雕像（对其美术质量问题暂且搁置一旁不提），其特殊意义是解释清楚了由五世达赖喇嘛的圆寂，而说明的第二点：为了甘丹颇章的继续和延存，急需的是尽快发现一个新的转世化身。五世达赖喇嘛在 1682 年曾非常正确地领悟到，甘丹颇章在没有他的情况下，仍可以行使职权和治理该地区，不过要以他的名义活动。私府的成员对此也非常清楚，他们在 1682 年二月二十五日的决议，就足以证明这一点。改变教务会的方向，对于维持刚建立不久的甘丹颇章的政权是危险的，该政权从外部受到了清朝中央政权对西藏地方事务的统治，在西藏本地也有内外冲突的威胁，达赖喇嘛清楚地提到了这一切。为了确保新成立的地方政府的稳定，最为明智的办法是把权力留给那些在五世达赖喇嘛生前，就已经与他共同主持政务的人手中，禁卫是由一位称职的政治家和从童年时代就由达赖喇嘛培养的人主持，这就是摄政官桑结嘉错。但只要人们不知道五世达赖的圆寂，甘丹颇章仍可以在没有他的情况下正常运作；而一旦他的圆寂被泄露，它就无法再在没有达赖喇嘛的情况下行使自己的职权了。很明显，在达赖喇嘛的圆寂和发现新的转世化身之前是最危险的阶段。如找不到化身，那么甘丹颇章的整个结构就要崩溃，由此而促使摄政官和私府成员惶惶不安地坚持让达赖喇嘛尽快转世，并告知他的新家庭。如果可能的话（非常合乎情理的行为），那还要希望他在转世时不要选择其亲近的合作者之一的家庭。

我现在将介绍的陶土雕像就属于这种很特殊的历史背景。它宽 14 厘米，高 20 厘米。其来源现已清楚，它是十三世达赖喇嘛于 1920 年左右送给大卫·麦克唐纳的。我们知道，后者在西藏西部的江孜充任代理商长达 15 年之久。1959 年，大卫·麦克唐纳在噶伦堡将这尊雕像卖给了两名欧洲人，并在这场交易中采取了极为谨慎的态度。这尊雕像现为私人收藏品，此文的三名共同署名者曾多次共同研究过它。其中基座背部的阳刻题识有一部分已被磨损。该题识的一种很理想的图版可以使人看清楚所有已保留下来的阳文，但无法看到题识轻微潮湿时尚能看到的内容。下面就是我们的释读。我们转载了在该题识中和在波士顿雕像的题识相继出现的诗句：

Ngag-gi dbang phyug blo-bzang rgya-mtsho yi//

Sku-brhyan（Kyab/ung/hun）grubd[1]Khang-g sar-bas//

Spel'dis…//

'bral-med hrce-bas Sprul-Skumyur'Khung-Shog//

我释读的译文如下：

“愿通过对阿旺罗桑嘉错（五世达赖喇嘛的比丘名，我们上文已经看到）塑像的传播（Spel'dis 指竖塑像），通过（机构？人名，其名的结尾为）康萨，他的感情不会离开我们，愿他的化身迅速诞生。”

因此，这尊塑像的雕塑时间介于 1682 年二月二十五日和仓央嘉错（1683 年 3 月诞生）于 1683 年底被承认是伟大的五世达赖喇嘛的转世活佛之间。我还将在其他地方的论述，明显是在极端保密的情况下，作出这一承认的背景。

因此，那尊陶土塑像是为了当时西藏少数高级官吏们雕塑的，当时由于在《云裳》第 4 卷中的全篇描述，并由《耳摄精义》中重复的各种仪礼的原因，这一小集团在努力发现由伟大的五世达赖喇嘛附身的新身。达赖喇嘛的姿态，与波士顿藏雕像中的姿态没有差异。他在腰间也带有一把法剑，头戴一顶班智达的帽子。其面部的轮廓，没有波士顿所藏塑像相貌上的那种具有个性的特点，特别是眉弓是以一种理想化的形式表现出来的。然而，我觉得在对这一面庞的处理中，也不是完全没有任何具有个性的特点，但它却明显倾向于（尤其是在与波士顿藏雕像进行比较时）没有个性。一种很特殊的细节也导致我们认为，对面庞的处理追求了某种现实主义；或者只是在对眼睛的处理上，有

① 对 Kyab/ung Lhun 这三个字的释读完全是猜测性的。在应该有三个字的空隙中（诗句是由 9 个单音节字组成的），我们不能根据其意而希望的那样读作 'di ni，因为我们没有发现任何高元音 i 的标志，而在第二个字的位置上清楚地看到了低元音 u。grub 一字仅仅是一种有可能成立的复原，除此之外，再不知其他更多的内容了。我们清楚地看到了没有具体意义的 gab。假设 g 由放到元音字母后面的 r-和 u 所延长，这样就形成了最为理想的字 grub，在 grub 前面可能就是 Lh-un。但因为这些全部释读都是假设性的，我就不再翻译这些字了。我们经过长期研究才搞清了最后一个句子，我们三个人共同释读出了整个句子，除了 Sprul-Sku myur 三个字之外，因为只能看到一些残迹。但我的两位合作者认为，从全部诗句来看，只能作这样的解释。

追求一种现实主义的意向。波士顿藏雕像的眼睛，没有任何凸起的地方。陶土塑像两只眼睛的眼球都凸起，但完全不对称。右眼仁在眼球中央突起，雕像左眼仁在左眼角凸起。我们还记得，五世达赖喇嘛临终时右眼已闭合，左眼直盯盯地看着他的前方。这一描述与陶土雕塑像中把眼睛和眼仁做成凸形的形象不相吻合，但两只眼睛的这种很特殊的表现方式，肯定应与在他圆寂后第二年完成的葬礼时的时刻之一有关。然而，我应该强调指出，如果当时的心愿是表现达赖喇嘛圆寂后出现在摄政官面前的形象：两腿盘坐，背很直，一只手手掌张开，另一只手倚在膝盖上，那么这尊雕像就不符合对他的描述。因为除了眼睛的细节和帽子（这些都没有多大意义）之外，它表现的达赖喇嘛与生前对他的描绘是一致的，如同我们在波士顿藏小雕像中看到的那样。但应该相信眼睛的细节具有意义，因为这尊陶土像的雕塑师不可能不知道达赖喇嘛已圆寂。雕像背部题识是阳文，因此它是在制造雕像的时候刻成的，如果是在事后刻写的，那只能是阴文。然而，题识再清楚不过地说明了达赖喇嘛的圆寂，因为其目的是为了促使其化身的降临。

因此，它证明了达赖喇嘛一个新化身的存在，对于维持西藏地方政府的生死攸关的重要性。它清楚地说明达赖喇嘛当时尚没有（据我认为始终都没有）处于地方政府等级“之外和之上”。他当时是，而且始终都置身于甘丹颇章的中心和之上，后者仅仅由于他和围绕着他才能存在。

另外，1682—1683 年的这尊雕像以及与它结合成一体的题识，可能在它所处的历史背景下，提供了有关其作者所属民族的资料。摄政官以及私府的某些成员都发誓向所有人，首先是向清朝皇帝隐瞒达赖喇嘛的死讯，他们在自己的秘密中不可能接受一名汉族或尼泊尔匠人。据我们认为，这尊陶土塑像的雕塑家是藏族人。当然，我还可以提到，伟大的五世达赖喇嘛的衣冠冢是于 1682—1695 年间由尼泊尔、汉族和藏族匠人建起来的，但还存在其他一些在主人还活着时，就为他建立陵墓的例证，这不能证实任何内容。

为了试图阐明17世纪后半叶的两尊达赖喇嘛的雕塑像的风格，我还可以将之与由同样一些人，为噶玛巴红帽派世系第六代化身制作的陶土塑像进行比较。红帽派第六代化身曲吉旺秋（1584—1635年）塑造了这尊本人的塑像，N·杜格拉斯先生很想让我于此作以介绍，证明它是1630年的作品。这尊塑像的来历（由现今噶玛巴的首领，十六世黑帽派化身于1959年从西藏带到了锡金，即当他与现今红帽派活佛和大量随行人员离开西藏的时候）使人不容对该塑像的真实性、时间和作者有任何怀疑。除了面庞由于涂金而被完全理想化和变形之外，其姿态和服装（帽子和佩剑除外）都与达赖喇嘛的这两种像很相似。我再重复一次，它由一名藏族人塑造，这位藏族是另一教派的僧官，其时间为我们可以为波士顿藏雕像断代的最早时间之前的40多年。众所周知，自元代以来，各教团的藏族高级官吏，都利用汉族和尼泊尔艺术家的天才，这两派对西藏艺术影响很深。另外，仅对三种雕塑像的样品（甚至是同时代的和所代表的人物相同）的研究，当然不能提供基本的思想基础。然而，我认为，它可以使人发表如下有限的看法：通过其姿势和服装，这三尊雕像具有类似之处。从图像来看，五世达赖喇嘛的两尊雕像基本是相同的，他佩带着剑①。其重要的不同之处，只在于对眼睛的处理，其帽子是大批喇嘛（其中包括格鲁巴）所戴的那种。

从其风格来看，这三尊雕像很不相同。波士顿收藏的雕像使人主要是想起了汉地（日本对当时的西藏史没有起任何作用）而不是西藏风格，这可能是直接或间接受其影响的结果。我提醒

---

① 五世达赖喇嘛的雕塑像未带题识，已在上文注[32]所引布鲁塞尔的目录中作过描述，他身上也没有佩带颈剑。这种反宁玛巴的表现形式可能出现在18世纪初叶。第58幅图版转载的样品明显是晚期制造的，因此可以追溯到一个古代的样品。目录第32页中指出的眼睑中的败笔，可能是指达赖喇嘛的逝世，而不是一种残疾：五世达赖喇嘛为其一条腿而不是双眼感到痛苦。由E·奥尔松在《佛教密宗艺术》（1974年美国一次展览中的目录，第66—67页）中发表的五世达赖喇嘛的雕像，我们三人都很不相信它非赝品。其题识归于了六世达赖喇嘛，影印发表的样本即使不是受到与六世达赖喇嘛同时代的例证的影响，也就是1697—1705年间。尚不能肯定的，很可能就是铸造。

大家注意以下基本事实：无论其代表人物还是施主的身份，都不会对17世纪西藏制造的某一艺术作品的艺术家的民族所属，提供任何资料，而且这也是长期以来的现象。但红帽派的那尊陶土塑像是西藏风格的。根据各种可能来看，五世达赖喇嘛的那尊陶土塑像也是这样。它们二者均证明，在17世纪时，于西藏中部地区存在有一个雕塑派别。当看到本书卷首转载的1682—1683年的那一绝妙的样品（这是在三尊中我们曾亲眼看到过的唯一一尊），那就会发现这个时代的西藏雕塑术，既不缺新颖特点，也不乏活力和优雅之特点。

（原载巴黎1977年出版的《西藏艺术论文集》）

西藏法器摩羯罗嘴考

石泰安

在公共和私人收藏品中，某些法器都已为人熟知，且经常被描述。但组成这些法器的不同部分或装饰它们的图案，仍不为人所知。其中一种法器是“魔剑”（藏文为 Phur-bu，梵文为 K'ila，即“橛”）。魔杖有许多不同样式，我于这里不打算讲它。本文仅论述各种样式共同的，因此大概也是特别有意义或具有决定性的特点：这一“剑”或“械”的三棱刀出自摩羯罗的一个嘴中。这一法器是用来镇压一种可怕的神（金刚橛）的，这种神同样也有许多样式，但它们有一个共同点，就是三棱刀从摩羯罗嘴中伸出来，并整个地形成其身体的下部。这就是古尔扎或扎玛大师的情况，有时与又叫作金刚童（Vajra-Kumāra）的富尔巴神（法剑）混为一谈。

这种摩羯罗嘴的形状容易导致混淆。人们有时倾向于把它看作是金翅鸟的喙①，肯定正是由于一种形式的富尔巴神，长着龙或蛇的传统敌人——金翅鸟的大翅膀或头上有一只金翅鸟的缘故。我们同样也肯定，这是由于两条蛇（或两对蛇）如同海尔

① G·梅雷迪思：《金刚橛，论西藏魔剑的使用和象征》，载《宗教史》杂志，第6卷，第3期，1967年，插图1，第124页：“金翅鸟的喙”……“盘在一起的蛇从它的眼睛（原文如此）垂下来”（对一种木刻的苯教金刚橛是这样）；B·C·奥尔萨克：《古代西藏的神秘艺术》，伦敦1973年版，第32页和96页。

梅斯的神杖一样，缠在一起，头部模糊不清，消失在牙齿后面，好像是由于被金翅鸟吞噬了的缘故。

但这里确实是指摩羯罗。可能被看作是金翅鸟喙的是摩羯罗（一种海象类的动物）卷起的长鼻了，在雕刻的法器上，可以清楚地看到鼻子、侧面的两颗犬齿和中间的其他牙齿，有时还可看出一根波浪状的舌头①。高罗佩曾把这种描述与日本波纹刀口短剑的形状进行了比较，剑身是一条蛇，剑柄是金翅鸟或魔鬼（bhūta）。但剑身的上部有一种叫作“象唇”的装饰（高罗佩认为是摩羯罗头的剩余部分，同上引文）。

在扎玛大师的绘画中和一种相似苯教形式的富尔巴莲花（K'ilaya）② 中，卷起的鼻子带有斑点，翘在两只眼睛的中间，眼睛上面有由 5 个点组成的公鸡冠一类的东西（黄色）。双眼占据了面部剩余地方的一大部分，是一种白色的和带斑点的肌肉，似乎像绒一样柔软并占据了颌部。透过这些“唇”可以使人看到犬齿，蛇（有时同人头缠在一起）就从那里垂下。唇距眼很近，以至于使人认为蛇是吊在眼上的。

藏族喇嘛对此没有任何怀疑。大吉岭的一位喇嘛曾解释说，三角形的剑上面有“龙”（Chu-srin，即等于摩羯罗）③ 头。他认为，不仅仅从“水龙”头中伸出了三棱剑，而且还有火光、火焰、烟雾和伴有千声雷的暴风雨。他认为，“龙”的鼻孔也放出烟和龙卷风。龙卷风笼罩了黑暗的三界，并把它要驯服的人带到了神的面前。“龙”这种译法可能是受汉族某些有关伴随着龙的活动的暴风雨之观念的启发④，但三棱剑，尤其是它的剑身是灼热的，这种构思在藏文文献中已得到了明确证实。带有马头和金

① 高罗佩：《马头神》，莱顿 1936 年版，第 38 页，第 1 条目。

② 扎玛大师的绘画，存苏尔泰斯夫人来自不丹的收藏品中，现藏桑木丹·噶尔美的收藏品中，见《唐卡艺术目录》中的金刚橛（1974 年 1 月 12 日—2 月 22 日），纽约多里斯·维埃内书店版，插图丁（见第 52 页）。

③ 《博物馆学报》（宾夕法尼亚大学），第二卷，1914 年 6 月，第 87 和 99 页。

④ 有关在利日喀斯博物馆收藏的特殊金刚橛，见《大众科学》（第 3431 卷，第 5 期），下面的摩羯罗长有角，第三只眼、小胡子和大耳朵。除了眼睛之外，都是汉地龙的典型特点（见第 54 页）。

翅鸟的翅膀或头饰的三棱剑的样式，被称为“灼热的”。另外一种形状——“大剑”被称为“火剑”[①]。与它相当的苯教神叫“火花”“灼热的火”[②]。

橛的三棱刃确实是从摩羯罗一个嘴里伸出来的，这在佛经文献中明确地指出过，在大神王的一个被认为是富尔巴的某种功德中[③]，这根橛子被视为“烧毁三毒的劫之火”，被描述为含有三棱剑、“汉式凸结”[④] 和摩羯嘴。在一部密教伪经中，也就是在一部没有被编入《甘珠尔》[⑤] 的经文中，说橛有三种“汉式凸结”和“出自摩羯罗嘴的三棱尖剑”。一部苯教经文也介绍过橛及其“极端残忍的摩羯罗嘴”和“三棱剑，妖魔的舌头”[⑥]。

但其他文献使我们注意到了这一惹人注目的，据我所知，还尚无人指出过这样的事实。这就是金刚杵弯曲的尖端也是出自一个摩羯罗嘴。在解释带有九个尖端和小铃的金刚杵时，《金刚荼伽秘典》谈到了“出自摩羯罗的尖”和“出自非常纯净的五智的摩羯罗的五个尖顶”[⑦]。同样，《吉祥天女瑜伽行者秘典》[⑧] 也描述了布施使用的大汤勺，其一端带有“出自摩羯罗嘴的九尖金刚杵”。

一旦受到这些文献的提示之后，我们就会发现，在那些漂亮的样品上，金刚杵的尖端出自一个羯罗嘴之口（在一些比较简单的样品上，这一图案变成了简单的隆凸形）。尤为重要的是这

① 《饮血莲花威猛业次第》第2页正面和第7页正面，有关“灼热的轮”，见图齐和海西希:《西藏和蒙古宗教》，巴黎1973年版，第305页。

② 《韦氏橛·黑色威猛三昧圆满》第4页背面（属于有关富尔巴的论集中的一篇苯教论文，叫作《摄义根本大疏》，这是由桑木丹·噶尔美先生盛情向我提供的资料）。

③ 北京版本的《丹珠尔》第86卷，第4931号，第165—166页，作者可能是婆罗门僧伐罗鲁奇，此文可能是由八十四大德之一萨瓦利（巴）传下来的。

④ 这是指一般均位于柄上的结、圆球或四面体的专门术语。

⑤ 《橛·出世续部》收集在《宁玛经典总集》中，牛津大学藏手稿第28卷，第123页背面。这一段文字已由《金刚橛广说，甘露精液》一书收入（原来由《金刚克力施食引导一切启请文，阿旺洛卓精义》阐述的概要，1876—1952年），第29页。

⑥ 《韦氏橛·黑色威猛三昧圆满》第12页正面。

⑦ 北京版本《甘珠尔》第2卷，第18号，第121页第3行和第122页第2行。

⑧ 同上，第2卷，第14号，第10页第2行。

一特点也出现在仍忠于印度传统，因而在某些情况下，其法器样式与西藏不同的汉地—日本密教的法器上。

下面就是几个例证。日内瓦民族学博物馆西藏厅第九号展品，是一根有五个尖的金刚杵，第十号金刚杵像一个钟的柄把；在尼泊尔厅，第十号（金刚杵）和第八号（放在钟上的金刚杵）情况也一样。仕林陈列室的一份目录（28·373—7·473）在第15页中，提到了一个“金刚柄”（可能应该作 Sne tshog），带八尖和一个隆凸的中心的双金刚杵，“共八支，每一支都是一种怪兽的舌头”。中国皇帝收藏品中的一件漂亮的金刚橛，上面带有这类怪兽口中伸出来的一根三尖金刚杵①。在一个“西藏魔角”上，金刚杵也出自摩羯罗嘴②。人们在注释中将会发现某些日本的例证③。

就我所知的全部情况而言，只有周围弯弓形的尖顶出自这样一个嘴中，中心的尖从来不是这样。戟的情况也如此，其中的两根齿或两侧的尖顶，都向中心弯曲（如同在金刚杵中一样）。两个尖顶中的每一个也都可以出自一个摩羯罗嘴④。

如果金刚杵和金刚橛的尖出自同一个摩羯罗嘴，那么这两种法器之间的相似性及其功能的相同性，也体现在许多其他特点上。本文不准备研究这一问题⑤，但某些直接接触到的东西，却

---

① 《中央博物馆藏中国西藏佛教祭坛中装置的主要物品》，台湾 1971 年版，第 34 号物品。

② 仁达林巴发现的《伏藏秘橛》中的画，新德里版，第 18—20 页，第 12 行。

③ 《日本比丘》合集，第 16 期（1967 年），佛物专刊号，第 55 页，照片 90（金刚杵）；第 64 页，照片 109（小铃上的金刚杵）。

④ 13—14 世纪的物品。见丁·哈京：《转轮和三股叉》，载《亚洲艺术》第 2 卷，1928 年，第 65 页和插图 18 圈 1 和 2。博希书中南印度一件青铜器中的情况与此相同，见《日耳曼的黄金时代》，海牙 1960 年版，第 56 页。带有开口的和呈弯形的金刚杵似乎仅仅是同金刚乘（据 J·D·拉普兰特认为是 8 世纪，婆罗雕刻品之前，见《亚洲艺术》第 26 卷，第 3—4 期，1963 年，第 272 页）一并出现的。

⑤ 参阅笔者本人 1972—1973 年的授课概述，载《法兰西学院年鉴》，1973 年度，第 468 页。

是应该指出来的。其神叫作“世上金利”①、金刚橛、金刚夜叉②或金刚童子。这一法器也叫作金刚橛或简称金刚③。其基本密教经文（其中一片段保存在《甘珠尔》中）收集在《凶恶金刚的最高智慧》中，或者说就是《金刚族卷》④。金刚杵和橛二者同样均象征着菩提心⑤，同样，这二者也指阳性性器官。橛也因此成为舂臼（阴性性器官）的杵⑥。这一研杵在其他地方就是金刚杵。在敲击时，这一研杵——金刚杵刺激“动脉”。这样一来，它就像舌头一样地“吃”和“品尝”。这是由于菩提心（于此是指它的心理—生理学的对等物，即精液）集中于金刚杵的尖上⑦。

① 北京版本的《甘珠尔》，日本再版本第10卷，第465号，第175页；第466号，第174页。

② 这也是大黑天（Hūm-ndsad）和密迹金刚菩萨的一个名字，它们都被视作是富尔巴。行者金刚杵（Hum-mdsad）或金刚吽迦啰（Vajra Hūmkara）的hūm指金刚杵。为它写的一部成就法（北京版本的《丹珠尔》第74卷，第3346号，第64—65页）就是这样描述它的：在肚脐以上，（神）同金刚吽迦啰一样；在肚脐下面，同可以刺穿所有魔鬼的单尖（金刚杵或金刚橛）一样。随后的神咒是Om Vajra kili k la-ya。在另一种仪轨（7世纪时的，见《丹珠尔》第61卷，第2661号，第269页）中，人们用下部是（金刚杵的）一个尖顶，其上部可怕的金刚橛神（三头六臂）的金刚橛，敲击魔鬼金刚橛神被视作金刚便和甘露。它又代表着在金刚橛上经常代表的三颗头之一，即与密迹金刚菩萨和马头神在一起（《博物馆学报》，宾夕法尼亚大学，第2卷，第87页，这是大吉岭的一名喇嘛的看法）。

③ 同一个汉字“杵”既用来翻译phur-bu（k'i'la），又用来翻译rdo-rje（Vajra），见《翻译名义大集》第4387号。

④ 原文为rDo-rje Khros-pa…rig-pa mchog-gi-rgyud-kyi rdo rje rigs-kyi Le'u（《由萨迦派的昆族世系实施的金刚橛仪轨》，新德里1973年版，第1卷，第22页）。

⑤ 北京版本的《丹珠尔》第51卷，第2163号，《如意轮总持经》的仪轨书，第207页，第3行：金刚杵（阳性）是菩提心，小铃（阴性），是般若。有关橛的情况，见《宁玛巴经典总集》，牛津大学藏手稿，第24卷。《金刚橛般若涅槃续》《phur-pa mya-ngan-las-'daspa'i rgyud》第123页：菩提心之橛（Dyang-chub-sems kyi phur-pao）在把金刚橛分成四类的时候，第三类，即菩提心秘密的“富尔巴”（原文如此）“在空间打击”女子（的性器官）。《金刚橛仪轨》第1卷，第42页中提到了。

⑥ 对于金刚杵，这种象征意义已为人熟知。对于甘露精液见《金刚橛广说》（参阅其注）。

⑦ 宗喀巴，对《如意轮总持经》的疏注（第35卷），北京的《丹珠尔》版本，第157卷，第70页，第1行。作者在这一问题上引证了大成就者拉巴巴，后者又参阅了《金刚荼伽经》。

中国—日本密教保留下来的橛的最常见的功能，同样也由金刚杵来完成。这种功能就是用把这些法器插在地上的办法，划定一个神圣的范围。在中国—日本这一范围内，这些“钉子”就叫作“橛”（日文为 ketsh），它们的样子就像配有许多结或隆凸部的“杖”，即一种只有一个尖头的金刚杵。

仕林展厅目录的编纂者肯定是在无意之中，发现了一个很合情理的特点：剑的刀刃和金刚杵或戟呈弯形的尖顶，都像水魔的舌头。

一根只有一个尖顶的红色金刚杵，是一尊神垂下来的长长的舌头，舌头像竹子一样是空的，使它可以吸气、吮吸供品（近代的仪礼）①。在另一种也是比较晚期的仪礼中，各尊神均以它们的本体外表，而出现在供品的曼陀罗前面，品尝供品，用“作为他们舌头的金刚杵的光竹”吸取精华②。这类范例都很古老了，《如意轮总持经》的一尊曼陀罗神，从它们舌头中的一个“口中”，生出一个单尖头金刚杵，其虹光吸入了它们这样品尝的甘露③。

对其他功能，舌头被看作是一种光金刚杵。四种微笑中的一种，其特点就是舌头发光④。为了读出一种由它首先造出，然后再接受的神的无声神咒，人们就会把舌头设想为“金刚杵竹”⑤。我们上文已经看到，据一部苯教著作记载，金刚橛的三棱剑也被看作是可怕的摩羯罗嘴的舌头。

本处的目的不在于详细阐述我已有机会强调指出的内容：金

---

① 《祈请贝哈尔赞颂》第 4 页正面；参阅聂伯斯基·沃兹科维茨：《西藏的神灵和鬼怪》，海牙 1956 年版，第 532 页注[35]。

② 《金刚手降魔咒》中的仪轨书。见大谷本大藏目录，第 12190 号，1711 年；扎雅班智达的著作，第 7 页正面。

③ 北京版的《丹珠尔》第 82 卷，第 4651 号，第 68 页。同样，宗喀巴：《密宗道次第广论》，德格版本，第 422 页背面（以《四教戒释》为基础）和《香巴拉的成就法》（《丹珠尔》第 157 卷，第 6161 号，第 217 页，第 3 行）。

④ 对《文殊所说最胜名义经》的疏注，载《丹珠尔》第 74 卷，第 3356 号，第 188 页。

⑤ 北京版本《丹珠尔》第 81 卷，第 4553 号，第 220 页。

刚杵和金刚橛插入一魔鬼或一敌人身体（小塑像，体相）中，其目的不仅仅在于制服它，而且还用于让他赎罪。这里不是要杀死，而要“解救”。由于这一武器被设想为中空的，因此可以说它能够吸吮被制服者的灵魂，使灵魂通过它（也就是说是通过神）而到达极乐世界①。

这一切显得如此奇怪，金刚橛在这样刺穿和杀死魔鬼——敌人的时候，吃掉或吞掉这个魔鬼。在《意集》的密教经文中，就述说卢陀罗耶如何被金刚童子降伏的。作为密迹金刚菩萨的一种样式和作为马头明王、金刚童子嘴巴的朝天张开，就标志着它可以吃掉三界。但是，在降伏卢陀罗耶的另一种说法中，一部类似的密教经文《集明》（第9卷，第454号，第264页第4行）指出，密迹金刚力士（吽迦啰的一种形式，金刚橛的十种忿的第一种）完成了杀死和征服魔鬼的行动。这些魔鬼被丢弃在苏迷卢高山的山脚下，并送给阎罗王（Ya-maraja，在梵文中就是这样写的）作食物。为此，它们便被置于灼热的摩羯罗的口中，并被“灼热的轮”的木得罗所压迫。它们再也不能站起来，只有在它们产生出“菩提心”的时候，才会被释放②。

虽然还有某些在这里无法触及的疑点和问题，但从这一段文字中可以看到，金刚橛的摩羯罗嘴被认为以这样或那样的方式，“吃”掉已刺穿的魔鬼。三棱剑无疑是作为通过体内管道，而吸掉它们舌头的武器。

---

① 有关以晚期的和片断的资料为基础的第一种论述，见R·A·石泰安：《喇嘛教假面具舞蹈中的男性生殖器崇拜和灵魂的理论》（载《中国—印度研究》第5卷，第34期，1957年）。对于基础佛经文献，他已在1972—1973年的一次课程研究过（《法兰西学院年鉴》，1973年度，第466—469页）。

② 有关对《意集》的记载（北京版本的《甘珠尔》第9卷，第452号），见本人的授课概要（《法兰西学院年鉴》，1972—1974年度）。后来的一种不同形式说明了《意集》中的一种含糊的表达方式：金刚童子。在刺穿卢陀罗耶的同时（不是用金刚橛，而是以一种 khavā 'nga），吞噬它并“在其胃中净化它”（《法兰西学院年鉴》，1974年度，第511页）。非常有意义的是，在金刚橛的柄上，经常会出现三种偶像：密迹金刚菩萨、马头王和便和甘露，都是“吃人者”。《集明》中一段文字意思是用金刚橛。我们经常在金刚橛中段发现的八边形隆凸物，仍然可以解释作须弥山的象征。人们必须镇压魔鬼，以使它们在海底被吞吃。“灼热的轮”也是指富尔巴的守护神。

其次就是选择摩羯罗嘴的问题。这种传奇的动物象征着什么呢？我们在这个问题上，应区别历史上考古学证实了的动机和属于密教的象征论。

在古印度教中，摩羯罗的旗（摩羯罗旗）就已是爱神的象征。此神被以象征同样意义的极喜自在魔的形式，被引进西藏万神殿。在汉传密教中，他变成了哀金刚并象征同样的意义。人们解释说，摩羯罗是无法满足的（须以吞饮四大洋的水而感到满足）并象征着佛陀无限的爱①。这种象征是否适用于金刚橛呢？在我上文业已提到过的大吉岭的喇嘛看来，“水—龙”意味着“以令人恐怖的形式表现出的神的可怕面貌”。在苯教著作中，还有人解释说，“摩羯罗是摧毁而不是抛弃烦恼”。“不抛弃烦恼”一句似乎是表示密教的顺势疗法，即以欲制欲或为欲赎罪。在这一行动中，用来舞动金刚橛的两只手被扎了起来，以至于手指成了与金刚橛有联系的正与自己的男神交合的十对忿神。然而，这种木得罗叫作“被解脱的摩羯罗”②。这一交合的目的是为产生甘露，也就是菩提心。我不再继续这些涉及心理—生理学的技术观念的论证了，它应该在我打算晚些时候发表的有关整个金刚橛问题的一篇综合性著作中，再加以解决。

我在这里不再进一步论述雕刻和建筑装饰中的摩羯罗嘴的图案。但有必要稍提几句。我们已经注意到魔怪没有下颌，人家把它们比作“狮子头”、毒蛇或飞鸟即装饰大门的妖怪③（如同汉族的道帖一样）。摩羯罗被缩减到只剩下身子的前半部，再从中加上一条尾巴，经常用来装饰置于大门或大梁之上的门拱的末端，于是嘴就要朝里，似乎是放出了一种虹，其中心常常有飞鸟

① 《法宝义林》第一卷，第14页背面；《塔吉马，两大曼陀罗》，东京—巴黎1959年版，第210页第4条；《多戈诺，曼陀罗的研究》第331页。但在其他地方，则是贪得无厌地吸干（吃，za-bar byed）所有大泽中的水（宗喀巴：《密宗道次第广论》，德格版本，第475页正面）的海底的母马之火（rgod-ma-kha = jvala mukki）。

② 《金刚橛广说，甘露精液》（参阅注[10]），第82页，它是以密教经文（《心续》，好几种伪经都用这个名字）为基础的。

③ J·K·博希：《日耳曼的黄金时代》，海牙1960年版，第40—41页。

或者是装饰在门拱的下部，这样做时嘴就要朝外[①]。在龙神和因陀罗神的住处，这种摩羯罗的双头常常用来装饰一宽环饰的边缘[②]。

我对众所周知的现象所作的这些简短的说明，也可能显得是多余的。然而，要更好地理解西藏的图案，我就应当在这里提一下。

我首先必须指出，人们已经在西藏西部与其他青铜器中发现了嵌在嘴中吐出或含入一种柱子的摩羯罗头两侧的圈饰，图齐先生当然已经指出了其中的印度影响。一位喇嘛认为，这些物品中有一些很像是金刚橛[③]。在金刚橛的摩羯罗嘴和大门上的一根梁或门拱末端的摩羯罗头之间很可能存在有某种关系。对于后者，人们已经谈到过宗教信仰的作用，想到过了水的象征。曾解释过金刚橛象征的大吉岭的喇嘛认为，“龙嘴”会引起风暴（水和火）。无论其影响的来源如何，尽管这种比较也无力证明，我们仍然可以想到水魔（嘴巴、前身再加上尾巴），它们装饰着汉族屋顶的屋脊，并用来消除火灾和雷击的危险[④]。

这一小段离题的话，可以使人重新看待一幅受印度影响的西藏图案，在这一图案中，摩羯罗嘴把它在建筑中的功能，与在金刚杵的尖顶基础上的用法，结合在一起了。这一图案至今似乎尚未被人研究过，对它的研究可以使我们更好地澄清，西藏绘画中另一种奇怪的图案。

在某些西藏图画中，曼陀罗很像一个四级宝塔，[⑤] 或是载于

---

① G·孔巴兹：《亚洲的假面具和龙》，载《汉语和佛教学论集》第7卷，1939—1945年，第136—147、165—167、216—217和223页。

② 米海尔·贝尼斯蒂：《时轮经研究》，载《亚洲艺术》第6卷，第3期，1959年，第224—225页，图23、24和37。

③ G·图齐：《在西藏西部发现的青铜器物品的简介》，载《亚洲艺术》第5卷，第2—4期，第14条目。

④ R·A·石泰安：《林邑》，载北京汉学研究中心的学报《汉学》，北京1947年版，第262—279页。

⑤ 毗卢遮那的曼陀罗（P. 帕尔）与曾先志：《喇嘛教艺术》，波士顿1970年版，第13幅图版；持世的曼陀罗（其时间为1367年），同上，第43幅图版。

法轮的“王位的底座”[1]。朝着四个方向的四扇门绘制得非常精细。在下级阶梯或底座的两侧，有一个向上张开的摩羯罗嘴，从中伸出一种向中心弯曲的羽毛，与和它相对的“羽毛”的顶端相汇合，二者形成了围绕着法轮的一种晕。在这一奇怪的物品中心，划了一条线把它分成了不同颜色的两部分。各个门的颜色都不一样，就像摩羯罗的颜色。在其他图画上，没有或者几乎看不出中线。一些很小的涡形图案镶在边上。人们会认为它是火光。在内侧出现了各种凸起物和皱纹，人们可能认为它是厚厚的舌头的底面。

我无法推定摩羯罗这样吐出来的是什么样的东西。它酷似在敦煌壁画中装饰毗沙门天王（北方多闻天王）肩上的物品。图齐和普萨利先生对护胸甲肩衬上的小翅膀，作为王权象征的月亮图案、佛陀肩上的火光、伊朗式的光轮等，都做过很好的比较[2]。

拉露小姐[3]也认为，这是一种萨珊王朝时代的图案，在画中辨认出了“高火苗”，但首先坚持这是一种酷似象鼻子（她认为是以毗沙门天为保护神的财富的象征）的唯一一种变形。这类火焰在其中间，尤其是于其长度的中部，带有一种尖脊或由在物品末端汇合的两条线形成的齿。

我们没有任何因素证明，毗沙门天王肩上的这些“火焰”或光圈射出的光芒，与由摩羯罗嘴喷出并在曼陀罗的主要门上用以赞美法轮的火苗，是相同的或属于同一类。但这并不是不可能的。如果承认这一点，那么由摩羯罗吐出的这些“火焰”也就与金刚杵或金刚橛既灼热又发光，由同一个嘴吐出来的尖顶是一

① 《喜马拉雅山麓佛教艺术展览目录》，1976 年 4 月 27 日—6 月 19 日，第 67—77 页。

② G·图齐：《西藏画卷》，罗马 1949 年版，第 574—616 页注（269）；布萨利：《弥勒佛的雕塑像》，载《拉特兰博物馆年鉴》第 13 卷，1949 年，第 360、366 和 372 页。

③ M·拉露：《印度神话和高地亚洲的绘画》，第 1 部分《佛教的财神》，载《亚洲艺术》第 9 卷，1946 年，第 97—111 页。

回事了。我们已经看到，这些尖顶事实上是长在人们认为是锋利的和灼热的舌头上的。

我们必须进一步了解印度文献中有关摩羯罗观念的情况，才能判断和知道是否可以把各种象征（爱情、风暴）和不同的功能（晕或光圈、降伏及使其蜕变的法器）归结于一个共同点。可怕的武器、吸吮和品尝的舌头及男性生殖器金刚杵的各种内涵之间，可能存在的联系是能够被找到的。

（原载巴黎 1977 年出版的《西藏艺术论文集》）

西藏的牦牛与西方旅行家和自然学家

布尔努瓦

所有的辞典都一致把西方人借鉴藏文字 yak（牦牛，在我们的辞典中分别写作 yack 或 yak）的作法，追溯到萨米埃尔·端纳于 1783 年在不丹和西藏的游记（见其书《出使扎什喇嘛的西藏记》，1800 年出版）。最合乎逻辑的看法似乎是牦牛（yak）首先传入了英文辞汇中，然后又从英文传入法国。保尔·罗伯尔的辞典将这一借鉴的时间确定于 1791 年，但他未指出这种明确的观点是以什么资料为基础的。事实上，该词出现的时间要稍微早一些，正如我们通过下文将要看到的那样。

无论如何，该词是传入法文中的罕见的几个藏文词之一，实际上是在欧亚大陆多种不同语言中指牦牛这种动物的众多词汇之一。很明显，这种动物可能在很早之前，就为欧洲人所熟悉了，而且是以其他许多名称出现的。这种长有牛毛皮和牛毛浓厚的长尾牛，在西藏及其周边地区的经济中，起着重要作用。牦牛尾的商业交流更引人注目。它们确实不会不引起西方旅行家们的注意，而且在大家认识这个藏文词之前，很久就已经如此了。虽然这些旅行家们到达西藏是较晚的事了，但他们在很早之前就曾赴印度北部和蒙古旅行，并耳闻目睹了这种动物。

提到这种动物的古代游记，要追溯到中世纪，甚至要追溯到拉丁的上古时代。游记的特点有时指该牲畜本身，有时又指其尾，有时又同时指这二者。牦牛尾在数世纪以来就形成了一种独立于提供这种牛尾的牲畜本身的商品。

我于此并不企图对可能是指牦牛或牦牛尾的所有西方古代史料，进行一番全面的研究。我仅仅引证其中的某些在巴黎各图书馆中很容易得到的史料。我希望将来的某一天能有其他人来解决，由这篇简单的调查报告提出的动物学或语言学问题。

第一位可能被认为曾提到过牦牛的作家是老普林尼。他于公元1世纪著书立说，其《自然史》(《博物志》) 一书成了其时代各种知识的百科全书，几乎也是有关上古时代的取之不尽的资料来源，它当然也引起了同样多的争论。普林尼在对罗马社会与印度之间的持续关系的描述，以及对西域的一种比较含糊的认识中，在有关这些地区的牲畜问题上，描述了多种印度的牛——野牛或驯养的牛。其中有一种野牛生活在斯基泰（我们应将此理解作一个包括欧洲的俄国、西西伯利亚和西域的广阔地区，普林尼在该地区内提到了许多至今尚有部分未被考证出来的民族）的野牛，称之（使用了复数宾格形式）为“长毛野牛”。大家经常思忖这种长毛野牛是否就是原牛之先祖，即直到11世纪仍生活在波兰和立陶宛的野牛。不过对这种“野牛”的考证本身，又受到了数世纪期间使动物学家仍产生分歧的有关野牛、原牛、远古牛、欧洲普通牛、水牛等之间的长期辩论（总而言之，是有关笼统的牛之分类的辩论）的影响。此外，这些长毛野牛也可能恰恰就是牦牛，正如傅歇·道卜松维尔所认为的那样。此人于1783年应毕丰的要求，而发表了有关印度动物之所知的著作。但他承认他本人未曾亲眼见过牦牛，他似乎是唯一一名将牦牛与普林尼的野牛进行比较的人。在对各种牛进行分类时的那种犹豫态度，明显出自作家们都被迫论述他们未曾亲眼见过牦牛这一事实。此外，由18世纪之前欧洲的作家们描述的许多亚洲动物的情况均如此。这样一来，从一个世纪到另一个世纪，从一名作家到一名辞书编纂者，人人都会产生并坚持着这样的传统，有关麒麟、蝾螈、龙、虎等动物的情况即如此。我们的黄牛不太令人惊奇，也更容易辨认，只好“把牛称为牛”了。

在公元3世纪时，希腊的辞书编纂者埃利安则以其拉丁文名字克洛提尤斯·阿埃利阿努斯而为人所熟悉。他的《历史变化中的动物本性》一书，向我们描述了印度的某些牲畜。他于其书第15章第14节中，论述了两种野牛，其中之一为一种极其凶暴的牛，其双角完全为黑色，尾巴为白色。他写道，可以用其尾作蝇拂。大家可以想象，这种比定把我们引向了牦牛的线索。在埃利安时代之前很久和直到今日，牦牛尾（经常为白色的，是最为珍贵者，有时也有黑色的）都在印度被用于制造蝇拂。其梵文名称叫作Camar（应该读作tsamara或tsamar），而且人们在近代尼泊尔文中也发现了它。我饶有兴趣地指出，同一个词在梵文中也是指长着这种牛尾的动物。在印度北部的近代语言中，用于指牦牛尾的词变成了Cauri（应读作tsauri、Cawari、Camari），有时也把同一个指牛尾的词理解作蝇拂和这种动物本身。

我现在回头再来谈谈埃利安，他也未向我们提供有关白尾黑牛的更多情况。但在稍后不远处，在叫作《论印度的食草动物》的第16章第11节中，提供了对印度另一种引人瞩目的动物的比较详细的描述，它完全未被分于牛类（其他地方也没有这样做），而是分在“食草动物”一类中：

“这是印度的一种以食草为生的动物，比马大两倍，长着一条尾毛很茂密和很黑的牛尾。牛尾毛比人类的头发更为纤细。印度的女子大量使用它们，将之编织，并非常漂亮地结在她们自己的青丝中。这些牛尾毛中有一些长达2肘尺，有时从同一毛根中长出3根牛毛。在所有这些牲畜中，它们是最胆怯者。事实上，如果它感到受到了某人的注意，立即就会逃之夭夭，极为灵活和飞快地奔驰而去。如果它受到了狗和马的威胁，它便会决定让它们捕获。它首先将其尾如同某种荆棘丛一样地掩藏起来，等待猎人从正面到来。它恐慌不安，自我蜷缩为一团，怀着某种自信进行抵抗，它确实认为如果人们看不到其尾，那就会认为它没有任何价值了。因为它非常清楚地知道其高贵之处恰恰是其尾巴。但它对事态的这种看法完全错了。因为猎人向它放射毒箭，割下了他们猎获物尾巴，然后剖开其全身，剥下整张颇有用处的皮，最后将其尸体遗弃。因为印度人从不食其肉。”

该文被视为对牦牛的首次描述，我们发现后来的所有作家们都引证它。人们从中首先发现了这种其尾巴特别漂亮和其毛很纤细的牦牛，正是由于其尾而珍贵。但本处指出它们为黑色的，而它们在上文由埃利安提到的印度牛身上，却是白色的并用于制造蝇拂。大家当然会发现，埃利安未在白尾野牛与黑尾食草动物之间作任何比定，他把它们分在不同的类别中了。

当这种动物受到追捕并将其尾藏于荆棘丛中的办法，来对付猎人的奇特行为，使人联想到由拜占庭修士科斯麻·印迪科普洛斯特（他“曾在印度航行”），于他在6世纪时写成的《基督教国家风土记》中，描述的另一种印度野牛的奇怪行径：

“印度的野牛是一种庞然大物。印度人正是从这种动物身上取下军官们用来装饰其军旗，并作为点缀物而置于其马头上的Tooufa。他们声称，当这种动物的尾巴在一棵大树的附近，被羁绊和不得不损害其一根尾毛才能摆脱险境时，它们不肯忍受这种耻辱，而是一直停留在那里，让印度人有时间赶来并割掉其尾，它在丢掉尾巴后才会匆忙逃遁而去。”

我们将要指出，这一小段文字资料，使人联想到了牦牛尾的一种新用途。这一次并不是作为蝇拂或作为假发假须使用，而更应该作为军旗上或马头上的标志来使用。大家经常发现由比较近代的旅行家们提到的这种用途。在这一问题上，我们无法考证希腊词Tooufa的具体意义，近代的译者们也仅仅把它留作希腊文。它无疑是一个土著名词。此外，由于科斯麻·印迪科普洛斯特在另一段文字中，又非常准确地翻译了用于指麝香的印度字kast-buri，所以我们可以希望他在这一问题上也能正确地翻译一个土著名词。该词可能为突厥文tough（其中的g不发音）的不大相似的同类词。据巴尔比埃、德·梅尼雅尔1886年的突厥文—法文辞典解释，它意指“一种水牛尾或马尾，被染成了红色或白色，系于一根红色的长矛杆上……这是权力和指挥权的标志”。

这种没有完整尾巴的不光彩的动物，在被一棵树挂住尾毛时，便等待印度人来活捉（人们甚至直到18世纪的特雷夫辞典中，仍会发现记载有这样的故事）的行为，虽然与埃利安描述的那种受追捕的动物相差甚殊，但仍然与它具有某种相似性，如在猎人们远远遥望到它的外表形象方面：牛与人对峙，背靠一片荆棘丛或一棵大树。我们无法解释这种行为，但它可以被一部分人解释为这种动物怀着让人相信它并无尾巴的希望；另一部分人又把它解释为这种动物等待猎人来割尾巴，因为它已处于不可能独立摆脱这种危险的绝境了。

在此文之后，无论是“食草动物”，还是其牛尾可以用于装饰物的牛，在长时间内就不再出现在手抄本中了。为了再次找到这种动物的踪迹，我们必须等到13世纪，即由圣一路易国王于1253年派向蒙古大汗的方济各会修士鲁布鲁克。他穿过了西伯利亚和蒙古，一直到达哈拉和林。在唐古特人（这里指包括甘肃和鄂尔多斯在内的唐古特，或西夏王国的居民，他们后来归附了蒙古人）的问题上，鲁布鲁克写道：

“他们拥有一些非常剽悍的牛，像马匹一样拖有一条布满尾毛的尾巴，其腹部与背部均由长毛覆盖。它们的腿比其他牲畜短小，但却非常狂暴。它们拖着蒙古人那庞大的活动住宅四处迁徙，其双角很细，长而尖，且具有明显的棱角，以至于它们必须时刻都要磨其角尖。如果不对它们唱歌，其乳牛从不交配。这种牛的天性也完全如同水牛。一般当它们看到某一穿红衣服的人时，便会冲上前去挑死他。”

克默兰于18世纪时看到了卡尔梅克人中的牦牛，并对它们作了描述。他把这一段文字视为对牦牛的描述并作了注释。至于比丰，他也很关心这篇描述，我们将于下文再来论述这一问题。

马可·波罗（他在中国长期居住之后，于1295年返回了威尼斯）于同一地区（额济纳地区，辽阔的唐古特的地区之一）发现了野牛，体态大如大象，看起来非常漂亮，因为它们浑身长满了毛，唯有背部除外。“它们浑身为白色和黑色，其毛长达四掌，漂亮得简直成了一种奇迹。它们幼小时酷似家畜，以至于人们大群地饲养。大家让它们负重和派作多种用途。它们也可以耕田。由于这种牛具有极大的力气，所以能比其他牲畜多耕两倍之多的田地。”

因此，这就是我们的牦牛，它们在13世纪时已经得到了一定程度的驯化，至少在该地区变成了一种能够拉车、驮载和耕田的牲畜。但我们归根结蒂面对的是两种牦牛。一类是印度牦牛，以有关其牦牛尾的传说为特征，为一种野生牦牛；另一类则生活在西藏北部，这种牲畜在那里是作为驯养家畜而出现的。我们还应知道这里是否系指同一种牦牛。这就是自从16世纪起，瑞士著名的自然学家孔拉德·格斯纳曾相信过的情况。此人于其《孔拉德·格斯纳有关唐古特南部动物历史的著作》（1551年第1版）第一卷中，共用了340个字来描述这种食草动物。我们手中掌握有该书的1603年版本，令人遗憾的是它未包括这种食草动物的图片。它是自埃利安以来第一部具有相当意义的著作，而且这最后一段文字又多次被几乎是逐字逐句地作了转载。格斯纳在这段文字中又补充了相当数量的最新参考资料，其中仅有一种出自一部游记著作（尼古拉·威尼图斯，又叫作尼古拉·迪·孔蒂，其著作问世于15世纪上半叶），有三种资料源出于辞书或百科全书的编纂者：瓦里努斯（法沃里诺·瓜里诺，曾任诺切拉的主教，其辞典编纂于1523年）、沃拉特拉努斯（又叫拉法埃尔·马菲，1452~1522年人，《世界城市考》的作者）和阿奈阿斯·希尔韦尤斯（埃奈阿·希尔维奥·德·比科罗米尼，或叫作庇护二世，1458—1464年任罗马教皇，特别是一部《亚洲和欧洲风土记》著作的编纂者）。瓦里尤斯没有补充任何新奇内容（“一种以草和禾本科植物为食的动物，比一匹马要大两倍”）。据沃拉特拉努斯认为，这种动物非常胆怯，当它受到追捕时，便会自动甩掉尾巴以后逃走，它已感到自己是由于这种尾巴而成为珍兽。至于尼古拉·迪·孔蒂的资料，我们按照格斯纳所提供的拉丁文本而于此略加引证："在被他称为摩诃支那（大秦，Macinum，用于宾格形式）的一个远东省份中，在印度的群山和契丹（编纂者注：'似乎应将此理解作赛里斯人地区'）之间，在与契丹并列的这一地区，有一些白色和黑色的牛，拖有一条如同马尾一般的尾巴，但其尾毛更为茂密，一直拖到蹄子处。这条尾巴上的尾毛极其纤细，如同羽毛一般轻盈，价值昂贵。那里的骑士们将它悬于其长矛的顶端，把它们作为一种高贵身份的标志。"

我们还将指出，尼古拉·迪·孔蒂书的一种意大利文本（即帕拉斯于18世纪，在他有关卡尔梅克人地区的牦牛的报告中，曾引证过的那个版本）对这种牛的描述基本相同，但在所指地区上略有差异（这里是指蛮子王国）。我们无论如何也应该将这种牛的栖身地视为汉藏走廊地区，也可能是在四川一带。我们需要考虑在蛮子地区（宋代的中国，中国西部）和契丹（忽必烈的中国，中国北部）之间的古代划分，即在蒙古人尚未完成征服整个中国之前的政治疆域。

最后，至于格斯纳的文献，我应该指出，对各位不同作者著作的段落的剪裁并不特别清楚。我觉得"威尼斯人尼古拉"（尼古拉·迪·孔蒂）的文献被完整无缺地转引进了阿奈阿斯·希尔韦尤斯的著作中，否则我们就不会明白，一段至何处结束和另一段自何处开始。

格斯纳认为几乎可以肯定是指与"食草动物"为同一动物的所有这些资料，都能互相印证。大家还会发现，在格斯纳的书中就如同在埃利安的书中一样，那种食草动物并未被划分在牛一类中，虽然这一类非常重要并包括了印度的野牛，而是自成一个独特的项目。

瑞士自然学家的这一段文字，又由后来的作家们重复和引证。正是从他们开始，大家才最终把这种"食草动物"的定性运用于我们的牦牛。

到了16世纪末，英国的旅行家们才开始以日益增多的数目游览印度。在世界的这一部分，葡萄牙人的时代很快就让位于英国人的时代了。哈尔夫、菲斯可能是1583—1591年间第一位赴不丹的欧洲旅行家，他在那里听到了来自北方大山另一侧（很可能是指西藏）的商人讲述的，有关该地区存在的一种长有特殊尾巴的奶牛："他们割下了其奶牛的尾巴并高价出售，因为这些地区需求并珍视它。它们的尾毛有一码长，其尾的基部约为一拃长。他们作为装饰物将牛尾挂于大象头上。这些牛尾在勃固和中国被广泛使用，那里大量购买和出售之……"

大家可以在1625年著名的布尔萨斯书的第一版中，读到这一个已经变成刊印本的故事。后来，到了1699年，在阿姆斯特丹用法文出版了弗朗索瓦·贝尔尼埃的游记，这名法国医生曾长期为大莫卧儿人奥伦宰卜服务。我们可以从中读到这样的记述："大吐蕃的国王对于奥伦宰卜的行径和可能的征服计划，感到非常战栗不安，于是便给他送去了该地区特有奶牛的珍贵白尾，他们作为装饰而悬挂于大象的耳朵上……"

我们在17世纪和18世纪的各种游记中还可以发现其他的同类简单记载。这些旅行家们甚至还不失时机地刊印这种动物的图片：尼古拉·威特松于17世纪最后几年中曾在尼布楚和黑龙江流域旅行，他提到了一些自称为Boeboeli的牛，并于第一卷第66页中，提供了一幅图片（《从北到东的鞑靼地区游记》，阿姆斯特丹1705年版）。这幅图片向我们出示了一些长有很长和绒毛茂密尾巴的牛，其中一头长有角，另一头则无角。伊斯普兰·伊德斯游记的插图中同样也发表了一幅非常相似的图片，此人是俄国沙皇于1692年派向中国宫廷的使节。他确实提到了在安加拉河流域的布里雅特人中栖身的一种"长毛牛"，指出其长而多毛的尾巴。这位作家写道：人们向布里雅特人购买"很肥大的牛以驮载运输往中国的商品"。在布鲁因的游记中，同样也发表了这种牦牛的图片及其释文，如1714年的荷兰文本、1718年阿姆斯特丹的法文本（布伦人科尔奈义经莫斯科在波斯和东印度的游记）。"长毛牛"的图片载法文版第120页的正面。大家还可以在赴西藏的意大利传教士们的著作中发现意指这些动物的内容，如在弗朗切斯科，奥拉齐奥·德拉·佩纳·迪·比利修士写于1730年的《西藏地区概貌》一书中（我认为其中似乎是第1次使用了iak一词）和在奥古斯定·乔治神父的《藏文词汇》中。后一部辞书者的第一版问世于1759年，其中同样也出现了指牦牛的同一个词。

菲斯、贝尔尼埃、威特松、伊德斯、佩纳、乔治都提到了这种很容易辨认的动物，而又没有使用“食草动物”一名。这个名字后来又突然出现了，但都是以并不太恰当的方式出现的，因为它明显是错误的。它于1759年出现在奥贝尔·德拉赛斯奈·德布瓦的《动物分类和通用辞典》一书的第2卷中。大家非常惊奇地从中读到，这种“食草动物”（特别暗示埃利安的说法）是一种长有纤细而结实的长毛的牲畜，具有非常漂亮的长尾，生活在好望角。这种记述是以好望角地区的游记为依据的，无疑属于一种确实已存在的种类。但它在与我们本文有关的牲畜问题上，却出现了混乱。此外，赛斯奈依虽然是根据其他史料，但却讲到了这种食草动物是印度的特有种类。在这部辞典中，大家还会发现这种动物并未被划分在牛一类中。然而，就在有关牛的这一章中，我们发现他提到了特别肥大的一种牛，这是已知世界上最大的牛。它们生活在“鞑靼地区的额鲁特人辖地内”，也就是说它们生活在卡尔梅克或西蒙古人地区、准噶尔和西藏的北部。

我们就要结束这种很可能是有关一种错误的题外话了，再回头来谈我们的亚洲长毛牛。在18世纪时，由约翰·乔治·克默兰最终为我们提供了第一篇真正科学的论文，这位德国作家曾赴西伯利亚为俄罗斯帝国政府从事了一次真正的科学考察。当时确实是俄国人开始系统地考察西伯利亚大陆的时代，他们的势力在那里逐渐扩大了。克默兰（不要把他与其侄子萨米埃尔·乔治·克默兰相混淆，后者同样也曾于俄国领土上从事过科学旅行）亲眼看到并长期研究了一种特殊的奶牛，他称之为“打呼噜的奶牛”。这一术语出自这种动物并不是哞哞叫，而是像猪一样打呼噜的事实。它确实是牦牛的特征。由此再加上已经作出的描述（长毛和马尾），大家便不会怀疑这里确实是指一种牦牛了。

克默兰的描述已于1760年发表于《圣彼得堡皇家科学院新论丛》（它在开始时几乎完全用拉丁文或法文发表，一般均由非俄国人所作。由于它们系用拉丁文发表这一事实，就使整个欧洲的学者都能理解其中的内容了）第五卷中。它很快又由比丰重复（《鞑靼地区的奶牛》），他实际上是将克默兰这篇论文第一部分的法译本，收入了他于1767年在巴黎出版的《综合和独特的自然史》第十五卷中。至于这种动物，克默兰无疑是在发表其论文之前，就长期地研究过它了，可能是于1734年左右在托木斯克和托博尔斯克。它是一头"从卡尔梅人地区带给俄国总督的牛"，这已经是一年前的事了，正好在克默兰研究它的时候。下面就看一下他是怎样描述这种"打呼噜的、长毛的和长有马尾的奶牛"，我们于此将转引比丰的译文：

"它有两俄尺半长。大家通过这一尺寸便可以判断，绘图者确切地表达了这种身体各部比例的大小了（事实上，文中附有克默兰令人根据原来的尺寸而绘制的一幅图）。其身体酷似一头普通奶牛，双角向内弯，身上和头部的毛为黑色，唯有额头和脊柱呈现特殊的白色。其脖子有一绺鬃毛，整个身体就如同公山羊的身体一样，由一层很长的毛覆盖，并一直垂到膝部。从而使其蹄子显得特别短，其背部隆凸成峰状。其尾巴酷似马尾，生长有白色和很茂密的毛，前蹄为黑色，后蹄为白色，全部酷似牛蹄。在后蹄跟上，有两绺很长的毛，一绺向前披，另一绺向后披。在前蹄的蹄跟上，只有一绺向后披的毛。其粪便比奶牛粪略为坚硬一些。当这种动物想撒尿时，便将其身体向后缩。它不像黄牛一样哞哞叫，而是如同猪一样打呼噜。它性野，甚至可以说是性暴。因为除了喂它的人之外，它会用头牴所有那些接近它的人。它非常艰难地容忍家养奶牛的存在。当它看到这样的一头奶牛时，便会打呼噜，而这是它在其他任何背景下都很少出现的行为。”

克默兰对他首次遇到的这种动物感到惊讶和困惑不解，他将此既与13世纪时鲁布鲁克对“蒙古人的牛”的描述作了比较。同时又与同时代的另一位旅行家巴孔修士的一部著作作了比较。特别是在这种牛的母性之奇特行为方面更为如此。据鲁布鲁克认为，这种母畜从来就是只能在有人为它们唱歌时才允许交配，而巴孔则认为它们只有在同样的条件下才允许挤奶。克默兰居住在托木斯克，从卡尔梅克人中搜集到了有关这些奶牛习惯的资料，他同时也向一名俄国人或过去曾作为战俘而生活在卡尔梅克人中的哥萨克人打探。向他提供资料的任何人都未曾证明有关唱歌的故事，克默兰以及后来的巴孔便在这一类动物中放弃了那些可能是错误的传说。他们同样还讨论了这种牲畜在红色面前就会变狂暴的问题。这是比较容易核实的事实，基本适用于所有的水牛。

对于使这种动物获名的“打呼噜的奶牛”，以及后来我们所说的“打呼噜的牛”之典型特征，比丰持很大的保留态度。他认为这种呼噜（而且不太常见）“可能仅仅是克默兰曾看见过的个别牦牛的特殊嗜好”，并把它与我们的公牛在发情时所发出的那种声音作了一番比较。他于1776年出版的其书补遗第三卷中，又重复论述了这个问题。但比丰与克默兰相反却未曾亲眼看到这种动物，而是从遥远的地方判断的。他将这种动物分在野牛一类，后来遭到了其他自然学家的否认。

克默兰从这些为他提供资料的土著人士和那位哥萨克人处获悉，卡尔梅克人饲养两种奶牛，如同其论著所阐述的那种，奶牛一样：萨尔鲁克（sarlouks）和哈伊努克（ha- inouks）。萨尔鲁克是他看到过活动物的那一种。即“打呼噜的牛”。我们还应该指出，“萨尔鲁克”是第一次使欧洲人听到的一个名词，古伯察神父在1844—1845年也于西藏东部听到过该词，他译作sarl-igue，认为它是一个指牦牛的“鞑靼文词”。至于Sarlouk一词，它于18世纪时进入了俄文辞典。事实上，达尔的俄文辞典在1882年版本中提到了sarlouk一词，出自西伯利亚文sarlyk，系指

“一种蒙古或西藏的奶牛”。但他在对该词作定义时，却在牦牛与瘤牛之间犹豫不决，不敢定夺。

第二种家养奶牛为哈依努克（khainouk）。它与萨尔鲁克的区别，仅在于其头和角更为大一些；其尾如同马尾一样开始，而又如同奶牛尾一样结束。除此以外，它没有任何特殊标志。正如帕拉斯于数年之后告诉我们的那样，khainouk 一词是于卡尔梅克人中很通行的一个词，大家经常在他们的宗教经文中发现它。

最后，克默兰在他致科学院的报告中写道，据为他提供资料的卡尔梅克人认为，该地区还存在有另一种野牛，叫作不花（Boukha）野牛，比萨尔鲁克牛更大，又绝不是驯养的，极其凶猛残暴。如果向这些野牛之一放箭，而又未使它立即倒地毙命，那么它就会追袭猎人，用角把他们挑起来并抛向空中。一旦当人落地之后，它就会重新把他挑起来并再次抛向空中。它一直长时间地从事这种游戏，直到其敌手死亡为止。那名卡尔梅克人介绍说，这种野牛将猎人挑在其角上，一直到尸体干枯和大风把它吹成尘埃，这种情况并不罕见。这种野牛并不是在卡尔梅克人地区的土生土长的，其原产地更应该是唐古特王国或西藏（在 18 世纪时，“唐古特”确实基本上就相当于广义上的“西藏”一词），它们经常出没在“西藏的大山中、独龙江畔、于阗王国的边境和距那里有两日行程的地区”。他的这一资料，出自那名曾作为战俘，而生活在卡尔梅克人中的哥萨克人。此人还说西藏的这种野牛和卡尔梅克人的萨尔鲁克为同一种动物，只不过前者呈野生状态，后者已变成了驯养动物。

我们现在面对的是三个种类：萨尔鲁克和哈依努克，它们在不同程度上已被驯养，但起源于不花牛，即西藏的野牛，这一种牛继续使自然学家们感到好奇。我稍后再回头来谈这个问题。比丰于其出版于 1776 年的书的补遗第三卷中，提供了一种新资料，即由曾陪同彼得大帝的使节出使中国皇帝康熙的英国人柏尔提供的资料。这次旅行的游记（《从俄国圣彼得堡赴亚洲各地旅行记》），于 1763 年用英文发表。1720 年，柏尔于托木斯克地区的大山和森林中发现了一种被鞑靼人称为布布尔（Bubul）的牛（它又使人联想列威特松的 Boeboeli）。它肩头很高，拖有一条从臀部到顶端遍布纤细长毛的大牛尾。它如同马匹一样，人们驯养它。

我现在再从北部种类讲到南部种类。1774 年，继不丹地区的政治动乱之后，英国总督哈斯丁经不丹向扎什伦布的扎什喇嘛，派去了一名心腹即波格尔，作为他的外交使节。波格尔除了其外交使命外，还必须设法携回“一对或数对长有被人们称为奶牛尾（原文作 Cowtail，即 Chowrie，指在印度使用的牦牛尾）的牲畜”。当时尚没有使用 yak（牦牛）一词。事实上，波格尔确实把一对牦牛送给了哈斯丁，但它们在到达加尔各答之前就死去了。由于各种原因，波格尔游记的全文仅于 1876 年（波格尔死于 1779 年或 1780 年）才在马卡姆的书（《从孟加拉湾出使西藏记》）中发表。但从 1777 年起，有关这次旅行的许多资料，就已经由斯特瓦尔根据波格尔收到的书信而发表于《伦敦皇家学会哲学译丛》第 67 卷，第 2 期，第 465—492 页中了。我们从中发现，对“这种与大家在其他任何地方发现的种类都不同的奶牛或公牛品种”作了介绍。它们比正常的西藏牛个头更大，长有外表闪闪发光的浅白色绒毛。其主要特征是它那肥大而长长的尾巴，长有如同漂亮的母马马尾那样的尾毛，但更为纤细和更为闪闪发光，售价相当昂贵，被用作安装在银柄上的蝇拂。印度的任何一个显赫人物从来不会不在两名携带蝇拂的仆人的簇拥下出行。

所有的这些资料，我们都应该根据从在北部最新获得的新观察成果来汇集和分析。德国学者彼得—西蒙·帕拉斯曾于 1768—1809 年间，应卡特琳娜二世的邀请，将其全部精力用于俄罗斯帝国的科学工作，特别是在西伯利亚地区为她效劳。他有机会如实地研究过这种动物。1772 年，他在伊尔库茨克得以在总督德布里尔先生的家中，发现了两头公牦牛和数头母牦牛，它们是由一名归附了中国的蒙古头人于三年前奉献给总督的。母牦牛刚刚生下了两只小牛犊。应这名学者的要求，总督令人宰杀了一头公牦牛，帕拉斯对它作了解剖。他的研究结果和释文都刊布于《彼得堡皇家科学院论丛》中（后又补充了新释），1777年号（出版于1780年），第2期，第737—257页，以《对马尾水牛的记述》为题刊行，附有实物图片（帕拉斯认为，由克默兰提供的图片很糟）。帕拉斯在仔细地描述了其标本（约长2.25米）之后，又重新研究和讨论了其前人的记述，如克默兰、比丰、埃利安、马可·波罗、鲁布鲁克、孔蒂、伊德斯、威特松、贝尔尼埃、斯特瓦尔等人。他认为所有这些作家们论述的都是同一种动物，这就是在《藏文辞汇》中以其藏文名称 yak（牦牛）而命名的那种动物——牦牛。但最通用的还不是该词，帕拉斯保留了"马尾水牛"一名。他确实将这种动物作为"水牛"，驳斥了比丰刚刚把它分为野牛类的作法。据帕拉斯认为，这一错误是由于比丰作为其分类基础的克默兰那些质量不佳的图片和不太完整的描述而造成的。帕拉斯认为西藏的野牛就是克默兰的奶牛，即出现在印度并被移殖到小亚细亚与南欧的水牛的共同始祖，所有这些牲畜都是我们普通牛的近亲同类。他研究了这批动物的那些一般都要被提到的特征（它们的呼噜声、面对红色或其他强烈颜色的暴虐性情），论述了它们的尾巴及其用途（我们顺便指出，中国人使用的白色牛尾，在把它们被染成红色之后制成他们夏帽上的缨子。我们一直到19世纪的百科全书和辞书中，都不断发现这些资料，它明显是以这篇论文为基础的）。他介绍了中国人为称呼这些牛而使用的"洗牛"一词，因为这些牛非常害怕炎热。当天气酷热时，它们一旦遇到水就会纵身跳入水中洗澡。最后，他诠释性地概括了一下人们在他之前对于这一问题的全部所知，从中加入了不少个人的看法以及他在伊尔库茨克搜集的资料。

在有关蒙古人和卡尔梅人的牛之问题上，帕拉斯介绍说："哈依努克或喀依努克牛，在我们的所有卡尔梅克人中部很著名，经常在他们那论述殡葬仪轨的圣书中重复提到它们。但他们的巫师中最为贤明者，甚至是那些生活在西藏与西伯利亚之间大漠中的人，都向我断言说，人们毫无分别地使用哈依努克或萨尔努克的名称，分别指这种牲畜的大小种类。第一类是西藏的普通种类。第二类则由于蒙古不太适宜的气候，而使它们从那种大个头上蜕化了。人们只会偶然地发现它们的尾巴根，身体的其他部分光秃秃的和没有长毛。因此，所有卡尔梅克人都认为西藏牦牛的大品种（无论是野生的还是驯养的）与在阿斯特拉罕饲养的波斯短毛牛，仅在其皮毛方面有差异，它的毛如同我们的小品种一样丰满"。对于斯特瓦尔书中的一条记载（也就是由波格尔提供的有关他于不丹和西藏的旅行中获得的资料），以及西藏人对其牦牛的宗教般崇敬的态度，帕拉斯记载说，这一切与他从"热衷于西藏迷信"（指藏传佛教）的蒙古人中，以及"通过他们的宗教书籍"所获得的资料相吻合。最后，据为他提供资料的西蒙古人认为，阿尔泰大山脉中有一些在蒙古文中叫作苏贡的野水牛。但帕拉斯认为，这些野水牛（根据记载来看肯定是牦牛）事实上派生自"那些被喇嘛和被开除教门的卑懦之徒，在博格达神山附近与其他牲畜同时使用的家畜，博格达山位于阿尔泰大山脉的中央。世人出于宗教的原因而向该山的山神奉献畜群"，因为据卡尔梅克人认为，马尾水牛在一般情况下，在这些地区均不以野生状态生活。

总而言之，帕拉斯最终把这两类牛结合起来了，这就是说他把北部鞑靼地区的奶牛与南部的蝇拂尾牛结合起来了，并辨认出了它们的土著名称。西藏野牛的亚种是牦牛，饲养的牛即由此而出。从埃利安的"食草动物"到他自己的"马尾水牛"的标本，这是结合了的所有资料并在对此作出纠正时简化了其分类。

大家在他选择"马尾水牛"一名，以指克默兰不久以前称为"打呼噜的奶牛"、"鞑靼奶牛"以及当地土著人称之为萨尔鲁克、喀伊努克、苏贡、不花……的名称问题上，可以发现，牦牛那极其漂亮的尾巴明显使人联想到马尾，在所有的观察家们笔下都会出现这种比较。但在俄罗斯生活了许多年的帕拉斯所采用的名称之来源，也可能是一个典型的俄文词 boun-tchouk。虽然该词也不是斯拉夫语，而可能是突厥语起源，却很早就已传入俄文词汇中了。据达尔的俄文辞典解释，bountchouk 恰恰是指“一匹马或一头印度牛的尾巴，挂在一个带装饰的矛杆上。它在土耳其建立正规军之前，曾被用作帕夏的等级标志（由此而起源了一句俗词，拥有 1、2、3 个尾巴的帕夏代表着他指挥的军队数目)”。同一个词也指乌克兰哥萨克人首领的指挥棒。在帕拉斯时代，也肯定是他首次涉及这种物品和动物时，听到的人们所讲的一个词。他直接用法文写作“马尾”，而他清楚地知道英国人称之为 cowtail，因为他曾读过斯特瓦尔的文章和英国作家们所写的著作。

帕拉斯在讲到希望一名自然学家旅行者，通过印度进入西藏并向我们提供有关西藏牦牛的确切资料时，结束了其论文。直到那时为止，正是大家在牦牛的科学观察方面失误最多的时候，它仅仅是以保存在伦敦的博物馆中的两个很漂亮的牦牛尾的形状，而出现在欧洲的首都。其一为黑色，约有 1.50 米长；另一个完全是白色，足有 2 米长。但自然学家们尚没有得到动物本身的标本。不过这种现象不会再持续多久了，萨米埃尔·端纳很快就成功地在西藏本地得到了牦牛。

事实上，于 1783 年又继续了波格尔出使扎什喇嘛的使命（在此期间，扎什喇嘛和波格尔两人都已去世。扎什喇嘛刚刚转世，这次出使是为了与他建立关系而组织的)。萨米埃尔·端纳经不丹进入了西藏。从我们的辞典来看，先在英文中和后在法文辞汇中采纳 yak 一词来指牦牛，正是出自这次旅行。图尔纳不仅随心所欲地研究了并耐心地描述了不丹北部的这些牦牛（我们可以参阅其书第 185 页及以下，因为于此引证这一段文字太冗长了)，搜集了大家所知道的西藏本地有关牦牛的一切资料。他从那里带回了两头牦牛以送给英格兰的瓦伦·哈斯丁（因而不会早于 1785 年，这是哈斯丁返回英格兰的时间)。两头牦牛中的一头活着到达了大不列颠（它于旅途中也用角挑刺了关闭在它附近船舱中的一匹马)。它经过一段倦怠和麻木迟钝之后，又恢复了健康和精力，生育了许多牛犊（可能是通过与英国或印度奶牛的杂交)，所有的公犊都无后裔而死去，而其中的一头母犊却与印度公牛生了一头牛犊。这头牦牛有幸成为著名英国动物画家乔治·斯图卜的模特儿。他画的那幅画后来被雕版，用于 1800 年出版的端纳书的英文版和法文版的插图。

因此，这就是牦牛。因为大家现在都这样称呼它，在欧洲被正确地定名、为人所知并有骨有肉地被引入到那里。对于其生活习惯和经济价值，大家仅知道某些基本要素。越来越多的旅行家都描述了它：吉尔巴特里克于 1793 年在尼泊尔，雅克蒙于 1830 年在喜马拉雅山，古伯察神父于 1844 年在西藏提到了牦牛。它也被收进了巴尔富尔 1857 年的《印度和东亚及南亚百科全书》的第一版中，其中罗列了有关牦牛的不同名称，以及在西藏和喜马拉雅地区的杂交品种的许多细节。大家都争相进口其标本。帕拉斯于其 1811 年的《俄罗斯—亚洲动物志》中再次论述了牦牛问题（第一卷，第 248—249 页)，并称它为“食草野牛”，而利纳则已经称它为“打呼噜的野牛”了，这些名称都得以延存下来。帕拉斯从 1811 年起，就已经指出有人建议在莫斯科的驯化园中引入这一品种。在英国，牦牛在克诺斯利的德尔比的动物园中，占据着一席之地。在法国，古韦耶于 1804 年就抱怨自己甚至没有一副牦牛骨架，人们在长时间内只能满足于一只用草装起来的牦牛皮的标本。巴黎自然史博物馆的馆长们，在他们那“对旅行家们的指令”中，就要求为他们提供一头活牦牛。这一消息被法国驻上海的领事敏体尼知道了，此人便花费巨资和历尽千辛万苦，从西藏把十二头公母牦牛（四头长角的白牦牛，四头没有角的白牦牛，四头没有角的黑牦牛）运往上海，然后又亲自把它们装船押送到法国，此行由许多善于照顾牦牛的中国人陪同。1854 年 4 月初，驻华领事和牦牛都进入了巴黎植物园，这一事件引起了巴黎人的极大好奇。在儒略·罗斯坦的一本小画册（《植物园》，1855 年)，以及在 1854 年 10 月的《风景画报》

中都作了报导（后者还提供了生活于畜栏中的牦牛群的插图）。“植物园中的中国牛”使许多爱看热闹的人如同潮水一般涌来。中国人后来离开了，只有牦牛留下了。大家建议不仅要对牦牛进行研究，而且还要驯养它们，并设法让它们繁殖。在1854年间，几对牦牛被分配给汝拉山、阿尔卑斯山和奥弗涅山地区的牧人。

牦牛被运到了欧洲，我们的历史也就到此结束了。我还将简单地提一下各种辞书的记载，以补充这部历史，并揭示“牦牛”（yak）一词传入我们辞汇中的过程。人们对于在法国科学院的辞典第四和第五版（1762年和1798年）中，以及在法文和拉丁文的《通用辞典》（一般通称为特雷夫辞典，1771年版）中还没有发现该词，不会不感到惊奇。相反，这后一部辞典使我们感到奇惊的是，在“牛”一辞条下描述了“印度的一种野牛，极其肥大。有人声称，当它们的牛尾被夹在一棵大树附近时，它就会停留于那里，而不是以丢失几根尾毛的损失忍受耻辱”。这似乎是直接出自6世纪的科斯麻·印迪科普洛斯特的论述。

各种辞典都始终严重落后于各种辞汇的实际用法。但我们很难解释yak一词出现在1878年的利特勒的著作中，而在法国科学院的辞典的第六版和第七版（1835年、1878年）中却付阙如，仅仅出现于1935年的第八版中。

1878年的利特勒的书，为该词写了一个“完全独立的”条目；而《大百科全书》（19世纪末，没有具体时间，但晚于其中提到的普热瓦尔斯基的西藏游记）则将它置于“牛”的小标题之下。它为牦牛绘了一幅图（“牦牛，打呼噜的牛”）并将之归于“食草属”动物一类。拉露斯夫辞典（19世纪末，未标注时间）综述了埃利安、帕拉斯、克默兰等人的资料，以及敏体尼的牦牛群到达法国的盛况。它的资料似乎取自帕拉斯或一篇对帕拉斯论著的述要。所以，尽管罗伯尔辞典将法国借鉴yak一词的时代追溯到1791年，但我们还可以证明该词于1730年就出现在意大利文中，于1780年又由帕拉斯提到。帕拉斯取自1759年的一部著作，但它仅仅于19世纪下半叶才进入我们法国的辞典。

同样，这个藏文词 yak 于 1880—1882 年间进入了达尔的俄文辞典中，虽然在对它作的定义中出现了某种犹豫。我确实发现其中对 yak 一词的解释为："克什米尔的牛或奶牛，长有马尾，又叫 koutass"。koutass 一词的其第一个辞义是"带流苏的绳子"，第二个辞义是"长马尾的印度牛，牦牛、萨尔鲁克、打呼噜的野牛"（该词同样还有其他会使人联想到装饰物的意义）。对于 Sarlyk 一词（肯定就是古伯察神父所说的 Sarligues），我们发现了这样的解释："西伯利亚的 Sarlyk。指蒙古或西藏的奶牛，也就是牦牛 koutass 或野牛或瘤牛"。

对于其他的解释，我们在这些定义中还应该指出，牦牛的栖身地是克什米尔。同样我们上文引证的《大百科全书》指出，牦牛在同一时代生活在"西藏或拉达克的山区、雅鲁藏布江流域和喀喇和林的山坡山"。其中同样还指出了"一个栖息在更靠北部和西藏山脉西部的种类"。普热瓦尔斯基称之为"亚食草动物"，因为它们不像其他牦牛那样打呼噜。所有这一切都似乎在规避波格尔和端纳有关不丹与其附近的西藏地区，以及由端纳将这种动物送往英国的资料不谈。同时对已由其他旅行家指出的青海湖一带的牦牛也保持沉默。

我还可以提出另外一种看法，它涉及了从最早的时代起引证的所有文献，触及到了使用牦牛尾做蝇拂等等问题。仅有一人（埃利安）指出了使用黑色牦牛尾作假发，所有人都提到了整个东方从事蝇拂的大宗贸易习惯。其中有数人（孔蒂、科斯麻）还叙述了这种牦牛尾挂在长矛和军旗上，以作为尊严、权力等象征的用途，贝尔纳和其他人介绍了牦牛尾装饰马匹和大象的例证，帕拉斯以及继他之后的许多人，都曾写道中国人把牦牛尾染成红色以装饰其顶戴的情形。实际上，他们之中的任何人都未注意到，在宗教的象征物以及印度或佛教的仪轨中，使用蝇拂或将之作为王权象征（这就是指蝇拂的梵文词 tsamar 的意义之一）的例证，在维克多·雅克蒙于 1830 年提到这种用途（他于喜马拉雅山的卡纳瓦尔发现了一尊拥有 12 颗头的供像，在一次节日期间被推出来举行游像仪式，其顶部伸出了由数根牦牛尾组成的一个特大的流苏。另外两个人则以白色牦牛尾不停地为供像掸尘）。这在稍后不久，又成了民族学家以及那些研究宗教或东方艺术中的象征论者们，应从事的研究了。

在我们法国使用牦牛一词的历史，要从“食草动物”引入的藏文词 yak 开始，中间经过了“打呼噜的牦牛”和“马尾水牛”等名称。它在逻辑上与它所反映的旅行史，是同时发展的。同一篇调查可能会引起在波斯文、突厥文、蒙古文、汉文诸领域的某些人的好奇，这些领域肯定值得作这种探讨。

（原载巴黎 1976 年出版的《畜牧学志》第 15 期）

塔尔寺纪实

古伯察

译者按:

清光绪二十六年（1846 年），法国遣使会会士古伯察（Régis-Evariste Huc，1813—1860 年）神父在同会教友秦神父（Joseph Gabet，1806—1853 年）的陪同下从蒙古、宁夏、甘肃和青海进入西藏的首府拉萨，意欲在西藏传播天主教。他到达拉萨之后，驻藏大臣琦善立即将此事呈奏北京宫廷。道光皇帝谕批将他们押解四川。于是，古伯察等一行在到达拉萨之后的两个月时，便被琦善差员解往四川。对于古伯察等这次的西藏之行，《清实录》及《清代藏事辑要》等书均有记载。古伯察自己到达澳门之后，写下了《中国中原、鞑靼和西藏游记》一书，于 1854 年首次在巴黎出版。由于古伯察是第一个进入西藏的法国人，也是 20 世纪之前从那里活着出来的为数甚少的几个西方人之一。他的那部游记也成了世界名著，在法国曾多次出版。法国遣使会士包士杰（Jean Marie Planchet）于 1924 年在北京遣使会印刷厂印刷出版。法国的弗朗西斯·拉卡散（Francis Lacassin）于 1980 年出版了最新版本。该书还分别被译成英文、日文、德文、俄文等并曾多次重版。为了使大家对本书有一个初步了解，译者特别节译了有关塔尔寺的一章。但由于作者是一名具有严重的欧洲文明高于一切的思想的天主教传教士，他这次旅行又恰逢中国历史上最为灾难深重的时代。所以他记述了许多落后阴暗面。这是大家在阅读时应注意的。不过我们相信这些资料对于研究清季的塔尔寺及青海藏区的历史是很有用的。

次日凌晨，我们便上路向塔尔寺出发了。我们经过的地区或由被过着游牧生活和放牧其牲畜的西番人占据，或由汉人居住。正如在东鞑靼地区一样，那里的汉人也在缓慢地蚕食和侵占沙漠，建起了房屋并从事对草地中小块土地的耕耘。这次短暂的旅行没有向我们提供任何有意义的东西，仅仅是在渡过一条小冰河时，我们的车翻了并完全散架。在法国，为了持续不停地赶路，则需要有一名修车工和一个铁匠以修理损坏的零件。但非常幸运的是我们的车夫是一名汉人，也就是一个永远不会感到束手无策的人，他用石块、木块和几段绳子始终能凑合解决问题，我们仅仅遗憾的是在那里损失了不多的一点时间。

在距喇嘛寺有一里远的地方，我们遇到了几名喇嘛。他们都是桑达拉的朋友，前来迎接我们。他们身穿着僧服，披着红色袈裟，头戴呈我们的主教冠状的黄色法帽。他们那文雅的风姿和庄重而又低声的语言，所有这一切都使我们产生了特殊印象，使我们感到了宗教和修道生活的芬芳。当我们到达喇嘛寺的第一处僧房时，已经是晚上 9 点多了。为了不骚扰各处都陷入的沉静状态，喇嘛们让车夫停了一段时间，在马匹脖子上挂的铃铛内塞满了麦秸。我们接着就缓步和一言不发地，在这座大喇嘛城的安静而又荒凉的街道上行进。月亮已经落下，但天空非常晴朗，星辰闪闪发光，我们能很容易地辨认出分布在山坡上的喇嘛们的大批僧房。规模宏伟和式样奇特的佛寺，如同巨大的幽灵一般矗立在空中。最使我们感到惊奇的是，喇嘛寺中各居住区到处都呈现庄严和隆重的寂静，这种寂静状态有时仅仅被没有酣睡的狗那不连贯的吠声，以及不断报更的海螺号之单调而沉闷的声音打破。这种海螺号声会使人认为，是听到了白尾海雕的凄凉叫声①。最后，我们来到了桑达拉居住的小僧房。由于天太晚而无法去寻找一个适合我们下榻的住处，我们的老师就把他的小僧房让给了我们，他自己到附近一个僧房中去寻找一住处。陪同我们前来的喇嘛，在为我们准备了奶茶并为我们献上了一大盘羊肉、新鲜酥油以及味道可口的几个小面饼之后，才蹒跚离去。我们胃口很好地吃了一顿晚餐，因为我们累极了，而且还是由于我们从内心深处感到了一种自己无法表达的愉快心情。

在夜间，我们徒然地试图入睡，但睡意迟迟不出现。我们很关心自己那变得越来越奇怪的地位。这简直是令人不可置信！欧洲不大熟悉的这个安多地区，下榻在佛教徒中如此著名和如此负重望的大喇嘛寺塔尔寺，这些寺院的风俗和我们现在正睡觉的这间僧房。所有这一切都在头脑中折磨着我们，就如同在一场噩梦中看到的含糊不清和飘忽不定的形状，我们为制定今后的计划而度过了这一夜。

一旦当天蒙蒙亮，我们便站起来了。在我们周围，一切尚处于沉静之中。我们开始作早课。我们满腔热情，而直到目前为止，我们尚未产生过这种感情。这是一种幸福和自豪的混合心情，因为我们能在这座用于进行骗人的、不信上帝的著名喇嘛庙中祈祷真正的上帝。我们觉得自己刚刚把整个佛教都吸引到耶稣——基督的信仰上了。

桑达拉毫不迟缓地赶来。他为我们献上了奶茶、葡萄干和酥油炸糕点。正当我们忙于吃早饭时，他打开了一个小衣橱并从中取出了一个油漆得很干净整洁的木盘，盘中于红底面上绘有镀金饰物和花卉。他在用其袈裟的下角仔细地擦净之后，又在上面铺了很宽大的一页玫瑰红纸，接着在纸上又很对称地放了四个相当

---

① 自然学家们很久以来都把白尾海雕幼雏当作它的一个特殊种类。居维埃证明，虽然这种飞鸟有时也猎取其他鸟类，甚至是哺乳动物，但主要是以食鱼为生。这种飞鸟栖息在深山中、大森林内，更多喜欢大湖和大海的滩涂。

在生活于法国北部海岸的鱼鹰中，我们仅仅提到印度小鹰，这已在威斯奴得到证实。婆罗僧们使它习惯于在规定的时间，前往神庙中啄铜盒里的吃食。

漂亮的梨子，这是他让我们在丹噶尔采购的。这一切都包在一个长方形的丝帕中。大家称之为哈达。他对我们说："我们应以此而去借一间僧房。"

哈达或"祝福的丝巾"，在西藏风俗中扮演着如此大的角色，以至于我们认为最好是于此为它讲几句话。哈达是一块丝绸，其纤细程度很接近罗绮。其颜色为白色略呈天蓝。其长度约为其宽度的三倍。两端一般都以流苏为边。西藏存在有各种大小和各种价格的哈达，因为这是穷人们（绝不仅仅是富人）也离不开的东西。任何人在旅行中无不随身携带一批哈达。当进行礼仪性拜访、请求某人帮忙或感谢某人时，首先要展开一条哈达。必须以双手捧着哈达，然后奉献给他想给予荣誉的人。如果有一段时间未见面的两个朋友偶然间相聚了，那么他们首先所想到的就是互相赠送哈达。他们作得如此急迫和如此敏捷，就如同在欧洲握手一般。在大家互相写信时，习惯上也要于信封中装上一条小哈达。我们无法相信西藏人、西番人、红毛儿人和居住在青海西部一带的所有民族，都竟然是那样重视哈达礼仪。他们认为，这是对所有尊贵感情的最纯洁和最真挚的表达形式。若无哈达，那么最漂亮的言辞和最豪华的礼物都会分文不值。相反，有了哈达，最普通的东西也会成为最有价值者。如果有人手执哈达向你请求原谅，那就很难拒绝之，否则就会显得藐视所有礼节了。西藏人的这种习惯也在鞑靼人中，尤其是在他们的喇嘛寺中广为流传。哈达成了丹噶尔汉人的一项重要贸易商品。西藏晋京者从不会不携带数量庞大的哈达出行。

当我们结束了自己的简单早餐之后，便出去借用一住处。大胡子桑达拉在我们前面走，双手庄重地捧着盛有四个梨的漂亮盘子。我们觉得这种举止很奇特，从而使我们感到有些羞耻。我们认为所有人都眼睁睁地盯着我们。但事实并非如此，我们在途中遇到的喇嘛都在静悄悄地赶路，头也不回，丝毫不注意我们。那些小沙弥（小僧）轻薄和调皮得如同各地的小学生一样，唯有他们才显得是关心我们的人。最后，我们进入了一所住宅。其主人在院子中忙着把马粪摊在太阳下面晒干。他发现我们之后，便迅速地披上其袈裟并进入了其僧房。我们也尾随他进去了。桑达拉一面向他奉献了哈达和那盘梨，一面又用东部藏语发表了一通叙说。我们对此一句不懂。在此期间，我们显得很谦虚和聚精会神，就如同一些无能力亲自请求别人照顾的可怜穷人一样。喇嘛让我们坐在一块地毯上，向我们献上了一杯奶茶。他用蒙古语对我们说，他非常高兴地看到从如此遥远地区而来的外国人——西天喇嘛肯屈尊光顾他那清贫的僧房……如果他懂法语的话，那么这就是作出如下回答的一个机会："先生，没有什么……"但由于必须讲蒙古文，所以我们便告诉他说，我们确实来自非常遥远的地方，但当有幸遇到像他这样好客的人时，那在某种意义上就如同重新见到了自己的祖国……当我们用过一杯奶茶并谈论了法国、罗马、教皇和红衣主教之后，我们便站起来去察看指定给我们的住处。对于像我们这样过惯流浪生活的人来说，这间房子已算相当好了。他们给了我们一间宽敞的房间，带有一条大炕。此外还单独有一间厨房，配备有炉灶、饭锅和几件炊具。最后是拴马匹和骡子的马厩。我们确实感到要高兴得哭起来了。我们非常遗憾的是我们手头没有另一条哈达，以便立即感谢这名善良的喇嘛。

宗教对人心的影响是很大的，即使当这种宗教是荒谬的，并对其真实目的一无所知也罢。在这些对外乡人如此慷慨、如此好客和如此友好的喇嘛，与中原人之间该有多大差距啊！中原人是一个经商的民族，心肠硬而贪婪。他们甚至连一杯冷水也要卖给客人。当看到人们在塔尔寺内热烈欢迎我们的情况时，我们的回忆便不由自主地转向了由我们那些笃信宗教的先祖，为殷勤接待而建起的修道院，它们过去也如同客栈一般，行路人和穷人始终都可以在那里得到心身的宽松和灵魂的安慰。

同一天，我们完成了迁居。桑达拉住宅附近的喇嘛们，都殷勤地前来帮助我们。我们发现他们确实非常乐意双肩扛我们行李中的某些东西。他们打扫了房间，点着了炕下的火并将马厩安排得可以接受我们的牲畜。当这一切都完成之后，房子的主人根据招待客人的规矩，必须亲自为我们准备一餐饭。因为他们认为我们在迁居时，没有用来做饭的时间。

我们认为如果于此为自己的新住房勾勒一幅速写草图，并介绍一下居住者，那样作不会惹人生气。刚一进门，我们就看到了一个长方形的院子，由安排得很巧妙的马厩环绕。在门的左侧，一条狭窄过道通过第二道方形院子，其四边都由喇嘛僧房组成。通道的对面是房子主人的住处，房主叫作 Akag，意为“老哥”。“老哥”是一名 60 多岁的人，身材魁梧，但很清瘦和干瘪，完全是瘦骨嶙峋的身体。他那狭长面庞，仅仅成了由几块骨头堆积起来又覆盖了一层干枯而多皱皮的骨架。当他未穿袈裟时，露出了被太阳晒黑的双臂，大家可以把它们当成是两根老葡萄藤。虽然他还完全能站立，但其行动却踉跄蹒跚。大家可能会说是一架机器在促使他运动，每走一步实际上都是活塞的作用。“老哥”在 38 年间受雇管理喇嘛庙的世俗事务。他在那里积累了相当多的财产，但一切都花销在功德业和从不归还的借贷中了。现在，他沦落得相当贫穷了，仅仅有这所房子，这是他在幸运时期建成的，一直没有找到出售的机会。出租房子是不可能的，因为这是违犯喇嘛寺惯例的，因为这里的习惯法不允许存在出售与无偿出借一处房屋之间的折衷措施。“老哥”最不幸的是不能享受特殊布施，因为那里有时要向达到某种级别的喇嘛们分发特殊布施。由于他整个一生中仅仅负责世俗事务，未能完成其学业，所以他完全是文盲，既不会读书，也不会写字。这却并不妨碍他从早到晚地祈祷，始终手执念珠，大家可以听到他低声地持续喃喃几句愿文。此人心地善良，但大家似乎并不太尊重他，因为他贫穷而破落。

在“老哥”住处的右侧，于院子的另一侧，住着一个出身于汉族的喇嘛，大家称他为“契丹喇嘛”（汉人喇嘛）。虽然他已七十开外，但气色要比可怜的“老哥”好得多。其身体已开始佝偻。尽管如此，他还具中等身材，体态丰满，充满生气的脸装饰着几缕漂亮的白胡须，胡须尖端已开始变黄。契丹喇嘛以其喇嘛教学识而著称，他可以流利地读写汉文、蒙古文和藏文。他曾在西藏和鞑靼地区的几个旗中居住过，积累了大量财富。据说其僧房中有装满银锭的几个大箱子。但此人却极端吝啬，生活得很艰难，衣着褴褛。他的脑袋不停地向两侧转动，如同是一个始终害怕有人偷盗他一般的人。他在鞑靼地区被视为一名大喇嘛，但在云集了喇嘛名师的塔尔寺，他却被淹没在庞大的高僧队伍中了。这名契丹喇嘛身边有一名11岁的小沙弥。该幼童活泼机灵和调皮，实际上性格特别善良。我们每天晚上都能听到他与其师争吵，因为其师指责他耗费了过多的酥油、泡的茶过浓和在灯盏中放的灯芯太粗。

面对契丹喇嘛住处的，便是法国两名天主教传教士的住宅。紧傍他们的房子又是一间小僧房，那里简朴地居住着医学院的一名二年级的学生。这名24岁的年轻喇嘛是一个四肢特别强健的壮小伙儿，其臃肿而肥胖的面庞，显示出他于具狭窄的陋室食用了大量酥油。我们见到他于其小屋门前露面时，始终都不禁会联想到拉封登所说的那种老鼠，它由于笃信宗教而隐居在荷兰的奶酪中。这个青年人具有痉挛性的口吃，以至于当他想讲话时，往往无法呼吸。这种残疾使他变得很腼腆和持重，也可能由此而促使发展了他本身中的一种善良和热心助人的性格。他极端害怕青年沙弥的出现，这名沙弥以模拟他的说话方式而搞恶作剧。

院子中间对“老哥”住处的部分，由一行彼此分开的小厨房组成。房产主、契丹喇嘛、口吃者、传教士们各自有一单间厨房。根据喇嘛寺的说法，我们这所房子中共有四个不同的“家庭”。虽然数家人集聚于同一座住宅中，但那里始终都呈现出一片秩序井然与祥和安静的气氛。大家彼此之间很少拜访，每个人各自在其房间中忙碌，从不介入他人的事务。在我们栖身的这所住宅中，一般是当天气特别晴朗时，大家才能互相见面。由于我们正处于冬季最严寒的时期，一旦当太阳的光线射进院子中时，四家人便从各自的僧房中出来并坐在一块大地毯上。契丹喇嘛的双眼尚炯炯有神，正忙于用破衣片缝补其褴褛的衣服。“老哥”喃喃地念诵其祈祷咒语，同时又抓挠其双臂那粗糙而又发出声响的皮肤。医科学生以唱经的方式（但不口吃了）复习他的治疗医学的课程。至于我们，我们很难不受这种奇特环境的影响而不分心，我们徒劳无益地把自己那写有藏文对话的练习本放在膝盖上，而眼睛却更想看一下正在那里曝日的三个家庭。

塔尔寺共包括近四千名喇嘛。其场所提供了使人看起来确实会心旷神怡的景象。大家可以想象出一道被宽阔而高深的沟壑隔开的山岭，从中生长出大树，大乌鸦、喜鹊和黄喙小乌鸦不断地在树上繁衍。在沟壑的两侧和山麓上，分阶梯地出现了某些白色的喇嘛住宅，其大小各自有别。但都以围墙环绕，上面有小亭台。在这些简朴的住宅中，其洁净和雪白的颜色，成了其全部豪华。大家到处都可以看到大量金脊的佛寺。寺院上师们的房子则以其在六角亭上飘荡的幡而与众有别。大家到处都能看到或为红色、或为黑色的特大藏文字写的神秘对联，有的写于所有的门框上、墙壁上、石头上，有的写于被固定的绢条上，作为幡而挂在房屋平台上的无数小杆子之顶端。人们几乎每前进一步，都会遇到圆锥糖块状的佛龛，佛龛内烧香，或煨烧带香味的木块和柏树叶。最引人注目的却是，我们在喇嘛寺的无数街道中的发现，一大群身穿红色袈裟和头戴黄色法帽的喇嘛在转经。他们的举止一般都很庄重，虽并不要求他们保持沉默，但他们讲话很少，始终低声细语。只有神学院上课或放学时，以及全体人员在作固定祈祷的时辰，才会遇到很多的人。在一天剩余的时间里，喇嘛们相当忠于职守地待在其僧房中，只能看到几个喇嘛沿蜿蜒崎岖的小道而下到沟底，然后再吃力地背上一个装满水的水桶，他们以此桶汲取生活用水。大家也可以看到几个外来人，他们前来完成其崇拜仪式或拜访他们的喇嘛故交。

塔尔寺享有如此之大的名声，以至于佛陀的崇拜者都从鞑靼地区和西藏的各地纷至沓来朝圣进香，没有一天不出现有某些朝圣人到达或离去的情况。在某些隆重的节日中，大批的外地人如同潮水一般涌来。每年可以计算到这样的四个主要节日，其中最著名者是正月十五的节日。他们称之为“酥油花节”。任何地方都不曾以塔尔寺这样盛大的排场和隆重的仪式，来庆祝这一节日。在鞑靼地区、西藏，甚至是拉萨本地所举行的庆祝仪式，都无法与这里相媲美。我们于正月初六住进了塔尔寺，那时就已看到了从通向该喇嘛寺的各条大道上，接踵前来的朝圣人的骆驼队。到处都在谈论这一节日，据说鲜花极其绚丽。“美术委员会”仔细地研究了这些花，宣布它们比往年的所有花都更好。当我们听到诉说这些绝妙的花时，正如大家可以想到的那样，我们匆匆忙忙地打听有关一个自己不熟悉的节日的情况。下面就是大家向我们提供的具体情节，我们听到后不会不感到惊讶。

正月十五日的“酥油花”祭节是由世俗和宗教的艺术品组成的。亚洲所有的民族都在这次酥油花节中，以他们特殊的相貌和使他们有别于他人的服装，而出现在那里。其中的人物、服装、风景、装饰品等等一切，都是以新鲜酥油制成的。他们共用三个月的时间来完成这一特殊表演的准备工作。从喇嘛寺最著名的艺术家中选拔出来的二十名喇嘛，每天都忙于生产酥油，双手始终都要在水中浸洗，因为害怕手指的温度使他们的作品变形。由于这些工作大部分是在冬季最严酷的寒冷之中完成的，所以这些艺术家都要忍受极大的痛苦。他们首先以在水中仔细搅拌和打酥油而开始工作，以便使它能很好地凝固。当已充分地准备好原料之后，每个人都负责制作委托他的各部分。所有这些工人都在一名主管人的领导下工作，由主管人绘出本年度的花卉图案并主持其塑造工作。当他们的作品完成后，便将之移交给另一批负责于上面染色的艺术家们，他们始终都在同一名主管人的领导下工作。我们觉得一个完全是酥油制品的陈列室，则是很奇怪的事，从而使我们急切地盼望正月十五的到来。

在节日的前夕，外来人的影响是无法表达的。塔尔寺已不再是一座静默的寺院了，那里的一切都显示出了宗教生活的庄重和严肃。塔尔寺变成了一座世俗的城市，遍是纷乱和嘈杂。在每个住宅区，大家都能听到运载朝圣人的骆驼那刺耳的嘶叫声和牦牛那沉闷的哞叫声。在俯瞰喇嘛寺的山坡地带，大家可以看到支起了许多帐篷，所有那些未能在喇嘛僧房中找到居住地方的人，便在那里露营。在正月十五日这一整天，前往喇嘛寺周围朝圣者的数目很大。对于我们来说，看到这一大群的人每步一跪地磕长头并低声念诵其祈祷经时，确实是一种新奇而又痛苦的场面。在这些虔诚的佛教徒中，有大批鞑靼——蒙古人，全部自十分遥远的地方前来。他们表现得举止笨拙而闷闷不乐，特别是那种静修三昧的虔诚和坚持完成这类宗教规则的态度更为引人注目。红毛儿人也来到了那里，我们发现他们的行为并不比在丹噶尔更为优雅多少。他们那有点野性的笃诚与蒙古人的神秘行为，形成了鲜明的对照。他们妄自尊大和昂首阔步地行走，右臂裸露于其服装的外部，始终佩带他们的大刀和斜挂一支枪。安多地区的西番人是所有这些朝圣者中人数最多的民族。他们的相貌既不像红毛儿人那样粗犷，也不像鞑靼人那样天真率直。这些人敏捷而不拘形式地完成了自己的朝圣任务。他们似乎想说：我们这些人是本地人，我们对这一切都了如指掌。

安多女子的头饰使我们产生了一种愉快的惊奇。她们头戴一种黑色或灰色的小毡帽，其形状完全如同过去风靡法国的那种尖顶小帽一样。就我们能回忆起的情况来看，人们曾称之为“百分之三帽”。其唯一的区别是通过下颌来维持其形状的帽带不是黑色的，而是红色或黄色的。安多女子让其头发披在双肩，分成了许多小辫，装饰有江珧片和珊瑚红色珍珠。她们服装的剩余部分与鞑靼女子无别。但她们那穿着羊皮大袄的笨重姿态则被使她们产生了一种轻快感的“百分之三小帽”所抵销。我们非常惊奇地在这一批朝圣者中，发现了几名汉人，他们也如同其他人一样手执念珠并行通行的顶礼。大胡子桑达拉告诉我们说，这都是贩卖哈达的商人。他们并不信仰佛陀，但却装得很虔诚以吸引顾客，而更容易地出售他们的商品。我们无法说桑达拉的这些话是恶语中伤，还是故意诽谤。但我们所知道的一切，便是这些话足以清楚地说明汉人的才能。

正月十五日（1855 年 1 月 10 日），朝圣者们又一次围绕喇嘛寺转经，不过人数比前几天要少得多。好奇心促使他们更愿意到完成酥油花节准备工作的地方。当夜幕降临时，桑达拉前来邀请我们去参观我们已久闻其名的这些酥油珍品。我们在结巴子，契丹喇嘛及其沙弥的陪同下出发了，仅留下“老哥”守家。酥油花被安排在露天，陈放在喇嘛寺中的各佛殿的前面。它们被放出了迷人光芒的灯饰照耀得通亮。无数大小各异的黄铜和红铜容器，都具有圣餐杯的形状，它们被分布在代表抽象图案的轻便架子上。所有这些大小不同的容器，都盛满了造型的酥油，从中伸出了一条被棉花裹着的坚实灯芯。这些灯饰被安排得颇有趣味。多么遗憾，我们不能在庆典的日子中把这一切都搬到巴黎去。

我们看到这些花就感到诧异。我们从未想到在这些沙漠的中央和在这些半蒙昧的民族中，会遇到具有如此之高明手艺的艺术家。我们在几个喇嘛寺中遇到的画家和版画家，远不会使我们怀疑在这些酥油作品中欣赏到的全部美感。这些花都呈规模很大的浅浮雕状，代表着取自佛教史的各种内容。所有的人物都具有一种使我们目瞪口呆的表情。人物造型都栩栩如生而充满活力。它们的姿态都很自然，衣服穿得很雅致且没有任何拘束。我们第一眼就能区别出其衣服所代表的织物特征和质量，那些皮货衣服尤为令人赞不绝口。羊皮、虎皮、狐皮、狼皮和其他各种动物皮都体现惟妙惟肖，以至于使人试图用手去触及，以证实它是否为真的。在所有的浮雕造型中，我们很容易辨认出佛陀来。其面庞充满了尊贵和威严的姿态，属于高加索人类型。这完全符合佛教的传说，它声称佛陀原籍为西天，面庞为白色并略带红润，眼睛长而大，鼻子高大，头发很长而呈波浪形并有光滑的触感。其他人物均属蒙古型，略带藏族和西番人的特征。即使只观察其面庞的轮廓，避开其服装不谈，那么我们也很容易把他们彼此区别开来。我们发现了几个造型非常优雅的印度人和黑人的头像。后一些人的头像引起了观众们的极大兴趣。这些巨大的浅浮雕造型四周由分别代表动物、飞鸟和花卉的装饰图案环绕。所有这一切都是用酥油造成的，以其造型和着色的精巧而备受欣赏。

在从一座佛殿通向另一座佛殿的路上，大家每走一段距离都会遇到某些小型浅浮雕造像，其中以细密画的作法塑造了战争、狩猎、舞蹈、游牧生活的场面，以及西藏和鞑靼地区最著名喇嘛寺的景观。最后，在大雄宝殿的前面是一剧场，其中的人物和装饰都是用酥油制成的。那些人物造型只有一法尺（Pied，法国古代长度单位，约合 325 毫米。——译者）。它们代表着一批前往诵经的唱诗班中的喇嘛。首先，大家在戏台上什么也看不到。一旦当听到海螺号声时，大家就会看到从两侧门道中出来两行小喇嘛，然后便是身穿礼服的上人。当他们在舞台上寸步不动地停留了一段时间之后，便回到了幕后，表演暂告结束。这些节目激起了所有人的狂热崇拜。我们这些曾见过其他技巧表演的人认为，这些不动腿就出来并以同样的方式退去的小人物，是相当平庸的。如此的表演只有一次就使我们足够了，我们前去欣赏那些浅浮雕式的造像了。

正当我们在观察几组至少也像卡洛（Callot）所制作的撒旦一样可笑的魔鬼时[①]，我们突然间看到了一大批喇嘛并听到了海螺号的巨大响声。大家告诉我们说，大喇嘛将从其大雄宝殿中出来观花。这使我们再高兴不过了。塔尔寺的大喇嘛是我们很有兴趣要看到的人物。他很快就到了我们停留的地方。一些侍从喇嘛在他前面开道，用粗大的黑鞭子分开了人群。大喇嘛步行，由喇嘛寺的主要高僧们簇拥。我们觉得这名活佛的年龄最多有 40 多岁，中等身材，相貌平常而呆滞，皮肤被晒得黝黑。他边走边对位于其前进途中陈列的浅浮雕作品投去一束阴郁不快的目光。他看了一下活佛的漂亮面庞，无疑是自言自语地说，自己由于转世之苦而从其原来的形象上退化了。如果说大喇嘛的外表使我们略感吃惊，那么其服装却完全不至于如此，那完全是主教服。他头

① 雅克·卡洛生于南希，为 1592—1635 年人，曾为风俗画的大画家。他用镪水雕刻的《集市》、《受刑》、《战争的苦难》等腐蚀雕版画作品使他变得著名起来了。

戴黄色法冠，手执一根如同权杖那样的长禅杖，双肩披一件紫色塔夫塔绸大衣，腰部由搭扣扎着，从各方面来看都像一件无袖长袍。我们于下文中还要指出，在天主教崇拜仪式和喇嘛教仪轨之间，存在的许多关系。

观众们似乎不大关心他们的活佛的经过，他们更乐意欣赏酥油佛，因为它们实际上更要漂亮得多。唯有鞑靼人才作了某种虔诚的示意，他们合掌、为了表示尊重而低下了头，并似乎为过分拥挤的人群，使他们无法全身俯地进行顶礼而感到痛苦。

当大喇嘛完成了他的巡视时，便回到了其大雄宝殿，这就如同向所有人发出了信号，他们可以毫无保留地沉醉于尽情的欢乐。人们唱得上气不接下气，或者是跳起了类似法兰多拉那样的舞蹈。接着，众人都互相拥挤或互相碰撞。他们发出了呼唤和使沙漠感到害怕的呻吟。我们甚至可以说，所有这些不同的民众都陷入了高度兴奋的狂热之中。由于在这一可怕的混乱之中，很容易推翻用酥油制作的灯具和图案，所以那些携带点亮大火把的喇嘛们，便负责这一如同因遭风浪袭击的大海而翻腾的混乱人群。我们无法长时间地忍耐如此的一种嘈杂人群的拥挤。那位契丹喇嘛发现了我们受挤的难堪局面，于是便请我们取道返回住所。我们非常高兴地接受了他的建议，尤其是因为夜已很深了，我们感到需要略作休息。

翌日，当太阳升起时，已不存在隆重的酥油花节的任何痕迹了。所有的人群都消失了，那些酥油浅浮雕已被毁掉，如此之多的酥油都被抛在山沟里喂乌鸦去了。这些花费了很大精力的庞大工程，在消费了许多时间，我们甚至说是耗费了许多才能之后，仅仅作了一夜的表演。他们每年都根据新的图案而制作新的酥油花。

朝圣进香人也随着酥油花而消失了。从一清早起，大家就可以看见他们步履艰难地攀登山坡上崎岖不平的羊肠小道，并凄凉惨淡地返回了他们那荒凉的地区。他们所有人都低着头默默地走着。因为人心在此世此时只有很少一点欢乐，一个热闹节日的第二天往往是一个充满痛苦和悲伤的日子。

位于青海湖以南的安多地区由东部藏人居住，他们如同蒙古鞑靼人一样过着游牧生活。该地区地貌荒凉和尚未开发。我们的眼睛在四下都只能看到一些赭红色或淡黄色的山坡，几乎寸草不生，到处都留下了纵横交错的深沟大壑。然而，在这些贫瘠和荒凉的大地上，我们有时还可以看到某些具有丰富牧场的河谷，游牧部族把他们的畜群赶到那里放牧。

据喇嘛庙年代史记载，公元 14 世纪中叶，安多地区的一名叫作垅堡—墨卡的人，在紧傍一个开阔的山沟的山脚下，支起了他的黑色帐篷。这一山沟的深处，在砾石河床中弯弯曲曲地流着一条水量丰富的小河。垅堡—墨卡与其妻钦扎错共同过着游牧生活。他们没有大群的牲畜，只有二十多只山羊和几头牦牛，这就是他们的全部财富。他们在数年间独自生活在这片偏僻的未开发之地，没有子嗣。垅堡—墨卡把他们的牲畜赶到了附近牧场，而钦扎错则孤独地住在帐篷中，忙于制作奶制食品和根据安多妇女的习惯用牦牛的长毛纺织一种粗糙的毛布。

某一天，钦扎错下到河谷底部去汲水，感到了一阵眩晕，于是便失去知觉而昏倒在一块上面刻着几个崇拜释迦牟尼佛①的文字的宽大石头上。当钦扎错站起来时，她觉得胁侧一阵剧疼，从而明白这次摔跤使她受孕了。在火鸡年（1357 年），于发生这次神奇事件的 9 个月之后，她生下了一个男孩。垅堡—墨卡称之为宗喀巴，这是根据他几年以来一直于其山脚下支帐篷的山名而命名的。该神童自诞生以来，就长着一绺白胡子，面目显得极其庄重威严。他的举止完全没有幼稚的表现。一旦当他看到了天日，他便能清楚准确地用安多语来表达自己的意思。他讲话不多，但其语言始终包括有关人性和人类命运的深刻涵义。

宗喀巴三岁时便决定放弃世俗生活，而选择了宗教生活。钦扎错充分尊重其子的神圣计划，亲自为他削发，把他那漂亮而又

① 释迦牟尼是佛陀名字中许多形式之一。英国人写作 Sakiamuni，汉人称之为释迦牟尼，其教名为乔达摩。

长长的头发抛在了帐篷门口。从其头发中自动长出了一棵树，树木发出了诱人的清香，每片叶子上都于其叶脉间刻有一个西藏神圣语言的文字。从此之后，宗喀巴便生活在一种严肃的静修之中，他甚至当着其父母的面也会逃走。他隐修于最为荒凉的山峰和最深邃的沟壑之中，以祈祷发愿和静思永久事务而度过其日日夜夜。他的斋戒期既长又频繁。即使是最小的昆虫，他也尊重其生命，严格忌食任何种类的肉。

正当宗喀巴如此这般地忙于通过坚持祈祷和严峻的生活，来净化其心灵时，来自西部最偏僻地区的一名喇嘛，偶然间经过了安多地区，并在垅堡—墨卡的帐篷中受到了殷勤接待。宗喀巴对于这位外来人的学业和神圣性格赞叹不已，于是便跪拜在他的脚下，并请求他作自己的师傅。喇嘛教的传说介绍说，这名西部地区的喇嘛不仅仅以其深不可测的教理，而且还以其容貌的奇特而引人注目。大家尤为注意他那高大的鼻子和如同神火一般闪烁的眼睛。那名异乡人同样也被宗喀巴的奇才打动，毫不犹豫地接受他为其弟子。因此，这名喇嘛便定居在安多地区，但仅仅在那里生活了数年。他在向其弟子传授了西方最负盛名的圣贤们所接受的全部教理之后，便在一座大山峰的一块石板上睡着了，其双目再未重新睁开过。

宗喀巴失去了外来上师的教诲，却变得更加热烈渴望学习宗教知识。他毫不迟疑地决定抛弃其部族并远走高飞，一直到达西方的腹地，向真宗的发源地寻求最纯洁的教义。他手拄拐杖出发了，独自一人，没有向导，但心中却充满了一种超人的勇气。他首先直接南下，在经过长期和艰难的跋涉之后，一直到达了云南省的边境，那里完全是中华帝国的边陲和尽头。他在那里没有沿同一方向前进，而是又沿雅鲁藏布江这条大江的江畔转向西去。他最终到达了卫地[①]的圣城。由于他准备继续赶路，一尊全身金光闪闪的天神（Lha）阻止了他并禁止他再往更远的地方行进。

① “卫”在藏文中系指中心或中部。这是对实际上占据了西藏中心地区的称呼，其首府就是拉萨。

天神对他说："啊！宗喀巴！所有这些辽阔的地区都属于一个已赐给你的大国。你应在此颁布仪轨和发愿。你那永久不灭生命的最后变化将于此地完成。"宗喀巴听从了这一天神的话，于是便进入了"神域"（拉萨），并在城中最偏僻的居住区选择了一处寒舍。

安多部族的出家人都毫不迟疑地征募一些弟子们。宗喀巴的新教理以及他传入的喇嘛教顶礼中的仪轨，便不可避免地造成某些动乱。宗喀巴最终勇敢地自称为改革者并向旧的信仰宣战。他的支持者与日俱增并被称为"黄帽喇嘛"，与维护旧体系的"红帽喇嘛"相对立。卫地土司和喇嘛僧官等级中的活佛与祖师萨迦，对在宗教仪轨中引起混乱的这个新派别，感到非常激动。萨迦当面召见宗喀巴，以证实其学识是否确实如同其支持者们所宣扬的那样神奇和深邃。这位改革家不屑应邀前往，由于萨迦是一种注定要代表旧体系的宗教派别之代表，所以不是他应作出驯服的表示。

黄帽派变成了主流派。对宗喀巴的崇拜日益多起来了。活佛萨迦发现自己的权威已衰落，于是便决定去找"安多地区的那个小喇嘛"，这是他出于鄙视而如此称呼那位仪轨的改革家。他希望在这次会见中与其对手进行讨论，并使古旧派教理获胜。他以隆重的排场，并携其教派至高无上的宗教权威的全部象征物前往那里。萨迦在进入宗喀巴那简朴的小僧房时，他那高大的红帽子碰到了门口的上方并因而坠地，这一意外事故被所有人都视为是黄帽派胜利的标志。改革家坐在一个蒲团上，双腿盘了起来，似乎没有注意萨迦的进来，他没有起来欢迎萨迦，继续在其手指间数其念珠。萨迦既没有因其帽子落地，也没有因为对他的这种冷淡接待而动怒，直截了当地进入了讨论。他口若悬河地赞扬了旧仪轨并列举了他有所有权力占据的优势。宗喀巴连眼皮也没有抬，用这样一句话打断了他："放开！你这个残暴的家伙，放开你手中捻着的那个虱子吧！我于此听到了它的呻吟声，我心痛极了。"萨迦在滔滔不绝地阐述其功德的时候，确实于其衣服下面捉到了一只虱子。他无视禁止任何杀生的生死轮回教理，而试图在手指间掐死它。萨迦不知道如何回答宗喀巴严厉的话，于是便跪在其脚下，从而承认了他那至高无上的权威。

从此时起，由宗喀巴倡导的改革再也没有障碍了，在整个西藏均被采纳，后来又缓慢地进入了鞑靼地区诸旗。1409 年，宗喀巴在 52 岁时创建了著名的喇嘛寺——甘丹寺，距拉萨有 3 法里之远。它至今还存在，其中共有八千多名喇嘛。1419 年，已成佛的宗喀巴的灵魂离开了人间而返回天国去了，他被接受在极乐净土世界。他的凡胎肉体留在了甘丹寺。有人声称，直到今日，其身体还保留了其全部的新鲜度。它由一种持久的奇迹而自我停留在地面上，既未依附任何东西，也未被任何东西支撑。还有人补充说，他有时还向那些在精进方面取得了巨大进步的喇嘛们讲话，但其他人却根本听不到这些话。

除了宗喀巴在仪轨中引进的改革之外，他还由于重新写了由释迦牟尼留下的教义大全书而著名。这些著作中最著名者叫作《菩提道次第广论》。

只要我们对宗喀巴在喇嘛教信仰中引入的改革和创新稍加研究，便不禁会对它们与天主教的相似感到震惊①。大喇嘛在旅行中或当他在寺外举行某种仪轨时携带的禅杖、教冠、长袍、袈裟或法衣，具有二重唱祭礼、单调地诵经、祓魔、由五根绳索支撑并能随意打开的香炉，喇嘛伸出右手在信徒的头上摩顶（祝福），念珠、出家人的独身生活、宗教性的隐居修习、崇拜上

① 最为引人的相似性是僧侣们的剃度礼，教堂中的剃发札相对是晚期的。为了有别于已剃了头的异教巫师，圣教的第一批司铎们留着一头剪断的头发，完全如同世俗人一样。据说，这是苦修士们出于卑贱之心理，而作出了削发剃度的表率。在公元 6 世纪时，本笃奉他们为楷模而命其教徒们仿效他。继此之后，俗间神职人员也采取了这种做法，于633 年被托莱多的主教会议宣布为必须这样做，叫作“修士圆顶”，以纪念我主的刺冠。大家区别出了多种剃礼：罗马式剃礼，即部分剃和圆环剃；希腊式剃礼，扩大到了整个头部。正是这后一种剃礼才完全可以与佛教的剃度相比较。

师、戒斋、迎神仪式、连祷、净水（圣水）[1] 等，所有这一切都是佛教徒与我们的相似性。现在，我们是否可以说这些共同之处本来都出自于基督教呢？我认为是这样的，虽然我无论是在传说中，还是在当地的文献中，都没有找到这种借鉴的任何肯定的证据，但我可以提出具有极大可能的特征。

众所周知，公元14世纪当蒙古皇帝统治时代，在欧洲人与高地亚洲诸民族之间存在有经常性的关系。我在本著的前一部分已讲过鞑靼征服者们派往罗马、法国和英国的那些著名使节了。毫无怀疑，这些胡人肯定会对天主教信仰仪轨中的豪华排场和荣耀，产生强烈的印象，他们把这些不可磨灭的印象带到了自己的沙漠草原中。此外，我们还知道，不同修会的传教士也于同一时代从事了远行以把基督教传入鞑靼地区。他们可能同时也进入了吐蕃、西番人和青海一带的蒙古人中。北京的大主教约翰·孟德高维诺就已经组织了一个唱诗班，许多蒙古修道士每天都在那里练习念诵圣诗和演习天主教礼仪。现在，如果我们注意到宗喀巴恰恰生活在基督教传入西域的时代，那么我们对于在佛教改革中发现了与基督教如此明显的相似性，就不会感到奇怪了[2]。

我们是否还讲某种更为确实可靠的事呢？我们从其诞生的当地和通过许多喇嘛之口，而搜集到的有关宗喀巴的这一传说，难道不能支持我们的观点吗？在从中删去由喇嘛们的想象而加入这一故事中的所有神奇色彩之后，我们还可以承认宗喀巴是一个以其天才，也可能还由于其道德而超乎寻常的人。他受教于一名自

---

① 李仙得（Legendre）博士介绍说，在西藏邻境的藏族家庭中，到处都有圣水，“在橱柜上排列起了大批铜碗，其中都盛满了圣水。这种水一年只换一次，即在佛教的大主教——活佛派出的旅行喇嘛们经由这里时”（《在云南》，第196页）。

② 斯拉姆神父写道：“我们首先应指出：今天已由佛经文献令人不可否认地和充分地证实，从公元最初几个世纪开始，就由迦勒底的僧侣们把寺规传入了西藏。这样自然就可以解释东方喇嘛教和西方天主教之间的表面仪轨的大量相似性了（《斯格脱会传教区》，1920年2月）。”

达伯理（《中国的天主教》）写道：“我们经常发现，近代喇嘛教的创始人宗喀巴原来是诞生于唐古特的一座城市中的摩尼教巫师。”

我们上文已提到雷慕沙的资料值得重新提一下：“喇嘛教僧官制是由于在鞑靼地区的景教残余与佛教教理的结合而创立的。”

西方而来的异乡人，继其师圆寂之后，弟子独自西行，在吐蕃停留了下来并在那里传播其师授予他的教义。这个“高大鼻子”的外乡人是否是一名欧洲人呢？他是否是在当时曾大量进入西域的天主教传教士中的一员呢？喇嘛教传说中保留了对这种欧人相貌的记忆不会使人摸不着头脑，此人的特征与亚洲人大相径庭。在我们于塔尔寺居住期间，我们不只一次地听到喇嘛们对我们相貌之古怪特征的议论，他们毫不犹豫地说我们与宗喀巴的师傅属于同一类型。大家还可以假设认为，由于早逝而使这名天主教传教士没有彻底完成对其弟子的宗教教育，其弟子后来希望自己成为使徒。这或是由于他没有学到充足的基督教教理，或是由于他背叛了自己的信仰，而仅仅坚持传入一种新的仪礼。宗喀巴于其改革中遇到的很少一点反抗似乎说明，当时基督教思想在这些地区的发展，已经大大地动摇了对佛陀的崇拜。我们于下文不远处，还将研究佛教徒与天主教徒之间的大量相似性，是在鞑靼地区和西藏传播我教教义的障碍，还是有利条件。

宗喀巴的改革在介于喜马拉雅山麓、俄罗斯边境和中国长城内外的所有地区，都获得了胜利。它甚至渗透进了天朝的某些省份，如甘肃、山西、北直隶和整个满洲。僧侣们都保留了他们的古旧派仪轨，除了他们在某些地方采纳的某些微不足道的革新之外。现在，我们共区别出了两种喇嘛：黄喇嘛和灰喇嘛[1]，这就是说那些追随改革者和坚持原始仪轨者。这两派过去无疑曾互相敌对和彼此之间发动攻击，但今天却非常和睦地生活。僧侣与喇嘛们互相视为同一家人。

过去不为人所知和没有多大意义的安多地区的部族，自从佛教改革以来获得了出奇的名声。宗喀巴于其山脚下诞生的那座大山，变成了一个著名的朝圣地。喇嘛们从四面八方涌向那里建造僧房，从而逐渐变成了今天的这座繁华的喇嘛寺，其盛名一直传到了鞑靼地区最为偏僻的边陲。大家用两个藏文词称之为“塔尔寺”（Kounboun），其意为“一万佛像寺”（此处似乎有误，

① 现在称为“黄教”和“红教”。

塔尔寺本意应为“十万佛像寺”。——译者)。此名暗示传说中由宗喀巴头发而出生的那棵树，该树的每片树叶子上都写有一个藏文字。

大家当然会等待我们于此针对这棵树而讲几句话。这棵树是否还存在？我们是否见过它？它提供了什么特殊内容呢？我们对其神奇的树叶应作何感想？这就是大家都有权向我们提出的全部问题。因此，我们将试图就我们的可能而对此一一作出回答。

是的，这棵树尚在，我们在旅行中听到谈论它的情况太多了，以至于我们有点急不可待地想去参观它。在建筑喇嘛寺的山脚下，距寺院的大雄宝殿不远的地方，有一片由砖墙围起来的方形院落。我们进入了这个庞大的院子，得以随心所欲地研究从外部就已看到某些枝条的那棵神奇的树。我们的目光首先以一种贪婪的好奇心转向了其树叶，当我们在看到每片叶子上确实有组成得很正确的藏文字时，便会感到特别惊奇。这些文字都呈绿色。文字的颜色有时比树叶本身还深，有时则略浅一些。我们首先是怀疑喇嘛们在作弊。但在经过非常仔细地和用心地作了全面研究之后，我们觉得根本不可能从中发现任何一点作弊诈骗的做法。我们觉得那些字是树叶的组成部分，就如同其叶脉一般。它们出现的位置并不始终如一，有时发现它们位于叶子的顶端或中部，有时又出现在其根部或两侧。其中最嫩幼的叶子代表着雏形字，只形成了一半。那些可以自动脱落的树干和树枝的皮（就如同法国梧桐树的树皮一样）上同样也写有文字。如果剥下一块老树皮，那就会在新树皮上发现一些尚未形成的字，它们已开始生长，非常奇怪的是下面的字往往与其上面不同。我们到处都在寻求作弊的某种痕迹，但始终是枉费心机，我们的额头都流出了汗水。其他那些比我们更为精明能干的人，将来可能会对这棵神奇的树提供一些令人满意的解释，而我们则必须放弃这种做法。大家可能会耻笑我们的无知，但这对我们却无关紧要，只要大家不怀疑我们叙述的真实可靠性就行了。

我们觉得“一万佛像树”很古老了，它需要三个人才能勉强合抱树干的树，其高度不超过八法尺。其树枝不是向上升，而是像羽冠一样展开，非常茂密，其中有一些已干枯和因枯老而掉下去了。其树叶始终为绿色。其木为浅红色，有一种优雅的香味，与桂皮的香味有些相近。喇嘛们告诉我们说，在夏季的藏历八月间，它会开满一树极为鲜艳的红花。有人还向我们断言，其他任何地方都不存在这种树。大家曾试图以其树种和枝条在鞑靼地区和西藏的几个寺院中繁殖它，所有这些尝试都未获得任何结果①。

康熙皇帝曾到塔尔寺降香，他自己花钱令人在“一万佛像”树上建一个银质圆树亭。此外，他还向大喇嘛布施了一匹很剽悍的黑骏马，据说它可以日行千里。皇帝还布施了一副装饰有宝石的马鞍。马匹已死，但今天尚可在其中的一个佛殿看到马鞍，它成了一种特别受崇拜的对象。康熙在离开该喇嘛寺之前，为维持350名喇嘛的日常生活，而设立了一种年俸制。

塔尔寺的名望首先应归功于宗喀巴的声望。这种名声由于寺内的良好戒律，及其教育的发达性，而一直维持到今天。大家认为那里的喇嘛终生都是学生，因为宗教学被视为一种取之不尽的科学。学生们根据他们要专门学习的学业性质而被分成四个学部或学院：1. 密院，包括静修生活的规则和佛教上师传中所包括的例证。2. 仪轨学院，包括学习宗教礼仪以及诠释用于喇嘛教仪轨的一切。3. 医学院，其研究目标是人体的440种疾病，药用植物和药剂学。4. 最后是祈祷学院，这一部分最受尊重，得到的报偿最丰，因而也是集中了最多学生的一个学院。

作为祈祷教学之基础的大批佛经著作，共分为十三类，它们同时也代表着同样多的不同等级。每名修业僧在学院和唱诗班中所占的位置，都是根据他已经学习过的神学经书的等级而定的。

---

① 拉玛依赖斯（《中华帝国》第308页）对这一奇迹作了如下解释：“宗喀巴在三岁时放弃了世俗生活，由当时他那些被剃下的头发中诞生了一棵著名的树，树叶上载有自动形成的藏文字。古伯察神父辨认了出来，并将这一奇迹归咎于魔鬼。这一事实可能是由某种害虫的作为造成的。”

在这些人数众多的喇嘛中，我们可以看见一些老人在最后一行中作出一副懒洋洋或无能为力的样子，而青年人则几乎达到了最高的等级。

为了获得祈祷学院的各种学位，仅仅要求修业僧冷静沉着地背诵被指定的经书。当他们自信准备充分时，便通知负责发愿的大喇嘛，向他献上一条上等哈达、一盘葡萄干和根据他想获得的学位之高低而送上一锭有几两重的银子。他们同时还要向主考喇嘛送礼。虽然大家承认评判者是不能受贿赂的，但在塔尔寺也如同在其他地方一样，人们都坚信向学院送礼，对于能体面地走出考场不是无益的。无论哪里的人都一样！

在喇嘛庙的大雄宝殿前，有一个方形的大院子，上面铺有很宽的石板，四周由螺旋的柱子环绕，柱子上布满了彩雕。祈祷学院的喇嘛们在上课时都聚集在这个院子中，上课的时间是由海螺号声通知的。他们根据其级别而蹲在平光的大石板上，在冬天要忍受寒冷、凛冽的寒风和飞雪，夏天则要经受大雨和灼热的阳光。唯有法师才置身于遮风避雨的地方，坐在一个上面覆盖有亭子的座位上。当看到所有这些喇嘛身披红袈裟、头戴黄色大法冠并互相挤在一起，从而使人无法看到他们所坐的石块，那确实是一种特殊的景象。当几名修业僧背诵了按规则指定的经文后，法师便依次对经文作诠释，他们的疏注与经文一样晦涩而令人不解。不过任何人都不会作难，所有人都满足于一知半解。此外，大家都坚信一种教理的高深程度，与其含糊不清和无法深入理解的特征，具有直接的关系。

授业一般结束于学生提交的一篇事先指定的论文。每个人都有权向他提问自己头脑中想到的各种内容。这些论文中没有任何有关鬼怪的可怕因素，它们会使人清楚地联想到中世纪学校中那些颇有意义的讨论，其中对一切问题都不着边际地进行激烈辩论。在塔尔寺，通行的规则是胜利者要骑在失败者的肩上，或者是胜利者以凯旋的姿态被抬起来绕学院院墙转一圈。某一天，大胡子桑达拉上课回来，满面春风，比平时更要喜气洋洋得多。我们很快就获知他成了通过论文的英雄，在一个为什么鸡和其他家禽类，失去了其他所有动物所共有的生殖机能的重要问题上，战胜了其对手。我们提到这一特殊事件，那是因为它可以使人对喇嘛教教义的高深和庄严性，有一个基本理解。

在一年的某些时候，喇嘛寺的堪布活佛亲自和隆重地前来对经书作正式诠释。虽然他的诠释并不比法师们的讲解渊博和清楚多少，但却具有权威性。藏语是学校中接受的唯一语言。

喇嘛寺的戒律是审慎周密和严格的。在各学院中，当授课和唱诗以及诵经时，我们始终会看到寺监喇嘛站在那里，拄着一根铁棒，在出家人中维持良好秩序和安静。对寺规稍有违犯者，便会当场受到遏制，首先是口头制止，如必要的话则用铁棒压制。不仅仅是年轻的沙弥，甚至连那些老人也不能逃脱这些可怕的惩罚。

那些小喇嘛负责维持寺内的治安，他们的衣着方式与其他喇嘛相同，唯一的区别是他们的服装为灰色并戴有黑色法冠。他们日夜在喇嘛城的街道上巡逻，手执一根粗大的鞭子，在任何需要的地方维护秩序。有判事喇嘛们主持的三个裁判所，审理超越了小喇嘛们权力的案件。那些即使犯有小偷小摸罪的人，也要在用红烙铁于额头和双颊打上耻辱标志之后，被驱逐出喇嘛寺。

佛教的僧院虽在某些方面与基督教的修道院相似，但实际上却有本质上的差异。喇嘛们确实都要服从同样的规则和同样的戒律，不过我们不能说他们过着教团式的生活。我们可以在他们之中，发现能够在世俗人中遇到的所有贫富差异。在塔尔寺，我们多次发现一些喇嘛身披百衲衣，去他们那富裕的教友门前化缘几撮糌粑。官府每三个月无分别地向所有附属于同一喇嘛寺的喇嘛们，布施根本不够用的面粉。朝圣者们自愿的布施尚可帮助他们生活，不过这类布施除了不大可靠之外，又是按照不同等级而分配的，始终有些人只能得到很少一点东西。

大家把布施分为茶和钱两种。第一种布施是以下述方式分配的：进香人希望请全体僧侣用斋，于是就去寻找喇嘛寺的寺主，在他们奉献哈达时便向他们宣布说，自己有意向喇嘛们全体或个别人布施茶。向全体喇嘛献茶，是无分别地分配给所有人；向个别人献茶，相反则仅根据进香人的选择，而向四大学院之一布施。在已定好的为所有人献茶的日子，在早上的集体诵经之后，住持喇嘛作出一种手势，以告示全体留在其位置上不动。立即有按照抽签选择的四十多名青年沙弥前往大厨房，不多时便带着奶茶罐重新出现。他们从每行喇嘛身边经过，随着他们的前进，喇嘛们便从其怀中掏出自己的木碗，有人为他们斟满茶。每个人都默默地喝茶并注意轻轻地将其袈裟的一角拉向木碗，以便能以如此谨慎小心的做法，来掩饰这种世俗的和与该圣地不大和谐的行为，可能会引起的失礼举止。一般来说，要准备数量相当多的茶，以至于每人可以轮得两次，即两次斟满每名出家人的木碗。这种茶根据进香人的慷慨程度不同，而浓淡度和颜色也各自有别。有的人还在布施茶之外再为每个人增加一片新鲜的酥油。那些想办得更加漂亮的一些人，于所有这一切之外，再另外加一些用白面制作的糕点。当这顿饭吃完之后，住持喇嘛便庄重地宣布虔诚进香人的名字，他因宴请了这一神圣的喇嘛家庭，而会得到巨大功德。一般都要出席这一仪式的施主，面向地跪在那里，喇嘛们为他单调地诵读几段愿文，接着又列队围绕施主转一圈，施主只能在所有人都离开之后，才能站起来。

这类的布施事实上使每个喇嘛得到的东西都很少。但如果想到每次都会有四千多名喝茶的喇嘛，那就很容易理解其开销也会很大。在塔尔寺，简单地为所有喇嘛布施一次茶（不另加酥油和点心），也会高达五十两白银的款项，基本相当于500法郎。

银两布施的数额则要大得多，因为这种布施始终要另外向全体喇嘛施茶。银两不向唱诗班分发，在作了集体祈祷之后，住持喇嘛便宣布某一地区的进香人，向喇嘛的神圣家族布施了多少银两，以及每个人应分得的具体数目。在白天，喇嘛们前往布施处，那里严格地计算他们每个人的应得数目。上布施既没有固定的时辰，也没有固定的日子，任何时候的布施都受欢迎。但在一年间的四大节日，上布施的次数最多，数量也最丰厚，这是因为有大批香客涌来。在酥油花节之后，正在塔尔寺降香的苏尼特王公于返回鞑靼地区之前，布施了六百两白银和在八日内向全体喇嘛普遍施茶，而且还另加酥油和糕点，其开销可达15000法郎。当由一名贵人上布施时，习惯上都是活佛亲自出席仪式。人们要特别在一个装饰有鲜花和彩带的篮子中，献上一锭重五十两的白银、一匹黄色或红色的丝绸、一双靴子和一顶法冠，这一切都要用一条豪华的哈达包好。朝圣人跪在上面坐着活佛的法座的台阶上，把花篮献于其脚下。一名沙弥接受了这些布施，并作为回礼而以活佛的名义向施主献上一条哈达，这样做的目的是维持一尊神应有的无动于衷和典范举止。

除了国家的配给及布施之外，塔尔寺的喇嘛还有增加其财产的多种手段，甚至有的人喂养奶牛，并向其教友们出售作为茶和糌粑调味品的牛奶和酥油。其中有些人组成了“合资股份公司”，负责准备香客向全体僧众们布施的茶。其他人有的则成为裁缝匠、浆染工、靴子匠、制念珠商和出资制造属于喇嘛服装的人。最后，我们在塔尔寺还发现了一些店铺，店主们以巨大的利润出售从丹噶尔或西安府贩运来的商品。

在实业家喇嘛阶层中，有相当数量的人，在显得比较适合宗教生活精神的职业中，寻求利润，他们忙于刊印或抄写喇嘛教经文。大家知道，藏文字是自左向右横写的，虽然喇嘛们的语言可以用字母拼写，基本如同我们欧洲的语言一样。但他们刊印时从不使用活字。那种借助于木板的雕版印刷术，是那里所使用的唯一印刷手段。藏文书籍很像是大家玩的大纸牌，全书都是活页，两面印刷。由于这些书页既未用线缝又未装订，所以为了方便保存，则将它们放在两块小夹板之间，然后用黄色的带子扎起来。在塔尔寺印刷的藏文书的版本都很粗糙，那些字都很模糊，既不精巧，又不清晰。它们在各方面都大大低于由北京皇家印刷厂印制的那些。那些稿本书相反却都非常漂亮，它们又由一些新奇的图案装饰，文字都极为秀丽和整洁。喇嘛们不像汉人一样用毛笔写字，而是使用他们削得如同羽毛笔一般的竹杆书写。他们的砚台是个小铜盒，其形状酷似带铰链的烟盒，其中塞满了饱浸墨汁的棉花，喇嘛们把他们的纸粘贴在一起以防止它渗墨水。他们不像汉人那样使用明矾溶液，而是用一种加了十分之一牛奶的白色水喷洒纸张，这种方法很简单，很容易掌握，也容易产生令人非常满意的效果。

大胡子桑达拉不属于我们刚才列举的任何有产阶级，他独自组成了一个单独的类别。他自己的职业是盘剥那些由于虔诚或其他原因，而来到该喇嘛寺的异地人。他取得最大成功之处，就是在与鞑靼——蒙古人打交道时，他以导游的身份，以其灵巧的性格和语言的诱惑性而与他们交往，始终会成功地成为他们的代理人。桑达拉在塔尔寺享有不佳的口碑。那些好喇嘛都不大尊重他，甚至有些人好心地警告我们，不要过分信任他的漂亮言辞，并用心地看管我们的钱袋。我们获知，他由于诈骗而被迫离开拉萨，在四川和甘肃省流浪三年，以演喜剧和讲述惊险故事为业。我们对于获悉这样一种消息丝毫不感到惊奇。当桑达拉毫不掩饰地放任其本性时，我们便发现他立即就具有了一名说唱艺人的全部风度气派。

一天晚上，我们觉得他的心情比平时更为和蔼可亲，我们便试图让他讲述过去的旧艺。我们对他说："桑达拉，那些无所事事和饶舌多嘴的喇嘛声称，在你从西藏返来之前，你曾在汉地停留过三个月。""此话不假。""有些人甚至说你会精湛地演戏……"桑达拉微笑了，他站起来有节奏地弹着手指，做了一种舞台亮相动作，又夸夸其谈地向我们朗诵了用汉文诗写成的一大段台词。"一名喇嘛戏子！这真是不可思议！""不，不，并非如此。我过去首先是喇嘛，接着才成为喜剧演员，最后又成了喇嘛。"他接着又坐到他通常坐的位置上并补充说："算了，既然那些闲来无事的人讲我的奇遇，那我现在就亲自对你们讲吧。"

"……我在拉萨的色拉寺居住十年之后，产生了思乡之情。我时刻都在想重新见到三川。思乡之情变得如此强烈，使我必须离开那里。我的旅伴是故里的四名安多喇嘛。我们没有取道向东，而是向南行，因为南侧的沙漠还略微有些人家居住。我们手拄着一根带铁包头的手杖，背负我们的小背包前进。如果我们在路上遇到了一些黑色帐篷，那就要求那里留宿我们。否则我们就被迫躲在山沟深处或某些巨大的岩石下过夜。你们知道，西藏是一个遍布大山的地区，因而我们一直不断地上山和下山。虽然天气正值仲夏，我们常常还会遇到下雪。夜间极其寒冷，我们白天却在山谷中感到一种无法忍受的炎热。

"……我们高高兴兴地赶路。我们五人的身体都很强壮，情绪始终也很好，尤其是当黑色帐篷中的牧民向我们布施一只山羊羔或几大块酥油时，更为如此。我们一行经过了一个有极其奇怪动物的地区。它们不及一只普通的猫大，全身长满了一种如同钢针般的刺。一旦当这些动物发现我们后，便蜷缩成一个小团，以至于使人无法区别其脚和头。它们仅仅是一个大球，浑身上下都长满了长而坚硬的刺。开始时，这些小动物使我们感到害怕。我们确实不知道它们是什么，因为经书中没有讲到过它们。但我们想仔细地研究它们。由于这些小球无法用手触及，我们于是便在它们的上面横放了一根棍子，然后再用力于两端往下压，圆球终于张开了。从中钻出了一个小面孔，就如同一个凝视着我们的人面一样。我们发出一阵高声叫喊，拔腿便逃走了。但我们逐渐习惯了这些动物，它们甚至很快被我们用于作乐了。我们很喜欢用我们的包铁棍把它们从山顶上捅得滚下去。

"……我们还遇见了一种令人非常吃惊的虫子。有一天，天气非常炎热，我们沿一条在山谷中蜿蜒流动的小溪前进，沿岸长有很高的草。正午左右，在泡制并喝了我们的茶之后，我们便在水边入睡了。你们知道，根据宗喀巴的规定，带黄冠的喇嘛不穿短裤。然而，当我们一觉醒来时，我们发现大量虫子叮在我们的双腿上。这些虫子为灰色，粗如手指。我们试图将之从自己的肉中拔出，但我们根本不可能这样做。由于我们没有感到任何疼痛，所以我们在等待。这些小动物很快就鼓起来并全都变成圆形的了，它们便自动掉了下来……啊！够了！这个西藏确实是一个特殊的地区。大家在那里还可以发现在其他任何地方都不会发现的动物。那些未曾从事过如此旅行的喇嘛不会相信别人向他们介绍的情况。”

我们回答说：“他们错了。你刚才所说的一切在各方面都符合实际情况。这些奇特的动物并不是唯独存在于西藏。在我国，它们很普遍。这些蜷缩成一团的锋芒者，在我们的语言中叫作刺猬，那些粗大的灰色虫子叫作蚂蝗。”“什么！你们曾见过这些动物?”“经常见。”“啊！太好了。有些喇嘛不相信这一切。你们可以向他们说说。”

“……我们的道路一直向恶山方面前进，该山很高，表面由一大片松树和冬青树植被覆盖。我们一整天都在山下一个黑色帐篷中度过。夜间到来时，我们之中的两个人说：‘天空很晴朗，月色很美，我们最好是乘夜间的凉爽而翻过恶山。明天天气将很热，我们将很难攀登。’其他人说：‘不。夜间是属于野兽的。人类只能于白天旅行……’这样一来，我们没有取得一致意见。前者坚持其观点，他们武装以包铁头的棍子，把行李扛在肩上就上路了。你们已经看到，这是一种很坏的事。当朝圣者们互相会说：‘我们一块走吧’时，他们就不再分开了……

“……一旦当天空蒙蒙发亮放白时，我们才上路。我们原来五人，现在仅剩三人了。当我们即将到达顶峰时，我们惊叫起来了：“宗喀巴，现在我找到了一根包铁头的棍子。”我们的一个同伴在向我刚才捡到的一件器具瞥了一眼便说：‘瞧！这根拐杖是罗卜藏的……’我们仔细地对它做了研究并认出了它。我们说：‘这就是夜行所得到的东西，丢落了一件东西而又发现不了，从而也无法把它找到了。’我们继续赶自己的路。继一个非常陡峭的斜坡之后，我们来到了山上的一个平台。我们三个人同时发出了一阵令人恐怖的喊声，我们眼看到另一根包铁头的手杖、完全被撕破的喇嘛服装，几块人肉碎片和被折断并吞噬了一半的遗骸。几处被拔起的草以及被划破的地皮说明这里曾发生过一次激烈的搏斗。我们一刻也不怀疑虎或狼等野兽吞噬了我们的两位旅伴。我一时间惊得就如同是在这一可怕的场面中被毁灭了一样，接着又像小孩一样开始号啕大哭。我们战战兢兢地下了恶山的山坡。从此时起，行路就成了我们的痛苦和保持沉默的日子。仅仅是当我们遇到几顶黑帐篷时，才向牧民们讲述了我们两个旅伴所遇到的可怕不幸，这次讲述使我们减轻了一点自己的痛苦。

"……在我们离开拉萨的三个月之后，便到达了汉地。我们几个人也在那里分手了。两名安多喇嘛北上以返回其故乡。我则翻过了万里长城并进入了四川省。数日之后，我在一家客店中遇到了一个喜剧团。大家在整个夜间都纵情地歌唱、喝米酒、海阔天空地讲了一些无用的话。剧团团长对我说：'在四川地区没有喇嘛，你要这件红袈裟和这顶黄帽子又有什么用？'我回答他说：'你讲得很对，在一个喇嘛地区做喇嘛很好，但在一个喜剧演员的地区就应该成为演员。你们是否愿意接受我加入剧团？'所有人都欢呼：'太好了！太好了！现在你成了我们中的一员……'他们每讲一句话便向我深深一鞠躬，我对此而根据西藏人的致意方式，以吐舌头和搔耳朵作以回报。首先，这件事仅仅不过是一种小小的儿戏。但后来想到我再没有任何盘缠赶路了，于是便认真对待这件事。我与团长作了一番协商，我便决定成为演员。

"……翌日，我收起了自己的僧装，穿上了世俗人的衣衫。由于我长期以来因学习祈祷经文而训练自己的记忆力，所以我不费多大力气就学会扮演戏剧中的角色，我只需要几天就成了一个熟练的演员。我们在一年多的时间内于四川的城乡上演节目。后来，剧团异想天开地想周游云南省。我不再想随团前往，因为这样会使我更加远离自己的故乡三川。因而，我们举行了告别宴，我又缓慢地向故乡走去。我在路上走了近两年。在我经过的任何地方，我都要滞留几天以举行小型表演。我又从演员变成了街头艺人。

“我的收入是令人满意的，因为最好始终是为自己工作。我终于回到自己的村庄，骑着我在兰州买的一头相当漂亮的毛驴。此外，我钱袋中还有十二两银子。我为自己的乡亲表演了几场节目，他们都为我的精湛技艺表示赞叹。但我很快就必须放弃自己的街头艺人的职业。

“……一天夜间，大家都聚在一起听我讲西藏的故事。我的老母保持沉默，其面部因痛苦而变形。我很快就发现她双眼流出了巨大的泪滴。我对她说：‘妈！’您为什么要哭？我的故事中没有任何能刺激眼泪的语言。’她回答我说：‘你的话既不会使我产生愉快的印象，也不会痛苦。你的话只刺激了我的耳朵而没有进入心中。使我感到痛苦和使我激动的是，当你十四年前出发去朝拜圣地时，你穿着喇嘛们的神圣服装，今天你却成了一个黑头人和街头卖艺人……’这些话使我的心情烦乱不安。我沉默了一会儿便站起来并坚定地说：‘圣教教义中写道：最好是尊重父母而不是侍奉天地神祇[①]。所以，母亲，请告诉我应该如何做，您的儿子会怀着尊重的心情听您的话。’母亲对我说：‘脱下这些世俗的服装，剪掉你的发辫，回到圣人的家庭中去吧……’我无言可答。因此，我三次扑俯在地跪拜，以表示尊奉母命。当母亲讲话时，应该听从她。孝道是任何一种正确教理的基础。我在为你们翻译耶和华的十诫时，我发现第四诫叫作尊敬父母。

“第二天，我就穿上喇嘛服装而离家出走了。数日之后，我踏上了赴塔尔寺的道路并在这里专心致志地自我净化。”

大胡子桑达拉的这最后几句话无疑可以受到一阵大笑的欢迎。但我们必须克制自己，必须紧咬嘴唇。因为我们已经体会到，虽然他对圣化有着极大热忱，但却未在毅力和仁慈方面取得巨大成功。

当我们听到桑达拉奇遇的故事梗概时，我们非常高兴地理解了他为什么在任何情况下，都对汉地的人和物表现出那样大的偏

---

① 有一句汉语谚语也指同一意义，但略有小异：“在家孝父母，何必远烧香”。

爱。由宗喀巴留下的教规严禁喇嘛吃大蒜，喝烧酒和吸烟。禁食大蒜是因为不宜带口臭味拜见佛像并可能会使神香的香味变臭，禁饮烧酒是因为这种会致人死命的饮料能扰乱人的性理并激起心中的情欲，吸烟是由于烟草会产生懒惰行为并耗尽应用于学习愿文和教理的宝贵时光。尽管存在着这些理由充足的禁令，那些都像桑达拉那样以变成圣徒的方式为原则的喇嘛中，却不乏吸烟、酗酒和以生蒜作为糌粑调料的人。但所有这一切都是在秘密情况下并背着寺监们而做的。在塔尔寺中，桑达拉是汉族流动商贩们的保护人和引荐者。这些商贩们走私违禁食品。他以很少一点微薄利润就自愿负责为他们的行动提供方便。

在酥油花节过后的数日，我们又开始鼓足勇气学习藏文。桑达拉每天早上前来和我们一起工作。我们则忙于写一部圣教史大纲，从创世一直写到圣徒们的布道使命。我们使这部著作具有对话的形式。两名对话者分别是耶和华的“喇嘛”和佛陀的喇嘛。桑达拉充任他那真正的雇佣工的角色。他最早在丹噶尔的表现、他画的十字架、他对基督教理的倾向，所有这一切纯粹是在演戏。宗教思想对这颗贪婪的和麻木的心，没有任何影响。他在汉人中长时间居住期间，获得了一种喜欢批评的怀疑心理，而且还常常喜欢大肆宣扬这一切。在他看来，任何宗教都是由思想家们创造出来以欺骗那些无知者的手段。道德仅仅是一句空话，有德之士就是那些比其他人更善于对付局面的乖巧者。

尽管桑达拉持这些怀疑的和亵渎宗教的观点，但这并不妨碍他对基督教理充满敬意。他特别对我们让他翻译的历史事实的连贯性感到惊奇，并从中发现了一种真实的特征，而这一切在佛教经典所汇集的神话故事中，却均付阙如。此人有时也如同是出于惊奇一般地对我们这样说，因为他在一般情况下都当着我们的面而坚持他那种具有强烈信仰的可悲角色。当他与喇嘛们在一起的时候，觉得最为心情舒畅。桑达拉到处散布说，我们在教理的问题上可以将此追溯到所有的活佛。

经过一段时间之后，我们便开始在喇嘛寺中引起了某种程度的轰动，大家纷纷议论耶和华（上帝）的两名“喇嘛”以及他们传播的新教理。人们还议论说，从不见我们向佛陀跪拜顶礼，我们每日要念三次非藏文的愿文，操一种任何人都不懂的特殊语言；但我们与其他人交往时却使用鞑靼语、汉语和很少的一点藏语。再没有比这件事更容易刺激喇嘛大众的好奇心了。我们每天都有大批来访者，谈话从来也只能围绕宗教问题展开。在所有这些喇嘛中，我们没有发现任何一个具有像大胡子桑达拉那样坚定的怀疑论者。我们觉得他们都是虔诚的出家人和充满真诚信仰的人，甚至其中有些人还非常重视对真谛的了解与研究，他们经常前来请求我们向他们解释圣教。

我们采纳了一种完全是历史性的教学方法，因为我们注意从中排除一切可能会使人感到某种争执和辩论的思想。我们向他们简单而明确地阐述了我们的宗教，然后让他们亲自得出反对佛教的结论。一些专用名词和非常具体的时间，要比最符合逻辑性的思辨会产生更多的印象。当他们非常清楚地知道了耶稣、耶路撒冷、般雀—比拉多等名字、创世之后四千年的时间和十二位教徒的名字之后，他们便不再怀疑复活和《福音书》预言的奥义了。他们在《旧约》和《新约》历史之间发现的连贯性，就向他们充分证明了这一点。此外，我们从未发现奥义和奇迹会给他们制造任何一点困难。

根据我们在自己的长期旅行中，尤其是在喇嘛寺塔尔寺的停留时间的见闻来看，我们坚信通过布教的渠道，而不是以辩论的办法，才可以更为有效地为归化不信基督者。辩论可以使一名对手缄默不言，往往会挫伤他的自尊心和使他出丑，有时甚至会激怒他，但永远不会使他心悦诚服。当耶稣——基督派遣其使徒时，他对他们说“要教育所有民族”，这并不是说，“去做反对所有民族的说教”。在我们当代的两个哲学派别中，其一承认笛卡儿为其祖师，另一派别则奉拉蒙纳为先师。他们曾大量地争论，以求知道信奉异教是一种罪行，还是错误。我们觉得可以说事实既非前者，亦非后者，这仅仅是无知的影响。一名异教徒的思想处于黑暗蒙昧的包围之中，只要把理智之光带到那里就可以见到天日。我们既不需要笛卡儿派的论点，也不需要拉蒙纳派的公诉论。我们所需要的是一种教育。

喇嘛们前来拜访我们的热情，尤其是他们对基督教的良好倾向，最终使桑达拉产生了嫉妒、不愉快或不安的情绪。他的性格变得很难交往了，仅限于冷淡和简单地给我们上藏文课。他然后在一天的全部剩余时间内，都陷入一种充满傲慢和蛮横无理的沉默之中。如果我们有时毕恭毕敬地向他请教某种物品的藏文名字，或者是解释对话中的某个句子的意义时，他甚至不屑回答我们的问题。在他持这种极其粗暴的态度时，我们一般都求教我们的邻居，他是医学院的一名专科学生，他始终热情而友好地关照我们。虽然他在藏文方面的学问并不渊博，但他可以给予我们很大的帮助。他的本性是天真淳朴和坦率诚实，从而使我们可以向他提出有关喇嘛们某些修业的一大堆问题。作为对这些帮忙的回报，我们也全心全意地帮助他学习基督教教义的愿望。他与桑达拉完全不同，对我们向他介绍的那些真诠充满了敬意。但他那腼腆和优柔寡断的性格，却阻止他果断地背弃佛教。他企图同时成为优秀基督徒和虔诚的佛教徒，所以在祈祷中轮番祈求宗喀巴和耶和华。他甚至天真幼稚到了有几次邀请我们去参加他们的宗教修持仪式的地步。

一天，他向我们建议第二天去参加为全世界的行人举行的宗教崇拜仪轨。我们对他说："我们不懂这种宗教仪轨。你是否能对我们作出某种解释呢?""其基本情况如下：我们知道经常有些行人处于艰难的途中，这些旅行者中有些是去朝圣进香的喇嘛。但他们往往不能继续赶路，因为他们已经筋疲力尽。在此情况下，我们将帮助他们，给他们送去一些马匹。"我们高呼："啊！这种做法太好了，它非常符合基督教的慈悲准则。不过考虑到我们是贫穷的旅行者，现在对参加这项美好的功德事业无能为力。你知道我们仅有一匹马和一头小骡子。为了使我们在赴西藏旅行时使用，我们必须让它们休息。"这名口吃的人喊叫：

“宗喀巴！”他接着拍着两只手以表示高兴，并纵情地发出一阵无法遏制的大笑。“你到底有什么好笑的呢？我们对你所说的情况完全是真实的，我们只有一匹马和一头小骡子……”当他那突然充分流露的狂笑稍微过去一些时，便对我们说：“并非如此。你们没有理解我们的祈祷仪轨的作法。我们送给行人的是纸马……”他在讲这些话的时候便奔向其僧房……现在轮到我们发笑了，因为我们知道了，佛教徒们的慈悲仅仅是为旅行者们提供纸马。但我们仍保持了自己的庄重姿态，因为我们的准则是永远不嘲笑喇嘛们的修持方法。过了一段时间，结巴子又回来了，手捧几片纸头，每张纸上都印有一匹备有鞍、带笼头和驰骋着的骏马。结巴子对我们说：“这就是我们送给旅行者们的马。明天，我们将登上距喇嘛寺有三十里远的一座高山，在那里为作祈祷和送马而度过整整一天。”“你们用什么方法把它们送给旅行者们呢?”“一种很简单的办法。在念诵某种愿文咒语之后，我们便取一包纸马并抛向空中。大风卷走了它们。由于佛陀的威力，它们变成了真正的马并出现在旅行者们的面前……”我们坦率地向我们的这位可敬的邻居讲述了自己对这种行为的看法，向他阐述了阻止我们参与这件事的原因。他似乎领略了我们对他所讲的一切，但这并不能阻止他把一夜的大部分时间，都用于印刷数量非常大的一批纸马。

第二天，在天明之前，他便偕几名也如同他一样对可怜的旅行者们充满慈悲的教友上路了。他离开时携带了一顶帐篷、一口小锅和不多的一点食品。在整个上午，一直刮着可怕的大风，到了中午才停下来。那时天气变得昏暗和沉闷，特大的雪花开始飘落下来。我们焦急地等待结巴子回来，这个可怜的人在傍晚时才回到我们这里，冻得瑟瑟发抖和累得快散架了。我们请他到我们的僧房中略作休息，向他献上了酥油茶和几片用酥油炸过的面包。他对我们说：“这一天太可怕了。”“是的，强劲的大风正从这一边吹起。”“但我们认为它与我们在山顶上遇到的风相比，则显得微不足道。我们的帐篷、小锅等一切都被一阵旋风卷走了。我们被迫趴在地上，以便使我们自己不被风刮走”。“你失去了自己的帐篷和小锅，这太不幸了。”“确实如此。这是一场灾难。但应该承认，这种天气对于向旅行者送马却太有利了。当我们看到即将降雪时，我们便放飞了大量的纸马，大风把它们吹向了世界的四面八方。如果我们再多等待一会儿，那么大雪就会把它们浸湿，它们将会被粘在山坡上。”归根结蒂，这一善良的青年人，对他的这一天并不太恼火。

旧历每月的二十五日，是向可怜的行路人送马的日子。这种做法并不是普遍的。它是由每个人根据自己的虔诚和献身精神而决定。每月的二十八日被指定为从事另一种宗教活动的日子。在二十七日这一天，结巴子提前告诉了我们：“明天晚上，我们可能要妨碍你们睡觉。我们要忙于夜间祈祷。”我们对他的这种预告没有给予多大重视。我们认为是喇嘛们在夜间于他们的僧房中念诵愿文，正如他们经常所作的那样。因此，我们仍按自己平时的时间睡觉，并且很快就按照我们的良好习惯而酣睡了。

完全如同结巴子预言的那样，我们没有安静地酣睡多久。首先，我们觉得似乎梦到在长空中，听到了一种如同是人数众多的合奏曲。我们觉得这种混乱而无一定之规的声音慢慢地变得强大而清楚了。我们醒来并确实听到了喇嘛们的祈祷的歌声。我们眨眼间就穿戴完毕并走到了住宅的院子中。院子中由一种似乎是来自上空的灯光的微弱投影所照亮。我们看见了跪在一个角落里和正在数其念珠的“老哥”。我们对他说：“老哥，这种奇怪的响声是什么?”“这是夜间祈祷。如果你希望看到这一切，请登上房屋的屋顶平台吧。”一架梯子正好靠在墙上，我们飞快地攀登梯子并很快就看到了一个奇特的场面。所有住宅的平屋顶上都由挂在长杆上的红色灯笼照亮。全体喇嘛都穿上了他们的礼服并头戴黄色法冠，坐在其住宅的平房台上，用缓慢而单调的声音唱经。在我们房间的平顶上，我们发现了那名口吃的人、契丹喇嘛及其沙弥，他们完全沉浸于其仪礼的气氛中。我们注意不干扰他们，而仅仅满足于看和听。这些无数的灯笼及其淡红色和光怪陆离的微光，被摇曳的反射灯光若明若暗地照耀着的喇嘛寺的建筑，这四千人发出的直冲云霄的宏亮的交响乐，再加上不断听到的唢呐和海螺号声，所有这一切都显得很隆重，并使人心感到了可怕的茫然不知所措的震撼。

我们在欣赏了一阵这种奇特场面之后，便下到了院子中，又发现老哥始终留在原来的位置上。他对我说："好啊！你们看到了夜间祈祷的仪轨了吧？""是，但我们不知道其目的。请你作些简单解释，会不会打扰你呢？""绝不会打扰我。这些祈祷仪式是为了驱魔而确定的。从前，该地区遭到了魔鬼的折磨。它们给牲畜造成了疾病并使其奶腐败变质。它们经常骚扰喇嘛们的僧房，甚至胆敢在全体喇嘛祈祷时进入诵经的人群中，它们的存在是以在诵经时出现了错误和混乱而表现出来的。它们在夜间于沟底成群结队地集会，并以人类无法模拟的非常奇特的呼叫声和呻吟声来恫吓所有人。一名满腹经纶和充满神性的喇嘛发明了夜间祈祷经文，大家从此之后便念诵这些经文，魔鬼几乎完全从这些地区消失了。它们偶尔还不断地前来，但从不像过去那样作恶了。"我们对他说："老哥，你是否偶尔有几次见到过这些魔鬼呢？""不，从未见过。我坚信你们这些人也从来未曾见过这类魔鬼。""那你为什么要这样说呢？""这是因为魔鬼仅仅显现于坏喇嘛面前，善人不能见到它们……"此时，在平房顶上祈祷的喇嘛们的诵经声停止了，唢呐、钟铃、法鼓和海螺声分别三次骤然间响起。接着，喇嘛们也同时发出了如同是野兽嚎叫一般的令人毛骨悚然的喊叫声……仪轨结束了。灯笼熄灭了，一切都恢复了平静。我们向老哥祝晚安后去继续睡觉了。

我们在塔尔寺已居住三个多月，得到了佛教出家人的美意和寺院当局的照顾。但很久以来，我们就明显违背了喇嘛寺中的一条重要规则。仅仅经过塔尔寺或仅仅在那里作短暂停留的外来人，才享有随意穿戴的权力。相反，那些附属于喇嘛寺的人和那些应在那里居住较长时间的人，都必须穿喇嘛的僧服，也就是紫红袍，即无袖的和使双臂露在外面的袍子，红衣袈裟和黄色法冠。他们在这条有关衣着的规则上非常严厉。因此，负责维护寺内戒律的大喇嘛，于某一天向我们派来了一名执达员，正式请我们严格遵守寺规。我们派人回答寺监说，我们不信仰佛教，所以不能采纳喇嘛们的法衣，否则就有辱于我们的神圣信仰。然而，由于我们不想在喇嘛寺内制造任何混乱，所以若大家不能在衣着上给予我们特许，那么我们完全可以离开喇嘛寺。

又过了几天，在这一棘手的事情上还没有作出答复。在此期间，桑达钦巴带着三头骆驼来了，他于此之前一直在青海河谷放牧骆驼。为了准备搬家，他的到来再合适不过了。寺院当局再次向我们派来了谈判代表。他告诉我们说喇嘛寺的规则是不可通融的，大家对于我们崇高的圣教不允许我们遵守寺规甚感遗憾。他还补充说，大家会非常高兴地看到我们留在喇嘛寺的附近地区，因而他们邀请我们前往东科尔寺，我们在那里可以保持自己认为合适的衣着。

我们很久就听说东科尔小喇嘛寺了，那里如同是塔尔寺医学院的乡下别墅。它距塔尔寺最多有半个时辰的距离，大喇嘛和医学院的修业僧们每年于夏末都到那里，一般都要在那里度过十五日，从事在附近山上采集草药的工作。在一年的剩余时间里，那里的大部分住房都无人居住。大家在那里仅能遇到几名静修的喇嘛，他们在山上最陡峭的山岩处挖掘了其僧房。

谈判代表的建议，正中我们的下怀。因为最好的季节即将开始。冬天住城，春天住乡，我们觉得这是令人羡慕的。在我们于塔尔寺居住的三个月期间，我们只好暂时适应喇嘛们的礼仪。因此，我们买了一条哈达和一小盘葡萄干，以去拜访东科尔寺的寺主喇嘛。他友好地接待了我们并向我们许诺，立即吩咐为我们准备一个合适的住处。我们在为老哥、契丹喇嘛和结巴子举行了一次豪华的告别宴之后，便把我们的行李捆在骆驼背上，愉快地向那个小寺走去。

宗教的起源

吐蕃佛教起源的传说

石泰安

在敦煌写本之后的全部传说中，佛教传入吐蕃的功劳都被归于了松赞干布。学者们往往仅将此视为一种虔诚的传说，尤其是由于唐代的汉文文献未曾记述过这一切（请参阅戴密微 1952 年书，第 188—192 页）。然而，我们可以断代为 800 年左右的多种文献都证明，当时就已经（无论有无道理）正式宣布说，松赞干布已接受了佛教（麦克唐纳 1971 年文，第 308 页，石泰安 1980 年文，第 329 页①；黎吉生 1985 年文，第 27 页，贝克维斯 1983 年文⑦）。较晚期的一卷敦煌写本（10 世纪或 11 世纪初叶）恰恰被断代为吐蕃晚期传说的形成初期，该文书被插入到一部梵文—藏文佛教辞汇集之中。大家可以从中发现（但仅仅在藏文辞汇中）一幅赞普名表，从松赞干布（未带尊号）一直到赞普墀祖德赞（又叫热巴巾），他们“都行用大乘教法”①。对于 9 世纪初叶，我们共掌握有三道王诰，藏学家们都把它们视为真实的文献（其中可能具有某些微不足道的修改之处）②，虽然它们仅仅保存在巴俄祖拉陈瓦的史著（16 世纪）中。我还掌握同一时代的一篇金石文和一卷敦煌写本。所有这些史料均已被人

---

① 哈干（1924 年）将该写本断代为 10 世纪，因为其中有赞普名表。但我们于其中却始终都不能清楚地区别子与弟，在晚期编年史的世系中呈现了巨大的混乱。

② 黎吉生 1985 年文，第 27 页和 72 页。有关一种变化的例证。请参阅石泰安 1981 年文，第 234 页注 13。

做了研究。

迦琼石刻（见黎吉生 1949—1973 年和 1985 年文第 72—81 页）是墀德松赞（执政于 798—800 年或 815 年）的一道弘扬佛法的王诰。大家于其中的开头部分（第 4—7 行）就可以读到："在我的先祖圣德赞普墀松赞（又叫作松赞干布）时代，实行了佛陀之教法，并筑逻娑（拉萨）城及其寺院。他就这样创造了三宝[①]之所依"。文中接着列举了共可以不间断地计算到五代的诸先王之佛教功德。这五代赞普分别为，①墀松赞；②墀都松（676—704 年）；③墀德祖赞（704—754 年）。所有这三人都被称为"先祖"。④墀松德赞（754—796 年），被称为"父亲"；⑤王诰的作者，"神赞普"墀德松赞（789—815 年）[②]。

由巴俄祖拉陈瓦（《贤者喜宴》第 7 卷，第 108—111 页和 128—130 页，图齐 1950 年书，第 95 页以下，译文第 52 页以下；黎吉生 1980 年文）提到的三道王诰，都根据同一意义而讲到了所有这一切。

前两道王诰是墀松德赞时代的，第三道王诰则是墀德松赞时代的。这后一道王诰明确地与迦琼石刻联系起来了，另外两道王诰则参照了桑耶寺和琼结石刻（黎吉生 1964 年文和 1985 年文第 31—39 页）。在这最后一方琼结石刻中，赞普颂扬了其父及其先祖的"贤明教法"（第 1—4 行）。碑文中对此具体解释说："介绍了信教大王们如何行事的一种详细记述……载其他地方"（第 11—15 行）。赞普于此被称为"菩萨"。他找到了佛教并据此而治理其民（第 27—34 行）。第一道王诰则作了某些具体解释。它是先用金汁写在蓝纸上的，盛于一金篋内并陈放在桑耶寺中。父亲与先祖都依佛教教法行事。按照年代顺序对佛教在吐蕃传播的记述（"前与后"），共写成十三份以供在寺庙中（图齐文，第 97—98 页，黎吉生 1980 年文，第 65—66 页）。这一事实在第二道王诰中再次作了强调。其中明确地讲到了陈列在桑耶寺的一种

---

① 在一般情况下，如意宝之所依共有三种（身、语、意）。前两种指供像与经书，黎吉生仅仅注意到了"寺庙"（1985 年文，第 75 页）。这一术语也出现在桑耶寺石刻中（同上引文，第 29 页）。

② 因此，大家对于一些可疑世系的赞普们保持沉默。

吐蕃佛教年代纪。这部编年史是从"第四代先祖"墀松赞开始的，此人筑逻娑寺，首次实施佛陀教法。自从这一千秋功业直到由该赞普的父亲（本王诰的作者墀德祖赞）筑瓜州（Kua-ču）寺之间，共经过五代人。它的考虑与噶琼石刻完全不同。在由巴俄祖拉陈瓦发表的第三道王诰（也就是与建筑噶琼寺有关的那道王诰，见图齐文第101页）中，大家可以从先祖松赞（建立逻娑寺者）直到父亲墀松德赞（他曾筑许多寺庙）和墀德松赞（本王诰的作者）之间，共可以计算到七代人。这后一个人如同其父一样也令人用金字镌刻王诰，然后又让人将它供奉于桑耶寺内。这道王诰中，又重复说在墀松德赞时代曾"根据一些文字记述而介绍了当时是怎样找到了宗教，大家还会于其中详细地读到宗教经典（经文）本身是怎样传来（出现）的"。

人们还会在《于阗授记》[①] 的段落中发现吐蕃七代赞普的世系，该书中记述了吐蕃的某些事件。文中把吐蕃赞普也称为"菩萨"，但却未指出他们的名字。由于一切都必须适用于一种授记，所以文书中故意把各种事件搞得混乱不堪（北京版本《丹珠尔》本第300页，第二行；《大正藏》第85卷，第996页；托玛斯书，第79—80页）。

"赭面人的赞普具有很大的权力，并占据了其他许多地区。当时在赭面人中有一位菩萨王，圣教（妙法）将会在吐蕃（及其他地区）出现。赞普令人从其他地区请来了宗教法师，运来了经论等著作……赞普和大相们将实施圣法。当时，于阗王归降了赭面人国王。"

"赭面人国王可能自七代人以来就实施圣法"。接着是一段

---

① 汉文本将此断代为850年左右（石泰安《吐蕃古代文献汇编》Ⅰ，第217页）。为了避免混乱，我保留了"授记"的标题，这是《丹珠尔》第1篇经文的标题（托玛斯1935年书，第3A页），其后面继有"编年史"（上引托玛斯3B页，埃默瑞克1967年文中未提及"授记"）。这一混乱出自"编年史"一词并未在目录中单独计算。我的札记（《吐蕃古代史文献汇编》Ⅰ，第217页）需要作出具体解释。现存有多种"授记"。这就是：①北京版《丹珠尔》第5699号；②印度事务部图书馆第597号敦煌写本（但其标题作《于阗授记》；③同一特藏第598号（据目录来看，它与前者相同）；④同一特藏60102号敦煌藏文写本；⑤P. 2139（《大正藏》第51卷，第2090号）。相反，Pt. 960号写本基本上相当于该编年史（埃默瑞克译文第78—91页，托玛斯译文第305—323页）。

插曲，它们完全根据指出宗教和伦理衰败的《大方等大集月藏经》而记载。继此之后，一名菩萨将在七世之末成为赭面人的国王。该国王的夫人同样也是一名菩萨，而且是汉公主。这里可能是指金城公主。

托玛斯（其书第79页注⑥）认为，第一代菩萨王应为松赞干布，第七代应为墀德祖赞（金城公主的丈夫）。但他正确地看到七代这种算法不可能适用于这种形势。事实上，“菩萨”这一尊号是送给墀松德赞的，但第七代先祖只能是指松赞干布[1]。

所有这一切都说明，佛教徒赞普们都关心以将其信仰上溯到一名先祖的做法，出自于为自己辩护。最近研究过的两篇文献都证明了这一切。第一种是《文殊师利根本仪轨》的残卷（印度事务部IO.380号写本，第1页），它已由今枝由郎刊布并作了译注（1981年）。一篇题跋文指出，它应被断代在9世纪初叶。其中北方雪国的国王恰（或帕）征服了所有地区。他具有菩提心并实施佛教（这一段文字未载于《甘珠尔》中）。今枝由郎正确地认为，这种授记（它在续部经文中系指印度国王）可能曾被用于指一名吐蕃赞普，很可能正是墀松德赞。

① 在《拔协》一书的开头处（石泰安版本），作者提到三名“祖—孙”赞普，他们降服了吃肉的赭面人（这句话在1980年的北京版本中付诸阙如）。在扎巴坚参《蕃地王统记》（1200年左右，见《萨迦全集》第4卷，第295—296页）一书里出现的传说中，这就是三名菩萨：观世音——松赞干布、文殊师利——墀松德赞、金刚大力——墀祖德赞（热巴巾）。但在《拔协》中，最后两者应为墀德祖赞和墀松德赞。墀德祖赞曾阅读其祖（或其祖父）松赞干布的遗诏（《遗诏集》），其中就包括有关佛陀圣教将在他那些其名字中带有“墀”和“德”的儿孙们时代，于吐蕃出现。该赞普认为“德”就是他本人（在巴俄祖拉陈瓦书第7卷，第70—71页中也如此）。稍后不久（巴俄祖拉陈瓦书，第74页），年轻的墀氏从汉地接受了一种启示，其中认为佛陀的授记宣布说，在500年的最后一个时代（佛教的衰败），圣教将在赭面人地区出现。最后，我们于此应牢记《拔协》中的第三种内容（巴俄祖拉陈瓦书，第78页）。当墀松德赞成年时，他参照过“其父的著作”（但巴俄祖拉陈瓦写作“其父和祖父或先祖的著作”，稍后不远又写作“父亲的经书”和“祖父或先租的圣教”）。大家确实于其中发现了《老子经》，但这并不排除它是指一种档案或论述。为了采纳一种外来宗教作为努力的某部编年史（石泰安《吐蕃古代文献汇编》Ⅲ，第117页）。这种宗教是佛教，但并不完全是印度佛教，而且也有汉地（赞普从那里获得其经书）佛教。当第二道王诰介绍了由先祖们实施的禁令时，它解释说其借口是该宗教不适宜把珞巴之神与宗教请入吐蕃。这里确实是指佛教，但这并不是像大家所想象的那样，是指尼婆罗或印度的佛教，而更应该是指“胡人”的佛教，很可能是指敦煌地区的汉人。

第二种新文献是由桑木丹·噶尔美发现并作了讨论（1981年）。这就是Pt. 840号敦煌写本，它是一种密教经文的残卷。在雪国吐蕃，有一位国王叫作恰王，属于神族或神类及菩萨世系。这就是“神子”墀松德赞，他从印度引入了圣教并延请法师。他还使吐蕃民族变得幸福愉快。“自神子达摩以来，自孙子俄松以来，圣教被广泛传播……”但后来出现了弊端，这就是没落衰退。文中的这一部分无疑带有抄写错误的色彩。但文中把墀松德赞赞扬为菩萨的做法，已在其他古代史料中得到了证实。它于本处出现在一种非正式的密教背景中。该文应写于846—848年或850年①。

我们现在再回头根据琼结石刻来谈有关佛教的“详细文字记载”。黎吉生（1964年文，第8页注⑥）首先想到，这些在其他地方已得到证实的记述，可能是由巴俄祖拉陈瓦保存下来的王诰。但他后来（见1980年文，第63页）又很正确地指出，第二道王诰也提到了一种教法源流史，即一种年代记述。在对第一道王诰中的年代阐述中，又增补了第二道王诰的“年代纪”。据两种王诰认为，由一名僧侣——昂地的戒铠写的“古史”曾被作为“伴物”或“书仪”而被单独陈列。我们在噶琼石刻（第55行）中也发现了这一名词。在第二道王诰中，具体指出了佛教在松赞干布时代的开始传播，其中提到了“初法行状”。第三道王诰也参照了一种有关吐蕃佛教起源的“详细记载”。但当时这句话又写作“人们是怎样找到佛教的”。这句话也出现在琼结石刻（第11—14行与第29行）和章浦石刻（815—836年。见黎吉生1985年书，第94页）中。第三道王诰又以一种含糊的方

① 桑木丹·噶尔美（其书第208页）译作：“在俄松及其后裔时代，即神子和法的形成之时代”。他认为原文中的第2个ma-čad为yan-čad之误。但这里不可能是指俄松的后裔。其中的两个man čad可能应改为“以前”。那么就应该译作：“直到儿子和孙子们的时代，即达摩或俄松赞普或国王的时代”。对于这两位赞普，大家在敦煌写本中（Pt. 131—134和230）还可以发现有关他们的某些佛教愿文（具有密教的仪轨和献祭）。佛教的衰败正是在这些写本时代之后而开始的。达摩是墀祖德赞（被弑杀）的儿子，俄松为其孙子。尽管用字顺序有异，“dbon-sra”一句确实是指儿子和孙子或后裔（见黎吉生1985年文，第79页；乌埃巴音1978年文以及其文注[36]）。

式，补充说明了这些或这卷经文的出处①。我们可以认为这其中孕育着有关佛教起源的晚期传说。我于下文不远处将谈到这一问题。《拔协》似乎提示我们说，有一种古代编年史可能在墀松德赞青年时代，就已经存在了。

由于缺少其他文献，大家可以参阅敦煌本《吐蕃赞普世系牒》（巴科等人，1940 年书）。它无疑是由支离破碎的片断拼凑而成的，往往具有史诗般和传奇性的特征，其中主要是涉及了政治史，但文中也很注意颂扬由虔诚的赞普墀松德赞对佛教的传播。然而，正如黎吉生所指出的那样（1985 年文，第 37 页），世系牒描述这一事件的句子与石刻中的句子颇为相似。

但吐蕃赞普世系牒中的两句话，明显是指墀松德赞的；而在噶琼石刻中的这些类似句子（第 5—6 行），则是指墀松赞的。

大家知道，在敦煌本吐蕃赞普世系牒中，松赞干布主要是由于其智慧、治国术和文明先驱的伟大功勋，而受到赞扬。但世人也把贤明教法归于了他，尤其是人们声称在他那个时代出现了“宗教的所有神圣经文”（第 118 页）。我在其他地方已经讲过，这句含糊不清的话（《吐蕃古代文献汇编》，第 93 页注 24、28、29、36）。无疑正是在追述“善俗”（伦理等）时，人们也可能得以谨慎地暗示佛教，因为在石刻中已经清楚地指出大事年表的作者也可能使用了它们。在琼结石刻中（第 2—3 行），墀松德赞的先祖（因而也就包括松赞干布）被称为“祖拉教法和贤明教法”的发明人。这种教法可能是指巫教，但也并不排除指佛教。同样的措词用语也出现在一卷敦煌写本中。

这卷文书证明，在 790—815 年左右，为执政赞普们的佛教辩护和赞扬的倾向，把佛教上溯到了光辉的先祖松赞干布时代，

---

① 巴俄祖拉陈瓦书第 7 卷，第 128 页。这句话写得很蹩脚，或者是讹传。图齐（1950 年书，第 51 页）译作《一切法大圆满观菩提心经》。但由于石刻的模式，žib-tu 一词应意为“详细的”。大家于此区别出了有关佛教起源及其经文（或其他文献，见石泰安：《吐蕃古代文献汇编》 I，第 176—178 页）的记载。同样的措词也被用于第一道王诰（第 108 页）中，它于其中确实是指三藏。在第二道王诰（第 108 页）中，继对佛教基础教理的全面论述之后，紧接着便提出了这样的看法：“一种可靠的阐述，详细地记载于经文或其他佛教文献中。”

甚至可能要追溯得更为古远。这就是《自天而降佛法》的残卷（印度事务部图书馆IO. 37015号写本），已由黎吉生于1977年作了刊布和译注。我已经讲过了所有这些问题（1980年文，第329页；1981年文，第1页注67。《吐蕃古代文献汇编》I，第183—214页和Ⅲ第99页），请大家原谅我于本处再作一些不可避免的重复。但此文非常重要并值得重新作一次分析。由于黎吉生文刊载于一种很难得到的出版物中，所以我认为必须于此引证其文并重复其分析。

我武断地将该文书作了分段，以便利阅读。

黎吉生将其标题译作《吐蕃佛法的起源》，但其中的“法”一词既可能是指一卷经文，又可能是指三藏中的另一种文献（参阅《吐蕃古代文献汇编》I，第182—184页）。其“标题”不止一个。人们仅仅指出了一种奇迹。自天而降的经文很短，仅有一卷或一章①。紧接着后面的几段文字不可能属于该经文的组成部分。这是一种阐述或导论。正如大家将要看到的那样，本文包括摘自某些经和论的引文。它不是原来就有的，酷似被归于由一位宗教大师寂护帮助下的墀松德赞②的经书之一。

第一段文字（A，1—3行）赞扬了松赞干布和墀松德赞赞普之功德。他们的尊号与在石刻中一样，唯有前者于此被称为“王”而不是“赞普”。他“神奇般地圣明”，是诸赞普中最贤

---

① 黎吉生惊奇地发现，这一残卷仅有26偈，而一卷经文就应有300偈。这种规则不太严格。请参阅《登迦目录》第8、12和15条。有一个类似的标题（但令人遗憾的是没有行文）写于Pt. 33号写本的背面：《弘扬佛法经卷一》。

“自天而降”一词，在当时追述了一种奇迹，一种出乎意料的幻觉之思想。龙树在致其朋友的一封信（《为禅陀伽王说法要偈》，载《丹珠尔》第5682号，第129卷，第236页）中指出，五蕴不会自动诞生，也不会出自于时间等（'dod-rgyal，在梵文中叫作yā-drcchika，见《翻译名义大集》第2209条；在汉文中叫作“自然”，见《大正藏》第1074号，第32卷，第752页）。其疏注文于9世纪初叶翻译（《丹珠尔》第569号，第129卷，第261页），其中用“自天而降”解释了该词。

② 《登迦目录》第723号，共分为7卷（参阅石泰安1980年文）。据巴俄祖拉陈瓦认为（其书第7卷，第124页），现存在该论著的一种仅有一卷的简本。其中并未指出其引文，我已经找到了一段引文。黎吉生先生非常善意地向我通报了一篇疏注文的第16—18行，这是格西白马策仁过去向他提供的。在1985年11月19日的一封书信中，埃梅非常友好地向我解释了该疏注文，并向我通报了由格西发现的一种引文。我于此向这3位学者表示感谢。

明者，既是人类的“保护主”，又是神子。

第二段文字（B，5—7 行）。他们学习了佛陀乔答摩的教义，接受了这种教义的皈依并向吐蕃一切众生传播之。为了使大家坚定不移地信仰该教法，他们令人在一块石碑上写下了一道誓言王诰，从而将国王与臣民联系起来了。因此，作者明确参阅了王诰碑。

正如在这些碑文、王诰和岱噶愿文中那样，是佛教的这种传播使吐蕃赢得了其势力和一种吉祥的统治。

第三段（第 7—9 行）。“在这种教法（祖拉）的海洋中，君主及其臣民的作法就如同苏迷庐（须弥妙高山）一样高大。由于这种基本教法已经确立并持续了很长时间，故而其力量或领域一直扩大到了边境。年成很好，疾病很少。”

第四段（第 9—12 行）。由于佛教，全民都获得了一种良好的伦理行为的功德，尊重和热爱近邻，既无偷盗又无谣言，唯有廉耻、勇气和正直。

于此出现了一段支离破碎和含糊不清的引文。这些道德行为都是由于全民族尊崇，并且坚定地坚持由下面这句话阐述的教理：在攀登人间教法之阶梯时，达到了神仙教法（佛教）。我在其他地方已经讲过（1981 年文，第 1 页注［71］和《吐蕃古代文献汇编》Ⅲ注［23］），这句写得很蹩脚的话出自《般若白论》（龙树的格言集）① 中的一节。现有多卷敦煌写本保存下了该经文。我于此引证 Pt. 66 号（接近末尾的地方）：“如果妥善地实施人间宗教（习惯），那么距神地就不太远了；如果沿神和人之梯而攀登，那就接近救度了。”②

因此，一切都很正常。民众的伦理和善俗，当时正如龙树菩

① 北京版《丹珠尔》第 5820 号，第 144 卷，第 2 页（《吐蕃古代文献汇编》Ⅲ，注 23）。其梵文原形似乎并不为人所知。

② 我们写本中的一种不正确的写法，使黎吉生感到束手无策，其译文由此而变得难以成立了（第 221 页）。'Jem 一词于此是由抄写者强加于人的。因为它与下面一个句子相似：他们具有廉耻心、谨慎和谦虚。有关“人间教法”的问题，请参阅《古代吐蕃文献汇编》Ⅲ，注 23）。用通向救度的梯子作比喻的作法，出现在印度事务部图书馆藏第 679 号写本中。“戒通向分别的道路，由于它是可靠的善之源”。

萨所指出的那样，都是对佛教救度的最好准备，而赞普们一方则具有传播这种佛教的功德。这些赞普们确实具有一种人体，但却具有神的“举止”（第12行）。大家在石刻和敦煌写本中，都可以发现这种说法①。“这样的一种行为举止，在其他地区和其他民族中，过去从未存在过，它们将来也永远不会存在，甚至在神仙中也很少见。”（第13行）

下面一段文字（东侧第14—16行），却标志着这种吉祥状态的一种断裂。“由于赞普（父亲）已薨逝，其子尚太年幼，古代的贤明教法和伦理（教理？祖拉）都已消逝。”正如黎吉生非常正确地指出的那样，这里是指墀松德赞的青年时代，许多抑佛的大相们，于此期间都颁布了某些禁止修持佛教的诏令。第二和第三道王诰也讲到了这一切，《拔协》长篇大论地追述了这种形势（第5—10页，请参阅《吐蕃古代文献汇编》Ⅲ，第115—118页）。

在我们写本的背景中，“贤明教法”和“祖拉”（教理）都应该是指佛教。事实上，在第三段文字中，赞普们传播的乔答摩教理都被用“祖拉”一词来相称。现在，在第四段文字中还继续说：“既然贤明教法和古代宗教（理论，伦理、治国术）都已消失，那么大家怎么可能让人以吐蕃的方式，来实施最高的真谛之道②、道德宗教和律呢？人们由此而遵守十善，那又怎能同时也实行人类的‘保护主’赞普们的王法以及圣明先祖们的教义呢？”③

既然由于是一些反佛教的法令造成了贤明教法和“祖拉”的消失，那么“古代的”一词就应该是指先于这些法令的时期，“贤明教法”和“祖拉”也应该是指遭禁的佛教。“吐蕃的方

① 请参阅《吐蕃古代文献汇编》Ⅲ，第95页、注32和34；821—822年的唐蕃会盟碑西侧第52行；《吐蕃赞普世系牒》，巴科书，第118页。赞普是入主人间的天神。

② 这里是指四谛还是指二谛呢？请参阅《吐蕃古代文献汇编》Ⅲ，第99页；我于其中可能错误地译作“十善真宗”。

③ 请参阅墀松德赞在第二道王诰中对佛教的简单阐述。在讲到了十善、十不善（罪恶）和非二之中的任何一种之后，其中又解释了功德和智慧的十得是什么。这就是：“除了十善和四谛之外，还有十二因缘……”（图齐1950年书，第49页）。这种论述包括与贝旺（吉祥妙音）致同一位赞普的上表中相同的内容。

式”可能是由律，与王家法令和先祖们那真正具有吐蕃特征的智慧组成。佛教的传播（大家特别注意其中的伦理）与制订正确的王法以及先祖智慧的这种结合，也出现在石刻和王诰中。我于下文不远处还要论述这一问题。“先相们的智慧”这一词组可能是指“人间教法”。

“贤明教法”和“祖拉”这两个词组的含糊性，已有人多次指出过。在我们的文献中，黎吉生译作（第221页）：“贤明宗教和古代真正的与黯然失色的智慧。”但他没有具体解释对此应作何理解①。在敦煌本吐蕃赞普世系牒中，大家特别注意到了松赞干布时代的政治智慧、正确的善法和伦理。但在琼结石刻中（第2—3行），墀松德赞却重视佛教，在这一方面模仿了其先祖们的举止和行为方式（第16行）。这些行为方式被称为“祖拉教法和贤明的行为”（第2—3行）。这种模仿是为他的佛教辩护的，它可能是暗示松赞干布的（桑耶寺和噶琼石刻第4—5行）。一卷敦煌写本（Pt. 37）是有关“调伏三毒”（三种烦恼）的。仇恨将被这种“贤明教法”所战胜（今枝由郎1979年文）。这种措辞只能是指佛教。

许多人已经讲过，现在有一种将完全是佛教徒赞普们时代的事件，被归于最早神话赞普们的倾向；或者是佛教徒赞普们使用了巫教神话和观念，以作为他们政治观点的模式。所以，在墀德松赞（800—815年）的墓志铭中，“贤明教法”被归于了鹘提勃窣野（第2行。见魏礼1963年文）。再稍后不久，于821—822年的会盟条约中，这位神话先祖又被谥以“圣神赞普”的尊号（石泰安1981年文，第225页），其后裔们和他本人（?）则以该地区之完美无缺的内容为特征，同时也以其“贤明教法”

① 据麦克唐纳夫人认为（1971年书），这一术语系指巫教，即非佛教。在第二道王诰中说，赞普成年时便决定重新传播佛教，某些人对此表现出了恐惧。有人声称佛教不是“吐蕃的古宗教”，佛教仪轨与本命神的仪轨不相吻合，没有任何好的因素。图齐和黎吉生读作 ma-legs 而不是 ma-lags，麦克唐纳夫人已改正这一错误（1971年文，第308页）。无论如何，“古教”于此系指巫教。这种宗教当然持续存在，并于佛教赞普们统治时代继续起同样的作用。在第一道王诰中，赞普的守护神是作为赞普盟誓的证明者，而与佛教的小神同时提及的。它们也出现在工布石刻中（麦克唐纳1971年文，第355页）。

（东侧第9行）为特征。大家在下文不远处将会发现，这些法令都是佛教徒赞普们的杰作①。

这些辞汇（教法、祖拉、佛教或巫教）的含糊性，与使用了相当数量的两个领域中的共用术语一样多。在我们的写本中，民众善俗的伦理品质，被介绍成如同是佛教传播的作用。但在敦煌本吐蕃赞普世系牒（第81页）中，这一内容又形成了第一代神话先祖自天而降时代吐蕃人的特点（请参阅《吐蕃古代文献汇编》Ⅲ，第93页）。该地区既洁净又美丽，似乎是这一先祖之神以其入主人间与其行为，而使该民族变得智慧和勇敢，使马匹变得能疾速驰骋，并“创造”了一种贤明教法。在其他国王中，没有能与这种“宗教”相媲美者。正如大家所知道的那样（麦克唐纳1971年文，第343页），这种记述在8世纪中叶，曾被运用于南昭王的一名使者（见巴科书，第113页）致墀松德赞的父亲墀德祖赞（740—755年）赞普的一首歌中，该赞普的薨逝被用于了一种反佛教的行为。在这首歌中，赞普成了“神子”和“人类的保护主”。他在其他地区则不同。他来到了高地净土吐蕃，以其“贤明教法"及其大“祖拉”而降服了诸小邦王子。这首歌中的所有内容，都同时与土著“神话”故事内容以及我们写本中的说法相吻合。但这都是一些佛教赞普确立了民

① Čhos-Khrim一词被麦克唐纳夫人翻译得不太恰当（“民法”，请参阅《吐蕃古代文献汇编》Ⅲ，注29）。在某些背景下（见下文不远处），它具有两种意义：保护僧侣的法律和符合佛教教理的法律。在印度文辞书中（见《古代吐蕃文献汇编》Ⅰ），它被正式采纳（《翻译名义大集》第7095号），其中认为该词是“法—论”的译文。在印度教中，这都是一些有关法律、习俗和伦理的名词（惩罚、功德等，见勒努和费利奥扎1974年书，第431—439页）。在“汉文辞汇”中，该词有时取代chul-khrims（印度辞汇作“戒”，即律部经文中的戒）。这一方面是由于该词有时可以简化为Khrims（五戒和八戒，印度事务部图书馆第43号写本；《梵网经》和将经与律译作davma和Khrims；《大正藏》本第1008页（《丹珠尔》本第173页；北京本《丹珠尔》第922号，第36卷，第171—173页）中的情况。大家有时不是讲“法和律”，而是讲“法律”。“七佛法戒”（《大正藏》本第1009页）就是这样翻译的（《甘珠尔》本第174—175页）。大家知道该经文论述了世俗人的戒、善、恶、伦理行为（孝道等）以及律中的忏悔行为。有关“王法”的问题，它在我们的写本中与律和十善有关，大家可以比较《两兄弟对话》（Pt. 1283. I第47和94行；Pt. 211B，第5—6行）中的一段文字，其中提到了“法—戒”或“国王的戒法”等问题。大家应研究有关违背或遵守这条法律的问题。用词的含糊使译文更令人琢磨不定了。

间的善俗。尽管他们长有人身，但他们都具有神祇的“举止行为”，正如在其他任何地方都不存在这一切一样[①]。但他们的“贤明教法”及其古祖拉都已发生中断。

由佛教赞普及其忠实的臣民们，使用或掌握巫教传说的辞汇和内容，已经由石刻文所证实。如岱噶愿文和这些愿文的复本——麦克唐纳夫人有幸发现的 Pt. 100 Ⅱ 号写本（请参阅《吐蕃古代文献汇编》Ⅲ，第 91 页和注 24、28，48）。在这后一卷写本中，佛教徒赞普墀祖德赞被以具有不同程度“神话”特征的辞汇（神的行为、强大的盔、人类的保护主，但这种表达方法也是佛教性的。请参阅注 18）作了赞扬。但大家赞扬赞普，同时还是由于他的道德修持（第 28 行），这种修持将其臣民带向了菩提心（第 32 行）。为了使他们能够在死后前往“永乐之地”，他使他们遵守佛教之戒。赞文是在沙州的一座寺院中（40 行），由佛教僧侣们撰写的。他们同样也撰写了（？原文于此有阙文）十善之根——戒律（第 41 行）。

赞扬赞普的那些同样具有“神话性”的辞汇，也被用于由法成（约为 833—858 年）的某些“经、律和论的摘要文中”（见印度事务部图书馆第 687 号写本）中。其中提到了善根和善恶的分配问题。大家还可以于其中发现愿文，祝愿“变成人间之主的神”（强大的盔等）的赞普，能永远通过圣教，而确保对徘徊于生死轮回中的一切众生的救度（上山大竣 1982 年文，原

① 在土著内容和我们写本的作者都应该知道的某些佛教观念之间，确实存在有相似性。娘若（见注[23]和[29]）引证了《悲华经》卷 4（《甘珠尔》第 780 号，第 29 卷，第 228—229 页；《大正藏》第 157 号，第 3 卷，第 200—201 页）。继迦叶佛之后，第四位儒童是无垢在时代变劫难时出现了。一切都恶化了，再无善行了，生命缩短到 10 岁。这就是“兵器的中劫”。他是天神的后裔和一切众生的守护神，使善行出现。一切众生都具有十善。他获得了自己将要成为弥勒佛的授记。该经文是于 800 年左右翻译的（《登迦目录》第 101 条）。有关“自神界而下”一词，大家可以比较那些王诰。如同他们的先祖鹘提窣勃野一样，赞普们都是自天神界下凡以人主人间，或是作为人类的保护神者（谐拉康碑第二块残片，上引岱噶愿文）。大家有时也称之为“天神”（谐拉康碑西侧第 1 行，吐蕃赞普世系牒第 8 页）。我已提醒大家注意（1981 年文，第 233 页），“天神”一词可能为“下界天神”的缩写词，这也是王尧先生的观点（1980 年书，第 201 页）。有关自天域而降临的佛陀，“降临”一词也被译成藏文 babs-pa（《翻译名义大集》第 4103 条）或 glegs-pa（同上引书，第 6347 条）。

文第 5 页，第 8—9 页的译文部分有误)。

按照佛教徒赞普们赞文的逻辑，我删去了有关教理的两段文字。它们证明作者确实很内行和很博学。他不用说肯定使用了某种经文（如对于④中的《般若百论》那样）的引文。第一段文字位于开头处（第 4—5 行)。松赞干布和墀松德赞选择的佛教是一剂良药，这就是作为三时诸佛之母的般若波罗蜜多的教法。格西白马策仁发现，其后面的一句话部分是根据《入楞伽经》的一段引文而组成的（我将引文置入括号内)：“般若波罗蜜多教法就是无分别性的如来心。有和无的不公正观念都被破坏了，这正是无上大乘经文所显示的内容。”①

第二段文字占据了末尾部分（b，第 16—18 行)。其中的部分内容含糊不清，无疑是由于抄写者或作者简化了阐述。它是被格西白马策仁用注释的方式解释的，我在注释和括号中指出了这一切。

“世界上最早人类中的最纯洁或最优秀者是释迦牟尼佛。在他进入涅槃和弥勒佛的降临之间，有些出于预料之外的佛(处于世系之外)，突然出现的②，他们未在佛陀的经和续中被预言(授记)。他们出现得很多，虽然佛陀始终为其本身(白马策仁译作：

① 《甘珠尔》第 775 条（无译师的名字)，第 29 卷。第 74 页；铃木 1968 年文，第 233—236 页，第 165—166 页。白马策仁和埃梅先生也向我指出，在该经文中还有同类的其他句子，其全部上下文都应给予高度注意。本章文字中强调指出了唯一可行的教理是大乘，同时还指出了印度教大师和理论家们的错误以及错误观点（如二元论，同上引书，第 699 和 723 条；有和无，第 546 条)。大家还记得，在其批判性著作（《正量论》，请参阅石泰安 1980 年文)，墀松德赞也以同样的方式行事。在我们已引证的《入楞伽经》的段落中，也描述了应该传法的瑜伽行者们的正确观点（第 792—793 条)。他们将转生为天神、神、具有神相的君主或转轮世王（第 783 号，第 84 页)。我们写本中的吐蕃赞普的情况也如此。

② glo-bur（偶然）一词系指三类国王之一（《大臣遗教》第 2 卷，第 225—226 页；《如意宝树史》，达斯本，第 1 卷，第 165 页)。这就是：①被“选中”的国王，也就是四大洲或四大地区的国王；②具有一种世系的国王，如出自大平等王的萨迦派国王；③偶然国王，即吐蕃 25 代赞普之前的赞普（麦克唐纳 1971 年文，第 313 页)。但我不知道何处曾对佛陀作过这样的分类。

‘佛陀本人一直处于平静状态，但许多论的作家都出现了’)[①]。”

文献中接着讲到了在三种教法，或经文之间出现的不吻合处或歧异处，其中用一些不完整的句子讲到了“各种教法或经文”。文中确实共列举3—4种用连词“和”连接起来的文献，第一个词作为g（又被划去了）žu（黎吉生建议读作ghun[总持]）[②]；第二个字是“法”；第三个词是“金刚乘”，接着未用连词就讲到“过去七佛的经文”[③]。大家不明白为什么要计算三次。也可能是第一个连词的位置有误。白马策仁是这样理解的：过去曾有过许多论，每位作家都写下了他自己的论，这都是一些与三藏没有关系的荒谬教理。但我不明白为什么金刚乘可以进入三藏，其中不叫作“三藏”而叫作“三部”。其中也可能是希望说在法、金刚乘和七佛经文之间有分歧或仅仅有差异，这些类别中的每一种都有其各自的基本经文。这一问题仍留作悬案。最后一句话似乎很简单：“例如，佛就如同种子一样。”白马策仁不是读作“种子”（sa-bon，敦煌写本中的常用写法为sa-’on），而是将sa解释作“世界”，把on解释作“聋子”。他使用了这些句子并作解释：“例如，荒谬的教法就如世界上的聋子们一样，他

---

① 白马策仁就是这样理解的，他又补充说：“论的作家”大量出现了。他将文中的gžu字理解作“论”并认为这都是诸如龙树那样的大哲学家们的论著等。我认为他对rañ-bžugs（自身、本质）的解释是正确的，但它更应该是指许多佛陀。人们经常读到佛陀是为了救度众生才出现，但又并不因此而离开“不动法界”。请参阅《优婆离所问经》（《甘珠尔》第760[24]号，第24卷，第48页；相当于《大正藏》第1348和1349号，第515页）。在由娘若引证的《究竟一乘宝性论》中的情况，也基本相同。

② “经典”（gžuñ）一词泛指任何一种经文，甚至是那些续部和外道经典（《翻译名义大集》第4224、4585、1438和4404条）。律部共包括7部著作，其中最后两部叫作《喇嘛律》和《佛律》。

③ 这里的“世系”一词肯定是指过去七佛，其中每一尊佛都要宣布一种佛教伦理偈。它们都很著名并经常被引证（望月信亨辞典，第1916页）。大家都会在律部经文中发现这一切，尤其是在《别解脱经》中（《大正藏》第1545号，第24卷，第507号；《甘珠尔》第1031号，第42卷，第149页）。该译文是于9世纪初叶根据赞普的王命译制的。其梵文本与藏文本不相吻合（大谷1930年书，第3卷，第407页注释）。其藏文本存在于敦煌写本中（印度事务部第5—19号）。其疏注文（《甘珠尔》第5605号，译于9世纪初叶；《登迦目录》第500号）叫作《所取镜释》（但其中没有提到“智慧语”，我的这条资料应归于桑木丹·噶尔美）。汉文律中的这些偈句不同形式表，已由土桥秀高编制（1963年文，第143—145页）。他刊布了一卷敦煌汉文写本（S. 102），其中的偈句都列于《法王经》的一段节录之后。

们把一切都理解错了，因为他们无法在 skad（话语）和 brda（符号，名称）之间作出区别。”① 尽管该格西由于特大学问而受到了尊重，我还是得承认自己却认为这种解释不太可靠。大家可能会更为天真地想到，经常会发现的那种用种子作比喻的作法。法（或教法）可以被比作一粒能产生新发展的种子②。

我尚需要研究在这种论著（自天而降的经文）、对未经预言而“突然间”出现的佛陀的批评与三种经文的差异之间，可能会具有什么样的关系。赞普在决定传播佛教时，需要作一番选择。墀松德赞在其善友的帮助下，以一种博学和批判的态度完成了这一切。我们这卷写本的作者同样也很博学，他也强调了各种理论之间的差异，或者甚至是不相吻合处。当他论述松赞干布的恩德时，强调了伦理和公正行为。当他对传播佛教的中断表示遗憾，并由此而对未能以“吐蕃的方式”存在的一切都表示遗憾时，这就是一些基本的论述（四谛或二谛）、律、守戒和十善，所有这一切都与王法和贤明先祖的告诫结合在一起了③。

---

① 我应感谢埃梅先生，他非常善意地向我解释了白马策仁的思想。Sa 可能是指世界，因为大家用 sa-yi skyo-ba 指统治世界的国王。'on 可能是 'on-pa，意为“聋子”，正如谚语所讲的那样：“瞎子和聋子可能会以多种方式误解”。所以，gžuṅ re-re 应指错误观点。白马策仁也联想到了那场有关字面意义与真实意义的辩论。事实上，在墀德松赞有关辞汇的王诰中，批评了那些不坚持续部经典意图的人，而是咬文嚼字地理解它们，并由于这一事实而具有了某种错误行为（西蒙松 1959 年书，第 260 页）。我将会提到墀松德赞写的一部有关佛陀语和相的书（《登迦目录》，由巴俄祖拉陈瓦书，第 7 卷，第 124 页引证；在拉露目录第 724 号中印错了）。

② 大家会在所引《入楞伽经》的一卷中发现某些例证，第 839 号的一个例证：葱味、一名孕妇的胎脏、盐的咸味等……难道每个人不是都像种子一样发展吗？《大法鼓经》（译于 800 年，《甘珠尔》第 888 号，《大正藏》第 270 号）系由赞扬金鼓声对于排除愚痴的有效性。现存在有该经文的多种敦煌写本。在其中的一卷敦煌写本（Pt. 66）中，提到了“通过神圣的《金光明经》的这种鼓声，法的种子是无法播下的，法也是不可能产生的”。在另一卷敦煌写本中（Pt. 972）中，有一册佛教伦理格言集，我们还三次发现用种子作比喻的情况：①实行善德，这就如同在田中播种，然后再收获果实（第 21—23 行）；②“例如，果从籽出”（第 63—64 行）；③十善都很困难，但这是种子使产生了神或人（第 112—113 页，噶尔美 1983 年文）。

③ 在为吐蕃赞普的祝愿中，大家在汉文写本中（S. 2146，《大正藏》第 85 卷，第 136 页）可以读到：“夫法王应现，感振大千。法教兴崇，弘道是务。况宣传戒藏，每月工时，精守不逾，福资家国。”在有利于吐蕃赞普的岱噶愿文中，对于违犯法和律都会感到非常遗憾。

大家可能会感到奇怪，律未出现在有人已指出了其差异的三种经文中。它是在公元800年左右翻译的，包括有许多被称为“经典”的著作。然而，律和十善却以明确和简单的方式，出现在过去七佛的偈句中，人们在律的其他不同文本中诵读此经。摩诃迦叶的最后一句偈句说：“如果是天中天，无上调御者。七佛皆雄猛，能救诸世间。真是大名称，咸说此戒法。一切恶莫作，一切善应修。通调于自心，是则诸佛教。”①

十善与过去七佛之间的关系，已由敦煌的一通纪念某一位上师的汉文碑刻所证实。文末所提供的甲子纪年时间可能相当于687、747或807年。一名多才的刊布人选择了744年这个时间。人们希望他“常闻七佛之言……常生十善之门”。大家将会看到有关十善和十恶的经文、仪轨和世俗人的修持之巨大作用。

但在此之前，则必须考虑我们写本中的另外两种可能的关系。过去七佛的著作可能引起了批评或至少是突出了差异。同时，七佛的这一传统集团，于此明显与另一批佛陀中意外出现的弊端正好与此相对立。这两种指责是否可以共存呢？从金刚乘和疑伪经中，大家便看到出现了传统万神殿中的许多新的和不为人所熟悉的佛，享有由循环内容的不同组合形成的名字。其中有药师七佛以及其他由七佛、八佛、十佛、十二佛、三十五佛或五十二（或五十三）佛组成的集团（见《法宝义林》第197页和望月信亨《佛教大辞典》第4438—4440页）。但有关这些集团的经文，则属于大乘。《悲华经》（由娘若引证）提供了很大的一批在其他地方未出现过的人物。他们都获得了成佛的授记，同时又将一些著名的菩萨（观世音、文殊师利等，见《大正藏》第157号，第3卷，第184—188页；《甘珠尔》第8780号，第29卷，第211—215页）以及过去七佛和弥勒（《大正藏》，同上，第191—201页）纳入到这一长串名单中了。由于我本人不是佛

① 请参阅《登迦目录》第20条（有关七佛主事）。还可以参阅Pt. 498，其陀罗尼；Pt. 781、210（八佛）、216（十二佛）。药师七佛（第147和148号）可以灭罪并与十善修持有关（藏文本作于800年左右，见《甘珠尔》第13和136号；贝则的论著，见《甘珠尔》第5844条，第144卷，第129页）。过去七佛都具有真言和魔法，这就是戴密微所说的《密典》（《法宝义林》第196页）。

教徒，所以我无法看到金刚乘在此方面与这批经文有什么区别。

大家可以认为金刚乘以其重要地位，而有别于续部经文和陀罗尼，但大乘经文同样也都充满了这一切。金刚乘由于希望实现达到救度的顿悟之道和除恶而出名。但这也是诸如《悲华经》那样的一部大乘经以及有关各类佛陀的经文中的情况。其中始终是讲忏悔罪孽并通过念佛名和诵读真言或陀罗尼，而顺利又迅速地排除这一切。甚至那些因其伦理和律的偈句而特别著名的过去七佛，也念诵驱逐任何灾祸和清除罪孽的真言（《甘珠尔》第477号，1卷经文；第936号，即《大正藏》第1333号）。它们甚至被纳入了金刚乘中。一卷敦煌写本（S. 2272背）中记载说，当七佛尚为菩萨时，便获得了“金刚的秘密法戒”①。

因此，我们看不明白，为什么金刚乘被列入人们已揭示了不吻合处或有差异的经文中。我们的写本赞扬了墀松德赞。然而，我们已经看到，该赞普被认为是一位与金刚乘有关的恰氏国王（Pt. 840号敦煌藏文写本）。大家利用这一机会不是批评呈现其本来面目的金刚乘，而仅仅是批判有时在稍后才会玷染的那些恶习流弊。其中甚至还说：“当它们与经文和佛陀的权威教义相吻合时，那些公开和秘密传授教义的大师，与密教大师这二者并没有被混淆起来。在这些大师和各自知道其行为的僧侣尊前之间，不存在混乱，吐蕃民众很幸福。”（噶尔美文，第207—208页，我的译文与他略有小异）被译作藏文的《文殊师利根本仪轨》的授记，同样也提到了墀松德赞，以及他与一名真言和神咒师的联系（今枝由郎文，第312页，第4节）。因此，大家承认金刚乘行为的差异，其条件是它不能与其他作法相重叠。对待续部的同样谨慎态度，在墀德松赞王诰中占明显优势。这些文献与我们的写本基本是同时代的。

我可以再从中增入佛陀密的书信，尽管其特点令人质疑。在向赞普讲话之后，他又向大相们、“大修道者”和普通僧侣们提

---

① 土桥秀高1963年书，第108—109页，该文也可能被不空金刚翻译。它在写本中叫作《蕃译密法界》（先写作“界”，后作“戒"）。其标题酷似《大正藏》第878和1789号（不空金刚译）。

出了建议。在讲到十善等问题的同时，他又告诉大相们说："三乘中的每一种都有其进门（与我们的写本基本相同），每一种都可能产生果（这就要以一粒种子为前提）。"他还建议修持金刚乘。他同样也向"普通僧侣们提出了同样的建议"。他们必须崇拜密教大师，就如同崇拜他们的守护神一样，并如同珍爱自己的眼睛一样热爱他们那"深奥的秘密教理"。"秘密的真言乘"为最佳。最后，正如在Pt. 840号写本中一样，作者警告要警惕流弊：要以鼓和铃向村庄中的世俗人等，传授金刚乘的秘密真言教义。

我未能发现有哪些未曾接受授记而突然出现的佛陀，它们与曾接受过授记的过去七佛相对立。在我们的写本中，他们都介于释迦牟尼和弥勒之间。他们如同过去七佛一样被称为"神中神"和"守护神"。赞普们也是神和守护神，尤其被认为是菩萨的墀松德赞。弥勒佛可能使我们写本的作者感兴趣①。在奉献给他的经文中认为，他自兜率天而下界，在那里生活有我们本世中的神（天神或天子）。这一世界于是便是圆满的。大家于其中的奇迹中，特别发现了丰收、没有任何疾病或残疾，也具有与一尊佛陀同样的三十二相的转轮圣王的盛世。这两个人物首先是互相有别（胜天变成了转轮圣王，而弥勒变成了未来佛），但他们二者也都被混淆了。弥勒讲偈句并宣扬善根和戒。在《悲华经》中，他则置身于其他佛之中。他们也都与确立了一种包括十善在内的公正统治的转轮圣王和法王等有关②。在一部伪经（敦煌写本，见《大正藏》第85卷，第2879号）中，大家发现了一组荒谬的七佛（从孔子神幻王到"受记弥勒"。见弗尔特1976年文，第275页）。授记有时是针对首先是转轮圣王或一名王后的某人，后来又变成了佛陀(《大方等无想经》,见《大正藏》第87号，也就

---

① 一卷敦煌汉文写本将弥勒的禅定与一道王诰联系起来了，该王诰命令这种修持法必须服从为"现"的圣神赞普墀德祖赞（无疑是抄写者对墀祖德赞之误，见石泰安1981年文，第251页）祝福。由于这种"现"以及与大地上的弥勒和授记的关系，见戴密微1954年书，第372和第380页以下。

② 有关弥勒的研究很多。如佩利1911年文，第444—449页；戴密微1920年文，第162—164页以及1954年书；拉摩特1958年文，第775、779和782页。数种弥勒经都于9世纪初叶译作藏文（《登迦目录》第47、65—66、265和469条；《甘珠尔》第1011、760. 23和760. 42条）。

是相当于公元800年左右翻译的《甘珠尔》第901号)。大家还知道,这卷完全真实的经文的授记,已被用于指武则天皇后①。这种情况与指墀松德赞的《文殊师利根本仪轨》中的例证相似。

这些经文、论著、伦理格言集(既有佛教的又有世俗的)的目的是十善、十恶以及行为的因果报应。在汉地,这些文献出现得很早(4—6世纪),不仅仅出现在佛教中②,而且也出现在抄袭了这一切的道教中③。在吐蕃,这种内容出现在王诰和我们的写本中;在9世纪和稍后不久,它又出现在往往是被从汉文翻译的文献中。在第二道王诰中引证的一种"宗教文献",阐述了业力及其果、产生德的善、产生罪的恶以及产生了无记(无断定,见《翻译名义大集》第4652条)的非前述任何一种内容。这些词在《声明论疏》(《丹珠尔》第5833号,第144卷,第83页)中被作了解释。因缘经是由法成自汉文译出的(请参阅石泰安:《吐蕃古代文献汇编》Ⅰ,第210页)。被运用于世俗人的作法已由往往是让"智慧比丘"宣布的格言集清楚地证明(《吐蕃古代文献汇编》Ⅰ,第214页)。论述因缘链锁、十善和十恶的经文都是于同一时代出现的。特别是《大乘稻秆经》

---

① 请参阅福尔特1976年书,第252—270页;徐理和1982年文;本文注[19]。

② 《大正藏》第125号:在弥勒降临时,大家修持的十善和五戒(普鲁祖斯基1923年书,第206—207和178页);《大正藏》第1485号,第24卷,第1017页(十善和戒);同上,第1019页(十恶);第411号:《大乘大集地藏十轮经》。该部经文于800年左右无疑是根据汉文本而由和尚扎莫译作藏文,后又由禅师南巴米托巴校订(《甘珠尔》第905号,第6卷,有关十善)。在Pt.977号写本(第11页)中,修持十善之利和出自罪人的恶,都在以古体风格写作的诗中提及。这其中就有《十善经》(Pt.968和印度事务部第606、Pt.970—974;印度事务部第606。《登迦目录》第266号)、《受十善经》(S.5175.2和S.2565.2,即《大正藏》第1486号)。822年,一卷十善经文钤有印记:"大蕃国赞普印信,传流诸州,流行读诵。"它属于一种简单的教理文(P.2298、S.3966、S.553,上山大峻,1985年文)。现存在有读经文的一卷敦煌藏文写本(上山大峻1985年文注⑤和1982年文注)。

③ 《道德经》的第二部分(于709年抄于敦煌),作为附录,又包括《十戒经》的经文并附有一名道教大师的题跋(P.2347,2350,另外两种写本的时间分别被断代为751和757年,这就是S.6454和P.3770)。这是一卷带有佛教辞汇的道教经文(《道藏》第459号)。其中于《十戒经》中又增加了"十四持身",基本就如同"人间教法"再加上十善(吉冈义丰1967年书)。在《老子化胡经》中,罽宾国王不需要变成僧,他只要接受《十戒经》和《十善经》就足够了(吉冈义丰1959年文,第107页)。

(《登迦目录》第180条)更为如此[1]。大家在一些教理书中，也会发现同样的内容。佛教和道教（汉地与印度的）伦理之结合，也出现在吉祥妙音致墀松德赞赞普的信中[2]。

古文献不允许我们进一步深入研究，大家只能猜测和想象。由于人们把松赞干布赞扬为佛教的保护主，所以提及一部经文的神奇降临，似乎是为了说明或突出这种荣耀。把这种奇迹归于了该赞普或另一位先祖。这种内容在晚期的传说中非常著名。大家知道，据这种传说认为，有一部经文自天而降到拉脱脱日赞普的王宫之上，这就标志着佛教的肇始。它还保留下了我们写本中的第二项重要内容，即王法与佛教伦理的并列。当然，这其中发生了某些变化。但大家可以把它们视为其最早形式已于古文献中出现的那些说法。这其中没有断裂（作为一个例证，可参阅石泰安：《吐蕃古代文献汇编》Ⅲ，第86页)。晚期的作者们可能了解到了石刻与王诰（巴俄祖拉陈瓦之前的)，甚至还可能有其他文献。我们在敦煌发现了这一切，但也有几份收藏在于吐蕃中部地区的档案中。

达里的问题不是要在有关佛教传入吐蕃的问题上，重新按照史学家的观点而恢复事件的真实面目。这里仅仅是涉及了人们于8世纪末和9世纪初叶，以及在晚期传说中对此的看法，为大家所认为的和希望让人相信的内容之想法，确定范围。

1. 教法与王法

这一内容已由乌瑞（1972年）和山口瑞凤（1979年）作了

---

① P. 972号写本带有一个相似的标题（《佛亲说宝树》，见噶尔美1983年文)。对于敦煌写本中的《大乘稻秆经》和《十二因缘经》，请参阅上山大峻1984年文，第67和77—78页中对于它们与《拔协》之间关系的论述。

② 请参阅石泰安《吐蕃古代文献汇编》Ⅲ，注23；图齐1956年文，第142—143页；《丹珠尔》第5842号，第144号，第123页。大家还可以参阅于经文中发现的十善、十戒名表、十善果、十六种人间教法（崇仰三宝与僧伽、正直、敬父母等)。由此便可以被获许转生为神或人。经文中于此之中还应补充，要求赞普应制订法律以保护佛教和应严惩违法者的建议。赞普也应让圣贤任公职并让勇士去作战，让诚实的长者进入政府等。这些建议酷似在敦煌本吐蕃赞普世系牒中，被归于松赞干布的贤明教法之措施。相反，在佛陀密的信（无疑是伪造的）中，十戒与法律、神仙教法与人间教法的结合，则均被归于墀松德赞。

深入研究。他们两人全都考虑到了晚期著作，除了某些当时尚无法得到以及我增补的著作之外。乌瑞希望，从他认为是由于过去作者们的佛教信仰造成的、具有不同程度的武断解释和补充的一切内容中，再得出古代的中心内容。山口瑞凤引证了唐代的汉文史料及某些传说，他突出了在墀松德赞时代包括严厉惩罚法律的存在，这就意味着佛教（十善）对法律的影响是晚期的一种出于善意的传说。山口瑞凤也指出，“人间教法的十六净法”并不是起源于松赞干布时代，而是要上溯到吉祥妙音的经文（他共列举出11种），并涉及了世俗伦理总则。他强调指出这些规则没有任何特殊的佛教内容。这是确实无误的。但这些汉地的儒教化规则，都被纳入到佛经中了，它们于其中与僧俗的佛教“戒律”相联系或混淆了（请参阅石泰安《吐蕃古代文献汇编》Ⅰ，第195—196和214页；同上，2，注[2]和[3]）。

下面就是根据年代顺序而指出的王法和佛教戒律相结合的各种说法。

[1] 8世纪，敦煌本《吐蕃大事年表》，645年写成了法律。

[2] 公元800—840年左右，敦煌本《吐蕃赞普世系牒》。松赞干布设“大法或治理吐蕃的艺术”，确立了奖惩以及度量衡等。在他执政期间，“吐蕃宗教的所有优秀著作”都出现了。这一句话含糊不清。

[3] 800—820年左右，“自天而降佛法”的写本。当时未能“按照吐蕃方式”编写善法；十诵律、赞普的王法和圣贤们的教义。

[4] 821—822年，拉萨唐蕃会盟碑（东侧第9行）。墀德松赞及其先祖都“制订了贤明教法”（符合佛教?）。

[5] 850—1000（?）年间，佛陀密的书信①。墀松德赞被称赞为在菩萨世系中作为观世音化身的松赞干布之后裔。这一世系

① 佛陀密致墀松德赞的信（《丹珠尔》第5693号，第129卷，第28页；石泰安1981年文，它无疑是较晚的。因为其中提到了两个儿子恶守护神，他们均为墀松德赞的后裔（请参阅柔克义1884年书，第221页注②）。但其中的某些表达方法酷似一卷敦煌写本（Pt. 840），该写本赞扬了墀松德赞并将他比定为恰氏国王。无论其时间如何，该文献都很重要。布顿发表了这封信，但其中具有某些异文（见罗什开·阐德拉刊布的该著作第2卷，第135—138页）。

要追溯到墀杰托赞（27 代神话赞普中的最后一位，又叫托杰托赞，拉托托日的前任）。墀松德赞及其世系（?）征服了吐蕃人，通过王诰而制订了十善法和法律（或者是十善之法。请参阅《莲华生遗教》第 67 卷，其中提到，该赞普共制订三种法律）。他请来了印度的班智达（大日如来、贝则等），这样就由于“人间教法”和“神仙教法”而使其政权达到了鼎盛程度。

在经过 3 个世纪的沉默之后，晚期传说又重复了所有这些内容和说法。它们同时又在佛教模式和法律之间，确立了一种合乎逻辑的关系。

［6］公元 1167 年，《入法门》（《萨迦全集》第 2 卷，第 343 页，第 2 行）。松赞干布“根据十善而制订了法律”。

［7］12 世纪（?）《拔协》（97）（第 51 页，其删节文即相当于巴俄祖拉陈瓦书第 7 卷，第 140 页）。在为桑耶寺开光和为最早的度僧举行灌顶仪轨之后，“一直到此时为止，墀松德赞颁布王诰并制订了宗教法”。从此之后，那里便既不再挖去男人的眼睛，又不再割掉女人的鼻子，更不再杀死罪犯了。臣民们服从赞普并崇仰僧侣。赞普称这一切为“佛教大法”①。

［8］12 世纪，娘若的《教法史》。在松赞干布时代，吐蕃人翻译了多种经文以及“佛教和世俗伦理的教义”。为了阻止大相们的反对，赞普制订了排除十恶的戒法。他就这样制订了十善法。这也是尼婆罗人为了将一名公主下嫁给赞普而要求的一种法

① 据较晚期的《拔协》的第 2 部分（第 75 页）记载，墀祖德赞希望使其政权与佛教相吻合。所以他赋予了僧侣集团很大权力，反对派不能阻止他。赞普于是便制订了“宗教法”，其中预言了对于那些仇视僧侣和批评赞普亲佛教政策的人，将实施残酷的惩罚（挖去眼睛、剁去手指等）。我应感谢噶尔美先生，他提醒我说，“教法”意为一种有关僧侣们的法律。这种意义已出现在《莲华生遗教》中了（第 67 卷，第 113 页），其中有被比喻为丝绸扣节（很保险却不太结实）的教法，与被比作很沉重的金桎梏之间作以区别。第一种确实涉及了出家人，但同时也涉及了具有一种良好行为的世俗人。第二种也适用于这两类人并预见到了严厉惩罚。在《大臣遗教》（第 6 卷，第 229—230 页，王法；第 5 卷，第 228—229 页，教法）中的情况也如此。但在某些情况下，严惩并不排除以死刑来付血债，就如同在《玛尼全集》中的情况一样。因此，这些著作的作家们（由于一种未定的模式）都重复了我们写本中的一句话（与佛律同时提到了王法）。对于《拔协》及其后的著作记载，教法是一种希望将刑法与佛教的动机相调和的法律。我们还记得，教法有时也与戒律相同。

律："与该宗教相吻合的一种宗教的十善纯洁法。"这正是吐蕃圣教的起源。

［8a］《莲华生传》，又叫作娘若的《赤铜训》（《掘藏宝库》版本，第43、44和46页）。墀松德赞发现大相们都不虔诚并对佛教怀有嫉妒心情。他们甚至驱逐了他派往印度寻求佛教的人，由此而涉及了王法。赞普于是便颁布了一道王诰或诏令，明确表示他是保护佛教的赞普。从此之后，他制订了一种教法。据此教法规定，世人都应尊崇僧侣、译师和修持禅定三昧者。这条宗教法可以比作一个丝绸结扣。它意味着大家应尊崇僧侣。稍后不久，净友拒绝朝拜赞普（这一内容成了汉地4世纪时大量讨论的内容）。

［9］约为公元1200年，《蕃地王统记》（《萨迦全集》第4卷，第296页，第3行）。佛教开始于松赞干布执政时代。

［10］约为公元1200年，《玛呢全集》（德格版，第1卷，第163页）[①]。为了在吐蕃确立佛教，松赞干布"根据十善的经文而制订了一种法律"，因为过去的12个小邦之王曾制订过恶法（杀生等）。第二种说法是他们有一种王法，即恶法，接着是列举十恶的名表。当时确实需要一种教法，与佛教的原则相吻合。其中的极刑已被交纳血债钱所取代等[②]。此外，赞普又一次以"风俗的16条纯洁规则"为基础，而颁布了王法[③]。

［11］约为1200年左右，《遗诏集》。为了排除十恶，松赞干布制订了十善法。稍后不久，赞普又解释说他制订了强大的法律，因为舍此便不能使吐蕃人接受佛教皈依。他们不可能"攀

① 同样的记述在《国王二十一行》的部分中，又作了重复，但带有某些歧异之处（第6卷第230页，第16卷第242—243页）。

② 这种习惯已出现于近代西藏（请参阅石泰安1981年文，第113和116页）。我们在《拔协》中掌握有一个例证。当木笛赞普杀死大相钨仁（布仁）时，当时的判决是他应付血债并遭逐（巴俄祖拉陈瓦书，第7卷，第126页）。

③ 在第二种文本中，共区别出三个阶段。赞普首先颁布了十善教法，接着又颁布了王法。这种"王法"中包括残酷的惩罚。它是为了威胁反对派和保护教法而制订的，或者是由于赞普认为教法并不相当坚强可靠。最后一道法律是在筑寺时于扎竹寺中制订的。它规定说，甚至赞普也应尊崇僧侣。这里的"教法"具有两种意义：1. 符合十善规则的法律；2. 赋予僧侣集团一种很高地位的法律。

上救度之梯”，这里是暗示龙树的格言；他以其王权的力量降服了他们，这里无疑是暗示王法。

［12］公元1283年。内乌班智达。古文献中说，在经过27代赞普之后，仍未得到王法。松赞干布制订了一种符合十善的王法，并开始创造佛教之法。他以佛教的十善之法为楷模而制订了这种王法（对于杀生，要用血债钱来偿还）。他们翻译了许多经文和如意宝陀罗尼经等。

［13］1321年。《布顿教法史》。松赞干布制订了一种符合十善的王法（乌瑞文第53页）。但布顿在其他地方又作为基本规则而提出，“教法”是以“王法”为基础而出现的。这样一来，佛教就在拉脱脱日时代出现了。继五代人之后，松赞干布又使用了它，再经过另外五代人便是墀松德赞（见罗开什·阐德拉书第2卷，第135页）。

［14］1373年，《西藏王统世系明鉴》第10卷（乌瑞文第54—55页）。赞普以十善法为基础而制订了王法。

这一系列书名表就足够了。大家已经看到了“自天而降法”的写本之重要意义。其中包括晚期著作中的所有内容，并且它还是这些内容的第一种已知文本。它可以使人徘徊于墀松德赞和松赞干布之间，因为它使他们在传入佛教的光辉业绩中结合起来了。它赞扬了人民的美德。这些美德与“人间教法”的准则相类似，而后者又是“神仙教法”（佛教）的基础。它对于当时未能实现一方面是十善和戒律，与另一方面是“王法”之结合，而感到遗憾。

当时人们不可能知道这类结合是否真正存在，也不知道执行佛教戒律是否能够影响法律。一名热忱的和受僧侣们的影响主宰的赞普，曾以多种方式极力促进佛教（因而也促进了僧侣集团），这样一名赞普当然应该考虑保护僧侣们的法律，并于同时传入符合佛教的条文。但这一问题于此与我们无关。

2.《自天而降的经文》

既然大家刚才看到的内容，同时出现在我们的写本和晚期传说中，那么大家也就可以认为，其第一句话（它应该与下文具有某种关系）同样也是传说中很著名的一种神话的说法。佛教（完全如同在一道王诰中那样作 dbu brnès）被以一种或数种，在拉脱脱日赞普时代，自天而降的经文为标志。下面就是一幅如同在前表中一样编号的各种说法统计表。

[3] 800—820 年左右，印度事务部 307 · 5 号斯坦因敦煌藏文写本。《自天而降的经文》，1 卷。

[6] 1167 年，《入法门》。佛陀和菩萨设法自天而降了：一小卷金字经文，《诸佛菩萨名称经》①。赞普梦见在第七世时的松赞干布，将会制订一种以十善为基础的王法。

[8] 12 世纪，娘若的《教法史》（写本 A 第 243 页；梅斯扎哈尔书，第 173 页）和《三法王传记》。这就是佛教的开始。一个经箧自天而降。其中装有一部钤有印章的金字经文。赞普不知道这是佛教教法还是苯教教法。他受到了一次梦的启发，对这种教法实施一种合适的仪轨。作者发现，拉脱脱日的时间已由《开示无垢天女光预言经》所证实。据此经文记载，赭面人（吐蕃人）中的圣教之开始，发生于佛陀涅槃之后的 2500—2800 年。它还补充说，也存在有其他说法。据一部或数部藏文著作《蕃地经典》记载，这一事件出现在墀色赞普时代，再接着就是制定法律的松赞干布了。

[9] 约为公元 1200 年，《玛尼全集》第 1 卷，第 161 页。佛教的起源。观世音使一个小宝箧面世，宝箧载有：①一部金字小部经典；②一颗小印章；③一部用熔化的琉璃写成的藏文金字经文《宝箧经》；④《诸佛菩萨名称经》；⑤《十二因缘经》及其陀罗尼；⑥《十善经》。有人宣布说，其意义将在五代人时，于松赞干布时代，才会被人理解（第二部分中的行文相同）。

[11] 约为 1200 年左右，《遗诏集》。作为该宗教的开始而播下了白色宗教的种子。这里是指阿育王法在有关被称为李恰的

① 我将于下文来讨论该经文。

印度国王身上的一个故事[①]。当时共传来4种经文：①《宝箧经》；②《十善经》；③《诸佛菩萨名称经》；④一颗印。它们与松赞干布的联系出现于第408页。由于该赞普很贤明，所以他才制订了法律。

［12］1283年，内乌班智达。佛教于拉脱脱日时代开始。当他夺取权力时，托噶尔的李则色和译师罗森错请来了班智达学者列琼。他们共同向赞普施教，但徒劳无益，因为当时尚没有文字。他们于是使用金字（在一卷黄纸上）写下了《宝箧经》中的六字真言。他们于其上面钤下了印章，并告诉赞普要崇仰之。由于他们认为自己在吐蕃的存在是无益的，于是便前往汉地[②]。作者认为自天而降的传说，就如同是崇拜天赞普们的一种错误。接着便是松赞干布及其法律的故事。正是他开创了圣教，请来了尼婆罗和汉地的学者，派遣吞米及其他人赴印度以创造一种文字。在他们之中有一名叫作李琼的人，内乌班智达把他考证成了拉脱脱日（他获得了能长寿的能力）时代的列琼[③]。

［13］1321年，布顿的《善逝教法史》第137—138页，奥

---

① 这是大吉岭版本中的原文（1972年版）。1973年的列城版本（第669—674页）于此作了长篇论述。赞普的臣民们对他说，摩竭陀的国王过去叫作恰氏国王，曾见到过“其先祖们的著作”。这些著作中说，过去，其先祖达摩·阿育王曾发愿建造身、语和意之所依，但未能创造“法之所依”（经书）。恰氏国王希望购买这种著作。他发了愿。当时金刚大力自天而降，一阵经书雨降了下来，但它们后来都消失了。就在此时，吐蕃的拉脱脱日受到太阳光芒的普照，他从中取出了一个内藏——一本用金汁和熔化琉璃写成的著作之箧。

恰氏国王的故事也出现在娘若的教法源流史中（A号写本，第152页；梅斯扎赫尔版本，第92—101页），但它未与拉脱脱日赞普联系起采。金刚大力向许多生灵出示了金刚杵，尤其是向栗呫婆墀玛梅巴（无垢?）显示它。恰氏国王紧接着就接受了一阵金汁和熔化琉璃书写的经文。由于他不懂阅读，所以便请教库库罗阇。他希望将一切众生都驱向金刚乘，于是便令人在白纸上写下了经部和续部经文。这是由于恰氏国王于某一天，看到了“先祖们的著作”。他从阿育王处获悉了他希望购买的经书。

② 有关译师的问题，请参阅乌埃巴什1987年书，第226页。内乌班智达的理论已被《青史》（罗列赫译本，第1卷，第38页）所接受。作者根据《拔协》一书的记载而指出，寂护在9世间（他在此期间被称为菩萨）等待墀松德赞。他由此而得出结论认为，李扎色将“菩萨”译作blo-sems，čho一词又与ži-ba-’cho（寂护）相吻合。请参阅巴俄祖拉陈瓦书，第2幅名表中的第17条。

③ 《译师班智达遗教》（第208页）不是写作Legs-byin，而是Li-bgin。这其中很可能是将印度与汉地相混淆了，李敬和其他人在吐蕃失败之后曾前往汉地。

贝米莱译文第183页。有一宝箧自天而降，其中装有：①《宝箧经》；②《诸佛菩萨名称经》；③一种金神龛。这就是佛教的开始。一场梦向赞普预言，大家将会在第五代人墀德松赞时代理解其意义。

［14］1373年，《西藏王统世系明鉴》。这是佛教的开始。据一种佛陀的授记认为，佛教将会在吐蕃发展起来。作为一种有影响的预兆，自天而降了以下诸物：①六字真言；②《诸佛菩萨名称经》；③一座微型金窣堵波；④一个如意宝的瑟瑟碗；⑤一颗印。大家将会在五代人期间，于松赞干布时代理解其意义。

［15］1476—1478年，《青史》（罗列赫译本第38页）。自天而降的有《如意宝陀罗尼》和《诸佛菩萨名称经》等。

［16］15世纪的下半叶，《说库如意宝》。自天而降的物品分别有：①一座水晶塔；②《诸佛菩萨名称经》；③《宝箧经》；④白玛噶宝（白莲花）的经文等。接着是直到松赞干布的五世和直到墀松德赞的另外五世。这些赞普就是“三名保护主”（包括观世音和文殊师利）之一。这种记述在第315—316页又作了重复，自天而降的物品有：①一个宝箧；②一座盖有8颗王诰之印的水晶塔；③《宝箧经》；④《诸佛菩萨名称经》；⑤《十善经》；⑥《业分别经》。这其中有一种重要补充。就在同时，大瑜伽的经书如同雨点一般地降在了托合尔恰氏国王的屋脊上。我于下文再来论述这一问题。三世之后，到了松赞干布时代，有人又翻译了一些陀罗尼（第一种就是《具誓法陀罗尼经》）和多种经文。

［17］1546—1565年，巴俄祖拉陈瓦的《贤者喜宴》（第7卷，第9页）。拉脱脱日是普贤（还有人说是金刚大力或地藏）菩萨的化身。在自天而降的物品中，我仅仅提到如意宝钵（这是11头观音的一个如意宝陀罗尼钵）和上面刻有六字真言的一颗印。接着是在有关阿育王后裔恰氏国王的问题上引证了《遗诏集》（如同第11条一样）。作者又补充了另外两种传说。据某些人认为，第一年降下了两种用黄金和被熔化的琉璃墨写成的纸

经卷，接着是法印。据某些（《秘密法统》[①]）经文认为，寂护是为了吐蕃的利益才诞生的。他思忖事先指定的赞普是否就是墀松德赞。所以他向吐蕃赞普送去了两卷经文。该赞普很聪明。为了使“爱天”的苯教大臣受皈依，他声称这些经书是自天而降的。

这两种统计表说明，自天而降经书的内容与王法的文献有关，这些王法又与佛教的十善之戒律有关。第一种事件的明显特点，如同是第二种事件那具有影响的预兆和一种征兆。这种虚构与在石刻中出现的佛教赞普们那种将其信仰，及社会制度追溯到其先祖们的意愿是相吻合的。大家已经看到，这种做法是怎样被以五代（有时是七代）赞普为一组的一种世系分解法而使用的[②]。从墀松德赞起向上追溯，便可以到达松赞干布，然后再上溯到达拉脱脱日。大家还将会发现，这后者被正确地保留在汉文史料的吐蕃赞普名表中了。继第一代先祖鹘提窣勃野（此名后来变成了赞普氏族或世系的名称了）之后，又提到了第二位（我无法考证他）。然后是拉脱脱日，经过五代之后便是松赞干布[③]。有关佛教传播假设史的这些思考，允许或造成了从一代赞普到另一代的动机之变迁：“教法”有时被归于松赞干布，有时又被归于墀松德赞。拉脱脱日被与恰氏国王联系起来了，而恰氏国王又与阿育王有联系。据《拔协》认为，青年赞普墀松德赞首先想讲汉地的佛教，这就是十善宗教。赞普当时从汉地得到三

① 据这些文献认为，吐蕃第一位先祖来自印度（《说库如意宝》第160页）。巴俄祖拉陈瓦书（第7卷，第5页）作为秘密法统而引证了出自《文殊师利根本仪轨》的记述，即认为这都是一些印度国王，如栗呫婆人和塞种人等。

② 在晚期的传说中，于拉脱脱日和松赞干布之间共有5代人（唯有第6条计算到7代人），从松赞干布到墀松德赞之间也是5代人（名表中第16条）。这种断代法与吐蕃的“3名保护主”（菩萨的3名化身）有关。佛陀密的信（第5条）是以召请文殊师利而开始的，紧接着是对墀松德赞的赞文。墀松德赞出自松赞干布的后裔，是观世音的化身（请参阅石泰安1981年文，第1页，注[64]）。在《拔协》中，这种归属都不大可靠（请参阅注[6]）。在自天而降经文的故事中，拉脱脱日是普贤菩萨的化身（第17条中的不同说法）。

③ 《新唐书》卷216上（伯希和1961年书，第82页）。对鹘提窣勃野（'o-lde spu-rgyal）的复原是可靠的。第3个名字写作陀土度，即为“脱脱日”之对音，也应相当于“拉脱脱”。因为藏文的辅音字母Lh——一般都由汉文中的“t”来翻译（在拉萨唐蕃会盟碑上，北侧第21和38行中的Lha都转写成“陀”）。

部经文，《十善经》、《金刚般若婆罗蜜多经》和《佛说稻秆经》。其中的两种既成为“自天而降的法”的写经，又成为信仰和自天而降经书的特征①。

我尚有待于分析自天而降经文的晚期文本。大家可把作为佛教象征的圣物排除在外。《宝箧经》是由于松赞干布被认为是观世音化身的事实，才被接受的。该经文就是奉献给观音菩萨的，并提了其六字真言和适应于某一种形式的如意宝陀罗尼。但该经文与相同的法律之统计表没有任何关系。《十善经》确实出现于其中了（与《十二因缘经》同时列举的，还有第10号以及第11号）②。由于其简短之特征，它也适用于我们的写本。但自天而降的经文则在名表中出现得最多（尤其是在最古老的第6条中，它是独自存在的），这就是《诸佛菩萨名称经》，该经文之所以称为“小”，那是由于它很短。它也涉及了善和恶。

该经文被收入《甘珠尔》（北京版本第933号）中，并以许多份出现于敦煌写本中③，但它并未被录进《登迦目录》中。北京版本没有题跋，但德格版本（第267号）则指出它是在拉脱脱日执政时代自天而降的④。它不存在汉文版本。相反，同一名称的另一部被称为“大”的经文（S.207和2507，《大道方广忏悔灭罪庄严成佛经》，存在于敦煌写本以及《登迦目录》第149和258号，自汉文译出的大乘经文）中，则以汉文和藏文版本出现。其藏译本已被收入《甘珠尔》（北京版本第930号），汉译

---

① 请参阅《吐蕃古代文献汇编》Ⅲ，第116—117页，当成年的赞普参阅其父（和祖父）的“著作”时，他发现了《老子经》。这一点显得很奇怪。但《十善经》也恰如其分地出现在当时的道教经文之例。

② 寂护向墀松德赞解释了十善、十八界和十二因缘（《拔协》第17页）。

③ 印度事务部图书馆第208.1号写本（不完整的《大通方广经》），紧接着是208.2号写本（《忏悔愿文》），24s和248（带有罪孽者的忏悔）、452.2、209、210（最后的标题是《诸佛菩萨名称经》）、210.2、211（最后为一种教法史）；P.17.1（为死者的忏悔）、17.2、22（带有召请天神和龙）、24（经文集并解释了生死轮回和真谛，共1卷，忏悔文；由胜友和益西岱于9世纪初叶翻译和校对），P.98.4（带有150颂的《般若婆罗蜜多法门经》）以及其他许多写本。

④ 施密德1984年文，第43—44页。东方学目录的日本出版者指出，吞米桑布扎为译师。这种说法与内乌班智达、《青史》、《如意宝树史》（晚期由吞米翻译的著作，见大谷1930年书，第933号）的理论相吻合。

本已被收入《大正藏》第85卷，第2871号中了。正如其名称指出的那样，它是为了以忏悔而灭罪的①。该经文很长又很混乱，它与笔者本文无关。但其中的某些内容，则可以说明我们写本中的某些主题。经文中广泛地指出了大乘的优越性（《大正藏》版本，第1340—1341号）。释迦牟尼佛于其前世中遵守戒律并崇拜过许多佛。尽管如此，他们并没有向他传授他将会成佛的授记。这是由于他们属于小乘。由于这一事实，佛陀从未听到过《大通方广经》。他仅仅是从燃灯佛处听到了这种大乘经，从而得以诵读之并获得授记。

《小通方广经》确实很短。它由召请所有时代和所有方向的佛、菩萨和经文而开始（见《甘珠尔》版本第84页，第1—5行）。其后提到了发愿和供物，可以使罪孽者（十不善者）灭罪并获得功德的忏悔、产生菩提心和最终成佛的誓愿。

这类经文中的一种，是否就是我们写本中的《自天而降的法》呢？《宝箧经》（《甘珠尔》第784号，译于9世纪初叶）还在《登迦目录》中提及了（第114号）。由于它很冗长，所以这里不可能是指它。简短的《小通方广经》也未出现在目录中。唯有《十善经》才既短小又出现在目录中，同时又在敦煌写本中有代表。在晚期的传说中，它是唯一可以符合逻辑地与教法名表相联系者，这种联系也出现在我们的写本中。大家于其中对于这些王法和十善法都同时令人感到遗憾。正是这部经文最为适合《自天而降的法》之标题。但这仅仅是一种可能性。在我们的写本中，也可能是指完全不同的另一种经文。由于其中一开始就赞扬了般若波罗蜜多“母”，所以大家可以联想到该经文的一种简

---

① 《甘珠尔》第930、149和258号；Pt. 92 IO. 207和250号敦煌写本已由东洋文库的一个小组作了考证（1979年书，第3卷）。在《甘珠尔》中，该经文的后面附有另一篇经文，即第931号（有关忏悔、救度、仪轨、佛名等的章节，引自《忏悔愿文》第37卷，第64页）。该经文的汉文版本包括590年的一篇题跋，另一篇为536年的经文。大家会从中发现很长的佛名表，有的是传统的，余者则在其他地方未出现过。念诵他们的名字、涤罪仪轨、许多陀罗尼经文和仅仅通过诵经就能灭除甚至是最为严重的罪孽。同样的内容也形成了《金光明经》的第4卷，该经文在汉文、藏文（译自汉文）和回鹘文中都广泛流传。许多卷敦煌写本也出自于其中（忏悔和发愿），同时还有一种更为简短的经文《大法鼓经》（《甘珠尔》第888号、P. 66号写本、《大正藏》第270和271号）。

短文本，或者是诸如存在于一卷敦煌写本的一批文献中那样的“真谛简论一卷”。现在已不可能在缺乏其他同时代文献的情况下，去复原历史了。大家所能说的一切，（但这就已经是一种确认了）就是晚期传说具有一种古代的雏形；或者是晚期的说法，可以被认为是某些古文献的一种并非荒谬和武断，而更应该是符合逻辑和有理可据的发展，无论这些古文献是否与我们的这卷晚期作者得以知道的写本相似。

另外一种可能性也要考虑。自天而降经书的内容，不仅仅与大家刚才讲到的经文有关，而且也形成了第一种出现的续部经文。这种内容已经广为人知了（噶尔美 1981 年文）。《说库如意宝》（上述统计表中的第 16 条）的作者，明确地将于拉脱脱日统治时代传入的经文，与如同雨点一般降落在恰氏国王王宫上的大乘经书相联系起来了。《遗诏集》（上表第 11 条）则将这两种事件，与恰氏王和拉脱脱日赞普联系起来了。桑木丹·噶尔美提供了这一可以断代为 12—14 世纪传说的多种说法①。有一种说法已经出现在对《般若波罗蜜多法门经》的一种疏注文中，布顿认为该经文应断代为 8 世纪（《丹珠尔》第 3471 号，第 77 卷，第 44 页；噶尔美文，第 199 页）。但天降经书的原因，则未于其中出现。

这种有关经书自天而降落，并落到一座无愧接受这一切的王宫脊顶的说法，是否与我们的写本有关呢？这是不大可能的，因为这阵经书雨中包括续部的“18 种经文”，唯有奇迹的形式才值得引人注意。金刚乘在我们的文献中也出现在不同教义中。

---

① 在 12 世纪时，摩南则摩于其《怛特罗部众行相》（《萨迦全集》第 2 卷，第 28 页）指出，在佛陀进入涅槃的 20 年之后，在东方将有一个扎合尔国，又叫作伍金国。其恰氏国王又叫作因陀罗菩提。一本以熔化的琉璃汁写成的金书降于了其屋顶上。噶尔美根据《卢瓦面具》（如果这确实是他的著作，那就是 1362 年）中引证的《陇钦教法史》，而提出了同样的说法。在这部著作中（噶尔美书，第 222 页），经书都降到了位于扎合尔的阿修罗洞中了。噶尔美还引证了《莲华生遗教》（德格版本第 24 页）和《国王道教》（拉萨版本，第 24 页）。大家还可以从中补充《玛尼全集》（第 17 卷，第 40 页）。《大臣遗教》第 29 卷，第 276 页讲到了多玛供，提到了因幻、栗呫婆——赤玛梅（无垢）和恰氏国王。巴俄祖拉陈瓦（其书第 10 卷，第 238 页）提供了那些从金刚大力那里获得了瑜伽之密典的人物们的世系。第 5 位是栗呫婆赤玛梅。恰氏国王继他之后才接受了经书。这些经书都被置于一个金箧中，用金墨写于蓝纸上，在娘若的教法史中也如此。

自天而降续部经文的晚期传说的另一种动机，可以被视为如同在古文献中就已经孕育了。在晚期的传说中，经书一般都是写于黄金上并用熔化琉璃所写，这一切无论对于传统经文还是对于续部经文，都一概正确。有时情况恰恰相反：琉璃汁和文字（《说库如意宝》），或者是蓝纸（石青纸）和金字（《大通方广经》）。经书往往是被盛在一个宝石箧子中。对于掘藏、奥义和珍贵的经文（尤其是对于道教），这种原因广为流传。但值得费心指出的则是，它也形成了吐蕃王诰的特征。第一道王诰是用金字写于蓝纸上，它被置于一个金箧中。第三道王诰也如此，但其箧为天青石的（黎吉生 1985 年书，第 105 页注①）。在工布石刻中，赞普的盟誓王诰也被置于一个天青石箧内了（同上引书，第 69 页）。在藏博碑（墀松德赞碑，见上引黎吉生书第 105 页）中，情况也如此。在第二道王诰中提及的有关佛教起始的年表，也是用天青石字写成并被置于金箧中。大家知道，在深蓝色纸上用黄金或银墨抄写经文和其他圣书的习惯，一直维持到当代①。

总　结

在吐蕃佛教起源的问题上，自 11 或 12 世纪以来的晚期传说，部分地要追溯到公元 800 年左右。大家无法把它们与由于虔诚佛教徒们的热忱而编制了武断目录的古文献对立起来。其中肯定有虚构，但它已经成了佛教徒赞普和亲佛教派别的事了。大家在某些有关石刻和王诰的著作中也发现了它。第一种甚至还提到了一部“编年史”的作者——勃兰地的戒铠，他肯定是一名吐蕃佛教徒。《自天而降的佛法》写本无疑是由于过分残损，而无法使人准确地确定其特征。但大家可以说，它由于下述特征而与众不同。

一方面，它酷似墀松德赞及其善知识友寂护的著作。人们讨

① 据《玛尼全集》（第 1 卷，第 70 页）认为，松赞干布的遗诏是用金银字写于蓝纸上，并如同“王家宝藏”一般藏于扎竹寺。

论了借助于巧妙地诵读论和经而了解佛教及其经文的不同面貌。另一方面，它强调了一名佛教赞普的善政内容，他可以为其民造福并确保世俗人的善俗。这类赞普中的第一位就是松赞干布。

经文中所使用的语言（祖拉以及诸如古代圣贤教义的某些参考资料）都含糊不清。它们可以既适用于佛教及贤明赞普松赞干布，又适用于土著传说。人们在将之追溯到第一位神话先祖鹘提窣野时，很愿意参照这一切。人们以这种方式，至少可以部分地满足仇视佛教的保守派，但世人却都抱怨仇视佛教的法律。

最后，我们的写本以其标题而引入了一种神话因素，一种奇迹，很可能涉及了某种佛教出现的开始阶段。广泛发展了这一内容的晚期传说，当然不能用于复原写本所暗示的传说。但它可以使人认为，我们也可能希望将一种被认为是主要佛经的出现，归于一位神话先祖，基本就如同在石刻中一样。

（译自1987年号的《法兰西远东学院通报》。这是石泰安先生的札记性系列文章《吐蕃古代文献汇编》之Ⅳ）

“祖拉”与吐蕃巫教

石泰安

早在12年前，麦克唐纳（Ariane Macdonald）夫人发表了一篇非常重要的文章，它如今动摇了西藏学家们有关吐蕃佛教之前的宗教观念。它甚至骤然间也震撼了这些学者们直到那时为止，尚一致接受的西藏传说。正如其标题《敦煌吐蕃历史文书考释》所指出的那样，它首先是考证性释读某些敦煌写本。但这些释读却导致产生了有关7世纪上半叶吐蕃巫教的一种全新理论。这是一部划时代的作品，不仅仅表现了作者在该时代的写本和金石领域中的博学，而且也表现在传说时代之后的文献中（从11世纪开始）。该文篇幅冗长，又缺乏一篇索引，但研究了大量不同的问题。所有这一切都使该文显得杂乱和难于理解，因而它未能引起其应有的反响。那些书评也未能讨论某些全新的观点。但不少学者都明确或含蓄地对此表示了同意。至于我个人，第一次初读时未能使我心悦诚服。随着时间的推移，我一直在犹豫徘徊，最后改变了本人有关对某些内容的观点。但我始终觉得其主要理论，仍是无法令人接受的。不过这并不妨碍该文提供了许多新内容和值得思考的问题。麦克唐纳夫人以其异常的聪明和清醒的头脑，深知她论述的困难性和大家可能会提出的异议。本文不可能重新论述所有我认为是错误的问题，而仅讨论她对文献所作的全部译本和注释。

一、断代问题

麦克唐纳夫人是一位以严谨和爱挑剔而著称的优秀史学家，她一直在设法对文献作出最准确的断代。既然其著作涉及了松赞干布时代，那么她所使用的文献之时代就很重要了。麦克唐纳非常清醒地懂得，大部分文献的时间都相对较晚这一事实。现知的金石文的时代约为764—822年。对于《岱噶愿文》这卷重要写本（伯希和敦煌藏文写本Pt. 16号），麦克唐纳接受823年这一断代（第202和224页）。另一篇论述古代史的文书（伯希和敦煌藏文写本Pt. 1290号）的时间约为815年左右，出自一名佛教僧侣大相（第326—327页）。伯希和敦煌藏文写本Pt. 1038号（《有关起源的理论》）也被归于9世纪初叶（第218页），它无疑要更晚一些（见附注）。《吐蕃年代纪》（伯希和敦煌藏文写本Pt. 1286和1287号）可能晚于842年（第191、220、228和261页）。该文书系由片断组成，其不同的内容是由不同作者所写（第334页）。麦克唐纳也使用了墀松德赞的王诰，诸如由掌握丰富文献的史学家巴俄祖拉陈瓦（16世纪）所保存下来的那些以及具有文学特征的编年史《拔协》（12—14世纪）的文献。

当然，出现在一种文献中的观念，可以比文献的时间更为古老一些，但我无法估计其古老程度。对于800年左右，甚至在更晚的时代，我掌握了某些涉及了比较古老时代的口头传说和文献档案。麦克唐纳甚至还认为，那些佛教徒大相的古老歌曲可能属于一种“赞普即位仪轨”的组成部分（第326页）。我对此一无所知。汉人对821—822年的唐蕃会盟条约仪轨的描述清楚地说明，当时与佛教因素同时使用了一些非佛教的和土著的内容。但我们绝不应忘记考虑，所要使用当时的某些流行的语言和思想，某些文笔和通行的文学隐喻的作法。

对于那些非佛教的宗教文献（被麦克唐纳夫人用来重新复原7世纪上半叶的宗教）来说，它们均未被断代。唯一可以采用的标准却属于其形式和语言的范畴。某些文献则以一种非常特殊的语法、辞汇和文笔而有别他者。所以其译文即使不是绝对不可能的，也是很困难的。我们可以称之为古文献（无法断代），但它们也可能是指地区差异或专用于某一社会阶层（如托玛斯在《西藏东北部的古代民间文学》中发表的那些故事，IA 和 B，Ⅱ和Ⅳ中的一部分以及殡葬仪轨书）。但其他那些稍为明确一些的文献，却以一种很特殊的文笔写成，即写成诗歌。同样也与古典藏文相差甚殊（如伯希和敦煌藏文写本 Pt. 1290 号和《年代纪》）。但这种文笔也并不仅仅出现在那些明显是土著和肯定相当古代的文献中，它也行用于纯属佛教的文献中（如伯希和敦煌藏文写本 Pt. 977 号），它也保留在晚期的传说中。

麦克唐纳当然清楚地看到了这些问题，所以她试图寻找一种与被她归于与松赞干布的王家宗教同时代的文献。她自认为在一篇有关占卜的长篇文书中（伯希和敦煌藏文写本 Pt. 1047 号）找到了，或至少是其第一部分（有关本命神大相和大王问题的神谕，第 272 页）。她把该文献断代为 640 年左右，并认为当时的“吐蕃古代宗教”（我在其他地方也发现过这种藏语表达方式）是“在吐蕃流行的唯一宗教”（第 289—291、309 和 356 页）。这种断代没有依靠任何客观标准，它是从以下事实中推断出来的：文书开头处的一种神谕带赞赏的口吻，追述了大相邦色苏则的作用，此人被松赞干布牵涉到征服象雄的事件中了，而该大相的原籍即为象雄地区，成套占卜中的外来语言即象雄语（但这一点尚待证明，第 286 页）。麦克唐纳得出结论认为，该文献与其中记载的事件是同时代的。我承认本人对此无法苟同。正如该时代的另一位噶尔氏的大相一样，邦色苏则自《年代纪》以来就很著名，并在晚期的传说中形成了一些小说话故事的内容。占卜书证明了此人早期的活动，但它也完全可能晚于其中记载的事件。仅就我看到的情况而言，乌瑞先生所接受的并不是文献的断代，而是其中所叙述故事的历史真实性（1972 年文，第 40 页）。山口瑞凤强调指出神谕仅仅使用了一种由于故事而变得著名的例证（1983 年书，第 407 页），并不与事件同时代（书评，第 81 页）。文献的断代尚难确定，所以，由麦克唐纳夫人从中得出的结论，是令人质疑的。这些文献中肯定是经常提及本命神和木门神，它们与赞普的关系也确实在 8 世纪末得到了证实。这些观念完全可能存在于 150 年之前。我们可以提出假设认为，但不能断言，大家还应考虑某一特定时代的辞汇。同一个定形的或早期的藏文字，可以包含不同的、有时甚至是大相径庭的观念。

我要针对有关宗教和神话的文献，再多费一些笔墨。除了以古体文笔写成的故事和《年代纪》中的某些片断之外，敦煌写本和金石文仅提供了某些只言片语或孤立的句子。我们可以研究其内容和主题，但要复原一整套体系则是危险的，更何况意欲为之断代呢。这些片断又重新出现在公元 1000 年以后的晚期传说中，它们于其中被纳入到一个更容易理解和清晰易懂的整体中了。麦克唐纳也如同其他作家一样，大量使用了这些资料，这样做是颇有道理的。虽然史料考证应考虑到整套体系和全部观念的生命中所固有的变化。尽管会因为不正确的口头或文学传播而造成了讹误。我们发现这些传说是很稳定的，未曾有过真正的断裂（参阅有关《起源的理论》的附注）。麦克唐纳正确地同时指出了传说与敦煌文书之间的连续性、不连贯处以及相符的地方，或相反是它们之间的岐异处和差异。我计算了一下麦克唐纳的引文，共发现 9 处是连续—相符的内容（第 205、223、261、300、312、329 页和注 300）、两处是不连贯—歧异处（第 204、218 页），三处是在发展中起了变化（第 225、230、260—261 页）、介于这些晚期文献和程度不同的古老文书之间，还有一卷非常重要的写本（伯希和敦煌藏文写本 Pt. 1038 号）。

二、吐蕃古代宗教的特点

麦克唐纳曾试图为吐蕃古代宗教和神话下一个定义：名称、内容和作用。她认为这种宗教是松赞干布时代的王家宗教。它可能叫作“祖”（Gcug）或“祖拉”（Gcug-lag。第270、354、357、360和365页），其基本观念是“祖”（天命，第353—354页）。它可能被用作赞普权力的理论，可能包括政治和行政的表现形式（第346页），而且还有一种“对宇宙和时空的全面看法”（第378和382页）。这不是“一种混乱的和零散的巫术—宗教观念的大杂烩”，而是一种以“严密的结构”为特点的宗教（第367页）。最后，这种“肯定是在佛教于吐蕃传播之前，而传入的严密的宗教体系”，很可能是松赞干布系统地制订成了“一种王家宗教”（第376—377页）。但令人惊奇的是，麦克唐纳于其著作之末也清醒地质疑，这种法与政府的“君主立法”是否“受外来影响”。她于此想到了唐朝，唐朝在821—822年的会盟条约中，平等对待吐蕃（第340和378页）。但她特别是联想到了儒教（第382—383页），或者即使不是指影响，那至少也有一些共同的观念和相似处（第384—385页）。

至于宗教内容（除了“祖”，即“天命”与汉地“道”的相似性之外，第384页），麦克唐纳也根据各种文献而作了复原。赞普均为“天神之子”，其先祖自天下界。在开始时的某一幸运时代，神与人尚未分离。赞普在作为人类的同时，也可以登天。天神或恰神都与神山有关，而神山则又是赞普的保护神或本命神。这都是一些恰神（麦克唐纳将之置于创世之初，而我认为更应该是指对宇宙的治理），它们派遣大山落到大地上并“建立了祖”。由于赞普们的第一位先祖聂墀或布岱贡杰也是一位下凡的天神，他也创建了“祖”并据此而行使统治权。麦克唐纳由此而得出了某些其观念非常古老的印象，尽管它们是指传说或神话，而不是历史事件。在总体上结构最为严密的记载是《时代的故事》，其中提到了相继衰败的阶段和在这一衰败前后的幸运时代。此文使她产生了一种印象：“因此，这是一种结构严密和有组织的信仰”（信仰古代的祖拉，第367页）。她将此与具有古老风格的殡葬仪轨书联系起来了，其中讲到了在死亡之后的“痊愈”和新生。但这里是指两种相差甚殊的文献。

据人们一致接受的传说认为，苯教早于佛教的存在，而后来又与佛教共存，一直持续到吐蕃王朝的末期。麦克唐纳清楚地懂得这一问题，但她犹豫不决并准备以后再重新研究它。她在论述到伯希和敦煌藏文写本 Pt. 1083 号（《起源的理论》）时提到了它，因为从中发现了苯教徒托杰的名字。形成系统的苯教似乎并不会早于 11 世纪，而古代苯教则属于另一种不同的宗教范畴（第 215—218 页）。“由于在有关殡葬的仪轨中，存在着苯和辛（司祭），难道这就如同大家认为的那样，是另一种宗教思潮吗？”麦克唐纳未对此表态（第 357 页），因为她认为有关死后的生命问题属于“祖”的范畴（根据《年代的故事》）。她在研究伯希和敦煌藏文写本 Pt. 239 号（一位佛教徒于其中抨击了苯教的殡葬仪轨）时指出：“我们发现其中不存在‘祖’一词……它确实从不会出现在佛教徒们的攻击中，这肯定是因为吐蕃君主权原则是根据祖而确立的。”她可能是想说该词没有出现在殉葬仪轨书以及可以证实这些仪轨书的故事中，更没有出现在伯希和敦煌藏文写本 Pt. 1047 号（占卜书）和 1622 号（本神和恰神的故事）中。但她承认（第 376 页）苯教和苯教徒是“祖拉宗教的组成部分”。最后，她在研究了论述苯教与佛教对立的《拔协》一书（第 380 页）之后，便得出结论（第 388 页）认为，传说中对“祖”的追忆完全阙如，连其名字也没有出现；甚至在那些最优秀的学者们的著作中，竟缺乏这一“普通事实”。这只能是由于偶然而造成的。它可能是一项在于“消除对君权时代官方宗教记忆”的系统工程的结果。

我对这样一种断言仍表示怀疑，大家不由地会想到更可能是麦克唐纳夫人错了。

吐蕃在佛教之前，当然存在过一种土著宗教（巫教），它与印度佛教同时被维持下来了（是否有些变化呢？我不知道），但也有以各种形式出现的汉传佛教。正如其他宗教一样（那些大宗教除外），它们可能没有名称。麦克唐纳比较轻率地抛弃了它可能是指一整套信仰和修持（她认为是不定形的）的思想，完全如同明清基督教传教士把中国的“民间宗教”当作“迷信”处理一般。宗教和那些在不同程度上没有文字的民众的制度，都具有一种只有通过分析才能看到的和不易觉察的结构。但麦克唐纳却更主张王家宗教（她没有讲到其余者）是一种“真正的”宗教，它是“有意识地”构成的，其中包括作为这种大宗教特点的最高原则（“天命”）、时空观和具体的生死观。它如同大宗教一样也应该有一个名称。但由麦克唐纳使用的一批文书，却并不像在大宗教中一样是由祭司保证的宗教文书，它仅仅是由于偶然保存下来一定数量的文献，以及经麦克唐纳主观选择的结果，其中毫无区别地把古文献与其他文献结合在一起了。

对于所选择的名字，麦克唐纳不顾全部传统，尤其是不顾藏族学者们的所知。他们也如同我们一样读到了金石文，至少是了解部分保存在敦煌的文书，因为他们引证过这一切。任何人都没有注意这一名字，尽管它如同口头禅一般反复出现在金石文中。但却未出现过苯教和苯教徒等名称。麦克唐纳在这一问题上也摒弃了传说以及佛教和苯教徒大学者们的著作。如果说在公元1000年左右之前的时代，没有如同在11世纪时出现的那种哲学家和宗教人士苯教徒，那就不会有任何人反对，也未曾有任何人这样讲过。无论如何，11世纪的这种苯教，不是凭空而出现的，它有自己的一部历史。麦克唐纳未能获悉的某些敦煌写本，无论如何也说明苯教徒是作为反对佛教僧侣的一个集团而出现的，该集团既有印度教神话形式，又有其汉地的对等形式。它们也说明我们有时可以在这些苯教徒中发现相当于汉地“巫师”或通灵人者，他们是汉地民间宗教（占卜、婚仪和殡仪）的代表人物。作为例证，当时的汉文史籍就说明它们（相对较为低级一些）与在821—822年签订会盟条约时的歃誓仪轨有关。但即使是在由麦克唐纳使用的写本中（她清楚地看到了这一点），男女苯教徒和辛也以恰当的地位出现在古老的故事中了。我们从中发现，甚至已经出现了与象雄和古格有关的辛饶米保的名字。但文中并未像在晚期传说中那样断言他为苯教的创始人，而仅仅作为一名重要的苯教徒。在伯希和敦煌藏文写本 Pt. 1040 号（麦克唐纳肯定知道它，但没有讲到它）中，甚至直截了当地提到了苯教徒，而该卷写本就如同是指一篇经文一样。因此，传说中赋予了非佛教的宗教“苯教”一名是有道理的。我们是否应排斥它呢？我很希望如此，不过对由麦克唐纳选择的名称又如何看待呢？

三、“祖”和“祖拉”的意义

麦克唐纳始终用大写字母写作 Gcug 和 Gcug-lag。但它们从来都不是专用名词，而是一些应该翻译其意义的词。拒绝这样做就是导致错误的根源。这两个词完全相同，前者仅为后者的简称。作家可以按照文笔和韵律（在诗歌中）的要求，根据在古文献中具体确定的规则而选择。在散文中称之为“贤明教法”，和“大教法”，我们在诗歌中则仅发现有 ĉhos、bza 和 gcug ĉhe（及其不同写法，麦克唐纳文第 338—339、343、348、350 页，其不同写法统计表见第 353、357 和 360 页）。“祖拉”一词包括有非常广泛的词义，以至于无法始终都坚持同一译法（见石泰安 1983 年文，第 180—182 页）。《翻译名义大集》（约 814 年左右成书）中提供了一种年代标志，其中的此字用来翻译梵文 ārsa（神圣的学识和著作），或者是指婆罗门僧的科学或经典（5046）。隐喻中也提供了其例证，即 Vihāra，指修持或保存经典的地方，无疑就如同在那烂陀寺院大学中一样。由此而派生了其另一意义“论”，即技术、科学、伦理和治国术等方面的经典。这种词又流传最广。在近代词典中，该词又被解释为“经典”、“经”、“三藏经”。我们可以从中区别出：1. 两种语法经典。2. 宗教和世俗人的习惯（益西多吉、达雅、曲扎和达斯等人的词典）。当时最著名的学术是占卜术，尤其是汉地的“孔子”占卜术（早在敦煌写本中就已经出现，见麦克唐纳文，第 282—284 页）。

另外一种词义并未出现在《翻译名义大集》的“印度辞汇”

中，但却频频出现在我们的写本中，这就是“智慧”的意义。托玛斯（《新疆藏文文书资料集》中的辞汇）和黎吉生（1977年文，第221页）就是这样翻译的。这种译法确实反映了其词义的主要方面。在《战国策》的译文中（伯希和敦煌藏文写本Pt. 1291号，今枝由郎1980年文，第56页），专用名词“惠子”同时被转写和翻译成gcug-lag和Hye-ĉhe。在郭庞国王的故事中（伯希和敦煌藏文写本Pt. 990号，第122页），智慧大相向赞普讲述了使该地区闻名于世的因素，这就是一位智慧国王和一位大智慧宰相（或治国术，gcug-lag ĉhe-ba）。作为它的引伸（或相反）意义的一种常见词义，即为：道德、善行、生活智慧、习惯或正直的和正确的行为等。在《书经》的译本中（伯希和敦煌藏文写本Pt. 986号，第33和152行；《古代吐蕃资料汇编》Ⅰ，第276页）有一句话（我也在《时代的故事》中发现了它）为“前世之德”，用它来译汉文词组“五常”，即忠孝的习惯和行为。这些道德是与崇拜先祖与神山（护法神和本命神）同时提及的。我们当然会在道德格言中发现这种辞义（伯希和敦煌藏文写本Pt. 9923号，第6页，第8—9行）。在批评恶劣行迹时，人称“这些人不加分别地追求恶习（或生活方式）”，声称他们不关心善行（道德总则）。其中的“道德”即作lugs。在同一本集子中，这种“善俗或善行”（gcug-lag bzan-po）是与善恶相联系的。在对风俗习惯的一种类似批评中（伯希和敦煌藏文写本Pt. 126号，第1节），又抨击那些“不信仰佛教和如同疯子一样追求恶行”的人（如同伯希和敦煌藏文写本Pt. 992号一样）。为了举行一次婚礼，人们应该看一下夫妇二人是否与伦理或道德（gcug-lag）相符（伯希和敦煌藏文写本Pt. 992 · 2号，第4叶），这种词义接近于在晚期，但也指已经在赞普时代出现的一种被称为“人间宗教”（与神仙宗教，即佛教相对立）者。“祖拉”和“人间宗教”这两种表达方式很近似，而且是程度不同的同义词。在《岱噶愿文》（伯希和敦煌藏文写本Pt. 16号）中，赞扬了佛教徒赞普的善行，他“传播了佛教的善俗（行为、道德，即 gcug-lag 等）”。在伯希和敦煌藏文写本 Pt. 100 号的对应片断中，同一位赞普又因其“祖拉法”而受赞扬。尽管文书中提到了第一位先祖勃窣野（后来就变成了“吐蕃”一名），但它也可能是指佛教，因为其后果是“民众有了菩提思想和教法”。这种“贤明教法”的伦理道德内容，也突出地出现在《般若舍吒迦》中：“当国王想到了对待民众的善与恶时，那就会说该地区有一个国王……当他不想到这一切时，这样一位国王就不会受到那些懂得传统（风俗习惯等或经典）者们的尊重。”再稍后不远处又有“那些不尊重老人者，那些不会变成懂得传统（风俗习惯和道德等）的智者”。

我有意使用了麦克唐纳夫人未采用的某些例证。这是由于她从未译出“祖拉”的意义，从而使这一问题仍含糊不清。主要证据是重复一句陈词滥调，即一句文学口头禅。它出现在颂扬约为 780—840 年在位的赞普之功德的颂辞中，它追溯既往地讲到了他们的第一位神话先祖。这句话是由严格平行的两部分，根据一种已经出现过的古代文笔的规则而组成的。这两部分应该是相同的。甚至直至把同一个词或同一个术语分割成两部分。它们或使用同一个动词，或使用两个相似的动词。这两部分可能是对立或分成等级的，但又是相辅相成的（国王和大相、天和地、人和畜、政权和盔）。我们应该考虑到以下事实：这里是指一种文学作法，作者在变换句子而写作时是自由的。在与我们有关的口头禅中，大家一般均写作“贤明教法”或“伟大教法”，但其顺序也可以颠倒。这两个短语似乎有时是相同的，有时又略有小异，但却互有联系。所以，麦克唐纳有时犹豫不决，尤其是因为她在寻找一种宗教。文献中相当罕见的对“祖拉”的描述，则更会使人想到，这是一种政治智慧或一种生活道德。由于“贤明教法”和“伟大教法”之间没有明确界限，而且似乎是并列的。所以麦克唐纳认为（第 357 页），面对在《年代纪》中指佛教的术语（佛法或出世法），必须一些诸如“祖教”或“祖拉教”这样的表达方式予以证明，“祖”或“祖拉”曾是吐蕃佛教之前宗教的名称。但她没有找到这样的表达方式。我现在可以引证汉文伪经《八阳经》译本中的“祖教”一例，但它于其中并没有麦克唐纳所期待的意义。“得道十万年和万年”一句话于其中译作“gcug-gi ĉhos thob-pa”。但麦克唐纳认为在一卷很特殊的经文中，找到了她所寻找的内容（《年代故事》，见史料附注部分）。其中的“吉祥时代”是以“从前的祖拉贤明教法为特点的”（第357和360页）。麦克唐纳放弃了翻译“祖拉”一词，她掩饰了一种重言词或一种同义迭用现象。“从前的传统（道德的或政治智慧的）的贤明教法”。但gi一词于此不是指一种属格词或关系词。这两个词组相同或基本相同，就如同在其他情况下一样，这两种表达方式的秩序无关紧要。在同一篇文书中出现的一种不同形式中（第364页），讲到（就如在其他地方指佛教一样）在吉祥时代是“前几代的宗教（或习惯）、优良传统（道德、智慧等）”；在凶兆时代，“每一个地区都有其宗教（风俗习惯）和传统（道德等）”。我们于上文已经看到了《岱噶愿文》中的例证，其中讲到的“神仙宗教、优良习惯（传说、道德等）”，应指佛教而不是佛教之前的宗教。

大家已经指出，即使是指最古老时代的传说。当需要人们以具体例证来为“祖拉”一词下定义的时候，它就不是指一种“宗教”，而是指政治和行政制度，或者是善行。麦克唐纳承认这一点（第346页）。在一首政治性的歌曲中（《年代纪》第113页，麦克唐纳文第344—345页），当追述第一位圣神赞普降临时，此人则由于其“贤明教法”和“大祖拉”，而被奉为所有地区和小邦王们的首领（麦克唐纳：“由于其善法是大祖”，这种译文是不可能的）。这句话不太明确，但似乎是指一种政治智慧。在这位先祖的传说中（《大事纪年》第81页，麦克唐纳文第346页），描述了该地区及其居民们的完美特征。这些居民们既聪明又骁勇，他们属于一种“贤明教法”（或风俗习惯），马匹都疾驰如飞。“这种宗教（习惯）与其他国王们的习惯不同”。文献中继一个含糊不清的句子之后，又指出受尊重的人身穿高雅的服装，这就是伟大人物和受人尊重的人之由来。无论这一段文字多么晦涩难懂，我总觉得它是指对智勇者的荣誉犒赏（参阅《吐蕃古代文献汇编》Ⅱ）。这种题材是松赞干布（《大事纪年》，第118页）和墀松德赞赞普（同上，第114页；麦克唐纳文，第343—344、349页）的特点。松赞干布的名字或绰号（“干布”之意取自“贤明者”）来自以下事实：他在上面是一位贤明国王，其大相们在下面同样也是贤明的。这就是为什么在其他的贤明政治制度中，也有赞赏贤明者和尊重勇敢者的法律。由于“其宗教法（习惯）贤明，其政权是高尚的，因而所有人都很幸福”。正是他为吐蕃传入了文字，由此而使吐蕃宗教（习惯、制度）的所有善行规则（或成文法），都在他执政期间出现了。这就是“吐蕃的伟大方面（即祖拉、传说、伦理、善俗等）”，也就是大相们的等级、大小人物各自的权力、奖善惩恶制度等。在所有这一切中没有任何宗教因素。墀松德赞的情况也如此。“由于教法（习惯）贤明和政权伟大”，“赞普在其地区处于天地之间，其大祖拉（智慧、治国术等）使他成为人类和畜类的君主，从而得以成为人间楷模”。那么这一“祖拉”究竟是什么呢？这就是奖善和惩恶、尊重智勇者等。这其中没有任何宗教因素。但赞普最后还是受到赞扬，因为他“找到了佛陀之宗教，到处都建筑了寺庙”。就这样“确定了宗教”和善意地想到了这一切。“他摆脱了生死轮回而进入了涅槃”。

麦克唐纳清楚地看到了这种行政面貌，甚至还有那些“立法和行政规则”（第377页）。她认为这些面貌最为清楚明显，因为这里是指官方文献。因此，我们就来看一下，大家可以在《年代的故事》中所读到的定义，麦克唐纳把这一宗教文献错误地归于了非常古老的宗教（见第357—366页的分析）。其中讲到了“一个吉祥的时代”，那时大家都很幸运。正是在这个时代，“神人尚未分离”。其后是一个越来越坏的“灾难”时代，人类在此期间变得越来越糟。他们再不按“从前的贤明教法和善行（道德等）行事了”。这些表达方式在大部分段落中，都没有清楚地阐明，但我们可以发现某些比较明确的迹象（麦克唐纳文，第 360—361 页）。在恶劣的时代，有一种邪恶的“宗教”。这种宗教是指什么呢？魔鬼引诱人类作恶，恶人变富，清白无辜者变得贫穷了。整个形势后来变得每况愈下，将要有许多赞普而不是仅仅是一位；将不再是唯一的一种“贤明教法和善行（道德等）”，而是每个地区都有自己的一套。人类鄙视这种从前的“善明教法”，他们将根据“新宗教”（麦克唐纳想到了佛教）行事。这一切都相当含糊，但“法”和“祖拉”是并列和基本相同的。我们在该文献的一种不同文本中，发现了某些详细情节（麦克唐纳文，第 362—363 页）。这部是一些谚语或智慧格言，完全与其他同类文献相似（伯希和敦煌藏文写本 Pt. 992 号，两兄弟的对话和郭庞国王的故事）。骗子手们将会很强大（托玛斯：《西藏东北部的古代民间文学》，Ⅳ），富翁即使邪恶，也会被誉为“智者”；即使是聪明的贫穷者，也会被诋毁为“粗俗者”（邪恶者）。大家提出了一批例证。一个邪恶的儿子，将会被其父母称赞为聪明者（因为他变富了）；而另一个公正的儿子虽不作恶，是个行为端正（高尚道德等）的人，但却被诽谤为坏人。大家将听从富翁的谎言并将嘲笑一个贫穷者。如果他们贫穷，那么大家都将会轻视其父母；而富翁则受到了像对待父母一样的尊重，即使他们不是也罢。那时将既没有羞耻又缺乏节制，“一名通奸的男子或盗窃犯，将会比战斗中勇敢的英雄，受到更多的赞赏”。女子们将会堕落并在父子、兄弟之间制造不和与互相残杀。

我们已看到，这些陋习恰恰与格言集（也包括有关两赞普的《年代纪》）认为与完全属于“贤明教法和善政政府”等行为准则相反。这里不存在宗教问题。“贤明教法”（风俗习惯）在于按照道德和智慧（这些原则当然也通行于汉地和印度）行事。

这些写本的两部分确实是宗教文书，其一为古老的，其二为古典的。这后一类文书确实使人想到了古代，但这并不能证明本处所使用的口头禅，系指约为公元 650 年左右的古宗教。它是指追述古老的吉祥时代，当时一切都正常，而且与有史料记载和传说赞普有关。这就是被一位民俗学家列入“文明英雄”范畴的古老时代。

我们已经看到，麦克唐纳清楚地洞察到了道德和政治智慧的特点。如果她依然联想到了一种宗教，那是由于这句口头禅（贤明教法）也适用于第一位圣神先祖。赞普享有“天神之子”的尊号，他被认为拥有神力。此外，口头禅的术语常常与一些诸如“天神的习惯”（麦克唐纳于第349页武断地译作“天神的制度”）、“天神的智慧”、“天地宗教”（存在方式，或仅仅为“天地法”，麦克唐纳于第350页译作“天法”）相联系。我于下文不远处再来谈这些隐喻。至于那些尊号，它们通用于佛教徒赞普们时代。它是根据汉地尊号的模式而设想出来的（见石泰安1981年文），而不是松赞干布时代。其他那些夸张性的尊号（如吉祥神等），甚至也适用于大相或其他要员。麦克唐纳也注意到了以下事实：在《时代的故事》的另一种文本中，古传说时代与仲孜来（?）联系起来了，此人为晚期传说中的第13代赞普。他认为“这是非常珍贵的第一个年代里程碑”（第359页）。800年左右非佛教的神话和传说的存在，是肯定无疑的，但这尚不足以赋予古代宗教（我无断代）一种“祖”、“祖拉”或“贤明教法”的名称。该词通行于佛教赞普时代。821—822年的唐蕃会盟条约中，将汉地与吐蕃平等对待，因为汉地据有同样的“大教法”和“善教”。麦克唐纳正确地承认（第379页），这里是指“社会和政治组织”，而不是宗教。此外，这句话借鉴自《书经》的藏译本（参阅石泰安1981年文注㉛，《古代吐蕃资料汇编》Ⅰ，第211页）。

既然该口头禅中的两种相似的表达方式，具有程度不同的相似性，但为什么不赋予古代宗教一种“教法”的名称呢？我们会谈到哈尔已经这样做了，难道是由于害怕会把该词与专指佛教的“法”相混淆吗？事实并非如此。麦克唐纳的选择，主要是出于在几种文书中，都用一些可以于其中仅发现“祖”的句子来讲天神。然而，她没有指出该词每次都是“祖拉”的缩写，而是赋予了它一种更为抽象的意义。她抛弃了该词单独使用时的另一种词义（前颅、高顶）。据我看来，其主要错误根源就在于此。在本处所涉及的文献中，在谈到赞普时常说“祖不变”，此外还有我将在下文看到的其他表达方式。麦克唐纳企图寻找一种包括有抽象原则的“大而真”的宗教，并由此而支持她拒绝翻译该词词义的作法。麦克唐纳在这样的情况下，却忽略了“祖”仅为“祖拉”之缩写的事实。她不满足于那种认为天神和圣神先祖，创立了“一种善教”和“一种政治智慧”的祖拉之想法，而且还为这几段文字中的“祖”作出的定义为“天命”，随后又将此与汉地的“道”作了比较（第353—354、365页），从而在“祖”和“祖拉”之间制造了混乱（第352、357、376—377页）。但在当时的任何文书的任何地方，都没有把“祖”确定为“天命”的作法。我奇怪地发现，哈尔先生根据同样的一句口头禅（贤明教法、大法）也作出了同样的推论，把“法”确定为“天命……既是自然的，又是社会的……由吐蕃赞普确保”（第447页注，由克瓦尔内在1972年书第34页引用）。麦克唐纳也想到了这一切（第354页）。她认为“祖”是“天命”，因为“祖拉”与由第一位先祖传入的“贤明教法”（但这种译法是错误的）相似。无论根据某种具体意义，而创造一种抽象概念的作法多么不恰当（“法”是“教法”的简称），“法”比“祖”的用法更为合适。它不仅仅与汉地的“道”具有相似性；而且也与印度的“法”相似。但它不是指佛法，而是指阿育王碑中的“法”。它于其中指确保印度教徒和佛教徒的所有教团，都拥有优良风俗习惯及宗教行为的国王之善政。

我们现在再回头来谈在某些与天神和圣神先祖有关的文献中，单独出现的“祖”一词。我们可以把这些文献划分成两类。一、用“祖不变”一类的句子来赞扬赞普的善政（还有一些诸如“政权不变”，“盔很坚实”等不同写法）。二、其中“祖”与神（天神和恰神）有关的一类句子。麦克唐纳从未翻译该词，并始终把它解释为“天命”。

我可以由论述墀松德赞墓碑开始研究（见黎吉生 1969 年文，麦克唐纳文第 349—350 页）。吐蕃的第一位先祖，入主人间的天神之子“具有一种极善的宗教制度，祖从不变化”（但似乎更应该译作“至于贤明教法，祖拉从未有变化”，或“从不会变坏”）。在这句口头禅的第一部分，词组没有简化（贤明教法）；而在第二部分中，由于韵律的关系而简化了（仅用一个“祖”字）。其后面以严格对偶的诗句，追述了“伟大的政权，其有效性从未减弱”。再接着是一阙不太平衡的诗：“至于盔，其强大的力量，始终都如同永存的大祖拉。”我在其他地方，始终都能读到“强大的盔”这样的句子。在诗歌中，“强有力的”之后始终都附有“盔”字；而在第二部分中，本应该是诸如“从未减弱”这样的内容。实际上却不是这样。我却发现了与大祖拉的一种比较（也可能是受第一首诗中“祖”的启发）。这后一词组又增加了一个形容词“永久的”，它可能是修饰盔的。但一名作家当然可以自由地变化其句子。碑铭接着指出，墀松德赞赞普也根据同样的原则行使职权（“神的方式”、“天的习惯”或原则）。在琼结墀松德赞的类似碑文中（黎吉生 1964 年文），也声称该赞普以其先祖的方式执政，圣神“祖拉”（原文如此，不是单独一个“祖”）也如同在另一篇碑文中的“权力”一样未被减弱，这种统治方式符合天和地的方式或原则。麦克唐纳正确地说明（第 350 页），历史上的赞普们都以其自天而降的第一位先祖的神性，来为其政权的合法性辩护。但她却不仅仅从这些人的祖拉中发现了世俗的一面，而且还有宗教内容。这是由于一些同义表达方式“天神的方式”（她译作“天神的体系”）等造成的。据我认为，这些表达方式并不意味着“祖拉”（而不是“祖”）也是一种宗教。其中所赞扬的仅仅是一种善政，并将之归于第一位神话先祖，由此而以一种夸张的称号来形容他。赞普的尊号（圣神赞普）也被追溯既往地赋予了这一神话先祖。至于那些赞扬性的比较，那都是一些文学隐喻（也可能是受汉人的影响）。

我下文再来论述之。

现在再回头来谈已经提到的词组“天神的方式”。它重新出现在一种新的和非常重要的文献中（黎吉生 1977 年文，印度事务部图书馆敦煌藏文写本 Pt. 370. 5 号）。它赞扬墀松德赞和松赞干布赞普选择了佛教。接着是引自《般若舍吒迦》中有关为神法（佛教）作准备的人法（善俗）的一个句子。这句话于此说明了民众的善行。接着又指出赞普和民众虽然都有人体，但却具有“天神的方式”。这样一种生活方式与其他王国和人类（如同唐蕃会盟碑中在有关祖拉的问题上一样）大相径庭。这一切从未出现过，也永远不会再出现了，甚至在天神中也是很罕见的。最后又提到了以下事实：“父亲已死，儿子赞普尚年幼”，“贤明教法”和“古代祖拉”都消失了。继此之后，大家就会思忖有关十德和律的真宗、赞普的法律和先祖的贤明制度是如何“以吐蕃方式”执行（或继续执行）的。最后两行文字被用于论述佛法问题。

对这一文献的完整解释提出了许多问题，但于此不会占有一席之地。无论如何，那种认为从前有善政和贤明习俗的思想，同时被归功于松赞干布和佛教。使用同样一些名词（祖拉、神法）和赞扬性的尊号（大法、神法），也使人联想到了一种巧妙的同化。

现在我可以来研究拉萨唐蕃会盟碑（821—822 年，东侧），它是一方与上引两方碑文相似的官方文献。但其句子的写法则不同（作者的变化，麦克唐纳文第 341、349 页）。文中首先提到了墀祖德赞普及其尊母“圣神赞普”。碑文在第 5 行中把这一尊号赋予了第一位神话先祖。自从他开国以来，其世系（而不是其善政，祖拉）未变（未变坏）。在这一被誉为纯洁之地的国度（这是另一种常见的口头禅），他自神域而来入主人间，以其伟大的“治国术”（祖拉）而创立了永久基础。由于其贤明教法（无疑亦指同一事件），但使人类的风俗变得淳朴了。由于他的“强大的盔”，其治国术（本处仅以“祖”代替“祖拉”）从未变化。他是永无衰颓的伟大赞普，其威严永不锐减。本处的“永久”一词是赞普的，而不是如同在墀德松赞碑（其中的“威严”是指权力，“盔”未带形容词“强大的”）中那样，是“祖垃”的修饰词。我于此保留了黎吉生和麦克唐纳的解释（“祖”代替了“祖拉”）。因为有关盔的一句话，明显相当于另一篇把“强大的”与“祖拉”联系起来的碑铭中的句子。但从现在起，我就要指出，“祖不变”一句可能是指高处（颅顶，祖），而不是“祖拉”。“祖不变”这种表达方式又出现在僧侣大相贝吉允丹献给赞普的一首赞歌中（伯希和敦煌藏文写本 Pt. 1290 号，麦克唐纳文第 319—320，339 页）。其中首先描述了该地区的特长（纯净、高海拔），堪为天神居住之地。这是为了说明人类之主于其中也是一尊神，其政权（治国术，用“祖”代替“祖拉”）不会变坏。

这种首先介绍地区特有的（甚至先于天神先祖的降临）的方式，也出现在《年代纪》中（巴科书第 81 页，麦克唐纳文第 345—347 页）。麦克唐纳认为这一段文字写得很蹩脚（第 200、340 页），因为自天下界的先祖，就已经发现了一个由于其民聪贤和马匹剽悍而成为绝好的地区。其中仅以质朴的措辞指出，这第一位赞普创造了一种善法，一种“活动方式”（斯奈尔格洛夫—黎吉生书第 24 页）、一种与其他王国不同的（也就是最好的）习惯（如同在拉萨会盟碑和印度事务部第 370 · 5 号写本中一样）。最后是一句我将于下文论述的话（神山也为祖拉）。“祖不变”这种表达方式未于其中出现。在利用墀德祖赞征服（704—755 年）及其与南诏关系的一首赞歌（如果承认该文未经刊布者修改，那么这首赞歌就比我已研究过的碑铭古老。巴科书第 113 页，麦克唐纳文第 342—345 页）中也具有同样的情况。其中首先提到了天神下界入主人间的问题，接着又赞扬了该地区的特长（“纯洁而高峻”）及其贤明教法和伟大政治智慧等（斯奈尔格洛夫—黎吉生书第 23 页的译文是错误的）。该赞普正是依靠这一切，才征服了所有小邦王。最后，南诏王（他获得了吐蕃赞普

“幼弟”的尊号）与这种荣耀（也稍有一点隶属性的，即君主和臣民）的统治有关。从人类的政权由天神行使的时候起（这是一种很大的政权），一直到末期（?），“它将不会变化”。从形式的观点来看，这句话的结构与常见术语“祖不会变化”一样。

我在伯希和敦煌藏文写本 Pt. 1047 号的占卜文书中，发现了一些类似的惯用语。一种神谕中包含有“在三代人期间，其政权不会变（变坏）的一位赞普”，或者是“其政权不会变”（变坏），也可能是“政权很崇高，它永远不会变坏”。在《年代纪》中（巴科书第 112 页），于平息一次大相们的叛乱之后，也以同样的方式指出，“赞普的政权比过去更为崇高”。

这些有关统治、政权和善政等的内容“从不会变化”，它也多次使用于《岱噶愿文》中（麦克唐纳文，第 335—340 页）。这种术语明显是佛教的，但我们从中也发现以巧妙的、有时又是含糊的方式混入了一些作为第一位神话先祖高尚品德之特点的土著表达方式，以至于有时很难把它们分别开来。我已经引证了一句话，并认为从其背景来看，这里是指佛教的，但麦克唐纳却将之列入了非佛教的短语中。我编制的不同形式比较表，清楚地说明，一个形容词或一种比喻可以根据作家的灵感，而从一种内容过渡到另一种内容。尽管由此而产生了含糊性，我们在各种可能性中也看到，永久和不变的内容同样适用于赞普的政权和军权，而赞普的象征性特点则是永远坚实，并且如同其政权一样，也被称为“崇高”的“强大的盔”，我将于下文不远处将再来论述之。

现在尚需要研究有关单独使用“祖”的第二类句子。

我们已经看到有关聂墀赞普自天而下降到神山上的第一例证。从前已有人追述过，神话赞普确保了善俗的地区之优越性。从一开始起就用某些诗一般的句子，描述了当地对以下事件的反应：甚至苏迷卢山也向该赞普鞠躬，山林、河流和山岩都向他顶礼。最后，文中又有下面一句话重复了这种优越性：“冷杉是所有树棵中的最高者，雅尔河是所有河流中最清澈者，雅尔的雅拉香波神山是祖拉天神。”麦克唐纳（第200、347页）摒弃了巴科的译文“……是最高顶峰的山”（斯奈尔格洛夫—黎吉生书第25页）。

因为麦克唐纳夫人声称：“‘祖’不应该译出来。”但她也非常正确地指出：“这个句子也结束于一个形容词的最高级。”她译作：“在所有的神山中，雅拉香波是最大的祖神。”麦克唐纳在拒绝翻译该词的同时，确实是认为未翻译出的“祖”系指“天命”（第353页）。如果我们拒绝单独使用一个“祖”时的普通词义（颅顶），那只能把“祖”看作是“祖拉”的缩写。这样一来，我们面对的可能是一个平凡的和不大可能的句子：“这是一尊贤明政治（风俗习惯等）的神。”我认为巴科先生是对的，“祖”于此指顶峰，或作为山脉的形容词，或具有一种诸如“崇高的”、“受赞扬的”这样的派生意义。我们看到了“祖”作为形容词的用法（祖之法）。这尤其是因为刚刚用一句经常在王碑（直到11世纪的拉达克王）中，反复出现以指吐蕃的口头禅，用来赞扬该地区“高山的净土”。

我们在由麦克唐纳引证的第二个例证（都松赞普的胜利之歌）中，又发现了赞扬神山或代表它的天神的内容。我们已经看到，其政权当时已变得“比过去更加崇高”（第100页）。这首歌系用诗句写成（巴科书，第118—119页；麦克唐纳文，第351—353页）。它在一开始就讲到：从前在天之下和地之上建立了祖，祖确实建立起来了。由于它很高，上天不会坍塌，大地也不缩小其面积（平地或沟壑地）。天上的太阳照暖了大地，牢固地扎在箭簇上的羽毛使箭矢得以发射出去。紧接着就是一些暗示那些不能与赞普平等的大相们的内容。地虫希望像飞鸟那样飞，但即使它有翅膀却不能翱翔长空，因为天很高。在那些比较中，文书中还提到了雅拉香波的雪从来不会融化，雅尔河的水从来不会干涸。吐蕃赞普们的世系同样也“从来不会断绝”。在与其他事物相比较时，又提到雅拉香波是最大的山脉，雅尔河是最长的江河。当时曾指各种神山、太阳、月亮和苍天为证。文书中所使用的表达方式是："它们知道之"或"它们从上部看到了"。是人骑马而不是马骑人，拥有"祖"的恰神就是证明（麦克唐纳文第352页）；"已经懂得祖的恰神也清楚地知道这一切"。事实上是镰刀割断了草而不是草割断了刀。证明太阳和月亮能看到这一切，而天能听到这一切。完全如同恰神之"祖"从不会变化(变坏)，箭羽永远不会脱落，真伪是一劳永逸地得以确立等一样。

带有"祖"的句子肯定是含糊不清的，但我觉得麦克唐纳的译文是错误的，因为她没有考虑其前后文。不过，她明确地承认（第353页)，大家可以联想到在山脉和天柱、宇宙之轴和赞普之间的同化。如果她拒绝这种想法，那就是她想到了"祖"或"祖拉"。然而，唯有"祖拉"才是正确的，但我不明白为什么在这种文学追述中提到了它，因为其中把赞普与大相之间与天地之间的相辅相成和等级作了比较（我在下文还会遇到这样的比较)。主宰麦克唐纳夫人思想的还有其他一些把恰神与"祖"一词相联系的句子。我于下文不远处还将论及。

但我还想再回头来论述上文已研究过的歌曲。它完全是以追述天和地，尤其是高天、太阳、月亮以及神山为中心的。这都是一些能看到和听到一切的神，在诸如821—822年的拉萨会盟碑那样的文献中，都指它们为证（据汉文断代史记载为天地神、日月和星辰；据汉—藏文碑铭记载则为三宝、圣贤和日、月、星辰)。歌曲在有关神山的突出地位问题上，使用了与聂墀传说中同样的表达方式。该先祖于此是一尊神（天神和恰神)，他自天降到了"神山"拉日江脱山上（如同在工布石刻中那样，也如同在其中将此看作是一条台阶或一根梯子的晚期传说中一样)。神山向他鞠躬，该山即苏迷卢山（世界的轴心)，而且还有用一种形容词最高级作修饰的雅拉香波山（无疑是最高的山，天神的"祖")。在歌曲中同样提到，其他神山也作为证者而在上方看到了这一切，如同苍天一样。这些山也被视作"拥有祖"的恰神，如同高天一样。它们永远不会改变祖（顶点、高度)。雅拉香波山特别能作证说明，赞普的堡塞要比大相们的堡塞高大。

同样的天地和山脉的不变形象，也出现在其他用于占卜的歌曲中，麦克唐纳夫人似乎没有考虑这一切。我们于其中读到："蓝天于其中心很坚固，日、月和炎热的道路。"（托玛斯：《西藏东北部的古代民间文学》第143页，印度事务部图书馆第739号敦煌写本）在其他地方还有："蓝天在其高处，受人尊敬的太阳具有温暖的光芒。"（《西藏东北部的古代民间文学》第128页，第30节。这是与伯希和敦煌藏文写本Pt. 1052号中相类似的一首诗）另外一节明确地解释了为什么天和地都是不动的（《西藏东北部的古代民间文学》第127页，第26节）："在边缘上由铁包围……天际不能变化（变坏）。由于九结于中心很坚固，星辰不会陨落。由于金钉深深钉了进去……地的边缘不会飞起。"在另一种不同的说法中（伯希和敦煌藏文写本Pt. 1052号，《西藏东北部的古代民间文学》第143页），所使用的术语都起了变化。"由于蓝天于其中心坚固（本处的纸叶粘贴错了）……由于神山具有很大的保护能力，麋鹿和野驴永远不会在其境内受动摇。"这都是追述当地之优越性的文体变化形式。现在尚存在有一种佛教的说法（伯希和敦煌藏文写本Pt. 1290号，可以断代为815年左右）：金刚之山永远不会坍塌，永久的江河绝不会干涸（见《古代吐蕃资料汇编》Ⅱ）。《年代纪》中赞扬的那种天和地或神山和江河之永久特征，是赞普堡塞之优越处的特征，这种形象也出现在一篇古老的文献中（证实殡仪的故事。托玛斯：《西藏东北部的古代民间文学》，IV）："山岩上的堡塞，其脊顶不会坍塌……清清的江河，清水不会干涸。"

有关《年代纪》中的第一首歌，麦克唐纳正确地联想到了山脉，同时又摒弃了那种认为"祖"可能是指高度的思想。她又引证了出自其他残卷，但却与本首歌中的晦涩句子相似，甚至是部分相同的段落。但它们确实是指山脉（麦克唐纳文第351页）。"从前在开始时，净土之地吐蕃（高山净土）是由恰神主宰的，天地就如此而成为保护神。"其他地方（伯希和敦煌藏文写本 Pt. 1640 号）又写道：“从前在开始时，恰神确实在‘祖’（高地）建了山脉，如同羽毛缚在箭矢上一般。”（完全如同在“恰神使山峰永远不变”的句子中一样）麦克唐纳很自然地译作“恰神建立了祖”，但她引证了另一句与山脉有关的很清楚的句子（《时代的故事》，麦克唐纳文第 363 页）。在恶世，当一切都变坏时，天将断裂（?），地将塌陷。“这样一来，由天建立（放置、安排）的高高的山岩，就不再压在地面了。”但天神就是恰神。因此，这句话与有关恰神以其高山安置吐蕃的句子，以及恰神在高地建立大山的其他句子都相似，除了那种恰神建祖（天命）的思想之外，麦克唐纳自己也清楚地指出（第 352—353 页），如果天地是固定的，那是由于恰神“是受天的派遣下界镇地的高山”。完全如同箭羽可以确保箭矢的平衡一样，这两个句子（有关恰神和箭矢）是严格平行的，并且以同样的形式组成的。“祖”相当于箭，因而也是一个具体名词。

既然有人在有关恰神的问题上使用了“祖”字，那么我就应该讲几句有关这些神的情况。

恰神有时就相当于天神或岱神。这些恰神又往往代表着古代世系（父系）。他们通过联姻关系而与另一类天神（木神等）相联系，即母系血统。麦克唐纳认为（第 270 和 377 页），这些神也都是被派遣下界到大地的天神之山，吐蕃的高山即为他们的对应物（第 355 页）。这些奇怪的解释来自对一种孤立的表达形式的分析，它仅把上天、大山和恰神这三种因素联系起来了。这些恰神或天神之一自天下界而成为吐蕃的第一位赞普。他就是聂墀赞普，恰神雅拉达珠的儿子（工布石刻，见黎吉生 1972 年文）。他属于一组六尊或七尊神，我们有时称之为“上天之神”（有一次与大地之神相对立），有的又称为“保护先祖之神”。正是他们为每种物质和每种生灵指定在世界上的位置，如为马匹和牦牛指定各自的栖身地（托玛斯：《西藏东北部的古代民间文学》Ia，麦克唐纳文第 358—360 页）。他们不是造世者，而是世界的安排和布置者。我们已经发现了一些例证。有一次，当人们涉及高山时，大家便说它们是由天安置（其位置以及向它们指定的功能），这是一样的。麦克唐纳强调指出，吐蕃赞普由于其先祖的关系而不是随便一类天神，而完全是恰神。这仅说对了一部分。文献中的区别并不严格，除了恰神之外，还有木神也是专指天的。

我应重提一下晚期的传说，是怎样根据一种内在因明，而从古老观念出发发生变化的。在敦煌写本中，确定恰神特点的词（修饰性或副词性动词），都变成了指安置世界之神本身的公用词。

除了派生出“恰神之堡塞”的“神谕、占卜”的意义（或同间异义词）之外，这后一个词组也于814年出现（《翻译名义大集》第3667条），相当于“王国的佣人”。据莫尼涅—威廉认为，梵文Sthapati的意义分别为“天之王”，也就是国王、首领、统治者；后宫的管家；匠师，如瓷器工、木工（由此而产生了近代辞典中的解释：建筑工、泥瓦匠或陶瓷工）。这种“建筑师”的意义，在晚期的文献中似乎占有优势（如在《拔协》中指建筑桑耶寺，见噶尔美1975年文，第577页注释）。该词常与“恰神之宫”交替使用（见《金钥》一书）。这些神都是世界的安排者（《十万龙经》中认为他们都近乎“存在之神”）。“伟大的造世者”干布恰是一尊协调之神（见《金钥》第2卷，第8页，译文第797页）。另外一尊协调之神是益钦。它为每种事物和每种生灵都指定了固定位置和等级（《十万龙经》第353—354页）。也可能安世之神即创世神（同上引书，第1170页）。最后，在天神、恰神和岱神以及起源于天神的赞普之间的同源关系，也都以我们在古代和晚期的所有文献中发现的明显为小品词的形式为标志。

这一简单的综述到此就足够了，现在是重新回头论述本处涉及的修饰词“祖”的问题了。我们本来估计它也会以某种形式保留在晚期传说中。如果考虑到某些变化，那么情况就确实如此。我在其他地方已发现了该词与某些同类词，同时存在于赞普名字（墀德祖赞，最早称为祖鲁王；墀祖德赞）和墓地名称（贡日、木日、拉日祖南、普日祖囊）中。我还可以从中补充其他各种真实或传说人物的专用名称。在一份军人名表（米兰出土。见托玛斯：《新疆藏文文书资料集》第2卷，第439页），我们发现了大相祖赞和恰热以及一“虎”（兵勇）祖赞。在《年代纪》（巴科书，第100页）中，一份贤明和勇敢的大相名表中，便包括努布族人的墀多吉祖伦。在晚期文献中，有一种关于朗氏大氏族起源的传说（《灵犀宝卷》第2部分，第56页）：我们于其中可以发现阿吉祖松（或者在《司徒遗训》中作拉吉祖松，新德里1974年版，第213页）。在神话中有吉祖杰瓦（《灵犀宝卷》第4页）。在这些名字中，其组成部分“祖”似乎并不是“祖拉”的简称。在恰神（已在米兰得到证实）和“祖”与恰神的古老关系之间的相似性，可能是晚期一种初看起来是错误和无法解释的发展之基础。事实上，如果在古文献中仅讲到了两类由于通婚而互相联系起来的天神（木神和恰神），那么在晚期传说中就是从中加入了第三类——祖（14世纪和稍晚。见噶尔美1975年文注释，其中引证了《宇宙业之根续》第39页；同上引书第146页）。木神的后裔就是大食或俄木隆仁的居民，恰神的后裔是吐蕃人，而祖的后裔则是勃律人。但过去就有人讲过人类大洲，其神圣国王就是创世王益门，这是一位非常漂亮和贤明的国王。他受到了所有人的尊崇，因为这是一个神界（米拉日）的人物。由于他与女神祖伦菊普玛（其他文献中的祖江木）婚合而诞生了三子：恰杰干布、木杰干保和祖润杰俄阔。恰杰干布诞生了本世间的人类，而且还有四兄弟，即恰神。首先是雅拉达珠，接着是俄带贡杰，其次是墀德赞保，最后是幼弟恰拉章辛。前三者的后裔是大地上的各种神，四弟则没有任何后裔。木杰贡巴的后裔即为“九边陲的木神”。祖杰俄阔（原文如此）的后裔为“祖”，由此而产生了苯教教理。在相距1页的地方出现了不同写法“祖杰”，而不是“阔杰”，这是很有意义的。祖神的种类被比定为阔神（世界协调之神）。“祖”与“阔”两个词的结合使用，又出现在一名苯教徒的名字中，即阔本祖扎（《金匙》，弗兰格版本，第 3 卷，第 330、337—338 页；第 4 卷，第 334 页）。某些阔杰（而不是祖杰）则是被比定为龙神（《十万龙经》第 412 页）。此外，“祖”与木神和恰神都有联系。木神九类中的最后一个是祖增杰瓦，即恰人君主雅拉达珠的祖父（见苯教史：《什巴续部之歌》，14 世纪作品，第 37 页；石泰安 1959 年文，第 58 页）。此人无疑与吉祖杰瓦为同一人（《灵犀宝卷》）。有人在一份神的名表中，列举了什巴、阔和恰（除此之外还有天神和龙神，见《金匙》第 6 卷，第 8 页）。本处的祖神付诸阙如。但我们看到了其同属为哪一类。我现在再回头论述这种三项式：《黑头矮人源流史》（第 13—14 页）认为，木神诞生了苯教徒，恰神诞生了普通人，而祖神则诞生了昆虫、龙或一般的牲畜。这后一种虚构可能出自另一种分类法。我们已经看到，木神之首领被称为贡巴（贵族）。在《苯教源流史》中（达斯版本，第 6 页），共讲到了四种姓（王、臣、婆罗门和多巴）。据《说库如意宝》第 111 页认为，这些种姓来自该三项式中的木神之种类。但祖神的种类于其中却被称为“富翁”，居住在祖吉杰保的大洲。这种分类法令人想到了杜迈吉尔的印欧人之三分法：祭司、贵族和富翁（牧户，藏文中的“牧户”与“牲畜”很相似）。苯教徒的思辨也出现在喇嘛教作家的著作中。据《说库如意宝》第 111 页记载，出自天神的人之先祖是什巴益门国王。恰神、木神和祖神这三类均出自该国王及其妻祖江木，四种姓出自木神。在《朗氏家族史·灵犀宝卷》第 4 页中，益门国王的另一个名字是香波崩赤（《黑头矮人源流史》第 14 页），他与其妻祖江木的儿子是吉祖杰瓦。据《孔子神幻之王》记载（19 世纪），这位什巴益门国王的后裔包括恰杰干布、木杰干保（不是“贡巴”）和祖杰俄阔。由此而衍生的生灵不是普通人，而是“第一代智慧人（或神人）世系”。该书在开头有关婚合，特别是有关缚在新娘身上的箭簇的地方，阐述了恰神、木神和祖神三者之习惯分法的起源。由于干布恰的安排和吉祥的、装饰得很漂亮的“神箭”，而打开了和亲（联姻）之路。这种箭后来被称为恰神的象征和吉祥之所缘。当时就强调了用作箭羽的鹰翎的来源。有人试图联想到，古代对证明恰与祖之间父子关系，而使用装饰有羽毛的箭之譬喻的遥远反映。

这些晚期的发展可能会略微澄清“祖”字在古文献晦涩难懂的句子中的用法。为什么晚期的作者们，在于这些古文献中经常是结合在一起的恰神和木神这两种不同种类的神中，又加入了祖神呢？已经得到明确证实的明显三分法倾向，无疑就是第一种动机。但为什么要选择一个并未以神祇的意义而出现的“祖”字呢？为什么不在多种神祇中选择另外一种呢？既然古文献中其他那些有意义的词，都被保留下来并被变成了神（钦变成了益钦，还有世界之安排神和创世神），所以我觉得“祖”字也可能是“恰”的形容词。它得以促使人作出这一选择。这尤其是因为在此类晚期的传说中，“祖”与“世间安排神”交替使用或与之相当。这种想法并非完全错误，它至少可以导致向古文献中的另一种譬喻更前进一步。这种譬喻就是“强大的盔”，它也如同赞普伟大的政权军权一样永久不变。至于人们使用晚期传说的问题，我们已看到它在许多情况下都证明是正确的。这或是由于此类传说的忠实性，甚至还可能是由于变化。

由《孔子神幻之王》所描述的婚礼（它将此与恰神、木神和祖的三项式联系起来了），在受它启发的苯教文献中，是以另外的方式举行的。在这种文献中，木神系上了“木神之绳”，恰神积累了恰神的好命运（《金钥》，弗兰格版本，第1卷，第14页）。这第二种内容都与恰神的“好运气”、“命运”等词义有关。但它与“木神之绳”的联系却是隐蔽的。事实上，如果大家在一般情况下讲“木神之绳”，那么人们有时也可以说“恰神之绳”，大家知道这两个词均指天。但此外还有更多的内容。在苯教徒们的象雄语中（部分是生造的，但还保留了某些藏—缅语系的语言），“木神之绳”又叫作“木绳经典”（在下面一个句子中——“天神、人类和苯教徒们都抓住了木神之绳”），但该词在其中的词义也为“好运气”（在恰神的好运气和长寿、财富的句子中）和“不变的”。我认为这可能是对古代一个句子“天神经典永远不变”的记忆。

正如大家知道的那样，这种“木神之绳”在第一位先祖下界的神话和支贡的传说中，都起了突出的作用（与木神之梯共同使用）。在支贡的传说中，木神之绳由于岱天神贡杰而可以确保赞普的生命（麦克唐纳文，第221和337页）。大家过去都说支贡可以亲自升天，虽然他长有人相，但事实上却是神。至于第一位先祖，他是沿梯阶而下界的，梯阶或为天层，或为一座神山层（这二者相似或相同）。据《说库如意宝》中的说法记载（麦克唐纳文，第209页），他为此而从其父处获得了弓箭和盔甲，从其木神舅父处获得了神物、盔、甲、剑、一架九阶梯子和一条绳索，这都是木神的东西，绳子叫作木神天梯。但《年代纪》（巴科书第97页使用了同样的文字）有关支贡的问题上，绳或梯并不被称为“天之木神”，而是“人头”。众所周知，在吐蕃晚期传说中，这条绳子是从颅顶开始的并使之与天互相联系。由于支贡参与了一次战斗，所以我们可以假设认为他戴有一顶盔，其头上的梯和绳均属盔的组成部分。事实上也可能正是由此而出现了作为赞普权力之特征的“强大的盔”。我不知道古代赞普盔呈什么形状。在晚期的画像中（如格萨尔和战神等），盔的上面，插有一根羽毛或一面小旗，叫作缎子旗（参阅石泰安：《有关西藏史诗和说唱艺人的研究》）。古盔甲也可能配一种尖尖的或在顶部竖起的装饰物。Phru-kha一词的意义也是屋顶和塔顶的装饰。在古文献中，它也指苍穹，那里的“天门”有时会打开（伯希和敦煌藏文写本Pt. 1647号，麦克唐纳文第279页，伯希和敦煌藏文写本Pt. 992号）。对颅顶的颂扬与对“强大的盔”之赞扬相似，都是指伟大的政权，这种巨大的权力也由于其崇高性而受到赞扬。这一高度可以与天和山之高相比。军事政权时代的第一位赞普即由此而获名。据《年代纪》（巴科书，第106页）记载，大家称他为南日论赞，因为“其权力比天还要高，其盔比山还要结实”。“天”、“山”、“恰”这三个词同样也可以用于我下文不远处将要讲到的一种文学隐喻中君主的特点。在《岱噶愿文》中的情况也如此，赞普的政权有时处于“很高的高度，”有时又提到“强大的盔和伟大的政权”。同样的形象譬喻也被运用于其他敦煌写本和追述印度神话的佛教文献中。有人真诚地发愿，希望天神能战胜阿修罗，其政权“如同坚强的盔”(在印度事务部图书馆第 467 号写本中，同一句话后面是希望“他们的光芒和财富增加，具有权力之高度”)。这种譬喻在益西多吉的《藏文—蒙古文辞典》中作了清楚的解释，其中在第 387 页中解释说“坚强的盔”意为“头颅之顶”，其引伸意义为“大恩大德”。在晚期传说中（参阅石泰安，1981 年文，第 194—198 页），木神之绳和“开天门”不仅仅是赞普们的特有物，而且也适用于其他人。同样，在一卷敦煌写本中（占卜书，印度事务部图书馆第 710.1 号），我们发现了下列吉祥的神谕——“对于一名普通民众，天门只稍开一点，……其头颅顶变得越来越高”(第 22 节)。该文献中的另外一条吉祥神谕（第 18 节）的特点如下：“由于这是一尊天神变成了赞普，故而其面部很高；由于是一君主产生了其王家臣民（?)，故而其头很高。”

我非常注意防止复原一种古老的说法，进行合理推论和把各种不同的说法或变化或统一起来。但我认为这其中有整套连贯的观念和描述、内容与主题，它们可以澄清并且也可以说是能证实，“祖”字在古文献句子中之神秘的用法，或者是它不像是“祖拉”的一种缩写形式。

我们现在应分析一下，由麦克唐纳为确定作为王家政权之保证的古宗教表现形式的某些句子。我分析了它们并辑录于此，这首先是因为本处明显是指赞词的文学性表达方式（与一部书信程式书中的固定句子有一定程度的相似性），但同时也是因为我在汉文文学著作中发现了相似的句子。事实上，这就意味着我们已经远远超过了麦克唐纳的预见，她认为“古代宗教”可能是从汉地借鉴了某些内容。这些句子确实具有宗教内容，但正如该社会中的赞普和显官们的尊号（“荣耀的天神”等），以及我们可以见到的那些夸张性的形容词所证明的那样，这些句子非常流行，以至于具有了某种文学特征。作者们根据其所知和灵感而组合其内容。

我首先从上文已提到的与天和山结合在一起的恰神开始。麦克唐纳赋予了它很大的意义，但我认为其译文似乎不太恰当。她把 gnam ri Phyva 译作了“天山之恰神”（第 270 页注），或者是“根据恰神的体系，天山……根据在大地上通用的规则”（第 315 页，第 349 页为“天神的体系”和“天法”，还可以参阅第 377 页）。巴科曾非常正确地提醒大家注意，这句话应根据解释南日赞普一名而作理解。《年代纪》中的这一整段文字（巴科书第 118 页）是有关连结君主和臣民、赞普和大相们之间的密切关系，这既是一种相辅相成，又具有等级的关系。“如果上部的君主贤明，那就要以天、山和恰神的方式行事，如果下部的大相贤明，那就是以大地和沟壑的方式行事。”这是一种文学譬谕，用“以……的方式行事”来表示。我在其他地方还发现了把赞普大相之间的关系比作天地间的关系。我们于此所面对的是两种严格平行和对称的句子：赞普大相、上天—大地和山脉—沟壑。唯有最后一种因素恰神没有对应者，这也可能是与这些天神相比较，地神在世人面前不起任何作用。赞普和大相之间的联系如此密切，以至于使句子的主语常常是“王—相”。（拉萨会盟碑，《岱噶愿文》），完全如同指同一人一样。那些荣誉尊号（原则是由赞普享有的，如“圣神的”等）都分散在两个平行的句子中。其一的主要人物是赞普，另一个就是大相（所以就平行使用某既相似又有区别的术语，如以“福”来形容赞普，以“德”来形容大相。参阅石泰安 1981 年文，第 263 和 267 页）。赞普—大相和上天—大地之间的对偶以及比较或譬喻，这两种文学手法非常多见（在汉地也如此）。我们尤其是可以在《岱噶愿文》中发现它，大家都于其中辨认出了“外来”的语言以及汉文表达方式的影响。在我自己编制的不同写法对照表中，那些可比处都原封不动地明确指出来了。在工布的两方石刻文中，赞普的统治被视作“雍仲”。在墀德松赞的碑铭中，认为其政权“如同天神一般”，或“如同天教（风俗习惯、行动方式等）”。这里是指一种譬喻语言的事实，却受到了学者们的忽略，以至于使有人怀疑这两种比较术语不是指吐蕃的巫教（苯教）。但在上引文献中，它们从未提供这种宗教的名称。我已经讲过，大家仅把赞普的智慧和势力比作神和天的存在方式。在墀松德赞的碑铭中，其比较是以由一种重要的不同写法表示的。赞普“依其先祖的方式（风俗）”并“根据天地的存在方式（道、原则等）”行事。因此，这里绝不是指一种宗教的名称（天教或天神），而是按照天神和天地之意行事的方式，并以它们的活动方式（公正、无私，这是汉地很著名的习惯用语）为楷模。这些形象在《岱噶愿文》中得到了具体说明。天既高又阔，它覆盖了一切。大地既厚又大，它负载了一切。介于这二者之间的赞普，既公正又无私，他哺育了一切生灵。这种格言（在汉地非常著名）后来又重新被作为譬喻使用。具有神体的赞普（如同其先祖一样）“如同天地一样覆盖和负载一切，他公正无私”，“化一切众生，其胸怀宽广（如同从前的尺子一样），行动方式得法”。文书在稍后不远处又指出，赞普是一尊神，他以其慈悲而传播的“天神之宗教”，是“治国善策”（可能暗示佛教），“以至于能在天下覆盖一切”。他比其他赞普更为神圣，其思想如同苍穹一样宽阔，其语言可以其恩惠和慈悲而如同苏迷卢山及日月一样覆盖一切。文书接着又重复了慈悲的内容。赞普是苍天及其四方之主，他按照“天神的超人方式行事”，对于所有人的慈悲都符合天地的存在方式。但天地的这种存在方式又在于“覆盖和承载”。他以其力量（及其大相们的力量）降服了外邦国王，以其恩惠而发展了“佛教信仰”，如同“天地之合”一般，所有的地区都尊崇他。这种天地之合就是君臣之合的形象化，这二者就如同在《年代纪》的关键句子中一样是平行的：贤王—天—山—恰神，面对的是智相—地—沟壑—地神。这种比较的最后一个术语（恰就相当于天神）又以颇有说服力和意义重大的平行句出现在《岱噶愿文》中。“君主居于高处，他是天神，大相负责政权和过失，他在下部是神幻的。圣神的国王大相们在危险时干什么呢？如果苍天断裂，国王就以其补造之功能而填平沟壑；如果大地撕裂，大相即以其功能（本处确指神之本领的 rlabs 一词，如同在《年代纪》中指天地一样）来缝补裂缝。国王和大相这二者就如同连结在一起的天和地一样。同样的表达方式也在《年代纪》（巴科书第 114 页）中用于指吐蕃赞普和南诏王（其尊号为“幼弟”）的关系（友好，但又有君臣之分）。上部的苍天很满意，下部的大地也很愉快。这两位越来越亲近和关系“稳固”（如同香波山神一样）。他们二者如同“连结在一起的天地”。这句陈词滥调也以夸张的文笔，延存于对拉达克国王的赞文中。我们可以在献给赞普的一段题词中读到：“于连结在一起的天地之间（如同一个封闭的盒子），是吐蕃的高山净土和地区”，“天神之子”的兄弟尼玛旺布墀岱在那里行使政权。这就是“神域”喀孜。在另一篇文献中，后来还特别提到了象雄（神域）。“天地君主”墀扎巴岱在那里执政，他有“坚强的盔”以及如同海洋一般的荣耀政权。

赞普按照天地存在的方式行事，他也如同天地一样覆盖和承载，并以此而保护和保养众生。他具有天地这一对偶物的特征。此外，天地的结合也用来譬喻赞普和大相之间或赞普与异邦国王之间的和睦相处。这种结合是吉祥的，一切都正常。当出现恶兆（天地的撕裂）时，赞普—大相这一对称人物就会消除之。天地的结合（当一切都正常时）是在汉地流传甚广的一句口头禅，它被认为是一种性合。吐蕃人肯定知道这一点。在《八阳经》（见《古代吐蕃资料汇编》Ⅰ，第 156—159、214 页）与太阳和月亮的结合同时提到了它，并且还具体解释说“这就是上天的永久之法（存在方式）”。其中也抨击了那些“违天时，逆地理，背日月之光明”的人（汉文文献，但在藏文中却作“对抗天地法”的人）。如果在这一结合中，赞普参与了天地这一对偶并充当连接者，那么这也是汉地常见的一种观念。我在吐蕃只发现了一个例证（《年代纪》，巴科书第 114 页）。我们可以于其中读到："由于其俗甚善，由于其政权伟大，所以赞普在天地之间占有其国。"这种形容不如汉地那里特点分明。

因此"神的方式"和"天地之原则"（存在方式）等短语，并不是指古代宗教，而是赞普以其智慧和治国术而努力遵循的模式。但这些带有夸张性的短语和官腔措辞都明显是受到了汉地影响（正如赞普的正式尊号"圣神赞普"一样）。我已经指出，某些官方碑刻中的许多句子都原文转载（或稍作改编）《书经》藏译文中的句子（《古代吐蕃资料汇编》Ⅰ，第 203、211—212 页；Ⅱ，附注）。我们可以认为这些表达方式确实是吐蕃式的，被译师们巧妙地用以翻译类似的汉文句子。但汉文断代史用有关汉地应吐蕃的请求而奉送汉文经典的资料、达盖奇的发现（收入《年代纪》中的一整段《史记》的内容），最后是有人讨论过的《岱噶愿文》中和其他地方的句子，所有这一切都似乎清楚地证明吐蕃人向汉人借鉴了许多内容。一位汉学家立即就会辨认出这些句子，因为它们在从古代到帝国末年的汉文文献中，曾多次出现并不厌其烦地重复。

本人不想作长篇研究，也不企图作一番高度概括的总结，下面仅提供一些例证。

（一）神圣的国王与天地之结合

从公元 1 世纪起，汉字"王"（由一竖画从中间连结起三横画组成）就被解释为（一种错误的辞源）连结在一起的天、地和人。有关"王"字，见引证了董仲舒之解释的字典《说文》（公元前 2 世纪作品）："三者天地人也，而参通之者王也。"这位作家指出（《春秋繁露》卷 7，尧舜一条）："王者天之子也，天以天下予尧舜。"在另一处又说："天亦人之曾祖父也。"（卷 11，第 41 节）早在《易经》的"天卦"中就宣称："夫大人者与天地合其德。"《淮南子》（公元前 2 世纪）中说："人主之情，上通于天。”（卷3，第209页）或者是：“圣人……遵天之道……循天之理……从天之则。”（卷14，第14页）在古代（黄金时代），所有的人都是这样做的：“古之人，同气天地……当此之时，无庆贺之利，刑罚之威。”（卷8，第3页）此外还有“圣人之养民”；“圣人在上，民迁而化”；“圣人在上，化育如神”等。

（二）天覆地载，国王亦然

在公元前的《中庸》一书中就说，仁慈可以比做天覆地载的事实。在《孟子》卷9中提到：“仁慈，天之所覆，地之所载。”《庄子》（卷5，第3页）中说：“天道者，覆天载地”；“天地覆育”（卷7，第509页）；或者是“圣人天覆地载，日月照、阴阳调……故能法天（圣人像天）”（卷20，第1页）。

（三）天地之合

早在《易经》中，第十一卦的一行（泰卦）就是以这样一个句子确定其特点的：“天地交泰。”这句经常被引证的惯用语意为“繁荣的时代”。我们在《老子》中可以读到：“天地相合，以降甘露。”（卷32）当然还有“天长地久”（卷7）。我还可以举出大量例证。

这几段摘自汉籍的引文说明，我们不能天真地阅读吐蕃王家碑铭和《岱噶愿文》，以图从中看到巫教的内容。某些句子确实是指这种宗教（第一位先祖的降临），但其他许多句子则照搬了汉地通行的措辞。这些例证中的大部分都出现在《愿文》中，这并非事出偶然，因为它们是在汉地写成的。

因此，麦克唐纳的推论是正确的。汉地对吐蕃文学的影响是巨大的，这在很大程度上无疑应归功于那些习惯于写外交文书和书信等的学者，其中充斥着具有夸张性的赞辞和比较。我们从中还应补充那些纯粹是汉文的佛教专用语言。我们是否可以像麦克唐纳那样把这种影响断代为松赞干布时代呢？这是完全可能的。尤其是如果是不仅仅想到吐蕃与汉地的直接联系，而且也要像山口瑞凤所提示的那样（《古代吐蕃文献汇编》 I，第205页），考虑到松赞干布与吐谷浑之间的关系时更为如此，吐谷浑人很早以来就吸收了汉族文明的许多因素，他们是吐蕃赞普的第一批通婚者和对手，后又被赞普征服。无论这一时代的情况如何，我们总应该想到汉语措辞的这种影响，自金城公主到达，尤其是自墀松德赞时代起，便变得很强大了，这正是撰写所有著名碑铭和其他所有实用文书的时代（约为750年左右，尤其是在780—840/850年间更为如此）。

我尚需要对《拔协》中的记载再讲几句话。这部晚期的著作肯定使用了古代内容（其第1部分）。麦克唐纳使用了它，以支持汉文编年史中的资料（第379—385页）。这是因为其中谈到了汉地的祖拉。麦克唐纳正确地指出，它在这种背景下，只能是指晚期传说，以及甚至是在古写本中，就已经归于孔子的占卜术。

现在，麦克唐纳的分析已部分由山口瑞凤的发现而过时。如果对于这一记载作详细分析，那就会使本文显得过分臃肿，我仅摘录与我们本文问题有关的内容。

据该文献记载，早在墀德祖赞时就希望引入印度佛教，但这一计划却引起了其母系氏族的反对。当金城公主抵达吐蕃以下嫁该赞普的儿子时，她为其“姑母”——文成公主创建了汉地佛教的殡葬仪轨，其中包括进献功德和在死后守戒七七四十九天（见巴俄祖拉陈瓦书，第7卷，第71—72和76叶）。在表面举行苯教仪轨的同时，他们实际上是秘密举行佛教的忏悔仪轨。当墀德祖赞的儿子墀松德赞仅有4岁时，唐朝皇帝向其年迈的父亲遣一名使节巴岱，并由一名“汉族舞童”（又叫禅师）相随。老赞普希望实行佛教。他向洛巴（巴俄祖拉陈瓦认为是印度）遣使。这里只能认为既是指尼婆罗又是指印度。因为在古写本中，洛巴系指“蒙昧人”，特别是敦煌地区的部族（《古代吐蕃资料汇编》

Ⅰ，第205—207页和注⑥)。她利用这次出使的机会，有一段插曲说明从佛教的观点来看，杀死一只动物也是作孽。当汉族青年受年轻赞普询问时，他说“根据汉地（又叫Hur）的教理（或经典，即祖拉)”来看，这是一种罪孽（麦克唐纳文第380页)。但Hur一词是汉文“佛”的对音。这里确实是指佛教，因为汉族青年补充说，Hur包括“十德教法”（巴俄祖拉陈瓦书，第73页)。于是老赞普就向汉地遣使以寻求这种汉地教法（汉地祖拉)。该使团这次并未前往洛巴，而是直接前往四川首府（益州，今成都)，他在那里受到了一位高级官吏的接待。唐朝皇帝希望佛教能在吐蕃传播。他为此而向使者们提供了佛经。当时提到了一种引自阿伽摩（教法）的授记。据此认为，在最后一个500年的劫（佛教的衰败期)，由于一位善友，“圣教”将出现在赭面人（在《于阗授记》和其他地方则作“吐蕃”）地区。大师金和尚（新罗禅师，四川宗的创始人，又叫无相，公元750年左右人。见山口瑞凤1973年文）具有先见之明，当时就预言说，在该使团返回之后，吐蕃老赞普已薨逝，其子墀松德赞尚年幼。“黑色”大相（苯教徒）可能会颁布一条法律，以禁止实施佛教。当赞普成年之后，他将阐述“外道们的吠陀”。为了使他皈依佛门，使者禅师应向他解释僧侣送给他的三部经书以及这一授记。这就是《十德经》、《金刚经》和《稻秆经》。我们将会发现第一和第三部经文，代表着一种简单和合乎伦理的佛教。事实确实是这样，当禅师返回吐蕃时，墀松德赞赞普尚未成年，抑佛之法尚有效。所以他把所收到的汉文佛经藏到桑耶寺。

当赞普成年时（13或15岁，756年?)，他发现了其父的经书（巴俄祖拉陈瓦书，第78页认为是“其父和其祖父”)。但他从中发现了《Leu-che-kyan》一书，其中论述了能使民众幸福的行为准则（治国术等)。他认为其先祖从中得到了神权。山口瑞凤证明这里是《老子经》（指《老子》一书，见1973年书，第19页）一书书名的对音。他联想到了《道德经》，但它也可能是指《老子化胡经》，它在当时就引起了争论（石泰安1980年文，第330、336—337页）。从该记载的逻辑来看（授记和实现），该书中的这种发现和赞扬性的评价，完全相当于“外道们的吠陀教”。但其大相们问道：“这部汉地先祖的书是讲什么的呢?”这是由于有人要求汉族抄经师“焦头”（一名僧侣的尊号）诵读该文。据巴俄祖拉陈瓦认为，赞普向其大相们解释说，这本汉文经典（或这种祖拉教法）《老子经》是在其父时代传至吐蕃的。

本处的写法似乎是由一种混乱造成的结果。众所周知，李唐皇帝奉老子（同样也属李氏家族）为其第一位先祖。因此，该书确实属于可以追溯到这些皇帝先祖们的一种中原教理。《道德经》很可能是传到了吐蕃（至少是通过传闻）。吐蕃人也可能获悉了外道反对《老子化胡经》的争论和指责。但在《拔协》的记载中却说，这里是指吐蕃赞普先祖们的宗教，这似乎是不可能的。该书继续这样记述：赞普在读过汉文文献（由一名汉族抄经师诵读）之后，认为祖拉这种教法（或治国术）确实甚佳。他声称自己的先祖也实行一种贤明教法（或习惯）。我们现在看一下什么是当时存在的最好社会实践。当时禅师回忆起了金和尚大师的预言，该大师曾建议，当他讲到“外道”时，就向吐蕃赞普推荐佛教。所以他就向赞普介绍说，在汉地存在有一种贤明佛教，不应让《老子》一书进入王宫（或接受错误）。赞普于是就向他索取一种证明这种汉地佛教是善教的可靠证据或文献，他回答说存在着这样的证据。这就是从汉地获得并掩藏起来的经文（巴俄祖拉陈瓦说是“法”），于是就产生了上文已提到的三种文献。大家认为第一部经文（《十德经》）是指导善行的（这就符合赞普寻求一种“世界上最善行为”的作法），第二种经文倾向于一种正确的哲学，第三种则可以实施前两者之集合。赞普于是便感到满腔喜悦。他认为找到一种“贤明教法”一事，是天地之善意的标志，他希望向所有神祇都奉献谢意。

这一概述到此已足够了。麦克唐纳于其文第381—382页中，强调指出墀松德赞先祖们的“贤明教法，部分是以汉文经典（祖拉）为基础的，它当然具有行政特点，但也有宗教特点”。

她想到了儒教经典，我已说过它们肯定具有巨大的影响。但于此在《拔协》中却不是指儒教，而是指道教（被认为是外道）和汉传佛教。该记述在写作时有意无意地写得很不确切和混乱，以至于使人首次会联想到吐蕃先祖们的古代巫教。它同时又提示说，当时就已经知道了汉地皇帝们的道教传统和已由松赞干布传入的佛教。据常见的官方记载，这一切应发生在800年左右。道教没有在吐蕃留下任何踪迹。相反，除了儒教之外，汉地在730—750年左右的突出作用在于传播汉地佛教（部分是通过禅宗而传播的），与印度佛教同时和竞争性地传播。这不仅仅涉及了真正的禅，而且也涉及（或主要涉及）了疑伪经、普通的伦理著作和于世俗人中行用的具体作法（殡仪和斋等）。晚期的西藏史学家们准确地记载了汉地的这种突出作用（参阅《古代吐蕃资料汇编》Ⅰ，第151、184页和注23）。

史料简介

一、《书经》藏译本（伯希和敦煌藏文写本Pt. 986号）。见《古代吐蕃资料汇编》Ⅰ和Ⅱ中的附录。我们还应从中补充今枝由郎的《chis一词的翻译问题》（载《黎吉生藏学研究纪念文集》，牛津1979年版）。他指出了黎吉生早已注意到《书经》中的词汇也出现在石刻碑文中。

二、《占卜书》（伯希和敦煌藏文写本Pt. 1047号）。

三、《木族人和恰族人的历史》（伯希和敦煌藏文写本Pt. 126. 2号；麦克唐纳文，第210、305—306页；请参阅石泰安：《汉藏走廊古部族》，1959年版，第62—64页）。恰族人（臣民）前去拜见木族人（君主）。他们二者是姻亲（？）。这一传说或神话故事与晚期传说中的神话略有相似（但方向相反），后者认为吐蕃第一位先祖恰自天下界前，在其母系亲属木族人中（《说库如意宝》，麦克唐纳文第208—210页）。木神于此则是在乐土天上，那里是恰神无法进入的。恰神被与其说法中的人类视为一体，因为他们没有首领，所以祈求一主。他们是臣民或“黑头人”，自称“我们其他那些低下的恶人”。两名主角人物被当作两个氏族。此外，人们还论述过河谷上部的千户与河谷下部的百户，他们是同一首领的臣民，同一地区的人类。为了前往木族人地区，恰族人从吐蕃西部的羌玛出发（山口瑞凤，1983 年书，第 171—173 页）。在伯希和敦煌藏文写本 Pt. 1060 号（有关小邦王）写本中，藏地的君主就是冈托王。

为了评价该文书的构成，我需要指出其几个特点。

1. 其中多次提到了木族人的本命神，对此应奉献供品，尤其是牌位，它可以使人看到这些本命神的形象。我在《书经》译本中发现了该词（《古代吐蕃资料汇编》Ⅰ，第 202 页）。

2. 在供品中有一“神箭”。为了制造它，则需要南诏（云南）竹子和汉地丝绸。

3. 最后谈到应该参阅 ĉe'u-yag 和 Log-men。前者指《周易》，即《易经》，无疑是指广义上的占卜书。我未能考证第二种书，但它可能也是汉字并可能系指另一种占卜。

4. 我在整部著作中既没有发现“祖”，也没有找到“祖拉”，我们所讨论的其他词也付阙如。

四、《岱噶愿文》，见《古代吐蕃资料汇编》Ⅰ。我们应该比较某些敦煌汉文写本。

1. 伯希和敦煌汉文写本 P. 3829 号（共 1 页 28 行）。其首尾均残，许多字不堪卒读，全文晦涩难懂。其文笔是夸张性的赞文。文中提到了数位论（相），其一获得了黄铜告身。其中还讲到了三方的一项盟约：“□盟誓得（?）使三国和好。”

2. 伯希和敦煌汉文写本 P. 2974 号背和 P. 3395 号（已由戴密微在《吐蕃僧诤记》中引用，1952 年版，第 280 页）。其中赞扬了圣神赞普之“道”传达到了所有国王身上，其德传至四海（大地之故缘）。大家为他发愿。这种功德也传到了大相尚腊藏嘘律钵和尚乞心儿身上。他们正是《岱噶愿文》中的两位大相。这些汉文文献的措辞常常特别近似于愿文。其中一例为：“圣神赞普，万里化均，四邻庆附；边虞不诚，势□风情；佛日重晖，圣云补集。和尚以诱声闻后学，宏开五部之宗。”所以“君圣神，臣忠荣，邦国……为安”。

五、《时代的故事》（印度事务部图书馆藏斯坦因敦煌写本S. 733，734和735号。麦克唐纳文，第357—367页）。前两卷写本均已由托玛斯（《西藏东北部的古代民间文学》第三至四篇文书）刊布和翻译。第三卷文书由麦克唐纳夫人翻译和发表。托玛斯以假想的标题而把这些文献错误地与某些不同的记载（第一至二篇和第五篇文书的第二部分）联系起来了。他指出，其中第一是佛教的发展时代，第二是发展时代的衰退阶段，第三是彻底衰退阶段。但他针对第三篇文献（S. 733号写本）而正确地指出：“从语言学角度来看，该文献比第一和第二篇文献具有更为正规的藏文。”他针对于第四篇文书的第一部分也提出了同样的看法。这一部分确实是涉及了《年代的故事》，其段落划分都标示得非常明确（另起行）。第二部分则相反，它是以古老风格记载的故事，介绍了一种不同的传说，后面没有任何断开的地方，在第40行中间也没有书写符号，而仅以双音节和两竖线之间的一圆点来区别。

在这两种文献中似乎确有某种类似的内容。但在《时代的故事》中，始终都以“时内道”、“身内道”和“寿内道”指恶世。在一篇文献中则说，吉祥在增加而邪恶已被排除。这两种故事具有一种共同的表达方式——“敬唐”。但在古文书中，这句话则根据文笔的习惯作法又增加了一个类似的术语：“木当”。在伯希和敦煌藏文写本Pt. 1285号的古老故事中也相同。在“古典文献”（第三篇文书）中却相反，仅有“敬唐”一词（石泰安1971年文，第546页）。事实上，并不是始终都有这种区别。敬唐和木当这两尊神出现在一部占卜书中（伯希和敦煌藏文写本Pt. 1043号）。但在一部古代殡葬仪轨书中（石泰安1971年文，第492和497页），我发现了敬唐神。在伯希和敦煌藏文写本Pt. 1134号的古老故事中，情况也如此。在“古典”文献中的情况依然如此，我们只能找到敬唐神（伯希和敦煌藏文写本 Pt. 126 号；麦克唐纳文第 372 页，智者比丘的格言）。唯有该词延存到晚期字典中了。至于《时代的故事》中的第三种文本（印度事务部第 735 号写本）其中都明确标出了段落，但第一段的内容却相当独特，其中通过神的占卜发出了预兆，并且还包括有一种特殊传说。我们从中可以发现，在晚期传说中出现的一名神话赞普的名字。其余的段落与另外两种写本完全相符。

我已经讲过，本文书是用古典藏文写成的，从语言学角度来讲与古老藏文非常不同（文笔、语法和辞汇）。托玛斯在辞汇方面，仅提到了很少几个词，我还可以大大增加。这些字没有一个（或其复数形式）出现在古老文献中。我还将指出，在《岱噶愿文》中，“祖拉”获得了“贤明的”（而不是“大的”）之修饰词。

对于其时代，我们应牢记两种因素。有一个独一无二的句子（第四篇文献），追述灾难时代之前的幸运而吉祥的时代。这正是“神和人尚未分开的时代”。但这个句子在有关赞普先祖们的问题上，又出现在工布的第一篇石刻中（其时代约为 800 年左右）。第三篇写本在汉地和突厥问题上结束于一种历史授记（麦克唐纳文第 362 页）。授记中包括某些传说性的内容，似乎是引自有关契丹的汉文史料，这种资料与在《五位回鹘人的记载》中使用的资料很相似（见李盖提 1971 年文，第 171—172、178、182—184 页；森安孝夫 1980 年文）。这一问题非常复杂，无法于此论述。

我在这种授记之前，还发现了另一种非吐蕃的内容。在灾难时代，天地之间最大的赞普巴尔桑孜将被击溃。此名肯定是外来语。

至于其内容，我应摘录其中不可能属于古巫教的成份。当形势每况愈下时，有人建议书写和传播授记（我们经常在伪经或非伪经的佛教经典中发现这种预言）。当时共区别出了三类人。第一类是牢记教诲和按照从前的善行处世的智者。他们将会寿终正寝（这是在汉地出现的一种理想），不会在死人之地受苦而是幸福（这是在佛经中广为流传的另一内容）。下面的一句话肯定是外来的。在灾难时代之后，将出现一个天神的吉祥时代，那时的人将普遍活到100岁（这是有关人生最大寿数的一种汉人和佛教的惯用语）。这将是那些“最早生活着的人的生命”（？可能是指第一类智者）。文书中在下文不远处又重新讲到了这一类（麦克唐纳文第7节，这是一种愿文）。“愿我在自己活着时不会夭折和暴卒……愿我拥有智慧的儿子。愿我死后不会到达死亡之地，而是到达福地。愿在灾难时代之后，我首先能活100岁。”第二类人“也能活百岁”。但在此之后就那些可能听到了授记，却又没有能牢记它的人。最后，第三类“生活在中间阶段者”，这就是那些即使听到也听不见，即使看到也看不见的人，即一类介于“好坏之间”者。这三种不合习惯的表达方式的含糊性，可能是由于本处系指译文的事实而造成的。麦克唐纳抓住了“活”一词，而通过古代故事来解释该文，这种故事认为仪轨可以确保死者“痊愈”或“复活”，其中的死人之地被称为欢乐地（石泰安1971年文）。她把“百年”（她译作“世纪”）与这些古老故事的70万这个数字进行了比较，并把这数字作为死后的生命期（第366页）。但这是一种错误。其中提到为死者导路的马匹将会吃掉70万颗星辰中的7万颗（托玛斯：《西藏东北部的古代民间文学》IA）。从此之后，当他活着时，生命将持续100年，死后将前去作为70万颗星辰之主（上引石泰安文，第489页）。在《西藏东北部的古代民间文学》第四篇和已由麦克唐纳引证的伯希和敦煌藏文写本Pt. 1134号（第497和506页）中的记载，也如此。当然，在古代故事和《时代的故事》（讲死后的生命问题）之间有相似性。作者或抄写者也可能希望把它们巧妙地联系起来，所以未加分别地把它们写于同一页纸上，但这两种观念却完全不同。

我现在再重新来研究我们的文书。为了避免灾难和寻求救度，有人建议每天都精心梳理头发（托玛斯读作“鬼”，麦克唐纳于其文第361页读作“灵魂”，均为误读），每三天沐浴一次。接着又重复说应该崇拜神祇，而且不要搞错时间（即按已定的日历办），如果可能的话那还应于每月的初三净身顶礼。此外，他还应不仅仅为自己，而且也要为天地之间的所有人而奉献供品和进行祈祷。这不仅仅适用于已故先祖（指殡葬仪轨）。这些内容似乎是属于伪经（汉文或其他经文）的范畴，我们已掌握了它们的部分藏译文。我特别联想到了那些为净浴身体和头发的历书，我还掌握有一批有关的敦煌汉文、藏文、道教和佛教的写本（汉文写本中有《道藏》Pt. 1227号，公元943年，一篇有关斋的文书，《老子化胡经》卷8；在藏文中有印度事务部图书馆第474号写本背面和506号，伯希和敦煌藏文写本Pt. 127号背面。见石泰安文：载《法兰西学院年鉴》，1978—1979年，第546—549页；1979—1980年，第622—624页；苏远鸣，1979年文）。

我们的文书继续荒谬地建议举行斋供，因为末日已临近。但其中又指出：“不要去为一生者寻找白年的食物贮备，最好是到死人地区寻找1万年或10万年的贮备。”这种表达方式可以与“智者比丘”的说法相比较（伯希和敦煌藏文写本Pt. 126号），后者相反却说为死者陪葬在墓中的华丽衣衫和食物没有任何用处。麦克唐纳正确地比较了这两篇文书（第370—374页）。她认为其中的批评是针对吐蕃宗教的，但再没有比此更为不可靠的了。在《年代的故事》中，所提到应为死者贮存食物的地方，可能是针对汉族为死人守斋仪轨的。佛教徒的批评（又重复出现在伯希和敦煌藏文写本Pt. 1284和992号中）可以适用于任何一种非佛教的习惯（文书中包括有一种汉地内容，即以鹰狩猎。见《古代吐蕃资料汇编》Ⅰ，第191页）。无论如何，为死者贮备食物的观念，则在有关殡葬仪轨的“古老”文献中尽付阙如。

麦克唐纳清楚地看到，该文书与有关佛教的衰败和末日的经文之间，具有相似性。但她仅在有关最后授记（第362页注584）的问题上才这样做了，或者是她想到了瑜伽的理论（第357页）。她没有从中得出任何结论。我们无疑应联想到有关末日时代的道教和佛教的汉文伪经（其中包括对弊端的抨击和对中意者一生的诺言）。它们往往与特殊的历史形势相适应（有一个与吐蕃相似的例证，见汉文和藏文版本的《于阗授记》，约9世纪中叶）。有关这一问题，我们现在可以阅读徐理和（E. Zürcher）精辟文章：《蒙古王子、传教士和中国中古时代佛教神学》（载《通报》第78卷，第1—3期，1982年）。

我们的文书中还提到了恶劣的时代、饥饿的时代，我在《金光明经》（卷11，诺贝尔书第165页，译自汉文）中也发现了这一切。但这一恶劣时代，似乎被认为是与译者同时代的。在该经文回鹘文译本（也系自汉文译出）的题跋中，作者指出他是"别失八里的一学者，生活在恶劣时代"（米勒：《回鹘资料文献汇编》第1卷，柏林1909年版，第14页）。

六、《起源的理论》（伯希和敦煌藏文写本Pt. 1038号，共18行，已由麦克唐纳文第215—219页和山口瑞凤1983年书第174页作了翻译和讨论）。麦克唐纳将其断代为9世纪上半叶，但它也很可能是10世纪的。据我认为，该文书标志着向晚期传说过渡的一个阶段，从11世纪起就已经出现了（见1969—1970年《法兰西学院年鉴》第446—447页）。下面就是一种分析。在各不同地区和堡塞中，有勃窣野吐蕃的一名赞普，即托杰神王。据一部分人认为，他属于12位小邦王之列，而其他人则认为他并不属于此列。

拉露曾把该词读作Lte'u，麦克唐纳认为其元音i；山口瑞凤也读作Lti'u，并认为这是指地仙，与岱神不同（1983年书，第195页注74）。事实上，这些解释都是虚构的，因为它们都没有考虑到某些抄经师的习惯，双声母Lh-和Lt-在字形（h与t相似）和发音（Lho被汉人对音为"读"，而Lha又被对音为t'a）常常被混淆。在《年代纪》中，洛族的名称被清楚地写作Lho（第471行）。在下一行中又清楚地出现了神名Lhe'u-rje Zin-dag（巴科书第119页）。但同一名字有时也写作Le'u-tie Zin-Po（伯希和敦煌藏文写本Pt. 1043号。麦克唐纳读作Lti'u-rje，但字母t

勉强能认出。至于用i来代替e，在下一个rje中，e的写法与在Lc'u或Lhc'u中一样。真正i的写法则差异很大）。同一名字也清楚地写在印度事务部图书馆第740号写本中（占卜书，在托玛斯的《西藏东北部的古代民间文学》没有刊布）。麦克唐纳提出的最后一个例证是错误的（伯希和敦煌藏文写本Pt.126号）。我们于其中清楚地读到："在这样一个罪孽的地区。"因此在本文书中，赞普的名字前面带有一个常见的形容词Lde'u或Lhe'u，于本处写作Lte'u'u。至于一种不同的写法Bon而不是Bod的问题，它也延存在晚期文献中了。作者可能是很希望采纳这种形式，以将该赞普与官方世系中的赞普们区别开来，因为他在最后一行为指真正的赞普而确实写作Spu-Bod和Spu-rgyab（勃窣野）。

由于本处也可能是指苯教，所以麦克唐纳夫人把赞普的名字托杰与《金钥》中辛饶父亲的所享有杰苯托噶尔（属木氏家族，木氏王的祖父，见弗兰格版本，第1卷，第314和332页）的名字作了比较。母系氏族于其中是恰（这与《木族史》和晚期文献中的世系恰好相反，后者都认为父系氏族为恰，而母系氏族是木）。我还应从中再补充以有关的诠释。我们于其中也可以发现木杰托噶尔。虽然此名之与法各不相同（在我们的文书中是托杰王），但我觉得这种比较是正确的。这是其上下文提醒我这样做的，因为据一种说法认为，该吐蕃赞普属于12位小邦王之列。但这种说法也就是《小邦名表》中的记载（伯希和敦煌藏文写本Pt.1286号，巴科书第80—81页）。该名表末宣称，尽管这些赞普（小邦王）有势力，尽管其大相们聪明智慧，但他们互相破坏，其中没有任何一个人能获得鹘提勃窣野之盔（未成为吐蕃赞普）。接着就是吐蕃王朝第一位先祖聂墀的下界（麦克唐纳文第198页）。这种官方的说法就相当于我们文献中的第二种，吐蕃赞普并不属于12小邦王之列。但如果托杰与托噶尔确实为同一人，属于这些小邦王之列的赞普，那么按照第一种说法就可能是托噶尔，即小邦王中的第二位，作为藏地的国主，居住在娘若吉噶尔。他也登录在其他的小邦名表中（拉露1958和1959年文；山口瑞凤 1983 年书，第 209、222、248—250 以及第 913—914 页的地图）。托噶尔是上部（西部）藏地的赞普，也叫恰。由松赞干布的父亲征服的西部地区叫作藏博。所以前往木族人地区寻找一首领的恰人是从下部（东部）藏地出发的。

伯希和敦煌藏文写本 Pt. 1038 号的作者，似乎想到了藏地的这一托噶尔赞普。据某些人认为，他原属小邦王之列，后来成了吐蕃赞普。难道他是为了掩饰这种意图，才把 Bod（蕃地）改成了 Bon（苯教徒），把托噶尔改成了托杰吗？如果这种假设是正确的，那可能就是晚期传说的开始，苯教徒正是为了这一原因才从西部地区前来。

晚期传说中还包括另一种于此和在其他敦煌文书中，就已经处于萌芽状态的内容。自天下界的第一位先祖受 12 人欢迎并被选为赞普。据史料记载，这就是 12 位小邦王、贤相、地神或苯教徒（石泰安：《汉藏走廊古部族》第 11 页）。在《年代纪》和王家碑铭中，没有具体说明谁是那些接受天神为君主的人。我们的文献似乎说明，他们恰恰就是 12 小邦的王子。晚期传说的最为古老的文献之一《玛尼宝训集》（《玛尼全集》）提供了有关这一内容的一种引人注目的不同形式。这些人（没有指是谁）向上天祈求一君主，“因为直到那时为止，尚未有君臣之别”。这是与我们的文献和《年代纪》都很相符（没有任何小邦王能成功地制服其他人，但据某些人认为，其中之一的藏地王托噶尔或木托杰王可能这样做过）。《玛尼宝训传》中的句子也可以与古文献中的句子相比较。据此认为，在开始时，没有天神和人类之别，“天神”一名亦可指国王。

第巴桑结嘉措补充了一些很有意义的资料。苯教仪轨有时与吐蕃王朝的第一位先祖，有时又与小邦王相联系。据某些“古代故事”认为，禳解仪轨书可能是由孔子神幻之王在赞普雅拉达珠时代于吐蕃写成的。第巴当时引证了猴祖的传说和“圣言”（菩萨的语言）。“人类世系应自天界而下，就如同江河的世系与冰川有关一般。我为无天神的人指定了一尊天神，为没有牧倌的牲畜指定了一名牧倌，为没有幻网的魔鬼送去了一张幻网。我指定雅拉达珠为人类之神，指定雅砻索瓦为该地区的中心。”

第巴认为应在雅拉达珠、天神和君主之间作以区别。这更可能是指第二位赞普，即聂墀。幻网相反则可能是属于孔子的起源故事认为的。但在有关禳解—幻网起源的某些史著中，又称它是孔子在藏地王托噶尔时代于吐蕃制造的。这后一位赞普以及墀杰赞普、绯杰内古等均属于小邦王之列，并生活在同一时代。另外一种有关幻网的古代故事，则是绯杰内古的记载。它是由于掘藏师囊（无疑是囊若，12 世纪人）发掘的。我们看到，对于幻网，人们都在一方面是吐蕃王朝的第一位先祖与其地雅砻，另一方面是小邦王之一——特别是托噶尔之间犹豫不决。

有人还指出了另外一种“吐蕃赞普世系起源”。其句子的顺序似乎相当混乱。我们可以考虑三种可能性，在天之上有一尊天神库吉赛，我认为其中的 spyi-ser 应改正为 skyi-ser，它是风的修饰词，ku 可能应为 khu-’phan（湿润的雪）。在《年代纪》中（巴科书，第 81 页），第一位神仙先祖就如同雨一般下降到大地上。在晚期传说中，他是自天逐层下界的，而每层天都以一些气候现象为标志（云和雨等，见石泰安：《汉藏走廊古部族》第 57 页）。如果我们接受这种释读法，那就可以把这个孤立的句子与所提出的第三种假设相联系，即自天下降是从 13 层天开始的。第一种假设仅在第 7 行中才作了阐述。据说，在第一位赞普的世系中，有一位所有玛桑的首领。他统治了所有的创世神，而他自己就是“恰神之上的恰神”。麦克唐纳正确地发现这些生灵可能属于不同的等级。事实上，在晚期文献中，各不同名表都提供了由不同生灵相继占据吐蕃的阶段。该地区在每一阶段都有一个不同的名称。据《苯教源流史》记载，这是夜叉、魔鬼、玛桑（地名为六牦牛蕃部）和 12 小邦王（蕃噶，崇拜苯教的托噶尔赞普），最后是吐蕃王聂墀赞普（他也崇拜苯教）。这种晚期的传说可能解释了本文写作的不连贯性。由于第 6 行的一句话似乎属于第 12 行的第三种假没，第 7 行中的玛桑与第一位先祖的降临有关，因为吐蕃当时被称为“六牦牛部吐蕃”，也就是晚期传说中由玛桑占领的地区之名称。至于恰族人的首领，他也应该与第三种假设有关，因为当时谈论的七墀天神恰恰就是《年代纪》中的恰人雅拉达珠。

另外两种假设也是这样解释的，见麦克唐纳文第5节。赞普们的第一位先祖属于相当于种姓的生灵等级之一。这里是指印度对佛经的分类，一直维持在晚期传说中（石泰安：《汉藏走廊古部族》第6页）。虽然我于此区别出了两个种姓，贱民就是“食肉者”（魔鬼），而赞普则是“赭面人”。这两种人实际上是相同的。第三种姓（并非明确地这样称呼）即为夜叉，与其他种姓没有多大区别。麦克唐纳正确地指出（第217页），晚期传说中的“赭面人”就是吐蕃人，这种称呼似乎来自《金光明授记》。我还必须补充说明，这一称呼也通用于《于阗授记》中（汉文本约为848—850年的，见《古代吐蕃资料集》Ⅰ，第217页）。在晚期文献中（在《拔协》中就已经如此），这些“赭面人”是出自猴祖的第一批吐蕃人。在我们的文书中，夜叉是雪山地区之主。其名可能是指位于世界之上的占婆罗（毗沙门的另一种写法）。这种奇怪的说法可能会通过近期发现的文献而得到澄清。在密教经典中，有一位嘉氏国王（又叫因陀罗菩提）居住在乌苌国或托哈尔。此人被考定为伯希和敦煌藏文写本Pt. 840号（其时代比840—850年左右略早，因为其中提到了达摩和俄松。见噶尔美1981年文）中的墀松德赞赞普。另外一位国王嘉氏（或帕氏）同样也被比定为在《文殊师利根本仪轨》一残卷（印度事务部图书馆藏斯坦因敦煌藏文写本第380号，其时间为同一时代，见今枝由郎1981年书）中出现的一名吐蕃赞普（无疑为同一人）。但在该文书中，却把那位赞普置于北方、雪山的中央（如同本文书中的夜叉王）。在伯希和敦煌藏文写本Pt. 840号中的情况也如此，嘉氏国王（菩萨）被置于了吐蕃、雪山和神地的中央（使用了陈套短语：“高山净土”）。噶尔美把这一段文字与僧侣大相允丹（伯希和敦煌藏文写本Pt. 1290号，麦克唐纳文第 320 页）的歌、第一位赞普降临于“雪山中央、高山净土……六牦牛蕃地……国之中心、神之居地”（即天神勃窣野）等作了比较。

我们看到本文书开始于苯教徒和宁玛巴（密宗教派）们的思辨。我可以提出三种假设（正如麦克唐纳在其文第 217—218 页所指出的那样）。这就是在佛教赞普时代吐蕃王朝的官方理论。但其中仅提到了在 13 层的一组七墀赞普，而不是自天下界的雅拉达珠。他如同尚缺首领的人类和畜类之首领而降临大地。文中于此又加入了一个六人集团，他们是小邦之一的特点。据山口瑞凤认为（1983 年书，第 205、253 页和注 17），这也相当于“六牦牛蕃地”（分为六份的一片地方）之名。这一名表令人摸不着头脑。它是根据各种小邦名表（大相和其他人）的模式而提出的，但它与任何一种名表都不相符。除了两位大相（洛和聂，其他地区和氏族）和两名侍从（嘉和布）之外，它又提供了两名苯教徒（介和管）。前四个名字也出现在《年代纪》中（巴科书，第 16 页）。但我们的文书之新颖处，就在于增补了两名苯教徒。这仍是开创了有关第一位神祖受任大相或苯教徒们的一种晚期传说（在小邦的范围内）。

我现在应考虑一个问题：另一种说法不太可靠。无论如何，当时已奠基的吐蕃王朝之氏族叫作勃窣野和吐蕃。众所周知，据《通典》认为，勃窣野是赞普氏族的名字，因为第一位先祖是被称为鹘提勃窣野。

嘉氏国王的存在，尤其是在赞普世系的官方传说之外，又提到了一种认为该赞普属 12 小邦王之列的说法。所有这一切都提示我们，本文书的撰写时间应晚于吐蕃王朝的末期（约为 850 年左右）。换言之，实际上可能不会有人敢于提到一种非官方的和在政治上是危险的说法。本文中就已经受到了苯教和宁玛巴或密教徒们的启发。在敦煌文献和晚期传说之间，没有断裂层。伯希和敦煌藏文写本 Pt. 1038 号正介于两者之间。

“祖拉”的词源

对选一词组的分析可能会揭示我们所研究的时代之吐蕃人的思想。我们可以区别出两类问题：词组的意义和组成。

1. 我已根据前文后而看到它表现出的意义。早在814年的《翻译名义大集》中，就用“祖拉”（gcug-lag）来翻译梵文 ārsa（经典）。我不懂梵文，因而也只能讲出该词的很少内容。据莫尼埃—威廉斯的辞典认为，它派生于 rsi（赞歌）一词，“与‘赞歌’有关，属于或派生于‘赞歌’”（古代赞歌的诗人），所以其意义就为“神圣的、受人崇拜和尊重的后裔”。我无疑还应补充以下内容：具有权威的古代圣人的传说、智慧、言论或著作。我在《般若舍吒迦》中也发现了一例证，但该书的梵文本并未保存下来。有一个梵文的例证出现在《大乘入楞伽经》（800年左右译作藏文，见南条文雄索引，第2册，东京1961年版，第106页）。gcug-lag bstan-pa'i chos = ārsa……desana-dharna 的汉文对译应为“能诠”。列维在其译文（巴黎1911年版，第223页）中译作“神圣预言的理想”。他认为梵文 ārsa 就相当于藏文 gcug-lag，在汉文中叫“能诠”，并附一条注释：“由如来宣布的12类经书”。这就是12部经（《翻译名义大集》第1266—1278条）。另一例证引自本生事中，已由《白琉璃除锈》（第144页，重版本第420页）所引证：“这难道不是与习俗、祖拉和因明相悖吗?”其中附有维摩诘的诠释：“佛陀讲的祖拉。”斯坦凯勒内教授非常乐意地向我指出，这句话也出现在《菩萨本生论》（凯恩版本第1页；北京版《丹珠尔》第5650号，第2页）和《丹珠尔》的诠释中（第5651号，第155页）。在梵文中有一个词为 śrūtyū rsa-yukti，使用藏文 thos-pa，da、gcug-lag da rigs-pa，“与因明、论、口头传说相反”。但吐蕃和印度译师们为什么要选择“祖拉”来翻译梵文 ārsa 呢？因为该藏文词组似乎没有暗示 rsi 一词的任何派生词。十分遗憾的是，“祖拉”一词未出现在解释梵文词的分析和藏文词之选择的《两卷本辞汇集》中。这可能是由于他们未能创造新义（但他们却根据 byin 和 rlabs 这两个相似的词组成了 byin-vlabs 以用来翻译梵文 adis tha-na，神威），“祖拉”一字也可能已存在于吐蕃人的习惯中了（参阅《古代吐蕃文献汇编》Ⅰ，第 165—167、198—199 页）。

2. 从语言学和书写形式来看，gcug-lag 明显是由两个独立的字 gcug 和 lha 组成的。它们独立出现在《翻译名义大集》中，其中认为“gcug”指颇顶、头顶。它有时也组成具有近似意义的复合词，如 gcug-tor、gcug-phud 和 spyi-gcug（第 513 条），后者有时也写作 spy'i chug（第 3068、6800 条），自 spyi-boi（第 3042 条）派生而来。另一方面，lag（手、臂、四肢）也与其他词联用，如用 lag-ĉha（武器、目标）和 rca-lag（根、枝）来表示“亲戚，亲属或员”，用 yan-lag 表示“成员”。那些关系不太密切的成员则叫作 nin-lag（梵文为 pratyanga，见《翻译名义大集》第 299、3929、4037、5189 号）。这一短语的引申意义用于指二等神现，有时也带有 a/i 的变化。

如果在 gcug-lag 一词中，gcug 确实是指颇顶或头顶，Lag 系指四肢，这样就产生了大家对身体组成部分的思想。头为人的部分或“肢体”之一。管库巴拉卡（11 世纪）提到了一部著作，其中讲到了佛陀及其“肢体中最佳者——头颇”。在一部密教经义（《甘珠尔》第 83 号，译于公元 1000 年左右，第 248—280 页），讲到了“它留在纯洁的鼻尖上，留在颇顶和手中”。为了全身跪拜而顶礼，便用“五肢”来称呼身体。这就是双臂、两腿和头颇。但也有人讲“六肢”（《翻译名义大集》第 424 号），这是对佛陀的称呼（另加腰部）。一个健全的身体确应“具备七肢”（第 6734 号）。承斯坦凯尔内教授美意向我指出，“头”也可以用梵文 uttamanga（《翻译名义大集》第 341 号，身体的最好部分）来表示。

但这种把完整身体分成五、六或七部分（包括头部）的形象，在“祖拉”的组成中，曾以非常明确的词义起过作用吗?

我不清楚，斯坦凯尔内教授还向我指出，一篇重要的吠陀文献有时也叫《口头传说中的颅顶》（而不仅仅是笼统的头）。

另外一种古老的藏文表达形式（它似乎是从辞典中消失了）证实，在一种文书或一套文书中，可以用身体的两端来称呼人，正如我们讲一套结构严密的著作一样，也如同我们讲"从脚到头"或"从头到脚"（彻底地）一样。这是一种尊称（"头—脚"）。

在对被归于毗末罗密多罗的密教经典《神幻镜》的诠释中（《丹珠尔》第5917号），提到瑜伽行者里巴默妥共用4种内容"全面地"概括了怛特罗（救度，保证、经文和发愿）。在对密教经文《般若舍吒迦》（《丹珠尔》第4756号，作者名字尚付阙如，第188—194页）诠释中，于标题之前指出："在诠释神幻的密教经典时，玛仁钦曲将之与大瑜伽相联系起来了。他在根据三十二相将而由三部分组成的全部内容（即最佳部、中适部，但阙最劣部）共分成了五部分。"接着是五种内容。我不太理解这个句子。但我发现它导致了对一个统一整体进行五分的作法。这种表达方式也保存在一篇晚期文献中，承噶尔美的美意而使我得知了它。三世噶玛巴教主让迥多吉（1284—1339年）写道："古代秘密曼陀罗的这九乘，是根据王家和教法而全部译出来"。其"全部"之义是从前后文推断出的。

在gcug-lag（头和四肢）的词源与选择它来译"赞歌"的作法之间，可能没有任何直接关系。但如果承认这种关系，那就可以联想到一种间接的关系。我们已经看到，在印度，身体的五肢或六肢（连同头颅包括在内）的说法仅适用于国王。另一方面，对于仙人来说，除了三或五吠陀之外，还有"吠陀六肢"。这都是一些语言学、天文学和仪轨方面的学识。但"祖拉"也用来翻译"精舍"或婆罗门僧的科学（《翻译名义大集》第5046条）。在佛教的背景中，我们还可以联想到《金光明经》中的一段文字（由法成于820—850年左右自汉文译成藏文，第11卷；诺贝尔译本，第1卷，第206页；《大正新修大藏经》版本第

430 页）：“是以人王至心，听受是经典故。世尊，如大梵天于诸有情，常为宣说出世论。帝释复说种种诸论。五通神仙，亦说诸论。世尊，梵天释五道仙人。”但所有这一切仅仅是假设，它至今仍是一个谜。

3. 我还应指出，一位晚期的却很有学问的作家证实，西藏人确实研究过辞源学，当时就曾分析了 gcug-lag（占卜和仪轨术）、gcug（头）和 lag（四肢）。这里就是指第司桑结嘉措对占卜术的阐述。我于此仅提及与我们有关的情况。

1）对创世龟的描述。

2）文殊师利居住在汉地五台山。他宣布了祖拉。在这一问题上有许多解释。他可能诞生自其母的颅顶，或者是出自其子宫。

3）有关乌龟不同形状的长篇描述。

（1）文殊师利之父是一龙王，其母为最胜仙女。

（2）接着是一个含糊不清的句子，它似乎是说，占卜龟出自梵王颅顶，它又被摆在仙女的手中。

4）在介绍了有关占卜的怛特罗和孔子的世系之后，作者又指出了以下内容：

A. 这些怛特罗又叫祖拉。因为“祖永远不变”，这就是五行，而且“拉”系指年月。

B. 作者又指出，或者是这些怛特罗均取自文殊师利的颅顶，又被置于南杰玛女神的手中，因为她索求它们（在《智慧》第 14 页中的记载也相同，我从中还发现了某些更为现实的辞源）。

是第司杜撰了这一故事吗？他肯定掌握有某种史料，我们应去寻找之（密教经典或经伪等）。我还应考察一下有关文殊师利和最胜仙女之间可能存在的关系。尽管会有各种各样的看法，但我发现藏族研究专家们对此毫无怀疑，“祖拉”一词系由“祖”（头或颅顶）和“拉”（肢体）组成。

小　结

1. 对于古代宗教来说，我没有掌握前佛教时代的任何能客观断代的文献。某些文献是以古老语言（至少它未能揭示一种不同的背景）写成的，但没有任何一种能使人判断其古老性。其他文献写于佛教赞普们的时代，该时代在一定程度上与吐蕃占领敦煌的时代相吻合。我们从中发现的那些神话和宗教内容，均以诗歌之笔风而有别于其他。它们肯定早于其最后撰写的时代，但也不能断代。

2. 吐蕃巫教肯定没有名称。但在古文献中，苯教和苯教徒就已经起了重要作用。这种苯教肯定尚不具备从 11 世纪才发现的那种定形，但在敦煌写本和晚期传说文献之间没有鸿沟。大家应注意麦克唐纳的想法，即这一整套苯教的内容可能无法囊括巫教观念的全部领域，但这一领域并不叫作“祖”或“祖拉”。

尽管某些短语是它们所共有的，但古老语言中的殡葬故事和仪轨，明显有别于有关死后生活的另一类文献（《时代的故事》）。

在古代当地文献和晚期比较“近代”（尤其是佛教时代）的文献，甚至是外来文献之间，还有其他一些公开承认或巧妙暗示的刻板和并列的例证。

3. 在佛教赞普时代，大家对第一批赞普们的古代有一种尽善尽美的空想观。这种看法可以由某些巧妙地把土著因素、向汉地借鉴的表达方式，与佛教术语结合起来的形式来解释。

赞普们的荣耀与合法性来自他们奉古代两位权威赞普为楷模这一事实。这两名赞普之一为真实的历史人物（松赞干布），另一位则为传说或神话人物（第一位先祖，自天下界的天神）。

他们的尊号“圣神”以及赋予他们荣耀的其他宗教特点，也都归于了这两位楷模（无疑是追溯既往性的）。

第一批神话赞普们的天和神之特征，以及至少有部分是向汉地借鉴的文学用语都说明，古代的楷模赞普是按这种天神起源和天地之道的原则行事的。这些内容解释了“以天神的方式”或“按天意”统治等短语的意义。它们都是一些譬喻，而不是古代宗教的名称。

4. 除了这些表达方式之外，楷模赞普们的善政之特征可由这一短语来表示：“贤明风俗和治国大术。”由于文笔之原因，可以简称为“贤明教法”。

该短语的第一部分并未由文献解释清楚。它有时是指传说时代人类的优点（智慧和勇敢、善行）。它与第二部分共同用来指松赞干布。它可能会巧妙地提出了一种由该赞普传入的（据官方的观点认为是800年左右）先祖和佛教的贤明风俗之混合物。

其第三部分“祖拉”则由大量文献作了清楚的说明。它包括相当广泛的词义，以至于使人无法在所有的情况下都采纳同一种词义。它可以指“智慧”、“科学”、“技巧”（以及论述技巧的著作）。对于赞普们（尤其是松赞干布）来说，它明显是指一种治国术和施政智慧。其他作家们在此问题上也巧妙地玩弄了把古代第一位神话赞普，与佛教的古代智慧相结合的词义。早在814年（《翻译名义大集》）中，“祖拉”就是佛教经文。在同一时代，它也被印度班智达们使用。它当时指为佛教作准备的世俗人之道德和善行。

5. “祖拉”在任何情况下都不单独用来指诸如“天命”这样的最高宗教原则。

在某些适用于传说先祖的短语（“祖永远不变坏”）中，“祖”可能为“祖拉”（智慧、治国术）的简称。我们还可以从中发现“优点”、“高尚”等意义。

这最后一种词义派生于“祖”的主要意义“颅顶”、“顶端”，我觉得它似乎在与神山有关的天神先祖们的某些含糊不清的句子中，被保留下来了。

在此情况下，“祖”一词似乎属于有关赞扬、犒赏，特别是王权的势力和永久性的一整套连贯词义。它包括与赞普的头与盔

（它们又与天相连）的高度或顶峰之象征。

6. 其中证实了汉人的影响。这种影响可能相当早就通过汉族人（儒教、经典、文学表达方式）和佛教僧侣（除了禅宗之外，还有伪经和伦理等）而实施的。

（译自 1986 年《法兰西远东学院学报》）

吐蕃的佛教

图　齐

一、吐蕃前弘期的佛教

1. 起源

佛教传入吐蕃的时代，以及伴随这种传入而产生的各种现象，已经成了经常性和广泛性的讨论内容。对于西藏人来说，这一问题是不存在的。他们认为这仅仅是已被令人信服地接受的传说。据他们认为，佛教是在松赞干布（薨逝于649年）时代传入吐蕃的，各种倾向的教派均奉此人为吐蕃王朝的创始人。当然，还有些个别人的意见走得更远。他们希望为其地区及宗教获得更为尊贵的称号，断言吐蕃与佛教的第一次相遇发生于拉脱脱日时代，即松赞干布赞普的一个遥远先祖的时代。佛教的经文和象征物最早是自天而降的。在热衷于为这种传说寻找理由和根据时，其他的评论家们都提醒大家注意，当时来自西域和印度的某些大师们曾到达过吐蕃。无论如何，吐蕃接受佛教或佛教在吐蕃的第一次传播，都被归功于松赞干布。据说，他的皈依是由于受其两位王后——尼婆罗公主和唐朝公主的影响。如果说在这两次和亲之一的问题上，尚存在着有理有据的疑问的话，那是因为我们认为，另一次和亲似乎已由大量编年史所证实。总而言之，据说其唐公主王后曾携去一尊释迦牟尼佛像（被称为“觉卧”），并将它置于由她建造的小昭寺内。相反，人们主要是把携带米居多吉（不动金刚身）的雕像和建造觉康寺的功劳，都归于其尼婆罗王后。

当然，我们不能排除佛教教理通过各种渠道，如自西域、汉地和尼婆罗等地区，于松赞干布时代之前就首次零散地传入吐蕃的可能性。实际上，人们确实应该正确地理解本处所涉及的藏传佛教的“最早历史”，而不应该咬文嚼字地理解正统的传说。这里丝毫不可能涉及松赞干布皈依，并把广泛传播教理的功劳归于他的问题。事实上，在巴俄祖拉成瓦书中保存下来的墀松德赞和墀德松赞的王诰，仅以含糊的暗示方式讲到了松赞干布赞普，而且也仅限于此。在第一道王诰中，把该寺的建筑归功于他，但没有提到尼婆罗公主；而在小昭寺的问题上，却提到了其汉族女建筑者。第二道王诰把尼婆罗的白哈尔寺归于松赞干布赞普。当然，我们可以假设认为，当时由于吐蕃与汉地和尼婆罗的关系，而就存在有微不足道的佛教崇拜地。吐蕃人根据其天生的信仰，以及面对各种秘密的和无形的力量，而容忍了这一切，其中也掺杂了某种恐慌情绪。但编年史中似乎不但没有谈到松赞干布赞普真正的皈依，甚至也没有记载他公开声明信仰或积极支持这一切，完全不像正统的传说所声称的那样。这些事件首先出现在松赞干布之后的墀松德赞（756—797 年?）时代，在建筑桑耶寺时达到了高峰。

另一方面，我们不应该认为墀松德赞赞普赞助佛教的政策，是一项偶然决定的结果，而更应该把它视作是一种循序渐进的，或熟悉过程的结果。虽然我们所掌握的史料具有似是而非的和互相矛盾的特点，但我们仍可以承认佛教因素零星地向吐蕃渗透，是于此之前发生的。这里也可能更应该是来自印度的影响。来自汉地和西域的影响，在文成公主到达之后，应该是对吐蕃施加过一种比较持久的影响。但我们不能对以下事实保持沉默：墀松德赞不是第一位关心佛教的赞普，早在其父墀德祖赞（704—755年）时代，就曾为此而努力过（正如墀德祖赞的迦琼王诰所证实的那样），但他在某些大相们的强烈和坚决的反对下而失败了。在墀德祖赞时代和墀松德赞的青年时代，这些大相们不仅坚持了反对传播佛教的态度，而且还有一些迹象表明，吐蕃在皈依佛教之后，在选择前进道路（汉地式的或印度式的）的问题上仍犹豫徘徊，难以定夺。这种犹豫仅仅能以两股潮流当时已经发生对峙来解释。一方主张应与汉地合作；另一方则反对这种做法，并相反却倾向于印度佛教。当时有两个人物起了突出的作用：其一是原籍为巴地的赛朗；其二为一汉人。据传说认为，该汉人由宫廷任命为陪伴年轻的墀松德赞玩耍的伙伴，编年史中以“上师”之名而提到了他。史料中于此同时提供了对真实事件的反响，以及对产生于某个家族集团或宗教中心的，具有传说性特定之内容的异想天开的夸张。其中所追求的目的是为他们的利益、他们在司法方面的抱负和要求，而提供某种证据和理论基础，有时也是为了在赞扬接近这些集团的人（他出现的同时，也突出了这些人。例如，这样的一个集团的历史，在以巴赛朗为中心的一部著名著作的中间，即《拔协》的第一部分）。另一个集团则以上师为中心，还有一个集团以莲花生为中心，接着最后一个集团是以毗卢遮那为中心。晚期文献中保存下来了这类文献内容的片断及其修订形式。它们是历史和宗教、民间故事和家族史的混合物。这些故事同样可以使我们大致了解这个时代极其复杂的局面，及当时十分敌对和活跃的力量。

由于吐蕃与中原的这些政治和文化关系，以及当时存在一个准备与这种文化密切合作的社会阶层，所以就导致接受了汉传佛教圣徒传说中的某些典型内容。在这一方面，我应该提一下由松赞干布的汉族王后携来的释迦牟尼的金雕像。它使人联想到了某些传说中认为是汉地佛教第一种标识的金雕像，同时也令人想起了那些被仇视佛教的吐蕃大相们，强迫离开逻娑（拉萨）的和尚扔掉一只鞋子的故事。这一插曲也使人联想到了在菩提达摩的空墓中发现一只鞋的故事。

有一种需要特别注意的因素，这就是负责让出自他们之中的大相就职仪式的各氏族之间的对立（尚、尚论、大论、论尚，他们是赞普一般要从中选择其王后的家族的大相，如蔡邦氏、那囊氏、系林氏、没庐氏等），他们作为权力的实际执行者，而在吐蕃王朝时代的整个历史过程中，都起过决定性的作用。赞普只掌握相对有限的权力。当然，赞普们在行使职权时具有神圣的权威，但他们实际上在行使其王权时，则受到了苯教僧侣阶层和贵族们的干预。那些产生大论的大家族，甚至是赞普母亲氏族的家族（王后的家族与大论的家族经常是统一的），到处都突出他们的影响。所有这一切均对赞普的权威有害。松赞干布的父亲，无疑也包括其祖父，都摆脱了传统的束缚，但未使政治家族放弃他们的特权。把赞普及其支持者为一方与另一方的反对集团隔开的深邃和连绵的鸿沟，可能导致产生了经常性的冲突，吐蕃继此之后便分裂成了两大阵营：其一忠于赞普并准备与王廷合作，另一方则注重于维护其特权。这些大氏族各自轮番夺取政治权。

我们可以通过被亲母或岳母弑杀的赞普和王子的数目之多，而想象这些内讧的激烈程度。墀松德赞本人可能从非常年幼的时代起，就表现出倾向佛教。这无疑就意味着，其背后有一个颇有势力的集团对此而施加影响，这就是芒氏和韦氏家族。这个亲佛教派别发动的第一次攻击，未能取得成果，玛象·冲巴杰的反对集团暂时取得了优势。因此，当时必须采取暴力措施：驱逐或排斥反对派别的首领（玛象·冲巴杰被杀），以保持支持佛教的家族，并使他们的政策取得成功。但这一切却仍不足以确保夺得胜利。严重的自然灾害袭击了该地区。这些自然灾害又被由苯教徒煽动的一个贵族分支，用于自己的私利了。苯教徒们感到他们的特权受到了威胁，认为在保护他们的贵族集团的支持下，可以赢得这一切。所以，他们把所有灾害都归咎于新宗教的传入。著名的印度大师寂护刚抵达吐蕃就被迫离开该地区。必须等待多年后，他本人才又得以重返那里。赞普颁布了其王诰并建桑耶寺

(775年)。在所有这些事件的问题上，我们仅掌握有少量文献和简单的提示，但晚期的大量传奇性故事，都篡改了事实或歪曲了事实真相。然而互相敌对的各势力集团之间的冲突，也可能是极其激烈的。与冲突双方的利益无关的其他势力，肯定也在行动。中原王朝提心吊胆地注视着吐蕃势力的增长，并因此而威胁了它向西域开拓的企图，它不能对吐蕃发生的事变置若罔闻。天朝向吐蕃派遣了一系列的使节，他们在那里似乎并不仅仅关心宗教问题。除此之外还应补充以下事实：吐蕃在7世纪下半叶征服了西域的辽阔领土之后，便开始越来越受中原文学魅力的诱惑。许多吐蕃贵族成员前往中原学习并在那里熟悉新的和高度发达的生活方式，以便适用行政措施和政治制度，以及他们直到那里尚未接触过的高度成熟的思想。

2. 在吐蕃前弘期佛教时代各不同教派的共存和对立

在这种政治背景的多种形态之外，我们还应补充佛教信徒自己内部的深刻矛盾。当时的人们肯定一致要求使佛教教理自由传入，并获得正式承认。但传入吐蕃的佛教形式，仍是不明确的。从一开始就形成了两个派别，一方偏爱印度佛教，另一方则爱好汉传佛教。我于下文将对历史事实，作一番概述并阐明作为其基础的各种思想。

巴氏的巴赛朗。我们很可能应该坚信他与后来取益西旺布(天资智慧)之法名者为同一人。他曾前往印度(天竺)和尼婆罗，并向寂护和莲花生发出过邀请。把经文自汉文译作藏文的译师相反却被派往汉地(陪同赛朗一次，但却是在寂护第一次到达之后)。寂护的尝试可能最早遭到了失败。正是由于这一原因，他才建议邀请莲花生上师，声称唯有此人才能降伏仇视佛教的诸魔。

我已经引证的细节似乎说明，当时存在着两个互相敌对的集团，他们二者都为其教理谋求优势。在这种争执本身之中，出于宗教原因而自杀和凶杀的企图并不罕见。唐朝支持和尚，他为了自己一方的利益而企图向吐蕃传入禅宗，如果相信各种文献记载的话，那么他也并非没有取得积极成果。寂护的第二次尝试以及莲花生上师的到达，似乎说明不应该否认新印度一方（即益西旺布）的任何成就。无论是在有关莲花生的使命，还是在他于吐蕃居住的问题上，各种史料彼此之间肯定都不相吻合。据某些文献记载，他似乎在吐蕃一直居住到桑耶寺的落成；据其他史料记载，他在镇伏妖魔之后早已离开了该地区。据这种观点来看，唯有寂护监督了桑耶寺的建筑工程，塞朗（益西旺布）在该寺堪布圆寂后才被任命主持桑耶寺。但他占据这一职务的时间很短暂，贝杨成为其继承人。

益西旺布的要求似乎太过分了。他作为桑耶寺堪布（因而也是间接地为该教团），要求获得比贵族甚至比大相们更高的地位。他作为印度倾向的代言人，而引起了赞助禅宗的亲中原集团的敌对情绪。反对益西旺布的活动由一位贵族代表娘·定埃增领导。我们可以认为，此人并不仅仅受他同其他高级官吏们，在对待那位宗教首领的抱负问题上的愤怒感情的驱使，而且还是由于他倾向于禅宗。我们很难设想，在娘·定埃增的反叛（程度不同地借助于益西旺布的力量被放逐）、任命贝杨取代后者和突然间崛起的和尚的大乘宗（它捍卫禅宗的传统并向寂护派挑战）之间没有任何关系。我们同样也不能忽视以下事实：被墀松德赞选来作为墀德松赞的监护人的娘·定埃增继此之后还在长时间对吐蕃的政治和宗教事务施加了相当可观的影响，竹箐巴（大圆满法派）奉他为其教主之一。

益西旺布有一篇辩驳文，这是他因受思想家们的全面鼓励的启发而产生的。他遵循寂护在圆寂之前向他提出的建议，而把莲华戒请来帮助他。但是，就在此时，于桑耶寺召开的一次辩经会议（792—794 年间），也未能结束这场辩论。莲华戒似乎被处死了。莲花生上师的弟子毗卢遮那（其教理与印度的成就派相似）遭逐。我们刚才叙述的这些事件再次证明吐蕃佛教动荡不安的发展史。没有任何一处仅仅是指受宗教因素决定皈依新教理的例证。政治因素在任何地方都起作用，考虑到向寺院的布施，其中也有经济影响，物质特权之间的这类冲突与宗教性的冲突同时发展。简而言之，藏传佛教初期的命运，绝没有像佛教正统传说所希望承认的那样，直线发展。唯有对大圆满法的历史和发祥，作一番系统的研究，才能够判断有关这些事件的传说，应作何种程度的修正。

我们可以从史料中得出的另一种结论应为：莲花生上师的作用远没有晚期传说所赋予他的那样重大。正如我们已经提到的那样，据某些史料认为，他可能不大关心建筑桑耶寺。其他文献都一致断定他参加了该寺的建筑，但在有关他于吐蕃居住的时间问题上，则各持己见。大家不仅一致认为，他离开吐蕃与谋杀的威胁和企图有关。简单地说，传说中有关他的一切，都表现得互相矛盾和含糊不清。很早之前，有一批文学故事，就与他的形象联系起来了，甚至扩大到了墀松德赞以及佛教传入的全部问题上了。某些内容只是很晚的时候才流传开的，可能是在 14 世纪，并且增加了某些修饰、增补和赞歌等内容。它们形成了某些名著的基础，如《莲花生遗教》、《五部遗教》和其他伏藏。

仅仅是在藏传佛教后弘期之后，该巫士的形象才得到了大幅度的发展。大家在谈到他时就如谈论佛陀第二一般，而且也绝不会杜绝夸大其辞的现象。这一切引起了格鲁巴们的攻击。我已经讲过，古文献中有关他的资料极为贫乏。《拔协》一书针对莲花生上师而指出，他是由寂护推荐为降伏本地妖魔（佛教的敌对者）的大驱邪祓魔者。这些资料证明，从这一时代起，在吐蕃社会中，就围绕着此人，而集中形成了某些假设和故事内容，它们完全可以组成以宗教和驱魔为基础的浪漫史诗。

无论如何，吐蕃对于思想和生活的新形式，是自由开放的。最后，那里曾有过既来自印度，又来自中国中原的大规模的弘法活动。吐蕃对西域的征服，又导致在吐蕃和具有高文化水平的民族之间，形成了一个持续的生活共同体。其后果是开始了长期传播佛教的历史。这里只能是指一次囊括一切的渗透，涉及了各民众阶层。众所周知，从宗教观点来看，低层阶级最为顽固倔强和最为保守。来自印度、汉地和西域的祖师们，大部分都是受过高等教育的人，是思想家、辩证学者、文法学家、也有密教上师。大家可提出反对意见认为，我们只懂得这些内容，因为文献资料对于在下层大众中发生的事没有任何记载。当然，由于上述原因，掌握适当的知识之困难性，以及其基本教义比较容易接受等因素，佛教在开始时，只能仅仅使有文化修养的上层有所接触，其他阶层只得信奉其祛邪仪轨、仪礼以及他们的祓魔士和巫师。因此，整个佛教运动的推动力来自上层，由新宗教造成的教育，导致了新受皈依者们的文化程度大幅度提高。最早传入吐蕃的经文分为两大类。首先是由那些经过专门选择和指定的上译师们负责的经文，他们是与汉人、印度人和西域人合作翻译的，这些经文被指定在各种教团成立之后，用来培养僧侣。其次是一种笼统的概述著作，它们是供大众受皈依使用的，如那些已被归于上师的经文：《十善经》、《能断金刚经》和《佛说稻秆经》。此外还有某些对教理的简短总结，与我们在墀松德赞王诰中发现的那些经文属于同一类。根据藏文史料中所记载这些王诰来看，藏传佛教在前弘期仅限于以下教义：崇拜菩萨、毕勒支底伽佛和声闻，根据大乘教义而把他们与佛陀置于并列地位，按卑亲属系（由大到小）地排列；所有不崇拜三宝的人将转生到地狱或恶运之中；羯磨的教理；积累双重功德（伦理方面和思想方面）的教理；修习十力；四谛；十二因缘论；特别注重于龙树的教义。王家藏经楼的藏书目（它们明显出自各个不同时代，当然也不排除晚期所作的修改）忠实地反映了吐蕃教团能够得到的佛经的概况（其中甚至还包括一部分因明学著作）。这些目录还反映了译自汉文著作的逐渐衰退。

3. **度化僧侣、修建寺院、向寺院布施**

来自印度的大乘佛教、思辨哲学和宗教仪轨如此典型地并存，所产生的后果就是把相应的仪轨强加给了各方面，这主要是由于包括在各种礼仪中的巫术活动。在一个非常容易接受这种事务的社会中，终于实现了含有驱魔咒之著作的广泛传播。虽然据某种参考资料认为，人们在一时内，更倾向于翻译性质完全不同的汉文著作。密教经文引起了一定程度的疑虑，特别是那些其仪轨要求有性行为和使用酒精饮料的经文，更是如此。

现在我们该论述寺院教团的传入和779年左右的最早度僧仪轨了。它必须要求组织教团这种宗教形式和建筑作为崇拜地点、教育机构和译经中心的寺院，并使它们能为青年信徒们开放。在吐蕃的政治机构中，寺院代表着一种全新的因素。一直到那时为止，国家的政治组织主要是具有军事特征：国家具有防御和进攻的任务，所有的臣民都根据他们各自的特长和才干，而毫无例外地服兵役和劳役。但从此之后，随着寺院的诞生，又出现了一种全新的制度。它是在国家之外而形成的，并从赞普处获得特殊的布施。

墀松德赞把150多户人家及其各自的不动产和庄园，变成了布施财产以维持桑耶寺的洒扫和执行所规定的仪轨，100多户人家都原封不动地为寺院服务。庄园和牧场的收获都能提供一切需要；每年（据某些史料认为是每月）都要向寺主提供75藏克的青稞，此外他还要获得1500藏克酥油、一匹马、纸张、墨水和盐巴。那些致力于静修的僧侣，即修道者，他们有权获得55藏克青稞和800德克酥油，生活在寺院中的印度大师们（阿阇梨，无疑是指来自印度者）有权得到55藏克的大米和100德克酥油。那些不是必须长期居住在寺院中的沙门（班智达）有权获得800藏克青稞和纸墨。沙弥们有权获得25藏克的青稞和布匹①。

寺院并不仅仅表现为一种自我封闭的经济单位，其宗教组织也越来越明显地形成了。主持寺院的是一位僧统，他是佛陀之法的代表人和捍卫者，由赞普封选，行使寺主（堪布）的职务并拥有很大的权力。这些宗教官职尊号的设立，不可能不产生后

① “藏克”是西藏的容量单位，按地区大小不等，每藏克约合28市斤；“德克”为重量单位，即藏斤，重约7市斤。——译者

果，它激起了宫廷（宫廷过分地支持正在形成中的教团），以及直到那时为止，始终为传统性的政治组织之间，日益增剧的矛盾。

同样一批史料还强调出了桑耶寺的扎仓，它一直被留作修道者、即苦修派信徒们的专用地。一所寺院学校和法苑也诞生了，继续对新受度者们的教育和从事研究经文的任务，当然就落到了它的身上。在寺院僧众之外，还应补充以没有特殊义务的僧侣和苦修者（自性论者）。

《莲花生遗教》证明了一种寺院机构和一种密教修持的并存。两大教派的信徒，通行不同的戒律：一部分人必须坚持素食生活方式，居住在寺院中、戒酒精饮料和遵守佛经中规定的仪轨；其他人则不受这些戒律的束缚，他们的仪轨是以曼荼罗（坛场）为中心的，他们的居住地是专作静修而造的僧房（密修殿）。维护贞洁的戒律，通行于这两个僧侣集团中。

这些相应的事实特别证实了一种新的法人资格的发展，即拥有庄园和动产的寺院的扩张。此外，有一定数量的教团仆人，即王室（在稍晚被称为"拉让"）属民附属于寺院，其中不是把他们作为个人，而是作为家长（在家人）提到的，因此，我们无法确定依附于寺院人员的具体数字。

在突厥斯坦发掘到的文献中，这些特点表现得非常清楚。在吐蕃统治时期的西域，寺院都拥有财产和常住百姓，它们可以从事买卖交易等。在那里以其活动而特别出众的人员中，有沙门（在文书中被称为班智达）、不直接与寺院联系的僧人、宁玛巴教派中的未来游方喇嘛们的先驱。

赞普所提供的表率可能被人广泛模仿。经文中反复灌输的功德原则，把恩惠、乐善好施置于了前列，认为它是波罗蜜多中的第一种（布施、檀那）。如果以充分的判别力和慈善心而行布施，它就逐渐会使人达到菩萨地或进入西方极乐世界。它会促进和刺激羯磨成熟的积极因素。檀越的形象在吐蕃也越来越具有明显的特征了。向僧伽布施、修造宗教性建筑、为三因缘或征兆

（身、言、心），各自以佛像、抄经和修造寺院的形式布施，所有这一切都可以为获得解脱，而积累必不可缺的功德。解脱是两种不可侵害因素的结果；所使用的办法、修持（仪轨）和般若。获得菩提心极为困难，获得菩萨地或在西方极乐世界的欢乐则不太困难。为此目的而使用的办法（我还将详细论述之）代表着一条捷径，这是一条洁清之路，是对当从现实方面回到永恒和涅槃时放射的耀眼光芒的加行道。仪轨恰恰就是实行六波罗蜜，以恩惠代表着仪轨的基础。这里不是指佛陀的最高恩惠，它可以在导致波罗蜜状态的漫长途中，由佛陀转化和变成行为，如同遍中（在西藏宗教戏的范畴内一样，这一剧本一般都会使观众感动得涕泪俱下）或当忍语自我牺牲时。这里更可能确实是指一种对佛教僧伽的更为微不足道的恩德，平常人都可以获得。当吐蕃人从事布施或建议进行布施时，其慷慨的性格便会向他打开一条很容易获得功德的道路。

当具有汉地倾向的禅宗信徒们，开始分散在吐蕃大地上，并使那位和尚（更可能是指许多和尚）听到他们那颇有影响的声音时，在吐蕃活动的印度大师及其弟子们的反应并不仅仅受教理因素的驱使，而且也受实际考虑的左右。如果大家觉得这一切均是由突然降临的暴发和闪电一般产生的解脱行为（各人的佛性就是于其中表现出来的）引起的，那么修持就毫无价值。世界和世界上的所有功绩，以及志在逐渐积累功德的行为，都会变得毫无价值。这样一种态度很容易酿成严重的后果，它可以由此而产生从根本上威胁僧伽存在的个人行为的先决条件（只要禅宗信徒们不像在汉地那样组织起来，以便由于那些同情他们及他们所遵循的道路者的恩惠而得到适当收入）。此外，寺院戒律（调伏）只是当这些教义在印度本土已变得缺乏目标的时候，才传入吐蕃。这样一来，僧侣不占有财产的原则，事实上已失去了其不容置辩的价值。寺院组织导致了与世俗界越来越密切的接触。寺院也由于所获得的布施而发展起来了，一直到变成一个经济组织。它合理地管理着其财产并到处保护其利益。

"禁止小乘的僧侣拥有黄金和白银。但对于已成为菩萨的僧侣（也就是已发趋向于觉之愿者）来说，这是一种罪孽，因为他本应努力为其同类的利益服务。"

吐蕃在开始有一种自我收缩的经济：狩猎、放牧和农业。但只是在经过一段很长的时间之后，由于艰难地改进了灌溉体系，这种经济才得以发展。吐蕃对西域的征服和向中原发动的战争，不仅仅扩大了其政治和文化视野，同时也扩大了其经济视野。吐蕃向西域（那里的财富主要是由贸易造成的）使它注意到了新的经济利益，产生了一种全新的基本姿态。

寺院不仅有地产，它也从事经商。沙门（班智达）负责商业和贸易交往。自从筑桑耶寺以来，在热巴巾执政年间，我们发现布施不停地增加，以至于使僧伽的数目和财富持续不断地增长。在吐蕃社会内部也崛起了一股新兴力量，他们越来越强烈反对腐朽的封建家族。由朗达玛（838—842 年）挑起的对佛教僧众的法难，不仅仅有其政治动机，完全如同在中国中原一样，这里也涉及了许多重大利益。毫无疑问，该赞普的态度是由于他面对寺院日益增长的经济势力、特权和狂妄自大的态度，而感到坐卧不安所决定的。宗教团体的持续扩大，预兆着一种不能低估的殃及国家生存的危险。除此之外，当时还有寺院的免税权，由于布施庄园和牧场而使其产业不断扩大，其中使用了与日俱增的因为寺院从事田间劳动和看守羊群，而被免除了兵役和徭役的那些劳动力。此外，还有布施物不仅仅用来修筑寺庙，而且还用来维持属于该寺僧众们的日常生活，以便永远按照施主或立遗嘱人的愿望，而确保由寺院完成他命令举行的仪式。这种发展使国家失去了大量的人力和财力，而且当时又恰逢中原王朝的威胁日益增加的时代，当时吐蕃人失去了他们在西域占领的领土。因此，朗达玛作出的反击（正统的传说，企图用一种魔鬼附身于赞普这一事实来解释）具有非常具体的经济—政治背景。

4. 吐蕃的印度和汉传教派

来到雪域的印度人并不属于同一教派，并非所有的人都传授同一教理。早在寂护和莲花生上师之间，就已经存在着深刻的分歧。前者是一位大辩证学家，肯定是由于他使所有大乘信徒都感到满意，同样也熟悉密教的所有修持，但却不是以同巫师相较量。后者首先是一个驱魔士。继莲花生上师之后，成就派的其他信徒（悉达）仍赴吐蕃，这种趋势当时在印度达到了登峰造极的程度。他们以自己所谓的神奇力而在吐蕃发现了某些虔诚的信徒。成就派和禅宗之间的差异，主要不在于教理特定原则，而在于成就派强调修持瑜伽和巫术的特殊要求。在理论上的先决条件中，不存在任何不可克服的矛盾。至于寂护和莲花生，他们是以与成就派根本对立的教理（就如同与禅宗教理相对一样）为基础的。

其关键的差异在于，寂护把获得菩提心，视作是必须进行长期渐进修持的最终结果；而汉地和尚一派在其弘法中则宣称修道无益，因此也包括诸如布施那样的功德等。总而言之，他们认为《般若波罗蜜多经》中所规定的所有义务均无益。

大乘的某些教派曾断言，在佛陀与创造物之间具有实质的相似性。他们的精华就是光明的思想，但又受临时出现的不净所玷污。这些不净（可以与湿婆教倾向的无明相比较）一开始就来自一种不净，代表着固有的污垢，而且也在相继各世中不太明显增长。因此，如果从我们的身体内部发出这种智慧的光芒（它也相当于绝对的存在），那么和尚一派就要问是否需要作出如此之大的努力呢？如果他们的本质主要是洁净的，那么这种净就会被任何一种想象所玷污，无论这种想象是好还是坏都一样，就如同一片白云与乌云一样都会使天空黑暗。因此，逐渐的净化是多余的，菩萨漫长生涯也是无益的。只要立即和自发地觉悟到他们的净是主要的以及他们是光明就足够了，只要能认识他们的内心存在就能排除所有不光明的东西、所有幻想、所有徘徊不定和所有的谬误。活动领域的倒置并不是一种常规行事的结果，而更应该是立即就迸发出的光明之所赐。所以，在桑耶寺僧诤会期间，于墀松德赞宫廷中互相对立的两种（莲花戒与大乘和尚的）观点就是以这种特点表现出来的。这次僧诤会是由墀松德赞召集，以决定双方（印度大师和汉僧）观点中哪一种是正确的。

当然，我们完全不能假设认为，赞普及其大相们能够深入到其微末的细节中去，以考虑这两种思辨。在这个时代，只有很少的吐蕃人才能够全面纵观这两种互相对立的观点，以及它们所有的必然后果。据汉地传说认为，赞普似乎是表态支持汉僧一方。但是，在汉文和藏文著作的史料之间，互相矛盾之处不乏其例。有一件事实促使我们更加怀疑西藏的传说的真实性了：这些记载主要来自一个比较晚的时代，明显地都写于佛教在吐蕃已经形成了它基本保存至今的那种形式的时代，当墀松德赞宣布必须遵守龙树教理时，这种断言尚不足以使人毫不含糊地确定其态度。龙树的思想世界是大乘派体系的奠基石，以至于使我们不能从赞普的这种宣告中，得出任何明确的结论。

从热巴巾赞普（墀祖德赞，815—838 年）开始，我们发现吐蕃的禅宗信徒明显减少了。在赞普文库的藏书目录中，有关禅宗的书始终很少见。印度倾向明显取得了优势，这也是由于不断有新的印度上师涌进吐蕃的原因。但是，这并不意味着禅宗教派的捍卫者已彻底绝迹了。除了那些居住在译师中或寺院中的上师之外，某些成就派的代表人物也来到了吐蕃，他们的教理（我已经提及）仅仅在理论上代表着与禅宗的接触。由奇迹环绕着的顿悟之道被归于了成就派，接近于巫术。它必然会对文化教养最低的人和广大民众，具有一种完全可以理解的吸引力。总而言之，从朗达玛赞普时代开始，藏传佛教（从一开始就丝毫未能实现统一）的内容，似乎就已含有在历史上未来的发展过程中，产生于下文将会发现的那种大量教理的萌芽了。

在觉囊巴和竹箐巴（大圆满派）派别的范围内，和尚的很大一部分思想与成就派的思想结合起来了。这种思想得以成熟和最后定形，后来又传播到近期的编译故事中了。

我们可把娘·定埃增奉为该教派的祖师之一。他是一位颇有能力的政治家，宁玛派的僧侣们今天还承认他为自己的上师之一。宁玛派的传说推崇墀松德赞赞普为其保护主之一。该派的某些经书（伏藏）都以可能是莲花生上师在桑耶寺于一次大型庆典中，对墀松德赞赞普所提出的问题之答复的形式写成的。

在竹箐巴教派与和尚一宗的教理之间，所存在的密切关系，已由《五部遗教》中保存下来的一重要片断所证实。其中除了提到的某些禅宗大师（我们通过敦煌文书也获知了其中的某些名字）之外，其中还谈到这名和尚是该宗的第七位祖师，因为菩提达摩被认为是第一代祖师。正如汉文史料一样，这部著作也认为桑耶寺大辩论会是以和尚的胜利而告终的。也正是由于吐蕃最早受印度的僧侣（先觉者）之一——努氏地区的南喀宁布（虚空藏，也以禅宗大师而为人所知，《宁玛全咒》的集子中所包括的多种题跋都涉及了他）的记载，我们才知道宁玛巴似乎把禅宗教理的某些内容，发展到他们自己的教义中了。

我们应注意不要把宗教现象和教理内容过分简化。它们不是直线性发展的，至少在社会大动荡时期，以及在多方面与其他文化相接触时更是如此。传入吐蕃的佛教来自印度（我们应将此理解作除了印度本土之外，还包括其邻近地区，如尼婆罗的迦湿弥罗等）、今天的阿富汗和勃律（吉尔吉特），最后是来自西域和汉地的驼队大道上的城市。佛教从未拒绝过承认外来的思想并将其修正和改造。在吐蕃的边缘领土上，存在着大量宗教形式，它们非常别致地共存，这些就促进了互相交换和借鉴。那些景教和摩尼教经文的汉族译师们，从道教和佛教术语中借鉴了某些专门表达方式，甚至还不仅仅是术语内容。金刚乘的佛教与湿婆教同时发展，因此，那些起源于佛教之外的思想可能是通过在思想上受另一方影响的佛教或直接传入那里的。这些外来因素后来都统一到逐渐形成的教理中了。

此外，佛教从第一次传入吐蕃开始就遭到多次变化和发生过衰落。毫无疑问，地域性的崇拜和特殊信仰仍广泛存在，苯教强有力的抵抗中心在整个地区都在发生作用。

我们也完全可以肯定，佛教僧众也被迫接受某些古老的和早已深深地扎根于这些地区的巫教仪轨，因而也不可能根绝这种仪轨。即使这些古老的巫教仪轨也确实具有一层佛教色彩也罢，正如在把由莲花生上师负责皈依和处置的神祇纳入佛教神殿时一样。在墀松德赞的碑文中也提到了“苯教经典”和“洞天之教法”问题，这都是苯教的典型代表神。佛教神的巫教先祖，是以对失信的报复者的姿态行事的。甚至在某些会盟条约中也是这样的，如在热巴巾与唐朝的会盟条约中那样，伴随缔约和为其有效期作保的仪轨，是以用牲畜祭祀的办法来完成的，这无疑属于苯教的范围。

二、吐蕃后弘期的佛教

1. 佛教的复兴

朗达玛（卒于842年）的抑佛给予吐蕃佛教教团毁灭性的打击。佛教僧众不仅失去了宫廷的保护，而且还被剥夺了所有财产。僧伽的地产被没收了，其不动产被剥夺。佛教被禁废，它的整个组织都被粉碎。吐蕃在政治上的统一也随着朗达玛而开始崩溃，一个衰败和瓦解的时代正在酝酿中。这种无政府状态持续了两个多世纪，把吐蕃分裂成了一系列的小邦。吐蕃与印度在宗教思想方面的交流，也被中断了，甚至王陵也遭亵渎。

然而，僧众组织的大动荡并不意味着藏传佛教就这样寿终正寝了。佛教肯定不再由宗教中心进行指导，它遭到了随心所欲的解释，寺院当局和宗教团体也不再对它行使控制权了。这种残余的佛教越来越脱离了正统路线。在这样的形势下，那就必须与苯教及民间宗教达到某种默契，尤其是因为吐蕃人的宗教态度始终如一。原始宗教观念未被文字记载下来并且是因地而异，它的复兴就是不可避免的了。龙神、地神、山神和天神继续在每时每刻，都受到考验和被怀疑是否是真实的。

我们引自史料中的那些对在吐蕃王朝崩溃时，以及在朗达玛抑佛之后不久的佛教状态的描述，不会远离真情。

被归于降曲沃（菩提光）的一封信，说明了密教宗派的信徒们在何种程度上习惯于咬文嚼字地理解这些经文中的某些含糊教义，如下面的一系列思想：既然佛教的特征真实地存在于各个人中，而各个人又始终都会达到超越善恶之外的境地，那就只需要他从其中辨认出了自己身上的这种真实性。因此，无论其行为的性质如何，他们都不是一种罪孽。五摩羯罗，即“五末”的教理于此获得了胜利，这就是肉、法印、酒精饮料、鱼和性合。这都是在对外传授和文字方面，而不是在秘传方面所作的粗略解释。神要用精液、血液和粪便的供物来崇拜，我们很容易理解。降曲沃（菩提光）面对这些修持而产生的厌恶情绪，它同时危及到了宗教感情淳朴的风俗习惯。

佛教的复兴只能是逐步实现的。在努力证明于古教团与晚期教团之间，所存在的不间断的连贯性时，史料中在有关这一过程的特点上，曾多次出现了不相吻合的说法。除了按照佛教律的规定而举行度僧，并完全承认这一事实的有效之外，其他任何办法都不能维持这种持续性。

据古史记载，藏地的饶赛、保通的郁·格迥和上部的玛尔·释迦牟尼可能在他们于曲沃日修持期间，遭到了朗达玛的迫害。随后，他们带上自己始终都准备好的律藏经文从事危险的旅行去了。当他们非常艰难地逃脱了葛罗禄人之后，便穿过了霍尔人的辖地而最终到达吐蕃的东部。在那里于玛曲的游牧人中，他们不期而遇地见到了一青年人，他确实表现为一个天生爱好真法者（信爱，善思维）。他们的榜样作用和语言激励他产生了更大的虔诚。首先，他要求他们接受世俗弟子（信事男，善知识友）的称号，然后才真正受具足戒。根据佛教的规定，为完成这种仪式而至少必须有 5 名僧侣在场：一名亲教师（堪布）、一名轨范师（阿阇梨）、一名掌握有口传秘密者（密教师）和两名弟子。如果达不到这一最低数字，那么青年人就不能接受常规的度僧仪轨。所以，他便向杀害朗达玛的凶手贝吉多吉（吉祥金刚）求援。根本谈不到此人参加受戒仪轨的任何问题，因为他因一桩喋血罪而受玷污。但是，在谋求得到两名和尚（他们与上述3位上师共同组成了为受戒所规定的人数）的帮助时，他可以完成自己的沙弥愿。这名青年作为信事男而获得善极明（832—915年）的名字（根据其重要的大师郁·格迥和饶赛的名字而称呼）。稍后不久，他以其教名贡巴饶赛而著名。我们在某种程度上可以把他看作是佛法在朵甘思地区的正式代表。但在卫地和其他藏地，同样也在酝酿着佛教的复兴。卫地的5名青年和藏地同样多的人员，听到大家述说这些事件，于是便前往吐蕃东部，要求藏地的饶赛为他们举行普通戒，以便待受具足戒之后能以佛教在雪域复兴的祖师身份活动。饶赛开始时拒绝了这一要求，借口他年事太高。所以他们又转而去请求贡巴饶赛。他本人不能对他们的要求作出答复，由于他本人受戒之后尚未度过所需要的5年，所以他还没有资格度僧。但由于当时的特殊情况，年迈的大师允许将此作为一次例外。卫地的5名青年人和藏地的5人都按照规定仪轨而受度。这群人后来分散开来，以便在各地创建新的宗教中心，每个中心都以建造它的大师之名而命名，如塔尔寺就是由塔尔的释迦允丹建造的，等等。

这就是由布顿所传播的故事，我们在各方面都丝毫不能断定其正确性。布顿及其先人都在某种程度上，注意不要对各种事故的真实过程作完全相符的描述。他们在行使大师职务时，都极力赋予坐床仪式一种有效性。佛教之光新中心的存在，应归功于这些上师，他们在朗达玛抑佛时未曾被彻底铲除。例如，布顿为了发动论战而提到的智剑，就以某种略有不同的形式，代表着这些事件。他在佛教的前弘期（结束于朗达玛时代）阶段和后弘期阶段（开始于佛法的复兴，于仁钦藏布、俄译师、阿底峡和玛尔巴时代达到了巅峰）之间，又加入了一个中间时代。在这一中间阶段中，教理并未被认真地深入研究和布讲过，而仅仅是以一种经过篡改的形式传播。经过一再转载的上述故事本身，就具有荒诞古怪的特征。例如，从事修道的三名僧侣不大可能随身携带巨部律藏条文（有关佛教律的经文）。一般来说，从事静修的僧侣都对律之外的更为广泛的问题感兴趣。这10位原籍为卫地和藏地的青年人，被有步骤地分配到各地的事实，同样也是令人质疑的。这里明显也有在上述两个地区之间平分荣誉的问题，因为这两个地区一直存在着公开的或隐蔽的竞争。我们还应该相当谨慎地评价贝吉多吉（吉祥金刚）的解释。考虑到其中出现的时间难题和特殊形势，我们可以把拒绝受度与大乘佛教的论点对立起来。据这种论点，杀人在某些情况下可能是不可避免的，这不仅仅是为了教理的利益，甚至也是为了拯救被铲除的人，这样便可以阻止他犯更严重的罪孽。此外，藏地和卫地的5位青年人的受度，也是违犯教规的。全面看来，我们觉得布顿的叙述（后来被当作是一种具有决定意义的历史文献）很可能是试图说明在藏传佛教前后弘期之间存在着不间断的连续性。从教理观点来看，我们认为在藏传佛教的前弘期与后弘期之间，度僧是完全可能的。因而也证实了在此期间的小寺院中心是正统的、由一些含糊的关系与古老传统相联系。

除了这些细节（我认为它们纯粹是形式主义的，而布顿相反却认为是非常重要的）之外，在下述事实上不可能存在任何质疑：朗达玛的抑佛绝没有导致对吐蕃佛教的彻底摧毁，而最多只是造成了它的衰败。大家从我刚才的简述以及其他事实中，便可以清楚地看到，在吐蕃东部地区存在着有利于佛教系统复苏的条件，与其原有的传统是相一致的，而且这是在摒弃大家已经提到的背离正统和蜕变现象之后才发生的事件。格饶赛（善极明）自愿受度，因为在康地找到了为举行度僧仪式所必需的一批僧侣。在宗噶，佛教于10世纪间作了胜利的抵抗。在东部地区，于那里避难的毗卢遮那派在其周围汇集了大批信徒。就在康地（玉树），原籍为尼婆罗的莫摩利底（念）便设法使一个新的教派诞生了，他成为热振寺（仲敦巴）的教祖和创始人（1057年）。在该地区的西部边陲，仁钦藏布和阿底峡在同时活动。在边陲地区，与附近地区的联系从未中断过。这里可能是指一种很古老的传说，无疑后来又由于历史形势的变化，而受到了质疑。

自从把吐蕃人从突厥斯坦驱逐出去之后，仍有世俗人、商贾、官吏等，肯定也有僧侣，成群结队地返回吐蕃。这就是为什么尽管在朗达玛执政期间，或在其后发生了一系列的事件，但传说中仍强调了藏传佛教的连续性。我们可以认为这基本是正确的，但应有所保留——我在上文已论及。在经过骤变时代之后，佛教仍在两方面延存下来。一方面是在特别倾向巫术的世俗人或半世俗人的等级中，这些人关心佛教主要是由于对密教经文主观解释的原因。从此之后，主要是根据文字，而不是根据印度人以及继续他们之后的吐蕃人，那些传统性的秘传解释来理解密教经文了。除此之外，曾多次在佛教的外衣下流传过与佛教没有或者几乎没有任何关系的古老仪轨习惯。当时在风俗习惯问题上，所传播的一些放纵行为，完全可以使人称他们为“匪僧”。另一方面，在一个稍晚的时代，由于某些小寺庙（僧伽蓝）的落成，僧伽制度又得到了充分发展。在小寺院周围集聚了各自以其大师之名而命名的寺院上师的宗教后裔，微弱的火光又逐渐开始闪烁起来。这些小寺无疑与人们今天尚在西藏西部遇到的那种寺庙相似。当时在吐蕃中部，由于在那里爆发了历史上的一系列暴力事件，所以小寺院大部分都被破坏了。这种小寺包括一座带直角的神殿，其中心有一个祭坛以及庙堂所供神的神像。在许多情况下，围绕着该神殿而有一条用作仪轨性绕行（向右走）的走廊。在建筑物前延伸有一中厅。

2. 仁钦藏布和阿底峡

被称为藏传佛教后弘期的另一次突飞猛进，发生在吐蕃西部，如在拉达克、萨嘎、普兰和以古格为中心的部分地区——阿里。

据传说，这些西部领土，自吐蕃王朝建立初期，就已置于它的控制之下，它们落入了恰恰是出自该王朝的某些家族的手中。

正如我在尼泊尔西北部的考察所证实的那样，一个新王朝——属于卡西部族的末罗人很早就在那里取得了政权，至少是在以普兰为中心的地区，该王朝建都于塞姆扎，又从那里把它的统治扩大到普兰的领土上。即使在该王朝的发祥时代问题上，尚不能形成定论，但我们可以承认，它在10世纪左右就已经统治尼婆罗的西北部了。这一王族在其尼婆罗领土内表现得非常宽宏大量，并到处都促进巫教崇拜，它甚至还表现出了湿婆教的倾向。但它在吐蕃征服该地区之后，却表现得成为充满谅解态度的佛教保护人。除了信仰先祖的倾向之外，无疑是政治上的考量，才导致最早几代赞普赞助佛教。他们身处一个被征服的和部分怀有仇恨的地区之中，由此而产生了某些颇有影响的苯教大师，或者是这些人于该地区布教，宗教传统在那里表现得非常顽固。他们对待佛教的友好政策的缘起，与宗教信仰无关，其原因与过去导致墀松德赞传播佛教时的动机，并非绝无关系。该王朝最重要的头面人物是益西沃（智慧光）和降曲沃（菩提光）。益西沃选择了几个青年人，后来取名仁钦藏布（958—1055年）者，就应该出自他们之中。他把他们派往迦湿弥罗以研究佛教教理。他选中了迦湿弥罗，这不仅仅因与其地域相毗邻，而且还是由于佛教诸宗的光芒仍在那里闪烁着它的余光。某些著名大师继续在那里既专心于研究思辨和因明传说，又醉心于从事密教修持和仪轨，所以迦湿弥罗才在这一方面成为佼佼者。这些青年人在完成自己的学业之后，便随同其师，甚至还包括迦湿弥罗的艺术家们，而返回其故乡。他们于那里在宫廷的保护下，便开始在广泛的范围内为其事业大肆宣传。

仁钦藏布的活动是同时在两个方面展开的。一方面，它导致在由古格王统治的领土及其邻近地区，建起了许多僧伽蓝，传说中认为共有108座之多，事实上也绝不会少于这一数目。除此之外，那里的译师们还开展了大量的译经活动。由仁钦藏布独自或与其合作者们，共同翻译和校订了158部长短不一的经文，这些经文已被编入《甘珠尔》和《丹珠尔》中。以此人为中心形成了一个教派。佛教在吐蕃西部地区广为传播，并在苯教教派中打开了一个缺口。赞普希望把一位教理明星从印度邀请到其地区。他选中了阿底峡，此人本是那烂陀的四名主持之一。

仁钦藏布和阿底峡对吐蕃西部和中部佛教的复兴所起的积极推动作用，是一种不容置疑的事实。恰恰时值印度佛教的上空积聚了浓厚乌云的时代，一些迦湿弥罗和尼婆罗的印度上师们，便开始涌入吐蕃的这些地区。

当时在吐蕃西部建起的最大寺院是托林寺。据传说，它是根据欧丹阿丹达布日寺（明显仅指坛场神殿，因为庞大的宗教建筑群是一种长期发展的结果）的模式而修造的。在这种情况下，当然就并不仅仅是佛教经文和上师们进入吐蕃了。如果没有装饰，那么吐蕃的寺院是不可设想的。在一个小僧伽蓝中，为了举行宗教仪轨，也必须拥有以木料或青铜雕刻和烧陶制成的圣像，此外还有受到严格和具体限制的、在宗教崇拜仪轨中使用的法器。装饰墙壁的壁画代表着在密教经典中规定完成的仪轨行为或所崇拜的神（供奉女神）。这是把仪轨中最广泛的成分实施和移用到人类中了，如鲜花、烛台，甚至还包括微笑等。那些绢画或帛画同样也不能缺，它们在印度已有了悠久的历史，特别流行于佛教的范围内。它们在印度被称为“天幕”；在吐蕃则被称为“卷轴画”或“唐卡”；一般被称为“吐蕃幢幡”，也就是吐蕃寺院中的宝幡。

宗教虔诚很快也传到了吐蕃中部。在这一方面，吐蕃人到印度方向的持续朝圣潮流也具有很大的意义。尤其是大译师们的朝圣，他们前往佛教传说中的圣地，以搜集经书、向印度大师们学习，由大师们传授密教仪轨、学习奥义和苦修以及瑜伽的口头传说，完全如同在密教经典中规定的仪轨一样。但在另一方面也如此，由于印度教的复兴和穆斯林教徒的入侵，某些印度大师们更经常地越过喜马拉雅山脉，他们当然也随身为那里传去了经书和保护神。

后来甚至阿底峡本人也前往吐蕃腹地——距逻娑仅有几公里

的聂塘，他于1054年圆寂于那里。他的活动不仅仅在于传授已经编纂成典的教义，而且还更加强调对度母的崇拜，他本人也特别专心于崇拜度母。他为此目的而撰写了某些简短入门著作，志在推动更深入地研究佛教的灵魂拯救论。

面对在这一过渡时期大幅度发展起来的佛教世俗化浪潮，同时也是为了阻止对经文作任何随心所欲的解释，“后弘期”的大师们宣称教理说法的巨大作用仍是必不可缺的。说法的权威和重要性，应由师徒之间的直接传授来保证。当仲敦巴问阿底峡，在经文（教谕、掘藏、论典即由印度大师们撰写的经文）和大师的说法（上师教谕）之间，哪一种是最重要和最主要的时，阿底峡回答说：最主要者是上师的直接传授。由此而产生了最早的两个教派（它们就是以其现有的面目出现的，都把其起源追溯到阿底峡或玛尔巴）。此外，这两个教派至少在秘传（咒语）方面，承认印度上师们。师徒的直接传授（教谕、教戒）确保了对经文的正确解释和对隐蔽在字面意义之后的精神的正确理解，从而使佛语可以完成其救度使命。从噶当巴的某些经文中，便可以清楚地看到，第一位大师的目的恰恰在于创立一个具有坚强基础的教派，并在其周围集聚一批已被认可的弟子，以把承袭传统的任务委托给他们。布讲教义主要是以师徒之间的交谈为基础的，其出发点是简单阐述，正如被归于阿底峡、博多巴和仲敦巴者，或这些大师们偶然地对其弟子或那些爱听其美言的人所作的回答那样。讨论中广泛地使用了某些典范事例（言语），他的主要观点被分别归成三种、五种、六种或七种内容，明显是为了记忆的目的和作为更广泛讨论的初步计划而又重新作了细分。

大师的教谕首先在于纯洁思想（修心善性）以及实现佛教的伦理和秘传原则。其次，它还特别强调一种有关被作了如下发挥的理论前提那并不太重要的措施：这种教谕实质上仅限于促使弟子更好地理解他自己的思想，并使把“空”理解为与慈悲有关的事物的极限（极端）状态。“觉”的思想（在胜谛的意义上）恰恰达到了“空”，慈悲则被视作仅仅从义谛的角度来考虑的思想。“空”为“真体”，而“悲”则为“形体”。

这些大师中有相当一批分别被称为善知识友或格西，他们所获得的头衔则相当于“善友”，即那些以其教义的深奥及其思想，而能够带领其他人走上救度之路的人。但他们也并没有因此而放弃秘传（咒语）传统。藏传佛教的革新者，由于他们的文化和思想上的教养，而必定要重视他们，这也是为了适应吐蕃人所特有的酷爱巫术和秘传的倾向。这一特征不会逃过来自印度和尼婆罗的祖师们的目光，尼婆罗人藏珠让努一贯声称，吐蕃人尚未充分注意根据般若法（般若波罗蜜多法）而对教理作出的解释，但一旦当他们着手诠释密教咒语时，也会感到无限的惊奇。无论如何，喇嘛上师的作用始终是必不可缺的，其至高无上的权威是不容置疑的。他的才能、弟子与他的关系和经常与他接触而得到的宗教受益，受到了越来越频繁的描述。但有一件事实却引起了我对此的关注：不仅吐蕃的宗教生活就这样开始受到印度宗教运动的控制，而且又把一种固定的戒律和一种规范化强加给了复兴的藏传佛教。在此意义上，为了延续印度传说，尤其是需要不断地检验其论据。这主要涉及了由这些大师们反复传入吐蕃的密教感受。在此过程中，误会和误解之危险是很明显的。事实上，这些宗教感受仍仅限于已被接受的受度人：它们的传播主要是通过口传，而不是通过疏注文中诠释来进行的。归根结蒂，巫师或秘传派信徒的存在，已由噶当巴的史料所证实，其中的大师们被称为瑜伽行者（瑜伽师）。

根据这些条件和由于吐蕃人特殊的心理特征，我们才得以解释为什么寺院僧众和就个人而论的各位僧侣们，都被认为是神圣的，这是由于他们的受度仪轨；或在密教派别中，则是由他们获得的奥义才赋予了他们这种品德。这样一种神圣化过程可以获得（正如我们即将会看到的那样）一种神力并使享受者超越常人。受度的人常常会获得一些具有特殊性质的神秘感受。本处所涉及的是虔诚的希望，以及代表着吐蕃人宗教感受的共同祖产的信仰力，无论他是苯教徒，还是佛教徒都一概如此，重新组成的小教团中的僧侣们，在作为佛陀法体（塔）之象征的小僧伽蓝中，也有他们的位置。他们因此也在某种程度上沾染了这种圣化的先兆，它同时在以圣像代表的有形体上，以及包括在佛陀经文中的语言之体中发出光芒。

被归于佛陀自己的经文以及大师们在此问题上的疏注文，都赞颂了由修造宗教建筑（寺院或窣堵波）而产生的善行，它们也赞扬了任何人因定作绘画和祭祀的偶像，或者是令人抄经、背诵经文和高声颂读经文等所确保的救度作用。这样的功德能够有力地影响由羯磨业造成的事件进程，甚至能将之导向另一条路。一座窣堵波、一尊雕塑、一部经书、高声诵经，所有这一切都会自动地迸发出大量功德，它们在日常生活中已完成的行动之内外都是有效的，这类思想在印度已几乎达到了成熟程度。它以已编纂成典的教义形式而传入吐蕃，并在那里发现了一切已准备好欢迎它的土壤。服从这些教义以及慷慨地招待僧侣和普通僧官，似乎是特别有利于拯救灵魂和保证施主在物质财富方面的繁荣。它们创造了一种保障、一种获得成功的手段和预防从各方面侵犯施主的危险和威胁的护符。宗教团体与世俗界之间密切和互惠的联盟，于此又重新出现并且变得比任何时候都更为强大，正如它在开始时就已形成的那样：寺院僧众依靠世俗人，使他们获得在思想方面的支持和保护；但他们同时又作为回报，而从世俗人中获得所必需的物资供应的保障以及对未来其他利益的保证。这样一来就创造了把教团重新组织成具有经济实力的机构的有利条件，因而也使教团成了吐蕃历史上的决定因素。如果佛教的新传播者们同样也与商贾们的驼队建立了关系，那也并非事出偶然。从吐蕃佛教复兴伊始起，大家就对其信徒们的商业才能给予了应有的重视（例如，“僧人因善于经商，而作为该地区的监护人”）。重新复兴教团对于一位王子（更确切地说，应该是桑耶寺的一位尊贵的地主，完全如同仁钦藏布一样）的帮助感到满意，由他开创的运动受到吐蕃中部赞普们的鼓励。

与僧侣们的真正愿望，以及受戒律控制或在国王及地方统治者赞助下，建立起来的教团存在的同时，还有一个与印度的成就派和成道者僧侣派有关系的运动。他们都是吐蕃的一些苦行僧，拒绝了所有的正统的和常规的形式，这些僧侣不会感到任何戒律的约束，他们更喜欢一种云游生活，也不强迫自己过独身生活。他们宣传一种奇怪的教理，认为唯有修习瑜伽，甚至是修持赫特瑜伽才能实施圣体共存论，并使人性与整个心—光明—菩提心过程相统一。这种过分重视瑜伽修持的办法，在一般情况下不排除在理论方面的准备，如同我们还将有机会来陈述的那样。作为这些思潮基础的密教经典，承认一种符合龙树或《心节经》思想体系的基本轮廓的教理加行道所必不可缺的特点。在实践中，为了获得因兴奋狂喜这种意向而使用的特殊的和特别随心所欲的办法，再加上根据这种办法而沿循的道路之奇怪特点，最后导致了两大倾向（情感和教理的，或神秘的倾向）之间的深刻对立，这种对立在对待生活的两种截然不同的态度中，也有所表现。

成就派（悉达）中的这种苦修主义（成道者），在吐蕃的后弘期佛教之后得到了发展，我们只要提醒大家注意那些在吐蕃取得了巨大成功的两个教派的大师们就足够了。首先是玛尔巴，他是传授奥义传统的代表人物和代言人，这种传统要追溯到底洛巴和那罗巴以及吐蕃教派噶举巴的首领；其次是帕当巴桑结，断派就起源于他。在这种特殊的情况下，就如同平时一般，也存在着师徒之间的宗教传授，但很快就在寺院机构中形成制度了。在这一逐渐发展过程中，大师成了一个教团的首领。经济利益并非与事物的这种发展无关，甚至在许多情况下，我们还可以直言不讳地讲这些苦修者（或成道者）非常贪财。他们以印度大师为榜样，在讲授奥义时并不免收相应的报酬。当然，这种报酬并不要求以现款交纳，据说精神的东西是无价值的。根据印度传说中的“达儭”① 来看，应将此看作是弟子感激心情的必要表示，或者是其牺牲精神的标志。玛尔巴和其他大译师们的传记，在此问题

① 达儭，梵文 dakṣina 之音译，指俗人对佛教徒的布施，尤其是指为一些宗教仪轨垫资性的布施。——编注

上都很有益。他们在出发前往印度寻求一位大师、一种奥义或经书之前，必须积蓄黄金和财富，在返回吐蕃之后当然也希望受到同样的待遇。因此，在大师们的周围也囤积了大量财富。占有财产就必须有组织。当然，那里也如同在印度一样，而存在着这一规则的例外。在吐蕃也一样，例证中不乏惧怕与本世财产有任何接触的无私弘法者。

3. 建筑大寺院

吐蕃于1040年建成了夏鲁寺，1057年建成了热振寺，1073年建成了萨迦寺。1158年，岗波巴（他本人是米拉日巴的弟子）的弟子帕木竹巴创建了梯节寺（稍后又以丹萨梯寺之名而著称）。其他新建的寺院还有于1167年建成的止贡寺，它在长时间内与萨迦巴对立；其次是于1175年建成的蔡寺，同样也与萨迦巴对立；1189年建成了楚普寺。这些寺院的建筑者或倡导者，毫无例外地都是著名的高僧。每位大师都突出了他自己的教理、奥义或瑜伽派别。宗教团体的世俗势力越来越强化了，挑起了要比神学观点上的分歧还要激烈得多的对立。它越来越严重地激起一种好斗的姿态，其目的也在于争夺对世俗界的支配权。

在经过了如此长久的全面动荡和社会混乱之后，在吐蕃又形成了一种统一的新形势：从宗教与世俗势力的密切结合中，诞生了大型教团。从此之后，吐蕃的历史就成了由寺主（这是萨迦巴的情况）或大地主们的“创造物”了，大地主以某位名大师的世俗“助手”和保护人的身份行事，并以自己的名义修造寺院。由于这些强有势力的家族都把他们的关心之处集中到了这些寺院上，所以他们的利益便与寺院僧众的利益，便结合在一个不可分离的统一体中了。

我们现在已讲到了第一个蒙古帝国诞生的时代，即成吉思汗的时代，吐蕃便按照一种古老习惯而召开了一次大会，会议期间决定与成吉思汗谈判。有关吐蕃归降的谈判委托给了觉噶和蔡寺的衮噶多吉。在这个时代，萨迦巴的僧侣们已经获得很大的声望。但其他那些最为强大的寺院也争相获得蒙古人的庇护，萨迦巴在这种竞争中获胜了。在元朝宫廷与吐蕃之间形成了一种特殊的关系，八思巴为忽必烈举行了“喜金刚”的授度仪式，皇帝作为对此的回报而赐予了他对吐蕃的统治权。皇帝和祖师之间建立了一种密切的协调关系，它使人想起了封建王爷与其教主之间的关系。吐蕃的领土被分成了十三路，这十三路又分成了某些万户。当时曾着手进行人口普查，其目的是为了方便征税和服徭役、确定应纳的战争捐税额和征募军队。这种施政体系在帕木竹巴时代尚继续存在。

为了抑制教主们的势力，当时任命了一些本钦（大官），即向蒙古皇帝负责地区安全和安宁的军事长官，他们同时也负责维持寺院教团与世俗贵族之间和睦相处，因为教团与贵族之间经常激烈地斗争。万户虽然拥有了新的内容，但实际上是使在吐蕃王权时代就已存在的军事组织的复活。万户是由蒙古皇帝册封的，但这种册封一般仅仅是对已存在的既成事实的认可。册封完全是形式上的，元朝以及继它之后的其他历代天朝政府，对西藏的干预仅限于册封一个名义上的尊号，并且每隔一段固定的时间，就接受各首领们的贡物。但这对于未来后果是一种关系重大的确认。

（译自巴黎1973年出版的《西藏和蒙古的宗教》）

敦煌写本中的六字真言

今枝由郎

1934年，伯希和针对在西藏佛教界广为流传的一句观世音的著名真言，而写了一篇文章。他写道："六字真言唵嘛呢叭咪吽，这一咒语的出现时间，不会早于公元1000年左右。"① 这个断代很可能是根据《大乘庄严宝王经》（《大正新修大藏经》第1050号）的汉文译师天息灾卒殁的时间而确定的，因为这一真言首先是出现在《大乘庄严宝王经》中的。但是，我们现在可以参阅于1936年②之前不久，在中国重新发掘到的《大中祥符法宝录》的解读，从而就可以确定《大乘庄严宝王经》译成汉文的时间。这部经文成书于1011年，主要是由赵安仁和杨亿编纂的，其内容是982年—1011年间所译佛经的目录。书中指出了每部经文的翻译时间、经目、内容概要和译师姓名。据此书记载，《大乘庄严宝王经》译于太平兴国八年三月（983年）③。

1938年，拉露以她本人对敦煌藏文写本的研究为基础，肯定了伯希和的见解。她同时又指出："再者，在千佛洞发现和在

① 见《通报》，第31卷，1934年，第174页；也可参阅1933年5月—1934年5月，巴黎出版的《佛经书目》第6卷；1936年出版的《书目简介》，第273号。

② 小野玄妙：《佛书解说大辞典》，1936年京都版，第12卷，第4页。

③ 见《影印宋藏遗珍》第3卷，第9—12页。1135年（?）台北版（?）；大家也可参阅《望月佛教大辞典》，第4卷，第3316页（我所参照的是1963年的版本）。

巴黎收藏的成千上万的藏文写本残卷中，都没有发现有关这一真言存在的任何一个例证”[1]。

从那时起直到1971年，这种见解一直被世人所普遍采纳。在1971年，雷加梅（Regameg）又指出，六字真言唵嘛呢叭咪吽这一咒语，确实在吉尔吉特收藏的一卷《大乘庄严宝王经》的梵文残卷中出现过，吉尔吉特藏卷的撰写时间是6—7世纪[2]。

我们可以由此而得出结论认为，六字真言唵嘛呢叭咪吽这一咒语，是在最古老的《大乘庄严宝王经》中所阐述的。《大乘庄严宝王经》最晚在6—7世纪时，就有了梵文版本，但只是到了983年才被译成汉文。

至于《大乘庄严宝王经》（《宝箧经》，北京版本第784号）传入吐蕃的问题，在布顿（1290—1364年）于其《善逝教法史》（1322年成书）所记载的传说中，又将该经文的撰写时间追溯到了传说中的赞普脱脱日时代；在该赞普的执政时期，数部佛经，其中包括《大乘庄严宝王经》从天而降。它虽未被译成藏文，然而却受到了崇拜。仍根据同一传说，在被捧为观世音化身[3]的松赞干布（薨逝于649年）赞普执政年间，自吞弥创造了藏文字母以来，《大乘庄严宝王经》可能是第一批译成藏文的佛经之一。从此以后，作为西藏保护者的观世音及这一六字真言咒语的功德，便可能在吐蕃人民中间传播，并且成了人人皆知的了。

这里指的是一桩没有任何史料价值的宗教性传说，它很可能是在晚期凭空杜撰的，我们虽然还不能具体确定这一时间，但很可能是发生在12世纪以后，当时唵嘛呢叭咪吽在西藏已成为专

① 见《印度史季刊》第14卷，1938年，第200页中所载的《敦煌写本中的〈大乘庄严宝王经〉序》。也请参阅《佛经书目》，第9—20卷，1936年5月—1947年5月巴黎版；1949年出版的《书目简介》，第330号。

② 见《拉露纪念文集》中所发表的《论大乘庄严宝王经》中的遍入天派和自在天派，1971年巴黎版，第418—419页，特别是注解第13和第15。

③ E·奥贝米莱：《布顿教法史》，第2卷，1932年海得堡版，第182—184页。

指观世音[1]的真言。

然而，有两种迹象能够使我们联想到，可以把《大乘庄严宝王经》在吐蕃出现的时间追溯得更为远古一些。在812年[2]编纂后并译成藏文的佛经书目《登噶目录》中，就已经收录有该经文了。此外，根据德格版本所记载，译经的跋中就已经提到，这部经卷是由胜友、持戒和益西岱[3]所翻译的。这样一来，《大乘庄严宝王经》（《宝箧经》）藏文译本的出现时间，很可能最迟也超不过9世纪初叶。

在这种背景下，如果六字真言唵嘛呢叭咪吽这一咒语，没有出现在数千卷敦煌藏文写本中（大约均为8—10世纪的作品），那将是令人惊讶不已的。然而，这些敦煌藏文写本是我们至今所知道的最古老的藏文文献，它们和《大乘庄严宝王经》的藏译本是同时代的，这是否意味着，这部经卷尽管已被译成藏文，却在译后的两个世纪中，始终没有引起吐蕃人的特别关注呢？当然，根据吐蕃人的传统看法，在787—848年期间，唐朝的城市敦煌正处于吐蕃人的占领之下。所以，我们可以认为，敦煌的这些藏文译本，没有确切反映中部吐蕃的佛教趋势，而是反映了这个边陲城市中正在发展着的一种特别倾向。无论如何，为了解释清楚唵嘛呢叭咪吽这一真言没有出现在敦煌藏文写本中的原因，似乎必须通过研究古代文献资料。根据吐蕃的具体情况，更好地

---

① 见由索南则摩（1142—1182）于1167年编辑的《入法门》一书，这是我所知道的第一部藏文佛教史（参阅A·麦克唐纳于法国《高等实验研究学院第四系1968—1969年年鉴》第532页的解释，尽管其中已经把松赞干布看作是观世音的化身，但尚未提到《大乘庄严宝王经》）是《萨迦巴遗教》（见1968年日本东京东洋文库出版的《西藏佛教中萨迦派大师著作集》第2卷，第343页）。

② M·拉露：《赤松德赞赞普执政时代的佛教文献》，载1953年《亚细亚学报》第241卷，第313—315页，尤其是第322页的第114条目。关于这一书目的编纂时间，请参阅G·图齐：《小部佛典》第2卷，1958年罗马版，第48页。

③ 《西藏大藏经目录索引》，1934年仙台帝国东方大学出版，第116号。拉萨版本中也包括这篇跋（《目录》第445页）、北京版本（见《藏文三藏经甘珠尔的比较解析目录》，1930—1932年京都大谷大学图书馆所藏本，第784号）、那塘版本（《目录》第93页）和卓尼版本（《目录》第30页）均没有提到译者姓名。这种遗漏可能是为了把该译文归功于吞弥桑布扎。但据我认为，后者却是一个传奇中的神话人物。

了解观世音菩萨，从7世纪起，在吐蕃王权政治时期所起的具体作用及其重要性。这样，我们便可以思考另一个问题，人们在一般情况下都没有根据古代文献，来研究这一问题的习惯，这就是观世音在古代吐蕃的作用问题。尤为重要的是，在11世纪之后，这些菩萨在西藏所享受的声望，肯定是很高的。

因此，为了进行这项研究，我们有必要重新考证分藏在巴黎和伦敦的全部敦煌藏文写本。事实上，M·拉露并没有能够对印度事务部图书馆藏卷进行研究。

然而，当我于1975年赴伦敦考察研究以后，又在印度事务部图书馆所藏的敦煌藏文写本中，发现了一卷题为《调伏三毒》的论著。在这部著作里，提及了一个非常近似于唵嘛呢叭咪吽的咒语。此著尚保存有两卷完整的抄本：这就是印度事务部图书馆藏卷I. O. 420号和421—1号[①]写本。这一真言在两卷写本中又略有不同，在第420号写本第12页中为：o ma ni pad me hūm myi tra sva hā；而在第421—1号写本第22页中又为：O ma ni pad me ll hum mye ll。

返回巴黎以后，我又试图在法国国立图书馆所保存的敦煌藏文藏卷中，寻找同一论著的另一卷抄本，并且果真如愿以偿了，这就是伯希和敦煌藏文写本Pt. 37—1号。这卷抄本的开头部分

---

① 这两卷写本是指由德·拉·瓦累、普散所编的《印度事务部图书馆所藏敦煌藏文写本目录》中的编号，1962年牛津大学出版。编目者可能把编号弄颠倒了。事实上，在第43卷目录中，这两卷现在装订在一起的写本的编号是：斯坦因千佛洞卷子stein Ch. 73. X1v. 14（1—13页）共有420个目录；stein. Ch. 73 X1v. 13（第14—26页）共有421个目录。在该《目录》中，Ch. 73. X1v. 13和Ch. 73 X1v. 14等写本都分别被编为420和421号，这与第43卷目录中的顺序是相反的。我向印度事务部图书馆藏卷的保管员奥克菲先生指出了这一不正常现象，奥克菲先生认为第43卷目录中的索引表是正确的。因此，应该把普散目录中的420号改成421号；将421号改成420号。另一方面，尽管提到了“其中有残缺处”（《目录》第138页），但印度事务部图书馆所藏敦煌写本I. O. 420号（已改正的编号）是完整的。这种不正确的注记的原因可能是由于在装订时把书叶搞乱而造成的结果。实际上，编号为第5页的那一页，应插在第7和第8页中间。这样，这篇文献就可以从头到尾不间断地读下去了；此外，这一说法也由与印度事务部图书馆藏卷I. O. 421号相比较，而得到了证实。后一个编号中还包括有同一种文献的另一卷抄本。

有所残缺，但庆幸的是写有这一真言的那一段却完好无缺。我发现其中又出现这一咒语的第三种形式：O ma ma ni pad me ll hum myi。

在本篇简释中，根本不可能全文翻译这部论著，因为其中提出了许多问题。但我仅限于提供某些经简略分析而得出的梗概。

文中首先提起人生的短暂性。作者继续写道："当一个亲人的生命转生时，他就脱离了原来的躯体。生存者可以不再尽'家庭义务'(?)，对死者也不再作有害的行动，即不再采用有害的行动以祝愿死者'康复'［或者复活］[①]［否则，那就如同］从黑暗再堕入黑暗，让一个弱小的人承负重担。请不要采用错误的行动和（用动物）祭祀的办法，而将死人送入地狱。"[②]

作者所指的对象很可能是前佛教时代的吐蕃宗教的信徒们。这些信徒们在为死者举行殡葬仪轨时，由引导亡灵的牲畜将死者送往"极乐世界"，和"死神之地"，死者们在那里幸福地生活[③]。在谴责了这些作法以后，作者又继续推荐以佛教的办法来取代这些行为，同时又巧妙地保留了近似于佛教的那种宗教在殡葬仪轨中所欲达到的目的："用白教（佛教）的办法送葬，将死者送往神乡，平安幸福之地。那些将死者推向邪恶道路的错误引灵者就是三毒，即：'贪，嗔，痴'。"[④]

作者接着针对调伏三毒的事，又提出三种不同的真言：

---

① R·A·石泰安：《从敦煌藏文写本中看殡葬仪轨》，载《拉露纪念文集》第201、512、522、524、526页等。

② 印度事务部图书馆所藏卷I. O. 420号，第2页。
印度事务部图书馆所藏卷I. O. 421—1号，第15页。

③ 石泰安：同上引书，I. O. 497页。

④ 印度事务部图书馆藏卷I. O. 420号，第3页。
印度事务部图书馆藏卷I. O. 421—1号，第15页。
印度事务部图书馆藏卷I. O. 420号，第6页。
印度事务部图书馆藏卷I. O. 421—1号，第7页。

我们向氏家先生阐述了这一咒语，氏家先生向我们建议应该把这种真言转写成梵文。

对于这种真言所指的神的身份及其确切意义，我们一无所知。然而，氏家先生表示乐意就此向西藏文人尼江活佛请教。尼江活佛很客气地向我们作出了回答，他说这是一种指净化对佛陀供品的真言。

（1）关于清除贪的真言，没有说明它在大藏经中的出处。[①]

（2）关于清除嗔的真言，见于印度事务部图书馆藏卷 I. O. 420 号，第 10 页。

印度事务部图书馆藏卷 I. O. 421—1 号，第 20 页。

我在这里所讲的，正是密教经卷《佛顶尊胜陀罗经》（《甘珠尔》，北京版，第 116 号，载第 5 卷，第 84 页）阐明的主要真言有其完整的梵文形式。

（3）最后第三种，也就是最后一种，指清除痴的真言。它正是我在上文已提的那一种。这类真言见于：

印度事务部图书馆藏卷 I. O. 420 号，第 12 页。

印度事务部图书馆藏卷 I. O. 421—1 号，第 22 页。

伯希和敦煌藏文写本 Pt. 37—1 号，第 3 页。

尽管有某些附加音节，但据我看来，这些附加音节有时是从同一真言中节选的次要部分。但由于这一真言与前两者不同，因为它是明确指观世音菩萨的真言。从而这就使我们敢于断言，这里所涉及的确实是唵嘛呢叭咪吽的六字真言。

在印度事务部图书馆藏卷 I. O. 420 号内出现的附加音节，提出了一个为我不能解决的和颇有意义的问题。它可以使我们去探索观世音和弥勒佛之间的联系，如同许多前人用其他办法[②]去探索的那样，或者这些附加音节中的 myi-tra 也能仅仅简单地是梵文字 mitra（友爱、慈祥）或 maitri（怜悯）的错误写法？不管怎样解释，myi tra（mitra）只能是一个用来指观世音的名词或者是形容词，而绝不是指另一种神。

在这篇分析有限的短文里，这种草率的解读又提出了一系列问题。在如此之多的资料中选择这三种真言形式是以什么作为理论基础呢？这三种真言为何又恰恰各自相当于三毒之一呢？此论

① 我们应该把发现以下有关这一真言的参考资料归功于尼江活佛：《一切智吉美林巴全集》，第 4 卷，《密教徒罗林美大师集》第 32 卷，第 126 页。

② 参阅玛尔曼：《观世音研究概论》，1948 年巴黎出版，第 85—95 页有关观世音的伊朗亲缘关系的论述；霍夫曼：《有关苯教历史的藏文资料》，印第安纳大学 1975 年编辑，布鲁明顿版，第 18—19 页。

著的作者究竟是谁呢？我们目前尚不能对此作出一一回答，然而，根据我对研究敦煌藏文写本的经验，现在可以提出以下几点：

正如我上面所看到的那样，《调伏三毒》所论述的主要内容是：避免采用邪恶的道路将死者送往死神之地，和平与福乐之地，为此目的，禁用殡葬仪轨，特别是用牲口祭祀，而代之以佛教祭仪，特别是一些真言。然而，我们知道，在敦煌藏文写本中有一整套文书，其意图几乎和《调伏三毒》中所阐述的观点相一致。这就是《生死轮回史》《转生》① 和《神境说法经》②。这些都是我将在下篇论文中所研究的内容③。《神境说法经》是前两篇经文的概括，我们在其中发现了三种真言：（1）观世音的真言（与唵嘛呢叭咪吽不同）；（2）祭天的真言；（3）消除灾难的真言（与《调伏三毒》经文中阐述的真言相一致）。

另一方面，鉴于有关曼荼罗（指咒语和仪礼）循环的敦煌藏文写本的数量相当多，曼荼罗的主要目标正是“清除邪恶之道”。我们似乎觉得，特别是有关密教的真言（《甘珠尔》，北京版，第116号）与其循环，在敦煌写本时代在吐蕃佛教徒中广为流传。

为了重新论述我在本文一开始就提出的关于观世音在古代吐蕃的作用问题，那还必须提一下在《调伏三毒》中，六字真言与起着类似作用的另外两种真言之间的联系，《调伏三毒》好像没有授予这一六字真言后来传说中所授予它的那种独特作用。在《神境说法经》中的情况也是这样，后者也提到观世音使用和唵嘛呢叭咪吽不同的真言，而与另外两尊神一起为从邪恶之道上拯救生灵而努力。

---

① 这本书由石泰安翻译，载《有关西藏苯教徒殡葬仪礼的古代文献》中，刊于1970年《亚细亚学报》，第155—185页。

② M·拉露在两篇论文中探索了这卷文书，见前文注④所引文；《高地亚洲宗教信徒们通向死亡的道路》，载1949年出版的《宗教史》杂志，第42—48页。

③ 我希望尽快发表这篇著作，它是作为高等实验研究学院第四系一篇毕业论文而著。有关其中的详细情况，我们希望阅读本条注解的读者们能参阅此文。

但是，人们知道，对晚期传说的一种流传最广的解释之一，是赋予了唵嘛呢叭咪吽这一六字真言的每个音节，一种摆脱轮回转生和六道的职能。由此，我们就可以看出这句真言的意义和使用在古代和晚期有着很大的区别。

只是从 11 世纪起，唵嘛呢叭咪吽这一真言在吐蕃的重要性和声望才得以骤增。藏传佛教的复兴者阿底峡尊者（1042—1054 年间生活在吐蕃）写了一篇关于这一真言的小部经文（北京版，第 4839 号）。娘热·尼玛悦色[1124 年(1136?)—1204 年]发现的莲花生上师的第一部传记《桑林玛遗教集》的最后某些章节里，记载了六字真言的功德①；最后，《玛尼宝训集》这部文献巨著终于在 13 世纪问世，这是一部有关论述唵嘛呢叭咪吽这一咒语的文献汇编，人们一般认为这一汇编是由松赞干布写的。这就是围绕唵嘛呢叭咪吽这一真言②传说的大集本。

我应该强烈指出的是，没有任何证据能说明，在《调伏三毒》编纂的时候，观世音以运用或没有运用这一有六字真言的面目而出现过。如同晚期的传说所作的那样，该文集也把观世音和松赞干布考证成同一个人了。

在本文的头校清样送来的时候，我又发现了有关这一命题的另一卷敦煌写本，它就是印度事务部图书馆藏卷 I. O. 720 号。这是一卷残损无几的残卷，只有 28 行能读得出来。这卷写本相当于一卷完整写本开头之后的那几行。这样一来，论述该问题的写本就共有 4 卷了，从而证明这种观点曾得到过广泛传播。

此外，在此期间，伯希和敦煌藏文写本 Pt. 37 号的复制件，已发表在《藏文敦煌文书汇辑》之中了。见国立图书馆于 1978 年在巴黎出版的第 1 卷，复制图版第 24—38 页（第 1—28 页）。其中调伏三毒的问题，占据了该文献集的 5 行之多。

---

① 参阅布隆多于《高等实验研究学院第五系 1976/77 年年鉴》第 90—91 页的解释。

② 参阅麦克唐纳于《高等实验研究学院第四系 1968 年—1969 年年鉴》第 527—535 页的解释。

我非常感谢麦克唐纳夫人，她高兴地表示愿意校读我们的文章，并提出了修订和改进意见。我也感谢我的西藏朋友允丹嘉错，他也与我一起校对了藏文文献。

（译自巴黎1979年出版的《敦煌学论文集》）

“圣神赞普”名号考

石泰安

吐蕃国王的尊号具有某些宗教含义。为了根据这种含义而进行解释，我们必须了解其词源，因此还应该作一番语义学分析。现在针对这一尊号，已经提出了各种解释。

有两位汉学家已经清楚地看到了其中的重要问题，这就是劳佛尔和戴密微。但他们没有充分发挥自己的观点，它的意义尚没有引起西藏学家们的充分注意。

我刚才所提到的基本问题，是出现了一个奇特的尊号 'phrul gyi lha btsan po。它多次出现在 800—830 年左右的碑铭文和写本文书中。然而，在一篇文献中，即保存在拉萨的 821—822 年唐蕃会盟碑中，有一部分是用两种文字撰写的，其中的上述藏文尊号，就相当于汉文中的“圣神赞普”。

各家学者对此所提出的解释，没有考虑其对应的汉译，而是完全受藏文词 Vphrul 的各种词义的影响。其概况大致如下：

托玛斯认为此字具有“神现”的意思（同时又提到其“魔力”和“有魔力表现的”等各种词义），所以他就提出假设，认为它可能系指一个在前佛教时代表示神的术语。贝利先生利用托玛斯的论点，又提出了“显赫的”之词义（原指古埃及和叙利亚国王们的尊号。——译者），并且联想到了吐蕃国王们的神源性。他把这一尊号与于阗的“菩萨王”尊号进行了比较，尤其是同佉卢文中表示国王尊号的“显赫菩萨”作了比较，或者也与作为较低级一些著名人物的荣誉称号“神现天子”加以比较。梵文 Pratyak a 的本意为“现实的”、“可见的”、“眼前的”，在《翻译名义大集》第 4405—4419 条中，将之译作藏文的 mngon-sum-du。在由布洛夫翻译的新疆出土佉卢文书中，用夸张性的词汇谈到了“大师”而不是国王：“由人和神所尊敬的主子，人格神性化者”，祝愿他们“神体”健康或高寿百“神岁”。文书中提到他们“神一般的学识”，并且还称他们为“菩萨人”，成者是“神人”。在一个可能是译自汉文故事的突厥回鹘文本中，也有这类术语，甚至在藏译本①中，也可以发现它。在伯希和的译文中，把父母亲称为“现今化身的菩萨”或“菩萨化身”，这就说明动词“化身”的意思为“表现出”、“可见的”、“出现”等。

西藏学家们也发现了同样的词义。他们认为在 ’Phrul 与 sprul-pa 之间具有词源亲缘关系。黎吉生于 1964 年首先建议将 ’phrul 看作是西藏的一种特有观念，与晚期文献中所出现的活佛、转世（sprul-sku）中的 sprul 相似（它与“魔力”有所不同），并且是由于佛教和苯教相结合或相混合的结果。他最后于 1978 年决定将之译作“表现如神的赞普”。图齐也译作“出自于神的”。同样，李方桂也译作“神化赞普”。乌瑞首先译作“神化”。山口瑞凤译作“神化赞普”。图齐在另一部著作中又参阅了“化身之神”（sprul-pavi lha），但没有指出其史料来源，因此就将吐蕃国王说成是“由魔力所造的”，并且将之同印度的“化身”作了比较。事实上，据我所知，sprul-pavi Lha 这一术语从来未曾作为国王的尊号，而在古文献中出现过。图齐可能是想到了史学家巴俄祖拉陈瓦（公元 16 世纪人）的说法，他在《贤者喜宴》一书有关王权时代的著名的一卷（第 7 卷第 73 页）中，提到了这一问题。那位史学家在其中引用了金城公主（因此为

---

① 见回鹘文本《善恶两王子的故事》，请参阅霍夫曼《西藏神话故事》，沙畹《三藏经中的 500 个故事和寓言》。

公元730年左右）关于其儿子的一首诗，而且是根据《遗教》和其他古史而引用的："天神下界的君王……墀松德赞，神降的国王。"众所周知，巴俄祖拉陈瓦是位非常善于使用文书史料的史学家，经常全文引证古文书，我们完全可以考证其真伪性。但千万不要忘记，在他的著作中经常有程度不同的修改。就本身情况而言，这首赞歌的全文似乎是受到了谐拉康碑文（大约为公元806—812年）中职官名号的影响，我们于该碑西侧可以读到："天神下降的国王，圣神赞普（'phrul-gyi lha btsan-po）墀德松赞"；而在同一块碑的东侧可以读到："神一般的人间国王"。在噶迥寺碑文（约为公元800—815年）中也出现过这同一个术语（第18、26和29行），在同一时代的其他文书中也有所记载。我将于下文一一提及。

这里仅仅需要指出：图齐完全是典型的16世纪以及前几个世纪中西藏人的思想，因为他认为'phrul就等于sprul。在考虑到印度的"化身"之后，他又表示同意9世纪初根据国王命令而确定佛教名词的作家们的意见，这尚且是好的。在《翻译名义大集》中，梵文字devavatara译作了藏文"lha-yul nas-babs-pa"，即"由神域下界"。

把藏文'phrul-gyi lha解释作"神化的"或"在地上表现为神的……"的作法，受到了质疑，这是由麦克唐纳在研究王权时代文书的重要文章中所作出的贡献。她正确地考虑到'phrul一词所出现的背景，即与其他术语（如byin）同时出现，以歌颂这位赞普特殊的也可以说是超人的品德和权力。她将与本文有关的尊号'phrul-gyi lha btsan-po译作"具有魔力之神的赞普"。乌瑞最近也沿用了她的译法，译作"具有魔力之神的神化者"。

我们应该把有关'phrul一词在不同背景中的语义价值的讨论放在以后进行，否则就会离题过远，或肯定会使全文过于臃肿。我于此仅作一番最为简单明了的分析。首先必须考虑821—822年会盟碑中的汉文译文，其中'phrul-gyi-lha btsan-po被译作"圣神赞普"。

这里的问题是需要知道，在这一用汉语文字所写的碑文中，究竟是把藏文术语 'phrul-gyi lha 译作了汉文的“圣神赞普”，还是把汉文术语译作了藏文呢？令人奇怪的是，所有学者，包括汉学家在内，都认为汉文术语译自藏文。李方桂指出：“对于 'phrul-gyi lha 这一尊号，应该把 'phrul 译作汉文的‘圣’，而把 lha 译作‘神’。这两字也就犹如指唐天子之意。”所以他认为这两个尊号是互不相干地各自独立存在的，而藏文尊号本为基础。

劳佛尔更为谨慎地指出：“这些文献是在拉萨由吐蕃和唐朝当局起草的。”并且还补充说，知道究竟是自哪种文字译来并无多大关系。戴密微也如此，他在引证劳佛尔文章的同时，也承认“藏文文献中的措词受到了汉文文献风格的影响”，所以他认为原文是用藏文写成的。然而，戴密微却正确地指出，“圣神赞普”一词仅仅出现在墀松德赞（755—797 年执政）、墀德松赞（797—804 年执政）、墀祖德赞或热巴巾（815—838 年执政）时代的碑铭中。它没有出现在弃隶祖赞（大约为 705—755 年执政）时代布达拉宫的碑中，其中把国王一律简称为赞普（此处似指恩兰·达扎路恭纪功碑，但此碑立于墀松德赞在位时期，而不是弃隶祖赞时代。不知作者据何而云。——译者）。对于巴俄祖拉陈瓦所引用的王诰，黎吉生也发表了相类似的意见。他指出，“圣神赞普”这一尊号既没有出现在墀松德赞的王诰中，也没有出现在桑耶寺的庙柱文中，即使在敦煌《吐蕃赞普世系牒》中和晚期的大事年表中，也仅仅提到器弩悉弄（676—704 年执政）的尊号为 'phrul-gyi rgyal-po。他便由此而得出结论认为，古代吐蕃国王们的一般尊号似乎没有沿用下来。戴密微曾就“圣神”这一汉文尊号指出：“这都是吐蕃国王们的惯用尊称，从某种意义上来说，也是在吐蕃统治地区用汉文所写文书中的礼仪性称呼。”但他认定藏文尊号 'phrul-gyi lha btsan-po 是“敦煌汉文文书中对吐蕃国王的称号‘圣神赞普’的基础”。

尽管如此之多的大学者都取得了一致的看法，但我觉得这种看法与在对全部已知事实的研究中看到的情况不相符。当然，我们将会看到，藏文字 'phrul 和 lha 都具有它们各自的意义、用法和真正是藏文的涵义（但并不是仅仅作为国王尊号而使用）。有些吐蕃人懂得汉文，而有些汉人也懂得藏文。正是他们才能起草821—822 年的会盟盟约和其他官方文书，这些译师们当然要共同寻求一些在各自语言中已经使用过的字。但就“圣神赞普”这一尊号的具体情况而言，我觉得汉地皇帝的汉文尊号似乎是基础，并且将之译作了藏文。

为了证实这一论点，我们必须同时进行两项调查，即分别在汉文和藏文领域内进行调查研究。因此，我就首先从汉地的形势开始论述。

正如所有的汉学家们所知道的那样，尊号“圣”的意思是指“神圣”的或“圣明”的。无论它是作名词还是形容词用，一般均指中国皇帝的品德和活动（甚至还指孔子）。“圣王”就是天子，“圣躬”系指其躯体或本人，“圣训”或“圣旨”指他的命令或法律。这些术语确实也多次出现在敦煌写本中，其中之一卷（王锡上吐蕃赞普书）的时间，确实为 794—840 年。其中在提到吐蕃国王时也称之为“圣神赞普”、“圣力”、“圣德”、“圣伐”、“圣威”（王锡的表章）、“圣神曰”、“圣迹”。当834—839 年左右，于敦煌建造圣光寺时，也谈到吐蕃国王为“圣主”以及他的“圣德”，并且解释说此寺名字的由来是因为“圣主”控制了三明（太阳、月亮和星辰）。在另一卷没有标明时间的敦煌写本中，又把“大唐”的皇帝称为“圣主”，并称它具有“圣（或神）寿”。在另一卷写本（斯坦因敦煌写本 S. 2679. 3 号）中，利涉和尚向唐朝皇帝呈奏时，称他为“北辰之圣主”，并且自称“利涉幸得生圣朝，事圣主”。他还祝愿“圣神赞普”的“圣躬”永远安乐，“圣寿”无疆（北京藏卷第 7119 号）。在 821—822 年的唐蕃会盟碑中，吐蕃赞普和唐朝皇帝被统称为“二圣”和“二主”。

我又联想到，就在这篇碑文中，吐蕃国王享有藏文尊称 'phrul-gyi lha btsan-po，即相当于汉文中的“圣神赞普”。签署会盟条约的唐朝皇帝为穆宗（821—825年执政），在此会盟碑文中被称为“大唐文武孝德皇帝”，这一尊号译作藏文的 bun bu hevu tig hvang te。这里没有“圣神”之称，但仅仅是省略而已，而且在其他皇帝的尊号中也曾出现过，因为它暗示《书经》中的一位著名人物。《书经》中认为上古中国的一位神话皇帝活动的特点是“乃圣乃神，乃武乃文”。①

对这一句话的主要和常见疏注指出：“圣，无所不通；神，妙无方。”早在这一疏注之前，孟子就曾经指出过，大而化之谓圣，圣而不可知之为神。本文所引用的经典文献中的这些段落，都成了数代唐朝皇帝们所采纳的尊号之根据。821—822年会盟碑中的两种文字的碑文（仅仅在藏文中，汉文已缺。此处系指会盟碑东侧文字，仅有藏文，而无汉文，作者以为是汉藏对照、汉文已缺，是作者的误会。——译者）中也提到了唐德宗皇帝的尊号，他于780年被称为 zheng shin bvun bvu hwang te，即汉文“圣神文武皇帝”（东侧第39—40行）之对音。因此，吐蕃人显然懂得这一尊号，但就本身情况而言，他们则认为自己国王的尊号 'phrul-gyi lha（西侧）与汉文尊号没有任何关系。在德宗之前，肃宗皇帝（756—762年当朝）获得了“元坤大圣光天文武孝德皇帝”之尊号，这一尊号（以及两种稍有不同的变化形式）也出现在敦煌汉文写本中。其内容是致“蕃王”的一封信，由沙州唐朝刺史发出。在肃宗之前，便是赫赫有名的玄宗皇帝，他曾先后于742年和749年两次获得了“圣神文武应道皇帝”的尊

① 见《书经·大禹谟》，根据惯用的对称原则，“圣”指“武”，“神”指“文”。所以“圣武”一称在《书经》的其他章节中也曾出现过（《伊训》篇），指由于圣明而导致的军事行动。《易经》（《系辞》上）中也用“圣武”来指古代国王们的智慧。最通用的原则似乎更可能是将“圣”与“文”相结合，“文”字指行政、法律、道德准则、文学和教育；“神”与“武”相结合，“武”系指军事行动或战争。

这些对偶词的顺序有时可以颠倒过来，如在《左传》昭公26中就有记载：国王被称为“神圣”，甚至在杨雄（公元前1世纪）的著作中，把天子也称为“神圣”。在藏文中也出现了同样的颠倒情况，如在821—822年的唐蕃会明碑东侧第34行中，就写作 lha 'phrul，而不是 'phrul-gyi lha。我们于下文还会看到，藏文中的 lha 和 'phrul 也有配合问题，而且还是固定不变的。

号。他的前任便是女篡权者武则天皇后，她被认为是《大云经》中的菩萨化身，因为《大云经》中提到了“神皇受命”的问题。该经卷是于689年奏呈于她的，她改国号为周（中国上古时代最伟大的王朝），采取了“天授”年号，获得了“圣神皇帝”的尊号。这一切均发生在690年。因为在680或691年发现了一块瑞石，从上面可以读到：“圣母临人，永昌帝业”。人们就称武后为“圣母神皇”。因为《大云经》预示将有一位佛教圣王皇帝降世，所以她又于695年获得了“天册金轮圣神皇帝”的新尊号。在700—701年之间，她变成了道教徒，于是又放弃了自己尊号中的“金轮”二字，这后一种尊号也出现在一卷敦煌写本中。

由此可见，自从700年之后，“圣神”这一皇帝尊号经常在唐朝出现。汉人的盟邦突厥人也采纳过这种尊号。726年的一篇用汉文、突厥文和粟特文所写的碑文中，又认为“圣文神武”的尊号系指西突厥的著名可汗和回鹘毗伽可汗。碑文中也称突厥可汗为“天可汗”（与中原的“皇帝”尊号是相对应的）。突厥人崇仰天，并且将天比作其苍狼先祖。所以毗伽可汗和其他可汗（尤其是在714年）在其尊号中，被称为“天男”、“威武”、“圣天”。在吐蕃人中，突厥皇后也用汉文名词“公主”相称。

后来的甘州回鹘人又承袭了这一尊号，甘州回鹘与于阗、敦煌（沙州）和吐蕃人一直保持着密切关系。短命的“西汉金山国”王朝（907—911年）的君主就被称为“圣文神武白帝”。在敦煌石窟中，甘州的统治者们被称为“圣天可汗”，他们的夫人被称为“圣天可汗公主”。当时于阗王也自称为“大圣大明天子”。在914—962年间执政的于阗王又叫作“李圣天”，即“圣天”再加上唐室的宗姓“李”。

在对唐朝和回鹘人的情况作了梗概叙述之后，现在我们再回到吐蕃的问题上来。

吐蕃人当然知道“圣神”这个汉文尊号，并且也知道其文武功德之涵义。他们在唐朝的翰林院中培养了一些文人，并且拥有一批教团译师。他们长期以来就有与汉人保持外交通讯的习惯。吐蕃人也知道，他们的宿敌和唐朝的盟友（而且是自愿结盟的）突厥回鹘可汗，也采纳了这一尊号。我发现在签署821—822年会盟盟约时，吐蕃人确实是将这一名词译作了藏文。

但是，吐蕃人在使用'phrul-gyi Lha时仅仅是模仿汉字呢，还是真正的翻译呢？为了表示他们与大唐的平等关系，吐蕃人完全有理由使用唐朝皇帝们的尊号。自从他们于763年入侵唐朝京师以及随后而签署的会盟条约以来，吐蕃就已经表现出了它的强大势力。自从他们于781年左右占领敦煌地区以后，表现得更为强大起来了。

我们可以认为（并且已经有人这样做了），吐蕃人当时已经拥有了'phrul-gyi lha这一尊号了，而译师们仅仅认为它非常相似于汉族皇帝的尊号"圣神"。根据这种假设，这两个术语则应该具有同样的意义。所以把藏文'phrul-gyi译作"神现"和"表现如神"的作法是错误的，麦克唐纳夫人的解释是正确的。我仅仅提醒大家注意，"魔力"或"魔力的"等词的用法也并不恰当。因为从比较宗教学的观点来看，它会引起混乱。我们最好是联想一下诸如著名的海灵（mana）一类的东西：神的力量、神的特点。对于这些词义的讨论，我将再放到以后进行。

我首先还必须提一下，许多学者（只有一两个例外）都已经看到，'phrul-gyi lha这一尊号仅仅出现在800—830年左右的文书中。如上文所引之碑铭，与821—822年会盟盟约有关的岱噶松石园碑文，还有一些可能为同一时代却没有被断代的写本。同一时代和稍晚时期（公元850年），在那些致赞普的汉文书信和文牒中，吐蕃国王一般都被称为"圣神赞普"。对此作一番考察是完全必要的。在重新阅读现今所得到的所有古文书之后，我可以发现以下几点：

首先从汉籍角度来看，只有一篇标有时间的同时代的文书。杜佑在《通典》（成书于766和801年之间）中指出，吐蕃国王的尊号叫赞普，其家族或氏族的名称叫悉勃野，这一名称是由于氏族第一位自天而降的先祖叫作鹘提悉勃野。

从藏文史料角度来看，首先是那些按年代记载其事件的枯燥的编年记事性的《年表》，它们分别包括641—762年和743—763年诸阶段的事件。这都是一些片断，无法知道它们是否有续文。无论如何，其中一律把国王和王后简称为“赞普”和“赞蒙”，甚至也包括墀松德赞（年轻时代，756—758年）。另外一卷写本（伯希和敦煌写本Pt. 1286号）首先论述了某些古王国，接着又谈到了某些神话和朗达玛之前的吐蕃国王。因此，该卷子写于840年前后。我们还可以从中读到，鹘提悉勃野或布带贡甲为神话先祖，但国王们都被称为赞普，小邦的国王前被称为“君主”、“主”或“国圣”。在一篇未标明时间的写本（伯希和敦煌写本Pt. 1038号）中，提出了多种起源理论，其中提到了吐蕃悉勃野部、吐蕃勃部（Spu-Bod）或悉勃野部，国王被简称为赞普。下文是在未作出断代的写本中摘录的其他情况。

一、木内赞保是“主”、“国王”和“天子”，见伯希和敦煌写本Pt. 1552号背面第三篇文书，独立的一行。

二、墀松德赞（755—797年执政）被称为“赞普”（伯希和敦煌藏文写本Pt. 1123号）和“吐蕃神赞普”（见伯希和敦煌藏文写本Pt. 1088号），“神赞普”或“天子赞普”（指赞普及其儿子），所以“神”或“天子赞普”是指传说中的国王聂赤王子的，见798—804年左右的工布碑文。

三、墀德松赞（大约为公元804—815年执政）被称为“天子赞普”，但同样也被称为“圣天子”，详见其墓志铭。

四、墀祖德赞（815—841年执政）被称为“吐蕃大王”、“赞普”和“天子”（伯希和敦煌藏文写本Pt. 132号）；或者是“吐蕃天赞普和天子”（伯希和敦煌藏文写本Pt. 735号）；或者是简称为“天子”（第999号写本）和“赞普”（共7次，见Pt. 1123号写本中为这位国王所作的佛教祈祷）。

没有国王的名字，同一时代，他也被称为“吉祥神赞普”。吉祥神赞普，或者是“赞普”和“天子”，也称“天赞普”。

五、最后一位国王乌东赞，又叫朗达玛，大约为841—843

年执政。他被称为“天子赞普”（伯希和敦煌藏文写本 Pt. 134 号，佛教祝愿文）。

六、朗达玛的儿子微松及其母亲，他被称为“天赞普”（斯坦因敦煌写本 S. 40 号）、“天子赞普”、“赞蒙”（伯希和敦煌藏文写本 Pt. 131 号）和“天子”（伯希和敦煌藏文写本 Pt. 230 号）。

另外一位没有具体点名的国王被称为“天子赞普”（伯希和敦煌藏文写本 Pt. 1976 号）。

我们可以看到，即使就在碑铭中使用“圣神赞普”的时代，在其他地方也很难遇到（唯有一次例外），在此时代之前根本不曾发现。我已经说过，在拉萨碑铭中（约为 764 年），没有这一尊号，只而有“赞普”之称；在桑耶寺碑（可能约为 790 年），也只有“天赞普”的尊号；在一直叙述到墀松德赞时代的《吐蕃赞普世系牒》中；也没有出现此名，而只有“赞普”、“赞蒙”、“国王”和“天子”等尊号。

相反，在“圣神赞普”这一尊号通用的时代，人们还同时使用“天子”或“天赞普”之类的尊号（岱噶绿松石园的祈祷文，约为公元 823 年）。如同同时代的其他文书一样，这一文献也深受佛教之影响。这种影响也是其称号“吉祥”（dpal）的基础。该称号也与 'phrul 结合在一起使用。如果人们有时候也提到“神圣”或“圣神赞普陛下”的话（如上引 823 年左右的祈祷文），那么在其他地方则只提到“与吉祥神变相同”，详见伯希和敦煌藏文写本 Pt. 1135 号和麻扎塔克山文书。我还应该就此问题提醒大家注意，签署 821—822 年会盟条约时，吐蕃一方是由著名的钵阐布所主持的，他也是一位“大德”，即具有大论爵位的沙门和尚。人们有时也把佛教中的“吉祥”与藏文中的 'phrul 考证为一体，这两者也均相当于“圣”。因为在汉文中，“圣”与“神”的发音很近似，而且还可以颠倒使用。第三个术语有时也与 'phrul 同时出现，以指佛教经文（9 世纪初译文）中的圣师及其圣性，即 'phags-pa 相当于梵文中的 ārya，也就是汉文中的

“圣”。这种用法同样也出现在821—822年的会盟碑碑文中（西侧第62行），其中把'phags-pavi rnams译作汉文的“贤圣”。我们于下文将会看到，人们有时也同时使用'phags-pa和'phrul以指“圣人”。这一用法也曾出现在823年左右和800年前后（?）《敦煌吐蕃赞普世系牒》中。

有关821—822年会盟碑双语文字的碑文中的尊号（'phrul＝圣）的问题，最后我还必须于此指出，当时应该是已经知道选用此字来翻译汉文“圣”字的时候了。《楞伽师资记》是于720或727年写成的禅宗文献，后来被译作藏文（斯坦因敦煌写本S. 710号），肯定是为了存入有关拉萨僧诤会（或桑耶寺僧诤会，可能为797或792—794年举行）的档案中。然而，其中把“圣人”译作了'phrul-gyi mi，而把“凡圣”译作tha-mal-pa dang ‘phrul。我于此仅仅能肯定其原文为汉文，选择了'phrul来翻译“圣”。在800—823年左右的王家碑铭中，也可能出现过类似的现象。

在10世纪时，'phrul这一尊号再次由一些外族国王们所采用，其原因很可能是模仿了汉文中的尊号“圣”字。相反，dpal（gyi）·Lha这一具有佛教色彩的尊号，又由著名的僧侣国王“吉祥赞普”或“天喇嘛”益西俄岱赞普（约为1030—1040年执政）所采纳①。

我还必须于此指出，在同一时代，上文所列举过的那些称号，都变成书信文牍程式中的荣誉性隐喻，已经不再仅仅用它们来指国王了，而是适应于各种达官显贵（如同在上文所提到的佉卢文书中一样）。书信开始时的结构完全是一样的：首先要指出收信人的姓名，然后是寄信人的姓名，接着又是收信人，最后才是询问和提出祝愿。

一、洪䛒和尚被称为“神圣大德”，见伯希和敦煌写本Pt. 1202号正面第二篇文书，1204和1150号，或者是“神德”（伯希和敦煌写本Pt. 1200号）。这里系指著名的洪䛒僧统（大约

① 见楚浦碑，弗兰格：《印度西藏古迹》，第1卷19页。

活跃在 815—851 年）。

二、某一位钵阐布（可能就是主持 821—822 年唐蕃会盟条约的那位著名僧侣大论）被称为“圣吉祥神”（见伯希和敦煌写本 Pt. 2076 号）。

三、用尊号来作比较，其惯用语为“您如同……一般”

1.“您如同圣吉祥神一般”（伯希和敦煌写本 Pt. 1458 号和 1135 号），这里指一位大相。

2.“您如同神一般”（伯希和敦煌写本 Pt. 1214 号和 11236 号指一位君王，1662、1845 和 1649 号系指一位大相）。大相也是“圣神”（伯希和敦煌写本第 1172 号）。另外一位大相“依然表现出了神性”（伯希和敦煌写本 Pt. 1184 和 1233 号），或者是“圣吉祥神”（伯希和敦煌写本 Pt. 1139 号），而一位大哥却像“神”一样（伯希和敦煌写本第 1141 号）。

3. 有时是“圣一大德”（伯希和敦煌写本 Pt. 1199、1459 和 1457 号），有时又“如同神—大德”（伯希和敦煌写本 Pt. 1523 号）。

4.“如同天一样”（伯希和敦煌写本 Pt. 1132、2 号，指母亲和儿子，而在伯希和敦煌写本 Pt. 11321 号中，仅仅说母亲和儿子都是神）。在伯希和敦煌写本 Pt. 1564 和 1653 号中，也两次出现了同样的术语，具体指一位和尚。

在我们现今所知道的文书中，除了一个例外，已经证实“圣神赞普”这个尊号仅仅出现在 800（或 790 年）—830（或 840 年）年间，而且即使在这段期间也不是始终一贯的。在同一期间，在敦煌地区的吐蕃汉族臣民致其赞普的汉文文书中，也称吐蕃国王为“圣神赞普”。最为古老的文书是王锡就禅宗问题呈奏吐蕃墀松德赞的表章（约为 794 年）。然后就是在 819 年（或 798 年）的吴僧统碑文（这是一篇相当长的碑铭）中也谈到了佛教各宗。在赞扬了吐蕃国王征服沙州的功德之后，又提到“圣神赞普，万里化均，四邻庆附”。839 年的另一篇碑文也赞扬了两朝之“主”，即赞普和圣主（后者可能系指唐朝皇帝，也可能系指吐蕃国王）。在关于敦煌建立金光寺的文献中，也提到了同样的术语。

其他那些带有“圣神赞普”的文书，未曾被断代。其中主要是一些对吐蕃国王的祝愿文，有些文书已由戴密微所发表，另一些则已收编入汉文大藏经中，它们可能均属同一时代。还有一卷写本中提到“伏维圣神赞普，开天辟地”。另外一卷写本（斯坦因敦煌写本 S. 6315. 3 号）中所使用的术语与琼结（Phyong-rgyas）碑文（约为公元 800 年）完全相同，其外还掺杂以深受儒教影响的官方和佛教术语：“我当今圣神赞普……长为菩萨之王，永应如来之付嘱，使两国还好，重圆舅甥”（其中的舅甥也可能系指翁婿关系）。在琼结碑中，墀松德赞及其先祖都被称为“神赞普”、“法王赞普”、“圣神赞普”和“圣神大菩萨”。

所有这一切始终系指同一时代。最后一篇文献意义特别重大，因为其中提到了两种写法。其一较为古老，为吐蕃占领敦煌时代的；其二是经过修改的，可能为张议潮收复这片土地（约为 850 年）之后时代的。这里实际上是对吴和尚的悼文，这位吴和尚可能与我上文所提到的碑文中的“吴僧统”本为一人。

在古老的文本（伯希和敦煌藏文写本 P. 4640 号第 24 或 25 篇文书，没有断代）中，认为“大唐沙州”僧与吐蕃国王“圣神赞普”都崇仰如来佛。那位和尚曾翻译过“汉”书，在晚期的文本（数卷写本，其中之一为 869 年的伯希和敦煌写本 P. 2931 号）中，又把该和尚称为“大唐敦煌”僧，他曾翻译过

“唐”书，吐蕃国王又被称为“戎王赞普”①。我们由此可以看出，完全如同吐蕃国王的藏文尊号 'phrui-gyi lha bcan-po 一样，汉文尊号“圣神赞普”似乎也仅仅适用于吐蕃占领沙州期间。

我于前文已经暗示过两个特殊情况。如果要是接受陈寅恪和戴密微先生的观点的话，那就可以排除其中之一。这是一卷敦煌汉文写本（北京藏卷第 7119 号，第 6 篇残卷[月字 91 号]），陈寅恪与戴密微仅仅引证了其中的国王尊号。这一段文字是这样开始的：

“有敕，颁下诸州②令应座禅人，先为当今圣神赞普乞里提足赞圣躬遐远，圣寿延长，国界安宁，普天清谧”这里的乞里提足赞即弃隶祖赞，在其名字前面有一表示敬意的空白处。紧接着就是有关弥勒佛坐禅方法的简短论述。在此后同一行中又是关于佛教各宗的其他论述，尤其是关于“三乘五性”③ 的论述。

陈寅恪认为这一卷文书中不可能是弃隶祖赞（Khri-Lde gcug-bcan，即墀德祖赞，704—754 年执政）时代的，因为该赞普的皇后是唐朝金城公主（710—739 年生活在吐蕃），可能是由于抄写者将该名字中间的两个音节颠倒了，所以应复原为 Khri-

① 这可能是汉人所使用的一个具有鄙视性的习惯称呼，但尚难以肯定。在法成的《于阗记》汉译本中，Lho-Bal 就相应于“戎夷”，而 rgya 则相当于“汉”。在伯希和敦煌藏文写本 Pt. 986 号的《书经》藏译本中，第 133 页为《周书》第 5 篇译本，其中 Lho-Bal 就相当于“蛮貊”，在疏注文中为“四夷”。在 821—822 年的唐蕃会盟碑东侧第 19 行中也提到了“唐朝”与“蛮貊诸国迥异”。唐朝之所以“与吐蕃颉颃”，那完全是由于它“教善德深”（第 20 行）。这就是吐蕃人仿效唐朝楷模之一例，而中国中原地区本来就热衷于向其近邻提供这种模式。大家知道，吐蕃国王有时也居住在 Lho-Bal（此地并非是尼婆罗）。我于此无法讨论这一复杂的问题，而仅仅满足于提一下，Lho 之意本为“南”，汉人有时也称吐蕃国王为“南蕃王”，“蕃”一般都译作 Bod，意指“蒙昧民族”。无论如何，在为吐蕃国王效劳的汉僧妙弁的赞文中，有时也把吐蕃国王称为“戎王”（详见李氏家族纪功碑，867—872 年左右或 894 年）。在汉族王权时代的敦煌石窟（第 112 号和 159 号洞）所画的吐蕃国王壁画中，仅仅称之为“赞普”或“王”。

② 参阅斯坦因敦煌汉文写本 S. 3966 号（翟理斯目录 S. 4631 号），其时间为一壬寅年（肯定为 822 年，因为 762 年太早，而 882 年又太晚了）六月：“大蕃国有赞普印信，并此十善经本，传流诸州，流行读颂。”

③ 在吴僧统碑文中，也提到了同样的内容。在圣神赞普统治年间，他任佛教都僧统长达 10 年之久。在这一问题上，人们传说他曾广泛地解释了“五部”教理和“三乘”之意。

gtsug Lde-btsan，即墀祖德赞，他于815—841年执政。戴密微在未透彻理解全文的情况下，就同意了陈氏的观点，如若他能考虑到前后文的话，那就更会支持这一观点。然而，仅仅根据自己的一孔之见和自认为精通的东西就改正原文，这种作法始终是危险的，也是很微妙的。但是，吐蕃国王在704—754年间实际上不大可能对各州（即使这一汉语名词相当于吐蕃的一个领土单位也罢）颁布一道被译作汉文的王诰。在吐蕃征服沙州地区（可能为781年）和占领长安（可能为763年）之前，他向谁颁布如此之命令呢？这里毋须言修弥勒禅法的僧侣及其前文所阐述的八不赦罪及三乘五性问题。我于前文的考证就更加强了这种印象。除了这一例外情况，“圣神赞普”一名在790—800年之前未曾出现过，而把弃隶祖赞改为墀祖德赞的作法，又解决了所出现的全部问题。

我们还奇怪地发现，一卷由两部分组成的敦煌藏文写本（伯希和敦煌藏文写本Pt. 100号正面），第一部分是以对四（不是八）不赦罪的记载而开始的，而且还涉及了大乘与小乘的区别。紧接着的第二部分是以对圣神赞普墀祖德赞的赞文开始的；好像是对806—812年碑文（谐拉康碑）和821—822年会盟碑碑文的诠释。其中也解释了’phrul-gyi lha btsan-po这一尊号：’phrul的意思是说他的知识（先见之明）是非凡的，lha是说他是以神一般方式行事的。同一解释也出现在821—822年间的唐蕃会盟碑中（第51—52行）。这卷文书更加强了我的信念，即在汉文写本中，被称为“圣神赞普”的吐蕃国王的名字应由弃隶祖赞改为墀祖德赞。尽管作了如此之剖析，疑云尚未完全被驱散。

现在尚有待于对第二种可能性作出解释。这一问题出自于被乌瑞称为《吐谷浑纪年》的一卷藏文写本中。他认为这是真正

“古老”的三卷文书之一，即于事件发生之时所写（750年之前）①，这卷写本已破损，残缺严重。它枯燥地逐年罗列了某些事件（完全如同《皇家年表》一样）。因为文中提到了文成公主，所以有些人就认为其中的时间就与她那个时代（635—643年）有关，具体情况见托玛斯和山口瑞凤等人的论著。但因为其时间与汉籍不相吻合，而且文中提到的某些人物又都是在晚期才出现的，所以其他人又认为这些年表涉及的是706—714年间（伯戴克、麦克唐纳、乌瑞等人的观点），所以其中唐朝公主的名字系抄写者笔误之结果，应当校正为金城公主。

然而，虽然其前后文已残损，但我们还可以从中读到“圣神赞普”这一尊号。因此，这一尊号在706—714年间（甚至是在635—643年），即在弃隶祖赞（在上文所引北京藏卷中就已经称他为“圣神赞普”）执政初期，就已经通用了。我们已经发现，唐朝武后也享有“圣神”的尊号（690—700年间）。因此，该尊号很快就将之转用于吐蕃赞普了。对于这一点，人们是难以相信的。《吐谷浑纪年》的卷子明显曾遭修改，我们仅假设其时间为706—714年，因为唐朝公主的名字已经被篡改（也可能是故意篡改的）②。我们也已经看到，《王家年表》中列举了641—672年和743—762年间的事件，但从未出现过“圣神赞普”这一尊号（仅仅记载有“赞普”二字）。为什么历史上仅仅对吐谷

---

① 见上引乌瑞的《吐谷浑王国纪年》。他认为另外两卷“古老”的写本是敦煌《王家年表》和伯希和敦煌藏文写本 Pt. 1047 号（占卜书）。麦克唐纳夫人认为这两卷写本是与松赞干布同时代的（上引文第271页以下），因为其中详细记载了邦色苏孜的所作所为。但据我认为，这一点是不太明确的。

在有关吐谷浑的文书中，他们国王的尊号叫作莫贺吐浑可汗，在其前面还附有 gnam gi sras 等字样。乌瑞在其文注中译作“崇高的儿子”，但其中并没有“崇高的”之意，我认为可以读作“天生之子”。吐谷浑（突厥—蒙古种）的这一尊号可能与回鹘可汗的尊号“天男”相同。

② 在晚期的史料中，有一种把后来的事件也归于松赞干布及其王后文成公主执政时代的倾向。《拔协》第2—3页中认为金城主公拥有一面作占卜使用的镜子，而在通行的文献（可能均为晚期的）中却认为，它是文成公主的。这种倾向可能于9世纪初就已经开始了，因为当时的许多碑铭都把吐蕃传播佛教的功劳归于松赞干布（至少没有反映实际情况）。

浑人作如此记载呢？无论史学家们意欲提出什么样的解决办法，即使接受那种认为在712年（甚至是640年左右）就已经存在“圣神赞普”这一尊号的说法为确凿事实，但仍有可能是翻译或采纳了唐朝皇帝们“圣神”之尊号。

此外还提出了一个问题，为什么学者们会认为 'phrul-gyi lha btsan-po 这一尊号很早就已经存在了，甚至汉文中的“圣神”也是由它译来的呢？他们可能是对于下列事实很敏感，即在821—822年唐蕃会盟碑文中（东侧第5行）以及在复述了这一碑文的伯希和敦煌写本 Pt. 100. 2 的开始部分（后面仅仅提到悉勃野）中，把吐蕃的第一赞祖鹘提悉勃野也称为“圣神赞普”。但这是一种孤立的现象，我认为其原因仅仅是由于把当政国王的尊号推广到自从天下降的神话先祖身上了。其他文献中确实也讲过这一先祖，但从没有附带这样的尊称。时间最为精确的例证为《通典》（766—801年）。有关吐蕃王权时代的故事及一系列神话（伯希和敦煌写本 Pt. 1286 号）都明确提到了鹘提悉勃野和布带工甲，但都不曾带有尊号。敦煌《吐蕃赞普世系牒》中认为悉勃野的尊号或氏族名称为“悉勃野赞普”或“蕃地悉勃野”。

据我认为，这里把800—830年前后吐蕃国王（上文所提到的令人质疑的例外不计在内）们的尊号，称为“圣神赞普”，并且延用到先祖鹘提悉勃野，它与将同一尊号运用到噶迥碑中的弃宗弄赞（即松赞干布）的作法同出一辙，而松赞干布就是吐蕃最有威望的历史先祖。另外两位先祖器弩悉弄（676—704年执政）和弃隶缩赞（704—754年执政）以及当朝国王的父亲墀松德赞（754—796年执政）却没有受到这样的称呼。在821—822年的唐蕃会盟碑（东侧第22—23行）中又重复了对弃宗弄赞的这一尊称。

据我认为，这样使用尊号的作法可能是为了把古代国王吹捧成佛教的弘法者，这一点在同一时代的多篇碑文中都有所表示。一卷叫作《天降达磨》的写本（斯坦因敦煌写本 S. 370. 5 号）的时间，肯定为公元800年左右或稍晚一些，文中吹捧赞普们的这一角色，还读到了“两位最杰出的国王是天子，他们作为人间的保护神自天而降，为保护怙主，即神王松赞和墀松德赞赞普”。这里所指的是普通的称呼“王”，完全没有使用与本文有关的尊号。

然而，“神王”这一尊号也出现在敦煌《吐蕃赞普世系牒》(780—800 年或晚晚一些时代）中，但仅仅指器弩悉弄赞普(676—704 年执政)。文中解释说，他是从其臣民和天下一切国王那里获得这一尊号的，因为他不仅是圣贤，而且还力大无穷(甚至可以战胜野猪和牦牛)，比一般人都圣贤得多。为了对'phrul 一词在语义学方面进行分析，这里出现了一重要因素，在以后进行分析时要予以考虑。本文最好还是应停留在已明确的计划上，在这部文学或诗词特点很显著的著作中，我们可以发现译师们选择了两个并列的词“神”与“圣”：一个出现在儒教背景中，即“圣人” （'phrul)，另一个出现在佛教背景中（也是'phrul，但后来却专用 'phags-pa 了）。

此处需要牢记的是，它在这些文献中并不是指尊号“圣神赞普”，而是一个比较普通的尊称，其中仅仅称之为“国王”。这同一个尊称“贤王”或“圣王”也指传说中的孔子。由于吐蕃人知道他懂得占卜术，而且又认为他是“汉地国王”，所以才那样称呼他（详见苯教和喇嘛教文献)。这一晚期的传说也要追溯到一卷敦煌写本，但令人遗憾的是这卷写本没有标明具体时间，内容是用 do g-tse（可能是指汉人的铜币铜子）进行占卜的课本。文中声称孔子是“圣贤的青年人”，他综合了许多学识而写了此文，这种占卜术是由“贤王”或“圣王”发明的，此王就是李三郎。然而，“李三郎”不是别人，正是唐玄宗皇帝（祖姓李)，他的乳名叫作三郎。在中国中原地区，孔子与皇帝共享“圣”号。至于藏文中的“圣王”，我们在一卷晚期（可能为 10 世纪）的写本中也可以发现它，而且它是出现在佛教文献之中，写于所列举的一系列吐蕃国王之首：“有三只眼的吐蕃圣王、松赞干布和墀松德赞赞普。”

为了结束这种考证，现在应该准备考虑一下在敦煌写本（没有作出断代）中所使用的藏文字 'phrul 的真正语义问题了。我们已经讲过，麦克唐纳夫人首先指出了此词在各种文献中的确切意义。正如前文所指出的那样，只有她所选择的“魔力”和“拥有魔力”这两种解释不太恰当，译作“神力”或“非凡的力量”则更为合适一些。这一切均是为了说明国王们神一般威严之特征。但我还应该提出另一种保留意见，那就是不要在各种情况下都千篇一律地采纳这种译法。我认为指出另一点也是势在必行的，我们所使用的文书中无疑也含有宗教概念、土著语言和名词，也就是说有一些非佛教名词。如有关天神下凡变成人间国王的记载，吐蕃王朝（或王室氏族）第一位先祖与神山的密切关系等。然而，人们一般也把“非佛教的”理解作前佛教的。进一步推论，就可由此而得出结论认为，这些内容都是古老的，甚至是很古老的。这种结论也是非常有可能的。但为了证明，我们没有掌握任何客观地断代为很古老时代之时间的文献。我们可以作出一些假设，但为了慎重起见，还请大家切勿忘记，我们所拥有的文书（大约为 780—830 年或稍晚）都是由国王们正式弘法佛教（印度、西域或汉传式的佛教）和大量汉地观念（儒教、文人官吏文化、道教和摩尼教）传入吐蕃的时代。上文业已指出，我意欲研究的藏文当然是独立于土著涵义或先于它的。但为了研究，我们只能由已知到未知，此外还要考虑撰写这些文书的时代背景。

另外，这种考证必然会引起政治史中的一个重要问题。据布隆多夫人在一次发言中指出，最为令人注意的一点是，甚至在当朝国王们的王诰和正式条约中，也保持了某些古老和土著的观念及术语。尽管他们希望弘法佛教，而且这些术语观念也是在佛教范畴内出现的。这就表现了它们的生命力，我认为这一点值得深思熟虑。实际情况很可能证实了晚期的历史传说的真实性，即那些坚持土著巫教（即苯教）的氏族与国王们对待佛教的态度之间，发生了对抗。根据上述传说，这种对抗最后导致了墀祖德赞

（即热巴巾，815—841 年间执政）、朗达玛的被弑。如果我们赞同这一传说的话，那就可以认为佛教国王们被迫经常维护和提及这些观念，完全是为了对付政治反对派。但这仅仅是一种假设。事实可能正如在汉人与回鹘人中一样，正式采纳外来宗教绝不会导致对土著宗教传统的摒弃，始终存在着并存和相结合的现象。

但我于本文所关注的并不是这个问题。我仅限于分析在 'phul-gyi lha btsan-po 之外 'phrul 一词的用法。我们首先可以对带有这一形容词或修饰词的普通名词进行分类。它们一方面是指某些物品，另一方面又指某些人。

非佛教文书

在有关罗阿木杀害止贡赞普神话历史中（敦煌本《吐蕃赞普世系牒》第 79 页），后者需要特殊的武器，即一支可以作打击用的长矛，一口可以作劈砍用的大刀等。这都是“宝库中神奇的珍贵物品”，或者是“宝库中宝贵的神物”。这里对“魔力的”一词的译法是正确的，即“魔力”的广义。但是我还应该指出 'phrul = Lha 这一等式，这是根据两种句型的对照比较后而得出的结论。天神都具有神力或非凡的力量，所以这两个字在“圣神赞普”的尊号中结合在一起了。

在传说中还有另一著名的具有“魔力的”物品，这是“魔镜”。这是供金城公主根据汉人的堪舆术，而研究某一地区使用的。因为她非常留恋《易经》中的占卜术，也就是《拔协》（第 3 页）中的《周易》。在晚期的文献中，又认为这一占卜镜属于文成公主。实际上，更确切地说，这里应该是指看风水，也可能是指汉人看风水时所用的阴阳盘（并不是镜子，而是一个具有三种符号和环状标志的心圆盘，中间带有一磁针，指出各种预兆）。这种占卜工具属于“圣王”孔子的“易术”之范畴。

佛教文书

在伯希和敦煌藏文写本 Pt. 220 号中，读到了“生死”和各自具有“神食”（或物品）的神的相貌问题。在伯希和敦煌写本 Pt. 1053 号中，又讲到圣主拥有神宝，即如意宝珠的问题。最后，在对一卷汉文伪经的译本中，'phrul-gyi sngags 即相当于汉文中的“神咒”。这里再次出现了 'phrul-Lha，即“圣”=“神”的例证。

这一尊号可以同时称呼国王、大相、圣贤或圣人、僧侣、奇异动物和佛陀。

称国王

我们可以把已经统计的例证分为几大类：道德品质和才学、身体素质等。在这后一种情况中，在 'phrul 和 byin 之间出现了混乱、迟疑难决和相结合的现象，这就是“威望”和“威力”这种寓意的另一特征。

我首先应该明确指出，这种分类法并不是本人的武断作法，而是因为它符合某种对偶词义，即对一位特殊人物品德的看法。它是由一对既相矛盾而又互相联系的术语所组成的。我发现这一观念是一种重复出现的固定词句。

在伯希和敦煌写本 Pt. 1286 号第二部分有关神话的段落中，又提到了福乐之国吐蕃及其居民们的品德：“那里的人天生的圣贤，勇敢（或者是身强力壮）……地产快马。”我们发现，文中除了提到才智和勇（或力，见下文）的对称之外，又增加了人与马（既对立而又互相联系）。

在《吐蕃赞普世系牒》中，又使用对偶句指古代大论：“从前，在开始阶段，11 位最早的大论都既圣明又勇敢（或强壮），因为他们具有神力。”文书中有时又具体解释说：“勇敢（或强壮）是指对敌人而言，圣明是指目光犀利。”对于以下的 6 位大论，仅仅提到他们“圣明”或“智力聪明”，其余人没有品质修辞词。其中一位最著名的大论，即协助国王征服了象雄的邦色苏孜，在一首为他记功的颂歌中破例获得了这类尊称：圣明、勇敢（强壮）、格外忠诚和目光远大。

在有关弃宗弄赞（松赞干布）国王的段落中，又出现了另一个既互相矛盾又有联系的对称语，国王—大相。但文中对于二者的称呼基本相同，仅仅是在措辞方面略有小异：“在上面，国王很圣明；在下面，大相们都很贤明。”然后，第一组对偶辞仅指一位（或者是两位）国王：“圣明者受到了赞扬，勇敢者受到了崇仰。”相反，那些不忠实的封建主们却很仇视“正直的圣明者和忠实的勇敢人”。这同一句惯用句有时也指墀松德赞。人们都夸耀他所创建的社会制度：“善有所奖，恶有所惩。”他首创了赐给“贤明者和勇敢者”的告身，后者受到了应得的褒奖。

另外，这两组对称语可以互换使用：国王是强大的，大相是贤明的（伯希和敦煌写本 Pt. 1286 号）。但正如我们所看到的那样，在古大相名单之外，对偶词组“贤明—勇敢”只能用来形容国王。因为这两种特征在逻辑上也是与思想和身体密切联系在一起的。

我在上文已经谈过，甚至有两位国王的绰号也是来自对偶术语。从弃宗弄赞而演变成松赞干布，仅仅保留了第一种特点（“干”即 sgam 之对音，对指大相们贤明才智的 'dsangs 字是相同的）[①]。但器弩悉弄又被称为“圣王”，这是因为他不仅圣明，而且还因为他力大无穷。对于那些不忠诚的大相，他也运用了自己的善德：“才智”和“力量”。这最后一种善德具有战争特点，因此就相当于英雄。'phrul 一词于此适用于同一组对称词中的双方，在有关该国的一首歌曲中，仅仅提到他与其战马的战争功德（如同在其他地方，以其大相作对偶一样）。

文中首先嘲笑了其他人及其马匹，他们既不强壮，也不能急驰和表现凶猛。相反，国王身附神力，其马驰骋如飞，降服了四邻的外来之马。

对于前述国王的继任者弃隶缩赞（704—754 年执政），又重新提到了他的“圣明”。正是由于这一因素，所以没有使用武力来征服南诏人，而是联合了他们，并且授予他们“幼弟”的称

① 据文献记载，对于这位国王来说，“圣明”表现在他们制订的思想道德准则、政治社会制度、王法以及引入文字等，这一切就形成了“善法”和“吐蕃习俗”。它们的思想道德色彩比宗教色彩更为浓厚。这组对偶词中的第二个词没有在这里出现，但肯定是省略了，因为其中讲到了“一大强国”及其对四周地区的统治（各王国纷纷归附）。

号。在下一任赞普墀松德赞（754—796 年执政）时代，对偶句中的这两个术语又出现了。他向四面八方扩张自己的势力（如同器弩悉弄的马一样了），以其圣明和大军之威力降伏了其他国王。在伯希和敦煌藏文写本 Pt. 100. Ⅱ 号，以及我们已提到的 821—822 年唐蕃会盟盟约的开始部分，又重复了这种说法（但将 byin 和 rlabs 结合在一起使用了）："国王智谋多端，具有非凡的学识和神一般的行为，他以其军威征服了世界上的国王。"才智—力量这一对偶句中第二个术语，是单独使用的。在同一时代（约为 823 年）的《岱噶玉松石园祈祷文》（伯希和敦煌写本 Pt. 16 号）中也出现了这同一套话的另一种变体。自天而降作为人间之主的国王"思想中具有神力"，因为他传播了佛教。这一思想因素（"才智"之类）与两种表达方式的对偶句的第二个术语相反。

a）他"通过自己强大力量的威力"和通过自己威力的"强大光芒"，而征服了其他国王。

b）他"身有威力"（shu-la byin chags）。因此，thugs 和 sku 就相当于 'phrul 和 byin（rlabs）。在其他方面，'phrul（没有对立术语）首先是思想方面的。因为国王在思想中具有神力，所以他就是圣人，他的思想如天一般开阔。或者是说"他在思想上很贤明"和"从思想上来讲，这是一种贤明的思想"。在其他段落中，我们还可以发现一些互相重合的佛教表达方式：吐蕃国王通过他"极大怜悯心的威力"，来保护其他被征服的国王。对偶词中的第二个术语，身体或人实际上变成了一个荣誉前缀。臣民们也由于"国王和大相们的神性之功德，而产生了菩提思想"。这种功德就是由朵甘思地区的"刺史"们向三宝献供，这是由于他们的佛教功德和"恩惠之光芒"的结果（见《岱噶祈祷文》）。

我现在再回到国王的尊号问题上来。我首先应该提到，这是祈祷文中一种反常的表达方式。其中认为国王的父亲与祖父都是没有尊号的"神体"（伯希和敦煌藏文写本 Pt. 16 号第 25 页）。

在《吐蕃赞普世系牒》中，同样也认为传说中的止贡赞普具有这两种相似的，却又没有修饰词的现象。他由“神子”变成了人，却可以登天，因为他“具有神力和威力”。

在结束这一回顾之前，我还必须提一下中国中原地区皇帝们的尊号。我们不会不为汉藏两个民族在等级观念方面的相似性而感到吃惊。不但吐蕃王号中的对偶词 'phrul lha 相当于汉文中的对偶词“圣神”。这些品德与另一个对偶词也是同时存在的，即藏文方面的“智—勇”和汉文方面的“圣文—神武”。有时也反过来使用。对于在一个特定时代（790—830 年）所使用的尊号 'phrul-gyi Lha btsan-po，我认为它是译自汉文或由汉文编译而来的。但我绝不是说“思想—身体”、“思想—行动”和“智慧—勇敢”这些对偶词的情况也如此[①]。这里可能是一组汉—藏词组（本文暂且使用一个语言学术语）的巧合或具有共同起源。但我们发现，在吐蕃宫廷工作的使用两种语言的外交家和翻译家们，在选择其对应词时，作得完全有理。

在作了如此离题的分析之后，我再研究一下已发现的某些例证，其中用 'phrul 来指大相们（那些“从前的”、“开始时代”的大相们除外）。人们经常发现他们与国王没有区别，二者形成了一对。他们有时很难分别，有时又同时对立和互相联系。在后一种情况下，对偶词中的两个术语“智—勇”分别指他们二者之一。在《祈祷文》（伯希和敦煌藏文写本 Pt. 16 号）中，除了“君主”、“神子”、“君主—大相”之外，只把大相比作宝物。两位大相“如同刺激欲望的宝物一样”，因为他们具有超人的智慧。由此可见，神的非凡品德于此处仅仅指圣智。在这些祈祷文的其他地方，'phrul 一词有时与圣性（佛教术语）相联系，而正是这种圣性才使吐蕃国王们征服了其他异族国王，所以它更可能是指一种作战勇敢的精神。我在上文已经提到了用 'phrul 来指国王与大相们思想的例证。在其他地方，大相与国王没有任何区

① 在中原，官吏们分成了文武两大类。在吐蕃，大相们又分成内大相和外大相，后者要对付外部敌人。

别："神之圣口中的首领、大相……"（伯希和敦煌藏文写本 Pt. 1172 号）。这里的"神"就是国王（尊号），或者是"大相，内务之首领……其圣誉如同神一般"（伯希和敦煌藏文写本 Pt. 1135 号）。

最后，在一卷《般若婆罗蜜多经》的校对者之中，也提到一位"圣明的（或神圣的）大相"（伯希和敦煌写本 Pt. 1438 号）。

在晚期史学家们的古史中，也保持了有关特别圣明、智慧、甚至是诡诈的大相们的传说。在《国王遗教》第 43 卷的一段有关竖碑的文字中，也提到了 'phrul-gyi bzo-bo，哈尔曾确切地译作"杰出的匠人"。当然，我们可以认为这些匠人们具有"魔力"。但在传统思想中，这里确实是指诡谲和超人的智慧。在这种情况下，'phrul 与 rdsu（人工的，假的）一起作 rdsu-' phrul 而使用。巴俄祖拉陈瓦书中（第 7 卷，第 91 页）引用了各种有关王统世系的著作。他在有关墀松德赞的问题上，也清楚地证明了这一点。为了建筑桑耶寺，国王需要三箭之地。持敌视态度的大相们使用了一种诡计，他们使用了三支普通箭，所以国王仅仅得到了所需要的三分之一的土地。他当时就曾明确指出，大臣们非常狡猾。智谋过人的大相噶尔在赴唐朝迎娶文成公主的时候，经受了许多考验。另外还有一个有关神话国王的"七贤相"的传说（见五世达赖喇嘛：《西藏王臣史》第 11 页）。在《拔协》（11 世纪或 12 世纪增补的部分）中，也谈到了一位"圣明"（或"神"）国王和一位贤明的大相（与对噶尔大相的称呼完全相同）。

有关"圣明"和"圣性"的观念，非常近似（我们还应该记得，二者都具有汉文中"圣"字之意，均应译作 'phrul）。最好的例证是孔子的传奇形象。我始终认为后期对他所使用的尊号 'phrul-gyi rgyal-po 应该是指"神幻之王"，其中影射了《易经》（吐蕃人则以《周易》即以 Cuvu yog 而称之），这是占卜术的基础著作。但是，根据前文所作的分析，这一尊号（与器弩悉弄的尊号相同）的意义，更可能为“圣王”。如果考虑到在两卷敦煌卷子中，这位神话中的孔子被称为“圣子”（具有超人的智慧）。事实上，此人是项橐的另一名称（敦煌汉文与藏文写本中的说法），他是一位智慧和圣明（狡猾和淘气）的孩子，通过他的回答而使之与圣人孔子相混淆了。这个孩子又是老子（祖姓李）的另一名称，也以同样的方式与孔子相混淆了。

我于此还必须大致追述一下中国的另一事实，它在联系吐蕃人的这些思想中起过重要作用。从公元2世纪到6世纪，在中国中原地区流传开了一个有关一位贤明、智慧和学识过人的孩子的印度佛教传说。由于800年左右的一篇译文，所以吐蕃人也了解到了有关“儒童”的传说（其中的孩子是婆罗门僧）。他生活在燃灯佛时代和一位圣王的统治之下，后者建立了“太平”，人民享受长寿。他成为了菩萨，以多种形式表现自己：有时作为上天的“上帝”，有时又作为下界“圣主”，有时作为“国师”，有时又作为“道士”。从5世纪以来，人们就一直把这个儒童看作是孔子，把另外一位菩萨考证成孔子的主要弟子颜回，把摩诃迦叶波说成是老子。这“三圣”问世，就是为了使中国皈依佛教，在780年左右的一部有关禅宗的汉文著作中，就已经有所提及。在有关由吐蕃王所主持的一次有关禅宗的僧诤会（可能为792—794年举行）的敦煌藏文写本中，就有其中的摘录。在中原地区，当唐朝（李氏家族）开国伊始，就把孔子称为“先圣”，把颜回称为“先师”（634年左右）。在723年左右的一篇题识中也出现了对孔子、老子和颜回的赞歌。在玄宗当朝年间（712—756年），吐蕃人中的李三郎只是在稍晚年间才变成一位虔诚的道教徒。我认为上文所简单勾划的轮廓，完全可以帮助我们了解同时代的吐蕃人，是如何看待“圣王”孔子思想形成过程的。

现在尚需要研究一下有关'phrul的其他例证。其中有一处肯定具有“圣明”之意，这是有关古代圣贤们的至理名言的小集子（松巴堪布著作第17卷，即伯希和敦煌藏文写本Pt. 992号）：“如果某人拥有超人的贤智，这就是说他从幼年时代起就开始研究文学与数学。”（第1页）另外一个明显的例证出现在《书经》的藏译本中（伯希和敦煌藏文写本Pt. 986号第42行）。其中涉及的是暴君商纣王杀害其贤相比干的事，这一杀戮是为了验证一下人们所说的圣贤者心有七孔之说（无论是《书经》原文中，还是其传统的疏注文中，都没有这一详细情节，只有《史记》卷三中方有记载）。吐蕃人也玩弄了七与九之间的经常轮换使用的方法（这一方法在汉人中同样也很流行）。我们还可以发现下面的平行句子：国王想看一下圣人是否心有九孔，贤人是否心有七孔。所以 'phrul 与 'dsangs 是平行的，前者也可能比后者稍高一级（在《书经》中仅仅谈成了“贤人”，而在《史记》中却为“贤人”或“圣人”）。

我们似乎也应该以同样的方式理解另一篇文书（伯希和敦煌藏文写本Pt. 127号），其中谈到了从前的圣人，他们以自己的学识[①]而成为万世之师表。相反，神力与“拥有神力的仙人”的情况是相吻合的（伯希和敦煌藏文写本Pt. 1044号）。

这里还必须指出，其实，晚期作家们（尤其是论述吐蕃王权时代的巴俄祖拉陈瓦）的著作中所说的把 'phrul 和 sprul-pa（通过变化而出现的，变化的能力）结合起来的现象，已经出现在某些敦煌写本中了。这里指的是有关一位圣明和智慧的青年人传说的各种不同版本，其中由于他对某些所谓困难的问题作出了回答，而与孔子相混淆了。它实际是对汉地传说的翻译或改编。然而，文中却谈到了“一位可以变幻者”，即相当于汉语中指道教圣贤者的“仙人”这一名词。文书在跋文中也提到了这一故事的标题（第一种译本）：《孔子项橐相问书》；在第二种译本中没有出现“神童”项橐一词。翻译者或改写者们肯定懂得，汉文中一般都习惯于把“神人”称作“化人”。

我只知道有关一种神奇动物的传说（斯坦因敦煌写本S. 738号）。其中的gyi-ling系指汉文的麒麟，这是一种类似鹿一般的神

---

① 有关gcug-lag，见上引麦克唐纳夫人著作。在松赞干布的问题上，我已经指出，这里系指他们的教诲和思想品德的表率作用。

奇动物，只长有独角，本为麒麟马的一个别种。因为独角麒麟可以识别罪孽者，所以具有先见之明和认识事物的神奇本领。在晚期的西藏传说中，gyi-ling 一词是特殊好马的修辞词。在上文所引巴俄祖拉陈瓦的著作中，又一次提到了吐蕃人把古藏文 'phrul 和 sprul 结合（有时是保留）在一起的现象。在《十万白龙经》第 235 页中，神马既被称为 cang shes ‘ phrul-gyi rta-pho，又被称为 sprul-pavi rta。其第一个修饰词是以梵文 ajaveya 为楷模而仿效来的，原意为“良种”，但吐蕃人却将之理解和解释为“知道一切”。大家都知道马匹的智力与先见之明，而在格萨尔史诗中，马匹又是英雄的伴侣。马匹的这一特性与 'phrul 一词是互相吻合的。我于上文已经讲过，国王的这一本性又是与其大臣和马匹密切地联系在一起的。

最后，在某些情况下，'prul 一词的用法只能用佛教观念来作解释。这里指的是梵文中的 abhij ā，即汉文中的“神通”，也就是佛陀所有六根的两种神奇特征：眼和耳。在上文业已引证过的伯希和敦煌藏文写本 Pt. 239 号中，又说观世音可以救死救难，可以变作“马王”（balaha）。后者是一匹神奇的马，它可以如同飞鸟一般展翅于碧空。由于它“长有四只具有神力之爪”，它穿过那恶劣的降生（地狱等）而自由飞向佛陀之国。人们希望通过其“神眼”，而看到圣人的“神变”；通过其“神奇的佛耳”，而听到道德之法。

《翻译名义大集》（可能为 814 年成书）中所正式采纳的译法，与我们刚才所见到的译法不同。正如我们在其他地方所遇到的情况一样，在六“神通”的前二者之中，用 Lha（神）代替了 'phrul（见第 201—202 条）。相反，rdsu 'prul（第 966 条）一词在其中确实系指无限与虚幻之变化的神奇特征（第 208—215 条），与 cho 'prul（第 234 条）和十婆罗中的第八婆罗相似（第 767 条，即神变之力）。同样的用法也出现在伯希和敦煌藏文写本 Pt. 1261 号（第 12—13 条和 112—113 条）用两种语言所写的佛经中。在受佛教影响的写本中，也提到过创造虚幻形式之本领。

作为结论，我认为可以提出以下假设：

一、吐蕃国王中的 'phrul-gyi lha 之尊号肯定是翻译或采纳了汉文中皇帝的尊号“圣神”。

在藏文和汉文中各有一种例外情况，这是两篇令人质疑的文献，因为其中充满着专有名词方面的错误。除此之外，无论是在汉文中还是在藏文中，这一尊号似乎只在 790—830 年之间（前后相差无几）才使用过。但 9—10 世纪的吐蕃国王们，又重新采纳了这一尊号（可能由于仿效汉人榜样的结果）。

这一尊号是由当时的作家们为追赶吐蕃的第一先祖和松赞干布而使用的。

从此之后，这个时代许多作家们所使用辞汇的其他成份，并不是很古老传统的残余，而是用来追记神话和传说历史的。

二、我们必须了解 8—9 世纪唐朝对吐蕃的重大影响。对于政治、军事和禅宗方面的关系，我们了解的已经够多了，但还必须考虑汉传佛教的其他方面及儒生们的文化（肯定还包括当时在汉地所流行的其他宗教的影响）。

三、在某些情况下，尤其是在作为国王尊号的时候，藏文词 'phrul 系指一种强大力量，一种神力，在某种程度又是 Lha 的同义词，所以它可以适用于思想（圣明）与行动（政治和军事的发展）。

如果把这两个领域作了区分之后，那么第二种情况，即对于国王来说，就用 byin（威力）来表示了。

在许多情况下，'phrul 特别适用于第一个方面。它首先是指圣明、智慧和智力等。但在某些情况下（尤其是作为圣性的修饰词），它也可能保留有神力之涵义。

（译自巴黎 1981 年出版的《亚细亚学报》，第 264 卷，第 1—2 期）

历史与传说

生死轮回史[①]

今枝由郎

导　论

一、敦煌写本

在巴黎国立图书馆[②]和伦敦印度事务部图书馆[③]收藏的敦煌

① 本文是今枝由郎1979年于法国高等实验学院的毕业论文。文后附敦煌藏文写本图版。此书于1981年由日内瓦—巴黎出版，作为法国高等研究实验学院第4系的《东方研究丛书》第15卷出版。——译者注

② 该藏文特藏已由拉露编目:《巴黎国立图书馆所藏伯希和敦煌藏文写本目录》，巴黎1939年（第1卷），1950年（第2卷）和1961年（第3卷）版。

③ 我认为在强调与本书直接有关的藏文特藏的同时，最好是介绍一下由斯坦因第二次（1906—1908年）和第三次（1913—1916年）西域探险中携归的写本的历史概况。

这套特藏被人为地分成了两部分，其中的主要部分是汉文特藏，现入藏于大英博物馆，其藏文特藏入藏于印度事务部图书馆。

至于大英博物馆所藏的汉文写本背面的藏文文书，它们已由格林斯塔德在《大英博物馆藏敦煌汉文写本解说目录索引》(伦敦1963年版,第36—37页)中作了零星的记述。

这就是由托玛斯在《敦煌吐蕃历史文书》第53—75页中，发表和翻译的吐蕃纪年的著名写本，在大英博物馆中编作or. 3212（187）号。

有关印度事务部图书馆的藏文特藏，人们似乎尚未对它们作过统一的分析。首先，该特藏中有相当一批写本已由托玛斯在《新疆藏文文书资料集》（1935—1955年伦敦版，第1—3卷，1963年版，第4卷；索引由孔泽编辑）和《西藏东北部的古代民间文学》（1957年柏林版）中作了附有注释的刊布、文献转写和译注。

后来，路易·德拉·瓦累·普散对该藏中的绝大部分文书都作了编目，对每卷写本都作了顺序编号：《印度事务部图书馆所藏敦煌藏文写本目录，附榎一雄所编的汉文写本目录》，牛津大学出版社1962年版。

藏文写本中，有一卷完全是用七言诗写成的故事，我们在本论文中称之为《生死轮回史》。我们一方面是根据其中的“生死历史”一短语（这句在写本中零星使用的短语是该文献的主要内容），另一方面又根据两卷写本开头处的标题（伯希和敦煌藏文写本 Pt. 220 号《论生死轮回法章》，印度事务部图书馆第 345 号《应被称为天神的儿子仁钦[宝][1]的请求而阐述的生死轮回章》）而确定了这一标题。直到现在为止，我共发现了 9 卷互为补充和互相印证的写本。虽然其中没有任何一种提供了完整文献，但我经过核对之后，仍可以确定几乎是完整的《生死轮回史》。下面首先是对各种写本的简介。

伯希和敦煌藏文写本 Pt. 218 号

这卷写本共包括 35 页。本写本所使用的纸页一般约为 10 × 33 厘米，在中间有一个（有时是两个）洞。它们都是残卷，似乎是原来约为 20 × 33 厘米的大卅本的一半，可以看到半个带圈的洞。

在有关现有的在纸页中打洞（以便穿一根细绳而把它们订起来）的数目问题上，除了对原有的大页剪裁时造成的半个洞之外，我觉得原来似乎只有一个洞，是在撰文之前打成的。后来由于害怕磨损而使洞越来越大，一直扩大到有文字的地方，有时又在旁边增加一个洞。我在下文的 16 页中可以看到第 2—11（10 页）、第 15—19（5 页）和第 24 页。

它们每侧都书有 6—7 行字，唯有第 17 和 22 页的背面及第 24 页的正面，例外地写有 8 行。

我们的这部《生死轮回史》文献，似乎确实是在最后一页的背面结束的，结束于磨损甚重的第 2 行处。我们可以读到：“本历史的正文完”（接着是一些无法释读的音节）。这里是指写经的跋尾，我们可以译作：“应天神的儿子仁钦的请求，而作的

---

① 《生死轮回史》中的这一主角人物仅以“仁钦”或者是“仁钦拉”之名而出现。第二种写法中的第三个音节是为保持本历史中的七言诗的需要，而必须加入的一个赘词。

论述到此结束。写本系由曲旺抄写和校对……”这个抄经师的名字在其他敦煌藏文写本中未曾出现过，因此我无法知道其身份。

我接着在第3行的开头处读到两个藏文字“转世”，背面的其余部分都留作空白。抄经师是否又开始抄写另一卷经文了呢？这两个字的存在提出了一个诠释《生死轮回史》的关键问题。我于下文再回过头来论述。

这些纸页没有使用标在正面左侧的惯用标页法，而是采用了藏文字，或用数字，或用完整的字母标注，即写本用藏文字母标页码。在晚期的藏文文献中，一般仅用藏文字母来标一套多卷本书中的各卷，或者是为了区别同一卷内的不同文献。无疑正是这种反常的标页法，导致拉露在其对该写本描述的末尾，怀疑它是否“结构严密”（《巴黎国立图书馆所藏伯希和敦煌藏文写本目录》第1卷，第62页）。事实上，通过对文献的分析，便可以使我们确定下列的顺序：2，3，8……（藏文字母顺序）。对最后6页的编码是在藏文字母之下写的另一个字母（在本情况下为12和16），这种作法同样也用于其他敦煌藏文写本中。如伯希和敦煌藏文写本Pt. 291、1336、1337、1340、1343、1480号和印度事务部图书馆第67、328号等。特别是伯希和敦煌藏文写本第291号中包括有7页互不相连的文书。然而，这4页的各自编号为kha、khna、gna和n’na，可以连续往下读。因此，我们面对的是与本文书相同的标页方法①。

本写本仅有第1页付之阙如，其边页编码应为1，即藏文字母表中的第一个字母。拉露把kna页作为本写本的第1页，并于此标注了伯希和敦煌藏文写本Pt. 218号，因为这一标号一般都出现在第1页。这种错误是完全可以解释的，因为第1页尚付阙如，而且一直如此。

我在该文献编页的问题上，共发现了三种不正常现象：

---

① 有关在敦煌藏文特藏中遇到的其他编号办法，大家可以参阅瓦累·普散的目录第15—16页。

1. 在写本的原状中，在第6和第11两页中，都是正常地在正面和背面载有文献。但与其他各页相反，这些页各自是由两页互相粘贴在一起的，其一是正面的文献，其二是背面的文献。

但是，国立图书馆的修复部揭开了这两页，又发现载有正面文献的那一页也载有一篇背面文献，不过是按与正常阅读相反的方向书写的。

因此，就第6页和第11页的情况而言，我们面对的是其中一页，其正面和背面都载有文献；其中第2页是仅在正面有文书，按正常阅读方向与前一页的背面粘贴在一起。除了某些导文之外，该文献与前一页基本相同。

我们由此便可以得出结论认为，抄经师在为背面文献编页时，对第6页和第11页两次误编了。因而他认为最好是把背面文献写于一单页中，让这一页的正面空白无文，然后按正确方向粘贴在前一页的正面，从而覆盖了该页的背面，以获得在阅读文献时的正常组成。下面就介绍一下第6和第11页是如何显示出来的。

但在写本的照片中，我们对第6和第11页的正面，也是按正常方向拍摄的，以有利于阅读。

2. 在第8页的正面，我们读到5行以正常方向书写，两行和一个音节反向而书，并以一条线划去了的文献。在反向而书的剩余部分（正如我们于下文将要看到的那样，这一页的下半部已残损），除了某些书写差异之外，基本与正向书写的内容相同。就本页的现状来看，我看不出这种反常现象的原因。事实上，很可能是在反向书写的文献的残损部分，有一重大错误。抄经师在抄完第3行开头处之后发现了，从而导致他涂抹了已写好的文献，又在纸页的另一端重抄了同样的文献，却没有丢掉已撕破的一页。

3. 介于第23页正面第6行和第kna页背面第1行之间的一段文字，仅仅是前一段的重复，即从第19页正面第3行到第23页正面第6行之间。我觉得，能够解释这一反常现象的唯一原因，是由于写本反常的标页法造成的。抄经师在第 23 页正面第 6 行开头处之前，是以正常方向写成的。a 是藏文字母表中的最后一个字母，嘉措坚参大师的阐述于此结束。释迦牟尼佛的论述也从此开始，释迦牟尼是本《生死轮回史》中的最后一位大师。抄经师于此处重抄了从第 19 页正面第 3 行到第 23 页之前背面第 6 行中的一段文字，以便写满第 23 页正面的剩余部分及其整个背面。这种重复，在逻辑上没有任何必要。然而恰恰是在第 kna 页（这是用两个藏文字母组成的页码中的第 1 页）从正面到背面第 1 行之间，我们可以读到由嘉措坚参宣布的释迦牟尼佛论述的开始，这一部分已写于第 19 页背面第 6 行和第 23 页正面第 6 行之间。

抄经师可能认为其读者们会因其反常的编页法而产生曲解，于是从第 kna 页起开始阅读写本。在此情况下，读者们便可以从宣布释迦牟尼佛的论述及其论述本身（严格地来说，它可被视为一个整体）开始接触文献。

此外，从第 6 到第 14 页的连续 9 页的下半部，都因撕破而残损，使文献无法阅读了。

除某些纸页的空白处和最后一页（第 khna 页），背面都已磨损严重外，整卷写本基本都可读，比余者更为完整。因此，我把它作为自己研究《生死轮回史》的基础。

伯希和敦煌藏文写本 Pt. 219 号

这是 1 卷共 6 页的折叠装写本。我们从中可以发现《生死轮回史》的两段文字。第 1 段写于正面，相当于伯希和敦煌藏文写本 Pt. 218 号，从第 9 页背面第 6 行到第 12 页背面第 5 行的文献；第 2 段写于背面，相当于该写本第 26 页背面第 6 行到第 29 页正面第 6 行的文献。该写本以及下面一卷写本都已影印发表于《伯希和探险团藏文文书选》第 1 卷（巴黎国立图书馆 1987 年版）第 161—164 幅（伯希和敦煌藏文写本 Pt. 219 号）和 Pt. 165 幅（第 220 号写本）图版。

伯希和敦煌藏文写本 Pt. 220 号

这是该卷子中的一残页。我们可以从中发现 21 行，右半部均残。其内容是《生死轮回史》的开头部分。前 11 行包括第 218 号写本中所阙的部分，最后 6 行相当于第 2 页的文献。

伯希和敦煌藏文写本 Pt. 366 和 367 号

它们被编成了连续的两个不同编号，来自同一折叠卷中连续的 3 页。其背面包括本《生死轮回史》的部分内容，相当于从 Pt. 220 号写本第 6 行直到 Pt. 218 号写本第 2 页正面第 4 行的文献。其背面有另一篇文献的一段文字，叫作《通向神域之路》，曾由拉露研究过两次[①]。

印度事务部图书馆敦煌藏文写本第 99 号

这是同一折叠卷中不连续的两页。一面是《生死轮回史》中的两段文字，相当于 Pt. 218 号写本从第 6 页背面第 1—6 行和第 9 页正面第 3 行到背面第 1 行处的文献；我在另一方面又发现两篇明显是佛经的文献，与《生死轮回史》没有关系。

印度事务部图书馆敦煌藏文写本第 151 号

它是由 10 页组成的折叠卷，正面的文献相当于伯希和敦煌藏文写本 Pt. 218 号中的一段，即从第 10 页背面第 3 行起，到第 8 页背面第 7 行结束。背面包括的一段文献也见诸伯希和敦煌藏文写本 Pt. 366 和 367 号，即《通向神域之路》。我将于下文再回头来谈继本部历史之后，所出现这两卷写本的意义。

印度事务部图书馆敦煌藏文写本第 345 号

这是卷子中一页的残片，共包括 22 行，其中最后 18 行

---

① 《敦煌本〈佛说大乘庄严宝王经〉序》，载《印度史季刊》第 14 卷，1938 年，第 198—200 页；《高地亚洲信仰中通向死亡的道路》，载《宗教史杂志》，1949 年，第 42—48 页。

（11—28）包括本历史的开头部分，即相当于直到伯希和敦煌藏文写本 Pt. 220 号第 10 行之前。其中残损甚重的前 4 行，似乎属于一篇佛经，它与本史的关系不甚明显。

印度事务部图书馆敦煌藏文写本第 69 卷第 17 页

它是已撕破的写本的 4 片，曾有人作过非常混乱的比定。其中一残片相当于伯希和敦煌藏文写本 Pt. 220 号第 1—12 行的段落，其余 3 残卷则相当于 Pt. 218 号写本第 3 页正面第 1 行至第 4 页正面第 5 行的段落或文字。

二、对《生死轮回史》的分析，大藏经资料及由其内容所提出的问题

在对该历史作全文翻译之前，我将首先介绍一下从阅读中得出的概观。该文献中没有任何内部分段。

（一）梵文（印度事务部图书馆第 345 号写本第 5 行）和藏文（伯希和 Pt. 220 号、印度事务部图书馆第 345 号第 5—6 行，第 69 卷第 17 页第 1 篇残卷第 1 行）标题。

1. 对一个神域的描述，一位叫作俄巴尔（炽盛光）的国王暴卒。

2. 天神国王俄巴尔及其地区的光芒（伯希和敦煌藏文写本 Pt. 220 号，第 1—6 行；Pt. 366 号，第 1 行；印度事务部图书馆第 345 号，第 6—15 行；第 69 卷，第 17 页，第 1 残卷，第 2—7 行）。

3. 该国王的暴卒以及在其亲人，尤其是其子仁钦（大宝）身上产生的巨大恐惧（伯希和 Pt. 220 号写本，第 6—9 行；Pt. 366 号写本，第 1 页第 1 行至第 2 页第 1 行；印度事务部图书馆写本第 345 号，第 15—24 行；第 69 卷，第 17 页，第 7—10 行）。

4. 具有巨大神力的突陀罗的出现，他解释说俄巴尔的死亡

是由于生死法造成的（伯希和 Pt. 218 号写本，第 2 页背面第 1 行；Pt. 220 号写本，第 10—11 行；从 Pt. 366 号写本，第 2 页第 1 行直到 Pt. 367 号写本，第 1 行；印度事务部图书馆第 345 号写本，第 21 行至末；第 69 卷，第 17 页，第 1 篇残卷，第 11—12 行）。

5. 仁钦向突陀罗提出问题："怎样才能使其亡父还阳和重新见到他？怎样才能使他得到安歇和幸运？"（伯希和 Pt. 218 号写本，第 2 页正面第 1 行至背面第 1 行；Pt. 220 号写本，第 12—17 行；Pt. 367 号写本，第 1 行至末；印度事务部图书馆第 69 卷，第 17 页，第 1 残卷第 14 行至末）。

（二）仁钦前往朝圣以寻求生死之药，与不同地区多达 25 名的一批大师会见和交谈，他们都不能向他提供这种药（伯希和第 218 号写本，从第 2 页背面第 1 行到第 2 页正面第 3 行；Pt. 220 号写本，第 17 行至末；Pt. 219 号写本；印度事务部图书馆第 99 号和第 151 号写本，第 69 卷，第 17 页，第 1 篇残卷和第 3、4 篇完整的文书）。

（三）在摩揭陀国，仁钦会见释迦牟尼，后者终于向他阐述了生死法及其药。

1. 对释迦牟尼及其地区的描述（Pt. 218 号写本，从 2 页背面第 3 行至第 khna 页背面第 4 行）。

2. 释迦牟尼的说法：

（a）死亡之不可避免的特点（Pt. 218 号写本第 khna 页背面第 4 行，至第 gna 页正面第 2 行）。

（b）各类神的长生（伯希和 Pt. 218 号写本，从第 gna 页正面第 2 行至正面，至第 n'na 页第 5 行）。

（c）某些殡葬仪轨中应受斥责的作法（伯希和写本 Pt. 218 号，第 n'na 页正面第 5 行到同页背面第 7 行）。

（d）《大佛顶尊胜陀罗尼经》的功德，这是防止死亡的一剂良药（第 218 号写本，从第 n'na 页背面第 7 行至文末）。

我们仅仅阅读一下这一简析，就可以看到有关这部历史的某些根本问题：其标题、史料、作者身份、文献撰写时间及其宗教背景。

我们首先来研究一下标题问题。本历史共有两个标题，其一是按藏文字母对音的梵文标题，其二是藏文标题。

梵文标题

唯有印度事务部图书馆第345号写本（第5行），才用下面一句话提供了其标题："在印度语中叫做《生死轮回法》。"在"印度"、"语言"之间反常地使用所属格，以de结尾的复合词的奇特性，这一切在梵文中均没有多大意义。尤其是我们即将研究的这部历史的内容会促使我们联想到这里是指一个梵文的假想标题。他是为了把本历史当作一部从梵文文献译来的著作，并赋予它更大的真实性，而杜撰的。

藏文标题

伯希和敦煌藏文写本Pt.220号第1行：《论述生死轮回法章》。

复合词"生死"也出现在另一卷敦煌写本中，即印度事务部图书馆第710号（见戴密微于《通报》第56卷，1970第46页的解释），用来译梵文saṃsāra（转世）。根据814年确定的佛教术语①，该梵文词应译作藏文词khorba（《翻译名义大集》第797和2165条目）。本标题中相继出现的两个复合词"生死"和"转世"，在某种意义上来说，似乎是赘言。作者无疑是想具体表达佛教中的"转世"观念。这种观念尚不为其吐蕃读者们所熟悉，他们当时肯定尚未确定自己的词汇。

"生死轮回法"一词组，同样也出现在另一卷敦煌藏文写本中，即伯希和敦煌藏文写本Pt.92号（拉露目录第1卷，第30

① 图齐：《小部佛典》第2卷，载《东方研究丛书》第9卷，第2期，罗马1958年版，第48页；山口瑞凤于《成田山佛教研究纪要》第4卷（1979年版）第12页发表的文章。

页）："《大解脱经》，这是一卷已译作汉文的佛经藏文题目简称。但是，这一藏译本已纳入现今的《甘珠尔》中（北京版和930号）。因此，我们也看到 čhos-kyi yi-ge" 就相当于 mdo（佛经），这个藏文词一般都用来译梵文的 sūtra（经）。我们觉得在确定用 mdo 来译"经"之前，一些诸如 čhos-kyi yi-ge 和 darma（这是对梵文的 dharma 的音译，意为"法"。见伯希和敦煌藏文写本 Pt. 33、735、1003、1005 等号）经常用来指这同一个词。

至于 Le'u 一词，它一般用来指一部著作的"章"和"部分"。我们的这部历史本身是否是一个更大整体的组成部分呢？我稍后再回头来谈论这个问题。

印度事务部图书馆第 345 号写本为《生死轮回章，应被称为仁钦的天神的儿子之要求而阐述》。

很明显，"轮"（藏文为 khor-lo，梵文为[akra]）也与前一个标题中的"轮回"用于同一意义。

在印度事务部图书馆写本第 69 卷第 17 页中，唯有第 1 片残卷第 1 行的部分尚残存，可以读作"... dun tell lha bu rin..."，仍残损甚重的第 2 行包含有相当于第 17 行中的最后两个音节，以及印度事务部图书馆第 345 号第 8 行的前三个音节的行文①。我们通过对这一残卷和其他两卷写本（伯希和敦煌藏文写本 Pt. 220 号和印度事务部图书馆第 345 号）相比较，便可以导致我们联想到第 1 行应为本历史标题的组成部分②。这一标题应与印度事务部图书馆第 345 号写本中的标题有所不同。至少在"天神的儿子仁钦"之前的一段文字，应是这样的。但该写本严重残缺的状态，使我们无法恢复其完整的标题。

现在，我们就通过简单浏览本历史的轮廓，而接触其史料来源。

整个第 1 章似乎是从某位深受《大藏经》启发的作者的原

① 参阅黎吉生：《自天而降的佛法》，载《佛教思想和亚洲文明》，1977 年加利福尼亚版，第 219—229 页。

② 参阅第 1 章中校对过的转写文本。

作：天神国王俄巴尔的暴卒，其子仁钦的惶惶不安。他根据具有巨大神力的突陀罗之建议，而去寻求长生不死药。

这段导言对于理解整部历史是至关重要的。

我首先应该指出，突陀罗[①]所享有的“具有巨大神力的”尊号，在佛教之前的吐蕃宗教中，具有非常明确的重要的意义。事实上，“神力”与“威”是吐蕃圣神赞普的两种超自然的特点。“神力”，首先是指一整套魔力，特别是在天地之间行走的能力，但同样也指超过了常人的智力。（《见拉露纪念文集》第336—337页）。

仁钦被其父的意外死亡吓得魂飞魄散，希望其父能还阳和重新变得与过去一样，于是他就问突陀罗：“怎样做才能使家父还阳和能够会见他？怎样做才能使他得到安歇和幸福？”突陀罗回答他说：“虽然我知道生死是存在的，但我不知道如何来补救之。”由于突陀罗自己不能作出令人满意的答复，所以他建议仁钦，去寻找能够回答这一问题的其他大师。这样一来，仁钦害怕其亡父无法到达平安和幸福之地，于是便出发朝圣以寻取生死之法，这次朝圣取经占据了该部历史的第2章。

那些诸如“安歇和幸福”，尤其是“平安和幸福之地”等术语，使我们立即想到了“喜地和福地”，它们是形容死者之地的。佛教之前的宗教殡葬仪轨，就是为了把死者送往那里[②]。本历史的作者没有忠实地使用佛教之前巫教系统中的术语，而是把“喜”改作了“平安的”。但是，这明显指同一地区，不仅在作者的用意中是这样的，而且在读者看来也是这样。他们都是古老宗教的修习者，本历史就是为他们而写的。

---

① 尽管这一人物的名字似乎是梵文的转写，但我很难把它看作是梵文因陀罗（Indra）谬误名字的复原（我在有关本历史的梵文标题问题上，已看到用藏文字母音译是何等不可靠）。在此名和已在《庄严宝树经》中出现的菩萨头陀罗阇的名字之间，是否存在有某种关系（F·埃格东：《梵文佛教语法和辞典》，参阅第2卷，1970年德里再版，第286页）。

② 石泰安：《论敦煌藏文写本中苯教殡葬仪轨的故事》，载《拉露纪念文集》，见第497页注52。

另外，出现在突陀罗回答中的 phan（-pa）一词被我们译作了“挽救之”。它在吐蕃佛教术语中，一般都用来翻译梵文的 hita（利益，见《翻译名义大集》第 2871 等条目）；或者是藏文复合词 phan-yon，用来译梵文 anu samsa（功德，同上引书第 2626 条目）。然而，我应该提一下，这同一个字 phan-pa 还曾作为专有名词，而用于佛教之前的宗教中。在殡葬礼仪的背景下，它指成功或失败、治愈或复活死者①。因此，为了更好地适应其背景，突陀罗的回答应译作“为了使死者复活，我不知道应该如何办”②。

因此，很明显，除了某些细微的术语差别之外，仁钦在这种情况下的态度，完全是在阅读前佛教殡葬仪轨书中形成的那种思想状态。

然而，文中开头的这种结构，可能与《大佛顶尊胜陀罗尼经》的结构相似，正如我们将要看到的那样，我在本历史的末尾还要论述它。在这卷佛经中，天神的儿子安立行被宣布他将在未来的 8 天内死亡，吓得魂不附体，于是便向因陀罗乞求预防死亡的药。因陀罗自己无法向他提供此药，于是他便去请教佛陀，佛陀向他传授了一种咒语——药。我于下文再来论述。

如果我接着就谈第 2 章，那就可以断言它是《庄严宝树经》③中著名取经人须大拿故事的非常简单的编译。这部经文得到了广泛传播，在《华严部》经整体中占据非常重要的部分，其梵文本已由铃木大拙和泉山保惠（《庄严宝树经》注释，

① 上引石泰安文，第 501、502、522、524 和 526 等页。

② 参阅路易·勒努和让·菲利奥札：《古典印度》，第 2 卷，巴黎 1953 年版，第 2012 条（梵文），第 2037 条（藏译文）和第 2112 条（汉译文）。此外，《庄严宝树经》是在尼泊尔流行最广泛的 9 种经文之一。参阅罗德松：《论尼泊尔和西藏的语言、文学与宗教》，伦敦 1874 年版，第 13 页。作为《庄严宝树经》中心内容的须大拿朝圣故事，同样也产生了某些艺术史著作。约翰·丰登：《须大拿的朝圣，中国、日本和爪哇对〈庄严宝树经〉的研究》，1967 年版。

③ 其中有两个象声词已出现在另一卷敦煌写本中了。见《敦煌吐蕃历史文书》第 116 页：“悉利利”和“扑噜噜”。大家同样还可以参阅石泰安：《林地喇嘛教版本的西藏格萨尔史诗》，巴黎 1956 年版，第 397 页；赫尔费：《据〈赛马称王〉一章看西藏格萨尔史诗中的歌词》，1977 年日内瓦—巴黎版，第 386—387 页。

1934—1936 年京都版，1949 年东京新修订版）以及韦迪亚（《庄严宝树经》，载《梵文佛经》第 5 卷，1960 年达班加版）两次刊布，但至今尚无任何一种西文译本。本论文是以其藏文本（北京版本第 761 号，第 45 卷；第 26 卷，第 117—315 页）为基础的。但我在感到必要时，也没有忽视参阅梵文本（韦迪亚版本）。

毫无疑问，证实这种归属关系的最好办法，是全文引用《庄严宝树经》中与本历史故事相对应的段落。然而，由于《庄严宝树经》的卷帙浩繁，并考虑到本论文的意义及其重要性，我们就不作这样的论证了，而仅限于指出两种文本中那些意义重大的歧异处。我觉得这样就足可以突出，本历史与原印度文本相比较的典型特点了。

首先，在文体方面，以散文形式写成的《庄严宝树经》在本历史中被译成了七言诗（为了忠于原本，我们在法译中没有保持这种效果）。此外，仁钦对各大师的每次拜访都是以 3 个象声词结束的："扑噜噜"，"悉利利" 和 "镝利利"①。这在原经文中是没有的。这些一般都是出现于歌曲中的象声字的存在，以及本历史中完全是用七言诗所写的文笔（这是一种促进记忆的因素），使我倾向于认为，本历史是说唱成的，至少其中一部分内容是这样的。

其次，在《庄严宝树经》中，须大拿前往拜访的大师共有 55 位，从文殊师利开始，到普贤菩萨结束，观世音居中（第 28 位）。在本历史中，仁钦仅拜访了 27 位大师，把突陀罗算作第一位，释迦牟尼算作最后一位。除了我于下文将要看到的那些变化之外，我们可以发现本历史的作者，仅使用了须大拿朝圣路线中的第一部分内容。

至于文献的篇幅，原文为大开本 195 页，在本历史中则大幅度地缩减为小开本 30 页。作为说明本历史的作者，是以什么方式和在何种程度上，压缩了原经文的例证，我下文将提供一段须

① 北京版本，第 26 卷，第 187—188 页；韦迪亚版本，第 137—139 页。

大拿拜访游方仙人“随顺一切众生外道”（“到处游方者”）① 的情况，即相当于仁钦拜访昆吐卓瓦（到处行走的人）的段落，此处被称为“行脚僧”。下面就是本历史中的一段：

“后来，天神的儿子仁钦在穿越许多地区之后，攀上了辛都聂巴（得财）山。他在那里遇见了行脚僧昆吐卓瓦。他有一种特别好的神色，放射出了一种像日月一样的光芒。其光辉和美德闪闪发光，周围簇拥着万名行脚僧。天神的儿子仁钦跪在了昆吐卓瓦脚前，合十并对他说：‘啊！行脚僧，向我投来慈祥的目光吧，我前来向您请教自己不懂的事，我坠入了难言的苦海。行脚僧！我请求您点化我。’他就是这样以大量和漂亮的言辞来祈祷。”

“昆吐卓瓦回答说：‘您想向我询问什么？善人啊！我是昆吐卓瓦，我发现了发光的智慧之门。我根据适应众生各自爱好的不同方法，去教化他们。这就是我个人的本领。善男子！你希望向我要求什么？’”

“仁钦接着说：‘家父叫俄巴尔王。由于其生命已转移，他已变换身体②，怎样做才能使他还阳和能够会见他？如何做才能使他得到平安和幸福？’他就这样询问。”

“昆吐卓瓦回答说：‘这是生死之法。生死的历史很深奥，我不懂其理。善人啊！到别处去吧；向商贾的首领优钵罗请教生死史吧’”。

“仁钦聆听到这些指教之后，便毕恭毕敬地跪拜。他又率其亲信启程，寻求生死法和会见商贾们的首领优钵罗去了。神冠扑噜噜地震荡，宝石钹悉利利地回响，各种悦耳的鼓镝利利地

① 在《庄严宝树经》的藏译本中，该大师被称为普行（到处行走的人）。但在我们的敦煌文书中，他又被称为尚巴，其意也为“到处行走的人”。我们不禁要问，在本历史的撰写时代，此名是否用古典佛教术语来翻译印度的梵王神（《翻译名义大集》第3088号等）呢？在佛教之前的术语中，“尚巴”不是指一类出家人，而是指我目前尚不能明确指出的土著神。我在自己的译文中保留了“尚巴”一词，因为它在本文献很特殊。

② 该词组的第一部分指死亡，第二部分指在另一生命中的转生。该词组在晚期于藏语佛教术语中，是作为“转生”的词义而使用的。

振响。”

下面是藏文《庄严宝树经》中的一段文字：

“接着，商贾们的儿子须大拿，突然清楚地想到了不动优婆夷（坚定不移者，这是一位已发五愿的女子）及其教诲，即她们的说法，很好地说、解释、说道、很好地布道、表达、分析、宣布和广为说教的事。在对这一切相信、追随、理解、承认、研究和分析时，他从一个地方前进到另一个地方，从一个地区到另一个地区地前进。他就这样旅行，最后来到了阿弥陀笃萨罗（能得无限享受的地区）[1]，并寻找笃萨罗城（使得到享受的城）。在太阳落山时，他进入了笃萨罗城。当来到一个十字路口时，便寻找普行僧随顺一切众生外道（到处走的人）。他从一侧到达另一侧，从一个十字路口到达另一个十字路口，从一个村庄到达另一个村庄。在城北有一座山作苏拉巴（容易到达的山）[2]，在那里生长着野草、药草和树木。当夜幕降临时，他在该山顶发现一道强烈的光芒，如同太阳从那里出现一般。当他看到这一切之时，便感到极大的快乐并思忖：‘我在此山峰上肯定会找到我的善友’。”

“出城之后，他前往苏拉巴山并攀援而上，当他到达闪烁着巨大光芒的山巅时，远远地便看到了‘随顺一切众生外道’，后者拥有一种比大梵天王还要强烈的颜色，每侧都有万名梵天王簇拥。须大拿走到他面前并跪拜。接着，他把‘随顺一切众生外道’拉在右边而转了10万次，然后站在他面前并言道：‘啊！上人啊！虽然我已决定接近无上菩萨，但尚不知道菩萨的修持和义务是什么。由于我已听说上师您向菩萨施教，所以我前来要求您告诉我，菩萨的修持和义务是什么’”。

“随顺一切众生外道回答说：‘家子，您已产生了无上菩提

---

① 我根据藏译文而把这一地名译作法文。但我们并不认为原梵文 Tosla 具有某种意义（参阅莫尼埃—威廉斯：《藏英辞典》，新版本，牛津 1974 年版，第 456 页）。

② 我觉得藏译文颇为费解，原梵文中的成份 su—译作了藏文中 sintu，这完全既符合习惯又正确。但我不明白为什么藏文词 Padmo（莲花）用于翻译 Labha（意为“进口、能够进入的”，上引莫尼埃—威廉辞典第 1232 页）。

儿’。这很好，很好。家子！我是随顺一切众生外道，我已进入了可以到达各处去的菩萨的生命。我从能看到一切从三昧门经过，获得了保持无实无行的神法，从般若波罗蜜多的光明智慧之门进入。所以，我可以用适合他们的思想和智慧的所有办法，来为众生造福。我可以为众生造福，无论他们的外貌（颜色、形状、体材等）如何，也无论他们的生活方式（诞生地点、诞生方式、居住地点、死亡方式和志向）如何。总而言之，天神、龙、夜叉、乾闼婆、非天、金翅鸟、非人、大龙、恶人、牲畜、阎罗界的生灵（已死去者）、人，非人生灵、天神[①]、遵循声闻乘的人、辟支佛和大乘[②]。”

“我在向某些生灵传授包括本世中所有智慧的陀罗尼经时，也向他们传授了本世的各种智慧。”[③]

“在使用四种方便[④]时，我允许某些生灵获得一切种智。”

“在向某些生灵赞扬菩提心时，我向他们播下了菩提的坚定种子。”

“在向某些生灵赞扬菩萨的各种修持时，我使他们发愿，将净化佛陀的所有地区和使所有生灵都死亡。”

“在向某些生灵指出了体验地狱之苦是恶行的报应时，我使他们厌烦恶劣行径。”

“在向某些生灵指出，通过向如来上供而获得的所有功德，并肯定会导致获得一切种智时，我使他们充满了希望。”

“在向某些生灵赞扬如来的功德时，我使他们发愿，通过崇

① 这张不同生灵种类的名表并不完整。它倾向于证明菩萨的行为不会扩大到佛教宇宙中的所有生灵。参阅路易·勒努和让·菲利奥札：《古典印度》第2卷，第2266—2269节。

② 这幅有关三乘的名表（有关佛教发展的一种非常著名的三分法），与对上述生灵的分类，具有同样的目的：说明菩萨的活动阵地包括了一切物和所有人。

③ 这里是指科学的五个科目（五明）：语法（声明）、逻辑（因明）、语言和玄学（内明）、医学（医方明）、艺术（工巧明）。

④ 这就是菩萨用来使众生皈依佛门的四方便：布施、喜言、利益和表面的目的。请参阅《翻译名义大集》第924—928条；望月信亨《佛教大辞典》第2卷，第1856—1857页。

拜功德和佛体，而获得一切种智。”

“在向某些生灵赞扬佛陀的高大外形时，我使他们祝愿获得不灭的、自动的和可以坚持不断地像佛陀一样行事的佛身。”

“在向某些生灵赞扬佛陀很大的自由时，我使他们希望获得能控制一切和任何东西都不能阻止的佛体。”

“家子啊！在这一笃萨罗城，我到处都在说法：四条街的叉路口、小路上、大街上、三条街的叉路口、村庄；向所有人说法，男子和女子、男童和女童。我装扮成一种其体材和形状是根据其思想、加持、能力和行为而变化的体。所以任何人都不知道我是谁和从哪里来。但最重要的，是我实现了让他们理解和无误地修持我向他们的说法。”

“在瞻部洲，有96种不同的思潮[①]。为了降服它们各自的支持者，我以适宜他们的方式向他们说法。所以，在整个瞻部洲无论是在城市、村庄、城邦、地区还是王宫等地，我为众生谋福就如我在该城市所作的那样。”

“同样，我在四大部洲[②]、‘由1000个世界组成的小宇宙’[③]，‘由1000倍的1000（100万）个世界组成的宇宙’和‘1000倍的1000倍的1000（10亿）个世界组成的大宇宙’都这样做。总而言之，我在十方以各种不同的形式和颜色出现，为众生谋福。即无论他们的地点、边缘、世界、方向如何，又无论他们以什么方式出现，采取什么样的推理、有什么功德，有什么行为和语言。”

“啊！我仅懂这种修持，即到各地去和进入一切地区。”

“至于其他菩萨，他们或能够变作与需要受皈依的众生同样的身体，或拥有与众生的身体数目一样多的三昧，或以法身而进

① 这里是指在佛理中使用的一个象征性数字，用以表示不同的“外道”思潮。参阅望月信亨《佛教大辞典》第1卷，第671—672卷。

② 这里是指位于苏迷卢山四方的四大部洲：南瞻部洲、东胜神洲，西牛货洲和北俱卢洲。参阅瓦累·普散：《阿毗达摩俱舍论》第2卷，第145—146页。

③ 在用一千乘以苏迷卢山和四大部洲等为基础的宇宙，那就会得到于此列举的三种宇宙。参阅上引瓦累·普散书，第2卷，第170页。

入众生所在的一切地区，或亲自体验世界上各种生灵的生活，或产生悦目而使众生都感到愉快的光芒，或根据众生各自的种族、气质和生存而表现，或在各劫中尊重‘无住’之愿，或从事如同因陀罗网一样的修持，或不知疲倦地努力为众生谋福，或以泰然的心情观三时的众生，或表示出了无我的智慧状态，或以能照亮各处的大慈悲而努力使众生生下善根。我怎能懂得所有这一切和描述他们的功德呢?”

“啊！家子！在南方有一个地区叫作‘大地’。在那里居住有神香商贾们的首领优钵罗—菩弥。到那里去吧！向他请教如何修持和完成菩萨的义务。”

“商贾首领的儿子须大拿跪拜，以其头顶触及了游仙随顺一切众生外道的脚，在右部拉着他共转了10万圈，看了他数次才离开。”

首先，我们看到了两种文本在文字内容和篇幅方面的深刻差异。本历史第2章的节录，是一种带诗韵的译文，删节严重，相当于用散文写成的和长得多的《庄严宝树经》的译本。由此而出现了若不参阅其资料来源，那就很难或根本无法理解的这一段文字。

但是，这里并不是指一种简单的以诗韵写成的节译本。在《庄严宝树经》中，由须大拿（诺桑王子）提出的问题，仅仅涉及菩萨的修持。在本历史中，仁钦向各位大师请教：“怎样做才能使家父还阳和才能会见他?怎样做才能使他得到安宁和幸福?”这两个人物朝圣的目的完全不同：本历史仅仅是作为仁钦对生死法调查的主体故事，才利用了须大拿朝圣的动机。所以，在本历史中，对于在《庄严宝树经》中各位大师阐述的教理内容，已所剩无几了。此外，这类阐述也仅仅具有次要的意义，它们仅仅是对《庄严宝树经》非常简单的概述。

如果本历史的作者选择了《庄严宝树经》为蓝本，但这并不仅仅是由于关心须大拿朝圣的主体故事，这一故事在本历史中已作了很好地编译。事实上，我们的敦煌本故事中，保留了该经中最主要的成份。其中占突出地位的无疑是"方便度"的概念，正如我们在上述段落中所看到的那样。为了使众生皈依佛门，菩萨使用了名目极其纷繁的方便度。须大拿在他朝圣的沿途，遇见了许多大师，他们彼此之间完全不同。尽管他们的教理阐述千差万别或多种多样，但他们都是"善友"，使须大拿能沿其菩萨生涯逐渐前进，这才是问题的实质。这种在《庄严宝树经》中阐述得如此清楚的"方便度"的概念，无疑使本历史的作者具有了某种程度的自由，使他得以使用，甚至是修改大藏经文献，以实现其使吐蕃人皈依佛门的目标。

我们现在再回答本历史的作者对《庄严宝树经》的其他修改问题了。为了解释清楚，我可以编制本历史中仁钦会见的大师表（A）和《庄严宝树经》中须大拿（诺桑王子）所会见的大师名表（B）。

对两份大师名表的详细研究

正如我于上文已指出的那样，在《庄严宝树经》中，须大拿（诺桑王子）与之会见的第 1 位大师，在我们本历史中已由具有神力的突陀罗取代。

对于紧接着后面的三位大师，虽然他们的居住地在两种文字中是一样的，但其名字已完全变了。这种变化值得我们进行一番探讨。

有关"于三界具有神力的神王"一名，"三界"一词在佛经中（至少在《庄严宝树经》中的情况如此），一般系指非常著名的佛教宇宙观中的三界：欲界包括三恶道、大地上的四大部洲和六欲天，色界位于空中，无色界位于色界之上。

然而，由于在"拥有魔力的地下神之王"中的"地下"，以及后面的"中界的强大者"中的"中界"等字，我觉得更为正确的应是联想到这里是指对宇宙的三分法：太空，包括地下世界的大地和中层（空气）。然而，从古老的时代起，恰恰是这三层形成了吐蕃人思想中的以竖向划分的世界：上部是天神，下部是诸如龙之类的具有魔力的神，人类居中间①。

这样一来，据对本历史中三位大师名表的辞源学分析，而不是从他们的栖身地（在《庄严宝树经》中是完全一样的），仁钦离开了其神地（无疑位于上部）。所以，他首先去拜见在三界中具有神力，可能也是居住在上界的天神之王。然后他又下凡前往会见具有魔力的地下神，最后来到了中界（人类在那里居住）。对于吐蕃人来说，这就意味着他朝圣时跑遍了整个宇宙。

仁钦在与这四位大师会见之后，便基本是按《庄严宝树经》中须大拿所走的路线前进的，但已缩短了许多。

在A表中阙“拉则恩玛”（B表中的第26位），这可能仅仅是由于本历史作者的遗忘而造成的。但在此人名字中“拉”（天神）的存在，也可以完全被看作是仁钦在其历史中遗漏的原因。事实上，正如我们刚才所看到的那样，从第4位大师贝囊旺森开始，他们都是一些地上的大师，释迦牟尼是仁钦拜访的最后一位，可能是出于在“拉则恩玛”名字中的“拉”字（虽然此字于此仅用作翻译梵文Vasu-，即原梵文中的Vasumitra，意为“世友”）的存在，促使本历史的作者将他排除在外了。

至于嘉措坚参地位顺序的变化，即从B表中的第7位成为A表中的第26位和恰恰位于释迦牟尼之前，我们则可以通过以下事实来解释：在《庄严宝树经》各大师的驻锡地，仅仅明确提到他的驻锡地是瞻部洲。把瞻部洲摩揭陀国的释迦牟尼置于本历史中诸大师之末，代替了《庄严宝树经》中的观世音。这样一来，也就把嘉措坚参也置于瞻部洲了，本历史的作者把他恰恰列在释迦牟尼之前。因而就使仁钦的路线，从地理观念来讲，则要长得多了。

然而，我还应指出，《庄严宝树经》中的所有大师都居住于瞻部洲，对于熟悉印度佛教宇宙观的人来说，这是很明显的。但是在A表中，嘉措坚参大师次序的变化说明本历史的作者不懂

① 麦克唐纳：《西藏的宇宙诞生论》，载《宇宙的诞生·东方史料》第1卷，巴黎1959年版，第419—420页；石泰安：《西藏的文明》，巴黎1962年版，第22和170页。

印度地理学。这将是我于下文要发挥自己假设的一种因素，即据此认为其作者是吐蕃人。

从我刚才讲到的一切情况来看，已证实我们面对的是一篇对《庄严宝树经》中须大拿朝圣故事的精彩编译文。但我应该指出这两种文本之间的根本区别。

在《庄严宝树经》中，须大拿拜访各大师，具有非常重要的意义。每位大师都向他作了有关菩萨修习的宝贵教诲，而这正是须大拿进行调查的主要目的。

在本历史中，除了释迦牟尼之外，所有大师都叙述了他们的本领，但都无法回答仁钦向他们提出的有关生死法的根本问题。在整个朝圣期间，作者坚持不懈地强调的正是他们的无能。归根结蒂，无论仁钦的这次朝圣（本历史第2章的全文都是这一内容），从文学角度来讲是多么具有意义，但实际上仅仅是本历史安排的配角。

继仁钦朝圣的第2章之后，本历史的下文是对释迦牟尼及其地区的描述（第3章，1），以及对不可避免的死亡特点的阐述（第3章，2a）。它并非引自《庄严宝树经》，而是作者独特的发展。但他重复了由仁钦在本历史开篇处提出的有关死亡的根本问题。接着，作者宣布包括天神在内的所有生灵都要死亡（第3章，2b），抨击了某些殡葬仪轨（第3章，2c），最后又含糊地推荐了《大佛顶尊胜陀罗尼经》，它是避免死亡的良药（第3章，2d）。

本历史的作者很可能是于此暗示前佛教时代的宗教。事实上，佛教之前的宗教信徒们，修持过非常讲究的殡葬仪轨，以使死者到达死亡之地，他们在那里的幸福地中一直生活到复活。在本历史中，作者肯定了殉葬仪轨的无效性，并用一套以佛教咒语为中心的仪轨来取代之。

我们刚才叙述了其内容的一部分段落，均引自佛经。例如在第3章26节中，释迦牟尼阐述了不同种类的众生的享年，从人类直到处于无色界之顶端的非想和非非想处。然而，众生生命的这种教理并非与佛教宇宙观无关。它已在《阿毗达摩俱舍论》[①]中作了深入的论述。我们甚至还知道一部叫作《寿限经》的经文（北京版本的西藏《大藏经》第973号）[②]，其中是专门论述这个问题的。本历史的名表仅仅是该理论的部分和梗概性的概述，甚至还包括某些不确切的地方。

至于有关释迦牟尼于本历史之末（第3章，2d）所推荐的大佛顶尊胜陀罗尼，它实际是《大佛顶尊胜陀罗尼经》结尾之前不远处的经文很简单和很混乱的节录（北京版本，第198号，第7卷，第167—168页）。正如该经文的藏译本之一（北京版本，第198号）的标题《佛顶尊胜陀罗尼经》所指出的那样，这部经文的目的，是清除所有恶道以使其信徒们摆脱此劫[③]。

在现今的《甘珠尔》中，存在有5种不同的译本，即北京版本第197—201号。在真正的陀罗尼方面，各种译本之间基本上没有区别。

至于这些译本中的主体故事，我们可以将之分成两大类：(1) 第198号，其中出现了天神的儿子辛都丹巴（安立行）和因陀罗，(2) 第197、200和201号，这些人物都于其中付阙如。

第199号是以上两类的一种混合物。见诸第198号的辛都丹巴的一段插曲，于其中以完全是生硬的和不合逻辑的方式，加入到第2类的主体故事中了。

我把第198号写本的译文作为自己研究的基础，它是早期由胜友、天地觉和智军翻译的，因而也是唯一出现在敦煌写本（伯希和敦煌藏文写本Pt. 6、54、74和368号）中的经文[④]。

唯有陀罗尼才出现于伯希和敦煌藏文写本Pt. 72、73、394—398号，印度事物部图书馆第322号写本（不是梵文陀罗尼的藏

---

① 瓦累·普散：《阿毗达摩俱舍论》第2卷，第171—174页。

② 与本文有关的一段文字，载北京版本的《西藏大藏经》第39卷，第62—64页。

③ 例如，伯希和敦煌藏文写本Pt. 397号中抄有这样一句咒语："为了获得功德，不要坠入恶道，到达阿弥陀境地。"（拉露目录第1卷，第99页）

④ 藤枝晃：《斯坦因蒐集品中的〈大佛顶尊胜陀罗尼经〉》，载《神田喜一郎还历纪念语言文集》，京都1960年版，第403—421页。

文转写文，而是藏译文）和第348号写本中。

这类陀罗尼同样也出现在敦煌汉文写本中。

然而，正如我们看到的那样，这类咒语是预防死亡的良药，同样也是本历史的最终目的。佛经在该历史的主体故事中所起的作用，远不清楚。为了理解它，我们必须把《生死轮回史》和《大佛顶尊胜陀罗尼经》这两部经文作比较。下面就是《大佛顶尊胜陀罗尼经》中的文献①。

三三层天天神的儿子安立行，在一个夜间听到了宣布他将于8日内死亡的声音②，在相继七世为畜类之后，他将坠入地狱。他被这一呼声吓呆了，于是便去会见因陀罗，以乞求他赐教逃脱已宣布的这一恶运的办法。因陀罗无法阻止这种命运，于是便从此处前往闻物城善施园会见尊者。尊者向因陀罗传授了《最胜佛顶陀罗尼净除业障经》，以使因陀罗将之传授给天神的儿子安立行。尊者同时还阐述了修持陀罗尼的仪轨和功德。因陀罗返回之后又把所有这一切都传授给安立行，后者由于这种咒而避免坠入恶道并获得了长寿。

然而，在本历史中，天神的儿子仁钦也如同《大佛顶尊胜陀罗尼经》中的安立行一样，被其父的暴卒吓呆了。就在此时出现了具有巨大神力的突陀罗。突陀罗建议仁钦出发前往朝圣以寻良药。在《大佛顶尊胜陀罗尼经》中，是因陀罗前去拜见尊者并问咒。在这次朝圣之后（对《庄严宝树经》中须大拿朝圣故事的编译，正如我刚才看到的那样），仁钦遇到了释迦牟尼佛，后者向他推荐《大佛顶尊胜陀罗尼经》。这里无疑是指对《大佛顶尊胜陀罗尼经》中主体故事的编译。

我们从刚才于上文讲到的情况便可以得出结论认为，本文的作者肯定使用了《大佛顶尊胜陀罗尼经》中的主体故事，其咒

---

① 大家同样还可以参阅莱辛格和魏曼：《佛教神变中的克珠杰》，1968年版，第115页。

② 我在其他佛经中遇到过，在死后8天中报丧的内容。参阅上引莱辛格和魏曼书第107、115和122页。

语即为本历史的终结。但本历史又从中加入了一些引自其他佛经的内容，然后以一种全新的方式和不同程度的修订而作了安排。我们可以从中发现两种情况：仁钦的朝圣和众生生命的理论。对于前一种情况来说，我们可以断言，《庄严宝树经》中诺桑王子（须大拿）的朝圣故事，为它提供了楷模。至于第二种情况，我们很难知道本历史的作者是以什么经文为基础的，因为有关众生生命的这种理论属于在多种佛经中出现的佛教宇宙论的组成部分。其他段落也可能引自我们无法找到的某些史料。

在仓促浏览了这部历史之后，我惊奇地发现，本为该经文终结的大佛顶尊胜咒语却付阙如。这种阙如是否仅仅是由于伯希和敦煌藏文写本 Pt. 218 号的抄经师曲旺的遗忘，而造成的呢？我将于下文不远处再回头来谈论这个问题。

在对本文献的作者和时间提出最终假设之前，我现在就全文译出《四生传》并指出把它与其他敦煌文献联系起来的关系。

《生死轮回史》译本

在下面的各页中，敦煌写本中的藏文缀字法中特殊的和错误的写法，一般均未指出，除非是在我认为是诠释文献所必需的情况下才例外。这一原则同样也适应于各种写本之间的不同写法。

第 1 章[①]

（1）从前，所有的有形神[②]都希望其生命是永存的。自无数劫以来，他们从未体验过（直译为“见过”）生死法，因为他们有漫长的享年。本世之主叫俄巴尔王（炽盛光王）。其居住地是

---

① 我由于考虑到该章影响本历史的全部剩余部分的重要性，以及由于写本中在这一章有大量异文，故而我将在本文末附校勘转写文。（本书中未见——译者）

② 我们不知道这一类神，很可能是作者正确地或错误地把有关佛教宇宙论的三分法（欲界、色界和无色界），运用到分别居住在这些界中的诸神了。在此情况下，这些神就是居住在色界的神。

……[1]仅仅是以光线组成并闪烁着耀眼的光芒。位于其上和其下的一切，都在那里像镜子一样反光。日月二星都装饰于“天体之洞”[2]。该地区所产生的富裕和愉快的感情，是无法描述的。食物和财富随心所欲地出现，一切事务在那里都是以巫术方式形成的。从俄尔巴身上发出的光芒如同金子一样闪闪发亮。他的1000名后裔、10000名亲属和所有亲信，都拥有像他一样的神法[3]。所有人都希望永远如此[4]。

（2）某一天，俄巴尔王的生命已终结，他暮年已到。其神法、无法形容的道德及其身上闪烁着的悦目光芒都消逝了。他再也不会讲话、活动和呼吸了（他死亡了）[5]。所有人都对此感到奇怪。互相询问他有什么疏忽，其法如何。任何人都不知道其意义和法则。他的1000名后裔，10000名亲戚及其所有亲近都堕入了苦海，顿足捶胸地表示最深切的悲痛。他们祝愿国王还阳和重新变得像他过去一样。

（3）在诸天神中有一位叫突陀罗，他年事已高，拥有一种强大的神法。他前往俄巴尔王的住处并宣布：“你们都错了，你们受了无知的影响。当七万[6]劫流逝之后，所有那些存在于本世的人，都将变得如同他一样。大家应该知道，这就是生死法。然而，我们不知道如何挽救[7]这一切。现在尚没有药。”[8]

当突陀罗这样讲时，俄巴尔王的那位叫作仁钦的著名儿子，

---

① 这篇文献的后半部已残损。我甚感遗憾的是，恰恰这一段文字，似乎涉及了俄巴尔王的住地问题。

② 这是为了通光、放烟和通行而在屋顶开的一个洞。有关其具体情况，见石泰安：《远东和高地亚洲的居宅、社会和人类集团》，载《亚细亚学报》，第245卷，第54—55页。

③ 有关古代吐蕃宗教体系中的 phrul 一词的意义，见麦克唐纳于《拉露纪念文集》第337—338页的解释。

④ 印度事务部图书馆敦煌写本 or. 69，第217页第1片残卷；伯希和敦煌藏文写本 Pt. 366号，第1页。

⑤ 我采用了印度事务部图书馆 or. 351号写本中的写法。

⑥ 我在古典宗教中发现了这一数字，用来指在死域停留的年数。参阅上引麦克唐纳文，第366页注。

⑦ 参阅上文。

⑧ 伯希和敦煌藏文写本 Pt. 367号。

怀着一种深厚的尊重和审慎的态度而听取了这一切，毕恭毕敬地询问这位神法强大的大内行："我发现您的话是最高的真谛①。如果生死法完成的时刻已到来，怎样做才会使死者还阳②？怎样做才可能见到他③？怎样做才能使死者在彼世得到安歇和幸福？"

突陀罗回答说："虽然我知道生死是存在的，但我不知道如何挽救之。如果你想询问生死的理论，善男子！到别处去吧④。现有一位在三界中都有神法的神王，一位具有强大神法的大德⑤，前去请教他吧，好好地思考和理解一下吧。"突陀罗就这样令人信服地表示了他的看法。

天神的儿子仁钦于是便出于对其父的敬仰而想到了他的苦厄⑥，害怕他不会到达喜地和安宁地⑦，向往追求和理解生死法的意义。所以，他就率领由各种神法专家组成的亲信……他没有怀着任何返回希望的念头和没有向后看一眼，就毅然出发了⑧。

第2章 ⑨

仁钦来到一个叫作弥摩曲（最好的女子）的地方，在三界都有神力的天神之主的住地，就在那里。神主居住在占列山（好山脊）山峰的一片具有药草的地方。仁钦跪在神王的脚下，

---

① 同上。

② 同上。

③ 伯希和敦煌藏文写本 Pt. 218—220 号。

④ 这一完整的句子仅出现在伯希和敦煌藏文写本 Pt. 367 号中。

⑤ 这一术语在佛教辞汇中用来翻译梵文的 bhadanta（尊前）。请参阅《翻译名义大集》第 8702 和 9220 条。

⑥ 这一段的译文有疑。

⑦ 参阅上文。

⑧ 最后两句诗不堪卒读，本译文带有假设性。

⑨ 正如我上文已看到的那样，整个第 2 章仅仅是对《庄严宝树经》中须大拿（诸桑王子）朝圣故事的非常简短的编译。由于这一事实，如果不参阅《庄严宝树经》的原文，对本历史行文的翻译是很困难的，甚至是不可能的。因此，为了翻译，我始终对四种文本进行比较。本历史的作者所做的具有重大意义的修改，已在上文全面讨论过了。我未指出两种文本之间的细微差异，也没有执著于各位大师的教理细节。这都是一些对原文作了大量删节和支离破碎的文献，甚至其本身已不再有任何重要意义了。它们在本历史中仅占次要地位。

在他周围转来转去并合十而言："啊，上师，请向我投来一束怜悯的目光吧！我前来向您请教自己不理解的事理。我堕入了难言的苦海，神王啊！请您点化我。"① 他就这样以大量漂亮的语言来祈求神王。

神王回答说："善男子！你希望向我们问什么！我是在三界都具有神力的神王，我通过努力崇拜而获得了'眼睛的智慧'。我通过能吞吃施教之云的神咒力量，在向十方观看的时候，看到了如来。他们的形状和颜色各不相同，放射出了无法承受的神光。其光芒向各个方向辐射，此外还有其他难以想象的特征。当看到所有这一切时，我就可以向众生解释如来的神力。这就是我个人的本领。善男子！你对我有何请求？"

仁钦接着说："我父名叫俄巴尔王。由于其生命已经转世，他已变换身体（他死了），怎样做才能使他还阳？怎样做才能见到他？怎样做才能使他得到安歇和幸福？"仁钦就这样问道②。

在三界具有神力的神王回答说："我不懂这种教理，这是生死法。生死史非常深奥。我不懂其教理。善男子！前往别处去吧。在一个叫作嘉错格（海洋之门）的地方。居住有地下恶魔般诸神之王。去向他请教生死教理吧。"

仁钦聆听了这些教诲之后，便毕恭毕敬地在大师的面前跪拜，然后又率其亲信前往寻找生死教理，以便会见具有魔法的地下诸神之王。神冠扑噜噜地振动，宝石钹悉利利地响，各种悦耳的鼓声镝利利地共鸣。

然后，天神的儿子仁钦在穿过许多地区之后，来到了一个叫作嘉错格（海洋之门）的地方。他以头触具有魔力的神王之脚并跪了下来，围绕他转了一圈之后便合掌对他言道："啊！上师，请向我投来一束怜悯的目光吧。我前来向您请教自己不懂的事理。我坠入了难言的苦海。请一位大德施教于我。"他以大量

① 有关这一人名以及其后的两个人名（"地下具有神力的神王"和"中界的强大者"），参阅上文。

② 参阅上文注释。

动听的言辞来祈求神王。

具有魔力的地下诸神之王回答说："你想向我询问什么呢？善男子！当我沉入到这个叫作嘉错格的地方，陷入三昧，思考海洋的所有功效的时候，我发现于其中出现了一棵栽培得很好的珍贵莲花，它拥有各种装饰和无数本领。它落下了具有神性的花朵。如果坐在绚丽的莲花中，其八十随好和三十二相都是不可思议的，其功能和神力是无法形容的。如来于是便伸开其手，触及到了我，我看到了诸法门。如来没有说法菩萨的义务，我获得了解脱咒。这就是我个人的本领。善男子！你希望向我询问什么？"

仁钦接着说："家父叫俄巴尔王，由于其生命已转世并已变换身体，怎样做才能使他还阳和可能见到他？怎样做才能使他得到安宁和幸福？"他就这样问道。

具有魔力的地下神王回答说："这是生死法。生死的历史非常深奥，我不懂其教理。善男子！前往别处去吧，在那里的一个叫做错札木（湖畔）的地方，位于通往楞伽的大道上，居住着贝囊旺森（中界的强大者）。向他请教生死史吧。"

天神的儿子仁钦聆听了这些教诲之后，便前往寻求生死的教理，率其亲信上路，以便能会见贝囊旺森。神冠在扑噜噜地颤动，宝石之钹在悉利利地响，各种悦耳的鼓在镝利利地共鸣。

（4）接着，天神的儿子仁钦在越过许多地区之后，便到达错札木（湖畔）地区，那里位于通往楞伽的大道上。他会见了"中界的强大者"贝囊旺森，跪倒并合十言道："啊！上师，请向我投来一束怜悯的目光吧！我前来向您请教自己不懂的事理。我堕入难言的苦海。大德！求您指教我。"他就这样以大量动听的言辞来祈求。

贝囊旺森回答说："您想向我询问什么？善男子！我是贝囊旺森。我可以毫无困难地找到通向菩萨解脱的大门，因而也可以通行无阻地从此地到达16佛陀的所有地区。由于'非物'的保佑，我可以飞向天空，进入地下，也不怕受在河里被淹死的威胁。我能够使模拟所有活的生灵的祥云出现。我聆听了由十方佛陀说法的所有正确奥义。由于我获得了本领，所以能见到我的活生灵就肯定能获得菩提。这就是我个人的功德。善男子！你希望向我询问什么呢?”仁钦接着说：“家父叫俄巴尔王。由于其生命已经转世，他已变换身体，怎样做才能使他还阳和能够见到他？怎样做才能使他得到安宁和幸福?”他就这样问道。

贝囊旺森回答说：“这是生死法。生死的历史非常深奥，我不懂其教理。善男子！前往别处去吧，去请教陈森甲保（大云王）吧。”

天神的儿子仁钦聆听了这些教诲之后，毕恭毕敬地跪拜。然后就率其亲信去出发寻找生死法，并去会见大云王陈森甲保。神冠扑噜噜地颤动，宝石之钹悉利利地响，各种悦耳的鼓声镝利利地共鸣。

（5）接着，天神的儿子仁钦在穿越许多地区之后，便到达了多吉重杰（金刚城）。陈森甲保坐在一个宝座上，正在向许多生灵说法。仁钦看到他之后，就以前额触大云王的脚而跪了下来。他说：“啊！上师啊！请向我投来怜悯的目光吧。我前来向您请教自己不明白的事理。我堕入了难言的苦海。请您指教我。”他就这样以大量漂亮的言辞来祈求。

大云王回答说：“善男子！你希望向我询问什么呢？我已获得了悦耳声音之咒，我可以从自己的口中喷出一道光芒……所有能看到它或被它接触的生灵，都会集中在我的身旁。我向他们指出经文之轮[①]的装饰，并使他们能理解这一切。因此，他们全都会无误地被引向无上菩提。这就是我个人的本领。善男子！你想向我询问什么呢?”

仁钦回答他说：“家父叫俄巴尔王。由于其生命已转世，他已变换身体。怎样做才能使他还阳和能够见到他？怎样做才能使他得到安宁和幸福?”他就这样询问。

大云王回答说：“这是生死法。生死的历史非常深奥，我不

① 我无法确切理解这一词组的意义。

懂其教理。到别处去吧，善男子！去询问商贾们的首领丹觉[①]吧。”

天神的儿子仁钦接着又穿越了许多地区，来到了“森林之地”那才那巴。当他看到商贾们的首领丹觉之后，便恭恭敬敬地跪在其脚下并合十言道：“啊！上师！请向我投来一束怜悯的目光吧。我前来向您请教我所不懂的事理。我堕入了难言的苦海。”

商贾们的首领丹觉使他身上出现了十方的尊者佛陀，其数目与佛陀在十方的十地尘埃粒数一样多……如同各种乘、佛陀散发出的光芒以及不同方向的道路之形状……他当时便从三昧中出来并对仁钦说：“善男子！你想向我询问什么呢？……我见过十方的佛陀。……所有的如来，都如梦幻和影子一般。所以，如来的话语就如同回声和共鸣一样。同样，思想的本质就如同睡梦、反射在水上的月光、幻影和回声一样……由于思想的祝福，所有的菩萨都出来了……我非常熟悉下面的作法：让法云为思想祝福，净化思想中的污垢，以专心而加强思想，以容忍而使之保持平衡，以智慧而将之用于教理，以聪明而使之完全净化。这就是我个人的本领。善男子！你想向我询问什么呢？”

仁钦接着又这样说：“家父叫俄巴尔国王。由于其生命已转世，他已变换身体。怎样做才能使他还阳和能够见到他？怎样才能使他得到安定和幸福？”他就这样询问。

商贾们的首领回答说：“这是生死法。生死史非常深奥，我不懂其教理。到别处去吧，善男子！去向信事男（已发五愿的世俗人）伊森（意愿）请教生死史吧。”

听到这些指教之后，仁钦恭恭敬敬地跪拜，然后又率其亲信登程上路，以前往会见信事男伊森。神冠扑噜噜地颤动，宝石之钹悉利利地响，各种悦耳的鼓声镝利利地回响。

（7）接着，天神的儿子仁钦在穿越了许多地区之后，来到

---

① 《庄严宝树经》中的大师的名字叫目多（意为“解脱”）。藏译文中称他为丹觉，其意颇为费解。

了伊森（意愿）居住的地区。这个遍披盛装的地区在各个方向都由树木（宝石树和果树等）和城墙环绕。中心有一座装饰以宝石的宫殿。伊森正在那里。上部界中的所有天神、人类、阎罗界的生灵和牲畜都从十方而来集聚在那里……天神的儿子仁钦跪在信事男脚下，绕他转来一圈而言道："啊！上人啊！请向我投来一束怜悯的目光吧。我堕入了难言的苦海。信事男，请求您点化我。"他就这样以大量漂亮的言辞来祈求他。

信事男回答说："善男子！您想向我询问什么呢？我是信事男伊森，获得了被称为'无苦之福的幡幢'的解脱。所以，所有看到我的人，都听从我。无论他们对我做什么，都会由此而获利。所有能看到我的生灵，都会毫无区别地获得无上菩提。如来从十方前来，坐在这一宝座上。我聆听了他的所有教诲。我不断地去会见如来并聆听他说法。这就是我个人的本领。善男子！你希望向我询问什么呢？"

仁钦回答说："家父叫俄巴尔王。由于其生命已转世，他已变换身体。怎样做才能使他还阳和能够会见他？怎样做才能使他得到安宁和幸福？"他就这样询问信事男。

信事男回答说："这是生死法。生死史非常深奥，我不懂其教理。善男子！到别处去吧，前往曲乌赞瓦（纯洁的河），向仙人吉曲旺（最可怕的曲调）请教吧。"

仁钦聆听了这些教诲之后，便恭恭敬敬地跪了下来。然后就率其亲信登程，以去寻求生死教理和会见古曲旺。神冠扑噜噜地颤动，宝石之钹悉利利地响，各种悦耳的鼓声镝利利地回响。

（8）接着，天神的儿子仁钦在穿越了许多地区之后，来到了曲乌赞瓦（纯洁的河）地区。那里的各种宝石森林闪闪发光，装饰以不同的果实和花朵。仙人吉曲旺生活在各森林的中央。他扎着头发，戴着装饰华丽的王冠，上身穿有以草和兽皮制成的衣服，下身是用树皮做成的衣服。他坐在一个以野草做成的宝座上，周围围绕有1万名仙人。仁钦鞠躬，跪拜并绕他转了一圈，然后合十而对他言道："啊！上师啊！请向我投来一束怜悯的目光吧。我前来向您请教自己不懂的事理。我堕入了难言的苦海。仙人啊！求您指教我。”他就这样以大量漂亮的言辞相求。

吉曲旺伸出了手并抚摸仁钦的头顶。在此时此刻，天神的儿子仁钦发生了下述幻觉：他接近了十方佛陀之地的所有如来并受灌顶……他看到了耆那们的所有本领。仙人吉曲旺收回了他的手并对仁钦说：“你是否还能回忆起你曾看到的情况呢？”

仁钦回答说：“是的。这是由于上师您的祝福。”

吉曲旺接着说：“这就是我个人的本领，善男子！你希望向我询问什么呢？”

仁钦回答说：“我父叫俄巴尔王。由于其生命已经转世，他已变换身体，怎样做才能使他还阳和才能见到他？怎样做才能使他得到安宁和幸福？”

吉曲旺回答说：“这是生死法。生死史非常深奥，我不懂其教理，善男子！请到别的地方去吧。去向婆罗门僧杰卓吉切（胜利热情之源泉），请教生死史去吧！”

天神的儿子仁钦聆听了这些教诲之后，便恭恭敬敬地跪拜。于是就率其亲信启程，前往寻求生死教理，并会见婆罗门僧杰卓吉切去了。神冠扑噜噜地颤动，宝石钹在悉利利地响，各种悦耳的鼓声在镝利利地回响。

（9）后来，天神的儿子仁钦在穿越许多地区之后，便来到了一个叫作庸苏楚瓦（到处都受欢迎的人）的地方。婆罗门僧杰卓吉切在那里作严格的苦修以获得一切种智。他与其信徒们置身于一座很高的和畏怖的大山上。此山酷似一把刀，火山从四侧包围着那里。当仁钦看到婆罗门神之后，就跪在其脚下并合十言道：“啊！上师啊！请向我投来一束怜悯的目光吧！我前来向您请教自己不懂的事理。我堕入了难言的苦海。请您（婆罗门僧）指教我。”他就这样以大量漂亮的语辞来祈求婆罗门僧。

婆罗门回答说：“善男子！你想向我询问什么？我杰卓吉切通过严格苦修的本领和祝福……，能把所有人都召集到自己面前。当我从事苦修时，所有地区的蛇（龙）、精灵乐伎（乾闼婆）、巨神（阿修罗、非天），猛禽（金翅鸟）、美人鱼（非人）和欲界神的儿子都集中起来。钹在回响，大地在颤动，神光出现了。这种光芒甚至照亮了地狱和灭绝了所有苦难。所有那些看到这道光芒者，都聚到我身旁。我全部镇伏了他们，根据他们个人的本领向他们说法，皈依他们以把他们引向菩提。接触这一火山的所有活生灵，都会获得三昧、安宁、平静和菩提的超人本领。这就是我个人的能力。我仅仅获得了被称为'无尽的曼答辣'[1]的菩萨解脱。善男子！你希望向我询问什么？"

仁钦回答说："我父叫俄尔巴王。由于其生命已转世，他已变换身体。怎样做才能使他还阳和能够见到他？怎样做才能使他得到安宁和幸福？"

婆罗门僧回答说："这是生死法。生死史非常深奥，我不懂其教理。请到别处去吧！善男子！去请教森格贝（骄傲的狮子）王的公主强玛（慈悲女）去吧。"

天神的儿子仁钦听到这些指教之后，便恭恭敬敬地跪拜。然后就率领其亲信登程，以去寻找生死教理和会见强玛公主。神冠在扑噜噜地颤动，宝石钹在悉利利地响，各种悦耳的鼓声镝利利地回响。

（10）后来，天神的儿子仁钦在穿越了许多地区之后，便来到了一个叫作僧格那木巴琼巴（卧狮）的地方。那里骄傲的狮子僧格贝国王的行宫金碧辉煌，装饰有各种各样的宝石。其公主慈悲女强玛坐在一个檀香木宝座上，由500名侍女簇拥……其体闪闪发光。仁钦跪拜，以其头触慈悲女的双脚并绕她转一周……他说道："请向我投来一束怜悯的目光吧。我前来向您请教自己不懂的事理。我堕入了难言的苦海。求你指教我。"他就这样以大量漂亮的言辞来祈求她。

慈悲女便显现了下述场面，法界的所有如来首先产生了菩提，达到了佛地，转动法轮和进入涅槃。如同一湖清水反射太阳、月亮和所有星辰一样，他就这样显示了如来的所有本领。她

---

① 我不知道这种解脱的意义。

接着说："我，慈悲女强玛，通过宗教修持的力量，而发现了普入门之咒，它把世间万象都囊括于其中。这就是我个人的本领。善男子！你想向我询问什么呢？"

仁钦接着说："我父叫俄巴尔王。由于其生命已转世，他已变换身体。怎样做才能使他还阳和才能见到他？怎样做才能使他得到安宁和幸福？"他就这样问道。

慈悲女强玛回答说："这是生死法。生死史非常深奥，我不懂其教理。善男子！请到别处去吧，去向比丘塔纳珠巴（悦目）请教生死教理吧。"

天神的儿子仁钦聆听了这些教诲之后，便恭恭敬敬地跪拜。然后就率其亲信登程，以寻求生死教理。神冠在扑噜噜地颤动，宝石钹在悉利利地响，各种悦耳的鼓声镝利利地回响。

（11）接着，在穿越了许多地区之后，天神的儿子仁钦来到了一个叫作米松（三只眼）的地方。在各种树木的中央，居住着比丘塔纳珠巴（悦目），装饰以……拥有由于修持而获得的高超本领，由各种神灵环绕……他实施'行进'，以在众生中出现智慧，并使他们沿如来的道路前进……每一步都由一朵神宝莲花推动。仁钦跪了下来，以头触比丘塔纳珠巴的双脚并合十言道："啊！上师！请向我投来一束慈悲的目光吧。我前来向您请教自己不懂的事理。我堕入了难言的苦海。比丘，请求您点化我。"他就这样以大量漂亮的语言来祈求他。

比丘回答说："善男子！你想向我询问什么？我是比丘塔纳珠巴。我在前世中，于其数量如同38条恒河的泥沙粒一样多的如来身旁，修持梵身。我聆听了他们的说法，获得了他们的教诲和阐释，如是实现了自己的夙愿。因此，我进入了圆满状态，学习了菩萨的所有义务和实现了六波罗蜜①。我同样还知道（看到）佛陀进入涅槃时的神法，从事了许多其他修持。现在，当我修持'行进'的时候，每次思考时都会实现各种菩萨的修持。

① 六波罗蜜为：布施（檀那）、持戒（尸罗）、忍（羼提）、精进（毗梨耶）、定（禅那）和智慧（般若）。

这就是我个人的本领。善男子！你想向我询问什么呢?”

仁钦回答说：“我父叫俄巴尔王。由于其生命已转世，他已变换身体。怎样做才能使他还阳和才能见到他?怎样做才能使他获得安宁和幸福?”他就这样问道。

塔纳珠巴回答说：“这是生死法。生死历史非常深奥，我不懂其教理。善男子！请到别处去吧。去向无比青年旺森杰保（强盛国王）请教生死史吧。”

天神的儿子聆听了这些教诲之后，便恭恭敬敬地跪拜。接着就率领其亲信登程，以去会见无比青年旺森杰保。神冠扑噜噜地颤动，宝石之钹悉利利地响，各种悦耳的鼓声镝利利地回响。

（12）后来，天神的儿子仁钦在穿越了许多地区之后，来到了格饶城（绝妙门）。无比青年旺森杰保（强盛国王）正处在江头末尾的清新水面上……他由1万名年轻的优秀人簇拥。仁钦跪下来以头触无比青年旺森杰保的脚并合十言道：“请向我投来一束怜悯的目光吧。我前来向您请教自己不懂的事理。我堕入了难言的苦海。旺森杰保，请求您点化我。”他就这样以大量漂亮的言辞来祈求他。

无比青年回答说：“你希望向我询问什么?，善男子！我是旺森杰保，我从圣者文殊师利童子处获得了本世的各种学问①。我可以知道谁将在上界统治和进入恶道。我可以区别那些修持善法和修持恶法的人。我同样还获得了光明的智慧。我依靠这一切而解脱了许多生灵。这就是我个人的本领。善男子！你希望向我询问什么?”

仁钦回答说：“我父叫俄巴尔王。由于其生命已经转世，他已变换身体。怎样做才能使他还阳和才能见到他?怎样做才能使他得到安宁和幸福?”仁钦就这样询问他。

无比青年回答说：“这是生死法。生死史非常深奥，我不懂其教理。善男子！请到别处去吧。在某地的嘉错那巴城（湖边住宅）居住着信事女仁钦芒瓦（拥有大量珍宝的人）。她是各种

① 参阅上文注释。

律的修持者，去请教她吧。”

天神的儿子仁钦聆听了这些教诲之后，毕恭毕敬地跪拜。率领其亲信启程，前往寻求生死教理，并会见信事女仁钦芒瓦。神冠扑噜噜地颤动，宝石钹悉利利地响，各种悦耳的鼓声镝利利地回响。

（13）接着，天神的儿子仁钦在穿越了许多地区之后，便来到了圣城嘉错那巴（湖畔住宅）。那里曾有一座以珍宝筑成，装饰有绿松石的金梁和覆盖着几行珠宝的房舍。在其中央的一块高高的无垢椅上，坐着信事女芒瓦（拥有大量珍宝的人）。她年轻且漂亮，其头发披散开来，未佩带装饰品，浑身缟素，1 万名神仙侍女簇拥着她。天神的儿子仁钦看到她后，便恭恭敬敬地跪拜并合十言道：“请向我投来一束怜悯的目光吧。我前来向您请教自己不懂的事理。我坠入了难言的苦海。信事女，请求您点化我。”他就这样以大量漂亮的语言来祈求她。

信事女回答说：“您希望向我询问什么呢？善男子！我是仁钦芒瓦，我找到了装饰以菩萨功德的无尽宝……我以无比的神香而满足了一切众生，我净化了三毒垢[①]……[②]。这就是我个人的本领，善男子！你希望向我询问什么呢？”

仁钦接着说：“我父叫俄巴尔王。由于其生命已转世，他已变换身体。怎样做才能使他还阳和能够见到他？怎样做才能使他得到安宁和幸福？”他就这样问道。

信事女回答说：“这是生死法。生死的历史非常深奥，我不懂其教理。善男子！请到别处去吧。去问一下长者喀措（无上长者）吧。”

仁钦聆听了这些教诲之后，便恭恭敬敬地跪拜。然后就率其亲信前住寻求生死教理，并会见长者喀措。神冠在扑噜噜地颤

---

① 三毒为愚痴、贪欲和嗔恚。

② 本历史中的这句话不见诸《庄严宝树经》。这既可能是由于本文的作者使用的译本，与现收入《甘珠尔》中的译本不同；又可能是他错把其他地方的一段文字移用到此了。我考虑到能够在《庄严宝树经》中找到与本历史第 2 章中除此外的相应段落，故而更倾向采纳第二种假设。

动，宝石钹在悉利利地响，各种悦耳的鼓声镝利利地回响。

（14）接着，天神的儿子仁钦在穿越了许多地区之后，来到了玛珠琼瓦城（神奇幻觉地）。在一个十字路口的宝石树荫下，落下了某些神奇的花朵，宝石线和天幕都已展开。此地装饰着到处飘扬的神幢。长者喀措坐在那里的宝座上，周围有许多人簇拥。天神的儿子仁钦看到他之后，便跪在其脚下并合十言道："啊！堪布！请向我投来一束怜悯的目光吧。我前来向您请教自己不懂的事理。我堕入了难言的苦海。长者，请求您点化我。"他就这样以大量漂亮的言辞来祈求他。

房主长者回答说："善男子！你想向我询问什么？我是长者喀措，我发现了所有功德的宝藏，满足了我的愿望。因此，我可以根据各种生灵的意愿，而提供各种物品。这就如同雨自天降一般。我就这样使所有的人都感到高兴和满足。尽管我根据各个人的理解能力，而以不同方式说法，以通过方便而解脱之。这是为了使所有众生都进入大乘的唯一一种说法。我就这样播下了善良的种子，并长出了幼苗。这就是我个人的本领。善男子！你希望向我询问什么？"

仁钦接着说："我父叫俄巴尔王。由于其生命已转世，他已变换身体，怎样做才能使他还阳和才能见到他？怎样做才能使他得到安宁和幸福？"

长者回答说："这是生死法。生死的历史非常深奥，我不懂其教理。善男子！请到别处去吧。去僧格宗努（幼狮）城吧，向商贾们的会长仁钦祖普（宝石束）请教生死史吧。"

天神的儿子仁钦聆听了这些指教之后，便恭恭敬敬地跪拜。接着就率其亲信登程，前往寻求生死教理并会见仁钦祖普。神冠扑噜噜地颤动，宝石钹悉利利地响，各种悦耳的鼓声镝利利地回响。

（15）接着，天神的儿子仁钦在穿越了许多地区之后，来到了僧格宗努（幼狮）城。他在那里于一群众生的中央，发现了商贾们的会长仁钦祖普（宝石束），这是习法的一位无上首领。

他于是便跪在商贾们首领的脚下，并合十言道：“请向我投来一束怜悯的目光吧。我前来向您请教自己不懂的事理。我堕入了难言的苦海。商贾们的会长！请求您点化我。”他就这样以大量漂亮的言辞来恳求他。

仁钦祖普进入了他自己的住宅，该宅共包括用宝石砌成的七层建筑，在那里能随心所欲地得到各种满足。仁钦祖普在让天神的儿子仁钦参观了其住宅之后，便说道：“善男子！你希望向我询问什么？我是仁钦祖普，在许多劫之前，我曾向如来及其亲近们广施供品。我为三种目的而从事了善根的转移：一，祝愿众生了结一切痛苦和苦厄；二，祝众生始终都遵循圣教；三，祝众生都向如来奉供。由于我发了这样的大誓愿，实现了这一转移。所以众生就受惠于这种积善的转移，这就是我个人的本领。善男子！你想向我询问什么呢？”

仁钦接着说：“我父叫俄巴尔王。由于其生命已经转世，他已变换身体，怎样做才能使他还阳和能见到他？怎样做才能使他得到安宁和幸福？”他就这样问道。

仁钦祖普回答说：“这是生死法。生死史非常深奥，我不懂其教理。善男子！请到别的地方去吧！到昆吐格（向一切众生开放的城门）去向神香商们的头人昆吐米（识观一切地的眼睛）请教生死教理吧。”

天神的儿子仁钦聆听了这些教诲之后，便恭恭敬敬地跪拜。然后就率领其亲信登程，去寻求生死教理并去会见神香商贾们的头人。神冠扑噜噜地颤动，宝石钹悉利利地响，各种悦耳的鼓声镝利利地回响。

（16）接着，天神的儿子仁钦在穿越过许多地区之后，便来到杂微杂瓦（草根）地区。那里于万座城池的中央，有一座昆吐格（向一切众生开放的门）城。仁钦在那里找到了神香商贾们的头人，后者正在操弄各种优质神香。天神的儿子仁钦跪在了神香商头人的脚下，并合十言道：“啊！昆吐米（识观一切地的眼睛）！神香商的头人，请向我投来一束怜悯的目光吧。我前来向您请教自己不懂的事理。我堕入了难言的苦海。商贾们的头人，请求您点化我。”他就这样以大量漂亮的言辞来恳求他。

商贾们的头人回答说：“善男子！你希望向我询问什么？我是商贾们的头人昆吐米，我向如来广奉神香供物并使众生感到高兴。当我发现作为教法基础的无上神香时，我减轻了众生的所有疾病。我排除了所有的畏惧和恐怖，根除了所有的障碍，我就这样保护了众生，并向他们指出了‘四无量’① 之法。这就是我个人的本领。善男子！你想向我询问什么？”

仁钦接着说：“我父叫俄巴尔王。由于其生命已经转世，他已变换身体。怎样做才能使他还阳和才能见到他？怎样做才能使他得到安宁和幸福？”

昆吐米回答说：“这是生死法。生死史非常深奥，我不懂其教理。善男子！请到别处去吧！去多罗坚参（多罗树幡幢）城去吧，去向美王（火王）请教生死教理吧。”

天神的儿子仁钦聆听了这些教诲之后，便恭恭敬敬地跪拜。然后就率其亲信登程，去寻求生死教理，并会见火王去了。神冠在扑噜噜地颤动，宝石钹在悉利利地响，各种悦耳的鼓声镝利利地回响。

（17）接着，天神的儿子仁钦在穿越了许多地区之后，来到了多罗坚参（多罗树幡幢）城。在那里，于各侧都装饰有狮子的王座上，坐着火王，拥有 80 种作为其突出特点的印记和 22 相。1 万名大相簇拥着他并为国王办理各种事务。天神的儿子仁钦跪在国王的脚下，并合十言道：“啊！国王，请向我投来一束怜悯的目光吧。我前来向您请教自己不懂的事理。我堕入了难言的苦海。国王啊！请求您点化我。”他就这样以大量漂亮的言辞来恳求。

国王回答说：“善男子！你希望向我询问什么？我是火王，我获得了菩萨幻觉的解脱。对于可以变成福田的众生，我使他们

---

① 四无量：慈无量心、悲无量心、喜无量心和舍无量心，参阅瓦累·普散：《阿毗达摩俱舍论》第 5 卷，第 196—203 页。

先避免了十恶道[1]，然后又获得了十善道[2]。这种适宜手段的功德是不可想象的。众生终止受苦。这就是我个人的本领。善男子！你想向我询问什么呢?”

仁钦接着说：“我父叫俄巴尔王。由于其生命已转世，他已变换身体。怎样做才能使他还阳和才能见到他？怎样做才能使他得到安宁和幸福?”他就这样问道。

火王回答说：“这是生死法。生死史非常深奥，我不懂其教理。请到别的地方去吧！善男子！辛都囊瓦（巨光）城居住着国王俄森（光明）。去向他请教生死史吧。”

天神的儿子仁钦聆听了这些教诲之后，便恭恭敬敬地跪拜。然后就率其亲信启程，前往寻求生死教理，并会见俄森国王去了。神冠在扑噜噜地颤动，宝石钹在悉利利地响，各种悦耳的鼓声镝利利地回响。

（18）接着，天神的儿子仁钦在穿越了许多地区之后，来到了辛都囊瓦（巨光）城。它四周环绕着一道金刚石城墙，一堵由七种宝石组成的墙和一个宝座。泉水被香檀木薰香，其河底系由金沙组成。城池完全由多罗树森林环绕。同样，那里还有各种鲜花和惹人喜爱的飞鸟，从那里发出了芳香的气味[3]。在城市中心的一座房式窣堵波中，俄森（光明）国王坐在一个珍贵的莲花宝座上。他拥有三十二大士相。其体如太阳一样闪闪发光。他由其侍从簇拥，拥有许多物品。当天神的儿子仁钦看到他之后，便跪在俄森国王的脚下，四肢匍匐在地并合十言道：“啊！国王！请向我投来一束怜悯的目光吧。我前来向您请教自己不懂的事理。我堕入了难言的苦海。国王啊！求您点化我。”他就这样以大量漂亮的言辞来恳求。

俄森国王回答说：“善男子！你想向我询问什么呢？我是俄

---

① 十恶：杀生、偷盗、邪淫、妄语、两舌、恶口、绮语、贪欲、嗔和邪见。参阅瓦累·普散：《阿毗达摩俱舍论》第3卷，第137页以下。

② 其目的在于不犯上述十恶。

③ 这些掺杂着错误的诗仅有六言。

森国王，我获得了无比仁爱的幡幢。为了斩断所有生灵在转世中的再生，我把他们遣往法界。为了表现一切种智，我调服了整个世界并消灭了欲、苦和灾。我表现了极大的爱，然后根据众生的意愿而赐赏物品，我获得了三昧……。这就是我个人的本领。善男子！你想向我询问什么呢？"。

仁钦接着说："我父叫俄巴尔王。由于其生命已经转世，他已变换身体。怎样做才能使他还阳和才能见到他？怎样做才能使他得到安宁和幸福？"

俄森国王回答说："这是生死法。生死史非常深奥，我不懂其教理。善男子！请到别处去吧！去丹巴（庄园）国王的宫殿，向信事女米夭巴（坚定不移的人）请教生死史吧。"

天神的儿子仁钦聆听了这些教诲之后，便恭恭敬敬地跪拜。他率其亲信启程，前去寻求生死教理并会见信事女去了。神冠在扑噜噜地颤动，宝石钹在悉利利地响，各种悦耳的鼓声镝利利地回响。

（19）接着，在穿越了许多地区之后，天神的儿子仁钦来到了丹巴（庄园）王的地区。信事女米夭瓦（坚定不移的人）正在那里。其外貌显得很年轻，非常漂亮并严守戒律。她与其父母、家庭的许多成员及亲近们生活在一起，向他们说法。天神的儿子仁钦看到她之后，便恭恭敬敬地跪了下来，并合十对她说："啊！信事女，请向我投来一束怜悯的目光吧！我前来向您请教我不懂的事理。我堕入了难言的苦海。信事女，求您点化我。"他就这样以大量漂亮的言辞来恳求她。

信事女回答说："善男子！你希望向我询问什么呢？我是信事女米夭瓦，从前在如来、大迦叶自在者时代获得了难得的智慧心以及万种三昧。当我进入三昧时，十方世界都会震动，三昧之光到处出现，巨大的神力就会实现。我这样一来就栽下了善根的幼苗。这就是我个人的本领。善男子！你希望向我询问什么？"

仁钦接着说："我父叫俄巴尔王。由于其生命已经转世，他已变换身体。怎样做才能使他还阳和才能见到他？怎样做才使他得到安宁和幸福?”他就这样询问。

信事女回答说:“这是生死法。生死史很深奥,我不懂其教理。善男子!请到别处去吧。到切约晋巴城[①]向大德[②]昆吐卓瓦(遍行人)请教去吧。”

当天神的儿子仁钦聆听了这些教诲之后,便毕恭毕敬地跪拜。接着就率其亲信启程,前往寻找生死教理,并会见大德昆吐卓瓦去了。神冠扑噜噜地颤动,宝石钹悉利利地响,各种悦耳的鼓声镝利利地回响。

(20)[③] 接着,天神的儿子仁钦在穿越了许多地区之后,又登上了辛都聂巴(得财)山。他在那里会见了大德昆吐卓瓦(遍行人)。他呈一种特别的颜色,辐射出了如同太阳和月亮一样的光芒。其光彩和善德闪闪发亮,他由万名大德簇拥。天神的儿子仁钦跪在昆吐卓瓦的脚下,并合十对他说:“啊!大德,请向我投来一束怜悯的目光吧!我前来向您请教自己不懂的事理。我堕入了难言的苦海。大德,请您点化我。”他就这样以大量漂亮的言辞来恳求他。

昆吐卓瓦说:“善男子!你想向我询问什么?我是昆吐卓瓦,我发现了光明智慧之门。我按照适宜他们各自爱好的不同方法而教化众生。这就是我个人的本领。善男子!你希望向我询问什么呢?”

仁钦接着说:“我父叫俄巴尔王。由于其生命已经转世,他已变换身体。怎样做才能使他还阳和才能见到他?怎样做才能使他得到安宁和幸福?”他就这样问道。

昆吐卓瓦回答说:“这是生死法。生死史很深奥,我不懂其教理。善男子!请到别的地方去吧。去向商贾们的首领优钵罗询问生死史吧。”

---

① 在《庄严宝树经》中,这位大师所在的地区和城市各自被称为“噶晋切美”和“噶瓦晋巴”。本历史的抄经师肯定是错误地把这两个词合并起来,而在其文中出现了一个奇怪的名词“切约晋巴”。

② 参则上文注释。

③ 参阅上文。

仁钦聆听了这些教诲之后，便恭恭敬敬地跪拜。接着就率其亲信登程，前往寻求生死法和会见商贾们的首领优钵罗去了。神冠扑噜噜地颤动，宝石钹悉利利地响，各种悦耳的鼓声镝利利地回响。

（21）接着，天神的儿子仁钦在穿越了许多地区之后，才到达杨巴（辽阔地）王国。他在那里会见了商贾们的首领优钵罗，后者由许多人簇拥。仁钦跪在商贾们首领的脚下，并合十言道："请向我投来一束怜悯的目光吧！我前来向您请教自己不懂的事理。我堕入了难言的苦海。商贾们的首领，请您点化我。"他就这样以大量漂亮的言辞来恳求他。

商贾们的首领回答说："善男子！你希望向我询问什么呢？我是商贾们的首领优钵罗，我获得了无垢的三昧。在设法降一阵青莲花雨时，我获得了各种财富。所有闻到我那被风飘动的神香气味的众生，都将会拥有无苦无病的身体，他们甚至不能被火焚烧。此外，他们未被三毒污染，将抛弃罪孽者和尊重他们的意愿。所有的人都具有纯洁的思想，无误地获得菩提。这就是我个人的本领，善男子！你希望向我询问什么呢？"

仁钦接着说："我父叫俄巴尔王。由于其生命已转世，他已变换了身体。怎样做才能使他还阳和可能见到他？怎样做才能使他获得平安和幸福？"他就这样询问。

商贾们的首领回答说："这是生死法。生死史非常深奥，我不懂其教理。善男子！请到别处去吧。到干布切巴（宝塔）城吧，去向艄公那木巴囊瓦（光明神）请教生死史吧。"

仁钦聆听了这些教诲之后，便恭恭敬敬地跪拜。然后就率其亲信启程，前往会见艄公那木巴囊瓦去了。神冠在扑噜噜地颤动，宝石之钹在悉利利地响，各种悦耳的鼓声镝利利地回响。

（22）接着，天神的儿子仁钦在穿越了许多地方之后，来到了海洋边。他从城市的大门上望见了艄公那木巴囊瓦（光明神）。艄公身边有10万名商人和各种生灵簇拥，他解释海洋之岛的特征。仁钦看到艄公将把那些希望得到财宝的人，带到海岛上去了。天神的儿子仁钦跪在艄公的脚下，并合十对他言道："啊！艄公！请向我投来一束怜悯的目光吧！我前来向您请教自己所不懂的事理。我堕入了难言的苦海。艄公啊！请求您点化我。"他就这样以大量漂亮的言辞来恳求他。

艄公回答说："善男子！你希望向我询问什么呢？我是那木巴囊瓦，我获得了金刚幡，把大量生灵带到海岛上，按照他们的意愿而赐给他们珠宝，并把他们带到这里。后来，我向他们布讲道理，使他们摆脱了在三界中转生。我知道三毒和思想之海洋，把众生带到了智慧的海洋。这就是我个人的本领。善男子！你希望向我询问什么？"

仁钦接着说："我父叫俄巴尔王。由于其生命已经转世，他已变换身体。怎样做才能使他还阳和才能见到他？怎样才能使他得到安宁和幸福？"他就这样问道。

艄公回答说："这是生死法。生死史非常深奥，我不懂其教理。善男子！请到别的地方去吧！在那边的噶瓦陈瓦（喜珠）城居住着商贾们的首领杰曲（优胜者）。去向他请教生死史吧。"

仁钦聆听了这些教诲之后，便恭恭敬敬地跪拜。然后就率其亲信启程，去寻求生死教理，并会见商贾们的首领杰曲去了。神冠在扑噜噜地颤动，宝石钹在悉利利地响，各种悦耳的鼓声镝利利地回响。

（23）接着，天神的儿子仁钦在穿越了许多地区之后，来到了噶瓦陈瓦城（喜珠城）。他在那里的无忧树森林中会见了商贾们的首领杰曲（优胜者）。曲杰由 1 万名长者簇拥，他通过向他们施教而使他们积善。仁钦跪在商贾们首领的脚下，并合十言道："啊！杰曲，商贾们的首领，请向我投来一束怜悯的目光吧！我前来向您请教自己不懂的事理。我堕入了难言的苦海。杰曲，求您点化我。"他就这样以大量漂亮的言辞来恳求他。

商贾们的首领回答说："善男子！你希望向找询问什么？我是商贾们的首领杰曲。我获得了到各处去的本领，按照各界的方式说法，阻挡恶道之浪潮。这就是我个人的本领。善男子！你希望向我询问什么？”

仁钦接着说：“我父叫俄巴尔王。由于其生命已转世，他已变换了身体。怎样做才能使他还阳和才可能见到他？怎样做才能使他得到安宁和幸福？”他就这样问道。

商贾们的首领回答说：“这是生死法。生死史非常深奥，我不懂其教理。善男子！请前往别的地方去吧。去噶瓦琼瓦纳才（喜泉森林）城向比丘尼僧格图占（强凶母狮）请教生死法吧。”

仁钦聆听了这些教诲之后，便恭恭敬敬地跪拜。接着就率其亲信启程，前往寻求生死教理，并会见比丘尼去了，神冠在扑噜噜地颤动，宝石钹悉利利地响，各种悦耳的鼓声镝利利地回响。

（24）接着，天神的儿子仁钦在穿越了许多地区之后，便来到了噶瓦琼瓦纳才城。在那里以太阳光线筑成的城墙内，有一些湖泊、水坑和池塘，其水具有8种功效①。它们由以7种宝石组成的一道围墙所环绕。在那里生长着具有神性的鲜花、一些产织物的魔树、香檀树和果树。在每棵宝树的根基部，都放置一个狮子宝座。天神的儿子仁钦于其中心发现了比丘尼僧格图占（强凶母狮）由许多生灵簇拥。仁钦跪在其脚下并合掌言道：“请向我投来一束怜悯的目光吧。我前来向您请教我不明白的事理。我堕入了难言的苦海。上师啊！求您点化我。”

比丘尼回答说：“善男子！你希望向我询问什么？我是僧格图占，我获得了包括所有法的三昧，按照位于上界和下界，转世三恶道之间的诸生灵的根来说。这样，众生彻底抛弃了谬误，修持菩萨之义。这就是我个人的本领。善男子！您想向我询问什么呢？”

仁钦接着说：“我父叫俄巴尔王。由于其生命已转世，他已变换身体，怎样做才能使他还阳和才能见到他？怎样做才能使他得到安宁和幸福？”他就这样问道。

僧格图占回答说：“这是生死法。生死史非常深奥，我不懂

---

① 它冰冷、轻盈、美味可口、清淡、没有臭味，对喉咙和肚子都没有害处。参阅瓦累·普散：《阿毗达摩俱舍论》第2卷，第144页。

其教理。善男子！请到别处去吧。到噶瓦达琼（财富宝贝）城向长老赤巴（王位占据者）请教吧。”

仁钦聆听了这些教诲之后，恭恭敬敬地跪拜。然后就率其亲信登程，去寻求生死法，并会见长者赤巴去了。神冠扑噜噜地颤动，宝石钹悉利利地响，各种悦耳的鼓声镝利利地回响。

(25) 接着，在穿越了大量地区之后，天神的儿子仁钦来到了噶瓦达琼（财富宝贝）城。他在那里看到了长老赤巴（王位占据者），此人正在慷慨地向香檀木宝座上的窣堵波奉供品。仁钦跪在他的脚下，并合十言道："啊！上师啊，请向我投来一束怜悯的目光吧。我前来向您请教自己所不懂的事理。我堕入了难言的苦海。长者！请您点化我。"① 他就是这样以大量漂亮的言辞来恳求他。

长者回答说："善男子！你希望向我询问什么？我是长者赤巴。我打开了如来窣堵波的香檀木宝座之门，收得了犀利双目光彩的三昧。我看见了去过的无数耆那，并懂得他们的所有本领。我修持和向其他人说法。这就是我个人的本领。善男子！你希望向我询问什么？"

仁钦接着说："我父叫俄巴尔王。由于其生命已转世，他已变换身体。怎样做才能使他还阳和才能见到他？怎样做才能使他得到安宁和幸福？"他就这样问道。

长者回答说："这是生死法。生死史非常深奥，我不懂其教理②。善男子！请到别处去吧。前去向嘉措坚参（海洋幡）请教生死史吧。"

天神的儿子仁钦聆听了这些教诲后便恭拜。然后就率其亲信登程，以会见嘉措坚参去了。神冠在扑噜噜地颤动，宝石钹在悉利利地响，各种悦耳的鼓声镝利利地回响。

---

① 我们的文献于此作 zla-ba man-po，这一短语与该段的意思并不完全相符。事实上，我在《庄严宝树经》中更为详尽的一段中已发现了这一短语，它是指佛陀发光的高额。

② 有关此处编页的不正常现象，参看上文。

（26）接着，天神的儿子仁钦在穿越了许多地区之后，就来到了瞻部洲大陆边缘地区嘉巴更巴（被充分装满的地区）。比丘嘉措坚参（海洋幡）在那里陷入了三昧，很少活动或不活动。他发出的光芒是不可想象的。在其身体的所有汗毛孔中，都发出了大量的菩萨光芒。他以自己的神力，每时每刻都在使生灵死亡，以向所有佛陀进奉的供品而净化一切地区。他彻底地排除了所有众生的全部苦厄和堵塞恶道。同样，他打开了通向幸福的大道，平息了众生的苦厄和驱除了无知的障碍。从其身各肢体中都会出现各种生灵，即商贾、国王、婆罗门僧、仙人、龙女、非天（阿修罗）、声闻、辟支佛、夜叉、罗刹、非人、乾闼婆、帝释、大梵天王、菩萨和其他那些拥有各自本领者及其亲信们。同样，他又设法从每根汗毛中射出了形成一圈线条的光线。仁钦就这样看到了嘉措坚参的各种本领。在6个月零6天的时间内，嘉措坚参仍坠入了能产生所有这些现象的三昧中。当他出三昧之后，仁钦对他说："啊！上人！请向我投来一束怜悯的目光吧！我来向您请教自己所不懂的事理。我堕入了难言的苦海。大德！求您点化我。"他就这样以大量漂亮的言辞来恳求他。

比丘回答说："善男子！你希望向我询问什么！我是嘉措坚参，由于我获得了'纯洁而又普通的海洋之门'的三昧，我无论在本世的修持时，还是在进入佛陀的不同本体与修持时没有任何障碍。这就是我个人的本领。善男子！你希望向我询问什么呢？"

仁钦接着说："我父叫俄巴尔王。由于其生命已转世，他已变换了身体。怎样做才能使他还阳和才能见到他？怎样做才能使他得到安宁和幸福？"他就这样询问。

比丘回答说："这是生死法。生死史非常深奥，我不懂其教理。善男子！请到其他地方去吧。在那边的摩揭陀国，居住着释迦牟尼佛，他是世界的保护主。自无数劫以来，他使众生完全摆脱了生死轮回[1]。他调服了由三毒造成的全部疾病苦厄。他布讲生死法，静修五道[2]（那里是由行而引起的居住地），指出了八地狱、十善（这是善药）和十波罗蜜多[3]。他以四无量而完成了善，并以四种三昧[4]的本性来施教。总而言之，其本领是难以描述的。世界的保护主佛陀是治疗疾病和生死之药，是苦海的救度者，照亮黑暗之灯，教诲无知者的导师。由于他懂得生死法，所以去向他请教这一教理吧。"

仁钦聆听了这些教诲之后，便恭恭敬敬地跪拜。然后就率其亲信登程，以前往寻求生死教理和会见佛陀、修迦陀、释迦牟尼尊者去了。神冠在扑噜噜地颤动，宝石钹在悉利利地响，各种悦耳的鼓声镝利利地回响。

第3章

1. 天神的儿子仁钦在穿越了许多地区之后，来到了摩揭陀国。在那里于大菩提树下，释迦牟尼佛以其神力而立于有7棵多罗树高的长空。他坐在宝座上，环绕着形成了彩虹的大量奇妙光线。八十种随好闪闪发光，三十二相是其身体的装饰。其华盖覆盖了十方1万个地区，其用一根宝线制成的华盖已展开。一种高级神香的香味随风飘荡，天花纷纷降落。在空间，大批仙人和所有拥有禁咒的人到处飞翔，并以大量漂亮的言辞来赞扬释迦牟尼。拥有神法的菩萨，天地之间各层的所有神仙，人类、非人类、猛禽（金翅鸟）、蛇、非人、牲畜和饿鬼，所有众生都恭恭敬敬地听他说法。释迦牟尼确实令人转动法轮并向他们说法，众生都根据他们各自的根器而去理解。善人的儿子仁钦感到惶恐不

---

① 在吐蕃古代的大事年表有关佛教的稀见段落之中，我发现了一个相同的短语：Skye çi las bsgral to（《敦煌吐蕃历史文书》，第114页）。这就清楚地说明吐蕃人对佛教的这一方面是很敏感的。

② 有关“道”的数目，有时作五，有时又作六。参阅穆斯：《六道之光》第1卷，巴黎1939年版，第39页。

③ 在十波罗蜜中，除了我们已经提到的六种之外还有：方便善巧、愿、力和智。

④ 这是四种禅。参阅瓦累·普散：《阿毗达摩俱舍论》第5卷，第128页以下。

安，甚至还非常害怕，于是便开始颤抖，其毛发都竖起来了。他无法请教。世尊发现他之后，便对他说：“你，天神的儿子仁钦，正置身于大众之中，你想向我询问什么法？告诉我吧。”释迦牟尼就这样说。

天神的儿子站起来出列。接着，他在把右臂从衣服中袒露出来之后，便跪了下来，以其头顶触释迦牟尼的脚，从右边拉着释迦牟尼而转了三周。他又合十下跪并低头恭敬地问道：“我父是有形的神，他叫俄巴尔王。由于其生命已转世，他已变换身体。怎样做才能使他变成过去那样？怎样做才能会见他？怎样做才能使他幸福？”他这样问道。

2a. 尊者回答说：“你是否想向我问法？好好地想一想并专心地听我说法吧。在三界之中，所有生灵都要死。生是由于形之力，死同样也要服从行。当完成生死法的时刻降临时，天地之间各层的神便落下；拥有巨大神力和大量势力者，就要丧失之。所有存在于三界者，迟早都会死。因为所有者都要这样死亡，所以地狱中每时每刻都会有越来越多的众生。迟早都要死亡，这就是生死轮回法。”

2b. “所有人均以长寿而自负，但归根结蒂，没有任何人能逃脱死亡。大地上人类的寿命为百岁。

“对于四大天王来说，一天相当于人间 50 年，寿命为 1000 岁。

“对于双生天[1]神来说，一天相当于人间的 300 年，寿命为 4000 岁。

“对于化乐天神来说，一天相当于人间 800 年，寿命为 8000 岁。

---

① 我不知道“双生”这种神，抄经师肯定是于此作了压缩结合。据《阿毗达摩俱舍论》记载，其概况如下：

对于三十三天的天神来说，一天相当于人间的 200 年，生命为 2000 岁。

对于阎罗神来说，一天相当于人间的 400 年，生命为 4000 岁。

对于喜乐天神来说，一天相当于人间的 800 年，生命为 8000 岁（北京版本，第 39 卷，第 62—63）。

“对于他化自在天神来说，一天相当于人间的1000年[1]，寿命为16000岁。

“对于梵众神来说，寿命为半劫。

对于梵辅神来说，寿命为一劫。

对于大梵神来说，寿命为一劫半。

对于少光神来说，寿命为两劫。

对于无量光神来说，寿命为4劫。

对于极光净神来说，寿命为8劫。

对于少净神来说，寿命为16劫。

对于无量净神来说，寿命为32劫。

对于遍净神来说，寿命为62劫。

对于福爱神来说，寿命为125劫。

对于生天神来说，寿命为250劫。

对于广果神来说，寿命为500劫。

对于无想神来说，寿命为1000劫。

对于无烦神来说，寿命为2000劫。

对于好施神来说，寿命为4000劫。

对于须达天神来说，寿命为8000劫。

对于色究竟天神来说，寿命为1600劫。

对于无边虚空处神来说，寿命为20000劫。

对于识虚空处神来说，寿命为40000劫。

对于无所有处定神来说，寿命为60000劫。

对于非想定虚空处神来说，寿命为80000劫。

“然而，所有人均在生命衰竭时死亡。尽管所有的神都以他们的长寿而自负，但他们都要死亡。同样，你父已死。所有的死者都是由其行力造成的，很难清除过去行为的积业。”

2c. “在本界的生灵中，所有那些被认为是博学者，都在从事有害的行动；他们同时又错误地希望，这些行为可以挽救死亡。例如：

---

① “1000”这个数字应为“1600”之误。参阅上引《寿限经》第62页。

“某些人声称，如果用火焚尸或将之抛入水中，就会避免死亡[1]。

“某些人愚昧无知，误称如果将尸体置于三戟之顶，就会避免死亡。

“某些人声称，如果理解婆罗门僧们的神变，就可以避免死亡。

“某些人声称，如果遵循四种外道法和敬奉供品，就会对预防死亡有利。

“某些人声称，如果修持“歌手”之法并理解了其义，就会避免死亡。

“某些人声称，如果修习火神法，就会避免死亡。

“某些人声称，如果与尸体同时埋葬属于死者的所有物品，就会避免死亡。

“这些修持都具有难言的恐惧，它们都是错误的。

“你自无数劫以来就产生了菩提心。今天，向十方看一看所有的错误修持吧。”

佛陀在这样说法之后、从其大脑中发出了各种光芒，照亮了三界的所有的物品。

佛陀接着说：“愚蠢的人，蒙昧的人和误入迷途的人，都在修持谬误的法；他们同时又错误地希望，它能避免死亡。我们应该知道，他们所修持的法，仅会产生灾难，丝毫不会避免死亡。”

2d. 天神的儿子仁钦于是便躬拜，并合十对世尊言道：“我完全理解（直译为“看见”）了生死法。其功效是难以形容的。防止死亡的良药是什么？世尊，我求您指教我。”他就这样恳求。

世尊回答说：“所有的死亡都是由于行之作用而造成的。所

---

① 由于存在着明显是印度起源的文字，如婆罗门僧们的神变，阿耆尼和弥萨等均不存在于吐蕃，所以我认为这一系列的8种殡葬并不能直接适用于吐蕃人的作法。这里同样也可能是引自我暂时无法考定的一篇经文。

有的行都是过去的业。所以，死亡是行之作用的结果，没有任何办法挽救其人的死亡。过去的所有作恶，只能以各种善来涤除。诸如过去所犯的杀死他人等行为只能以修习‘不杀不养’法来涤除。所有的谬误修习只能以赐法来涤除。所有的欲（诸如希望和仇恨）只有通过赐予能到达彼岸之法才会得到涤除。诸神的所有神力，都会以祈祷三宝而被镇伏。所以，如果修持善法，那就会避免死亡。此外，死者还可以作为神而降生，感动所有的菩萨和解脱所有罪人。其功效是难以形容的。避免死亡之法，已由过去时代的无数佛陀作了清楚的阐述。如果修持这种挽救死亡的法，即修持大咒，那就可以在自己所希望的地方诞生。因此，这就是《大佛顶尊胜陀罗尼经》。对于死者来说，生命已衰竭，应按仪轨修持。

密教徒穿白色服装，在思想上回忆起了神咒并建筑了一个矩形戒坛。他以向上抛各种花朵和神香而进献供品。他在清楚地思念如来的时候，便作跪拜。他合十、屈食指并以拇指挤压尖头物。他作出了一种如同奉供品一样的动作，念了108次咒。接着，他又在白芥末粉上念了21次咒语，然后将这种芥末粉撒在尸体上。这样一来就逃避了恶道、地狱、畜生之道和死亡之主（也就是饿鬼）界，死者可以转世在上界。

即使不能作上述如此广泛的修持，有关这种咒的所有修持仍是有益的：经文、对经文的凝视、读经文、向他人解释经文、诵读经文、向一座窣堵波中奉献和存放经文。

另一方面，如果将这种咒语系在一条幡幢的顶端，再把这面幡幢或置于一座高山上，或置于屋脊，那么仅仅能看到它，被其阴影触及，或被曾触及过它的尘埃所触及，或被曾触及过它的风所触及，那么所有这些有害因素都可以被涤除，地狱就会被抛弃，烦恼就会灭绝，完全属于畜生界和死亡之上（即饿鬼）界的苦厄都会被消除，短命和恶运也都会被排除。这样一来，人们就可以避免恶道，在福地上界转生。一旦看到了咒，在8000劫以来积累的行之污垢，都可以不留痕迹地被涤除。

应天神的儿子仁钦的要求，所作的阐述完。本写本系由曲旺抄写和复校。

《生死轮回史》与其他敦煌藏文文书的关系

正如我们已看的那样，释迦牟尼佛所布讲的和本历史的全部内容，都会导向大佛顶尊胜陀罗尼，其本身并没有出现在该历史的行文中。尤其使人难以理解的是，该文献似乎确实是完全结束了。

现在共存在有两种假设。

第一种假设认为，本历史是作为于印度发祥的《大佛顶尊胜陀罗尼经》的藏文序言，而出现的。该经文在敦煌藏文写本中占有很大比例。

这种假设并不会使我们感到完全满意，因为它没有考虑到我在本论文写作过程中，所提出的内容，即在《生死轮回史》的藏文标题中存在有“章”或“节”字，伯希和敦煌藏文写本Pt. 218号第khma页在《生死轮回史》的题跋，以及《通向神域的道路》之后的第3行开始处，有两处“转世”。这后一部文献写在本历史行文背面，它在伯希和敦煌藏文写本Pt. 366—367号和印度事务图书馆第151号写本中，共出现过两次。

第二种假设是把本历史看作是一部更为重要的文献仅存的第一部分，它继此之后可能论述了陀罗尼。

“转世”这两个词恰恰位于本历史的题跋之后，它可能是一篇新文献的开头的内容；它更可能是新的一章的开头，而这一章又是一部更为重要的文献的第二部分。第一部分正是本历史。

至于《通向神域的道路》的行文，它形成了同一部文献的第三部分。

现在我们来看一下这些不同内容之间的关系，以及我提出假设的基础。

从1938年起，《通向神域的道路》就成了拉露两篇论文的内容[1]。抄写于伯希和敦煌藏文写本 Pt. 239 号另一侧的文献（我用《转世》来称呼它），已由石泰安先生翻译[2]。最后，麦克唐纳夫人从一种新的角度，研究了这些文书，并证明了它们之间的密切关系。

《通向神域的道路》中的第 1 句话是："接着是对死亡道路的论述。"伯希和敦煌藏文写本 Pt. 733 号的最后一页以及 Pt. 239 号末尾的封底都提供了一个标题：《通向神域的道路》。这就说明这两篇文献的阅读顺序应如下：首先是《转世》，然后是《通向神域的道路》。

第一篇文献《转世》共包括 6 段。它是直接针对死者和间接针对举行殡葬仪轨的生者的。在每段开始处，作者都指出有关转世的前佛教术语。诸如"身体的帐篷"，"母系亲属"、"纯洁的种子"等。我们尚不能恰当地确定这些术语的意义："圈中的羊"、"马"和"受亲属尊重的牦牛"，这都是一些前佛教宗教的殡葬仪轨中，所使用的引导亡灵去阴司的牲畜。作者抨击了使用它们的作法，建议用佛教仪轨来代替，尤其是念诵两种陀罗尼，但他没有具体指出是哪两种。

然而，我们还记得，释迦牟尼在本历史中警告仁钦，要防止某些应受抨击的修持，包括用水牛、山羊和绵羊等牲畜祭祀（第 3 章，2c）。因此，我觉得该文献似乎发展了本历史中的一段，从而使它更适应古代吐蕃的宗教背景。我们可以把它看作是本历史的补充，它为注释本历史提供了线索。

在第二部文献（也就是《通向神域的道路》）中，作者最终阐述了需要念诵的三种咒，它可以使死者避免三恶道。这就是观

① 直到现在，我一共发现了该经文的五种完整的或残缺的写本：伯希和敦煌写本 Pt. 37—Ⅱ、239、366、367（这后两种残卷被算作一卷）、737 和印度事务部图书馆敦煌藏文写本 or. 151 号。

② 《有关吐蕃苯教殡葬仪轨的古文献》，载《亚细亚学报》，1970 年，第 155—185 页。除了已指出的这一文献的写本（伯希和敦煌藏文写本 Pt. 239 号和印度事务部图书馆 or. 504 号）之外，我们还可以补充以伯希和敦煌藏文写本 Pt. 37—V 号和印度事务部图书馆 or. 56 卷，第 25 页（其中也包括有该文献的部分内容）。

音咒、虚空藏咒，尤其是涤除恶道咒，我们即将解释他们在这种背景下的重要意义。文中最后论述了通向天神的圣地、特别平安和幸福地区的道路。

有关涤除恶道咒的问题。这里是指在《佛顶尊胜怛特罗》中论述的根本咒①，该经文在敦煌藏文写本中有大量的代表作②。正如其标题明确地指出的那样，这种怛特罗的目的是“涤除所有的恶道”，与《大佛顶尊胜陀罗尼经》中怛特罗的目的完全一致。

所以，我们在《通向神域的道路》之末，所发现的不是在本历史中宣布的《大佛顶尊胜陀罗经》中的咒语，而是《佛顶尊胜怛特罗》中的根本咒。虽然后者与前者具有共同的目的。抄经师可能更喜欢涤除恶道的根本咒。因为它们虽有相同的目的，但《佛顶尊胜怛特罗》比《大佛顶尊胜陀罗尼经》中的咒语更便于记忆③。从佛教皈依的观点来看，其中没有任何矛盾。因为这两种咒语具有同样的目的——救度恶道。稍后，大家更喜

---

① 北京版《西藏大藏经》第116号，第5卷，第84页。大家还可以参阅拉露：《通向死亡的道路》第45页。

② 我掌握有关这卷佛经相当多的写本，它们以不同形式出现。

这同一咒语也出现在一篇叫作《调服三毒》的经文中，即印度事务部图书馆 or. 420 和421号写本（完整）、第720号（残卷）和伯希和敦煌藏文写本 Pt. 37号（开头已残）。该文献声称下列三种咒语是调服三毒的良药：一、《佛顶尊胜陀罗尼》；二、一种我暂时无法考定的神咒；三、观世音咒。这后一种咒语是著名的六字真言：唵、嘛、呢、叭、咪、吽，一般人都认为这一咒语在敦煌藏文写本中阙如。参阅今枝由郎：《敦煌藏文写本中的六字真言简析》，载《敦煌学论文集》（《东方高等研究丛书》第10卷，1979年日内瓦—巴黎版，第71—76页）。

我同样还在伯希和敦煌写本 Pt. 389号中发现，在此密教经文中论述的曼荼辣之一，释迦牟尼像即位于其中心。拉露在发表这卷本的时候（《论敦煌的一种护身符，陀罗的连祷文和〈佛说大白伞盖总持陀罗尼经〉》，第4卷，1936年，第135—149页），未能考证这一曼荼辣，而是深入地研究了引自《佛说大白伞盖总持陀罗尼经》中和写于曼荼辣上下边缘上的陀罗连祷文。在图像方面，我参阅了北京版《西藏大藏经》第116号，第5卷，第35—36页和以下研究论著：

酒井：《论八瓣曼荼辣》，载《密教文化》第87卷，1967年，第5—18页。

氏家明生：《〈大白伞盖总持陀罗尼〉中的曼荼辣及其冥想》，载《密教研究》第7卷，1975年，第27—41页。

③ 我于此根据日文的《〈大佛顶尊胜陀罗尼经〉不同译本研究》而提到了这一咒语，载《密教研究》第68卷，1939年，第38—40页。

欢的则是《佛顶尊胜怛特罗》中的根本咒语，而不是释迦牟尼的咒语。更为合乎情理的事实则是在各种抄本之间已流逝了一段短暂的时间，这里是由数位抄经师写成的。

然而，就我所知道的现状来看，我不能认为这种假设已得到了完全的证实。因为我觉得尚没有发现同时和按我假设的顺序记载三种经文的写本。此外，如同由其他敦煌写本所证实的那样，这三种经文却是各自独立写成，或者是其他经文写在一起的。

因此，我被迫作出假设。但似乎唯有我对作品的假设，才能说明纸页上所写的句子。《转世》和《通向神域的道路》明显是独立于本历史之外的，“章”字突出地出现在本历史中。最后，在本历史的范畴内，大佛顶尊胜的咒语之秘密，始终都仅仅是提到，而从来都未曾被阐述过。

把我们本历史与其他敦煌文书联系起来，就会使我们打开新的视野，从而改进对它的理解。因此，现在就再回到我们的《生死轮回史》问题上来吧。

当俄巴尔王暴卒时，任何人都不会改变这种新局面。因此，俄巴尔王杰出的儿子仁钦，想到了其父的苦厄和害怕他无法到达幸福与平安的地区之后，便前去寻求生死教法。仁钦向每位大师都询问：“怎样做才能使家父还阳和会见他？怎样做才能使他得到安宁和幸福?”

正如我们已看到的那样，仁钦在这种形势下的态度，完全是佛教之前的宗教向其信徒们推荐的对待生死的态度。

在这方面，释迦牟尼佛的回答，非常值得作一番分析。

在简述了行的报偿理论和众生死亡的不可避免性之后，他又抨击了某些殡葬仪轨（包括牲畜祭祀），并说道：“愚蠢者和陷入迷途的人，修持所有的谬误之法，同时又错误地希望它们能避免死亡。我们应该知道，他们修持的所有法，仅会产生灾难而不会避免死亡。”后来，他提到了（但却没有陈述）《大佛顶尊胜陀罗尼经》的咒语，将其仪轨看作是唯一不堕入恶道，并能到达平安之地的上界之唯一可靠手段。

本历史的正文于此结束。因此，它从佛教角度叙述了对避免死亡之法的追求。事实上，佛教徒们面对的是充满着巫教信仰的居民。因此，他们无法武断地把新宗教观念强加给这些人，必须使用一种“教育法”。我们就是这样面对仁钦的故事，这一故事发生在“过去”，可以作为“起源故事”。在研究避免死亡办法时，它可以证明佛教有效性的作法。

我们现在应该关心本历史的作者问题了。任何一卷写本都未曾提供过有关这一内容的资料。伯希和敦煌藏文写本 Pt. 218 号（载有该历史结尾的唯一抄件）仅仅提供了其抄经师。因此，诸如梵文标题的存在、本历史中使用的起源于印度的大藏经资料，以及作者的匿名等，都会促使我们想到，这里是指译作藏文的一部印度经文。但对本历史的分析和释读却向我们证明，它只能是一位熟知吐蕃社会环境的人。

我不能根据梵文标题的存在而提出一种假设，即认为本历史是一部梵文著作的译本。正如我们已经看到的那样，梵文标题没有多大意义，我们所掌握的无疑是酷似“疑伪经”之类的假想标题。

此外，本历史以及最早用散文写成的大藏经史料，此时则都改用七言诗书写了。

此外，我们还从中发现了典型吐蕃风格的三音节象声词，如“扑噜噜”、“悉利利”和“镝利利”。这样一种文字灵活性，出现在一部从其他语言译来的著作中，却是很难设想的。我觉得更合乎情理的，则是认为本历史是由一位非常熟悉大藏经的操藏语的文人写成的，他从大藏经中汲取了史料。

另一方面，我们在本历史中发现了某些无法否认的吐蕃内容。仁钦在其父死后问道：“怎样做才能使家父还阳和才能会见他？怎样做才能使他得到安宁和幸福？”这是佛教之前的那些修习者们面对生死而采取的态度，本历史中的这一内容反映了古代吐蕃的宗教气氛。

作者引自《庄严宝树经》的段落（我已于上文做了研究），

于此是很有意义的。仁钦遇到的前三位大师的名字被彻底传讹了。所以，他们在本历史中被分别称为“在三世拥有神力的天神的国王”、“地下具有魔力的神王”、“中界强大者”。他们名字的辞源向我们清楚地表明，这种变化是因为据吐蕃传统认为，他们的名字能够覆盖普天下。

我们可以发现的其他变化，也是由于同样的思想而产生的。其目的是为了使印度史料更能符合吐蕃的形势。

所有这些看法只能加强我的假设，即认为本历史的作者是一位信仰佛教的吐蕃人。这就是印度事务部图书馆第 345 号敦煌写本中出现的虚设梵文标题，我完全可以认为本历史是一种吐蕃“伪经”。

至于本文献的时代，我只能根据自己所掌握的有限内容，而提出一种假设。

十分遗憾，我的古文学知识水平，不允许我编制敦煌藏文写本的年代。它们从 7 世纪直到 10 世纪，但任何以写本的物质外观为基础而断代的作法，都是不可能的。因此，我就试从本历史的内部来汲取资料，

正如我们已看到的那样，作者使用了某些来自印度的佛经。这些佛经最晚是在 824 年就被译作了藏文，因为在这一年编辑的《登迦玛佛经目录》中就已经都提到它们了：《庄严宝树经》，第 24 号；《寿限经》，第 284 号；《佛顶尊胜怛特罗经》，第 323 号；《大顶尊胜陀罗尼经》，第 348 号；《阿毗达摩俱舍论》和其他类似经文，第 686—691 号[①]。

另一方面，我已发现某些佛教术语，并没有遵循 814 年确定的佛教辞书《翻译名义大集》对此所作的强制规定。

当我指出本历史是于 800 年左右写成的时候，肯定不会错，当时正继墀松德赞王宫采纳了佛教和吐蕃第一座佛寺桑耶寺的建

① 拉露：《墀松德赞时代的佛教文献》，载《亚细亚学报》第 241 卷，1953 年，第 313—3533 页。有关这一目录的编纂时间，见山口瑞凤：《古代吐蕃佛教系年》，载《成田山佛教研究所纪要》第 3 卷，1978 年，第 18—20 页。

立之后，但这一切并没有导致吐蕃人立即摒弃他们祖先信仰的佛教之前的宗教。

结　论

正如我们于开头处已看到的那样，在敦煌藏文写本中存在着有关这一历史的9卷写本。除了那些大藏经文之外，对于同一种经文来说，这是一个很大的数字。因此，很明显，尽管本历史中存在着能引起正统的佛教阿阇梨们注意的不正确处，但它完全可以传入当日的吐蕃社会，无疑也可以广为传播。我于此不再重复本历史的内容了，但它在吐蕃佛教之前的宗教信徒们心目中，证明了佛教在寻求避免死亡法中的有效性。

在《转世》（本历史的读文）中，于佛教之前的宗教中占有非常重要地位的殡葬仪轨都被抛弃和传入佛教修持中了。

最后，《通向神域的道路》（同一卷写本中的第8和最后一页）说明，死者由于三种念诵的咒语（尤其是清除恶道的咒语）便可以逃脱三恶道和到达天神的乐土、非常安宁和幸福的地区。然而，本历史的主人翁恰恰就是希望把其亡父送住这一地区，这也是在吐蕃佛教之前的宗教中，死者们都想到达的目的地。

因此，我们可以发现两种事实：

首先，本历史中的仁钦充满了佛教之前的宗教思想，当时的所有吐蕃人都像他一样。

其次，《转世》和《通向神域的道路》（无疑还应包括本历史）都处于一个时代的交叉点上，这就是佛教之前的仪轨变成佛教修持的第一个阶段。因为我们在这部文献中，可以发现一些为抵达天神的乐土而念诵的咒语。这种非常平安和幸福的地区属于佛教之前的宗教。机警的佛教徒们未能立即改变死后达到的目的地。在吐蕃人的思想中，仍保留了巫教的目的，没有能够把非常抽象的“死后”概念强加给他们。他们更喜欢首先向仪轨，即向达到这一目的的手段进攻。他们也可能觉得这些仪轨似乎更应受到抨击，并完全与佛教相对立，因为它们被指责误杀牲畜，甚至是人类。同时，他们一方面试图在佛教之前的宗教术语中，找到一种符合佛教教理的意义；另一方面，他们又试图把土著概念移植到其近似程度不同的佛教观念中。完全如同在印度之外的其他许多地区一样（印度是佛教的发源地，佛教已在那里传播），它以其某些因素而适应属于不同社会背景的注意力和传统，它首先在吐蕃社会中得到了适应，后来又在那里超过了吐蕃巫教。从此之后佛教一直主宰吐蕃人的命运。

我们很难知道佛教的最早传播者们，为此目的而首先推出了哪些内容。因为当时吐蕃存在着其形式相差悬殊的宗教，既有印度的也有汉地的宗教，除了大乘佛教之外还有密教。事实上，敦煌藏文写本确实证明了佛教形态极端的多样化。其经文都被译成了藏文。因此，仅仅在经过对与敦煌写本同时代的所有文献，进行仔细的和全面的研究之后，我们才可以理解佛教渗透入吐蕃人中的过程。

然而，对我们刚才分析过的文献之研究，已经向我们说明了一种有意义的特点。考虑到佛教之前宗教信徒们对生死的关注和两种经文（《大佛顶尊胜陀罗尼经》和《佛顶尊胜怛特罗》，在我们的佛经小册子中，它们是用于反对佛教之前的信仰的）的共同目的，我们可以说，佛教的面貌之一（早期的传播者强调了这一点，巫教的修习者们对此也非常敏感）是三毒烦恼理论中令人鼓舞的一点，也就是转生为神的可能性，至少是避开恶道。从教理观点来看，这一切远不是佛教修持者的最高目标。

（原载日内瓦—巴黎1981年出版的《生死轮回史》一书）

西藏的印度神话

石泰安

所有人都知道，佛教保留了印度万神殿中的许多人物。他们在小乘中就已经存在。其数目在大乘中大幅度增加，在金刚乘（密教）中则更为显著。印度神，尤其是湿婆最早仅限于配角地位的神，最终却扮演了一种重要角色，尤其是在仪轨书中更为如此。他们也被奉为新形式的楷模。该万神殿主要是由于图像而为人所知，其作为主角人物的神话故事却不大为人所熟悉，往往是以只限于暗示的片断故事存在。随着佛教在吐蕃、西域、远东和东南亚的传播，这些人物也在不同地区获得了新的形貌。

这种同化有时如此强烈和如此深刻，以至于宗教史学家们都辨认不出其印度原形。至于吐蕃，大家有时则倾向于把那些神祇、法器、仪轨和故事视为土著的或前佛教的。它们与一种被认为是标准的佛教形式相比较，则显得脱离常规或反常。大家更乐意称之为“苯教徒”。但其中有一部分，至少吐蕃人认为是属于苯教的那些，似乎派生自湿婆教①。

本处仅仅涉及的辞源问题，也就是有关神祇们那长短和完整程度不同的故事。某些故事由于被译作藏文的佛教文献——经和

① 请参阅石泰安（R. A. Stein）：《西藏的文明》，1981 年巴黎第 2 版，第 201—202、205、215 页和注[245]。

续而传播开了。我最后是将这一切都系统地检出。大家于此将会发现某些神话的印度起源，吐蕃人可能直接通过译经而了解到这一切。

提醒大家注意一种特别有意义的史料之功劳，应该归于图齐(Giuseppe Tucci)。这就是怛特罗《闪耀的火焰》（北京版《甘珠尔》，大谷大学大藏目录第466号）①。他以其惯有的远见卓识而指出，这部续的第一部分具有某种“惹人注目”的特征，其第二部分表明了受“苯教思想的一种感染”。它确实是一种相当混乱的长篇故事，主要涉及了黑色女神（Kāli）、天女（Devi）、摩天（Camundi）、罗摩底（Remati）等，它把各种神话混合在一起了。最后间断性地出现了某些并非真正苯教的神，而是由于纯藏文著作才为人所知者。针对风神（Rudra）的专题研究，我曾在一年的授课时间内研究过这部怛特罗②。本处仅限于指出某些数据。

这里是指“古旧续”（rñing-rgyud）之一，它们被宁玛巴之外的其他教派视为非真实的续。其题跋中既未指出作者，又未提到译者。但它指出莲花生大师最后面对其弟子朗贝吉僧格(Glañ [Rlañs] dpal-gyi señ-ge)念了一种咒语③，在这部分中，十首(Dasagriva）冒险故事系引自《罗摩衍那》。然而，该故事中的

---

① 图齐：《西藏画卷》，罗马1949年版，第218—219页。北京版《甘珠尔》第466号，德格版第842号。大家还可以参阅图齐：《喜马拉雅地区的印度神像》，载《泰东》杂志，新编第7卷，第1—2期，第172—173页。作者联想到了9世纪时的古格和普兰王国，同时也提到了他认为历史已经很悠久的苯教和赴冈底斯山的朝圣进香。对于湿婆教、佛教密宗和苯教的情况，请参阅图齐和海西希：《西藏和蒙古的宗教》，巴黎1973年版，第59、99、254页注[18]，236页注[3]和第247页。大家于本文注释中还可以看到这个问题。

② 《法兰西学院年鉴》第72卷，1973—1974年授课纪要，第517—519页。

③ 大谷大学西藏大藏经目录的作者们错误地指出，“由莲花翻译”。事实上，我们可以在文末读到一种祈祷诅咒（“愿敌人被摧毁”）之后，便紧接着这样一句话：“所讲的正是这一切，由莲花生向……传授。”由施密德编写的德格版的《甘珠尔目录》（《甘珠尔引得》，圣彼得堡1845年版）中的《旧续》一节尚付阙如。《宁玛巴续部大集》的刊布者晋美林巴（’Jig-mod gliñ-pa，18世纪人）于其目录（第23函，第237页）中指出，这部以及其他怛特罗是由女神（财宝神）自己念诵的，已由属庐鲁益坚参（Čog-ro Klu’i rgyal-mchan，9世纪初叶）翻译。

专用名词都具有大家在保存于敦煌写本中的《罗摩衍那》藏文本里发现的那种藏文形式（如罗摩底的女仆牙恰科日、普巴拉、达恰日巴等）[①]。因此，该怛特罗可以断代为公元1000年之前。另一方面，那些让图齐联想到一种苯教影响的名词，又出现在《神鬼遗教》中了，它们于其中也与十首故事相联系。这部14世纪的著作（伏藏）的作者，确实受到了该怛特罗的影响，同时又向苯教的《金钥》借鉴了某些内容[②]。

图齐先生（同上引书，第218页）就已经把怛特罗标题中的荼伽女火舌（dakini Agnijihvā）考证为火舌龙王（黑色女神）。它确实被称为"黑色女魔火焰"（怛特罗第175页）。"火舌"一名系指同样也被称为"骡马口"（Vadava mukha）的地下火山。然而，这后一个名字也以其藏文形式出现了：gnod-sbyin rGod-ma-kha。它在《神鬼遗教》（第15页）中是作为十首（楞伽岛的罗刹）的女友而出现的。女神又被称为黑色女神罗摩底。这尊女神变成了龙女（klu-mo，第177页），并作为妖魔Ri-ti 'goṅ-hāg的女儿而转生。后一个名字也在《神鬼遗教》中作为Re-te mgo-yag魔的国王而出现，同时也出现在苯教的《金钥》中（第2函第262页）。在怛特罗中，女神又叫作贝拉摩纳摩（吉祥女神或黑色女神），其侍女叫作多吉洛摩仁（金刚洛莫仁夜叉，第178页）。可是，此女却以Glog-ma sprin（雷电交加之女魔）的

① 有关藏文文献，请参阅石泰安：《古代吐蕃文献汇编》I，载《法兰西远东学院通报》第68卷，第291页及参考书目中所列巴尔比尔与戴琼的书。在1974年4月29日的一封来信中，戴琼（De Jong）先生非常乐意地向我指出，女仆的名字富巴拉出现在藏文本的《罗摩衍那》中，系自梵文Phūrpah-akhā派生而来，也就是其正确写法pūrpanakhā的变形。但他未能考证清楚十首之妹聂顿则的名字。他向我指出，Remati和Kamalà等名字似乎并未出现在《罗摩衍那》中。相反，大家于其中却发现了该怛特罗（第171—172页）中的两只弥猴'Pal-le和mGrin-bzaṅ的名字，在藏文本《罗摩衍那》中作'Ba'le和mGrin-bza。在这后一种文献中，毗湿奴（Visnu）被写作Byi-snu，出自于"吉祥结"。在怛特罗中，这就是毗努恰的吉祥结。

② 见布隆多（A. M. Blondeau）《神鬼遗教》（载《拉露纪念文集》，巴黎1971年版，第54、56、62—63和72—73页）中有关这些人物的情况。在《金钥》中，达恰日瓦和雅恰阔日也出现在杀害中原国王的妖魔名字之中了（第13卷，南木达克1965年版，第760页）。在《大宝集之无垢续》中的情况也如此。

形式出现在《神鬼遗教》中。

对这篇文献需要作一些更加深入的研究，我于本处应该补充说明，被认为是“疑经”的其他怛特罗提供了有关降伏风神——大自在天（Rudra-Mahaś vara）的故事中的一些异文，它也在有关莲花生的伏藏中作了重复①。最后，在同一批喇嘛教和苯教的伏藏中，吐蕃的一个著名地方“死者之都”（Pretapuri）同样也属于密法范围的某些“古旧派”怛特罗。失败的风神之身变成了以 3×8 为特征的一片地盘，也就是说是与女神和部分身体有关的 24 个地区②。第 17 个地区就是“死者之都”，它与“性”有关系。在那罗巴（Nāropa）的一部由玛尔巴（Marpa）翻译的著作中（二者均为 11 世纪人），该地的地望被比定在印度（rGya）或者是指汉地和吐蕃之间。其地貌特征是“沟壑”和“山口”③。“沟壑”（ñam-grog）便变成了吐蕃的称号或形容词。

另外一部“古旧”派怛特罗是于 11 世纪翻译的，其中将 24 个地区的名表罗列了两次。第一次讲到了 Grhadevata（家神），“自然诞生的女儿”居住在那里；其后紧接着便是 Khandaroha 居住的“死者之都”（北京版《甘珠尔》第 18 卷，第 113 页），这是金刚荼伽女的密咒。其中第二次又声称（第 114 页）“自然诞

① 请参阅我对自己的授课总结，载《法兰西学院年鉴》第 72 卷第 501—510 页，第 73 卷，第 463—470 页；第 74 卷，第 517—519 页。

② 另外一幅 32 小邦的名表中载有同样的名称，但 Pretapuri 却未出现在《佛说大悲空智金刚大教王仪轨经》（Hevajratantra，斯奈尔戈洛夫译本第 1—7 卷，第 70 页）中。有关胜乐金刚的名表问题，请参阅图齐：《印度—西藏研究》第 3 卷，第 2 册，第 38—41 页。

③ 北京版《甘珠尔》第 4623 号（不见诸于德格版中）第 128 页。那里有一个石制性器官，这就是饿鬼。人们在那里会感到饥渴之苦。前一个地区喜马拉雅山已被考证为冈底斯山（那里也有一个石制性器官），后一个地区 Grhadeva 被比定为“西域”（李域，同样也有石制性器官）。我们必须指出，玛尔巴也修订了金刚胜乐的另外一种小怛特罗的译本（《甘珠尔》第 16 号）。金刚胜乐的另外一种怛特罗（《甘珠尔》第 20 号，第 205 页，译于 11 世纪和修订于 15 世纪）也包括有 24 个小邦的名表。其中的喜马拉雅相当于裤裆，Pretapuri 相当于女性器官，而 Grhadeva 则相当于男性器官。因此，这些地区互为毗邻。

生”的女神执一种摩羯鱼的幡，居住在“吐蕃地区”（Bod-yul）。因此，死者之都 Pretapuri 被比定为吐蕃了①。

仍然是在《神鬼遗教》中，继引自《闪耀的火焰之续》的名称之后，便出现了这样一句话：“吐蕃地区，饿鬼们的死者之都”。这句话又一次（稍早一些，可能为 11 世纪?）被一部苯教文献所使用（《金钥》，德里版本，第 2 卷，第 46 页，译本第 653 页）②。大家从中发现了一些更严重的恶毒言行：北方冲木的格萨尔，死者之都——吐蕃、工布。

对于“古旧”派怛特罗的一种更系统的研究，是势在必行的了。自此，大家会发现它们曾经是把印度的故事和名称，传到吐蕃的原始史料之一。

其他著作也在这种传播中扮演了角色。其中之一就是大狮（Amarsimḥa）的梵文辞书《大辞典》（Amarakoça，公元 6 世纪，或者是 4 世纪的）。佛教徒作者于其中提供了印度教主要神的名字。它以对某些神话的概述而确定了这些神的身份和特征。这部著作以及由须布提—乾达罗（12 世纪人）所作的疏证，都于 12 世纪被译作了藏文③。

其他史料则更为明确和古老一些（大约在公元 1000 年之前）。第一种史料非常著名、并且经常被西藏作家们引证。这就是《自动优胜赞》及其疏注文（北京版《丹珠尔》第 2004 和

---

① 在此之前（第 108 页），同一部怛特罗又将女性性器官考证为饿鬼的居住地和家神之地。布顿（Buston）将喜马拉雅山考证为冈底斯山和统称的吐蕃。Pretapuri 被考证为普兰，Grhadeva 则被考证为西域（李域），请参阅他对金刚胜乐的译本，这就是《密宗胜乐要义注解》（布顿的著作，《百藏》版本第 40 卷，第 54 页）。感谢噶尔美先生盛情地向我提供了这种资料。

② 请参阅石泰安：《西藏史诗和说唱艺人的研究》，巴黎 1959 年版，第 297 页；布隆多：同上引书（注[6]）第 73 页。我于 1959 年引证的苯教文献《苯教王统记》应上溯到《金钥》。

③ 北京版《丹珠尔》第 5787 和 5788 号（德格版第 4299 和 4300 号）。请参阅菲利奥扎（Filliozat）：《古典印度》第 2 卷第 1546 节。其内容已由于萨迦班智达（13 世纪）的一部著作而在吐蕃广泛传播，即《藻饰词经典之宝藏》以及洛卓登巴的疏注文（甘托克版：《萨迦全集》第 5 卷，东京 1968 年版，第 14 号）。某些神话也由仁钦贝于其对同一位萨迦班智达的《格言集》的疏注文中作了诠释。

2005 号，德格版第 1112 和 1113 号）。这部著作被归于了岱比达保（bDe-byed bdag-po），其译本应被断代为 8 世纪末（仁钦曲和贝则）。疏注文的作者喜饶郭恰（Çes-rab go-čha）生活在 9 世纪初叶，其藏文译文应被断代为 1000 年左右（仁钦藏保，958—1055 年）。

这部著作是对被奉为“最高神（印度教神）”的佛陀的颂歌。例如，世人赞扬他，声称他不像曾有过许多可悲性冒险活动的湿婆（Çiva）那样卑贱。对这类冒险活动（也就是说对于神话故事）的暗示，在疏注文中都被作了明确阐述。

这部书那传奇性的起缘，是颇具意义的。据由疏证者提供的口头传说来看，两位婆罗门兄弟托尊珠杰（mTho［或 Tho］bcun grub-rje）和德切达保（bDe-byed bdag-po）都是大自在天或湿婆的信徒，都精通论部经文。他们希望看到人格化的神，于是前往冈底斯山（Kailása）。在那里他们确实看到了此神，但却发现湿婆正向 500 名罗汉布施。根据湿婆的神谕，他们都皈依了佛教。这种传说由于《嘛呢全集》（第 1 卷，第 34 页）而得以在吐蕃广泛流传，但又出现了一些不同的说法：三兄弟，两名长兄是印度教徒，幼弟则更为喜欢佛教。佛教的优越性是由大自在天决定的，而大自在天却是通向（对于巫术）印度教的一种最迅捷的道路（顿悟之道）。然而，这却是怛特罗的一种特征。

托尊也写了另外一部佛陀赞文，这就是《无上赞》（Viśesa-stotra。北京版《甘珠尔》第 2001 号，德格版第 1109 号），同样也由仁钦曲翻译。其疏证文（第 2002 号）系由仁钦藏保翻译。这都是《无上赞》及其疏注文的几种重译本。非常奇怪的是，同一位作者也撰写了一部大自在天的赞文（北京版《丹珠尔》第 2001 号，德格版第 1111 号），同样也由仁钦藏保所译。在这部经文中，大自在天由于一种经典解释的原因，而被比定为佛陀。这尊“大天神”为“一切神上之神”、“诸神之首”和“神首之首”。由此而产生了佛教的一种称号（尽管初看起来有些奇怪)："天神之教"[①]。湿婆烧毁了阿修罗之城（金、银、铁三城)[②]，这就是被智慧之光烧毁的烦恼。天神所执的头颅是善（byam-pa)，其身上沾满的垢是悲（sñiṅ-rǰe)。他战胜了欲。该湿婆—佛陀曾多次被称为"无上"，它是密教诸大神的原形（最胜、黑汝嘎、好域、金刚戒等)。

佛赞的疏证文是理解印度教神话的一种很丰富的资料。其中列举了诸大神的某些神话，如梵天王（Brahmā)、因陀罗（Indra)、湿婆、毗湿奴（毗纽天，Visnu)、五众（Skandha)，金刚（Vajra）的原形、《摩诃婆罗多》（Mahābharata）和《罗摩衍那》中的故事等。它为神学家们提供了识别标志，从而为作为吐蕃人先祖的鲁帕底之传说，传入吐蕃提供了一个时间（公元800—1000年间)。鲁帕底国王化妆成女子，并逃亡到喜马拉雅山中："根据地理学知识，现在已经是大家称之为吐蕃的地方了"（第2005号，第24页)[③]。

该文需要同时具备印度学家资格的神学家作深入的研究。人们有时也要指出多种传说。现在已经提供的文本，在细节上并非始终都与大家可以在论述印度神学的西文著作中得到的内容相吻合。众所周知，这同样也是《罗摩衍那》藏文本（敦煌写本）中的情况。

另外一种文献对于了解有关印度神话传入吐蕃，并被同化的整个过程都很重要，但却不大为人所知。使它具有意义的因素，是其疏证文未被保存在《丹珠尔》中，但却出现在敦煌写本中了。我这里是讲续部《召请密宗三续》（教义摘要本，北京版《甘珠尔》第470和471号，续部；德格版第846号，陀罗尼部)。其作者和译者均不为人所知。我仍在敦煌写本中掌握有许

① 《翻译名义大集》第16条。对于印度学家和佛学家们来说，佛陀的这种称号派生于大自在天的称号，或者相反则是后者出自前者。

② 该神话故事已在佛赞中被正确地引证了（第2005号，第26页)。

③ 据内乌班智达年表第64页来看，有关5位般度人（Pāndana）和吐蕃先祖的传说系由日惹（贡丹日巴若吉，约为1300年左右）传播的，他引证了一部佛教经文的疏注文。

多卷抄本（Pt. 2、7、26、27、29、33、209—211；I. O. 366. 1、369. 1、376. 1）。它也是一部很短的有关佛陀（叫作“最大、无上”和“神首之首”）的赞文。这样就使之与我于上文讲到的佛赞之标题很相似了。它是以对三宝的一种赞文为基础而形成的（这样一来，当然可以解释其标题了），但它主要是对释迦牟尼的赞文。该“神”的至高无上性，也因与印度教的神相比较而得以证明（就如同在《无上赞》中一样）。该赞文应被断代为公元800—1000年左右。

正如其异文的标题所指出的那样，该赞文是用于请神到坛场中来[①]。在敦煌写本的其他愿文（汉文和藏文）中，召神也是一种咒语（由此而导致将该怛特罗划分在陀罗尼类中的作法）。它确保了神祇的存在，由此又确保了其功德波及众生祈愿的实施（《丹珠尔》第470号第65页和第471号第65页）。疏证文指出了三宝和所有神祇的中心场所（也就是坛场），甚至包括小神在内（如天神、龙神等）。在这个时代的密教中，大乘的大佛、甚至三宝都具有坛场，而且都使用了咒语[②]。

该疏注文（I. O. 711）非常混乱，多次重复，并很难理解[③]。它在作为咒语而解释其“原文”时，将该怛特罗作了断代：“在开始时，大日如来（黑汝嘎）自色究竟天（Akaniçtha）降临至南方的毗舍利城（Vaiśali，佯巴）。”他在那里被“药王之子”

---

① 怛特罗的原文及其译文已由拉露（M. Lalou）发表于《印度神话》第2卷中了，这就是敦煌写本中的三续，载《哈佛亚洲研究》第2卷，第2和7期，1938年，第128—136页。

② 伯希和特藏中的敦煌藏文写本第2号（拉露目录）是由以下片断组成的：召请十方佛陀、召请大日如来并向他发愿等、为获得菩提的发愿、三续。

在Pt. 1399号（一部《般若波罗蜜多》的残卷）中，我们于第51页的下部发现了向佛、法、僧三宝顶礼的记载，使用了这样的祈愿表达方式：“愿它们保护我和一切众生”（我应感激噶尔美先生向我指出了这段文献）。在Pt. 13中，我们又会相继发现一些伪经的怛特罗：《八阳经》、释迦牟尼和弥勒的神咒（石泰安：《古代吐蕃文献汇编》I，第231页注[22]）。

③ 如果没有桑木丹·噶尔美先生的可贵帮助，那么我就无法完全理解这一切。

(sman-pa'i rgyal-po'i bu)[①] 剃度为僧。这里很可能参照了另外一部怛特罗（同样也被分在陀罗尼部）。这部怛特罗被称为《进入毗舍离经》（《甘珠尔》第142和714、978号，全都是复本），译自公元9世纪。其中“召请”了“大神、神中之神、诸神之首”佛陀，还召请了其他许多大大小小的印度神祇，并且还使用了神咒。这部怛特罗之后附有许多类似文献（第143—150号），其中的佛陀和大日如来都拥有为罪孽者涤罪的神咒。

完全如同《无上颂》一样，怛特罗《三续派》列举了已知的印度神：婆罗门、因陀罗、四大天王（大日如来除外）、四方守护神（火神、阎王、水神、风神）和大域氏、日、月、星辰、毗湿婆、誐弩钵底（Ganpati）、竺难提（喜，Nandi）、迦剌底迦（Karttika）、大神王（Mahākāla）、竺大力（Mahābala）、十首（Daśagriva）、猿将（Hanumanta）、吉祥天（Śri Deva）、恒河女神（Ga'ga）和琰母那（Yamuna）等。其他的神灵则不大为人熟知、并且属于“民间神祇”的范畴：大臣、将军、其妻子儿女、许多夜叉（但其名字却未出现在《翻译名义大集》中，唯有山樵神例外，见第3377条；其紧接着下面的一条“冰川居民”却未出现于其中）、仙人和持明（无明），他们与“雨云”、“丰收之神”、“路神”、一系列女子（七母、四女魔、四姊妹、大迦利、顶髻母、吉祥天女等）以及一大批青年人在一起。

正如在怛特罗《闪耀的火焰》中一样，参阅《罗摩衍那》的地方占据了很大篇幅。专用名词的形式，在此问题上仍然与在敦煌写本中一样。在《三续派》中，十首是以其藏文名称 rin bču 的形式被提及的，而大家在疏注文里（第5和8页）则称之为 Yag-ça khore 和 Da-ça gri-ba（以及 'Da-ça gri-ba）。该怛特罗中提到了哈答曼陀以及其他强大的神。疏注文在这个问题上提供了

① 这种记载在第12页中又作了更为清楚的阐述：“对三续的诠释。在开始时，贝南巴囊扎白色究竟天下界，受药王扎布巴的儿子皈依，这样一来他就获得了大圆满。他降伏了妖魔，集聚了诸神的亲信，解释了怛特罗的机会……”该怛特罗的标题又出现在第6页中，其中声称：“如果大家完成仪轨而又未见到三续，那就会转生到地狱。”

《罗摩衍那》中的一个故事。为了摧毁魔军，哈努曼陀穿过了帕西和印度河，并且还战胜了魔军。由此而派生出了其名称“大威”。另外一个故事（第9页）解释了女神其旺拉莫（Chig-dbañ Lha-mo，字力）的名称。我不知道此名的同义词，但该故事却是有关冷河（Sita）的。当时有两兄弟，均为夜叉国王。长兄的妻子是一个魔女。由于她诞生时的一个恶兆，所以她被置于一个小锅中，并被丢弃在一条河中。夜叉国的农民发现了她，国王便娶她为妻。她后来被妖魔掳去，接着又被夜叉们夺回。这些夜叉们发现她如同一尊女神，便称之为“奇旺拉莫”（独眼金刚女神，独目自在女神）。

疏注文既未被断代，又未指出其作者和译者。我可以把它断代为10世纪。其作者解释了那些神祇的名称和孤立的名词，有时也提供有关这些神灵中某一位的简单故事。某些特殊的名词和文字又出现在被认为是“疑伪经”的其他“古旧”派怛特罗中了[①]。但形成这部疏注文的特征并使之具有意义的因素，是它将密教中对古文字经典解释的作法运用到大乘的佛陀、三宝和印度诸神中去了。这种强词夺理的解释，导致了对某些错误的辞源的使用。

在引证了由怛特罗提供的皈依三宝的一句话之后，疏证者又补充了一个音节 ā、并提供了最早的故事。妖魔的500个儿子看见火光后逃之夭夭了，火光是以黑汝嘎的“心之所现”而出现的大日如来之威严。此人带着大批金刚自天而下界，金刚烧毁了妖魔的这些神子、并产生了降伏它们的神咒。但怛特罗中被用于

① 大家于此使用了动词“前往”（doñ-ba = soñ-ba）和“皈依”（skyabs su do ba，第1页），但有时也作 skyabs-su soñ-ba（第1页），其古词为 sñum（过去，第1页）。对于风神，大家却使用了 ma-tañka-ru-ma（第6—7、9和12页），就如同在三续的怛特罗中一样。从全面来看，作者使用了印度词汇（石泰安：《吐蕃古代文献汇编》 I），如用 de-bžin gçegs-pa（第1页）来指如来。众所周知，“汉文辞汇”中将如来译作 yañ-day gçey-pa。非常奇怪，在怛特罗中（《甘珠尔》第65页，敦煌写本 Pt. 209 第1页），大家在作为诸“耆那”中的大批小神中便讲到了 yañday ces 和 yañ-dag rgyal-ba。在其疏注文中（第7页），这句话又被引证作 yañ-day gçegs 和 yañ-day rgyal，被用“神圣罗汉”作了解释。

指佛陀的这些称号，于此却被用于了黑汝嘎（最胜）。当怛特罗声称佛陀是“天地之主”时，疏证文将此视为黑汝嘎和金刚大士（Vajrasattva），它们如同天地一样不可分割。黑汝嘎和大日如来之间的关系，在怛特罗的“风神”（四方的守护神）问题上，得到了更好的详细说明。其中声称（第3页）共有三种“风神”：1. “心风”；2. “语风”；3. “意风”。它们被分别比定为：1. 金刚大力；2. 牛鸣；3. 大日如来。在有关女神的问题上（第12页，以一种比较含糊的方式）和重复最早故事时，又一次提到了大日如来和黑汝嘎之间的关系：在讲到大日如来从色究竟天下界之后，便具体解释说产生了一些相继的化身（化身的化身），共分为五种种姓。这就是：“心的化身”师利·黑汝嘎、风神、金刚大力和十六种瞋恚（Krodha）。对黑汝嘎和风神的暗示都是在一份小神（夜叉、龙等）名表里作出的（第6—7页），但它们之间又没有明显的联系。在怛特罗中有关女神及其儿子们的问题上，其中又指出（第5页），继黑汝嘎之后的“儿子”便是大悲（Karuna），其最亲信者是女神——部众中的女童子军之首无意识（Pramoha）。文中稍后又讲到了黑汝嘎和大悲，并解释说大悲降伏了无意识并与之媾和，它是黑汝嘎的“心之化身”。

文末又一次重复了其故事的原形（第13—14页）。为了降伏世界之树脚下的“七母”，大日如来从其身体中制造出了一些大家分为内外的化身。外部化身是“化身之化身”，这就是五种姓。相反，内部化身是“心之化身”，也就是师利·黑汝嘎。

文中继续讲述有关起源的故事。黑汝嘎被称为“师利”（吉祥），是因为它被比作了太阳。人们首先希望以五种姓来镇伏妖魔，这次行动未能成功，黑汝嘎将空中的天和金刚界结合于自身之中。这样就必须自天降下大批金刚，魔鬼便会归降。

这一部分故事无疑是指通过“解脱”（断灭，处死）而降伏的人。其下文又解释了通过“交合”而降伏女子的方法。这些女子扰乱了尸林，大悲喜欢与她们“交合”。黑汝嘎以一个骑白马的白人之外形出现，在七日间作出了这种解释。他通过盟誓而抓住了摩登伽，并且以这种方法降伏了他。他的全部亲信部突然间皈依了黑汝嘎。当时有一种神咒可以很快地请来黑汝嘎和召来诸魔。

这些故事暗示了大家特别是在怛特罗《密意集》（《甘珠尔》第452号）中发现的降伏风神的传说，莲花生遗教的伏藏（《莲花生遗教》）和《掘藏宝库》就是受到了该经文的影响启发[①]。黑汝嘎是大量敦煌写本中的主人翁。这都是一些仪轨书，其中阐述了密教的两种“解脱”修持，对于女子来说是交合，对于男子来说则为凶杀，这些作法在稍后（11世纪）受到了强烈抨击[②]。

这些批评的目标不仅仅在于某些仪轨和教理的过激行为。它们还指责某些“古旧”派怛特罗，认为这都是印度和吐蕃论著的某些混合物，无论是神灵还是其表达方式均如此。索洛巴（Sog-bzlog-pa）提到了以下的指责：印度和吐蕃语言的混合（《著作集》第1卷，第305页）、佛教和苯教语言的混合（第308—309页），尤其是在陀罗尼（也是印度、吐蕃和象雄语言的

---

① 这与使用《闪耀的火焰》怛特罗者完全相同。我自己在法兰西学院授课时也研究了这一整套内容（与金刚橛的形象有关）见《法兰西学院年鉴》第72学年，第499—510页；第73学年，第463—470页；第74学年，第508—517页。

② 敦煌写本 Pt. 433（第二部分，第一部分是对大跋蓝的颂扬）。大众轮与在8个陈尸所与7名女神交合；Pt. 841（带有交合之坛城）、Pt. 321（带有八种女神等，即交合之坛城）、I. O. 436。这份统计表不太完整，另外一部密教文献却提供了一个大致的时间（840—858年），因为其中讲到了继达摩赞普及其子俄松之后堕落的开始，同时又赞扬了赤松德赞（在一种授记中叫作恰王）。这卷写本就是 Pt. 840，已由噶尔美做了研究：《恰王和金刚乘》，载《献给石泰安教授的密教和道教研究文集》第20卷，布鲁塞尔版，《汉学与佛学论丛》第20卷，1981年，第192—211页。同一位作者曾就由普兰的宗教国王们对密教弊端之批评的问题写了两篇重要文章。这些国王就是天喇嘛益西俄（Ye-çes 'od，其王诰已被断代为985年之前）和齐瓦俄（Çi-ba 'od，其书信已被断代为11世纪初时）。大家还通过宁玛巴学者索洛巴（1552—1624年）对此所作的批驳而提供了这些主要文献（《文件集》，新德里1975年版，第1卷，第5期，第435—444和462—467页）。请参阅噶尔美：《天喇嘛益西俄王诰集》，载《黎吉生纪念文集》，牛津1979年版，第149—162页；《吐蕃佛教徒普兰王齐瓦俄书信集》，载《西藏学报》第5卷，第3期，1980年，第3—28页。

混合物）中更为如此[①]。大家也指责“古旧”派怛特罗提到了某些吐蕃小神。据作者认为，它们不是佛教的神，甚至也不是苯教的神（第310页）。作为例证，我们可以引证 rgyal-’goñ（第305页）、gyiñ-pho 和 gyiñ-mo（它们似乎是门域所特有的神）、gra’-spañs-skyes（雅邦杰）、白色天台乌（gNam-the’u dkar-po）、阿其钦莫（A-phyi čhen-mo）、强玛摩（Çam-man-mo）、阔杰章噶尔（bsko-rǰe Brañ-dkar）以及木神（dmu）、赞神、台乌让、贡神和年神，所有这些神均未出现在印度（第310页）。这样的混合例证确实已在怛特罗《闪耀的火焰》和《密意集》中被指出来了。《三续派》的疏证文也提供了某些例证，从而可以使人理解它可能是在11世纪形成的多种语言和民族的背景。这就是敦煌的背景，汉人、吐蕃人、印度人、突厥回鹘人和其他民族的人在那里相聚和杂居。

疏注文中的两段文字，在这个问题上值得注意[②]。

①大家在怛特罗的小神名表中发现了以下诸神：仙人、持明、雨云、丰收神、路神（《甘珠尔》第651页，敦煌写本 Pt. 209 第1页）。疏注文中的解释令人惊讶（第8页），收成之神是四方的保护小神。它还补充说：“这都是约当策和曲当策等12兄弟及其亲信。”[③] 它还指出了它们的“生命之要素”，也就是产生了它们的字母 ma。

大家在另外一卷敦煌写本中，还发现了被定为“突厥人之神祇”的约当策。这就是在一卷突厥文的敦煌占卜写本中提到的突厥路神（已经被断代为930年的敦煌写本，也可能是摩尼教的写本）。“路神”也出现在有关占卜的写本（也是敦煌写本）中，大家于其中也发现了“耶稣弥赛亚”。Čog 也就是突厥文中的 tä gri（腾格里，天神），但大家尚无法解释该词。我们不知道

① 索洛巴以一个自汉文借鉴而来的词解释了一个藏文词。据他认为，giñ（武士）在寺庙入口变成了 Kañ-kiñ，这后一个即汉文词。这里是指两位力士金刚。

② 我已经在《古代吐蕃文献汇编》I（载《法兰西远东学院学报》第72卷，1983年，第173—174页）中讲到这个问题了。

③ 原文为一段藏文。

谁是12兄弟。

我们是否应该在怛特罗中的印度路神，与将它们比定为突厥神（含糊地，未作具体阐述）的疏注文的解释之间，作出区别呢？对于藏文写本中的同一个名称“路神”（Lam-lha）又该怎样讲呢？它究竟是指一位纯粹的吐蕃神，还是以此名掩饰着的一位突厥神呢？无论如何，大家将会看到，疏注文的作者是怎样在印度万神殿的名表中，引入一些土著内容的。

②第二段奇怪的文字使我们面对的是其他一些并列的守护神：“太阳和月亮、行星和恒星、域龙、大相、将军、保护四方和中介点的女神。”从疏注文来看，大相为因陀罗（Indra）和梵天（Bralmā），女神为乔里（Gauri）或舍里（Ceuri）等（接着是8尊女神），将军是毗湿奴、会主神（誐弩钵底?）、欢喜神（Nandi）、昂星神（Kirtika）、大神王（Mahūkala）、大跋蓝（Mahābala）。然而，针对“太阳和月亮”，作者列举了一个奇特的神话故事，对此使用了密教的一种经典性解释。

（第4页）太阳是一尊女神，月亮是一个女魔。从它们的婚合中产生了三种“解脱之果”、三种“成熟”。三种“成熟”是啊！唵！哞。至于三种“显现”，第一种便是出自一枚卵的生灵的出现，它经由屋脊眼而升天。在印度语言中，这叫作Can-bu-dvu（dra?）[①]；在藏语中，它叫作月亮的长子（Zla-ba'i bu chen-po）。这一切意味着什么呢？它首先如同一枚卵而出自母亲的胎藏，它升至屋脊顶，并且飘到了天空。僧侣们称之为“神子”恰巴（Lha'i bu chad-pa）[②]。苯教徒们则称之为“天神”（gNam-lha）。其“生命之本质”是娑多。其后（第二枚生命之卵）通

① 可能是指Candraputra（月亮之子）。

② Čhad-pa（砍断）可能是dbyug-pa（木棍，惩罚）的同义词（《翻译名义大集》第7157条）。但我未能看到该词会与那个人物之间有什么关系。大家可以联想到梵天的神话。作为因他对提洛塔玛之女产生的欲望所作的惩罚，湿婆砍断他的第5颗头（《阿摩罗大辞典》，北京版《丹珠尔》第5788号，第160页）。但梵天于此想干什么呢？大家也可能会联想到扎在一起的3根棍子（《翻译名义大集》第3539条），这是某些外道禁欲者的标志。

过窗口而升起（第 4 页）。母亲拉住它的双脚、并将之打倒在地。但它躲进一个雅恰加布尔（Yag-ça'i bu-gar）的洞子中、消失了。在印度语中，这就是岱（De'i）[①]；在藏语中，这就是台乌让（the'u-rañ）。其“生命之实质”是伊陀。最后是一枚生命之卵被压在了下部，被踏住了，其肢体（感官?）受到了损坏（或者是被弄脏）。其名是贡保（'gon-po），其生命要素是三。

我无法指出这个故事是否与某种印度神话或某种神话的藏文不同文本相吻合。在欧文著作中，我得以于其中找到了某种类似性的唯一一部著作，是有关龙和金翅鸟起源之神话（由于《阿摩罗辞典》而在吐蕃为人所熟知，见《丹珠尔》第 161 页）。迦叶（Kaśyapa）有两位姊妹夫人。其中之一的迭底（Diti）是施妒（Daitya，阿修罗魔）的母亲，月光（Čandra）神有时也为魔。另外一位阿迭底（Aditi）则为天神（无限之神，它们均出自一枚宇宙之卵）们的母亲，阿迭底是太阳神。据另外一种说法认为，迦叶的两位夫人姊妹是毗那怛（Vinata，天），即金翅鸟之母；迦德鲁（Kadvū，地），本为龙之母。前者生下了两枚卵，在 1000 年内也尚未能孵化。毗那怛感到急躁、不耐烦，于是击碎了两枚卵之一。从中出来一个不成形的儿子，这就是阿鲁难（Aruna），意为“将晓”，为幼弟，系太阳的御夫星座（《翻译名义大集》第 9296 条目）。从第二枚卵中出来一只金翅鸟（太阳鸟）。但据《阿摩罗辞典》记载，毗那怛从一位仙人处接受了三枚卵。她感到不耐烦了，于是便设法孵化。第一枚卵经过 3 天之后开裂了，它变成了一道光升向了天空。第二枚卵经过 6 天才孵化，变成了阿鲁难（将晓，太阳）。第三枚卵于第 7 日孵化，变成了金翅鸟[②]。

那些贡保和台乌让都非常著名。大家已看到，索洛巴在某些

---

① 我不知道这里可能是指哪个字。

② 据赫特尔认为也是三枚卵：“秘密奥义的太阳之乘”，载《普鲁士皇家科学院论丛》第 23 卷，第 1 期，维也纳 1901 年版，第 303 页。两枚卵的说法见诸于《摩诃婆罗多》（始祖神，第 16 卷）。

怛特罗的印度内容中提到了它们。它们也出现在敦煌占卜书写本中。但天神却未出现于其中（唯有一尊天神 gNam-gri Lha，它可以在干旱时节降雨。请参阅托玛斯：《西藏东北部的古代民间文学》第124页，第76行）。这一点显得很奇怪。我们必须采取谨慎的作法。大家已经看到出现在敦煌占卜书写本中的“路神”，于此指的却是一尊突厥神。本处对于“天神”的情况也可能如此[1]。无论如何，三种生灵在疏注文的记述中，是被按照一种品阶分类的：通过上部（屋脊眼）升天者是天神，通过中部（窗户）升天而又被向下拉者是台乌让，下部的不成形者是贡保。

该故事的某些特征也出现在晚期传说中了。大家可以联想到三位一体的三种主要台乌让：天神台乌让为白色者、中界台乌让为斑色者，地下台乌让为黑色者。三枚卵也在苯教的宇宙论中扮演了一种重要角色，而其起源则似乎受到了印度思辨学问的启发影响。一枚卵出自生灵和非生灵这两种本原之中。由卵又出生两只飞鸟（一白一黑）。它们又产下了三枚卵，一只白卵（从其中诞生了三种生灵），一只黑卵（从中诞生了两种邪恶生灵）和一只斑色卵。从这后一只卵中诞生了世界上的第一尊神和人类的先祖。它既没有五官，也没有手和脚[2]。

但最引人注目的类似之处，却是由有关吐蕃第一位赞普来历

---

① 作为神的天在古代藏文和突厥文中也如此。大家在敦煌写本中发现了各种天神，但我从未遇到过 gñam-lha（天神）一词。在 Pt. 1043 号敦煌写本中，第 8 号神是 gnam-rče mgon-cun（天之主，先祖，在其他地方也叫作贡尊恰），此外还有一些“女天神”（gnam-sman）。在有关止贡赞普和攀天光绳的传说中，巴俄祖拉陈瓦（《贤者喜宴》第 7 函，第 8 页）讲到了 gnam-lham gse-thig。但在敦煌本大事纪年的古文本中（巴科等人版本，第 98 页），该神又叫作 Lde-bla guñ-rgyal。天（guñ）成了天之女先祖名字的组成部分（Phyi-byi gNam-phyi Gu-rgyal。见上引托玛斯书，第 18 页）。这位女先祖在晚期文献中叫作阿其南吉贡杰，无疑与阿其钦莫（大女先祖）为同一人。据索洛巴认为，其名也出现在某些怛特罗中。对于突厥文中的情况，我们应该指出，在突厥文占卜写本（也就是敦煌本）中，第 1 种占辞就已经提到了坐在金座上的 tan-si（也就是汉文中的“天子”之对音），大家可以联想到怛特罗疏注文中的 devaputra（天子）。

② 《显现黑头矮人之情景》稿本第 13 页，由霍夫曼译，载《西藏的童话》，迪塞尔多夫—科伦 1965 年版，第 5—6 页。对于出自卵的部族之其他先族，请参阅石泰安：《汉藏走廊古部族》，巴黎 1959 年版，第 7、15（《灵犀宝卷》）和 21—22 页。

的传说所提供的，这些传说被保存在14—15世纪的著作中，但苯教传说却无疑将它们至少上溯到了12世纪①。这种传说根据一种等级而被分成三种说法（B）。第一种被称为“密教的”，系有关赞普们的佛教传说，第二种叫作扎巴（bsGrags-pa，但却写成drag-pa，意为“畏怖的”），系苯教传说（没有社会方面的任何因素）；第三种叫作“无上密教的”（第57页，在第140页中作“纯洁的”），系“外道”传说（第157页，在B中阙如，无法言传的谎话），它涉及了臣民和大相。

据第一种说法认为，第1位赞普出自某个印度国王之后裔。据第二种说法认为，他出自一位天神。该世系（据Ç认为）由生灵和非生灵而开始。最后，据第三种传说认为，他又出自台乌让。每种说法都包括一个故事。在第一种说法中，先祖是鲁巴蒂，他长有鸟眼和带蹼的手（水鸟）。在第二种说法中，先祖为恰神和木神之子（天神），他首先下界到一片“神地”，其木神之母便居住在那里。他在母亲的胎藏中说，他既不想从上部（囟门）、又不想从下部（性器官）中出去。所以，他便从中间（颈部）出来了，接着落地，并放弃了其天神的外表。据第三种说法（与B和Ç不同）认为。在布域和波答地区（Ç），有该地区的一个女子（Ç作“女魔”）叫作“母鸟王后”（Bya-mo bcun）和“天之王后”（B作“贡杰”）。从其胎藏中诞生了“台乌让四兄弟”（B和Ç）。其中最年轻的台乌让是乌波若（U-pe-ra，B）或玛—阿—乌波若（Ç）②。吐蕃赞普即由他而出。他有一种奇特的外貌，尤其是带蹼的手（如同鲁巴提一般）。这就

① B=《大臣遗教》（第7和226页），Ç=《说库如意宝》（《百藏》版本，第78卷，新德里1969年版，第140和157页）。最近的一次分析研究是最完整的，系由麦克唐纳（Ariane Macdonald）夫人所作：《敦煌吐蕃历史文书考释》，载《拉露纪念文集》，巴黎1971年版，第206—212页。扎巴苯（Grags-pa-Bon）的叫法派生自称为Grays-byañ的苯教徒们的著作，从12世纪起就已经出现了（据布隆多夫人即将出版的著作）。

② 由于这里是指一名幼弟，所以大家可以想到'U-pe-ra是Upendra（因陀罗的幼弟）的变形，这是对毗湿奴的称呼。大家还可以发现与Ma-ña的一些相似之处。但由于对梵文的无知而阻止了我提出某种解决办法。但由于笔者不懂梵文，故无法给出解决的方案。

是大家为什么把他从波密驱至吐蕃的原因。本处没有提到卵，但其母亲为一只鸟，而且也具有鸟的特征。台乌让的名称并非是藏文。由于这种说法被认为是“外道”的，所以此名很可能是印度文（已讹变）。

所有这一切都与我们在怛特罗的疏注文中读到的内容差异极大，我们还必须将研究进一步向前发展，并寻求其他起源。但如果撇开对于内容和主题的分配顺序不提，那么大家还会在这两类文献中，发现数量可观的某些例证。我于此可以指出其很明显的特征。

疏注文	晚期文献
①三分法 a. 生灵(天神、台乌让、贡鬼)。	①a. 人类、天神、台乌让。
b. 僧众(佛教僧侣、印度教传说、苯教)	b. 佛教徒、苯教徒和“外道”。
②三种生灵诞生自母亲(女神,太阳神)的胎藏	②a. 第一位先祖具有飞鸟特征的卵 b. 他不是出自其母亲的胎藏,女天神、神地 c. 他不是出自其母之腹,女子飞鸟、天神王后
③品阶:上部是天神,中部是台乌让,下部是贡鬼。	③第一位天神先祖既不是从上部、又不是从下部出来,而是出自中部、并下行。
④第三种生灵贡鬼无形状,它也没有感官。	④(《灵犀宝卷》)等,第一位先神是神—人,诞生自一枚卵,最初无形状,既无五官,又无手脚。

我无须断言任何具体的承袭世系，我觉得从晚期传说中摘录的特征，就部分地澄清了疏注文中记载的内容。

无论如何，我也发现这种印度的或所谓印度的故事，已被与吐蕃的巫教同化了，以至于可以赋予每个印度名词一种土著名称。这种混合是很有意义的，因为它是两个不同集团的证据。其中一个集团是佛教僧侣，使用了印度的，有时也是被译作藏文的词汇；另外一个是苯教徒集团，他们使用了吐蕃神灵中的常用名词。

但在此背景下，应该怎样理解“苯教徒”呢？我在其他地方已经证明，在当时的写本中，bon-po 一词在一般情况下可能是指通灵人或巫师、卜师和其他民间宗教的专家，但同一个词也是指藏族或汉族“巫师”（《古代吐蕃文献汇编》1，注[25]、第245—248 和 261 页）。此外，在这同一批敦煌写本中，bon-po 有时也被称为“外道”。然而，两个世纪之后，止贡巴（12 世纪）认为组织成统一体系的苯教要依附于湿婆外道（恰神，苯教徒中的创世之神是自在天）①。我觉得这种观点是正确的，但它从什么时代起成立的呢？

在怛特罗的疏注文中，苯教徒作为一个集团而与佛教僧侣对抗。在将其名词术语与起源于印度的一种神话词汇并列起来时，这一集团无疑就已经吸收了某些印度成份。由于他们有时被称为“外道”，所以大家可以或正确或错误地把他们与其他“外道”（这次是印度教徒）统一起来②。

我所掌握的文献无法使人对此进行更多的论证。无论如何，

---

① 请参阅石泰安：《西藏的文明》，巴黎 1981 年第 2 版，第 170—182 页和注[245]，有关止贡巴吉登宫保（1143—1217 年），见《止贡派教法史》（1976 年版，第250 页；新德里 1969 年版，第 1 卷，第 292 页）。这个问题非常复杂。我在本处应该仅满足于指出，在由大圆满派选择的“古旧”怛特罗中，最高的神普贤菩萨是创业者，其母 Kun-tu bzañ-mo 即为创世。前者与黑汝嘎或大自在天（还有《甘珠尔》第 5905 号中的“自在”和毗湿奴）相同，后者则相当于大自在天。由于这种理论恰恰被正统作者们定为“外道”（印度教徒）和苯教徒（请参阅噶尔美：《对于 10—13 世纪大圆满派教理地位的讨论》，载《亚细亚学报》，1975 年，第 154—155 页）。

② 这个问题始终很含糊，据传说认为，由苯教吸收印度教内容的作法已经很古老了（7 世纪，通过象雄），但我们没有掌握被断代为这个时代的文献。如果说苯教徒们在某些敦煌写本（9—10 世纪）中被称为“外道”，那么大家却不知道这一点是与事实（一种已经充满印度教的苯教）相吻合呢，还是仅仅为佛经的一种混乱辞汇那迷惑人的影响。据此认为，所有的非佛教徒都被称为“外道”（正如在汉文疑伪经中一样），如已被译作藏文的《天地八阳经》，其中的大师会与其他汉族民间宗教专家都被称为“外道”，就如同苯教徒或占卜苯教徒一样。

大家可以看到，在12世纪时，由怛特罗的疏注文对于印度神话的简单记述，不仅仅没有触及密教界，而且也没有触及到一般的僧侣界[①]，甚至是苯教界。人们不知道在吐蕃本土上所发生的情况。但在摆脱了当时就已经分崩离析的吐蕃政权的东北部“边陲”，某些突厥因素（部分是摩尼教的）加入到了印度和吐蕃的这种混合物中。

附　注

对于作为一个社会等级集团（无论大家将他们与佛教僧侣集团视为等同与否都一样）的苯教徒问题，我还必须强调两种文献。

1. 一部证实了这种结合或对立的藏文经文，已由桑木丹·噶尔美做了研究（敦煌写本 Pt. 972 号）[②]。其中建议信徒们不要相信“外道”占卜苯教徒，在有关他们的命运问题上，不应顾

① 大家可以根据 Pt. 849 号写本而对此形成一种看法（哈干：《10 世纪的梵文—藏文辞汇集》，巴黎1924年版）。它已被赞普名表所断代。因为这份名表遗漏了达摩和俄松，但却提到了10世纪下半叶拉达克的国王们。其辞汇包括了密教的所有主要内容（第5—8、7—24页）。题跋中提到了一名使赞普产生了功德的印度上师。他前往冈底斯山以举行一种秘密仪轨，受到了桑耶寺住持们以及两个僧众集团（僧尼，也可能更应该是指僧侣和密教徒）的尊重。这似乎是一场大辩论，为赤松德赞的时代（9世纪末）。该印度上师后来被派往中国内地，他在那里也受到了如同住持一般的崇拜（该故事与《拔协》中的巴上师等人的故事很相似）。他前往五台山旅行一次（如同上师一般）。在他返回印度的途中，于肃州稍事停留。他在那里受到了地方官府长官和施主们（无疑是指世俗人和汉人）的欢迎，同时也受到了两个教团和瑜伽行者们的欢迎。在这篇题跋之前，该辞汇表以对瑜伽行者们奇特而变化不定的态度之列举而结束。其中有些是婆罗门僧，其他则是佛教僧侣；有些人讲了很多话，其他人则只字不吐，有的人始终保持在原来的位置上，其他人则到处乱蹦乱跳，一部分人以不同方式在身体上涂抹各种无名的东西，其他人则涂抹香料等。

② 原文作 žal-nas gsuñs-pāi Lǰon-čiñ。这可能是一部伪经。其标题在其他地方未出现过，其内容酷似《佛说稻秆经》（Çalistambha-sūtra，sa-li Lǰon-pa）。请参阅石泰安：《古代吐蕃文献汇编》IV注[37]（载《法兰西远东学院学报》第75卷）。该文很可能是自汉文译来。

忌占卜苯教徒们的卜辞[①]。作者认为，这些占卜教徒可能为苯教巫师（第94页），他们可能与“某些非常古老的文献”（Pt. 94，无疑是已被刊布的古老仪轨书）中的普通苯教徒和占卜苯教徒相似。然而，在该部经文中，这种对于外道占卜苯教徒的信仰，与由僧侣们代表的贤明教法——佛教是对立的，作者认为该文献证明了苯教作为一种信仰理论的存在，这种宗教在赞普们的时代（也就是说在佛教徒们的时代）就传播开，并且深深地扎根了。该文献可能应被断代为9世纪或10世纪（噶尔美，第91页）。

这种观察问题的方式，与我以询问的形式提出的假设，是互相吻合的。在其文的撰写时代，噶尔美未能读到笔者的文章——《古代吐蕃文献汇编》Ⅰ。在他翻译的这卷写本时代，mo bon 和 bon-po 等词已被用于汉文疑伪经的译本中了。其中的 mo-bon 于其中是指专长于占卜的 bon-po，也就是占卜苯教徒[②]。该文也应该断代为9—10世纪。当大家提到苯教徒时，指的既是吐蕃人，也是汉人和回鹘人。提出对他们的防范是佛经中的一种文学内容，他们被描述为各种仪轨的专家。我们不能把他们与苯教徒、占卜苯教徒和古代仪轨书中的诸辛们对立起来。

2. 我遗漏了某些木简残片，它们出自米兰，并被断代为唐代（从8世纪中叶或末叶开始），因为其中提到了佛教僧侣们。

文中提到了仪轨性的解脱（无疑是对于死者来说）、“赎魂”或使“灵魂的下降”（托玛斯，第88号文献：王尧，第421号）以及有关马匹、天神苯教徒（托玛斯，第394页；王尧，第422条）、身辛（托玛斯第395页，王尧，第423—424条）、域神、乡神和门神（托玛斯，第394页；王尧，第423条）、守护神、

① 见该文第68和73行。

② 在《古代吐蕃文献汇编》Ⅰ，我于其中引证了《天地八阳经》。其中同样将 bon-po 和 bon-mo。用于翻译汉文词“师公”和“师母”，它也出现在《因缘经》中（北京版《甘珠尔》第1023号，第40卷，第340页；《大正藏》第2881号，载第85卷，第1381页。请参阅石泰安：《古代吐蕃文献汇编》Ⅰ注［23］和［416］，10世纪末的译本）。一名苯教徒讲了一些骗人的话，在天空旅行以寻找一种灵魂，用牲口作祭祀。苯教徒也会埋葬死者、从事占卜等……我希望针对这个问题写一篇文章。

守护门神、身体之神（托玛斯，第381页；王尧，第431号。请参阅《吐蕃古代文献汇编》I第200页注[95][①]。这种仪轨行为和具体供品的名词术语，与拉露所说的“王家殡葬”（Pt. 1042）以及其他此类文献中的措词都相同[②]。

正是在这种背景下，有三种残卷证明了苯教徒和佛教僧侣之间的结合。

在第一种情况下（托玛斯，第390页；王尧，第418条），文献指出了“灵魂等级”（?）中的解脱数目[③]。共有两个级别，其一为七名苯教徒另加两名苯教之王，共有九名之多。

第二种残卷（托玛斯，第390页；王尧，第429号），其主语阙如。其中讲到了为27（3×9）个人准备的食物供品数量（王尧假设认为他们是苯教徒，托玛斯则想到了佛教僧侣）。事实上，在第三种残卷中，共提到21（3×7）名佛教僧侣和24名仆人（托玛斯，第391页；王尧，第428号）。在此问题上，自然是指解脱和供品。

这些文献残损过甚，难以使人得出一种肯定的结论。如果说dge-dun不是抄写者的一种错误，即一种笔误，那就应该相信苯教殡葬仪轨也可以由僧侣们来行使，或者是僧侣们可以参与这种活动。这两个集团无论如何都是同时代的。“古老”辞汇于此被用于了这两大集团并存与合作的某个时代。大家可以想象一种类似821—822年唐蕃会盟条约时的那种背景。这次仪式是由一名大相主持的，即本为佛教僧侣的钵阐布（dpal čhen-po），但也举

---

① 托玛斯：《新疆藏文文献资料集》第2卷，伦敦1951年版，第390—391页；王尧：《吐蕃简牍综录》，北京1985年版，第418、428和429条。王尧汇辑了有关宗教的所有片断（第437—442条）。托玛斯的译文部分是错误的。王尧得到了藏族学者们的帮助而又没有参照法文著作，他的译文仅仅是以一个古代术语与一个近代短语的表面相似性为基础的。

② 拉露：《王家苯教殡葬仪轨》，载《亚细亚学报》，1952年，见其索引和参照了Pt. 1060的注[4]。请参阅石泰安：《敦煌藏文写本中从故事到仪轨的过程》，载《拉露纪念文集》，巴黎1971年版，尤其是第541页。王尧把do-ma（良马）解释为thog-ma（“古代的”），这是一大错误。他也错误地把thugs-gral改为žugs-gral（“坐着的行列”）。

③ 原文作[Th]ugs-gral rnam-gñis。

行中原式的宰杀牲畜的仪式。据汉文史料记载，一些“巫师”（苯教徒）出现在围绕祭坛的参加者中间①。在佛教赞普们的时代，更应该是把苯教作为一种非佛教的宗教，而不是一种前佛教。古老类型的仪轨存在于9—10世纪。它们无疑也有一部历史，但大家由于缺乏更古老的文献，而无法对它们断代和衡量，它们至少被部分地保留到了近代。但在上引残卷中，苯教徒与佛教僧侣们的结合并不意味着这里已经是指形成了宗教和哲学体系的苯教。他们的仪轨活动与“古老”苯教徒们是相同的。

（译自罗马1988年出版的《图齐东方学研究纪念文集》）

① 请参阅石泰安：《古代吐蕃文献汇编》Ⅲ，载《法兰西远东学院学报》第74卷，1985年，注[60]。

西藏佛教发展史

雅克·巴科

一、佛教的复兴者——阿底峡

热巴巾的佛教仅仅以一切皆空为基础，在贵族集团之外根本无法生存下去。在此后的一个世纪中，它既与莲花生上师那合乎情理和更为温和的密教教理，又与至少是更为人道、更为注重实效和更为接近小乘的玄学之虚无主义结合起来了。他们的祖师就是班智达阿底峡（980—1053 年）。他曾受吐蕃西部的仁钦藏布的邀请，前往孟加拉学习，后作为梵文大译师、寺院的大建筑师而返回了吐蕃（阿底峡是受益西沃的邀请从孟加拉回到西藏的），阿底峡出发前往吐蕃一事在孟加拉被视为一种不祥之兆。佛教在印度的衰落和在吐蕃的兴旺，正与 1038 年阿底峡的旅行时代相吻合，这并不是一种简单的巧合。佛教在平原地区衰落的原因，也就是它在荒凉山区取得成功的原因。这是一次根本性的复兴，它不反对过去的教义，而仅仅使之通俗化，从而演变成了一种民间佛教，赞成万物有灵论，在很早就为达赖喇嘛的僧权政治作了准备。阿底峡是我们今天看到的四大正统教派的创始人。其师为孟加拉法师那罗巴，此人也是玛尔巴之师，而玛尔巴又是米拉日巴之师和吐蕃密咒教义派的首领。其实这一派并不仰仗阿底峡的名声，它把阿底峡奉为格鲁巴一派的首领。噶当巴于14世纪末经宗喀巴改革之后，便代表着官方的正统并确保当地的世俗政权。所以，阿底峡似乎是喇嘛教中具有极端和对立表现的两个教派（噶当巴与格鲁巴）的奠基人。这两种表现形式即静修者紧张的内心生活和僧侣政权的外部表现。

寂天的一句话在佛教徒之间作了区别：“存在有两种人，修道人和普通人，也就是那些把一切事务均视为幻的人和把它们视为真实的人。”这最后一类人，在世界上也包括那些在理论上和实践上把全部学问，都建立在感性知识和理性知识上的人。对于纯粹的佛教徒来说，这两种事是一样的。此外，它在吐蕃还包括那些在理论上懂得色界之空，而在实际上却不理会这一切的佛教徒。相反，修道人的人数则要少得多。如同其他人一样，从童年时代起就试验和实践他们所学到的教理。但在非静修者中间，还有某种有关生命的短暂性，如朝露、镜子上的雾气和彩虹一般的事物之永久性的那些已变得很平庸的术语、在历代文献中都重复的整套术语。在他们头脑中还顽固地坚持一些使人醒悟之地、向世俗生活借鉴的形象之概念：“极乐世界是沙漠中的一块营地。”如果不使其生命符合空的概念，那么这种观念同样也可以被接受。因此，大家承认，那些不属于其组成部分者，那些变化和不能持久者，那些有条件者都不是绝对的，没有实在性。它仍为一种影响伦理和礼仪的倾向和一种基本方向，一种对一切符合任何感性和本能之即时性召唤的原则的否定。饥饿或干渴是一种在颇有教养的人中得不到承认的事。这样讲就是失礼行为，是儿童或没有宗教信仰的蒙昧者门族人的所作所为。所以，大批吐蕃人（与其人口总数相比较）都能够自愿地接受由此而引起的幽禁身体和思想上的考验、可怕的贫困和不适应的生活。

在10—11世纪期间，吐蕃的和平局面，至少是与外部的和睦相处，造成了吐蕃宗教狂热和苦行主义、弘法和译经的伟大时代。9世纪末译出的几乎所有梵文经文，当时又都再次翻译了出来，但并不是根据赞普的王诰，而是由于学者和上师们的个人积极倡导，以及在虔诚的小邦王子们偶然帮助下完成的。热巴巾曾令人重新翻译了过去已被译过的经文。这些译经又遭毁或变成了伏藏，后来再度重新翻译。这就可能解释了包括在《甘珠尔》中的同样经文的多种译本。流传最广的文献就是翻译的经文。经文是吐蕃整个科学的基础。原文文献流传不广，也不大为人所知，虽然其数量更多一些。它包括疏经文、教理和戒律著作，如宗喀巴的《菩提道次第广论》；达赖喇嘛和大师喇嘛们的巨部史著和全集，如所谓《十万言书》（全集）；一大批上师的传记，其中有一些大师颇孚众望；印度和吐蕃佛教史；戏剧，大部分受佛陀前世，即本身事之影响；一种史诗，即《格萨尔史诗》，原来为世俗的，后来被佛教严重篡改了。这后一种文献从未刊布过完整的本子，其抄本也很罕见，一般都是在文化不高的游牧人中口头流传。史诗出自林地东部的小邦之中，一直传播到西藏的西端，后来被译成蒙文而远布荒凉的西藏高原之外。同一内容连同其同样的英雄人物和同样的主人翁，都包括在多种文本中，这是一部在无限辽阔的土地上流传的已有 12 个世纪存在史的著作。在北京的雍和宫中，过去在汉地的战神关帝像的脚下，还可以读到一篇祈求格萨尔的藏文愿文。

除了这些较大的类别之外，我们还发现了一些文法书、有关辩证法的论著、档案。此外，还有关于数学、天文学、医学、兽医术、农业、地理的专门著作；某位作者的《十万言书》或《全集》，如《隆多喇嘛全集》，这是一部有 1400 页的百科全书性著作，其中包括佛教产生的学校、上师、教理、寺院、教派和著作的目录，最后是一些寓言，其中的众生不仅仅代表着某些具体人物，而且也代表着诸如吐蕃和廓尔喀那样的民族；一些论，即寓意性和教诲性的小文献，如《金论》、《木论》、《火论》和《水论》等。在时间上的最后一种是《水论》，它是近期圆寂的一名上师喇嘛的著作，系用优美的七言律诗写成，纯属修辞学著作。它说明了官方的佛教是如何得以使这一独特的和精力充沛的民族，变得温良和文雅起来的。

二、元代的吐蕃和藏传佛教，宗喀巴和第一批祖师

从 11 世纪起，藏传佛教与其印度的历史再没有接触了。它独自生存并根据本民族的和外来的影响而变化。它的发展比汉地佛教还快。在元代，它代表着大乘佛教的正统。吐蕃生活在它天然屏障的保护之中，在亚洲佛教通史中并不占据很重要的位置。尽管这种宗教在退缩，也可能正是由于它的退却，吐蕃才摆脱了蒙古的风暴。但它出于谨慎，而于 1206 年明确地归附了成吉思汗。

成吉思汗在建立其元帝国之后，征服了使其帝国与中国中原相隔的唐古特地区，那里的居民属于吐蕃之外的吐蕃种族。蒙古人从东向西进军，从北部绕过了高原地区并蹂躏了东部波斯。马可·波罗穿越并介绍了由蒙哥汗征服和统治的吐蕃，是一个已成为附庸地的地区，接近汉地，处于地理版图上的吐蕃内。但在 1244 年，蒙古人经过了该地以进入孟加拉。忽必烈汗是第一个似乎关心吐蕃的蒙古王公。他平定了吐蕃，并懂得为他的利益，而利用被佛教引向精神征服的吐蕃民族的这种不可见之力量。1247 年，成吉思汗的孙子把萨迦寺的教祖萨迦班智达请到其宫中。该寺当时就以其古老历史及其科学知识的威望而名震遐迩。萨迦是一个世袭小邦的名称，同时也是其王家家族的名称。萨迦家族的两支轮番继承吐蕃世俗和宗教的宝座。所以，后来的祖师——著名的八思巴于此后不久在 1260 年受忽必烈的召请，他并不是萨迦班智达的亲生儿子，而是其侄子。从此时起，萨迦的权力很快就达到了顶峰。我们发现其权力随着元王朝的崩溃而衰落，他们的高升本来就应归功于元王朝。但我们也看到，吐蕃教祖自己以及使其民众对他作出的高度评价，并未因此而被贬。他们追求荣誉的奢望，朝拜天朝皇宫等活动，始终使后来的汉族和满族王朝感到不快，从而解释了他们的态度和日益增多的保留。

1260年，忽必烈授命八思巴主持其帝国的宗教事务和吐蕃的世俗地方政府。忽必烈本人也弃绝了蒙古人的萨满教。这位大征服者（成吉思汗）的孙子后来也被佛教征服了。就在此时，佛教（传播佛教的目的肯定不在于此）被忽必烈作为一种政治力量和工具而利用。佛教成了一种双刃武器，有可能会制服使用它的人。

后来吐蕃的僧侣政治所处于的半衰落状态，已使人无法了解它得以建立的宗教权威。世界上从未有过的如此辽阔庞大的大帝国之主忽必烈传召八思巴，他同意在谈论世俗事务时，他们可以坐在平等的座位上，但当谈论宗教事务时，八思巴将坐在一个更高的座位上。由于这段辉煌的历史，他在蒙古人中留下了对拉萨的权威和圣性的一种朴实的信仰。蒙古人对吐蕃人没有歧视。但明王朝不会接受这样一种对等地位，清王朝也如此。在五个世纪期间，仅仅在元代才出现过与吐蕃人的自愿的友好相处。居北京的喇嘛们的狂妄自大，促进了明清对元王朝的不满。

如果说蒙古人感觉到了佛教的影响，那么藏传佛教也感觉到了元王朝给它带来的某些特点。当时已不再是一种玄学和以这种玄学为基础的一门学科，而在帝国政府的思想中也成了一种信奉有神论的宗教，与在忽必烈宫中出现的其他宗教处于同等地位。佛教徒们的佛爷、伊斯兰们的穆罕默德、景教徒们的耶稣或罗马宗教的耶稣，都成了一个贤明的帝国政府情愿赢得的神力。其中第一个是佛陀，它是帝国的正式保护神，因为它统治着该可汗之京师所在的东部。

元朝皇帝授命八思巴为其帝国中的所有语言创造一种字母。萨迦班智达已经把回鹘文字母引进到蒙古文中了，这种字母后来经过修改而变成了蒙古文字母。八思巴的新字母表系由竖行方字写成，以藏文字母为基础，但其形状还使人联想到了古代的汉文方块字。忽必烈通过1272年的敕旨，使它变成了强制推行的字母。这种文字是无法推行下去的。由于它过分强调了记音，所以它不适应于任何一种语言的音域，显得非常复杂和臃肿。它后来仅仅行用于官方印玺，有时也作为美术字而使用。

一旦当教祖被蒙古皇帝授予了吐蕃的世俗权之后，他在蒙古王朝于汉地崩溃之后仍保持之。在促使蒙古政权极度突然衰败的诸多原因中，我们可以指出已使吐蕃武士解除武装的佛教之麻醉影响。对蒙古人一方来说，皇帝在吐蕃实行的政策则由于八思巴法王职位的设立，而进一步加强了宗教的权威和势力。对于吐蕃人一方来说，这一法王职位拥有了继承人，并为达赖喇嘛时代作了准备。在14世纪末，僧侣宗喀巴经过改革而加强了教权的权威。他的第三代继承人（16世纪）首先从与明王朝为敌的成吉思汗系之阿勒坦汗处，获得“达赖喇嘛”的尊号。此名本身为一蒙古文，dalai系指“海洋”。帝师、吐蕃的新土司都失去了武装力量，但却拥有了如此权力，以至于他们与明朝至少是作为其附属而交往的。明王朝那些软弱的皇帝们为对付这种控制了整个帝国的宗教权，并没有要求对吐蕃本土的任何世俗控制权。拉萨的僧侣政治并非是西藏人创造的佛教之变种，而明显是蒙古人造成的事实，是一种受蒙古的影响、具有蒙古人的特点和甚至拥有蒙古文名称的制度。但在17世纪时，这种世俗权中又加入了一个宗教实体，即一个从思想上更为西藏化和不太暧昧的扎什喇嘛或班禅。与达赖一起，这两个人同时变成了佛陀的化身，达赖喇嘛是代表观世音菩萨的前世之化身，而扎什伦布的堪布则直接出自觉佛阿弥陀。蒙古的政权机构被以吐蕃方式宗教化了。世俗和宗教君主重新获得了古代吐蕃赞普的这种天神特点。称呼吐蕃赞普的“圣神”（赞普）一词变成了指在大地上转世的佛陀和菩萨的“化身”（活佛）。吐蕃人往往混淆这两种写法，因为这两个词的发音相同。我们难以断定，在那些文化修养不太高的人们的思想中，同样也存在对这二者的混淆。那些数目众多的化身都被称为“活佛”。

“活佛”一名被认为与佛教教理不相容而受到了批评。从理论上来讲，实际上不可能在大地上存在有佛陀，甚至也没有任何转世，因为个人没有灵魂。一世仅仅以因果关系才与前世相联系。“菩提”是因果关系的术语。但这样一种教理从来不是能孚众望的，甚至在印度也如此。与阿底峡同时代的玛尔巴的密教，明显地具有万物有灵论色彩。玛尔巴能在动物身上实施暂时的灵魂转移。同样的名称和同样的作法就是转世或最终的转移。因此，我们在讲到达赖喇嘛时使用了“转世”一名。它并非绝对符合教理，但却符合最为全面和最为通俗的信仰。如果吐蕃人正确地对待畜类，如果他们避免打狗或杀死一只老鼠，那是由于佛教的特征。但在许多人中，则是由于害怕此犬或此鼠是其已故父亲的转世化身。

另外一种因素与万物有灵论一样，使佛教在吐蕃普及起来了，这就是由《时轮经》引入的，以最早和永久的佛陀外表出现的佛陀之概念。

三、宗喀巴和最早的祖师

在 14 世纪初叶，一个新的教派帕木竹巴逐渐统治了卫和藏诸地。该教派于 1635 年崩溃。

在 14 世纪末，发生了自此之后掌权的正统教派的创始人宗喀巴的改革。宗喀巴于 1360 年左右诞生于安多地区的宗喀。他的改革与其说是一种新教理，还不如说是一种倒退或试图恢复一种更为纯洁的教理。这种改革涉及了两点，僧侣们的仪轨和戒律。喇嘛教的威严仪轨就是他的杰作，也可能是部分地受到了景教礼仪的启发。密教的奥义退化成了巫术和松弛的修持，与佛陀的教义再没有任何共同之处了。宗喀巴禁止未改革的修持所保留的巫术、咒语和奇迹。他重新确立了僧侣们的独生生活制、禁止饮发酵的饮料、规定了僧众们的戒律，适应吐蕃庞大寺院和严酷气候的特殊生活。他强制性地规定了黄色为最被尊重的颜色，正如同佛陀所规定的那样。

1407 年，宗喀巴在拉萨附近创建了甘丹寺，后来又建立了色拉寺。他活着的时候就看到了其教理得到了重大发展，特别是在拉萨。他撰写了大量著作，共有40多卷。他于1419年圆寂。

宗喀巴作为甘丹寺祖师的继承人，被明王朝承认为法王，明王朝从元王朝手中继承了吐蕃的主权。当时，只有对宗教的必要关心，才能吸引吐蕃人的思想，以便使他们不利用元帝国的崩溃和明王朝的衰败，而试图摆脱中央的世俗主权。

宗喀巴的信徒格鲁巴或“黄教喇嘛”始终是正统教派，也是唯一一个受到北京中央政府承认的教派。1446年，宗喀巴的继承人根敦珠（1391—1475年）在藏地日喀则和江孜的中心创建了扎什伦布寺，后来成了扎什喇嘛的驻锡地。根敦珠圆寂后便开始了活佛转世的继承体系。这再不是过去的那种宗教血统关系或师徒关系了，而是同一位菩萨的一系列显现，现今的达赖喇嘛即如此。

从15世纪至今，共有14代达赖喇嘛，其名字的意义分别为：根敦珠（僧成）、根敦嘉错（僧海），索南嘉错（福海）、云丹嘉错（功德海）、阿旺·洛桑嘉错（善慧海）、仓央嘉错（梵音海）、格桑嘉错（贤劫海）、强白嘉错（妙吉海）、隆朵嘉错（教诲海）、楚臣嘉错（戒海）、克珠嘉错（善成海）、成烈嘉错（事业海）、土登嘉错（佛教海）和丹增嘉错（持教海）。柔克义根据汉文编年史和蒙古史，而对达赖喇嘛作过一种很精辟的解释。藏文史料尚未被研究。我们对于祖师们只能讲出很少的内容，而且还仅仅是有关他们之中的最重要者。

现在尚残存有这一古老吐蕃的某些中世纪建筑的遗迹，在某些殿堂，寺院或庙宇中，都供奉有壁画和造型艺术作品。除了某些写经之外，几乎没有任何东西传到欧洲来。相反，从17世纪起，达赖喇嘛时代就已经有利于私人可以接触到的宗教艺术的诞生和传播了。僧侣们的绘画和雕塑积累起来并日益丰富，以至于今天充斥了欧亚市场，我们的博物馆和各大京师的东方古董商店中。

四、僧侣政治的宗教基础、早期的达赖喇嘛，僧侣生活——苦修禁欲和朝圣进香

根敦珠的第二位继承人是索南嘉错（福海，1543—1588年），它使黄教教派得到了最终发展。他还使鄂尔多斯的蒙古王公和此人的叔父阿勒坦汗皈依了佛门，阿勒坦汗于1580年左右赠他达赖喇嘛的尊号。这一事实非常引人注目。正是在这一祖师统治时代，佛教才传到了蒙古人中。索南嘉错可能圆寂于1588年，即在他第二次入蒙古土默特部时，这种背景可能使已圆寂的教主转生到一名蒙古王公身上。这位先世从一开始就促使形成了佛陀与上师更愿意转世于蒙古人中，而不是西藏人中的习惯。

新的达赖喇嘛云丹嘉错（功德海）因其王公出身，而在蒙古的库伦度过了其童年，他于1602年才到达拉萨以求学，却于1617年在27岁时圆寂。他在库伦和拉萨各有一位继承人。第一位开创了呼图克图的世系，呼图克图是喇嘛教的第三位最大的化身活佛。

功德海的继承人洛桑嘉错（善慧海）是出生于藏族家庭的一儿童。此时西藏处于一种特殊的形势中。当时不仅仅代表着世俗人中的少数，而且也代表着僧侣们的少数的黄教教派，却享有西藏的世俗权。这种权力在云丹任教主的整个期间，及其继承人在位的大部分时间内，均由蒙古人行使。被流放到拉达克的一名藏族王公则保留“王子”的尊号。这位失势的赞普在整个吐蕃西部，都代表着一个非常强大的民族派别。黄教教派在汉地蒙古人的支持下统治着吐蕃东部。

在1630年左右，五世达赖喇嘛洛桑嘉错——未经改革的宗教地区藏地的王子，拒绝服从正统派并夺取了首府拉萨。这是一次宗教和政治战争，受到威胁的是黄教。

洛桑嘉错变成了多数派首领，他利用强大的大清王朝在明王朝崩溃之后开国的机会，而得到了一种有力的支持。他向以武力进入西藏的蒙古信徒发出呼吁，推翻了篡权者并将其世俗权归还

给了达赖喇嘛。达赖喇嘛事实上成为西藏的统治者，直到那时也如同其前任一样居住在拉萨附近的哲蚌寺，而现在则居住在松赞干布为其汉族王后建造的布达拉宫中。布达拉由王宫变成了寺庙。该宫被大幅度地扩建，变成了一座多层的庞大建筑，有1000多个窗户，我们通过探险者们拍摄的照片而了解到了这一切。该教主在布达拉宫居住的房间，自17世纪以来被原封不动地保存下来了。

一种奇特的习惯也起始于这场战争，它变成了西藏人的新奇特点之一。宁玛巴古旧派（也就是未改革派）俘虏了一批蒙古人，他们被指责以神咒杀人。但他们否认自己为巫士，为了证明其无辜，他们伸出了舌头，因为念过咒语后，舌头会变黑。当时所有的俘虏都必须出庭，随着他们在官吏们面前经过，也都伸出了舌头。这种习惯最早是一种归服的标志，后来变成了西藏人习惯的致意方式。

据一部分人认为，难以控制的藏地土司被处死，而其他人则认为仅仅是被推翻，行使大相的世袭职务。蒙古王公仅仅保留了对其军队的指挥权。藏地的宗教中心扎什伦布的红教僧侣们遭逐，寺院被毁，重建之后再由正统喇嘛们所占据。正是从这一事件才开始了西藏真正的僧侣政治。从此之后，在世俗专制政权中又增加了人类可以想象出的最为令人震惊的宗教权威。每一代达赖喇嘛不仅仅是其前任们的持续转世化身，而且也有了半神圣的性质，即人间与天堂之间的中介者观世音菩萨的本性，也就是统治世界和介入凡界事务者的本性。就在同一时代，扎什伦布的堪布被宣布为阿弥陀佛的化身，他比菩萨更高和更难接触，但却不大为人所知。第一位扎什喇嘛是却吉曲结成“法幡”，他是两代达赖喇嘛的导师，一直活到93岁。他对黄教教派的命运施加了很大的影响。

我们已经看到，略早于这一时代的另外一位重要活佛是达赖喇嘛派驻蒙古的代表。喇嘛教从此之后就一直是17世纪中叶的那种局面。在乾隆在位年间，仅仅在教祖的世俗权范围方面有所变化。从喇嘛教一形成，就有两种主要因素结合在一起了，僧侣组织和神权政体。

这种藏传正统佛教的最大新奇特点，便是特大寺院的僧众。其始祖印度的寺院为柱廊而不是内院，建于由某一位王公布施的地盘中，是某些僧侣们聚会的地方。在南方的佛教徒中始终都基本如此，除了大寺庙之外，还有随着时代而奠定基础的戒律和传统。

大喇嘛寺酷似一座城市。在加固的城墙内部是一批大型建筑，系寒冷地带类建筑，带有既小又少的开口，朝街道和公共场合开放。在这些僧侣城的中央有一个或几个大寺院，以其如同大教堂一般的外观而占据突出地位。西藏的建筑是一种呈竖直形的垂直面；而在印度、印度半岛和汉地，宫殿和寺庙等则是平面建筑。每名喇嘛都拥有他占据的僧房，与为他服务的弟子共居。他在那里的生活多少有点像城邦市民，因为他自我维持生活并在世俗职权之外生活。各个地区也都有一些僧团的学院，其中拥有藏经楼、寺庙和为定期准备的茶灶、仓库和金库。寺院有时还有印经厂，因为刻版印刷的习惯必须备有大型工厂。这些寺院中有一些包括数千名，甚至是11000名僧侣。

他们的内部组织、仪礼及其礼拜仪式的优美、其圣歌的娓娓动听和单调的诵经等等，都使人联想到了一种景教影响。这其中实际上不仅仅具有相似性，而且还有独特的对应性。既没有任何资料能排除这种假设，也没有任何方式能证明它。我们既在文献中找不到一个字，也找不到作为其证据之端倪的绘制或雕刻图像，唯有敦煌藏文特藏在许多涂鸦中画有一个景教十字架。诸如桑耶寺那样的第一批吐蕃大寺院都过分古老，而不可能与西域的迦勒底东正教的大主教们接触过。另外一种可能性是黄教那比较晚期的寺院，在改革中受到了为蒙古景教徒公主们的亲信所熟悉的寺规之影响。

寺院控制了被它们统治下的农民开发的辽阔领土。它们获得收获物的三分之一，而那里由于耕田不足、高海拔和土地贫瘠而产量不太高。它们以苛捐杂税压迫其寺民，强制性地向他们出售诸如茶叶和盐巴那样的外来品。它们也拥有在遥远地方的封地，正如在布拉马普特拉河（雅鲁藏布江）出口处的工布所拥有的庄园那样。它们同样也接受大量礼物，因为对寺院的任何一次参观，任何一封书信都附有礼物。在数世纪间积累起来的布施，以及对金沙矿的开发，使得那些稍具规模的寺院，都按照汉地方式，以黄金覆盖其寺院的屋脊。这种金顶以非常协调的方式，使两种相差甚殊的建筑结合起来了。喇嘛寺那平台式的金脊，在阳光下闪闪发光。

拉萨附近的大寺院（洲）是最为强大者，政府必须与它们打交道。它们彼此之间有时互相竞争，形成了某些政治派别。如果政府不代表一种无可争议的宗教权威，那么它就无法抵抗它们的联合行动。据记载，从 11 世纪中叶到 18 世纪，在西藏共创建 79 座大寺，其中最大者是 1150 年修建的纳塘寺、1410 年建造的甘丹寺、1416 年建造的哲蚌寺、1419 年建造的色拉寺、1447 年建造的扎什伦布寺和 1645 年扩建的布达拉寺。

据格雷厄姆·桑德伯格先生认为，在西藏可能共有 3100 座寺院。无论它们之间的最大寺院的数目多么小，寺院僧众也包括了足足 1/3 的男性人口。每个家庭都要提供一名或数名喇嘛。那么大家就要思忖女子们的遭遇，尤其是当大家想到了为一个女子与多位丈夫结合的一妻多夫制时更为如此。我们已经看到，一妻多夫制主要是被接受而不是流传。一妻多夫制可能会由同样也很少见的一夫多妻制所平衡。女庵数目不多，但其中也收留了某些女子。最后，“古旧派”喇嘛可以结婚。尽管如此，正统派寺院的数目如此之大，以至于会导致人们根据男子数目之多的表面现象作出结论。这确实是在旅行之中或住在乡间的旅行家们的印象。西藏人声称他们那里有许多老姑娘，她们居住在大聚落中心和城市中。

除大型的宗教建筑喇嘛寺之外，具有明显差异的西藏地区，也为我们提供了多种极小建筑的例证——阿兰若小隐修院。从原则上来讲，任何僧侣都应在修禅中度过三年三个月零三天，或者更应该是九年九个月零九天。他们于是便以修禅的僧众团体之形式，而生活在分布于地盘相当小的僧房中。修道处有时是带围墙和不见光亮的僧房，分布在山间。寺院供应修道者们维持日常生活。负责这一职务的人，通过一个穿墙而过的弯曲和狭窄的小洞，给他们塞进一些食物，但不能使光线进入洞中。当隐居遁世的生活快结束时，便打开一个小洞以让一丝光线射进去，使其数年间未见到光线的眼睛逐渐习惯起来。有些静修者终生封闭在洞内。有些人虽未被封闭起来，但更为孤独，独自前往生活中最难使人接近的海拔高度中。西藏修道僧的数目相当多。在印度，若有同样的修道者比例，那就会代表着数百万人。

这些修道山僧的内心生活则根据不同的教派，而具有很大的差异。“成就”即他们所追求的目的，在玄学和宗教方面则是可以理解的。在第一种情况下，苦修的成就是懂得智慧的所缘和所依的生灵之成就，也就是最终的智慧。在第二种情况下，宗教成就也就是修道者同样与之结合为一体的神之成就。但这种作法并不是纯粹的思辨，而是被迫的仪轨行为，也就是依赖实施意愿的神或鬼。第一类奥义的作法是正统的，而第二类则是密教的和人数最多的修持。

藏传佛教虔诚的一种重要表现，是对朝圣进香的爱好，甚至在某种程度上形成了一种义务。其部分居民始终在朝圣途中，分别为单独或结队的朝圣进香人，从而完成了持续数月的虔诚旅行。单独的进香人（即那些只能步行前往的人）都是曾发过愿的人，要经历对身体的严重考验，这就是他们极其缓慢前进的一种原因，例如，他们每前进三步都会后退两步，或者是全身仆倒在地上，每天要从事上千次。他们以其身长来丈量路程。其额头扎有一块木板以保护他们不受石头的碰撞。他们从西藏最为偏僻的地方来到圣城拉萨，来到最负盛名的道场，像玛法木错那样的圣湖或圣山，由神灵居住的雪山等。他们甚至还前往印度的菩提伽耶山、中原地区的峨眉山和五台山，甚至是云南的鸡足山朝圣。

达赖喇嘛的世俗权力再不容质疑了。现在喇嘛教已经形成，它是一直发展到蒙古的藏传佛教。达赖喇嘛补充了那种在有他和仅仅有他的情况下，才以其世俗面貌表现和出现的不足之处。从此之后再未变化的僧侣政治与我们所说的近代史是相吻合的，它那很快就达到鼎盛时代的权威却逐渐衰落了。

五、清代的达赖喇嘛及其与中央政权的关系

这部西藏史的第一部分共包括十多个世纪。对于最后三个世纪来说，也就是直到今天，我们阐述的范围仅限于与所研究的时代相应的内容。如果确实如此，那就是我们所掌握的文献并没有随着接近近代而增加，这与其他任何国家的情况都相反。我是指自己所掌握的已经翻译的文献。有关达赖喇嘛的文献很重要，但又很少（在欧洲肯定有一处特藏，也可能有两处）。但这些文献既未被翻译，又未被进行过考证研究，现在尚无法使用。人们仅仅依靠汉文和西文史料，将会使人以与前半部完全不同的角度，来观察这部历史的下文。

明代的末帝曾召达赖喇嘛洛桑嘉错（智慧海）入宫晋见他。达赖喇嘛和扎什喇嘛仅仅向中央朝廷派出了使者。这位使者是一名大喇嘛，代表着土司和北方佛教中最受尊重的神祇，以非常豪华的仪仗和携带进贡给皇帝的神奇礼物而出发了。在持续了数年的这次旅行期间，明王朝被推翻了。大清的开国皇帝（刚刚 8 岁的皇帝）顺治在盛京（沈阳）召见了这位大使者。皇帝于金銮殿的门口迎接他并站着接受了教主的信件。在亚洲，史书中有许多篇幅都讲到了这种行为。这就证明一个帝国王朝的第一位君主在感到其主权得到确保之前，很重视与布达拉宫的关系。清朝政府非常重视得到达赖喇嘛的好感，以便获得那些受命于拉萨的民族，特别是蒙古族人的顺从。

在同一位皇帝执政时代，摄政请达赖喇嘛（智慧海）亲自

入京，在北京的北部为接待他们而建造黄寺以及汉白玉塔，它们已成了中国当代艺术的不朽珍品。达赖喇嘛应邀并出发。他在接到邀请的4年之后，于1653年到达。皇家的出行仪仗，其缓慢速度和持续时间，以至于使他们到达时的政局，已与出发时大不一样了。先皇帝已晏驾。其继承人还几乎是一个稚童，宫中似乎忘记了对西藏达赖喇嘛发出邀请一事。这位圣僧共带领三千多人的随从，停留在汉地边陲鄂尔多斯人中，然后派人通报皇帝以求他前来迎接。这种企图现在看来似乎是不可能的，但当时却使他们不能再等待来访者了，这在宫中引起了某种混乱。当时的看法是各执其说。为了获得蒙古部族的归附，不使达赖喇嘛失望是符合清王朝政治策略的。皇帝赞扬了那些应前往边塞迎接喇嘛的正确意见，但他最终没有这样做。智慧海喇嘛于是便专门在为他的来访修造的宫中居住。皇帝于两个月之后才召见了他，而且是把达赖喇嘛作为世俗统治者而不是作为神召见了他。智慧海可能明智地受到了其名的启发，对于向他奉献的一切都表示满意。但他由于不适应气候，而仅仅在黄寺居住3个月。

另一方面，清政府在与西藏的关系中也感到很棘手。清朝的政策是承认达赖喇嘛的权力，但其特性又不能轻易接受之，其傲慢的礼节也不肯接受之。

我还应该补充说明，由达赖喇嘛所代表的世俗权与宗教权的结合，并没有得到确认，正如在洛桑嘉错于1682年圆寂之后不久出现的事件所证明的那样。当时的“摄政”桑结嘉错（菩提海，因为如同在赞普时代一样还有一位宫相，但却主管宗教事务）没宣布他的圆寂，以便能更长时间地维持他自己的权力。他将达赖的遗体藏在宫中，仅仅宣布说达赖喇嘛要闭关。这是合乎情理和无法核实的。桑结嘉错独自行使职责，但也通过惯用的鉴别礼仪而确保了圆寂喇嘛的世袭。扎什喇嘛承认转世为一名藏族儿童，此人获得了仓央嘉错（梵音海）的名称。清朝皇帝对此有所怀疑，于10年之后遣使以负责核实洛桑嘉错喇嘛究竟圆寂还是尚活在人世。桑结嘉错让他远远地看到了一个正在静修的喇嘛，坐在一个具有宫脊的小庙中，身置红纱罗幕之后，由香烟环绕。使节还京并报告说他看到了达赖喇嘛。皇帝继续降旨予他，甚至还会收到他的答复。大清皇帝仅仅在16年之后，才通过蒙古战俘而获知真相，后来又正式通过西藏地方政府的一名代表而获悉，此人为皇帝带去了已故大喇嘛的礼物。柔克义怀疑皇帝比西藏人更愿意维护对洛桑嘉错尚活在人世一说的信服，以便通过该喇嘛对蒙古人行使巨大影响。

由于一种特殊的巧合，而导致桑结嘉错对于年轻的达赖喇嘛的不端行为和不信宗教思想感到束手无策，机灵的桑结嘉错则将对原大法主圆寂长期保持沉默之事，归咎于他自己的怀疑，他认为这种沉默是有道理的。随着原达赖喇嘛的圆寂，他发表了秘密拥立新教主的命令。

在整个这段时间内，由俄国人支持的桑结嘉错秘密支持西北厄鲁特人的首领，反对清朝政府。这位首领叫作噶尔丹，他渴望获得古代蒙古征服者们的荣耀。他对青海厄鲁特人发动了战争，该地区是中央王朝的屏障。他的死亡和清朝皇帝对西部边陲之关心的结束，与仓央嘉错（梵音海）的坐床是同时发生的。

始终是由于与宗教成见无关的政治原因，帝国宫廷拒绝承认新的达赖喇嘛梵音海。该喇嘛的名字是事先定下来的。但未能坐床，因为人们认为其前任尚活着。这名年轻的达赖喇嘛无所事事地度过了其少年和青年时代，只写了某些情歌、追求自由自在的生活和藏族青年女子。尽管扎什喇嘛、“摄政”、蒙古将军以及后来的清朝皇帝都发出了警告，但这一青年教主仍追求自由自在的生活。这尊偶像轻佻的生活，使人只好最终宣布其神圣的转世活佛无效，从而使他丧失了继承已圆寂的达赖喇嘛的权力。这一剥夺权力的命令具有很危险的影响，未能被发表，因为它既未获得僧众，又未获得民间舆论的批准。因此，梵音海保持了其世俗权力，成了世俗艺术的伟大保护者，政府虔诚地在拉萨保留有“衙门”（?），他于夜间前往那里。这些“衙门”完全被涂成了黄色，这是佛教僧侣的颜色，这种审美观是正统的。它实际上形成了其永不变化的纯洁性的一个阶段，作孽者再也不会玷污它了。莲花于承负它的污泥之上鲜艳地开放，所以西藏人玛尔巴使其圣性与财富带来的一切享受，都结合起来了。

非常引人注目的是达赖喇嘛与扎什喇嘛（神召从未于他身上促进过其职业）中，仅有仓央嘉错这一例外。他们似乎都非常认真地行使其职务，某些人还以特殊的天才而完成其任务。

仓央嘉错的情歌在西藏最受大众喜欢。它们都具有一种优美感和一种令人痛苦的旋律。他诅咒神灵们像少女一般使他幽居，禁止他除秘密之外的其他爱情。他那些情歌小作品都以与他相爱的女子的告别而结束。

“他的夫人是我所爱者，
如同是从大海中捞取一颗珍珠。
当我看到王爷的女儿变得美貌，
就如同我看到一颗桃子于桃树上成熟。
我于夜间失眠，
白天又疲惫不堪。
当我冥想上师，他们都不会出现在我面前，
但我思念我那亲爱的女子，她却不会离开我的双眼。
雨点使我们所写的信变模糊了，
但我们心中的文字却永远不会被抹掉……
……
大家可以用套马索捕捉住一匹野马，
但逃脱您的少女却是任何力量也不能抓住的，
她慢慢地走。
（她转向宫殿）
保持平静吧！我很快就会再见到您。
啊！白天鹅，把您的双翼借给我以让我飞翔。
我不会逃得很远，一到理塘，我就返回。
在我死后，地狱的神镜将反射我的功德。
在本世间没有正义，愿它存在于彼世。”

确实是在汉地边境附近的理塘，他的继承人（也就是其化身）于数年之后转生于1708年。

（译自巴黎出版的《西藏史导论》一书）

敦煌吐蕃写本中有关苯教仪轨的故事

石泰安

正如大家通过托玛斯和拉露的出版物所知道的那样，在敦煌藏文写本中有相当多肯定应属于苯教的写本。这一宗教的各种专职人物，尤其是苯教徒和辛（苯教祖师），他们于其中确实是作为重要角色出现的。这些文书中有一些是殡葬仪轨书，其他的则主要是以传说故事的形式出现的。但即使在这后一类中，也顺便提到了苯教仪轨，甚至它还可能于其中起着重要作用。

这些文书是我们所掌握的有关苯教的最古老的文献，而晚期和现代资料却都把苯教视为佛教传入之前的吐蕃巫教。虽然敦煌文书是唯一能使我们理解该宗教程度不同的原始状态的资料，但我们也不应忘记，它们都属于佛教已牢固地在吐蕃扎根的时代。我们可以毫不迟疑地将它们的年代断代为 9 世纪至 11 世纪初之间。这些文书中那些故意把佛教与苯教对立起来的作法，可以使人看到佛苯互相同化的努力。这种情况可以在伯希和敦煌藏文写本 Pt. 239 号中看到，其中作者把有关死亡的佛教观念与苯教观念对立了起来，但同时又试图在苯教术语中找到一种与佛教相吻合的象征性意义。在伯希和敦煌藏文写本 Pt. 1194 号中，又把新宗教与苯教的古老习惯对立了起来。

任何想释读这些写本的人都会遇到巨大的困难。草体字与习惯写法不符，并在各卷敦煌写本之中变化不定。其藏文拼写法不仅古老，而且常常具有任意性并谬误百出。由抄写者本人所作的大量涂鸦和修改都可证明这一切，其中的专用术语和其他许多古字大部分不见诸我们所掌握的词典，或者是其中的解释不完全。托玛斯、拉露和巴科，后来是罗纳—塔斯和乌瑞艰巨的开拓性工作，已对此作了很多澄清。除了已发表的著作之外，我还有幸在战前聆听过拉露小姐的课，从而得以利用她的经验。

然而，为了理解这些文书，我们还有大量工作要做。现时，任何完全的译文仍是不可能的。无论前人多么勇敢，但人们至今所做的翻译方面的努力却都令人沮丧，都只能提供一种被歪曲了的原文形象。笔者本人宁可仅限于本叙述文书而不愿意给人一种不合实际的印象。只有在我感到可能时，才翻译一些段落。

随着大家阅读这些写本，就会获得一定的经验，不过我想首先指出其中的某些内容。

一、面对缀字法的不稳定性，读者被迫选择了一种“正确的”形式。这种选择是受两种条件支配的：首先是对语言的了解，我们越是了解这种语言，就越能猜出不堪卒读或缀字不规则的词。在这方面，有关用通俗文言藏语，甚至是用口语知识编纂的经文都要比译自梵文的佛经好一些。除此之外，我们还应增加通过对所研究文集全部内容的释读，而获得经验。尽管如此，选择却是很微妙的。因为很明显，苯教文书中充斥着错误，这些错误或是由于疏忽大意，或是由于混淆和理解得不确切而造成的。正如大家知道的那样，同一个字在相隔几行的地方就常常以不同的形式写成。但是，为了取代一些辅音和元音，以得出一个其意似乎是令人满意的词的作法，当然会像大家经常所做的那样，即明显会趋向错误。

二、对许多词义的确定，也取决于对整个文献主要内容，作程度不同的正确理解。例如，为了破译一种“密码”，首先应确定使用什么样的代码。托玛斯的译文经常是错误的，因为他未能看到其汇编中的第2—4篇文书（《西藏东北部的古代民间文学》）的作用是什么。他的凡人神化论和从历史角度阐释问题的倾向，常常使他晕头转向。对整部文献主要内容的理解，一般是很困难的，所以我们应该努力以分段的方式，来理解故事的结构。

三、我发现各段落的顺序，并非始终或必然是固定的，或不可侵犯的。托玛斯虽然发现了这一点，但他未能由此而得出结论。我当然应保持很谨慎的态度，但我常常感到某些写本仅仅是初学抄写者的习作：或者胡乱地使用纸张，或者随记忆而任意记载的一些片断。

四、这一特征与故事的全部内容明显和合情理的特点，同时发展起来了。这是对同一内容的不同说法，或者是对阐述的同一内容和类似故事的各种说法。托玛斯书中的Ib和Ⅱ等文献，虽然抄于两卷不同的写本中，但都是同一故事的变种。伯希和敦煌藏文写本Pt. 1134号，把四个相似的故事联结了起来，其中两个非常简短，第三个稍长一些，唯有第四个发挥得相当完整。

五、这种把相同的和类似的故事并列的倾向，是对它们作出分析的宝贵帮助。其中那些笔调风格是能够令人理解的。它们首先是经常重复一些有节律的，以并列的诗句写成的短语。托玛斯正确地辨认出了它们，其功劳是于其印象中突出了这一切。这些术语用于描述一种形势，并不直接属于故事的组成部分，也没有反映事件的下文。此外，这都是一些不能以咬文嚼字来理解的比喻。另一作法是在主要故事中插入一种或多种次要的故事。抄经师有时也有意指出它，如同使用段落结尾符号一般，但它们常常是既没有任何标记，也没有指出任何书写技巧或标点。

从这一简述中已得到证明的最值得注意的特点，是我已研究过的故事之作用和性质所固有的。它们同样也是另外两本类似故事集的特点，即摩些人（纳西人）中的《十万白龙经》和《龙的仪轨书》。从历史观点来看，在敦煌写本与晚期文献中的苯教传说之间，没有割裂的现象。虽然数世纪的苯教发展被“同化”进了大量的佛教内容，并由此而发生了许多变化，但古代传统仍在其中很好地保留了下来。《十万白龙经》和近期发表的许多其他著作，都保留了大部分比较古老的辞汇、专用名词、隐喻和文体修辞法。如果于此详列那些具体的证据就太冗长了。大家在注释中可以看到一些例证。除了纯粹的行文或遣词方面的传播从未中断之外，《十万白龙经》和纳西族的仪轨书，也受到了一种仍很流行的传说的影响，其中含有与本处所研究的写本内容和作用都相同的故事。

然而，这些比较近代的文献常常比那些写本更为清晰易懂。很明显，我们应该研究前者以理解后者。拉露和托玛斯都白用了许多功夫，因为他们不了解前者。

如果在这里从事对这些比较近代的文书的研究，那就必然会占据过多的篇幅。它将是另一篇文章的主题。笔者于此仅限于作某些说明。

一、故事的作用。它们是为了引入一种治病、保护不遭灾难和获得一种功德的仪轨。它可以使这种仪轨具有真实性并确保其功效。这都是一些现在于仪轨中模拟的神话，或者是传说的先例。这种作用经常是被有意地提出来的。它主宰了一种已由有关方明确向它肯定了的原则，在完成任何一种仪轨行为，或在提到其中的任何一项内容时，都应该讲述它们，至少要简单地提一下某一物品，或在仪轨中出现的某一宗教人物起源的故事。我们发现在摩些（纳西）族人、喜马拉雅山麓和其他地方的部族中、在苯教徒中（但不包括《十万白龙经》，其中仅仅有所暗示），在喇嘛和民间风俗习惯中，都可以发现已形成的这一原则。

二、故事的形式。这种要求必然会导致提到某些写作特点。正如在敦煌写本问题上已有人简单地指出过的那样，纳西人仪轨中的起源故事，应插入对仪轨的描述中，甚至应纳入主要故事之中。为了更为明确起见，抄经师又常常仅满足于简单地提一下，读者应该知道本处所指的起源故事，载于另一卷独立的写本中。《十万白龙经》并非以非常严密的方式写成，而它的那种讲故事的方法也并不罕见。我们从中还可以发现在敦煌写本中已经出现的口头禅和比喻。然而这类写本要比纳西族文献中使用的口头禅，更为丰富和更为广泛。

为了证实仪轨所引用的大量例证或先例而不可缺少的多种说法，使讲述人或祭司们以巨大的努力作了压缩，这与现代学者们的作法完全相同。

他们不能够或不愿意始终都全文诵读所有的故事，而是被迫缩减某些内容。这样一来，他们便实现了这些故事压缩后的一种普遍的不变模式。他们的概述于是仅限于简单提一下先例，或者是原始传说以充实或说明这一模式，最后使之变得酷似一份一览表了。同样的作法也出现在敦煌写本中，它启发拉露产生了两篇文章的标题：《封地，毒药和医生》以及《吐蕃小邦名表》。由于做为先例的故事轮番涉及多种小神（它们当时是大地上的居民），所以人们对此所作的概述，最后变得酷似一种对这些神灵分类的努力，这种努力最后导致编制了一种目录。

这类概述、简单地追述先例和召神，最终形成了在仪轨书中使用宗教仪轨的内容。祈祷变成了历数罪孽、从前犯下的或可能会犯的违戒罪；同时在连续祈祷中要对这些罪行进行忏悔。

三、结构。虽然《十万白龙经》和摩些族的《龙的仪轨书》中故事名目繁多，但其中大部分都可以通过一种双重的或三重的，以及在各段之间相当统一的连续性，而使之被压缩成一种简短的形式。这种简化成一种模式作法的目的，仅在于按照种类的顺序进行排列，从而发现一个允许进行分类的共同点。它当然不在于缩小各种故事的不同形式，以及各自具有其意义的细节和变化。

二分法主要在于把各种“地之主”（赞神和龙神等）与人类对立起来。前者代表着自然界和文明中晚期出现的因素。人类以其人工劳动（农业、牧业、工艺、修筑坟墓一类的宗教事业和建筑等）来扰乱大地的主人（神祇）。第一个和睦相处和协调的状态或时代的特点，是首次向各种生灵分配或指定不同领域，后来却由于人类的这种活动，或在一个种类侵占另一种类的领地之后，而打破了这种协调。

由此而产生了灾难（尤其是疾病）。人类不应该与神灵较量，而与神的竞争，对于人类来说，必然是不幸的。因此人类与神灵订立了友好盟约。为了克服敌对情绪，则必然有一个调停者的干预。调停者无论是神或圣主（尤其是辛饶和金翅鸟），它们都代表着当代的祭司（藏族的“辛”或纳西族的“多巴”）的雏形。在人神之间缔结的和约中，地神信守积极保证佑护人类（不仅仅是消极地许诺不伤害他们）的诺言，而人类则必须有向地神表示崇拜的义务。义务是相互的，双方彼此都需要对方。在故事的末尾，便完成最后一道程序的仪轨之后，并没有简单地恢复其原来的状态，而是达到了一个更完美世界。各种事件的发展或辩证的运动是必不可缺的。

这一提要必然会放弃多种也见诸于敦煌写本的那些颇有意义的内容。笔者于此仅限于指出其中的两种：其一涉及了一种社会学作用，其二则是有关仪轨作用的。

第一种在于使两类被召来战胜灾难的宗教专家对立起来。病人或死者的亲属首先要召神，医生或“民间”巫医。但他们却无法成功地治愈病人，唯有稍后召来的另一类更为正统的，或官方的神职人员中的其他专家（辛饶或多巴）方可成功。在敦煌写本中，有时（但并非始终）把不灵验的辛与灵验的苯教徒对立起来。

第二项内容标志着在敦煌的仪轨书与另外两种文集之间，具有一定程度的区别。前者具有更为神秘的特点，他们在这一意义上，提出了应以一种人为的或理想化的生命仪轨，来解决死亡问题（一种复活）。这种观点多少也能在《十万白龙经》中见到，如其中提到，当举行一种治病仪轨时，辛饶对病人说：“我拥有治愈病者、赐给赤贫并使死者站起来的秘诀。”在纳西人的殡葬仪轨中，则有一种过渡性的形式。死者将会从中获得为“治”好他无法进食症的医药。他死亡了，却被宣布说他已被“治愈”。这种痊愈似乎可以确保其后裔们的生命或富裕。这些观点与一组语义观点相吻合，后者是以一组同类词表达的：生养、痊愈、活着、生活。

我希望这些简单的说明，足以对我提议进行研究的敦煌文书进行断代。笔者于此采纳的介绍顺序是随意选择的，尤其不会引起任何年代或逻辑方面的前后联系。它最多不过代表了一种分类的尝试。

所有故事都与死亡和殡葬仪轨有关。这种仪轨非常复杂，包括有大量我们不熟悉的内容、成份和程序。笔者于本处无意解释这一整套仪轨。由拉露发表的唯一一卷连续的敦煌文书（《王家殡葬中的苯教仪轨》，伯希和敦煌藏文写本 Pt. 1042 号）无法使人确定那些陌生的字。另外一卷写本，即伯希和敦煌藏文写本 Pt. 239 号，则根据佛教而诠释了其中的某些生僻字。

笔者仅限于指出某些动物所起的作用，这是由于它们在故事中占据着重要位置。首先是一种特殊的绵羊，即用于祭祀的绵羊。伯希和敦煌藏文写本 Pt. 239 号证明要用绵羊来祭祀，先屠宰然后切碎，以作为赎身金和烧毁的供品。绵羊被视为是通向死亡道路的圣者和引导亡灵者。此外，文书中还把绵羊描述成是用多种宝贵材料做成的，这无疑是一种赞美绵羊并把它提高到神话地位的比喻方式。

另一类重要的动物，主要是由马匹代表的，但也有牦牛、混血奶牛或绵羊。这都是一些极好的牲畜，被誉为死者的“亲属”、“亲近者”和“心爱的朋友”。如同有关绵羊的情况一样，我应该指出之所以用这些牲畜祭祀，那是因为它们产生于各种珍贵材料。我们将看到它们的“勇气”或它们的道德品质，都是陪同死者前往冥地所必需的。

下面就是与这种殡葬礼轨有关的故事。为了讲得更清楚一些，我赋予每个故事一个不见诸原文的虚构标题。

一、马匹仪轨作用的起源（《西藏东北部的古代民间文学》Ia）

该写本的开头处已残损，文献的第一部分明显是结束于第8行的一篇题记，但相当晦涩难懂。我最好是首先研究第二部分，这一部分已由其标题明确指出：《野马与马匹分别的历史》。

A，（第38—51行）

1. 很久以前，灾难的年代降临了。当父马噶尔瓦与母马快马交配之后，便生下了母马驹龙占吉贝玛龙，即小马。它住在天上，那里既没有可吃的青草，也没有润湿喉咙的清水。

2. 所以它从天域下到神域贡塘（无疑是天域较低的一层），在那里成了天仙贡尊（贡摩尊）夫人的牲畜。

它在那里拥有一间土屋、稻草、面粉和废糖蜜（一种珍贵而又令人满意的饲料）。但尽管如此，小马仍不驯服并患有月盲病。大家无论是在清早，还是夜晚，都不能抓住它和拴住它。仙女很生气并追捕它。

3. 它于是便下界到期陇地区，在那里遇到了期恰尔富尔并与它婚合（此地可能是一个低层天，即风层）。

由这一婚合诞生了马匹三兄弟：长马如意宝骏、次马花白斑马、小马库戌芒达。

B，（第52—69行）

1. 在期陇地区，既没有口中可吃的青草，也没有能润喉咙的清水。长马前往北方地区寻找可饮之水和可吃之草。次马前往吉卓杰贡（八处公共牧场上部），为口寻草和为喉找水。小马前往卓期当松（牧场）地区，它在牧场中寻求并得到了水，于是便尽情地饮水。

2. 但在北部地区，长马遇到了野牦牛噶尔瓦。后者宣称：

很久之前，天神雅拉达珠（又叫作贡尊恰）于上天为他们各自指定了一块领地。马匹的地区应该是牧场区，牦牛的地区在北方。

（因此，马匹入侵了牦牛的地盘）。长马承认了这一事实，并提议为避免争执而达成协议：

让马匹首先吃草，牦牛然后饮水；如果牦牛先吃草，那就让马匹然后饮水。

3. 但牦牛不想接受这种安排，使用其角挑刺马，马死去了。马肉被飞鸟啄尽，其血被土地吞饮，其骨被……（?），其头毛被风吹卷。

C，（第69—97行）

1. 次马和小马嘶鸣起来，但长马不回答。它们于是便前往北方地区寻找，并找到了它。但他们没有见到活马而是发现了死尸。

2. 小马以公理提出它们二者应为长马报仇，敌人应受到惩罚，应为亲属雪耻。但次马反对：如果那样敏捷和那样强壮的长马都无法抵抗牦牛，那么它们二者也将无法获胜。它们没有为其长兄报仇，但却到了卓期当松地区（过去由小马占据），在那里随心所欲地吃草和喝水。

3. 小马指责次马勇气不足。于是从此之后，它们将活不晤面，死不同坟。至于小马，它将前往人类的地区吉宁。临行时，次马警告它说，如果你前往人域并与他们联合，那么他们将在你的嘴上套上笼头，这就会使你生脓肿；他们将在你背上备鞍子，这将会压迫你的肋骨，你将会因痛苦而疲惫不堪。但小马反驳说：至于你，如果你前往卓期当松牧场，那就会变成虽然那里没有骑士骑你，你将受星辰和空气所骑，你也会有伤疤；尽管那里没有笼头，带刺的（?）草将使你的嘴巴脓肿；虽然那里没有人追击你，但你将受到猎狗等的追捕。

但次马依然前往卓期当松牧场地区，去为口找草和为喉寻水。

D，（第97—104行）

1. 小马前往人域吉宁，前往由玛布登协人居住的玛托江。

2. 马匹向人类提议订立一种盟约。人类说：从此之后，如果我衰弱，或死亡或不净（?），那么你将有涉水的勇气和翻越山口的慷慨吗？马匹回答说：我从此之后驮你百年，只要你活着就驮你；当你死后，当你作为70万颗星辰之主而去的时候，你将仍是我的主人。

玛布登协人和芒达尔马互相许愿并盟誓。人类首先履行了其诺言并前往为马报仇。

E，（第106—120行）

1. 人骑上了马，佩带上刀剑，便前往期卓牧区。小马的次兄就在那里，它仍是一匹野马。小马要求人蒙住其脸面，以使它看不到其兄，从而不觉得羞耻。

2. 人于是便前往北部地区，他在那里遇到了野牦牛。马与他共同追击野牦牛并杀死了它。马大喜。

亲者的仇已报，敌手已受惩罚，小马为长马雪了耻。它饮牦牛血并吞噬其肉。牦牛尾被作为战利品而拴在马尾上。小马表现出高傲的情绪，并将此强加给次兄野马（花白斑马）。

人按其马的意愿行事。

F，（第120—133行）

1. 它于是便返回了人域吉宁和托江。

2. 但过了一段时间，一些作恶的生灵自天而降，大地顿起妖魔。他们摆脱了捆缚他们的绳索和锁链。善良的主人已死，漂亮的绿松石也被粉碎。善良的主人已死，可怜的人，他已被毁，不复存在了。

3. 仪轨专家开始干预。辛饶米保达和杜尔辛玛达准备了各种殡葬仪轨物品。芒达尔马（人的朋友）被作为“宠马”而被使用，将其勇气用在山口，而将其慷慨用于渡口。

文书最后一段重复了写本第一部分的末尾一段（主人死了，马将其勇气用于……等）。但它在那里被看作是一个有关殡葬起源故事的续文，同时也是有关马匹分类的故事。前面的一段说明“宠马”在星辰中与九层大气嬉戏和吃草。最后，写本已残损的开头部分，由一段叙述文字占据，但我看不出它与余者有什么关系。它追述了善行得到发展和灾难被排除的形式和时代。这是一种吉祥的状态，它已相继在一个典型地点的各生态层中，得到了说明，每一层的特点都由一种典型的驯养动物占据。

我现在可以试把这一系列段落归纳为一种结构严密的概述。

1. 吉祥的时代（附有关于在天堂的殡葬马以及它在仪轨中的作用）。

2. 向灾难时代的转化，天堂的饥饿（无水无草），但很自由。新的转生——下界到神域，食住都非常讲究，但失去了自由。

3. 重新爆发冲突，马匹逃走，下界到风（?）域，与一个风（?）人的结合。三兄弟的诞生。重复饥荒的内容（无水无草），悲剧的致因。

分成两个集团：长兄前往牦牛地区，两兄弟前往牧场地区（这三个地区从地理角度来说实际上是无法区别的）。

由此而产生了两种冲突。第一种冲突是马匹与牦牛的冲突（马匹的死亡）。由此又导致了第二种冲突，即野马与驯马的冲突。野马拒绝报仇并仍处于野生状态。驯马承担了报仇的任务，由此而变成驯养牲畜。

虽然标题中表达的有意识的内容，仅限于二分（马和野马的分离），但这一故事却使用了由三兄弟不同命运所表达的三分法。这种三分法是两种二分法干扰的结果。这两种二分法之一，可以说是同时发生的，它是由生灵的特征产生的，而这些生灵从一开始就被分配在被分隔开的领地或分成不同的等级（牦牛/马匹）。第二种二分法是贯时性的，它出自一种发展成一系列事件的悲剧行为。这两种面貌与为故事选择两种术语的用法互相吻合，分类（静止的和横向的分类）和系列（活跃的和垂直的系列）。

4. 新的对立。马和人的对立，它已由一种盟约所克服，而这种盟约又创造了彼此之间的联系和义务。

在生活中，人帮助驯马为其长兄野马报仇，杀死了牦牛（狩猎），但这种活动引起了人的死亡。在死亡时，马则以其在殡葬仪轨中的作用而帮助人。

5. 最后一段可能包括向永生和吉祥时代的新转化或演变。这是由下述故事提示的。它们确实提出了下列图式：生存→悲剧→死亡→仪轨→“痊愈”或复活。我们在下一个故事中将会看到，吉祥时代和灾难时代的对立，似乎与生死对立是相吻合的。

二、殡葬仪轨的先例（伯希和敦煌藏文写本 Pt. 1134 号）

这卷相当长的写本共包括六部分。第四部分是由一个标题（《来乌·羊噶杰的历史》）和一个分段符号（前面6条长线和后面3条长线）明确指出的故事。这一切是这样出现的。

开头部分已残缺（第1—10行），它是指殡葬马在一个“圈”中的生活，这是经常提到的仪轨。继此之后，我们还可以发现：

1.（第10—22行）一个片断再加第4个故事（同样的人物）。

2.（第23—36行）同类的一片断，但有一些不同的人物。

3.（第37—65行）同类的一片断，但人物不同。

4.（第66—140行）来乌·羊噶杰的历史，其中加入了一个简短的故事（第89—95行），但我不明白它与其余故事有任何关系。

5.（第141—193行）代表着一个不同先例的新故事，但有一次却涉及了（第160行）第3个片断，另一次牵涉了（第169行）第4个片断，在它与第4个片断之间没有任何分段符号。

6.（第194—294行）由一长段间隔标志的故事（在第5节末有4个长竖线，但在同一行中还有另一个段落起始符号）。这里涉及的是死人地区某些横生的枝节和殡葬牲畜的作用。

第1—4个故事

A，死亡的意外事故。

1.（第4个故事）从前，在灾难时代之前，于天堂之上，衮琼帕与魔主之女当阿多木当婚配。他们的儿子就是来乌·羊噶杰，或者是衮琼丁那杰。

不同的说法，第2个故事（第23—40行），在天际的边缘，父亲、母亲和儿子的不同名字。第3个故事（第37行），有关大江的记载，其上游是“人类”的父亲，其下游是母亲牙木萨（儿子的名字已被删去）。

2.（第4个故事）英雄向其舅父魔鬼挑战，要求举行一次勇气和长跑的比赛。其舅父们压迫他，他死去了。自上天而来的魔鬼拦住了他的去路，仙魔从大地上站起。

不同的说法，第2个故事：英雄在牧场猎狩野牦牛，其马漫不经心，他死去了。第3个故事（与第4个相近似），魔鬼行凶，恰神也在作恶，其父已死，主死玉碎。

我还将提到，第4和第3个故事中的两个有关死亡的比喻，都已纳入前一个故事中了。其中提到人曾因狩猎野牦牛而死亡。我们还将会发现，介绍角色的作法和一个不同的场面，不会妨碍第3个故事中含有与第4个故事中由魔鬼造成灾难的同一内容；第1个故事的角色和比赛的内容，与第4个故事相接近，但却遗漏了这一内容。为了讲得更为清楚和作一比较，各个故事仍互有联系或互为依赖。我们于下文将看到有关狩猎的内容（悲剧的致因），在另一个故事中的出现。

B，第一次未获成果的干预

1.（第4个故事，第73—84行），父亲在哀叹。他向儿子许愿他所要求的一切，但儿子仍不肯站起来。父亲既没有杰出的祭司，也没有好专家，所以他的努力始终是徒劳无益的。儿子仍旧处于死亡状态，他是否还能还阳（是否可以被治好）呢？

不同的说法（第2个故事）：“人在无死亡地区死去了，不复存在了。奶牛在无破坏地区被消灭了，不复存在了。漂亮的青年人死亡了，为了治好他，还缺苯教徒。”

第1、第2和第3故事于此增加了“宠马”的名字。但它在这里却未能占有一席之地，第4个故事事实上仅出现在第2段之后。

2.（第4个故事，第84—87行；第1个故事，第14—16行；第3个故事，第46行）。在天际边缘有一个苯教祭司、即教主辛扎，他是天神的儿子和魔鬼的孙子或外甥。

第3个故事的不同说法又增加了另外3位专家（苯教教主辛扎，如同在BI中一样），其中第1位就是多辛马达。第2个故事没有指出后者（我将指出，各种写法根据抄经师的兴致而准确或完整程度不同。有时是这样，有时又是那样）。

父亲雇佣了一些祭司，让他们举行退灾仪式和考虑仪轨。因是初步而不足的仪轨，故人仍未能还阳（在第3个故事中删去了这句话）。

C，第二次卓有成效的干预，殡葬仪礼

1.（第4个故事，第87行；第3个故事，第47行）。祭司们便大展幻网和举行殡葬仪轨。第3个故事中的不同说法殡仪和奠基。他们大量建筑夏格尔（第4个故事）。第3个故事中在此还增加了其他一些殡葬仪轨建筑，而第4个故事仅在晚期才导入了这一内容（第117行）。他们从中加入了两匹“宠马”（第4个故事于此在合适的位置提到了它们，而第1—3个故事则在更靠前的地方追述了它们）。这里应该是指一种马厩。

Ia，有关“四大物”的插曲，与故事没有明显的关系（第89—96行），但与前文却没有任何间隔。

Ib，有关在C1中使用马匹的插曲（第100—111行），仅以两条长竖线与前者分开，没有任何间隔就紧接C2。

La，“经过一定时间之后”（在一个不可理解的地方），“四大物”签订了一项友好盟约。这就是鱼、水獭、飞鸟和狐狸。但水獭违背誓言并杀死了鱼。狐狸也背信弃义，它吃鱼肉并饮其血。相反，飞鸟则把尸体驮在翅膀上，打开了云门和天顶洞，并将尸体留在了天上。然而，狐狸却从尸体内部钻了出来。

我们可以把这一故事压缩成下述提纲：建立友谊或盟约就等于生，毁灭友谊或盟约就等于死，表现友谊就等于死者在天上得救。该提纲可以解释该故事的影响。它暗示已死去的人与在 C1b 和 C2 中提到的那匹马的友谊。它同时又证明不同的两类生灵联盟的内容，以及生命—死亡—新生的悲剧内容之间的关系。

Lb，贡尊恰（死者的父亲）的“宠马”都已逃亡（或正在逃离）马厩，他无法追上它们。它们穿过了山口和渡口。不久之后，它们来到绿宝石山崖处，那里有绿松石矿的泉水。它们在那里饮水和舐盐，但人们却无法抓住它们。其他矿泉水源（金、银、黄铜、青铜、铁和铜）的情况也基本如此。最后，它们逃往木神之山。木神之主甲敦用套马索捕获它们，并把它们赶入圈内。

2. （第 4 个故事，第 111—112 行）。死者的父亲以缰绳牵马，因其儿子死亡而哭泣和呼唤。马匹在山口是否有勇气，在渡口是否那样慷慨（可能指马匹是否接受）？父亲于是便把它们置于一座有 9 个尖顶的铁塔中，供给它们奢侈的食物（绿稻草、面粉、废糖蜜浆），并在它们头上拴上了马的“角”。两位苯教徒准备了一些仪轨性的马厩和其他物品。他们为马匹披挂了一些装饰物。

我们立即就会看到，有关马匹暴跳和向它们提供豪华食品的说法，重复了我们第一篇文献中的段落（I、A2）。但它在那里是作为一个神话故事出现的，而在本处则是半故事和半仪轨性的。大家还会发现各段落的不稳定性，以及它们衔接顺序的变化不定。从逻辑上看，本处（以及其他地方，参阅伯希和敦煌藏文写本 Pt. 1136 号）于一个英雄死后而加入的内容，应发生在人死之前。各段落同样的不稳定状态，也出现在我们的 4 个故事之中。第 3 个故事的不同说法（第 59—63 行），仍保留了苯教徒们的仪轨行为，他们向马匹讲述和追述了其主人的死亡。仪轨的目的是为在四角妥善地准备马厩，他们实行这种仪轨是为了更容易地从山口到达渡口（马匹拴在此就不能渡过?）。第1和第2个故事的不同说法，仅仅保留了一些对这条通向死亡地带道路的难度之比喻。在伯希和敦煌藏文写本 Pt. 1136 号（第 25—26 行）中，有关马匹的精细食物和马身上的装饰品的段落，在没有任何隔离的地方，由一句口头禅结束：“勇气表现在山口，慷慨表现在渡口。”

3.（第4个故事，第122—140行）。死者的父亲把马匹（或死者?）委托给了举行仪轨用的绵羊。两匹马应与为它们导路的绵羊同时越过山口和涉过渡口。已死去的英雄和两匹马，这三者开始是团结的，然后又在绵羊的引导下前往九层天。苯教徒们歌颂并鼓励他们：他们应维持团结和留在一起，主（死者）和仆（马匹）都应该想到这一点。

第4个故事于此结束，但第3个故事的不同说法（而且也很简短）仅包括结论：“现在，这是生存的办法，是在天神（在那里是生者）之地不死亡的方法。”

我还应讲一下隐喻和暗示仪轨的地方，它们按照再次都各有所异的顺序，而出现在4个相似的故事中。它是这些文献极为难懂并颇有说服力的一个例证。我将试把这种混乱状态归纳成某些主要特点。第3个故事（未完）与其余3个故事是对立的。它们之中的正面和得到证实的内容，在其他故事中则是负面的和不成功的。

辛（苯教师）的劝告（3a）。愿老人听我3句话。愿春天温暖的太阳西垂（第1个故事，第16行，第4个故事，第135和133行，在第3个故事中阙如，第2个故事，第28行：这些话未被人接受，太阳没有陨落）。

3b，在此情况下，应该共同前往死人地区（第4个故事，参看 C3）。第1个故事，第18—20行：在九层天之上，已死去的儿子应与牲畜同时在上部翻越山口，在下部涉过渡口，他们共同吃冬夏常青的草（隐喻生命和永生）。从中增加了另一种隐喻，但我无法翻译。其中指的也是到达某一地点，与马和骑士的情况相似。在第1个故事中，马匹获得了成功（第17行）；在第2个故事中（第29行），它们未能成功。在第4个故事中，这一段阙如。但在第3个故事中，它在逻辑上与下文有关。

C3，第3个故事，第62行。它们在上部没有越过山口，在下部没有涉过渡口。但辛在四角已完全准备好了马圈。马匹在那里一切都正常，并且取得了在3b最后一段中叙述的那种成功。在第1个故事中，它们一切都正常，但后来在九层天之上，它们因患传染病而很糟，犯了一个错误。故事于此中断。在紧接着后面的第2个故事中，他们的处境很坏，未获成功，未能越过死域的山口和渡口，未能在死域行走（故事未完。后面紧接着是第3个故事，唯有它才有上面阐述的结论）。

第5个故事（C的一种不同的新说法）

（a）在喜地和喜山，有死亡之草和死亡之水。父亲劝“宠马”跟随仪轨绵羊与人共同翻越山口和渡口。他们来到了死域坟地，那里的草冬天如夏天一样嫩绿，水新鲜而清洁。人与绵羊婚合，他们在那里共同居住。

（b）“此人叫玛布奉杰，他是北方喜地的人，那里是死亡之地，一个儿子死去了。在没有被破坏的拉木恰布高地区，法师被消灭，不复存在了。在他尚活着的时候，在100年期间有……；在他死亡时，天空共有70万颗星辰移动。”

“从此之后，自灾难的时代降临以来，生者和死者不在同一地区，犬和猪占同一住处。”

（c）这一段文字非常含糊不清。从此之后，有人便寻求管理恐惧之域。人们主要是设法向死域传送噩耗，可以发送消息的人在哪里呢？本处没有作出答案，却见诸伯希和敦煌藏文写本Pt. 1123号。

从此之后，再无人能从死域返回来。从此之后，如果一个人出生并长大，他最后要在地下消失（马匹也可能如此，这是用比喻说明的情况）。从前，父亲和祖父都具有勇气和宏量。从此之后，儿子和孙子都是“小鬼”（年少夭亡）。生人之草与死人

之草互相对立，

（d）在生人之地阿尔康，在死人之域坟墓，你将会找到冬天和夏天一样绿的稻草。在死人之乡，人们把啤酒斟在海螺汤匙中。在死人之地坟墓，有一眼专供死者（品尝）的泉水，其水比啤酒更为甘美（这似乎是对绵羊和马匹说的，因为有人向它们建议）：“不要以你的带丝的耳朵远听，不要以你的猎眼向远方看。”其中提到了“宠马”的四只铁蹄。“在无路可通的地方寻一条路”。绵羊以其角挑穿岩石。“在死者之地坟墓，无论是生死的牲畜还是生死的人，这二者是主仆”。“仪轨中使用绵羊，你是无父者之父，无母者之母……愿人由你而获生……愿人由你而赎命”。

这一段最为明显的特点无疑是死亡二分法的文体术语：生是相当于一种结构形式的例证，二项式中的两种成份既是对立的又是互相联系的。这是由于克服了两种因素固有对立的中介祭司，执行的仪轨。生与死之间经常不与任何连词（和、或）联合使用，从而使之成为一种在两方面都含糊不清的双重词。在 Cla-lb 中发现的对一连串贯时性的事件的图解（生—死—生），于此则成了共存的局面（同步性的）。其结构既可以表现在各段发展的贯时性方面，又可以表现在并列事件同时性的同步方面。

这一长卷的第 6 个片断，又重复了通向死亡之路。我仅限于指出其中有意义的成份。它共由根据同样的模式而构成的七段组成，涉及了死者和殡葬牲畜需要穿过的 7 个山口。前三段中载有一些专用名词，而后四段则是由与仪轨内容有关的阶段代表的。第四段：死亡的（或精力充沛的?）人的山口。第五段：未被杀战马的山口。第六段：未被杀奶牛的山口。第七段：无名称。正是这七个山口位于“7 个宁玛的道路”。

在谈到一个新山口之前，应追述两种对立的成份。第 1 个山口：天与地之间；第 2 个山口：天与冰川之间；第 3 个山口：天与板岩之间；第 4 个山口：天与悬岩之间；第 5 个山口：水与悬崖之间；第 6 个山口：大山的阳坡与阴坡之间。

文书中每次都要指出大路左右两侧的一种不同服装和食物，有的食物很特殊（如面粉），其余的则很平常（蔬菜），前者在左侧，后者在右侧。同时，左部与“喜地和福地”有联系，所谓冬夏都嫩绿的草和永远长青的刺柏等口头禅，都与此有关。右侧与“悲惨和苦难”地区并存。但这种分类并不是很严格的。同一左侧既被看作是福地，又被视为灾难之地（死者之地）。这或是由于错误造成的，或像上文一样，此地也具有双重性，仪轨的目的就在于克服对立。

每次提到的祭礼都与这一描述融为一体，而对于祭礼的记载又与拉露发表的仪轨有关。

在记载这三批第1类山口的每一种时，后面都附有举行仪轨的绵羊的三次哀叫声，以及在这一有利时光不应再耽搁而提及的建议，继此之后便是有关对立因素之间斗争的口头禅。人与马便钻了进去（有一次提到应为人打开门）。这是为了过第1—4四道山口。在叙述第5道山口时遗漏了其动机。在第6个山口有一头混血奶牛，此外还有一头普通奶牛以及奶牛与人之间的友好关系。在第9个山口中丝毫没有提到这一切，其中却加入了一个被称为犬洛布的生灵，很可能是一匹或数匹普吉克或穆尔克马。

两种对立因素之间斗争的原因很可能是指或追述一个“不合常情的地点”，即神秘的边缘地区。在有关仪轨所用的绿松石的起源问题上，文书中确实说过此地位于天与地的交界处，在那里大声嘈杂地爆发了天与地、铁与铜的斗争。

在第5个故事中提到的双重性，于此获得了更清楚地标志着潜在对立的新形式。它执著于已提到的左右二分法，并由两种对立因素斗争的内容得以加强。我们当然不应咬文嚼字地理解这一原因。这里不是对已纳入连续越过山口的叙述中的事件的记叙，而可能仅仅是一种严重形势的变化。在每次越过山口之前，都加入这一内容说明，这种形势的作用是在穿过障碍——考验的前进中，所必需的一种手段或动机。

无须我强调指出，大家将会坚信这一故事与纳西族仪轨书中的现代变种，该多么相似。然而，这部仪轨书的作者，肯定不可能知道敦煌写本。某些人希望直接从中看到一种共同内容的残余，这是完全可能的。然而，我们应该注意，西藏古典文学中的雏形著作也可以作为过渡阶段。它们尚未被发现，但这并不等于说于将来某一天，也不会发现它们。《十万白龙经》就含有可以从中发现这些写本仪轨内容的一长段文字，其中的阐述内容，我们在另一段落中却可以发现一些。

无论在藏族和纳西族仪轨书之间的这种历史渊源如何，为了结束本分析，我最好是指出第6个故事非常特殊的文学体裁。它是以一种叙述文出现的，但不时被一些说明仪轨行为的评注所打断。这也可能是一些补注（就如我们印刷在行外，用斜体字或小体字所写的夹行注那样）。无论如何，它们也说明叙述与仪轨是并存的，它也可能是用于朗诵的。

三、一卷58行的写本首尾俱残，文中包括有许多故事，我仅仅叙述其中的第一个

1. 在喜地（又叫作北方地区），两个人互爱，即玛迷特尊保和玛迷岱尊保。他们订立了友好盟约："如果一人死亡，另一人为他举行殡葬仪轨；如果其中之一被消灭，另一个就去寻找他。"

2. 玛迷特尊保于某一天前往北方牧场猎狩牦牛，他在那里被牦牛害死。由于他没有回来，玛迷岱尊保似乎前往羌噶南结（北方八族），并在那里发现了他的尸体。此人感到很悲痛，便为死者哭丧并准备殡仪。

3. 玛迷岱尊保于是便找到了"宠马"。但是，为了介绍这些宠马，他必须提供其来源。所以文书中于此加入了一段。

3a. 在马驹地区，金父马和玉马有一个儿子叫拜布曲戌。

玛迷岱尊保拼命地抓住了它，并将它圈在矿石圈内。他向它解释说自己与玛迷特尊保订立了盟约。据此约，当二者之一死亡

时，另一方应为他举行仪轨。现在，玛迷特尊保已死。所以他要求马“在山口有勇气和在渡口有宏量”。他于是便把马带到喜地（又叫作北方地区），称它为黄膘马，用稻草和糖蜜浆喂它并为它挂了某些装饰品。

4. 马匹运用了“山口的勇气和渡口的宏量”，死者得以享受。

5. 抄经师于此加入一条诠释（为祭祀者或为朗诵者而作，但却避开了详细情节）。

从我们文献的完成情况来看，最后的一点评注清楚地说明了其过程。文献中经常加入评注。全部写本形成了一部统一的文集，在其中之一中未讲的话，也可以在其他地方发现。为了避免重复，仅参照其中一例即足够了。这种作法也见诸纳西族的仪轨书。对于某篇文献，祭司应该知道根据需要而参照另一篇。根据情况来看，互相组合也是可能的，与天主教神父们选择《福音书》的诗篇和段落略有相似。仪轨书就是这样由不同故事和各种仪轨要素构成的。为了运用它，人们又作了删节，而仅仅保留了一些确切的或被认为是主要的特点。

人于仪轨中使用“宠马”时，赋予它的名字是“黄膘马”，与伯希和敦煌藏文写本 Pt. 1134 号第 2 个故事中“宠马”的名字一样。在后一个故事中，英雄也在一次猎狩野牦牛时死亡（但他的名字不同）。

有关向马奉献精美饲料的陈套说法，也反映在其他写本中。如果于此具有仪轨作用，那么我们就会发现它也作为对神秘事件的叙述，而出现在第一篇文献中，而在第二篇文献中却是作为一种仪轨描述。另外一种不同的说法涉及了盟约内容。在第 1 个故事中，盟约是在兄弟之间爆发不和之后与马和人订立时。在本处，谅解是在两种生灵之间达成，他们的名字或称呼似乎说明指的是人类。但阙马，应去寻求。

从形式上来看，我们的第三篇新文献非常引人注目。盟约在其他地方是为了克服潜在的对立，而在本处则是作为指一种固有血缘关系前提出的。故事主人翁的两个名字，除第一部分之外，全都是相同的。此外，这第一部分又是同一词干的变化，rma 和 sumra 从语音和语义上，都是不可分割的（正位和易位）。这种迂回论述，可以使人同时了解到结合和分裂。

四、意外事件的范例、疾病和痊愈（《西藏东北部古代民间文学》IV）

A，我稍后将涉及这卷写本的开头部分，于此将研究第 199 行开始处的一个新故事。

1. 一位无名氏在荒凉的草地猎狩鹿和牦牛。他的前三次尝试都未果，紧接着的第四次才奏效。他共猎取到：

（a）一只白色神鹿，又在神路上逃走了。

（b）一只黑色魔鹿，又在魔路上逃走了。

（c）一只人鹿，又在人路上逃走了。

最后，他瞄准了一只特殊的鹿（海螺似的角、[原文不详]似的鼻子、牦牛的皮毛、假宝石的蹄子）。箭射得太高了，射中荒凉草地之魔的后臀部。然而，鹿却被射死，大家分其肉和将其皮剥去一半。

2. 魔鬼以霹雳一般的声响和以令人毛骨悚然的形状出现。人被惊呆了，魔鬼摄去了其灵魂。灵魂居于人体的某些附属部分（或与它们并存）：七根头发、七滴眼泪、七种珍贵的绿松石。人处于生死之间。

3. 他信任几位苯教徒（一个天苯，一个还命苯和一个恰苯）。这些人完成了赎身和还魂仪轨。

4. 此人当时便较前大有好转。

继此之后，故事中又提到了一个叫玛布秦杰的人，同一批苯教徒又为此人举行同样的仪轨，此人是整个故事中的主人翁（从第 10 行开始），本处所分析的一段就是加入这一故事中的。

B，我们刚才读到的一段以及标志结尾的符号，明确划定了其范围，其后面的一段也由同一符号导入。

1. 一女仙是森林覆盖的娘地之主。她在该地区的魔鬼头上做了某些动作，这样就降伏了它（用词含糊不清，我认为她烧毁或烧焦了这一地区。因此，该地区的树木不复存在了）。

2. 该地区的魔鬼到达，盗走该女仙的灵魂并寻找七块绿松石。女仙处于生与死之间的人事不省状态。

3. 一些专家们在魔鬼面前和于其地区举行赎身仪轨。“该地区火不起，水不退”。他们还举行了图像仪轨，其中要使用绿松石（无疑是为了制造一尊偶像）和假宝石虎皮玉（以召回灵魂或生命）。

4. 女仙于是便较前大有好转。

这一段文字没有任何表示结尾的书写符号，它由一条注释而与下文连结起来。其注释意为：“从前，这就是娘地女仙之偶像的图像仪轨。现在，图像仪轨是为谁举行的呢？这是为玛布秦杰其人举行的仪轨。”事实上，这一长篇文献的其余内容，再次涉及了同一人物。但我们在思考这一连串问题之前，在 50 行之下又有另一组先例，我应略表几句。

C，新的一段文字，没有任何抄写符号与前一段分割开。

1. 在后藏地区，此地之主（仅有主语，既无谓语，又无宾语）。

2. 该地区的魔鬼讲到了“火不扩散和水不上涨的地区”（与 BⅢ相比较是一个倒置句）。

3. 该地区之主邀请此地的专家辛，辛以绿松石和虎皮玉等宝石，举行赎身和图像等仪轨，魔鬼前来寻找他们。

4. 人得救了，后藏之主得救了。一条注释再次把这一情况归于（迷）玛布秦杰其人。

2（a—d），对于努布地区的同样段落，同样的尾注。一共列举了不同地区的 12 段文字。

这种安排可以加强我上文已作的说明，仪轨是由越来越简化的故事组成的，这些故事最后变成了历数各种情况。如果说我们的 IVa 和 b 文献还算是连贯故事的话，那么 IVc 则仅仅成了一份 14 个段落的标题。若不了解一个完整的典型故事内容，那将是令人无法理解的。但为了撰写一篇连祷文，仅提一下就足够了！

我从中又得到了另外一种体验。这些发生在不同地区的各种故事，都仅仅是插入（往往是既没有分割，又没有过渡）有关玛布秦杰其人的主体仪轨故事中的。这一事实证明了对它们所下的定义，即作为具有权威性的例证或先例。正如大家可以想象的那样，这里并不是有关人在仪轨中复活的唯一和典型事件。这种仪轨的有效性已被观察到，并得到已验证的多种例证所证实。仪轨书的作者们对此了如指掌，因为他们从前就是这样做的。这种作法过去已获得了成功，因此现在也要同样做。我们还可以看到更为清楚地提到的这一原则的地方：从此之后，大家都要这样做。我们已在《十万白龙经》中发现了这一点。

至于这些先例的内容，我发现如同在《十万白龙经》和纳西族的仪轨书中一样，它们每次都有变化，而其梗概则始终如一：由一类生灵（不仅仅是人类）的代表反对与之相对立的另一类生灵的代表所犯的错误；第二类生灵均愤怒并要为其复仇；打击第一类生灵的疾病、半死或死亡；祭司以赎身仪轨干预，引起恢复这两类生灵原有平衡的痊愈或复活。

正如我在上文已经指出的那样，情节的发展并非是无益的。最后的形势并不仅仅是恢复到开始时所呈现的那样，而是还要更好一些。

为了更好地说明这种情况是怎样被纳入有关“人”的仪轨中的，那就必须介绍（即使是简单的概述也罢）《西藏东北部的古代民间文学》第四篇文献全文。但在这样做之前，我认为最好是再转述引自另一卷敦煌写本中的某些情况。因为经验向我们证明，这卷写本的作者掌握有一大批资料，他可以随心所欲地作分类安排。

五、事件的新范例，伯希和敦煌藏文写本 Pt. 1285 号（拉露：《封地、毒药和医生》）

A，1. 在玛氏地区，丈夫唐瓦玉磨和妻子唐唐拉玛无性关系地生活在一起。他们前往北方荒僻草原中狩鹿，但没有杀害任何一头鹿。

2. 发生了不幸，妻子病倒了。

3.（a）共请来 100 名男性（白色的，大山向阳一面）专家（辛）和 100 名女性（黑色的，背阴一面）辛。他们问卜神意，但没有得到医药。

（b）请来了数位苯教徒，他们清除了污垢，问卜神意并得到了医药。

4. 夫妻双双痊愈，他们甚至比过去更好。尾注是："从此之后，男子玛布秦杰也如此……"

（令人遗憾的是其余部分无法翻译，因为动词 mad 的词义不明。）

B，1. 在木族人地区，一对夫妇有二子三女。长子唐瓦木唐没有越过木地的山口和木地的渡口（湖）。但某一日，有一魔鬼附其身。他取了一件兵器，骑上马一直向山口和渡口冲去。

2. 在山口有一只年魔站了起来，在湖中有一条龙钻了出来。长子病倒了。

3.（a）与 A 之下的内容完全一样。

（b）与 A 之下的内容完全一样，唯有他们没有请卜神意。而举行了退灾仪轨和恰神仪轨。此外，苯教徒们还向病人解释了应如何举行由动词 mad 描述的那种不为人所知的仪轨。

4. 儿子病愈，甚至比以往更好一些。

接着是与 A 以下同样的注释："男子玛布秦杰也如此行事。"

C，下面的一段文字也相同，但却发生在岱族地区并删去了第 4 段和尾注。B 和 C 这两段文字被称作"故事"，余者虽结构相同，但如此记载却很不明确。

六、仪轨叙述和起源故事、内容的来源（《西藏东北部的古代民间文学》IV）

在经过这段离题话之后，最好是再回到对第4个故事的分析上来，我已于其中概述了几个例证。我们尚记得，这些例证中的主角是不同的人物，其发生地点是我已提出其名的不同地区。然而，这些名字与对一般人和非特殊主角人物的主要叙述的内容不同。我对第4个故事的分析可以证明这一点。

因此，我们来看一下这种仪轨性叙述的梗概。但令人遗憾的是其中包括很多仍无法解释的专用术语，以及无法作语法分析的句子。我应该决心这样做并保留那些可以理解的内容。

A，某人似乎正处于生死之间，这种形势一般是以下面一些口头禅表示的："活百岁……；70万颗星辰之主死去了；在神地活着，四角之洞主已死；活着的人声音高升云天，死者的声音……（以飞鸟的头和爪为对立）。"

B，在阳坡（白色的）集中了100名带黄带的男辛和在阴坡（黑色的）集中了戴帽的女辛。他们请卜神祇并指出了需要举行的仪轨。这一切都用作赎身。若无他们，死者的灵魂就不能……。

（下面是a与b的对立）。

（a）山谷上部的高级灵魂如同飞鸟一样，共有13只。

（b）山谷下部的低级灵魂如同游鱼一样，共有12条。

这是暗示它们的高升（可能或不能的）。

上部是指城堡的顶端，下部是指城堡门。我们在下文K2之下将会看到这种细分法。

C，1. 人们试图举行仪轨，他们建立或修造供像或其他代表和代替死者的东西。但愿死者男子玛布秦杰进入其中并在其中定居。

当时共谈到了9尊天神、9尊神或神化的主人、9位君主、9

位父亲、9 位苯教徒。但我们不知道他们是干什么的。

2. 但一切都无益，西登钦布之主和被人格化的常青草（名叫西保西岛），都不在那里。在 3 个早上、3 个白天和 3 个晚上，负责生命之本质的苯教徒，都在极力恢复生命（招魂）。

但这一切仍无效，因为没有任何一种赛保草，也没有灵魂的寄托物常青草。他们徒劳地在三日间竖起供像，各种赛保草都缺，常青草西保西岛也缺。他们徒劳无益地把人置于塑像之下，把“灵魂之舍”和“供像之舍”置于死者的身体之上。他们白白地竖起了“灵魂之塔”、“灵魂之舍”和“灵魂之路”。这一切均无效，因为没有常青草，即灵魂的常青草西保西岛。

3. 当时有各种各样的这类常青草。北部是洞中的常青草，南部是山崖上的常青草。还有其他一些常青草，它们都有一种称呼，但不是西保西岛，即灵魂的常青草和赛保草。他们徒劳地令人筑各种“塔”，因为这不是他们寄希望的常青草。

D，人们应寻求其起源并叙述之。

人们应到一座山上去寻求之，此山有 2、3、5、9 甚至是 10 部分。在山关有满山的常青草，灵魂之山；大平原之常青草，灵魂之平原；山谷中之常青草，灵魂之山谷。在那里（畿地）有灵魂的常青草赛保，其父是天神常青草噶尔瓦，其母是常青草春桑。

2. 既然已召唤其起源，即可以利用之。在整整三日期间，三位苯教专家和一“主”请这种“灵魂的常青草”赛保，居于死者的身体中。

3. 但还缺常青草西保西岛。因此需要首先讲一下其起源。在尼地的山脉、草原和河谷的上下，有常青草的儿子君桑，他是常青草让戎之父和常青草母亲之子。当人们看到以下事实时，正是指此子：

上部是其果实，如同汉地或门地的绿松石一样绿。

下部是其根，比次等宝石虎皮玉还要红。

其节子如同灰白色的土，这是箭（竹）王之节。

其空心如同玛瑙王的空心一样。

其翅如同鸟王的翅一样。

其毛如同羊王的毛一样。

4. 在经过这一类似颂歌一般的神秘和仪轨性的召请之后，还应该讲一下怎样才能找到它。没有任何人找过它，没有任何人见过它。但白脯（或白尾）的苍鹰和黑脯（或黑尾）的苍鹰见到了它。它们放眼一望，望见“唯一的一女子”，即阴性江邦常青草，又叫松邦，是天冲常青草（应取代阳性常青草）。这里确实是指西保西岛常青草。

E，仪轨书接着说：在三夜之间，把常青草西保西岛置于供像之中。它代替了九主和九天神等，当时是西登钦布和松朱尔常青草。被置于供像中之后，它就成为其主，由此而产生了其新名西保西岛。正是它建筑了（或者是为它建筑了和与它共同建筑了）灵魂的城堡、房舍和道路。玛布秦杰为天神造一座“供像之塔”，即其他仪轨塔。

F，文中突出的一段。但对于供像之主等，则需要被称为斯赛贡噶贝内乔保的次等宝石虎皮玉，后来又被称为“生命之虎皮玉”。然而，对于筑灵魂塔、房舍和道路，以及分别作为“死者身体之舍”、“供像之舍”和“灵魂之舍”等各种塔，这里却没有提到。

1. （a）于此加入了一条注释；稍后不久应为这些建筑的其他成份（绿松石、大麦和棉花）重复同样的作法。

2. （在文中占突出地位）。在寻求斯赛的时候叙述了“长角鹤虎皮玉”，但它并非是最好的一种。真正的斯赛虎皮玉是海螺壳的牛父和绿松石长尾猴之母的儿子。

3. 重提仪轨。在三夜之间，将之置于“供像之塔”中。

G，1. 绿松石的来源。为了举行仪轨，必须用孔雀绿松石、大黄蜂绿松石和南保真如。这其中缺绿松石。

但绿松石的父亲是唐宝绿松石之主，其母是……（其余之名阙如，除非上述之名是指三个儿子）。现存多种来自不同地区的绿松石，各自以一名相称，如吐蕃（勃悉野）、吐谷浑（阿柴）、工布、吐谷浑人和弭药人的绿松石。其没有任何一种适合制供像。这不是上文提到的三者。

2. 有关来源的故事。在天际的边缘，天和地、铁和铜互相斗争并发出巨大的嘈杂声。在此之外还有绿松石山和湖泊。当时必须用一只带有海蠕桅杆和桨的海螺船，渡过这后一片湖泊。绿松石山崖应以绿松石斧（其名称为“长刃”，指一种带刺的草）锤敲。

2.（a）于是便有了绿松石，但这都是天神的绿松石。如果锤敲其他地方，那就会得到魔鬼的绿松石。这两种绿松石都不适合制造供像（有一次发生在九层天，另一次发生在七层地）。这种不成功似乎并不是来自选择好的一地，而是来自打击的方式。实际上，一直到那时为止，人们已经找到了一个“前提”。如果是找到一种“方法”，那就另当别论了。

2.（b）如果这样来锤敲，那就会得到开始时提到的三种著名的绿松石（它们本身就是或者是属于闷布闷珠）。它们都适宜置于供像之中。大家这样做了，它们于是便成了供像之“主’。大家还认为它们是“灵魂塔”或其他所有仪轨建筑之主。

H，大麦的来源。本段中的一句话被误置于前一段末（由一个符号表示）之前了。

据传说，在七种粮食中，大麦“起源于六种物质”。大麦之父在江河的上游，其母在下游。它们是牦牛之仔。它们的儿子也是气味难闻的大麦。所以它们不宜用于制造供像。相反，“六种起源”的大麦之妻则来自天神，于是便把它置于供像中。

1. 另一种无疑是某种竹子成份的来源

①文中指出了父亲和母亲的名字。其子是门族地区（不同）的竹子，很柔韧，呈棱状。

②人们把它们砍断并置于供像中。

J，（棉花的起源）。在汉地（又叫作盛唐），一名叫唐那甲木唐的女子从树上采“树羊毛”（即棉花），然后再将之分开或混合在一起。她与南方的另外三名女子（门摩唐、洛摩唐和贝摩唐）等似乎在纺棉花（这一段文字不大容易释读）。她们于是便将棉花置于供像中。

K，继这些可以使人谈到各种成份和使用之的起源故事后，文中又回到了仪轨问题上。

1. 人们在三天三夜期间，一直召唤死者。大家一直在召唤其生命或灵魂。由各位苯教徒们从事这一事业。他们召唤死者的灵魂并将之置于供像中。他们筑了灵魂或供像塔、舍和路，把常青草、绿松石、宝石虎皮玉、大麦、植物、茨草和棉花置于供像内，我上文已对此作了叙述。

2. 仪轨书的下文非常含糊不清，它始终把灵魂的供像固定在塔内，这一灵魂就是“人之子”的灵魂。但他们于此区别出了一种“高级灵魂”（固定在塔之上，即山的阳坡）和一种“低级灵魂”（固定在塔的下部，即山的阴坡）。大家知道，大山的这两侧是与男女之间的对立相联系的，如同汉人的阴阳（但顺序相反）一样。“低级灵魂”于此被说成是域那女子的灵魂。我无法指出应如何理解这种双重性。文书的其余部分似乎提示说，这里是指一组灵魂或与人同时诞生的神，如同在喇嘛教中出现的那样（五种或六种本命神）。

3. 事实上，仪轨书继续谈到了使阳神进入供像一事。我们可以认为这后一个含糊不清的名词“阳神”（po-bla）仅仅是pho-Lha 的另一种不同写法，指“男系之神”，它属于与人而生的五尊神的组成部分。这一灵魂于此被说成是纳入了某些人的供像之中，从他们的名字来看，这些人都是某些地区的神（土地神?）。

4. 最后一段文字确实是相对称地指“女神”，文中明确地提到了某一尊神（女神）。这里无疑是指一女子。因为这种灵魂于此被纳入了女神的供像之中。

这长长的一系列段落的后面，紧接着便是我于上文 IV 中分析过的片断。它提出了许多问题，但我于此不再作进一步地论述了。它主要涉及仪轨书和万神殿。我从中仅仅看到，它提供了把起源故事纳入仪轨书中的最好例证。如果这些起源故事于此在它们应有的位置上，被收入到仪轨书中，这就是当使用一个新的范例来谈到它的时候被纳入的，那么我们将会看到这些故事在其他地方也可以孤立地出现，独自占据一卷写本。很明显，即使在这种情况下，这类故事也是在举行仪轨的适当时候朗诵的。

但我想再一次强调譬喻术语那意味深长的用法，这就是我已经指出的文体和语义方面的作法。这种作法非常引人注目，因其中的形式与结构相吻合或相互体现。这些术语本身并没有绝对的意义，不应该咬文嚼字地理解它们。它们没有描述某种真实的形势，或属于故事组成部分的一事件。我们在 K2 中已经看到了两种灵魂（双重结构，上与下），与大山的两侧（明和暗）有关；而在 B 中，它们则位于山谷的上方与下方。本处并不是指一种固定的和独立的宇宙体系，这些灵魂于其中占据了一个固定的位置，仅仅在于突出二重性的统一。文书的提纲或结构，重新以飞鸟和游鱼的对立以及以 12 和 13 中的差异，作为代表。此外，由于语音的叠韵关系，无疑也是由于内在的语义联系，这幅宇宙图案才引起了一种性别成亲属的对立：父与母或男与女。

七、仪轨叙述和使者来源的故事（伯希和敦煌藏文写本 Pt. 1194 号）

A，仪轨绵羊的作用。写本之首已残损。其后面的内容如此含糊不清，以至于使我无法确定其主题。由于这种叙述的含糊性，我只能放弃分析。然而，其中包括有相当多可以理解的和重要的内容，值得我们将它保留下来。它无论如何也是指一母一子，而且还可以肯定某人已死。此人有时似乎是母亲，有时又似乎是儿子，其情节发生在喜地。我们于上文已遇到了此地，并已考证清楚它是以一些互相矛盾的术语（生死等）为特点的。我们于此也会发现同样相互矛盾的内容。

1. 绵羊或山羊都没有儿子，儿子台旬奈旬没有母亲。

2. ①在父亲噶·森台钦布的宫殿里，挖掘了一个仪轨性的方形洞。许多苯教徒（包括辛饶米保）都在那里忙碌并通过占卜，而得知了母亲唐唐巴尔玛已被魔鬼阿色杰瓦吃掉，并被变成了女魔和母熊。作为这种变化的替代物（保证物或赎身物），则需要蜂蜜、藏酒等，这是为了治好其儿子（使他复生）。

②母绵羊是父亲噶·森台钦布的牲畜。母绵羊的儿子台旬奈旬受到了没有儿子的母绵羊的寻找。母绵羊似乎领走并舐儿子台旬。苯教徒们告诉它说，它有儿子的一种抵押物，让它咩咩叫着走去吧。"母亲在死后将还会活着。"母亲唐唐巴尔玛可能被治好了……它的旅途食粮是足够一年吃的蜂蜜。

文中于此加入了一条注释："这一切均不属于新教，而是从前的古老习惯。"这条注释又重复了一次。

③对儿子台旬有好处。这一术语一般均写在已治好的或复活的死者仪轨书之末。我得到的印象是，死者和为它导路的绵羊的两种命运相似。已死母亲的儿子未被提及。台旬似乎是一只用于祭祀的仪轨性绵羊，它是母绵羊的儿子。整篇叙述似乎是同时以这二者为内容的。

3. 有关亲子关系的一种非常含糊的仪轨书。

①有关无母的儿子和无儿子的母亲的仪轨就是这样举行的。所以，从此之后，前文所述就形成了仪轨的先例。对于一个人来说，这就是追述其血统的亲子关系，也将提到死者的父母（或者是已死去的父母）。

虽然也提到了其父，但其重点（至少在本处是这样的）是女系血统，我们将于下文看到。

②含糊不清的一段文字。如果没有替身或赎身物，或者是以另一种方式举行，那么天神将不再保佑，"木神的白色之绳将被砍断"。根据我们从其他地方获得的有关这根攀天光绳的资料（尤其是有关止贡赞普的传说，这一点也在敦煌写本中的大事年表中得到了证实）。这一段文字（无疑应包括整个第3段）都应

该与灵魂或与人同时诞生的保护神有关（我们于上文已看到了一个梗概），它们与其地和其血统有联系。

③到了新月时，讲述了有关父亲的一个故事，介绍了过去的故事，这是为了对现时的保佑。

④召来了非常善良的母亲。如果儿子不是在山口被卡住和在渡口被束缚，那么对于母亲来说，这就是甜奶、蜂蜜、面粉、黄油！儿子表现出了对血统关系的尊重和爱（或者是"人们表现出了对儿子的血统关系所特有的爱"）。

如果儿子爱戴或希望有一位母亲、一位舅母和一位舅父，那就让他尊爱母亲、舅母和舅父吧！让他向他们请求保护吧：自上而降的雨和自下而起的风。

⑤儿子和父亲述说了这一故事。某一人（可能为父亲）说："儿子，想一下'这是我母'吧！这是你的母亲。儿子，你母亲已变成了女魔和母熊，你母已不复存在"，紧接着是其他嘱咐，但都含糊不清。

⑥生者和死者之路不相一致，生人和死人的特征也不相同。白天和……（不堪卒读）都不同，夜间的思想也不相吻合。对于一个死去的儿子和一个活着的母亲来说，也是这样。生者与死人的貌征不相同，他们分离了，不复存在了。如果你爱戴母亲和舅母，那就举行母亲和舅母各自的仪轨吧！

我们知道，在人类中是母亲唐唐死去了。如果其中也涉及了儿子的死亡，那这可能是指绵羊。下面的一段无论如何也是指绵羊的。

4. "你，绵羊，你是受宠的牲畜！苯教徒（殡仪专家）把酒置于你的心田，在你的耳边响起了锣声。这是为了代替无母之人的母亲。为死者纳款和赎身吧。"

B，死亡使者的来源

1. "谁带来了死亡的噩耗？"它是雄鹰的羽毛，现在应该讲一下其历史。这一故事在第54行是以下面一段话结束的："人们讲述了习惯的故事。"在第53行是以下列评价结束的："由辛解脱了这一故事。”这位苯教专家是父亲杜辛马达。用以指故事动作的动词“解脱”，在古典苯教中指一种赞歌，巫术故事或有效的招魂仪式。

如果是讲雄鹰的父亲，那就是唐牙；如果是讲其母，那就是唐若登牙。他们的儿子是芒侬。

2. 父亲恰瓦唐阿（不吉祥的凶恶捕鸟者）在粮食中藏有捕鸟套或网。他杀死了三只鹰（分别为白色、黑色和黄色的胸脯）。他从右翅中拔了一根羽毛，但它不宜用于传送死亡的消息，因为它不能飞向天空。他于是又从右翅的下部拔了一根羽毛，但仍不适宜，因为它不能像神的翅膀一样上升。但在神头上有一个金翅鸟的“角”，这是神翅，即苍鹰左翅之上的“角”。以此便可以传送生—死人的噩耗。

3. 仪轨的运用

如果给鹰拴一根绳子，那它就会指出一条路。它将以香指路。冷杉将……是明亮的。一根针，梯子将……通向天；一枚白蛋、天门、云门将开放；砂……是明亮的，次等宝石、猫眼石和玛瑙；道路是以这些材料组成的，事实很明显。

“啊！宠兽，是苍鹰带来了噩耗。”

C，绵羊的作用

1. 人们提起了一位国王、一个期氏女子死亡的情况。这都是一些先例。

2. “你，宠兽，在山口鼓起勇气吧！”在仅仅吃过生人地区普通草之后，它从此之后在死人地区哲塘就会有青稻草、面粉、酥油和蜜糖水（第60—63行有些含糊不清的句子）。在上部，与野鸡母子共同穿过了山口；在下部，与游鱼（两个名字！）共同涉过了渡口（正如我们于上文已看到的那样，大家不应咬文嚼字地来理解这句话）。绵羊应与死人共同渡过山口和渡口，它是死者的向导。游鱼和飞鸟被招来，仅仅作为典范和先例，而比喻性地描述形势。此外，他们还暗示了高级和低级灵魂，确定了山口和渡口的位置。

于此加入了一条注释，这不是一种新宗教，而是从前的古老办法。

D，1. 大家还提到，在喜地，父亲叫噶·森台钦布，母亲叫唐唐巴尔玛。其中提到了他们的“牲畜”。这似乎是只母羚羊，文中谈到了没有儿子的母亲和没有母亲的儿子。对于所有这二者来说，有过一种“报酬”。我无法澄清这篇含糊的文献。无儿子的母亲似乎就是死者唐唐，而无母亲的儿子（羊羔）可能是台旬奈旬。

2. 赎身仪轨曾是有效的。“从前，仪轨就这样有效和有益了。既然它从前有效和有益，那么它现在也将会如此。现在，无母之子已被赎身。如果儿子需要母亲，那就让他属于母亲吧。如果母亲需要儿子，那就让她属于儿子吧！如果儿子需要舅母，那就让他属于舅母吧！”

这是唯一的一个有关绵羊（或山羊）应当帮助死者，穿过山口和渡口的宠兽故事。难道是以作仪轨用的绵羊导路，在其他地方又补充进了别的宠兽（马、杂交奶牛）吗？这卷写本所缺的开头部分，可能是叙述了该绵羊的历史。这种故事可以作为仪轨的先例而使用。

完全如同在其他仪轨中一样，这里指出了死者和宠兽的结合，它们应该共同行动。但人们也持其他说法。文中以一种非常间接的方式和通过比喻而表达死者和宠兽的结合，以至于使我们在未了解整部文书之前，根本无法理解这种结合。友好盟约的内容被遗漏了。相反，两位合作者的命运似乎是联系在一起的，这种联系似乎是由一种含糊不清的文体表现方法所表达的：指其中一者或另一者的句子，似乎是重叠和交织在一起的。我不敢肯定它，因为我无法逐字逐句地解释。但如果我的分析是正确的话，那么这又是一种文体形式和语义内容相统一的例证。我还将提到已经指出的一种双重术语的用法。尽管这里是指死亡的噩耗，但人们还说：“生死人（生者或死人？）的凶讯。”

这卷文书的长处还在于，它说明了撰写这些仪轨书的方法。

我们的文书提供了噩耗使者来源的长篇故事。我在上文仅作了简单的提要，无疑认为它是众所周知的。

八、杂交奶牛的故事（伯希和敦煌藏文写本 Pt. 1289 号）

其他所有这类文献均写成卷子或卷子的片断状，该卷写本与所有余者均不同，它占据了一张很厚的大长方形纸页的正面与背面，其左右两旁都有一对双圈，完全如同抄写佛经时使用的那样。在这一页的每侧，文字都写成三行。它似乎是完整的，以一个标题和一个有意义的符号开始。

“这个杂交奶牛的故事很好，因为它是由依地（或依氏族）的辛昆马所作。”

这一文献各部分都很难懂，至今我对许多段落仍不理解。然而它却值得加以分析，因为它能与其他故事建立某种联系。

A，女子和杂交奶牛

①在当地（又叫比札）当当期王有一妻子南木赤玛，又叫赤德玛，出生于南族的女子。她有一个奇怪的尊号，有时仅作“陛下”，有时又作“女王陛下”、“女陛下”或“夫人陛下”。抄经师在“夫人”（Jo-mo）和“杂交奶牛”（mjo-mo）之间犹豫不决。这也可能是由于联系这一夫人和奶牛之间的密切关系所决定的。他们婚合并生了两个儿子，长子叫遁杰达木，次子叫朗当萨杰。

②父亲或两儿子之一的“心爱牲畜”是一匹拉（洛）古都戎马。

③夫人也有类似的一头牲畜（恰恰在一句话：“南木赤玛夫人的牲畜是什么？”中，加入了一个故事）：

父亲是布鲁翁（或布鲁翁翁），母亲是西岱嫚嫚，他们生活在草原地区，从他们的结合中诞生了三个女儿：长女是属于定昂女魔类的一种杂交奶牛，次女是南多年神类的一种杂交奶牛，三女是玛尔木（或红色的、长有斑色的背）龙类的一种杂交奶牛。

④这是一段含糊不清和晦涩难懂的文字。龙杂交奶牛有一点不舒服（可能是病了）。三条龙：玛尔当桑、巴茹甘和当色南尊遇到了它并保护它，但它却失踪了。相反，奶牛年神南木多追随杂交奶牛，并变成了南氏奶牛夫人的“心爱牲畜”。

2. ①夫人（或年神奶牛）前往北方运盐，与“人杂交奶牛”纳尔玛一起去驮盐。

我不知道这种“人杂交奶牛”是什么，过去也未曾提到过它，也可能应作与1、3和4有所不同的理解。过去曾有4个“杂交奶牛女儿”，前三个属于非人类（魔、年神和龙神），可能是长者（事实上这个句子中没有涉及幼者的问题），它们逐渐消失了。但第四种是一种（人类的？）杂交奶牛，它可能追随年神杂交奶牛，变成了南氏夫人的“牲畜”。我对这一切都无法定夺。

②人们把“大心”和“美毛”的姐姐，与既无“大心”又无漂亮毛皮的妹妹，作了一番比较。紧接着是一句不可理解的话，杂交奶牛的鼻子被松杰牙帕穿了洞。

③第2页的开始部分，由一个分音符号作标记。

在当河的河谷之上，大家正在挤牛奶，在牛背上放着一副鞍子。南氏夫人在挤奶，前往北方运盐。她虐待了牲畜，“人杂交奶牛”纳尔玛变成了她的“心爱牲畜”。这头牲畜染病了。南氏夫人喜欢它吗？关心它吗？我们将于下文看到它似乎是受苦了。

3. 夫人前往南方，她在那里与洛布蓝林王爷成为边境上的亲戚。他们互称兄妹（或夫妻）。王爷有许多牲畜、财富、食物和饮料。由于这一事实，南氏夫人对他说，如果你死去，如果洛布蓝林死去，那么作为人类的我，将使你从南氏的“狼狗窝”中出来（把你驱逐出来？）。我是唯一的好心女子。作为人类中仆人的我，我有一头人类的杂交奶牛，叫纳尔玛。它没有朋友，前去为它寻找一个朋友吧。从变作生者的朋友之时起，如果要死亡，那么姐姐就要死去，奶牛就要死去。

4. 由夫人的兄弟寻找朋友。这段文字采用了一种引人注目的文体修饰法，它是以“工具格”的兄弟名字开始的。文中在第31行中，又连同附属于它的动词而重复了一次。在这二者之间，即在主语之后（无谓语），在既没有分隔又没有过渡的情况下，又加入了有关兄弟所有牲畜来源的故事。

①杂交奶牛之弟是白牛东蓝噶布。它居住在南方地区（洛）之上，一条大河的源头。其母无名，牦牛群中的七头奶牛（也可能是一母六子）居住在该河的下游。它闻到了诱人的气味，即父亲“芬芳的香味”，这样就找到了它（接着是对其美貌的称赞）。

牛毛很漂亮，像猞猁毛一样平滑，像牦牛毛一样长，漂亮的白色皮毛，雷鸣一般的声音，火一样闪亮发光的眼睛，短短的角。

它们彼此之间互相接近，在经过一年的交尾之后生下一女（母犊），名叫吉岱茹忱，一头杂交母奶牛。

②洛布蓝林王在河流的源头放置了一柄金橛头和一条线，饵料是取自……的血。接着是赞扬这头混血牦牛的漂亮：金角、马尾和铁眼等。

③人们穿透了其鼻，为它备上了鞍子。是松巴兰切这该作的，他把它交给了洛布蓝林，并告诉他说此畜的鼻子不应该遭破坏，其背部也不容受粗暴虐待。

④但洛布的思想与牲畜不同。他做了某些我所不理解的事。他牵来了牲畜并为它洗刷，又在其鼻子上拴了某种东西等。我们将于第9中看到，这是准备用奶牛作仪轨。某些事可能出了毛病，因为这头杂交奶牛的父亲（牛）和母亲（奶牦牛），都产生了怜悯情绪，需要一位苯教徒的干预。

⑤该地区的一名苯教徒洛苯俄乔举行占卜仪轨，寻找某种东西以作为仪轨。大家应该相信这是有效的，因为杂交奶牛的鼻子“已驯化”，其背上……（?）

5. 姐姐南氏夫人在远方等待其弟和杂交奶牛。她正准备吃喝的东西。过了三天或四天之后，弟弟洛布从那里来了，同时来的还有吉岱奶牛。夫人也从这一侧来迎接它们。令人遗憾的是，文书的下文无法理解。兄弟洛布生了一头活泼的混血奶牛，但这一故事中止于一个句子之中，又过渡到了另一个相对应的段落："这样做来是有益的……"。它没有作出一般性的结论："现在也是有益的。"紧接着的一段文字，可能意味着运用我们刚才读到的先例，即混血奶牛的故事。

B，实施 A1 中追求的内容。

1. 过度行为和所犯的错误

①在当当期王的国家中，没有敌人，在北部地区，没有牦牛，但这位国王却去寻找它们。他前往北部地区猎狩鹿和羚羊。

②其夫人南氏女子南赤德玛试图打消他的这种念头，但徒劳无益："她抓住他的头，脚却摆脱了；她抓住他的脚，头又摆脱了。"其中的主角人物"登上了山顶，他盛气凌人；马下了山岗，他又呈……"。

③在南族人的荒凉草地（北方牧场），一只长着长角的鹿出现了，这是一只魔鹿。人杀死它并将它置于……

2. 死亡

①当时天降冰雹，这是九帽魔女。她杀死了当当国王并摘下了其心脏。

②国王的宠马都戌在那里等待。国王无能为力，思想情绪低落。从外部来看，他仅是一根"鸟羽"；从内部来看，仅仅是一团血；如果察看一下其肉，它比海螺还白；如果察看一下其眼，它们比深蓝（或绿）色还蓝。马匹似乎拖着死者。

③南氏女子远远地看到了它们。随着它们逐渐接近，她辨认出了拉古都戎马，马尾拖着当当国王的尸体。

3. 殡葬仪礼

①当它返回当域吉欠札地区时，南氏夫人作了各种仪轨的准备，但我不理解其详细情节：她找到一把笤帚，取了一只篮子，在山上杀死了一些牲畜等。她在荒地准备了 8 根绳子，在河谷支

起了一顶白色帐篷，在平原上筑了一驮鞍形建筑。

②拉古都戎马被作为“仪轨性宠马”而杀死。

③文书中含糊不清的一段文字。马匹自己走来，夫人跟随在已死国王的后面。如果国王自己走来，如果南氏女子自己走来，那么杂交奶牛吉岱茹忱（它应感谢其弟之美意），也会独自走来。在这头杂交奶牛之后，便是纳尔玛人杂交奶牛。

④但后者为穿越山口和渡口（本处未提到），却只有很少的勇气和宏量，父亲苯教徒辛饶米保也自遥远的地方从那边而来。他左手执鼓和大铃，右手执一根羽毛。他试图复活死者，寻找已被破坏的一切。苯教祭司辛使死者复活了。

尽管此文书含糊不清，但它可以使人作些有益的思考。它作为一种必要的不同说法，而被纳入了整部文集中。我们在下一篇文献中，将会看到重复了同样的内容。对于撰写或诵读它的祭司（已注意指了其名字）来说，其内容是杂交奶牛的历史。然而，其中涉及的，并不仅仅是这一历史。我于上文已遇到了悲剧的序曲：以其狩猎的心愿、骄傲的姿态或过度行为，向扰乱了其“本性”的人的挑衅。他的死亡是由于反对“土地主人”的一位代表的事实而造成的，后者在他之前或这二者，都同时存在于他所蹂躏的领地内。为了把他从这一死亡中拯救出来，则必须举行仪轨，马匹的忠诚在这种仪轨中是必不可缺的。但本处有关马的故事仍是暗示，充当第一个角色的是另一种“宠畜”杂交奶牛，不能对我们的任何一篇文献进行单独研究，整个文集形成了一个整体。

与1比较恰恰是必须的。在1中，悲剧是由于马匹三兄弟的对立而爆发的，而本处则指杂交奶牛三姐妹。在那里，明确的和所要求的标题，强调了野马和家马的分离。这里的三姐妹属于“地主”神类和与“人奶牛”相对立，“人奶牛”于此被看作是第四个姐妹或三个妖魔姐妹之一，即属于年神种的那位变成了“人”。文书不清楚。8的布局与我们在《十万白龙经》和摩些（纳西）族中发现的布局安排相似，性格与素养的对立在那里具有地神（尤其是年神和龙神）和人类之间对立的形式。我们于此对长幼姐妹作了比较。对立是静止的或象征性的。但在1中，它则是以一系列事件（贯时性的）所表达的。这确实是一种性格与素养的对立。兄弟负责为妹妹寻找“人奶牛”和“仪轨奶牛”，其明显的特点是穿透了鼻子（以接受绳子）和备在背上的鞍子，这是驯养的标志。我们将于下文看到这种特点不仅把家养奶牛和野奶牛作了区别，同时也把“人奶牛”与“神奶牛”作了区别。

另外一种对立：马与人同行，杂交奶牛与女子同行。

这一女子的身份含糊不清。她是正在死亡的国王的妻子，所以她最终承担了殡葬仪轨。但是她预见到了这一点，与另一个男子像“弟妹”一样地结合了，此男子是一位“边缘地区的亲属”。丈夫即将死于北方，“弟”在南方。

负责寻找仪轨性杂交奶牛的兄弟之干预，可能还包括另一种值得注意的区别。但令人遗憾的是，文书没有具体指出第一组杂交奶牛姐妹的父母是何种牲畜。但一般来说，奶牛是公牦牛和普通奶牛结合的结果（有公母奶牛）。相反，仪轨用的奶牛，则是普通牛与牦牛中的奶牛结合的结果。这种颠倒无疑是颇有意义的。在1中，野牦牛充当了人类的敌人，即人类狩猎的目标。野牦牛与人类和马匹（在它们分裂成野马和驯马之前）对立。在第8中，仅仅是牦牛为人类（居住在北方，如同1中提到的野牦牛一样）的敌人。天性与驯养的对立，从此之后就具有了颠倒雄雌角色的形式（牛而不是奶牛，奶牦牛而不是普通奶牛）的作用。这仅仅是一种从第9中可以发现的假设。

至于由我们的文献所提供的，引人注目的例证的写作方法，所以我将再一次指出，在主要故事中，不作任何说明地再加入一个次要故事的作法。

九、杂交奶牦牛的故事和一位主人翁的冒险（伯希和敦煌藏文写本 Pt. 1068 号）

这卷写本由两部分组成，其开始处已残损，由于两个故事是并列的，所以最好是从第二个故事开始，虽然它已残损。

第二部分

A，1. 起源。①在几若（又叫作江温）地区，有一位几王及其王后。他们有两个子女，哥哥吉恰君巴和妹妹吉南阿几马。母亲早丧，父亲续娶填房（聂氏夫人）。该后母虐待两个孩子：早上没有食物，白天没有衣服。

②哥哥必须前往北方地区羌噶南木西，以猎狩鹿和羚羊。妹妹必须养猪。

2. 悲剧和死亡。①猪不能用来挤奶，也无法提供羊毛。她头发向天竖起，倒在地上，身上被虱子咬得到处都是洞。她死在山谷下部的猪粪堆中。

②哥哥满载野鹿和羚羊回来了，无论是在山口、渡口或猪圈门口，都不见其妹来迎接他。他询问妹妹哪里去了，后母告诉他说妹妹养猪去了。哥哥前往山谷的底部，在猪粪中寻找，在那里发现其妹已死，头发向天竖起，虱子掉在地上。他悲痛欲绝。

3. 殡葬仪轨。①哥哥想救她。为了不使头发向天竖起（死亡的标志），他便设法在头发上涂了一层油。他挤了100头奶牦牛和100头奶牛的奶以作奶油，但未获得成功。用100头绵羊和山羊也未成功，用鹿类及各种牲畜的骨髓也未能成功。

②他于是便邀请其“父”辛饶米保和另外两名辛。他请教应该如何办，所得到的回答是：苯教徒将举行授予仪轨，辛将举行禳解仪轨。从此以后，妹妹将“痊愈”（活着），不再死亡。她必须作一根大竖木和筑一座长夏噶（仪轨性建筑）。至于向天竖起的头发，则必须用一种魔类的杂交奶牛之奶制成的奶油，这就是章玛杂交奶牛。

B，寻找这种奶牛，首先得讲述其历史

1. ①在管恰·必力木桑地区（那里有奶牦牛），黄牛开保茹噶和母亲奶牦牛萨茹雅有一个儿子。人间的那一个兄弟前往寻找他。

②事实上有两头牛犊。长兄（黄牛和奶牦牛的儿子）是天神牦牛，白胸脯和漂亮的牦牛皮毛。它背上没有任何鞍子，鼻子上没有木棒。它与冰川之神有些交往，所以不适宜作弱者的朋友。

③相反，幼弟把鹿和羚羊带到了北方地区（无人居住），把土与石携往有人居住区。这是一头受人尊重的高大牲畜，国王的爱畜，其价值与一匹马相同。为了长途跋涉，必须依靠一匹马。巨量负荷，则应由一头牦牛驮运。它适宜作弱者的朋友。

2. 这种对立似乎相当于人类中的一对兄妹。对牦牛两兄弟描述的前面，确实是一段另加入的和无续文的记载："如果这一切都发生在哥哥身上。"而新的一段文字同样也是由另行加入的一句话导入的："如果这一切都发生在妹妹身上。"第一种可能性明显只适用于人类兄弟。对于妹妹来说，则应有另一种可能性。

①在另一个地区（如果考虑到第8中的那一头叫作纳尔玛的牛），父亲金角野牛（野牦牛，黄角）与这头奶牛交尾，但没有提到牛犊。

②人类之父用马索把它套住，并牵走了它。

③父亲金角野牛（野牦牛）和母亲杂交奶牛章玛交配并生一子。此子跟着其母杂交奶牛，人类的兄弟把它们牵往几若地区。

3. 仪轨

①他挤杂交奶牛章玛的奶，制成了奶油并涂在其死去妹妹的头发上。头发变松软了，虱子散开了。人类兄弟对其"母爱畜"魔类杂交奶牛说："你的奶适用于头发，现在望你在山口有勇气，在渡口有宏量。"

②他布置了各种仪轨性建筑（“8 条绳”，四角之地和其他），追述了该牲畜的美丽；这头妖魔的杂交奶牛很漂亮，装饰以彩色丝绸、美丽的绿松石角、漂亮的铁脚、金质鼻环，丝绸鼻绳。

③他牵着它前往仪轨建筑（8 条绳等）中，到其“亲属们”中。父亲苯教徒杜辛玛达向魔种杂交奶牛唱了一首歌：“从此之后，要在山口有勇气，在渡口有宏量。”下面是一句有关使用奶油和处理奶的含糊不清的句子。

④兄长就这样为妹妹举行了殡葬仪轨，魔种杂交奶牛章玛做了善事。

⑤实施先例。现在，对于国王札保札杰及其南氏夫人来说，这头魔种杂交奶牛章玛……“从前行善的人，现在也在行善”（剩余部分已残损）。

先例中所指的人物似乎都是在文末而不是文首提到的，他们似乎与文书第 8 段中的人物相近似。那里提到的当当国王是唐地的人。本处的国王则是札保札杰。在那里，其妻是南氏夫人，本处又是南氏王后，在第 8 段中，先例历史故事主要内容的作者就是这一南氏夫人及其弟。本处的主要角色是一哥一妹。在这两种情况下，所指均是寻找适合仪轨的哥哥似乎未死，但至少是考虑到了其死亡的情况。最后的结束用语是“这是有益的”，它说明某人可能处于危险状态，也可能是其妹。真正的剧情（狩猎、死亡、复活仪轨等）涉及了唐王，这是主要故事。但奶牛于其中起了一种微不足道的作用（它在山口没有勇气，需要苯教徒的干预等）。马匹在忠于死者方面，扮演了最重要角色（它被用于祭祀）。本处的角色颠倒了。主体故事的主角没有起任何作用。整个剧情故事都集中于兄妹身上。忠于死者的是奶牛，它在此处未被用于祭祀，而是被一种召神仪式仪轨性地复活了。在我们即将读到的第一部分内容的一种不同说法中，它就是这样的。在第 8 段中，先例的“妹妹”同时又是主体故事中国王的夫人，这样就把先例与它所指的情况结合起来了。她于此是主体故事中国王的公主，与其兄形成了一对受继母虐待的孩子。这样一来，一种在国际民俗学中很著名的新内容，就可以被利用或互相联系起来了。它于此仅仅对某些强加给妹妹的卑贱而难以胜任的工作，作了简单追述（猪既不能供奶，又不能供羊毛。后母是否曾要求他们这样做了呢？姑娘生活和死亡在猪粪之中）。这一内容似乎不存在于第 8 中，除非是联想到妹妹就其可能的死亡问题，而对其兄讲的一句神秘的话："我将使你从狗窝里出去。"相反，它把第 9 与另一种初看起来，与我们的内容没有任何关系的说法（第 10），互相联系起来了。

第一部分

（开头已残损，无疑是哥哥在寻找已死去的妹妹）。

A，主人翁的冒险故事

1. 天助。①当时处于一个悬于距大地一古尺（等于 4 腕尺）或一腕尺的地方，那里的两侧是铁的，边缘是铜的，有一条绿松石的清泉和一个"水老媪"，即甲萨庭君（鸟夫人）的女仆。

②故事的主人翁来鸟赞巴问她是谁。她告诉他说，其女主人葭氏女子曾通知她，其外甥即将到来，并问他是否正是此人。他回答说是。

③女仆将这一切报告了葭氏夫人，她让其外甥"向上"走去，向上必须走三步。

2. 寻找奶牛。①主人翁想：如果我妹妹也可以这样做，那么他就想返回去。其舅母葭氏夫人猜透了他的心思，并同意他这样做。

②但她预见到了其外甥使命的困难，并为他准备了完成这一使命所必需的东西。她磨了满满的一袋面粉，融化了酥油。这一切均作其外甥途中的口粮。她打发他上路，并送给了他许多件用珍贵物质制成的物品，以驯养奶牛：一件金质帕明、一条丝鼻绳、一把小铁铃和一个金鼻环。她还对他作了一些教诲（下文使用了命令式，仅在末尾才出现了"提供建议"）。

③有数行文字均已残损。他必须在绿松石泉附近的树下潜

伏。那里有一只金鸟。他用小铁弓做了某种动作，稍后不久就如正开锅的沸水、正燃烧的炽火和正飞向天空的大鸟一样："不要放出去！"最后还有一头杂交金奶牛，必须用金帕明镇住它，穿透它的鼻孔并套上金环，用丝绳拴住它并牵着它走。他迈出三步之后，必须为牛剪断右边的绳头并说道："我要杀死年神类的杂交奶牛。"还必须用丝绳牵着它继续向前走。在行走全程的三分之二以后，奶牛哞哞地叫起来。当来到某地需要采集萧玛或马莲草的叶子时，应该挤它的奶，但仅得一滴。外甥必须把一株马莲草拴在腰带上，以继续赶路并穿过左突角的尽头。他始终用丝绳牵着奶牛。从那里开始，山口升高，沙漠平原很辽阔，道路很漫长（每种因素都附有一种隐喻）。

3. 殡葬仪轨，由三条竖长线标志的分隔处。

①他来到紧傍妹妹尸体的地方。在马莲草叶子上有很肥的酥油，就如同虱卵一样。他以此来涂其妹的头发。当时需要杀死奶牛并以下述方式切割：四份肉留给葭氏夫人（神的"舅母"），四份应作为友爱的报偿而带给哥哥，四份要置于妹妹的墓中。此外，还应该把奶牛的头、胸和五脏，作为妹妹的枕头而陈放在那里（舅母建议的末尾）。

②哥哥来到妹妹的尸旁，发现了像虱卵一样浓厚的酥油。他以酥油涂在妹妹竖起的头发上，融化了鹿油之后并涂在身上。他邀请三名苯教辛为其妹举行殡葬和帐仪轨。他杀死了杂交奶牛并占有四分之三的肉，再加上前文提到的其他部分（唯一的一种不同说法：其余几份并没有用作妹妹的枕头，而是作为阴魂的供品）。

③诸辛询问其兄是否满意。这是一个知心的朋友，一生中的牲畜。其血是朱红色的，其骨如海螺一般，其蹄如铁一般，其角如金一般，其眼如宝石一般。

④"过去有益的东西现在仍然有用"。

我们已看到，没有任何一个有关仪轨性奶牛起源的故事是一成不变的。对这一共同内容有各种说法。祭司针对某一内容而编造各种不同的故事。他是根据既定主题而临时编造的，还是从现有的故事中汲取的呢？或者他仅仅是从已掌握的有关诵经的各种讲法中选择了其一呢？我们不得而知。人们有时注意提供其名，并评价其诵经的价值的现象，可以在两个例证中得到解释。但故事的不稳定性和变化性仍有意义。我已经指出，这种现象也出现在《十万白龙经》的另外两篇经文和纳西族的经文中。这里必然会得出一种结论并得到加强：我们不能孤立地去研究和理解任何一种说法，他们都有意或无意地形成了一个关系网，彼此之间互相理解。我们必须一网打尽全部文献，才可以从中增加另外一种看法。故事的作用是很清楚的，它是仪轨性的。从此，故事可以被视为属于神话范畴了。但在第 9 个故事的第二部分出现了民俗学中的一种常见内容。在第 10 个故事中的情况也一样。我们知道，有一个民俗学派别不想仅满足于对传播和前后演变关系的一般性研究，于是便提出在故事中寻找古代神话的遗迹。我们无须来讨论这一问题，因为这类问题无论如何也是经常无法解决的。其差异主要介于形式和激烈程度方面，或者是一种神圣的或宗教的用法，与世俗的或美学的用法之间；也可能是在神话中结构更为严密一些，而在民歌中，则更具有距主题稍远一些和不同程度的分散倾向。尽管如此，在我们的故事中，民歌的内容是为仪轨服务，由此也更容易从内容方面进行分析。它们并非始终和到处都仅仅是寻求欢乐。

我们始终都难以断定是否会有一个完整的故事。这里始终是指主人翁寻找以用作仪轨的杂交奶牛的来历。但在第 8 个故事和第 9 个故事的第二部分中，却均对此保持沉默，它仅仅出现于第 9 个故事的第一部分中。为了驯养这头奶牛，则需要有东西和才能。主人翁为了获得这一切，就必须前往一个神奇的地区会见其舅母。这一内容也是格萨尔史诗的组成部分，但在敦煌写本时代，这部史诗似乎尚不以现有和完整的形式存在（甚至在 14 世纪之前也不存在）。究竟是该史诗的作者从古代苯教仪轨中吸取了这一故事呢？还是苯教祭司们在当代的民间故事中发掘到了它们，或史诗的作者在当时保存下来的同一首民歌中发现了它呢？这都是一些可以提出的问题。但我们可能永远不会得到答案。在猪粪中生活并死亡的姑娘之内容，在第9个故事第二部分中未得到多大发挥，但在另一个（第10个）故事中则起了比较重要的作用。我们在那里仍可找到能在一部故事集中发现的内容，以及在史诗中使用的另一个主题。此外，杂交奶牛的历史，尤其是暗藏起来捕捉杂交奶牛，以在一条奇怪的道路上挤奶的困难原因，所有这些故事都与《灵犀宝卷》中叙述的朗氏家族史很接近，完全是其内容和主题与其他地方有所不同的聚积、分散和重新组合。但是，如果这一过程有时可能仅仅是由于讲述者的无知或任性而造成的，或者它还可以取决于诵读的背景或目的（仪轨、宗教颂歌或消遣），那这也并不是说，连续不断的组合成重新组合，始终都是偶然发生的。这些故事的内容和主题可以根据一种秘密的、有意或无意的衔接而组合，属于意味深长的关系体系的组成部分。

如同在第8个故事中一样，天性与教养的对立，在第9个故事中形成了一种神灵种类与天下居民之间对立的形势。我于此仍处于茫然不知所措的状态。一方面，我们面对的是三姐妹和非人种（魔、年神和龙神）的杂交奶牛，但另一方面我们又看不清这种奶牛与“人类奶牛”之间的关系或对立。我们还应从中加入对姐妹或适应与不适应“人类”，以及仪轨角色的姐妹之间的比较。在第9个故事的第二部分中，我们发现了长幼兄弟之间的同样比较。长者属于神类，不适应于仪轨性的朋友之角色，与幼弟作对；幼弟不适应仪轨，而是适应于人类的仆役劳动。当时宜作仪轨用途的牲畜是第三头魔类杂交奶牛。在第9个故事的第一部分中，这种必须用于仪轨的牲畜则属于年神类。该特点又把我们引回第8个故事中了。在那里则是三种非人类的奶牛之一，即年神类的奶牛似乎成了“人类奶牛”，或变成了人类夫人的“牲畜”。因此，对立的竞争并不简单。二分法和基本结构可以具有一种三分法的外貌。在《十万白龙经》中的情况也一样，人类及其文化工作（同时包括宗教和仪轨的活动）的简单二分法，一方面是非人类的居民和处女地的主人；另一方面有时还会使三角形的关系复杂化，其中人类又成为一类非人居民的盟友。

在第 8 个故事和第 9 个故事的第二部分之间，也可能有一种倒置。在第 8 个故事中有三姐妹以及长幼姐妹之间的比较。同时，在第 8 个故事中，用于仪轨的奶牛的父亲是一头黄牛，其母是一头奶牦牛。在第 9 个故事中，用于仪轨的奶牛的父亲是一头野牦牛，其母是一头杂交奶牛。然而，我很难以断言是否应保留这些区别。

十、a，三姐妹的故事；十 b，七兄弟的故事（《西藏东北部的古代民间文学》IB 和Ⅱ）

这是两个类似的故事。它们各有两种不同的说法，其一载托玛斯的《西藏东北部的古代民间文学》IB 号写本中，其二载托玛斯的第 2 卷写本中。各段的衔接似乎是被抄写者打乱了。我却胆敢做另一种安排，不过大家始终都可以参阅托玛斯的版本。

十 a，三姐妹（托玛斯书中 IB 文献的开始处，第 29 行）

1. ①一父一母有三女。长女曾吉巴噶，次女名叫曾吉巴本，幼女名叫曾吉白瓦。

②来自魔地古苏尔的妖魔古乔在看守绵羊时杀死了父亲，食其肉并穿其裘皮（肉、血和皮都是湿的，即未加工之前的生的）。所以他就化装成父亲并前往家中与母亲同居。

③他派长女去看羊，杀死了她，食其肉、饮其血，并将其心置于一个袋子中带给其“妻”，声称这是一头黄鹿的心脏。母亲询问其女哪里去了，他说不知道。

（3a）他派次女去看羊（与上文③同样的段落，下文似乎是关于第 2 个故事中女主人翁的幼女）。

2. ①缺，参看 B 种不同说法。

②三女又被派去看羊，她遇到了一只兔子（被称为“草原

的驴、小老虎”)。兔子向她述说了魔鬼的所作所为，以及等待她的命运。

③她与兔子订立了友好条约。她们运用一种计谋。兔子甘愿献身而化装成女子，以使她能够逃走。她给兔子戴上自己的头饰，把她的“牦牛心”铃拴在兔子的脖子上。帽子在晃动，小铃在回响。

④女儿逃回了家并向其母述说了一切。

⑤母亲建议女儿藏身于猪粪中，她本人将前往妖魔地区，因为她已与之同居。

3. ①女儿改名，也可能是玛鸟，是一种“蓝夫人鸟”，或为一种“斑翅鸟”(托玛斯将 fma 一词译作其普通意义“孔雀”)。她藏身于草原的一个洞中（但不知是如何进去的），并在那里居住。

②有两只苍鹰（白色和黑色的脯或尾）。白色的脯（或尾）鸟以其尾把她驮到天际的边缘。我不知另一只苍鹰作何用。

③她就这样来到一个大洞边，天神的祖母天王后就住在那里。

④王后称她为“儿子”（原文如此，应为“媳妇”)，并向她叙述了妖魔是怎样吃了其父及其姐妹，其母是如何前往妖魔地区，而她自己又是如何抓住白脯或白尾鹰的尾巴逃出来的。

⑤祖母抱怨她，并又让她离开了（驱逐了她)。

这一故事明显有空缺处。它的一种不同说法，可以使人将此与七兄弟的故事联系起来，这种说法载托玛斯书的第二篇文献中。

十 a，三姐妹。

1. ①缺。

②魔鬼高牙高甫吃掉了母亲并钻入其躯体或遗骸中去。

③它吃掉了“6 个儿子，再加上父亲，共 7 位；再加上母亲，共有 8 位”(可能就是我们将在 10b 中遇到的吉木保 6 兄弟及其亲属)。

2. ①幼女白噶白西放下了帽子和小铃以看羊，化装成母亲样子的魔鬼前往那里去了。姑娘逃走并受到了魔鬼的追击。

②她遇到了一只兔子（原文为“山驴”）。

③兔子向她提出了一项协议。它戴上了帽子和系上了小铃。魔鬼认为如此化装的兔子就是姑娘。它抓住了兔子，但兔子丢掉帽子和小铃而逃走了。

（3a）魔鬼与玛羊一起走了。

④缺。

3. ①根据兔子（而不是像在A种不同说法中那样，认为是母亲）的建议，姑娘变成了一只小玛鸟（不是像A所说那样仅仅是改名）。她逃到6只互为兄弟的玛鸟中去了，这是在高牙高甫魔中。她变成小鸟之后飞走了。

②—⑤缺。B种不同说法作为插曲，而于此列入了吉木保兄弟的故事中，其中之一发现她藏在粪堆的后面。

Xb，七兄弟（托玛斯书第1篇文献开头处的A种不同说法）

1. ①在人域吉宁，一个父亲有两个妻子，她们是长姐和幼妹。

②他与长姐生了6个儿子，即右室的6兄弟，他与幼妹仅生了一个儿子，即吉木保。

2. ①与三姐妹的故事相连结。大雪自天而降，右房的6兄弟用丝网（富裕的标志）捕鸟，左房的独子兄弟用羊毛网（贫困的标志）捕鸟，捕得了一只玛鸟。

②一段含糊不清的文字。其兄弟们似乎从他手中抢走了这只小鸟，并把它放入自己的丝网中，但它逃脱并又返回了羊毛网中。6兄弟似乎向第7位建议用1只、3只、10只，甚至100只小鸟来换他的那一只玛鸟，但未果。

③这只小鸟白天被藏在（拴在）粪堆后面，但夜间却留在独子兄弟的怀中。

④他梦见自己怀中拥抱着一位美貌夫人。其母派他去看山羊，返回时饭已做好。这段文字非常含糊不清和难以定夺，可能

是在食物中出了某种问题。

⑤他藏在粪堆后，一个美貌少女出现了，这就是那只小鸟。他抓住了小鸟的躯壳，并娶姑娘为妻。

3. 其父老死了（未提原因）。

我提议于此加入这一故事的 B 种不同说法，后载托玛斯书，IB 号文书从第 80 行开始处起。虽然抄经师采纳了另一种续文，但我愿意冒昧地这样做，它会使整个布局更为清楚。这一故事是 Xa 的续文，即Ⅲ5 的 A 种不同说法。

4. ①此后，天神祖母让逃往他处的鸟姑娘重新离去。在距那里很远的地方，即在 9 个山口和 9 个渡口以远，一边有吉木保六兄弟，另一边是独子吉木保。对于前六者来说，他们很富裕，绵羊肥胖；对于独子来说，他们则是贫穷，绵羊很瘦。

② 6 个富者……（无下文，他们似乎是训斥其 7 弟）：他不应该在马尾网上放绿松石。

③独子兄弟在其右臂的袖子中放了某种东西。他返回家中之后，将其弃置在一个闭合的竹筒中。

④翌日，他前往拾柴。返回后发现有吃喝的东西（或者是像托玛斯认为的那样，恰恰相反，其饭已被别人动过了。这段文字非常含糊不清。某人把汤匙放在灰烬中）。

⑤为了看清是谁这样做的，他假装去拾柴，但却躲在粪堆的后面。从封闭的竹筒中，飞出一只叫作亭薰（女英雄）的玛鸟。

⑥他把她看作是女中最漂亮者，于是便娶她为妻。

5. 从逻辑上来看，应由此加入 Xb 的结论。未提原因地宣布了老姐和父亲的死亡。事实上，Ib 继 IV6 之后而继续讲为死者举行的仪轨。

①在独子兄弟与鸟女结婚之后，父亲（已死去了？）说其独生儿子应为其父举行殡葬仪轨。

②以此则必须有一只夏季不腐烂和冬季不结冰的口袋。

③这是该文献的一种生硬的结尾，然而它却又重复了文首的一句术语。由于这一段文字晦涩难懂，没有任何作释读的证据，

所以我于此就不再叙述它了。

④（托玛斯书 1B）需要一只口袋等（如同上文 V2 一样）。

⑤提到了“宠马”。

⑥独子兄弟说他很穷，其绵羊很瘦，他将不为其父举行殡葬仪轨。

（5a）六兄弟相反却说他们将为其父举行这一仪轨。他们使用了一群共 100 匹不同颜色的马，在圈内举行仪轨。尽管如此，仍未举行殡葬仪轨。他们在父亲的双手前摆了一些供品，但用于仪轨的绵羊不合适。袋子于夏天腐烂和于冬天结冰了。这样一来，父亲的殡葬仪轨就未能举行。

⑦父亲埋在地下的尸体（?）不在那里。

有人可能会指责我按自己的方式安排了各段落的顺序。但大家可以对此作出判断，下面就是两卷写本的原有顺序。

第一卷写本（托玛斯的 IB 文献，它接着本文 I 中分析过的马匹三兄弟的故事）是以殡葬仪轨开始的。六兄弟想举行殡葬仪礼，但未能成功，因为独子兄弟由于贫穷而不想实行这一切。读者或听者完全不知道这七兄弟是谁和到底是谁死了。继有关仪轨的记载之后，便是三姐妹的故事，接着是幼妹与独子兄弟故事的交织，再接着就是对举行仪轨的必要性和在开始时已叙述过的某些内容的记载。

第二卷写本（托玛斯书的第Ⅱ篇文献）是由三姐妹的故事开始的，然后又加入了七兄弟的故事，以及他们的故事与幼妹故事的交织，结尾简单地提及七兄弟父亲的死亡。

在第二卷写本中，各段的连贯性更为符合逻辑，但它遗漏了仪轨。第一卷写本的布局如同托玛斯书 IA（我们的 1）文献一样。我于此选择了从第 38 行起始作分析，因为其中的仪轨故事内容位于三匹马的故事之前。这种写法可以用两种方式作解释：或者认为是抄写者的疏忽大意，或者认为祭司应由追述各仪轨的段落开始。总而言之，这一切多少有点像现代的小说和电影，即从描述故事的结局开始，然后再重新回到开始时的情节。我不准备对此进行评述。无论如何，从纯粹的实际观点来看，我们的文献分析，清楚地说明了在释读时感到的困难，提出了分割成段落的必要性，以及考虑到故事结构，而更好地安排的新布局。

作了这一番叙述之后，Xa 和 Xb 的故事内容也引起了大家的注意。虽然如同其他故事一样，这里也是指一种死亡的例证和举行仪轨的必要性，但其动机却很脆弱，与其他故事的起因相差甚殊。在导入了一个祖母或天神“舅母”帮助的第XIT 故事第一部分中，我本来试图不把 Xa 和 Xb 纳入我们的这一文书集中，但一旦阅读了第一个故事，就不禁要将此与第二个故事联系起来。完全如同在 V 直和 IX 第二部分一样，IX 第一部分是有关寻找仪轨所必需的奶牛的，然而，这头奶牛的故事应作一番追述，否则便无法提及它，更不能使用它。因此，这确实是一个仪轨所必需的故事，从中又加入了主角人物在天祖母家中的冒险故事。该天祖母名叫甲萨庭君，居住在一个可能是位于天上的奇怪地区。其名说明她具有飞鸟的特征。在 Xa 中，女主人翁为了逃命而变作一只鸟，并让人把她带到天堂天祖母（其名也出现在神话、传说和史诗中）处。她以其鸟形而叫作（或享有称号）“庭君”，此名无疑与 IX 第一部分中鸟祖母庭君的名字相同，在 IX 的第二部分中，受继母虐待的女子死于被迫在猪粪中从事的低贱劳动中。在 Xa 的 A 中，幼妹在其父和两个姐姐死后，便独自一人逃走，躲藏在（其形式含糊不清）猪粪之中。这是根据其母（由敌魔使之堕落并将之携往天域）的建议而行事的。

因此，IX 和 X 都使用（或仅仅是存在）一种流传很广的民歌内容，我们可以把这一内容与受虐待的灰姑娘的各种说法列在同一类中。在 X 中，于最早的卑贱处境和最后的美满婚姻之间，似乎具有在第 IX 中的死亡与仪轨性复活之间的同样关系。但是，如果承认 IX 与 X 之间的这种关系，那么其中的各种内容的布局便与灰姑娘一类的常见故事不同了。在第 IX 中，故事与仪轨的交织是肯定的：兄弟的冒险故事用于以仪轨的办法来拯救死妹。在 X 中则相反，我没有发现故事和仪轨之间的关系。父亲仅仅是老死的，而不像在其他故事中那样，认为他死于所犯的一种诸如狩猎那样的错误。儿子们都为他举行仪轨。当时便叙述了这些儿子的故事，而这一故事又必然会引出三姐妹的故事，因为她们其中之一嫁给了诸子之一。有关由于魔鬼而暴卒或把活人带往魔域的故事，恰恰被置于该故事中了（征候学者们说：生人的分离和与死魔的结合）。如果承认三姐妹和七兄弟两个故事的存在，并不仅仅是由于祭司的偶然性和一时心潮所致，那就应该相信仪轨书的主要内容（死和生），用于了与为之举行仪轨者不同的另一个人物。

我还应于此指出，三姐妹的故事保留在（或独立存在于）藏族民歌中。这一故事的一种不同说法载于《说不完的故事》的藏文版本之一中。与我们的文书相比较，它代表着一种颠倒顺序。在这一故事中，一妖魔相继杀死了父亲、长女和次女。同样的命运也在等待着幼女，但她根据一只小狗的建议而逃命了。她带着一把“平底锅”并消失在一个地洞中。在另一个地区，她发现了一只公鸡（以青年美男子的面貌出现，遇见了一个称心如意的女子，这也是灰姑娘的内容）。最后，她烧毁了公鸡的皮。在 Xa 中则相反，由“兔子”救命的姑娘呈鸟形，那一男青年在她以少女的形状出现时，猛然抓住了她并以扣下其躯壳而迫使她留了下来。在不同的说法中，其形式也有变化。这里值得注意的是两个角色的关系。同样的倒置形式也出现在 Xa 中。在 A 这种不同说法中，魔鬼吞噬了父亲并化装成他的样子（披上了他的遗骸），以欺骗母亲（她最后也成了女魔，跟着他而到达其地）。在 B 种不同说法中，魔鬼（其名与 A 种不同）吞噬了父亲并装作他的模样。在 A 中，他吞噬了姐妹们（与第一个故事中的受害者的性别相反），在 B 种不同说法中，他吞食了诸兄弟（与前一个故事中的性别相反），确实从中也加入了父亲。这种不同说法 B 含糊不清。我们不知道这六兄弟是谁，他们似乎变成了 6 只飞鸟（生活在吃掉它们的魔鬼中?），被救的妹妹也变成了鸟。这样一来就消除了对立。如果在 Xa 中，三姐妹一组分成了两死一生（幼女，最弱者），那么在 Xb 中，七兄弟一组又分成了六富一贫。正是这后者成功地以飞鸟的形状，捕捉到得救的妹妹并使她摆脱了这种处境。他似乎这样一来就被认为，他与让妖魔吃掉的六兄弟对立，而且也是以飞鸟的形状出现。兄弟之间的这种对立在仪轨故事方面削弱了。富裕的六兄弟确实想举行殡葬仪轨，但未成功，七弟由于贫穷，而不想或不能这样做。

我还应指出两点。我得到的第一种印象即性格与教养的对立，可能正相当于生与死的对立；其二是在这两种情况下，这种二分法可能具有世界各类居民之间，尤其是在人类和魔鬼或小神之间（但有时也是在各种非人类之间）的不调和性。在后一种情况下，对立往往是通过（如同在《十万白龙经》中一样）一些所谓人类不应该向小神挑战或比赛（如狩猎被说成是挑衅和过度的行为）的形式表达的。此外，出自这种对立故事的情绪，一般都是通过一种联盟而克服的。

我已针对这种比赛问题而指出，它在格萨尔史诗中是以一种特殊的形式出现的：唯有那位英雄（与所有的凡人相反）可以从事这种危险的杂乱活动。但他只在自己的前半生才可以这样做。在此期间，他生活在一种卑贱的状态中。

在我们的 Xa 和 Xb 以及 IX 这些互相联系的文献中，我也应指出这后一种内容。其中最小的兄弟，即贫穷的独子和只拥有瘦绵羊者成功了。最小的一位妹妹成功地逃命了，她经过一段化装和低贱（猪粪和猪）的阶段，由此而与 IX 中受继母虐待和死于这种低贱之中的妹妹很相似。这种互相联系的内容有必要吗？在 Xa 中，这一内容出现在逃命的妹妹，与戴上她的帽子而救其命的动物之间。此外，在史诗中，这类帽子是英雄处于低贱阶段的标志，从而使他更接近与她一起生活的魔鬼。

（译自巴黎 1971 年出版的《拉露纪念文集》，本译文有删节）

“黑头矮人”出世

桑木丹·噶尔美

我很难断言神话传说始终都早于宗教仪轨故事。我觉得这是一个尚未解决的问题，笔者于此也并不试图解决它。因为在西藏传说中，神话属于宗教仪轨的组成部分，它与仪轨书组成了一种“模式”。然而，若无神话，那么仪轨书就不会有效。因此，仪轨书依赖于神话。

在西藏民间仪轨书中，尤其是在苯教仪轨书中，其神话部分叫作“故事”。祭司往往于其中被视为主要神或神话故事里的另一人物。在某些情况下，为了解释祭司举行的仪轨并使之变得有效，他还必须重新提出自己是过去编写这种仪轨书的大师的忠实信徒。因此，此人便被置于一种神秘的时空之中了。对于祭司来说，认识这样一位先祖是完成其仪轨行为所绝对必需的条件，而这类仪轨行为的目的，恰恰就在于重新产生过去曾完成的事。

对于我们来说也如此。如果我们要理解仪轨书的全部内容，那么最重要的就是首先研究文中在仪轨书本身内容之前的神话。但神话部分始终不包括故事的全文，大家从中发现的往往仅仅是一种参考资料。然而，即使是以这种暗示的形式出现，仪轨书也往往与创世神相联系，如我们于下文还将有机会谈到的什巴益门国王（创世的益门国王）。晚期很少有仪轨著作能为完整的故事提供多处暗示，正如我刚才讲过的那样，我们从中很难看到一种连贯的和具有系统性的故事。相反，仪轨书的古文献往往都会提供某些详细的故事，但在仪轨本身的仪礼中却并不沿用它。所以，在仪轨文献的现状下，我们面对的是一些残缺不全的文献：有关神话的相当明确的文献没有其仪轨性发展，比较近期的文献发展了仪轨书，但其神话先例却极其笼统，以至于使它变得不连贯了。所以对我的《黑头矮人的起源》的分析，就显得如同在我们从事的对民间仪轨书研究中的最初阶段一样。事实上，该文是至今唯一一种在宇宙起源论和神学方面提供了连贯和详细论述的著作。因此，它可以使人澄清在民间类所有仪轨书开头处，都会看到的宇宙起源论和神祇起源论神话的片断，特别是它澄清了“因果报应”仪轨书、殡葬仪轨书和神香供品仪轨书中的神灵之起源。

叙述或涉及神话故事的仪轨书体裁，常常以“退灾礼仪”之名而为人所熟知。它首先被认为是一种治病的、以与危害生命的“邪恶精灵”作斗争，以确保生命的手段。其特点可以用两句话来概括：第一部分是“陈规老套性的”，它是指由祭司念诵经文中神秘的部分（如果它被叙述得详细的话）和仪轨本身的礼仪部分；第二部分是“仪轨供品内容”，包括还愿或赎身金，这是必不可缺的，应由信徒病人供奉。因此，“退灾礼仪”与一般的仪轨（包括殡葬仪轨）相比较并不是对于死者的仪轨。然而，在王权时代（也就是7—9世纪）的古文献中，我们发现“退灾礼仪”和“诊断疾病”，是在遇到死亡的情况下才使用的，但这里主要还是在于使死者还阳而不是举行殡葬仪轨。此外，退灾仪礼属于苯教的四种传统作法，苯教巫师企图以此来重新恢复宇宙秩序，并掌握社会的日常问题。这四种作法就是：1. 占卜术；2. 星相术；3. 退灾仪轨；4. 诊断疾病。

占卜和星相术是在确定疾病系由神造成时才使用，而退灾仪式和诊断疾病则用于治病目的。占卜和星相在实际运用中，就如在其起源史上一样，都被视作彼此之间互无关系的。事实上，这两种作法之间在理论上的差异，仍是含糊不清的。这一观念问题从一开始就很容易被人觉察到，正如我们将要看到的那样。

我刚才讲过的四种传统作法的体系，在吐蕃王权时代就已经形成了，我们在许多敦煌写本中已经发现了它。然而，我们从中发现的并不是晚期传说中的“占星术”，而是“预言”，其作用完全相同。事实完全如同在晚期传说中一样，在患病的情况下，始终要同时考虑使用四种方法：“人们进行占卜并观察预兆，举行仪轨和进行诊断。”由于这是有关占卜和卜星的晚期苯教传说中的原因，在“占卜”和“预言”之间观念上的差距也不太明确。因为“预言”本身，就是已在古文献中得到发展的占卜体系必不可缺的组成部分。因此，我觉得拉露小姐把 Phya 一词译作“命运”并未远离本意。相反，她把 dpyad 译作“神启”既与古文献之意根本不相符，又不符合晚期苯教传说中所赋予该词那肯定是“诊断"的意义。我们可能也应该强调指出以下事实：退灾礼仪并非完全是巫术，但它却始终都被译作“巫教仪轨”。

这些古文献由于拉露小姐那些颇为引人注目的著作，已经为人非常熟悉，它说明晚期的苯教传说并未像人们经常认为的那样，已与其古老传统断裂，至少在有关四种作法体系方面是这样的。这一体系还形成了现今所知的苯教传说的实质内容。所以，在这些作法的体系中，祛灾仪轨起了实质性作用，如果不神秘地参照它，那么仪轨书就既不可能被理解，又无法执行。

世界的起源

西藏人对世界和吐蕃人类起源的思辨，大部分都在佛教经文中作了介绍。由于西方藏学家们的著作，各种佛教的说法都已广为人知了，尤其是认为人类出自猕猴（它被认为是吐蕃圣祖观世音菩萨的化身）和一岩罗刹女（度母女神之化身）神奇婚合的传说。这一传说在晚期的佛教文献中流传甚广，但它不可能追溯到吐蕃历史上非常古老的时代。记载这一传说之证据的最古文献，仅仅为 12 世纪左右。

最早的卵

相反，如同在我们的文献中一样，那种认为世界出自最早的一枚卵的说法，则很少受到研究。无论是这枚卵的起源还是其基本形状，至今尚未做过分析。但这种传说，却是一种无论是在民间文学，还是在民间仪轨书（尤其是苯教仪轨书）中，都得到了广泛发展的故事之基础。此外，它表现得与我上文提到的佛教传说也独立无关。因此，现在最重要的是研究一下，它是怎样进入真正的西藏传说中的。

首先，我必须立即强调指出，通过论述这一传说的不同史料，我们不会发现它们之间具有任何连贯的系统化。卵的数目、颜色、形状和体积，以及卵孵化的方式，与文献的数目一样千差万别。然而，大部分史料在第一个生灵出自一枚卵这一事实上，都相吻合。至于这一神话的起源。某些西藏作者认为自己已经找到了。所以，娘若尼玛悦色（1136—1204 年）认为，一名被称为“非佛教徒”并从大食（伊朗）地区来到吐蕃的苯教徒，接受了这一理论。几乎在同一时代，另一位作家苯教徒饶琼那（1187—1241 年）也认为这一理论属于印度教教理，尤其属于湿婆教教理。这些观点（尤其是最后一种）被西方学者们所沿袭。石泰安曾具体地解释说，世界系自一枚卵孵化而出的观点，事实上已存在于《摩诃婆罗多》、婆罗门教徒和《奥义书》中了。但我不知道这种观念是通过什么途径与上述西藏神话结合在一起的。无论如何，这种神话可以追溯到 11 世纪，甚至可追溯到一个更古老的时代。因为早在 12 世纪时，它就成了上文提到的那些作家们的批评对象了。

“世界的六大使者”

我需要指出，据西藏的佛教传说认为，藏族人的先祖是猕猴。该传说中没有讲到“矮人六部”。虽然据某些史料认为，出自猕猴—岩罗刹女夫妇的猕猴也恰恰是六个。然而，在我们的文献中，不仅仅讲到了“矮人六部”，还有我们应将之理解作墀托钦保的六子。由于石泰安先生非常详细的研究，其梗概和历史已使人非常熟悉了。其中还讲到了“世界的六使者”，他们早于“矮人六部”的出现。下面就是其名表：恰神、木神、祖神、年神、益神、嘉木神。

据我所知，我们的文献是唯一一种强调存在有这幅名表的史料。时至今日，它仍不为那些曾触及到有关世界起源的吐蕃神话学者们所知。我们在其他某些苯教经文中，还发现了“世界的六种高人”的提法，但没有具体名表，这无疑是暗示同一批人。这种分类的模式，对于理解传说中是如何看待吐蕃人类出现之神话是非常重要的。据我们的文献认为，“世界的六使者”中前三位成员，是继益门国王（发愿国王）发愿之后而出现的。文中解释了他们是怎样通过联姻而与“矮人六部”的某些先祖联系起来的。这就是我们在“世界的六使者”问题上能够汇辑到的资料。

1. 恰神

恰神，尤其是恰神之王雅拉达珠神被视为吐蕃人类的先祖。在有关吐蕃第一位赞普聂墀赞普的传说中，恰神为先祖世系之源头。在我们的文献中，有关第一位赞普的神话未加论述，但什巴内冲木拉扎也是一尊恰神和雅拉达珠三十七子中的最后一位。他被其父派到了大地上以创造人类。相反，在有关第一位吐蕃赞普的传说中，是雅拉达珠的七子中的第四位墀顿西为第一位赞普的父亲。此人自天下界以赴吐蕃人主人间。所以，据这种神话认为，吐蕃当时就已经有人类居住，但无国王。无论如何，聂墀赞普和什巴内冲木二者，均由木神的妻子所生，因而也就是“木神的外甥”。所有这二者均以相同的方式降临人间，他们为了下界使用了木神之绳或木神之梯，也可能是同时使用了这二者。对于《朗氏家族史·灵犀宝卷》中所载的有关第一个人的说法，我们所作的概述基本与本文献的说法相同。这些史料未论述有关第一位赞普的神话，因为《朗氏家族史·灵犀宝卷》确实具体解释说，这是“臣民们的世系”。此外，《说库如意宝》仅仅提供了第一位赞普的神话，对于人类在吐蕃的繁衍却只字未提。然而，人类繁衍的这一神话传说，为多种说法所发挥。我觉得它们都属于同一种史料，这就是《苯教宣讲歌》。我于下文远处还将回过头来论述这个问题。此外，恰神也被视为宇宙的创造者，由于他们是最早的先祖。这种观点往往会成为西藏经院作家们的批评对象，他们提出了佛教不承认任何创世者之说。他们将此与湿婆教理进行了比较：“这些人坚持认为，世界是由恰神和自在天创造的。”如果佛教徒们进行了这种比较，那是因为吐蕃的恰神观念与湿婆教中的自在天很相似。“恰神创世”的说法往往与“苯教和非佛教教理”的说法互相印证。因此，很明显，这是苯教坚持了一种认为恰神系创世论的观念，就如同湿婆教对湿婆的看法一样。但这种比定完全是佛教的。据我们所知，论述宇宙起源或神学起源论内容的任何苯教经文，都未曾讲过湿婆是宇宙的创造者，相反，其中却讲到了恰神。但这都是一些巫教神，它们与湿婆教没有任何共同之处。“恰神创世”的说法在戎准曲吉桑保的《宗观及各宗派大威德净修》一书（11 世纪中叶）中就已经很多见了。此外，现已明确证明，吐蕃佛教徒坚决反对 10 世纪之前的苯教观点，它们也随时都准备批判印度教。我们已发现的那些表达方式，说明这一批评传统在以后几个世纪中都非常活跃。我觉得佛教徒们观察问题的这种方式，影响了近代西方某些著作中的各种假设的形成。

2. **木神**

木神在诸如于阗（李域）、泥婆罗、冲木或伊朗（大食）那样的地区，都被视为人类的先祖，同时也被视为畜类的先祖。但它们于此却并不是“矮人六部”的组成部分，如同在其他文献中的情况一样。大家一般都用“大食”来指位于吐蕃以西的地区，尤其是伊朗世界。然而，在位于该地区的俄木隆仁的地理传说中，辛饶米保的世系原来就属于木神。经文中列举了辛饶米保的父亲木王托噶尔之前五位赞普的名字。这些赞普中有许多位都聘娶木神女子为妻。但木神和恰神的特点是他们都居住在第十三级天之上。因此，他们常常被描述为“天神”。在第一代赞普聂墀赞普下凡到人间的神话中，此人诞生于木神地区，其舅父为他提供了许多物品，以供他下界入主人间。他从第十三级天借助于木神之梯和绳索，而下凡到工布的神山江托山上。因此。光绳和光梯便由于其起源而叫作“木神之绳”和“木神之梯”。该赞普也是借助于这两种工具，而在其儿子 13 岁时重新升天的，这就是说他不将其尸体遗留在大地上。继他之后的十三位赞普也同样行事。在我们的文献中，恰神是什巴内冲木使用了木神之梯以下凡到人间的。其中未提到攀天光绳，但这可能是由于写本中的一种错误造成的。

在仪轨书中，赞普的绳索和梯子都变成了天和人之关系的象征。木神之绳在民间仪轨书中，起着重要作用。如在出生和婚姻的仪礼中。在这类的每种仪轨中，一条什色彩线缚在颅顶，这就意味着人类的神祇起源。根据这种仪轨，每个人就这样拥有一条绳索以升天。在神和人的关系问题上，我于此引证《说库如意宝》可能是大有裨益的。我觉得此书明确具体地解释了这种关系：“如果世界上的人类神系史未被解释清楚，那么谁还会理解人类的木神之绳呢?”。

事实上，这种作法在时代上被追溯得非常远古。一卷论述占卜的敦煌文书，就已经提到了这一点。占卜在回答所提出的一个问题时，做出了如下答复：“这标志着一个拴有木神之绳的吉祥女跪拜顶礼。”木神之绳也与“拴天绳”被视为一体了，这在占星术语中是与“定地钉”相对应的。

3. 祖神

本文在祖神问题上所讲的一切，便是它们都是龙（klu，水中生灵，相当于印度神话中的Nga）。但据《声明疏》记载，他们在许多地区也是人类的先祖，尤其在吉尔吉特（勃律）地区更为如此。所以，如同在包括本文献在内的某些史料中那样，祖神、恰神和木神一样既在有关宇宙起源，又在神祇起源的故事中，都起过一种重要作用。在这一神话故事中，“祖”一词具有一类神灵的内涵。正如我们在“世界六使者”的名表中，已经看到的那样。所以，祖神也是恰、木、祖三位一体神的组成部分。这种三位一体神在“世界六使者”的梗概中，具有与众不同的一种神祇起源的地位。正如在仪轨书和有关占卜的文献中，所延续的故事一样。虽然我们的文献在字面上没有讲到“三位一体神”，但益门国王创造的恰神、木神和祖神的方式，似乎正是这种观念的起源。据我看来，这并不仅仅是一种在晚期仪轨书中发展了的思想，它还可以追溯到历史上很遥远的时代。这就再一次证明了我们的文献，或者更应该说是其中所含的神话传说的古老性。

我们知道，“祖”一词早就以不同方式与敦煌文书以及碑铭中的恰神和木神联系起来了。此外，它还成了法国藏学界内部的一场争论的内容。据某些人认为，它是指古代的“非佛教的王家宗教”，而其他人相反则认为它“是指一种政治手段、治国术及政治活动中的智慧和伦理准则”。无论如何，我于此仅限于指一类神祇的意义，这一点至少在有关本文献的问题上，使我处于一种坚实可靠的地位。

4. 年神

至于年神，与“世界六使者”的其他成员相比，它们的作用不明确。唯有它们在婚礼中，始终站于母系成员一边，如同木神与恰神相反却站在父系成员一边那样。它们的特点一般都与“地神”相同，与地神一样也形成了民间仪轨书中三类神灵之一，特别是在苯教仪轨书中更为如此，如同上部的天神（如同恰神一般的神）、下部的龙神（地下神）和中部的年神（大气中的神）一般。此外，年神也被视为先祖灵魂的保护神。在我们的文献中，年神却与真正的“域神”相区别开了。这些域神都是恰神四兄弟之一的俄带贡甲的后裔，而年神则并非如此。《声明疏》也指出，年神是一类与域神不同的神灵。他们之主为居住在天地之间的哈饶年伦杰。然而，在民间对年神的信仰中，年神与域神却具有密切的关系。其原因如下：墀托钦波的前三个儿子都由一位年氏女子所生。因此，年神是东·扎和茹三个儿子的舅父。在人类、年神和魔的一场三角战争中，后两类由于是非人类，年神便杀死了六子的父亲墀托钦波。年神后来被迫为他们的人类侄子交付一笔赔偿费，它们是六种牲畜，各自送给六子之一。前四种畜类为鹰、龙、牦牛和老虎，它们都被认为是战神。因此，很明显，这些牲畜中的每一类都同时代表着前四个部族（东、扎、茹和噶）的世系及其“战神”。他们也被人认为是“四大年神”和“四大福神”。

时至今日，这一类牲畜仍被绘于插在屋顶和山顶的旗幡上，叫作“风马”。在图像学中，这些牲畜一般都如同我们的绘画一般，而被置于四方；而在祥云中奔驰的马，则占据了画像的中央。在图像和仪轨书被佛教化的说法中，我们常常看到的不是一头牦牛，而是一只白雪狮子（它变成了吐蕃的象征）。此外，在最早的聂墀画像中，我们发现了牦牛和狮子，但不是马匹。

人们赋予“风马”一词的意义是“吉祥”。所以大家就说“增加吉祥”，有时也讲“吉祥之衰败”。但我觉得在对这一观念的理解中，又产生了某种混乱。首先，我们的文献是唯一提供了有关风马的四种动物起源那颇有意义的解释之资料，它没有具体说明这些动物也代表着四方，就如同某些藏学家所假设认为的那样，此外，在苯教徒向当地神祇奉献神香的仪轨时，风马中的五种动物便象征着人类的五种组成部分。鹰象征着生命力，虎象征着身体，龙象征着精神，马象征着灵魂。所以，马是既作为整体的一部分，又作为整体名称而被勾勒出来的。它一方面意指“灵魂”，另一方面指“吉祥”。但“吉祥”在苯教体系中，却是以狮子为代表的。我们面对的是风马中的四种神与四种星相因素的结合：生命力、身体、吉祥和风马，我们从中再加入马以代表“灵魂”。因此，现今对风马的缺乏连贯性的解释，出自两种神话或观念的不同形象之结合，其本义已丧失。

然而，五种神圣动物始终是神香仪轨中的一种崇拜对象，我将举出赞扬它们的一例，这是一个具有明显佛教特征的例证，但它基本上仍是以动物形象为基础的：

“愿百鸟之王雄鹰能降服三界，
保佑我的性命不受死亡之主威胁。
当它接近我时，能使我的性命变得如同天性……
愿任何人都不敢与之较量的黑斑红虎，
保佑我的身体不患疾病。
使它就如同如愿以偿的树之生长……
愿声音之王——携带霹雳的绿玉色龙，
保佑我的繁荣不遭任何邪恶的仇视。
愿举世无双的长绿玉色尾的白狮子，
排除我在行动和心愿上的障碍，
使我们吉祥命运如同雪山一样洁白……
愿以魔法行云般速度奔驰的宝驹，
不要使我灵魂的荣誉邪风驱散。
使其精华如同风云雨露一般丰富。”

5. 益神；6. 嘉木神

我们的文献除了指出益神和嘉木神原来都出生于一枚花斑卵和一枚黑卵之外，它们在“世界六使者”名表中这最后几位成员的问题上，完全保持缄默。尤其令人遗憾的是，这两类与其他几类相比较则更不大为人所熟悉。然而，益神和嘉木神在其他史料中出现过。如果说我们对其起源一无所知，那么它们在生育神话中（无论在我们的写本中，还是在其他文书中）却并非是无关紧要的。事实上，我们上文已遇到的创世神益门国王　画于益王门巴的名字之下，作为益神居高临下的首领。现有益神类的大量神祇。在他们之中，益琼扎拉（以金翅鸟形状出现）、帕钦韦马尼亚（半人半畜者）、准噶尔、甘森（常以牦牛的形状出现）和苏公，比其他神更为重要。益琼扎拉在神祇中充当了智慧神的作用，同时也是益族人的主要战神。然而，韦马尼亚完全是一种战神，而甘森和苏公一般却是作为云游神而出现的。事实上，所有这些神在神的仪轨书中，往往都被分在战神一类。

嘉木神则被视为魔，它们始终与益神处于战争状态。它们的君主叫作南杰错保，它以其军队而代表着人类和世界的消极一面。相反，益王门巴则代表着世界的积极方面。益与嘉木之间冲突的神话史，曾被作过广泛发挥，而且它在某种程度上，也可以与印度教神话中的天神和阿修罗之间的冲突相比。它分散在各种文献中，尤其是在有关占卜的文献中，当然也出现在民间仪轨书中。我将在近期的一篇文章中试把它们辑录出来。

我们的文献中的另一种资料，也可能值得进行一番探讨。在创世的神话中，于各个民族中都经常出现使一个生灵解肢的内容。“创世者”解肢的思想表达了这类社会结构组织，现在麦克唐纳的文章已经为人所熟识了。然而，在我们的文献中，廷格王子前往其三子中的某一名中去饮茶，但父亲不能决定他应该首先前往谁家去。当他预料到如果自己首先前往某一家而不是另一家时，那就必然会在其子之间爆发流血冲突，他便会自杀了。接着又爆发了一场为争夺父亲尸体的斗争，后来他们之中的每个人都分得了其父身体的一部分，这就使该尸体具有了一种与众不同的特点。因此，在这种神话中，我们也发现了代表三个不同种族的三兄弟之间瓜分尸体的问题。如果本处的切割尸体不能决定某一特定的社会结构的话，那么它则可以确定这些社会的特点。

我们文献中记载的传说

正如大家看到的那样，尽管我缺乏详细的解释，但对神祇和魔鬼的分类，却为我们提供了有关创世和生育神话中的早期成员的新内容，同时也向我们提供了有关年神与氏族创始人六兄弟中的前四位之间冲突史的新资料。正如我们上文已经看到的那样，它可以解释为什么这四种半神话的动物，变成了神香仪轨中的崇拜对象。据我所知，在任何其他藏文史料中，都找不到有关三兄弟之间分割父亲尸体的故事。

这样一来，便提出了一个“黑头矮人”是否具有某种特殊传统的问题。它无论如何也把我们引向了考证其作者、其时代和社会地位的问题。但令人遗憾的是其题跋中未提供真正作者的名字，该文往往被归于墀松德赞赞普（742—797 年）。我们文献中提到的唯一人名和其时代比较明确者，便是译师玛尔巴曲吉洛卓（1012—1096 年）和忽必烈汗（1260—1295 年在位）。因此，其撰写时间应晚于 13 世纪中叶。然而，我们可以肯定，该文献的作者，或者更应该说是根据口头传说而撰写的人，是一位苯教徒，而且精通佛教宇宙论。此外，他接近佛教的态度酷似《说库如意宝》的作者，非常平等地论述了两种宗教。

此外，在《说库如意宝》中，第一位吐蕃赞普的血统是根据三种传说而介绍的，其中两种传说如下：一种是“佛教徒们的秘密说法”，一种是“根据苯教而传播的说法”。据第一种说法认为，吐蕃的第一位赞普来自印度；据第二种传说认为，他又是自天而降的。然而，像《苯教宣讲歌》所介绍的说法，除了几处差异之外，基本与《朗氏家族氏·灵犀宝卷》以及我们本文献中的说法相雷同，其中仅仅是什巴内冲木取代了聂墀赞普的名字。《说库如意宝》的作者认为“由苯教传播的说法”，是与“由佛教传播的说法”相对立的。他使用了这样一篇文献，或者是他仅仅介绍了苯教的一种笼统的说法。但这后一种假设是不可能的，因为这里事实上指一篇文献的标题。正如布伦多夫人指出的那样。它已出现在由娘若·尼玛悦色（1136—1204 年）的《鲜花宝藏教法源流》提到的史料中了，其中的标题之前有“王家史”的修饰词。相反，《朗氏家族史》、《声明疏》和我们的文献，都没有触及第一位赞普的神秘故事。正如大家看到的那样，《说库如意宝》和《什巴续部之歌》仅仅关心有关第一位赞普的传说，但其中的故事无论如何也是相同的。因而，所有这些不同说法，很可能在实质上是相同的，可以追溯到一种共同的史料。这一切难道都是“苯教徒们的说法”吗？我觉得，唯有在掌握了“佛教徒的说法”之后，这一问题才能迎刃而解。

此外，在“苯教传说”的记叙与敦煌写本（伯希和敦煌藏文写本 Pt. 1038 和 1286 号）之间，于第一位吐蕃赞普血统的问题上，出现了某些分歧。这就再次证明，“苯教传说”并非完全是于 10 世纪之后形成的。由于布伦多夫人的研究，我们可以蛮有把握地断言，《声明疏》与《大圆满称闻王部》之间没有任何共同之处，因为后者是“仪轨书和教理书”。这就再一次证明，“苯教传说”完全与吐蕃王朝史有关，娘若氏已经指出过这一点。

更进一步说，苯教徒辛饶琼那于其《四十颂》中，引证了一篇没有具体说明的苯教经文中的四句诗，它们涉及了创造生灵的初期。他接着又指出：“所以，至于这些人，他们（苯教徒）坚持认为，生灵最终是由一枚卵产生的。”但这种看法以及我们将之与本文献中的诗所作的一番比较的诗句证明，这位 12 世纪的佛教作家，知道几乎是全文呼应本文献的另一篇经文。

黑头矮人

在西方，我们的这一文献并非完全不为人所知。霍夫曼第一个于其有关西藏宗教的著作中，翻译了其中的一段文字。他本人在后来的一篇文章中，修订了这一译文，我们将之与自己的译文进行了比较。最后，石泰安先生在有关格萨尔史诗的多种文献中，都提到过“黑头矮人”，并指出这一史料可能会具有的意义（如果确实是指同一篇文献的话）。这就说明，我们的文献在史诗氏族史的内容发展中，曾起过重要作用。这是我们的文献中的主要内容，我们还必须提一下，西藏史诗中的英雄人物格萨尔恰恰被描述成了木波东氏族的一名后裔。

由于措辞的含糊不清和故事的不连贯性，要想全文翻译我们的文献是不可能的。这一问题的部分原因，是由于本文献明显是根据在康地方言中保存下来的口头传说而写成的。此外，我仅掌握该文献的唯一一份手稿。因此，我仅仅选择翻译文献的第二部分，而且这一部分也是其中最长者。其中保留了有关人类起源的神话传说并介绍了一些至今仍不为人所知的资料。所以我觉得，基本上是全文翻译它相当重要。我对那些具有不连贯内容的部分行文仅作概述。

这样一来，大家首先就会发现对著作正文前面的绪论的摘要，然后是第一部分的摘要，接着是对第二部分的译文，最后是对文献中其他未译部分的概述。

绪论部分的摘要

文献在开始时具体解释说，这部著作是有关两种重要内容的：“接受人类的世界”之历史和“实物世界”的起源。这种起源在三种内容上作了发展。

1. 永久的苯教历史。

2. 王法的历史。

3. 个人（也就是世系）史。

文中仅仅用简单的几句话，讲述了前两种内容，但第三种内容被作了如下阐述：

“首先是被称为黑头的人具有优良血统。

由于他出于光明神种族。

其次是那些属于已创世界者们的世系，以及六类神灵世系，日益繁衍起来了。

如恰神、木神、祖神、年神、益神和嘉木神。

其三是他们夺占了自己分配的土地。

如果计算他们的后裔，那确实有很多。

他们成千倍地增长并四处传播开了。”

在经过这一段阐述之后，文中又提供了七种有关吐蕃“历史文献”的标题。具体如下：

1. 作家。文中指出共有十名作家，但没有提供他们的名字。

2. 目的。这些史书可能是为了教育未来几代人而写成的。

3. 类别。它可能属于“人间宗教”和“王法”类。

4. 史料来源。文中指出了其中涉及内容引自《神续》和《鬼续》。

5. 要点，也就是对故事主要观点的概述。这一要点中共包括10点，其实仅仅提供了9种：

①父亲，从一开始就是“空”。

②母亲，无形的“空”。

③儿子，出自智慧。

④捕风用的小钩。

⑤有关……的概述。

⑥强大的大神魏马之诞生。

⑦破坏天地……

⑧搅动海洋用的舢板。

⑨黑头矮人的血统。

⑩……（阙如）

据本文献记载，这10个标题形成了全文的“概要”，也就是说是5个标题中的最后一个。但我感到奇怪的是，这10点系指“概要”。其中在“概要”和这10个标题之间很少有关系。此外，“黑头矮人”这一标题也是一首诗的名称，正如我们很快即将看到的那样。这10个标题是否都是歌曲的名称呢?

这十个标题后面紧跟着是全文的目录:

1. 宇宙起源的历史。

2. 生灵起源的历史。

3. 西藏的地理位置。

4. 对异邦的列举及其地理。

5. 分配土地。

6. 黑头矮人的发祥血统。

但这些标题也是说唱艺人们所哼歌曲的标题。作者具体解释说:"如果可以唱这六首歌曲,那就确实是有学问的了。"歌曲的前面还有作为苯教仪轨中神话特点的两行典型文字。

"如果它确实存在,那么它存在于哪里?

如果它确实是被创造的,那么它是在哪里被创造的?"

因此,"黑头矮人"既是全文最后一部分的标题,又是全文的总标题。

文献第一部分的摘要

"创造接受人类的世界"一句话明显是借鉴自佛教的宇宙起源论观念。苏迷庐山居高临下地控制了四大洲。大家仅仅是在南瞻部洲大陆上发现了诸如苯教和佛教那样的宗教、歌曲、医学、艺术、占卜以及下述传说:

"落到父亲身上的任务是拥有后裔以及一户户的人家。

落在儿子身上的任务是为父亲举行殡葬仪轨。

据说当敌人到来时应备马。

据说当亲戚来时应宰杀羔羊。"

南瞻部洲包括许多地区,其中就有苯教地区大食。在该地区有一个噶卡尔·巴尔索甲,那里是辛饶米保的诞生地;那里还有神山雍准古则,它是进行苯教修习的地方;印度,那里是佛陀诞生的地方;此外还有多吉丹(金刚沙那寺),那里是佛陀进入菩提心的地方；最后还有吐蕃，地肚脐冈底斯山和四条江河之渊源松石湖——玛庞湖（玛法木错湖）即位于那里。

在作了这样的阐述之后，该文又触及到了对吐蕃相当详细的地理描述：西部的阿里三省，中部的四路，东部的朵甘思（康地）。这后一个地区系由三“翼”、六河和五山地组成，而不是大家一般所发现的四江和六岭。朵甘思也被分成了两部，即上部（摩地）和朵思麻（安多）。

对文献第二部分的译文，它是有关创世和生育的故事。

1. 生灵的出现过程如下：

“最早没有任何东西，只有一片空。生灵在空中逐渐形成。光芒与光线在生灵中出现，光芒为父，光线为母。在光芒和光线中，昏暗和黑暗分别出现。于它们之中，又出现了一股如同气息般的微风。从气息中出现了略呈浅白色的冰霜，于冰霜中又出现了一种略呈白色的露珠。从冰霜与露珠之合中，一个如同镜子般的池塘便被造就了。”

在这片池塘之上形成了一层薄膜并滚成了一枚卵。从这枚孵化的卵中出现了两只鹰，其一为白色，其二为黑色。白鹰变成了“发光的外貌”，而黑鹰则变成了昏暗光线。这两种鹰的交合又产生了三枚卵，一白、一黑和一只彩色的卵，

白色卵破裂了，蛋壳形成了一座白色神山。从蛋的薄膜中出现了俄带吉墀德神。从其蛋白中出现了女神索莫卡莫。从其蛋的内部（蛋黄）中出现了三尊神：什拉俄带噶尔、甘西米贡噶保和准吉米丹噶保。

黑卵破裂了。从中生出两个黑人；嘉木米那保和里纳苯噶尔。

彩色卵破裂了。从中诞生出了一个叫作孟兰兰伦伦的生灵。该生灵没有可以观察的眼睛，没有可供倾听的耳朵，没有可供嗅闻的鼻子，没有可供品味的舌头，没有可供拿东西的手，也没有可供走路的脚。它仅有可供思考的思想。后来，出现了眼睛以供观察，出现了耳朵以供聆听，出现了鼻子以供嗅味，出现了舌头

以供品味，出现了双手以供拿东西，出现了双脚以供走路。它自己起了一个名字什巴桑保准墀。人们也称之为益门国王（最早发愿的国王）。

后来，什巴益门国王把黄金与绿松石放于右边并发愿，于是一座金山和一条绿松石山谷便出现了，所有的恰神世系均源出于此。他把一个大海螺和一根葱放于左部并发愿，于是一座海螺山和一条葱谷便出现了，所有的木神世系均源出于此。他把水晶和青铜放在面前并发愿，于是一片水晶山崖和一片发光的池塘便出现了，所有的祖神系均源出于此。所有的龙、黑氇氆、漏滤器、丝面羊皮袄均属于祖神世系。木神世系导致了佛陀的苯教，所有的恰神世系导致了黑头矮人，所有的祖神世系导致了牲畜。

在左部，于海螺山附近的葱谷地，出现了木神的一个儿子楚布旺丹和年神的一个女儿噶尔摩。他们在变成秃鹰之后，便婚合并生下了大食地区的苯教国王和印度的法王；他们在变成虎之后婚合，便生下了李域（于阗）、泥婆罗、冲木和大食（伊朗）的国王；他们在变成马之后婚合，便生下了戈族人的野牦牛；他们在变成牦牛之后婚合，便生下了戈族人的牦牛年噶尔；他们在变成绵羊之后婚合，便生下了绵羊托摩冲木—冲木。他们就这样创造了木族世系。

恰神的一个儿子吉楚甲瓦聘娶了东族人的一女姑摩。他们生下了恰族的达夏俄洛。此人又聘娶了昌族女子恰居玛，他们生下了恰族四兄弟：

1. 恰神扎木精，其世系已断，因为他中断了其誓言。

2. 俄带贡甲神，他是全部山神的先祖。

3. 恰神之主雅拉达珠。

4. ……

雅拉达珠聘娶了塘神，他们生下了九个白色精灵；他聘娶了林神的一女子，他们生下了九个红色精灵；他聘娶了年神的一女子，他们生下了九个黑色精灵；他聘娶了木神的一个女子，他们生下了木神的十个外甥。恰神之主雅拉达珠共有三十七子。

三十七子中的最幼小者是什巴内冲木拉噶尔。他被其父从天上派遣，前去建立人类的世系。他逐渐自十三层天而下界，以前往大地的萨迦多珠，他经木神的九阶梯而下降到一座酷似一顶盔的山峰。那里有一个美女正在织布。他坐在女子的织布机头上，女子说：“在本处这个无男子的国家，一个男子到来了。你今晨从何地而来？你今晚到何处去？”什巴内冲木拉噶尔回答说：“恰神之主雅拉达珠共有三十七子，我是他们中的最小者，我父从天派遣我前往创立人类的世系。”

一个魔怪从遥远的地方看到了天神，打算劫持他。女子便用一块布制成一种类似猕猴的形状，并把天神藏在了某处。魔怪问她：“坐在织布机头上的那个人哪里去了？”她回答说：“我仅仅看见过这只猕猴。”魔怪便带着这只“猕猴”到下部去了，但他的那只“长胡子”的狗不想与其主人一起离开。女子于是便抽出其织布梭并袭击狗的面部，打碎了它的牙。她又袭击狗的双眼，狗便成了瞎子。狗发出了一阵狂吠便下界去了。这样一来，便创造了人们用一只猕猴来代替一个人的习惯。女子对天神说：“我这个女子对你表现得很友善，现在该你充分报恩了。我们应结合进我们的化身中了。”

他们于是便交合，由此而诞生了廷保、廷米和廷格。廷保被水淹死了。廷米被火烧死了。母亲恰神之女被魔怪的一支箭射中了。什巴甲布廷格便聘娶了恰噶摩的一女子为妻。他们生下了准拉冲木，即吐蕃。他娶了木神的一女子墀玛，生下了墀拉谐，即汉地。他娶了墀族的一女子，生下了墀鲁，即霍尔。他娶了毕纳玛，生下了保，即南昭和于阗。他娶了年神的一女子，他们生下了四兄弟：猕猴、土拨鼠、棕熊（第四个付阙）。这些都是非人类，但却与人类相似。

某一天，廷格王子在玛噶祖朱衮噶（准拉冲木），吐蕃对他说：“来喝茶吧！我的父亲。”墀拉谐（汉地）也对他说：“来喝茶吧！我的父亲。”墀鲁（霍尔）对他说：“来喝茶吧！我的父亲。”父亲预料到，如果他接受其中之一的邀请，那么在他的三个孩子之间便会出现纠纷。他于是便对他们说："往那边跑！我将前往跑得最先到达者那里去。"吐蕃跑得最快，他返回来之后对其父讲："现在请喝茶吧！"但父亲却以其靴带自缢而死。

这时吐蕃便说："在他活着的时候，是我在为他祝愿。因此我有权力占有父亲的尸体。"其他两兄弟则声称他们也拥有这一权力。他们处于进行流血争执的对峙之中。

这时，三千大千世界之神谐拉俄噶尔（其住地在三千世界之外）应邀前往。三千大千世界之主辛饶米保（其住地在三千大千世界之外）也应邀前来。天神苯教徒达拉雅祖也被从其贝日祖松姆的宫中邀请来了。他们说："你们父亲的灵魂应根据最初的记述来分配，尸体应由三兄弟瓜分。我们可以用鹫翅敲击它的办法来这样做。其连同头颅在内的尸体的上半部组成第一部分，中间放上了拇指的部分组成另一份，上面放了心脏的下半身又形成另一部分。出面选择尸体的责任落在了布族国王吐蕃的身上了。吐蕃选择了带有头颅的上部。他认为"身体的主要部分是头颅"。

他于是便邀请辛饶米保到世尊的窣堵波前，在一堆树干和竹子的篝火前焚烧了他那一份尸体。他从中加入了梨和葡萄汁。他在一匹良马的头部插上了羽毛。这匹战马以及一只绵羊成了祭祀供品。吐蕃焚烧部分尸体以及马匹与绵羊供品的习惯，即由此而来。

霍尔人墀鲁获得了其父尸体的中部及拇指。在月亮拉扎谷中，他将其父的尸体藏在沙漠中而保留下了拇指。由此既产生了霍尔人将其父尸体掷于一坑中的习惯，同时也产生了霍尔人由于这些拇指而精于射术的传统。

墀拉谐汉地获得了尸体的下部及其心脏。他在康地的拉甲鲁索，将其父的尸体抛在江中，而仅仅保留下心脏。由此而产生汉人将其父的尸体抛于水中的习惯。也正是由此而使汉人贪婪，他们的人口增长得很快。

这样一来，汉人的人口在三代人期间得到了发展，而吐蕃的人口则趋于稳定。上文提供的三名苯教徒也被召来了，他们从事蓝色占卜绳的占卜，占卜绳是以神羊的蓝色毛线制成的细绳。占卜落在了白格中。吐蕃问道："为什么汉人在三代人期间得到了发展，而吐蕃人口则趋于稳定？"占卜落在了右部的号码"十五"之上。于是吐蕃便问道："为了解决人口的这种停滞状态，到底应该如何做？"三名苯教徒说："你们父亲的灵魂似乎转到了汉地。现有一个办法把它收回来，吐蕃的人口停滞问题便会得到解决。"

准拉冲木（吐蕃）回答说："如果我带来一大批财富，我是否可以赎回它来呢？如果我试以偷盗而拿到它，我是否可以获得它呢？"他于是便携带着一大批宝物，一身金佛像、一尊东巴辛饶米保的银像和一身囊瓦俄岱丹的绿松石像、一件由9块皮缝在一起的长袍、一串长9寻的珍珠项链、一件龙皮袍子、一只金翅鸟爪和一间可以摧毁天地的棚子、一头用一块无裂缝的煤做成的马。据说还有其他属于其父的贵重物品。他携带这一切前往汉地。

他向汉人旺波且出示了这一切。他对汉人说："我们三人，汉地、吐蕃和霍尔共有同一父亲。当我们瓜分他的尸体时，您获得了我们父亲的心脏。请向我出示它吧！由于我痛苦，我想获得安静。我想向它奉献神香。我拥有父亲遗留下的大量财富，我送给您。"旺波且说："我们是由我们父亲遗弃的三兄弟。自从瓜分了他的财产之后，你我各人顾个人了。被一条河流分开的一道河谷，形成了山坡的向阳一面和背阴一面。我不向你出示我们父亲的心脏。"准拉冲木重新前往旺保仲那里去并向他请求："请向我出示我们父亲的心脏吧。"他回答说："汉地、吐蕃和霍尔平分了其父的尸体，但我不向你出示它。"吐蕃说："我拥有我们父亲遗留下的财富，如金佛像等。"旺保仲开始边笑边说："哈，哈！"他对吐蕃说："我们父亲的心脏被置于了堡顶的秃鹫岩上，一道带披顶的围墙之外，丝幕之后。向他顶礼吧，三次奉献神香供品并转经。"吐蕃感到很满意，于是边笑边说"哈！

哈!”吐蕃迫使旺保仲浑身赤裸地前往那里，但他预见到了这一切，在把一只旧羊心置于了其父心脏的地方，然后便与后者又离开了那里。就在这一夜间，旺保仲的妻子仲仲（戈若族的女子）作了一个恶梦。她问道：“你是否使你父的心脏落入了你弟之手呢?”丈夫于是便去观察心脏。在翌日清晨，其妻作了另一个更恶的梦。她梦见一座大山倾坍了，一片大海子干枯见底了，一棵大树拦腰折断了。妻子于是便对他说：“赶快追赶你的弟弟吧。”他于是便去追赶其弟并在汉藏边界地区赶上了他。他对其弟说：“我使你在我父的心脏面前感到了高兴，但似乎你抢走了它。在出发之前，请你把它放在其原来的位置上吧。”吐蕃回答他说：“我们到汉藏界河的彼岸再讨论它吧。”他迅速地穿过了大桥。当他到达彼岸之后，便把桥推入水中。接着，他作为答复而哼唱下面一首歌：

“汉地、吐蕃和霍尔人的苍老父亲，
死于了玛噶朱吉贡噶。
我们三兄弟在年吉噶玛登赤，
瓜分了我们父亲的尸体。
在世尊的窣堵波下，
我准拉冲木焚烧了家父的尸体。
在月亮谷拉扎，
堀鲁将父亲的尸体埋葬在坑中。
在康地的拉嘉鲁索，
你将父亲的尸体抛向了江河。
在堡塞顶部秃鹫岩上，
我获得了我们父亲的心脏。
你汉地无力阻挠我，
我吐蕃同样也不敢阻挠你。”

汉地于是哭着到下部去了，吐蕃笑着回到了他的上部住处。吐蕃请来了上文提到的三位祭司，在九天期间为其父的亡灵举行“下身的洁净仪轨”。在十三日期间，他们又为“上身举行洁身仪轨”。十三座“神堡”被修葺一新。吐蕃居民的停滞状态得以解决。

吐蕃准拉冲木有一子叫墀托钦保。墀托钦保娶一年族女子年噶摩为妻。他们共生三子。第一位是东，第二位是扎，第三位是祖。后来，墀托钦保又娶一木族女子为妻，他们生一子叫作木察噶。最后，墀托钦保又娶仁氏女子郭珠干为妻。他们共生两子，长子为贝，幼子为达。因此，吐蕃以“三母六子”而著称。

“父亲是墀托钦保，
他居住在拉日秀波的中央，
有两只白色的母牦牛。
他每天早晚两次从他们身上挤七碗奶，
仔细地加以保管。
一天，魔怪匪徒中的七名骑贼奔来，
他们追捕两头母牦牛。
父亲去追袭匪徒，
来到了林富噶玛。
其妻年噶尔感到害怕，
害怕其夫被魔怪杀害。
她变成了一只白青蛙。
当其夫向右走，她就从右边阻挡，
当其夫从左边走，她便从左边阻拦。
最后，她彻底阻止了其夫前进。
丈夫却发怒了。
他猛地抽出了宝剑，
并用剑击她的身体，
青蛙发出了一阵惨叫。
年迈的年岱瓦听到了叫声，
他想到女儿可能被其夫杀死。
他抽出了黑色的致命箭，
射杀了墀托钦保。

吐蕃六部之父因被年所杀。
于是便决定找黑魔报仇。
吐蕃六部说，我们将找魔报仇。
我们将要求年为杀人而付赔偿。
到了此时此刻，恰族的儿子吉楚甲瓦，
便在人类与年神之间调停。
他说，你们这些年神，要为杀害六子之父付出赔偿。
于是，为了赔偿他们，年神把东拉玛冲木交给了东族。
这是一条长有铜冠的龙，
它居住在不可见的苍穹之顶，
它发誓成为繁荣的东族人之战神。
年神把东拉玛冲、木交给了东族。
这是一只大鹏鸟，长有弯喙和铁爪。
它在天空和雪峰之间飞翔。
它发誓成为尊贵的扎族之战神。
年神把噶玛列波送给了噶族。
它是一只长有红斑的金虎，
奔驰于噶族人和三界之间，
它是噶族人的战神。”

有关贝族人和达族人的情况：

“年神分别送了一只棕色绵羊和一只白狗。
但六部却嫌赔偿太少而不满意。
他们思忖：‘我们从年神处获得了赔偿，
但我们如何向魔报仇?’
六部前四部各自购买了一匹马。
东族人从汉地购得了赛瓦扬多，
其目的在于向魔报仇。
但当他看到魔旗幡顶便返了回来，
众人皆知他未作任何事便返了回来。
扎族人购买了戈族的桑杰亚巴马，

其目的在于向魔报仇，
但当他听到魔狗狂吠便返了回来，
众人皆知他未作任何事便返了回来。
噶族人购买了南昭的马雅雅保马，
其目的是为了向魔报仇，
但当他看到魔怪高高的烟雾便返了回来，
众人皆知他未作任何事情便返了回来。
茹购买了霍尔人的梯杰亚巴马，
他手执大金杖，
连续三次用手杖敲地，手杖明显属于长蛇头之年神。
当他到达东部贡南山口时，
魔军已完全集聚。
祖人得到了天神的支持，
协拉协准城堡被攻克。
魔中的杜钦黑头人遭杀，
魔主恰巴拉仁被俘。
魔之后裔撞击山崖而死。
那些获得了魔酒的人，
就如同获得了返老还童的仙露，
魔的麦酒是让军士痛饮的。
魔的黑旗是让武士使用的，
从此之后便诞生了‘军旗’一词。
魔犬白虎头被作为‘羞礼’而奉献于东族人，
从此之后便诞生了‘羞礼’一词。
黑魔的马鞍
……作为扎族军人的食物，
从此之后便诞生了‘英雄的食物’一词。
白虎右肋的皮，
被用来装饰祖族之王拉旺托噶尔的虎皮刀鞘，
由此而产生了‘虎皮鞘’一词。

白虎左肋的皮，
被用作祖族的桑亚玛夫人的皮帽，
从此之后便诞生‘虎皮帽’一词。
这就是向魔报仇的方式。”

对文献第三和第四部分的概述

文献简单地论述了吐蕃、印度、汉地、霍尔、粟特人、南昭人的文明和地理问题。

对文献第五部分的概述

文中接着列举了我于上文已遇到过的六种神灵。年族人于此被戈族人取代。文献中指出，最为古老的是恰族人，人数最多的是木族人。但文献中对于名表中的其他成员则只字未提。在有关吐蕃原始部族的世系问题上，共有由四长兄（东、扎、祖和郭）、两幼弟（贝和达）和舅父郭拉德岱噶波创建的七个世系。

出自三位母亲的“六部”之间分配了这一地区。但两幼弟没有获得他们那一份，于是便出发前往东部边境地区并在那里定居。

接着，作者提到了许多文献，如《六使者定居方式》、《矮人六部的起源》、《矮人六部的细账》和《吐蕃部族论》。这后三个标题几乎相同，很可能是指同一内容，也就是对六部族的论述。此外，其中还提供了两个标题《四亲兄弟大论》和《郭氏舅父论》。

对全文第六部分的概述

继此之后，作者对四部族（东、扎、祖、噶）的各个世系以及他们的地望和后裔的繁衍方式，都作了比较详细的论述。继这些论述之后，文献中便是另一段有关吐蕃历史的论述。该文献以下面一段跋尾结束："墀松德赞赞普写了这篇叫作《吐蕃黑头矮人起源》的论著，用于阐述12大相的功德与其他大陆的故事，以使未来的众生能了解这部历史。"

附　录

《朗氏家族史·灵犀宝卷》中一段文字的摘译：

在五行的精气中，产生了一枚大卵。这枚卵的蛋壳形成了一块白色的山崖。在该卵的蛋黄中，有一个带旋涡的白色湖泊。六类生灵从其薄膜中向外扩散。

从这枚卵中又形成了另外18枚卵。这18枚卵之一是一枚白蛋，自上天而降。一名叫伦伦的供养人出现了。他仅仅有可供思维的理智。一旦当他希望获得眼睛以观察时，他就有了眼睛。他又以这种方式而拥有了鼻子以嗅气味，有了耳朵以听声音，有了牙齿以防五毒，有了舌头以品味，有了手以作田，有了脚以便魔法般地走路。他所希望的这一切都实现了。他于是便给自己起了一个名字叫伦伦兰兰（时刻想到自己发愿的人）。由于他始终发愿，所以他又自称"益门国王"（最早发愿的国王）；他也自称松波贡墀（觉醒的人和十万民之首领），由于他是十万生灵之祖和自古以来就一直是清醒的人。

他娶了一名叫作楚察甲摩的女子为妻。他们的儿子叫作天神之子吉祖杰白，又叫墀多赞和楚拉旺丹。此子又娶仲族一女子努摩为妻，他们生一子润拉杰。此人的后裔是三兄弟。虽然三兄弟均为人类，但父亲仍为他们取一些天神的名字。他们的世系就如同一串真珠，他们都是天神的后裔。

三兄弟中的最年幼者是恰杰塔夏，他是天神世系中的最后一位，也是人类世系中的第一位。他娶了昌族一女子恰居玛为妻。他们的后裔为：

1. 俄带贡甲。
2. 阔贡雅拉达珠。
3. 墀带松波。
4. 恰朗仁噶波。

雅拉达珠娶了一位天神女子并与她生了九名后裔，他们都是天神的外甥。他接着又娶了年神的一女子为妻并与她共生九名后裔，他们均为年神的外甥。他最后娶了木神的一女子塘并与之生了九名后裔，他们都是木神外甥。这样一来，他就共三十五名后裔（但我们实际计算起来仅有27位：9+9+9=27）。

这些后裔中的最年幼者是内洛拉扎。他娶了一名天神女子噶摩为妻，并与之生一子叫噶甲保。此人娶伦噶里摩为妻并与她生下了王子廷格和廷米。廷格王子娶神女噶摩为妻并生一子叫蕃（戎拉章）。后来，他又娶木神一女子廷里玛为妻并与她生一子汉地（墀拉章）。此人共有三个后裔和八个世系，后来，他又娶一女子廷莫并与之生一子霍尔（廷浦），该子又产生了霍尔人的三个世系。

吐蕃戎拉章有三子，蕃王墀吉塘保、墀吉塘年和墀吉错珠。墀吉塘年有一子阿米木吉墀托钦保。此人娶一年神女子夏米玛为妻并生三子：第一位是保曲东，第二位是赛琼扎，第三位是阿察珠。最后，墀托钦保娶了木神一女子并生一子噶，为木神的外甥。最后，墀托钦保娶了仁族一女子顿马摩为妻，他们生三子贝和拉。

（原载1986年《亚细亚学报》）

敦煌写本中的吐蕃巫教与苯教

石泰安

一、理论

1. 古代宗教

众所周知，至少从12世纪起，整个吐蕃喇嘛教都把苯教徒视为土著宗教的巫师。他们之中的部分人是外来的，在佛教传入之前于吐蕃占统治地位。所有的藏学家都沿用了这种传统，并声称苯教是吐蕃前佛教时代的宗教。虽然这一传说仅仅在晚期才出现，而且任何古文献（7—9世纪）都未曾证实过，但我们在别无更好选择的情况下，自然而又不可避免地采纳了这种观点。同样也是晚期的纯属苯教的传说，才被人做了部分研究。某些学者都采纳了它。我将于下文不远处再来论述之。

但自从大家获悉了敦煌写本（尤其是在托玛斯和拉露的著作中），又提出了一个新问题。在这些写本中出现了许多明显是非佛教的文献。根据晚期的喇嘛教传说来看，这些作家都把这类文献定性为“苯教”和“前佛教”文献。我最好还是避免使用这后一个名词，而应只称之为“非佛教”文献。事实上，我们无法知道不同敦煌写本的确切时代。它们当然都很古老，大部分都应被断代为9和10世纪，但佛教于此时已在吐蕃立足。“前佛教”文献这一说法如能成立，那就必须承认敦煌非佛教写本至少应被断代为前几个世纪（7—8世纪），但没有任何因素能够证实这种观点。人们所能讲的一切，只能是一卷写本的内容可能早于写本本身的时间，不过这永远也只能是一种假设而已。

在大批（但不是全部）这类非佛教文献中，尤其是在苯教仪轨书和占卜文献中，被称为“苯教徒”[①]（bon-po，或各派苯教徒）和辛（gçen，这是晚期传说中的一个非常著名的名词）所扮演的角色，是非常重要和不变的。所以，某些作者（拉露，1953年）[②]和石泰安（1970和1971年，第479页）都称这些文献为“苯教”文献。斯奈尔戈洛夫（Snergrove）于其杰出的著作（1987年，第403页注[47]）中，就非常明确地批评我使用了该词。他强调指出，必须在敦煌写本中的“苯教徒”、普通的官吏、巫师和以此为名的教派或宗派的忠实信徒苯教徒（正如斯奈尔戈洛夫所说的那样，这是一个“佛教外道”，见其书451和503页）之间作出区别，正如大家于稍后不久所知道的那样[③]。我稍后将回头来论述在这两种苯教徒之间是否具有某种关系的问题。本处只要指出这种区别不会被任何人遗忘的事实就够了。当我在写受到批评的那句话（1971年，第470页）时，我仅仅想到了苯教巫师在该文中的存在及在我分析过的敦煌写本的故事与晚期苯教徒们的《十万龙经》之间的结构和内容的相似性。至于Pt. 239号敦煌写本的文献（石泰安，1970年），我为这种殡葬仪轨使用了“苯教徒”一词，它已被文献本身所明确地证实。一名佛教徒于此攻击了苯教或苯教徒们的习俗，认为它

① 原书中为了避免混乱，当指敦煌写本时，作者将bon（苯教）和bon po（苯教徒）写成斜体字，而将作为晚期一种宗教体系及其信徒写作罗马正体字。本书为汉译本，无此区别，特此说明。——编注

② 拉露，1953年，第2页，这是“苯教徒们的一种殡葬仪轨”；拉露，1958年：《苯教文献片断》。

③ 他早在20年前就已经这样做了，见《苯教九乘》，1967年，第21页。请参阅本文538页注①。

们很邪恶，并与佛教（神仙宗教）的教理相对立（第162—163页）。桑木丹·噶尔美（1983年，第193页）同样也引证了此文，以证实（晚期的）苯教在敦煌写本时代就已经出现了，我觉得他观察问题的方式是恰当的。原文中写作boa yas'dod，其中的bon可能并不是指苯教，而是“苯教徒”的简称，意为“苯教徒爱幻网”。因为在此之前同时讲到了与“白色”佛教相对应的“黑色”人和黑色殡葬仪轨。对于噶尔美的解释，我将于下文不远处再作讨论。斯奈尔戈洛夫声称，吐蕃古代宗教在任何地方都未被以“苯教”之名称呼过（其书第389页）。这种说法部分正确。它对于敦煌本吐蕃大事纪年、第二道王诰和金石文来说是正确的。但还有一卷我刚才引证过的敦煌写本P. 239和斯奈尔戈洛夫未提到过的其他写本①。无论如何，斯奈尔戈洛夫当然知道大批苯教徒和辛，在殡葬故事和仪轨书中扮演过一种重要角色，但他认为这仅仅是某些官吏（见其书注[47]）。我们于下文还将会看到这些情况。在一篇历史文献中，出现了一名占卜苯教徒，也就是说出现在赞普世系牒（P. 1288，巴科书第19页）的705年中，他于文中出现在被杀的反叛者之列。在P. 990（《郭庞国王的历史》，请参阅石泰安，1985年注[18]）中也出现了一名苯教徒和一名占卜苯教徒。斯奈尔戈洛夫提到过这些苯教徒，却未能清楚地指出他们是否属于前佛教的宗教。他还讲到了土著宗教（被他武断地考证为苯教）的巫师。他们负责殡葬仪轨、占卜和对地神的崇拜（第389页）。然而，在敦煌文献中，这些巫师们都被正确地称为“苯教徒”。斯奈尔戈洛夫在另外的地方（第390页）也非常正确地指出，“苯”首先是指土著宗教巫师中的一个特殊类别，但苯教（作为一种宗教体系）则以另外一种意义，出现在9世纪末至11世纪中叶之间（第390和399页）。

① 这就是某些文献中的情况，其中的苯教徒们被批评他们的佛教徒们称作“外道”，或者认为他们与佛教徒们是相对立的。噶尔美（1983年）为此提供了一个例证，其他某些情况已由笔者本人指出（1983和1988年）。大家在本论文里也可以发现它们。

如果“苯教”或“苯教徒”并不适宜指古代吐蕃的土著巫教，那又该怎样称呼它，或者至少在敦煌写本中是怎样称呼它的呢？大家知道，麦克唐纳夫人（1971年文）注意到了“祖”（gCug）或“祖拉”（gCug-lag）等词，但我曾试图证明这是一种错误（1985年）。在此之前，哈尔就已经注意到了Çhos（大写，请参阅石泰安，1985年，第95—96页）这个词。斯奈尔戈洛夫也以同样的态度来对待该词。在国王碑铭和大事纪年中，先祖时代的盛世被以一个复合词Çhos（lugs）bza（po）（贤明教法）和gcug（lag）Çhen（大祖拉）来称呼（同上引书，注[34]）。但当哈尔武断地把“教法”作为一种宇宙本原时，斯奈尔戈洛夫则更为谨慎。他颇有理由地指出，某些文献的作者使用Çhos（斯奈尔戈洛夫始终作大写和斜体字）指巫教。因此，这种宗教并不叫作苯教，而是被称为Çhos（其书第389、399、401、410—412页）。他认为，该词最早系指一种宗教，稍后被用于翻译“法”字（第356、389、399、441页）。他为第一种假设而参阅了赞普碑铭（第514页），但其中均以Çhos指“法”，与这些文献是同时代的，而不是晚期的用法。Çhos字系指吐蕃先祖们的古代宗教，但它出现于其中的金石文却应与把Çhos用作“法”解释的碑文断为同一时代。无论如何，Çho一词（往往都是Çhos-lugs的简称）仅仅意为“宗教”，可以适用于无论哪一种宗教。大家不能把它用作前佛教时期宗教的名称。斯奈尔戈洛夫非常正确地看到了这一点（第356页）。这也应归结为一种重言式：这种宗教以“宗教”一词自称或被人如此称呼。该词符合所有信仰和习俗。它有时单独出现，有时又带有形容词“贤明的”（贤明教法），正如在对国王的赞文中一样。它有时又由一个定语来具体说明，就如同在“佛陀的宗教”中一样。作家们往往更愿意保持含糊。在敦煌本吐蕃大事纪年中（巴科书，第114页），墀松德赞的在位期首先被以“Çhos bza srid çhe”（贤明教法）的短语作了描述，与碑文中的短语“Çhos bza çhen”很相似。大家可以认为这里是指土著巫教。后来，有人声称赞普对外战胜敌人，对内实行教法，这就是指一种贤明而又公正的政权。但大家最后又声称赞普找到了“佛教”。在桑耶寺碑铭中，对同一位赞普使用了同样一句短语（第4行），在噶迥碑中则对松赞干布也使用了同一句短语（第5行，石泰安，1985年，第94页）。在敦煌本大事纪年编写的时代（800—840年），人们普遍将佛教的传入归功于松赞干布。在大事纪年中（巴科书，第118页），仅仅讲到了该赞普的“贤明教法”，大家可以认为这里是指土著巫教。但事实上却是不大可能的。同一位赞普于其中被作为一种公正法典的颁布者，和“蕃地宗教精辟文献”的撰写者，而受到了赞扬。实际上应该由读者来猜测这里是指什么宗教。同样，在被称为“天降法”（I. O. 370. 5号写本）的经文中，称赞了宣扬佛法的赞普，但人们在这个问题上却讲到了“Çhos bza gcug-lag ri-和“Bod-kgi Çhos-lugs”（蕃地教法）。虽然这种论述的方式会使人联想到土著巫教，但在本处指的却是佛教（请参阅石泰安，1986年，第175—176页）。相反，在第二道王诰中，“吐蕃古教”确实是指非佛教的土著巫教[①]。当然，“宗教”（Çhos或Çhos-lugs）可以根据作家和文献而被运用于各种背景中。在一部伦理格言集（P. 992号写本，第3篇文献）中，一名佛教徒批评世人的腐败风俗，认为这些风俗与佛教（善俗，gcug-lag bza-po）是互不相容的。在其他地方，佛教又被以Çhos-lugs bza-po（P. 37，第1—3页）或Çhos bza-po（P. 37，第15行。均指“贤明教法”）等短语相称。在《时代的故事》（I. O. 733—735号写本）中，提到了每个地区都有其宗教或风俗，并批评了“新宗教”（托玛斯，1957年，第三篇文献；石泰安，1985年，第93—94页）。我们不知道这里是指哪一种宗教。当人们希望作出某些具体解释时，就会使用一个定语。人们称佛教为“神仙宗教”（如在《岱噶愿文》中，P. 16号写本第33

① 斯奈尔戈洛夫认为这种“古教”也不能与王家宗教信仰相提并论，因为它被描述成有害的了（第412页）。但它被认为与本命神有关，因而也确实是参照了国王的巫教（石泰安），1986年，注[16]。

行，石泰安，1985年，第91页），称世俗人的伦理为“人类风俗”（佛陀密的信件，同上引文，注[23]）。在赞普的碑文中，先祖们的“贤明教法”被一些赞美性的短语来表达，如“神仙的风度”，或者是被赞扬为如同“上天的宗教（本原）一般”（墀德松赞的碑文），或者是如同“天地间的宗教（本原）”（墀松德赞的碑文。请参阅石泰安，1985年，第111页）。这里并不是指古老宗教的名称，正如大家得以想象的那样，而是指可能是模仿汉文短语的表达方式（同上引文，第114页）①。

因此，我们始终都应该记得，据作者们认为，Çhos可以被用于各种背景的情况中，而不仅仅适用于古老的宗教。据斯奈尔戈洛夫认为，这种被称为Çhos的非佛教的古教，是由什么组成的呢？这就是对神圣王权的崇拜，虽然佛教传播开了，但王权还是被维持下来了（第384页）。这种崇拜与王权一起于842年消失了（第389和511页）。但这也是所有非佛教的宗教习俗，特别是对神山的信仰（第356页）。还有对祖坟的祭祀，利用盟誓的机会②征求预兆（占卜，第389页）和各种民间信仰，正如人们在全世界都可以发现的那种民间宗教一样（第514页）。这其中没有任何新的好内容。

正如我在其他地方所指出的那样（1985年，第88页），古教当然没有特殊的名称。我们无疑应当放弃称之为苯教（正如晚期的喇嘛教传说所作的那样），但大家也不能更多地称之为“教法”。当时确实存在着这样一个词，但它在古文献中不一定时时处处都指前佛教。

既然我们不能把敦煌写本中的古代苯教徒，与晚期已进入正轨的苯教徒相混淆，那么在这两个同音字bon和Bon之间是否就

① 有关Çhos（教法）及其被用于翻译汉文“道”的派生词（它们均指菩提的最高级的乘之意义）问题，请参阅石泰安，1993年，第167—168页。

② 这里无疑是参照了有关盟誓的汉文文献。请参阅石泰安，1988年，第1页。

没有任何联系（即使是辞源方面的）了呢①？难道在这两个名词之间没有某种连续性吗？据我看来，这里完全是指同一个词，因而在两种词义之间应有某种联系。我应该试着回答这些问题。

2. 苯教徒和苯教

①有关晚期苯教之先例的理论

所有人称知道苯教作为前佛教期宗教的传说。我们仅需要引证其历史应“分期”为三个阶段这一事实就足够了。自从达斯（S. Ch. Das）翻译了土观洛桑曲吉尼玛（1737—1802年）的《宗教流派晶鉴史》中有关苯教的一章之后，这种断代法便为人所熟悉，并被经常重复，因为大家正是从中发现了这种分期（请参阅霍夫曼，1950年，第416页，译本第329—331页）。人们可能会对这种断言持怀疑态度（这就是克瓦尔内1972年书第29页中的说法），因为其作者的时代很晚了。但事实上，我们现在已经知道，土观活佛此书中有关本章的一部分篇幅，是全文引自止贡巴吉登贡保（1143—1207年）的《止贡巴教派史》。因此这部共分三个阶段的苯教史，要追溯到12世纪的一名重要学者。我是根据止贡巴的原文，于此重新提及这一切的，它部分地有别于土观的论述②。

---

① 斯奈尔戈洛夫（1967年，第20页注②）一直发展到，为作为古代巫教的苯教徒与晚期苯教信徒的名称提出了两种不同的辞源。对于前者，他提议认为bon字派生自'bod-pa（呼叫），他将bon-po译作“祈祷者”，这就又重复了西蒙和乌瑞著作中的说法。此外，吐蕃宗教苯教（Bon）派生自Bod（吐蕃人），重新提到了拉露的著作。所以，斯奈尔戈洛夫和黎吉生（1968年，第52和59页）都声称，古代巫师们很可能是“祈祷”苯教徒和“祭司”辛（他们联想到了gcen），其辞源尚难以定夺。有关辛的职能作用，请参阅下文。有关在敦煌写本中使用动词bon（它于其中意为“给予”，或者是某种类似的词义。请参阅笔者在《泰东》杂志中所作的书评，载该杂志新编第14卷，第1期，1968年，第125页注[4]）。托玛斯早已经（1951年，第2卷第395页；1954年，第3卷，第102页；1957年，第56页）把gçen译作了“实施仪轨的人”。但他还有些怀疑，并指出文献中未提供证据（1964年，第3卷，第104页）。拉露（1953年，第12页）也把sku-gçen译作“司祭”。她是以下述事实为基础的：在《女妮三洲》的各种苯教徒名表中，辛们要割断牲畜的喉咙（笔者本人也参阅了同一篇文献。见石泰安，1970年，注[3]）。但这是一种特殊情况，请参阅上书注。

② 《主旨经文》，新德里1969年版，第1卷，第292页。

第一个阶段是多尔苯（brdol-bon）。它出现在墀德松赞赞普时代，也就是继聂墀赞普之后的第6代。中部吐蕃（卫）的一名辛（bçen，应读作gçen）族青年接受了神鬼的“奥义”，并因此而了解到了神鬼，它们有善恶行为。该青年同时还学习了为了驱逐它们而应该举行的仪轨。止贡遭弑杀的事件出现了，为此则必须举行殡葬仪轨。苯教徒们于是便声称可以把这些仪轨总结为三种：在下界降伏魔鬼，于上界向“老人（先祖?）之神”奉献供品，于中界是净化房中之灶。但他们并不了解降伏刀剑（在杀戮的情况下）的仪轨。这种多尔苯是作为“黑水”和“因缘苯”之名而为人所知的[①]。

第二个阶段是恰尔苯（'kyar-bon，陷入歧途者，异常者）。这是外道的一种很坏的哲学。止贡巴于此引用了一篇宇宙起源论的文献。从无中产生了有。接着又出现了一种白露水。最后，世界自一枚卵中诞生。大家还可以断言世界是由恰（phya）神和旺曲（dBaṅ-phyug，自在天）所创。这是湿婆外道们的一种哲学。殡葬仪轨、放血的技术[②]和以一支鸟羽斩铁的技术、神谕（请参阅石泰安，1985年，注[15]）、打卦、红色髀骨、宰杀马匹与绵羊，所有这一切都属于一种经久不变的哲学。这就是四种坏哲学（异常的哲学）。

由于辛饶米保不懂用刀杀人（这是为置止贡于死地所必不可缺的手段），于是便召来了迦湿（克什米尔）、勃律（Bru-Ça）和象雄的三名苯教徒。其中之一乘一面鼓攀天、放血和以一支羽毛斩铁等（这样就显示了其本领）。他也从事占卜。第3名苯教徒召唤死者、并懂得不同的殡葬仪轨书。

在这名苯教徒到达之前，苯教尚未形成一种哲学。随着他们的到来，对神的崇拜、降伏妖魔等都形成了一种统一的苯教哲学观点。这一切就是异常苯。

---

① 这就是九乘中的一些低级的乘（巫术、仪轨），详见斯奈尔戈洛夫，1967年，第12和17页；噶尔美，1975年，第178—179页。

② 土观喇嘛于此写道：“取走宝藏”。

这段文字似乎写得很蹩脚或被讹传了。土观遗漏了可以证实把异常苯定性为印度教外道之文献的引文。一种有组织的哲学学派的出现，可以断代为异地苯教徒自西而来的时代。但这些苯教徒的修持术与这样的一个哲学派别之间，没有任何关系。

第 3 个时期是苯教适应的阶段（究尔苯，bsgyur-bon）。它也分成了 3 个阶段：开始、中间和末尾阶段。第 1 个阶段是以一名穿蓝衣的班智达①为标志的，此人受到了因陀罗菩提国王的惩罚②。为了危害佛教徒，他投靠了他们的敌人，并成了国王的住持。他把许多佛教的经书改造成苯教经书，并把它们伏藏了起采。富有经验的国王发现了这些伏藏。这类伏藏文献包括一些人们“直到现在”仍在使用的方法。

其中间阶段处于墀松德赞赞普时代。当时在佛教徒和苯教徒之间组织了一场论战③。佛教徒们取得了胜利。当时还发生了一场巫术比赛。苯教徒们为一位大相举行殡葬仪轨和招魂仪式，这种仪轨是很有效的。莲花生以一种我不大理解的方式进行了干预，他被宣布为得胜者。赞普命令嘉瓦强秋向阿阇梨仁钦曲学习佛教。但此人拒绝了，他受到惩罚后便与苯教徒结盟。他们共同把苯教术语改造成了佛教名词。接着便是这些编译著作的名表(法变成了苯，法身变成了苯身等)。赞普在获悉这一切后，又命令割断那些这样做的人的喉咙。苯教徒们感到害怕，便把他们的经文作为“宝藏”伏藏了起来。这就是大家稍后不久称之为苯教“伏藏”的经文。

最后一个时期是继朗达玛灭佛之后在安多复兴佛教的时期。某位辛古尔鲁噶④在藏地经常往来于秋米仁莫寺，并将达域卓拉

① 一名穿青衣的班智达与一名“红衣阇梨”有关，后者是从事外道活动（尤其是性关系）的密教徒或瑜伽行者。所有这二者都在阿底峡时代受到了抨击（噶尔美，1979年，第 152 页注[29]）。

② 该故事在土观的论述中付之阙如。

③ 《拔协》，石泰安版本，第 27—28 页和其他地方。请参阅下文。

④ 这里无疑是指大辛鲁噶（996—1035 年），他于 1017 年发现了这一切（噶尔美，1979 年，第 184 页）。有关苯教纪年表的时间问题，请参阅《嘉言宝库》（克瓦尔内，1971 年）。

寺的所在地改造成了一个苯教崇拜地。他在那里将佛教的重要经文改写为苯教经文。《十万龙经》就是这样在“五部陀罗尼”的基础上形成的。他把它们都作为“伏藏”而掩藏了起来，后来又亲自掘藏。从这个时代起“直到现在”（17 世纪），琼保邦色①和其他苯教徒都不停地继续这类“改造”。究尔苯的所有这3个阶段被称为“白水”，属于“果苯”②。

正如克瓦尔内（1972 年，第 29 页）曾指出的那样，这种断代法成了霍夫曼史著（1956 年）的基础。我当然没有任何理由如此采纳苯教传说的观点，如同斯奈尔戈洛夫、克瓦尔内和噶尔美所作的那样，他们都与流亡在印度的苯教徒们维持着特别友好的关系（噶尔美本人就是一名苯教徒）。苯教文献中还有大部分未被探讨过。因此，大家很可能从中会发现一篇能为其历史分期的文献。我们在《嘉言宝藏》中就发现了其端倪（见噶尔美，1972 年书，第 30 页以下）。《宝藏之库——苯教史》也提供了一种简单的概述。大家还可以参阅其他著作③。我无法于此直接研究这些苯教文献，仅限于重复上文所引三名作家的主要论点。

苯教的创教人辛饶米保［gÇen-rab（-rabs）mi-bo］来自大食（伊朗）或象雄。斯奈尔戈洛夫（1987 年，第 390 页）认为这种传说可以被认真地对待。苯教来自象雄，其经文是从象雄文译作

---

① 在近代，穷布（康区）的部族和地区都属苯教势力范围，米拉日巴（1040—1123 年）即属于该部族，其先祖是琼保悦色。据《嘉言宝库》记载（有关苯教徒们的文献，第 111 页以下），米拉日巴的琼保部族出自象雄的部族。众所周知，米拉日巴非常熟悉苯教仪轨书，他曾对此作出过一种描述（请参阅石泰安，1981 年，第 2 版，第 206 页）。琼保南交（Khyuṅ-po rnal-'byor，香巴噶举派的缔造人）的父母是苯教徒（《汉藏史集》，萨尔特稿本，第 326 页）。他本人在 13 岁时也曾研究过苯教（11 世纪）。

② 这里很可能是指最高的乘（请参阅注[10]）。

③ 昆卓扎巴的《宝藏之库》或《宝藏之库——苯教史》应该被断代为 1766 年（大英博物馆所藏稿本）。现有一部《苯教教法兴衰史》（奥斯陆大学图书馆藏）。斯奈尔戈洛夫，1967 年，第 16 页注[1]指出，《象雄古传承》包括有关丹巴达努吉洛举的一卷。《宝藏之库》用几页文字追述了以下重要事件：①苯教在止贡时代的消失以及伏藏（第 43—46 页）；②苯教在赤松德赞时代的第二次消逝（第 43 页），邀请邬坚活佛，苯教与佛法并存、苯教经文部分被作为伏藏和部分被同化（第 44 页）；③60 年间无苯教（第 45 页）；④苯教在象雄的消逝，当时该地区已被赤松德赞征服（第 45 页），伏藏；⑤朗达玛时代的佛教法难，在 72 年（或者是 130 年）间无佛教（第 46 页）。

藏文的（第388页）。斯奈尔戈洛夫没有提供具体时间。他认为苯教作为有组织的大宗教而代表着佛教的一种外道形式（他早在1967年文第15页，就已经提出这样的观点了）。他从来未能既清楚又明确地阐述此问题，只含糊承认这种苯教（如同它稍后于11世纪时所作的那样）在8世纪、甚至在此之前（7—9世纪，见1987年文、第400和514页）就已经存在于吐蕃了。这里是指苯教九乘中的最高乘（大圆满乘）。但低级的乘（仪轨和故事）也同时和平等地与苯教巫师及其诸辛共同存在（第401页）①。经常有人再三警告说，古代宗教从未被称为苯教，而且也不应与晚期的苯教相混淆。斯奈尔戈洛夫接受了那种认为辛饶赋予了苯教徒这些祈神和降魔的低级乘（1967年，第14页）。晚期的苯教保留了“肯定是属于”前佛教之土著巫教的组成内容。斯奈尔戈洛夫在此问题上引证了《嘉言宝藏》（噶尔美，1972年，第30—31页），它提供了一份12种仪轨书的名表，并将它们断代在天墀七王的时代。该文的作者认为其他的高级乘，同样也在这个时代显示出来了。

据噶尔美认为（1975年，第182页），这部历史开始于巫教（神权、圣山），其中出现了某些被称为苯教徒的巫士及其仪轨书。这是在6世纪和7世纪的事。后来到7世纪时，便出现了对外来内容的改编。最后，在8世纪时，便是具有实力的苯教了。它到此时才与佛教分庭抗礼，互相对峙。

克瓦尔内（1972年，第27和33页）讲到了来自印度—伊朗边境的外来苯教徒，他们可能传来了印度教和佛教的某些内容（经由象雄）。斯奈尔戈洛夫也在苯教得以从象雄和西域吸收的佛教（可能还有摩尼教），与吐蕃人自印度传入的佛教之间作了区别（第400页）。克瓦尔内（同上引书，第34页）讲到了外来苯教徒，与他们同时存在的还有在晚期文献中同样也被称为苯教徒的土著专家。这二者之间的关系不很明确（第38页）。但

① 第405—407页。他将苯教徒们的九乘与宁玛巴的九乘作了比较。苯教徒们的前四种乘代表着两者所共有的“民间宗教”。

在8世纪时，吐蕃有一些苯教徒成就者。其中有一部分是吐蕃人，其他人则来自象雄。他们与印度和吐蕃的密教徒们生活在一起，形成了一种被称为“大圆满”派的体系（第38页）。“由于一些依然含糊不清的原因”，这些苯教徒成就大德们便自称为土著巫师。其中一部分被称为“召神”苯教徒（第39页）。在晚期苯教（11世纪）和古代苯教徒巫师之间，确实存在着一种连续的关系，苯教保留了许多古老的信仰和作法（克瓦尔内，1985年，第5页）。斯奈尔戈洛夫也持同样的观点（1967年，第4页）。我也认为这是正确的，并将于下文提供有关这种持续性的几种具体例证。

如同喇嘛教的传说一样，苯教徒们的传说也承认，8世纪时佛教徒与苯教徒们互相对立、互相仇视。《拔协》所叙述的那次公开大辩论，可能发生于785年（噶尔美，1975年，第183页；请参阅斯奈尔戈洛夫，1967年，第19页，其中引证了达斯版本的《苯教王统记》第50页）。此后紧接着便是对苯教徒的一次迫害。克瓦尔内就这个问题（1974年，第29页）讲到了受赞普和某些贵族部落邀请的佛教徒，与传统（但不一定必然是土著的）宗教徒之间的对立。他无疑是联想到了由吐蕃和原籍为象雄的成就者所代表的苯教。这仅仅是一种假设，问题仍未完全解决。在《拔协》的记述中，这次大辩论更应该是指一次巫术比赛，而不是哲学讨论。当文献向我们讲到部族对立时，大家仍不知道这里是指敦煌写本中的苯教徒巫师之僧众，还是指成就者或其他哲学家（如大圆满派的代表人物）。他们存在于8世纪这一事实已被人接受。

正如克瓦尔内指出的那样（1975年，第183页），苯教史上一个含糊不清的时代，是从785年（大法诤）到1017年（由鲁噶掘藏）之间。他把913年这一时间定为第一次掘藏（第187页）。他却又补充说，没收苯教经文和参阅大藏经之事，应断代为鲁噶时代。据克瓦尔内认为（1974年，第30页），苯教大藏经的形成应断代为王权时代末（842年）和11世纪。苯教徒们于这后一个时代，事实上形成了喇嘛教的一个派别。斯奈尔戈洛夫（1967 年，第 16 页）把苯教形成九乘的时代，最晚确定于 10 世纪。作为一种有组织的宗教，苯教可以追溯到 9 世纪。据他认为，后来的苯教徒和宁玛巴们自 838 年起就确立了其教义，他们不受教团的控制，既没有庙宇，又没有修院（1987 年，第 404 页）。他们特别注重最高的乘，但也并不因此而忽略民间的宗教修持。

这都是一些很可能会成立的假设。我所引证的作家们，在此问题上都丝毫未提及敦煌写本。敦煌写本大部分都断代为 9 世纪和 10 世纪，其中包括有关苯教徒们的某些资料。我很快将涉及所有的这一切。

对于这个若明若暗的时代，我们掌握有 10 世纪时的一种标记，即著名的拉钦格若才或衷巴若才，他恢复了因法难中断的佛律世系。然而，他诞生于衮噶的一个苯教家庭（据喇嘛教编年史记载）[1]。但大家应对“苯教家庭”作何理解呢？他们是苯教的信徒，还是苯教巫师呢？大家将会发现敦煌写本直到 1035 年（或者大概是这一时期，这是藏经洞封闭的时间），在当地仍可以自由利用。我们应该假设认为，这些文献的其他几份，在吐蕃的某些地方也可以供人参阅。这是传说得以持续的一大原因，它将是我下文关心的问题。

组成教派的苯教，最晚是在 11 世纪时形成的。其主要著作都是“掘藏”或者是新被写成的经文。大家在同一时代还发现佛教徒与苯教徒并存，有时互相对立，有时又友好相处。斯奈尔戈洛夫以引证《青史》（罗列赫译本第 112—113 页）而指出了这些关系。在 10 和 11 世纪的承启之际，大家发现一名密教徒和一名苯教巫师都应邀参加了同一次斋会。我们已经看到米拉日巴

① 其时代是不可靠的，因为这个时代的纪年出现了混乱，共涉及一个甲子的年代。黎吉生（1975 年，第 62 页）认为是 832—915 年间，但我们还可以接受 892—975 年（图齐，1949 年，第 83 页）。据苯教文献记载，有一名诞生于 952 年的苯教僧（噶尔美，1972 年，第 107 页注[1]）。噶尔美参阅了《苯教王统世系》（达斯版本，第 57 页）。拉钦于其中声称，在苯教和佛教教法之间没有区别，而是其律之世系触及到了苯教。

仿造了一部苯教仪轨书。换言之，传说中认为他曾与那罗苯琼比赛巫术。管译师（约为1050—1110年）受到了苯教徒辛特图的巫术攻击，但他降伏了后者（见其传记，第97页），在象雄许多苯教徒都接受了他的皈依。

3. 敦煌写本和晚期传说

上文引证的作家们都很乐意承认，无论是喇嘛教的，还是苯教的晚期文献，都保留了古代（王权时代）土著巫教的内容。对于喇嘛教文献，我们掌握有某些很好的例证。其中最佳者是巴俄祖拉陈瓦书，他全文引证了敦煌大事纪年以及其他写本中的王权及其著名人物的名表（石泰安，1959年，注[25]）[①]。其中的专用名词如此明确具体、名表又如此统一，以至于我们必须假设认为其内容是以成书的形式流传的。巴俄祖拉陈瓦可能见到过与收藏在敦煌的写本相似或相同的稿本著作。大家知道，他也保存了三道所有的藏学家都承认是真品的王诰。乌瑞（Uray，1967年）正是于其中发现了大事年表中的一篇记述。但这里仅仅是指对一位人物历史的简单回忆，而不是对文字、短语或段落的全文保留[②]。我可以从中增加两种情节，它证明了晚期文献中的一种传说性内容，当时就已经出现（也可以说是孕育）在敦煌写本中了。其一是由民间代表欢迎第一位先祖国王的内容（P. 1038；请参阅石泰安，1985年，第122页以下）。正如大家在下文将要看到的那样，14世纪的一种苯教大事年表，对于与敦煌写本P. 1038中相同人物的某些名字，都做了记载。另一种情况是有关自天而降落在拉脱脱日赞普宫廷之上的第一部佛经的

---

① 笔者本人编制的比较名表足以作论证了，但其中有多种读法需要改正。一方面是人们掌握有巴俄祖拉陈瓦（1545—1565）的《贤者喜宴》第7函，第4—5页；另一方面是敦煌本大事纪年（巴科版本，第80页）和拉露研究过的写本（1965年）。

② 由于这样一些回忆，所以大家可以补充邦色苏则（sPuṅ-sad zuce）的历史（敦煌本大事年表，巴科书，第106－107和111－112页），在苯教编年史《什巴绫部大传》（巴黎国立图书馆稿本，第43—45页）中讲到了这个问题。我还应该指出，口传中也为近代达布（Dvags-po）保留了敦煌本大事纪年中的僧格米钦大相的名字和传记（《青史》第24页）。

传说（I. O. 370. 5 号写本；请参阅石泰安，1986 年，第 184 页）。布隆多（Blondeau，1971 年，注[43]）夫人指出了一种更为具体的情节：从尼婆罗到那烂陀寻求金刚橛经文的莲花生的传说，已经出现在 P. 44 号敦煌写本中了。

我于此只能注意苯教文献。图齐（1970 年，第 255 页）并列地提到了晚期著作，以及敦煌写本中的各种辛与苯（据拉露 1953 年文认为）。斯奈尔戈洛夫（1967 年，第 21 页）承认苯教文献保留了许多前佛教的内容。他同时也指出（据拉露认为），一部喇嘛教经文（《国王遗教》）与王家殡葬“苯教”仪轨书有相同的背景（第 21 页注[1]）。我本人也曾试图证明具有殉葬内容的古老故事，与《十万龙经》中的相似故事和纳西（摩梭）人的故事具有同样的结构、同样的内容（石泰安，1971 年）。针对一部于其中提到了牦牛、马匹、绵羊、金翅鸟、龙和狮子的仪轨书，克瓦尔内指出（1985 年，第 19 页），前三者就已经出现在敦煌写本仪轨书 P. 239 之中了（石泰安，1970 年）。但这一切都无关紧要。我将于此尽量编制一份其他许多例证的统计表，它们由于明确具体而尤为重要。噶尔美（1975 年，第 178 页）是唯一一名曾指出在敦煌写本中出现了辛饶米保名字的学者。我将于下文再来论述这个问题。噶尔美（1986 年，第 81 和 83 页）也将晚期苯教徒们的妖魔、灵魂、禳解、治病术和仪轨书与敦煌写本中的这一切作了比较（拉露，1985 年，P. 1285）。他得出结论认为，晚期的苯教传说从未与古代传统断裂过。他认为（1983 年，第 95 页），在已形成体系的苯教（晚期）和古老传说之间，存在着许多关系。他作为例证而引证了麦克唐纳文（1971 年，第 210 页），她将包括一种相反内容的两种记述作了比较。一方面是据在喇嘛教的《说库如意宝》中引证的《扎巴苯》来看，聂赤赞普是作为国王而入主人间的，并经过其亲属木族人中。另一方面，在敦煌写本 P. 126 2 中，恰神和大地上的居民都请求木族人中的一位国王入主人间。但这种例证并不十分具有说服力，它仅仅是一种内容上的相似性。大家知道，在敦煌本大事纪年中，敦煌写本中的某些近似的卷子已被错误地粘贴在一起了。由于这种事实，对象雄的征服（巴科，第8章）之后紧接着便是墀松德赞的执政，其中有这样一句话：“在该赞普时代”（巴科，第115页）。“事实上，这次征服应被置于松赞干布执政以后”（巴科，第6章）。然而，在一部有关晚期苯教传说的著作中，象雄的陷落也被归于了墀松德赞时代。大家可以思忖晚期的苯教作家们，是否未曾阅读过敦煌大事年表的某卷写本。其中那些相近的写本，就如同在我们写本中一样，都被粘贴在一起了。

这一切都意味着，我们远不能将敦煌写本中的苯教徒与晚期已形成体系的苯教区别开来，即如同斯奈尔戈洛夫所作的那样。这二者之间应有一种联系。这里应该是指唯一的一个词，尽管其词义根据时代和背景而有所不同。每次提出的唯一问题，就是要知道敦煌写本中的苯教徒到底是指一批巫师，还是如同噶尔美所认为的那样，是指苯教信徒们的教团（有关P. 239号敦煌写本，请参阅噶尔美，1983年，第93页；有关P. 972的情况，请参阅噶尔美，1983年，第93—94页）。我于下文还将回头来论述这一问题。

二、敦煌文书

1. 译自汉文文献中的苯教徒和苯教教团

我已经有机会刊布了一些文献，请原谅我于此之前再次重复这一切。由于它们在本论文的背景中太重要了，所以不得不于此再简单地重新提一下。

（A）译自汉文的文献

如果大家不知道这里是指汉文疑伪经的译本，那么大量涉及苯教徒和占卜苯教徒的某些文献，就会冒有被幼稚地阅读的危险，世人可以认为它们证明了吐蕃的传统。我举了某些引自疑伪经——译自汉文《天地八阳经》的例证（1983年，第214—215

和 171—172 页），并简单地概述了这部有关因缘的疑伪经中的一个段落（1988 年，注[42]）。我掌握有《天地八阳经》的某些不同译本。例如，在第 16 节中（《大正藏》第 85 卷，第 2897 号，第 1423 页），汉文词“邪师”在 P. 746 第 54 行和 P. 749 第 86 行中被逐字地译作“yon-po'i mkhan-po”（邪恶的法师）。但在 P. 748 第 106 行和 P. 2206 第 2 页中，同一个词又被译作 bon-po（苯教徒）。其中提出了愚人要求邪师伏魔，他们寻找“邪神”和“拜恶鬼”。因此，某些翻译家们认为，苯教徒们至少也有一种类似的功能。同样的翻译差异出现在第 21 节（《大正藏》第 1424 页）的下面一句话中：愚人相信他们的邪师，他们怀着获得吉祥答案的希望而问卜。在 P. 746 号敦煌写本第 57 行中，把从事占卜的人形容为“恶师”（Log-pa'i mkhon-po）。但在 P. 2206 号写本中，该词则被译作“信仰邪教”和“向贫穷的苯教徒卜师们发儭金”。苯教徒于此都成了占卜专家。在最后一句藏文偈句中的情况也如此（《大正藏》第 1245 页），但却又未以汉文作过澄清。在汉文本中指出：如果在读此经时希望获得功德，那就不应该问卜于邪师。这句话在 P. 749 号写本第 216 行中被逐字译出：“读经，勿求师。”但在 P. 742 号本第 1 页第 10 行中却记载说：“读此经，莫信谬误，莫问卜师苯教徒。”因此，“邪师”或“外道师”就是身为占卜师的苯教徒。同一短语也出现在一部佛教徒批评非佛教徒的格言集中（P. 992. 1，第 2 页背面第 3 行）。大家于其中读到：“那里有许多苯教徒占卜师，这是一个魔鬼聚会的地方。”同样的词组也出现在一部小部佛典（无疑是疑伪经）中。其中鼓动信仰佛经、并警惕非佛教的修持方法（噶尔美，1983 年）。其中的第 73 行指出：“不要把你们的命运（性命）交给卜师苯教徒！不要向魔鬼奉献供品。”大家于其中也将苯教徒称为外道师（第69行）[①]。噶尔美（同书第94页）未能辨认出mo-bon中的mo一词意指占卜，但他也清楚地指出mo-bon意为“举行苯教仪轨的人，因而也就是巫师”。

另外一部伪经《善恶因缘经》（见高狄奥和伯希和译本）无疑是出自敦煌的一部汉文写本，它已被译作了藏文和粟特文[②]。我们从中发现了一幅冗长的有关功德行为报应的统计表。大家于罪孽之中列举了“女巫师”或女通灵人（师母）们的宗教活动。“师母”这个词始终被译作bon-mo（女苯教徒），这是bon-po（苯教徒）的阴性形式。整段文字都相当重要，因为它提供了一种对这些民间宗教专家们活动的相当准确的描述。

汉文表中的第15种，也就是藏文表中的第16种情况，是为了向“邪神”祭祀供品而宰杀牲畜，就如同在《八阳经》（Log-pa'i Lha）中所作的那样。汉文表中的第16（也就是藏文表中的第17）种情况是以“师母”（bon-mo）的身份行事[③]，她讲了一些妖魔的语言，以此来欺骗其他人并从他们那里得到财富[④]（她们获得的觎金）。下面的一句话是“以师母的身份行事，紧闭二

---

① mu-steg（梵文为tirthika）经常指印度教徒。但在本处引证的文献中，我们却必须保留“外道师”的普通意义。在译自汉文的疑伪经中，（“外道”在藏文中叫作mur-'dug），他们被称为tog-par lta-ba，意为“邪见”或“邪”（见石泰安，1983年，第187页）。我们已经看到，汉文词“邪师”有时被译作藏文mo-bon，有时又被译作log-pa'i mkhan-po。我对这些词的法译文仅仅是采取一种不得已的下策。在汉文中，“邪”是“正”的反义词。其意义也为“谬”和“外道”，但这不符合规则。在藏文中，Log-pa之意义为“反对派”、“反叛者”、“荒谬者”、“外道”或“邪”。

至于“师”字，我们必须联想到“师公”，系指“通灵巫师”，该词已在敦煌的汉—藏辞汇书中译作“苯教徒”（石泰安，1983年，第173页注[41]）。这些汉地师公们利用殡葬和婚礼的机会而问卜，以便确定举行仪轨的时间和地点。由此而产生了其藏译文mo-bon，其中的mo系指占卜。

② 请参阅石泰安，1983年，第210页。其汉文文献载《大正新修大藏经》第85卷，第2881号（中村特藏）。法成（Čhos-grub）的藏译本载北京版《甘珠尔》卷40，第1023号，第340—343页。在《甘珠尔》第1024号，第344页中，其文本略有不同。在敦煌写本中存在着一种藏译文（I. O. 220），但我未能参阅之。

③ 伯希和，第40页注[115]以“师母”来翻译也仅仅是一种不得已的下策，某些作家更喜欢采用“女萨满”一词。这其中没有贬义的内涵。

④ 《甘珠尔》第1024号中的文本差别不大：“她以师母的身份行事，谎称她们可以召魔，并以此而获得财富。”

目躺在地上睡觉，告诉别人说她们将转生于天、并接受妖魔们那不正确的语言。”① 接着是：“以师母的身份行事，杀死他人（汉文本中认为是鼓动他人宰杀牲畜），并让他们向邪神、五路上的地神和妖魔等奉献供品。同时欺骗那些愚蠢的人。”② 在汉文本中，该名表中的最后一句话的主人翁是“师公”。但在藏文本中却保留了 bon-mo（师母），而不是 bon-po（师公）的形式。这里是指“埋葬死人的尸体、研究房宅的凶吉特征、看一下是否能获得五姓之利③、讨取龙④的欢心、向蚕虫奉献谢礼、镇伏妖魔⑤、以此欺骗大愚者、获得许多财富⑥、以欺骗的语言大讲凶吉”⑦。

我们本处所遇到的并不是对吐蕃苯教徒们活动的一种描述。这里是指一种自汉文翻译的译本，其描述只适用于汉地的师公。译本多少会有一点歪曲。对于《八阳经》来说，我们发现共有两种译本。其一是逐字翻译的，从字面意义上译成了“邪师”，其一译得比较自由一些，译作“苯教徒”。这部汉文经的译师不为人所知。但《因缘经》的作者却是大家所熟悉的，这就是法成（Čhos-grub），他曾于 9 世纪中叶在沙州（敦煌）和甘州工作过。此人精通两种语言，能够自如地使用汉文和藏文。他选择了 bon-mo 一词来翻译汉文词“师母”（有一次译作“师公”），那么是符合敦煌那双重语言辞汇之标准的），而且还是具有充分理由的。9 世纪吐蕃苯教徒们的修持至少有一部分是酷似汉地师公

---

① 在汉文中，更应该是：他双目紧闭，睡在地上，向其他人宣扬他可以使已故父亲的灵魂升天或下地狱。在《甘珠尔》第 1024 号中，大家可以读到，在举行一种苯教仪轨时，他闭着眼睛以欺骗他们说：“你应该崇拜你们的喇嘛”。

② 《甘珠尔》第 1024 号：“举行一种苯教仪轨，诱骗人祭祀牲畜、并欺骗他们对魔神进行崇拜”。藏族译师们未能将汉文文献中的不同神译作藏文。

③ 伯希和于其书注[122]中指出，他于辞书《佩文韵府》中发现，根据有关房宅的一部占卜著作来看，这里仅仅是指师公们的王姓。

④ 汉文中的“安龙”是指一种家宅的地神。这句藏语出现在敦煌写本 I. O. 298 号中。

⑤ 在 I. O. 298 中，大家可以读到：sri-rnams mnaṅ-nas。

⑥ 《甘珠尔》第 1024 号于此的写法不同。

⑦ brjun chig-gis bzaṅ-an ston-pa。

（通灵人）的。占卜于其中明显占有一种重要地位。为问卜死者命运，而进入因兴奋狂舞状态的预卜，是肯定无疑的。但这种通灵人或萨满教类别的作法，却很可能由 Lha-bka'（神谕）一词来证实（石泰安，1985 年，注[15]）。在近代西藏，它于喇嘛教中仍很著名。

（B）苯教教团

请大家允许我为提醒起见，再重复一次我在其他地方已指出的内容（石泰安，1983 年，第 173—174 页和 1988 年第 1422—1426 页）。第一篇文献已由噶尔美刊布、翻译和注释（1988 年）。我于上文已经讲到这一切了。噶尔美已经把该经文视为苯教作为“传播很广和在赞普时代已经扎根的信仰教理”而存在的证据了（1983 年，第 94 页）。他认为，在 11 世纪方成体系的苯教，在赞普们的时代就已经出现了。我认为这种结论不会被人所接受。

首先是其时代问题。我们没有任何因素证明该小部经文应该被断代为吐蕃王权时代。它甚至是译自汉文的一种译本，其辞汇与上引其他译本的辞汇完全相同。无论如何，该经文可以被断代为 9 世纪中叶，甚至更晚一些。其次是其内容，这就是苯教。在此问题上也如此，其辞汇更会使人联想到这里不是指已成为宗教和哲学体系的有组织的苯教，而是作为宗教专家的苯教徒，尤其是记载在其他更为古老的敦煌写本中进行占卜的宗教专家。

噶尔美（1983 年，第 93 页）也引证了 P. 239 号敦煌写本（石泰安，1970 年）。一名佛教徒于其中对于苯教殡葬仪轨作了某种佛教诠释。它鼓励人类放弃苯教仪轨和遵循佛教之路。因此，该经文证明了一个苯教教团与佛教僧众并存的局面。噶尔美在此问题上也想到了已成体系的苯教，我更认为这里是指巫师，也就是师公（端公）。

另外一卷敦煌写本则证明，有一个师公教团与佛教僧众共存和共同行动。这就是对被称为“三续派”之续的诠释。该文被保存在《甘珠尔》（北京版第 470 和 471 号）以及敦煌写本中，但其疏注文却只存在于敦煌写本中。对于太阳神（男神）和月光神（女神），疏注文提供了一个小神话故事。三种生灵出自同一枚卵。第一种生灵在印度语言中叫作 Con-bu-dvu（dra?，月天?），在吐蕃的语言中叫作“月之大长子”（Zla-ba'i bu Chen-po），佛教僧侣称之为“神子”夏巴。苯教徒称之为“天神”（gnam-Lha）。对于另外两种生灵，人们也用印度和吐蕃语言为之命名，但却遗漏了佛教僧侣和苯教徒。其中的记述和专用名词都含糊不清。无论如何，这同一尊“印度”的神已由佛教僧侣和苯教徒们共同接受。因此，这两个教团是并列存在的，该神在苯教徒中的名字“天神”，似乎是藏文的①。在晚期的喇嘛教传说中，大家都声称苯教徒“爱天”②。至于要知道是指什么苯教徒，我们应该指出这样一种事实，他们于此在佛教僧侣之外，接受和采纳了一种印度神话故事。它们就这样处于系统苯教的形成过程中了。这后一种苯教被称为“外道”，因为它包括一些印度的，或者至少是非吐蕃的内容。

2. 苯教徒和辛，其差别及作用

大家在上文（注[8]）已经看到，斯奈尔戈洛夫和黎吉生均以一种不可靠的、具有猜测性的词源而将 bon-po 一词译作“祈祷者”，把 gçen 译作“司祭者”。但即使其词源是正确的（这一点从未得到过证实），一种词源也无法使人确定，在距该词的形成相当遥远的特定背景下的具体作用③。现在唯一可以接受的方法是研究我们所掌握的文献，霍夫曼拒绝了这种词源（1944 年，第 314 页），他将 gçen 译成了“巫师”（萨满，1944 年，第

① 严格地来说，它应为突厥文。请参阅石泰安，1983 年，注[41]。

② 请参阅内乌班智达：《教法史》第 84 页（乌巴赫 1987 年版，第 87 页）：“声称经书自天而降，这是苯教徒们的一种错误。”但《青史》（罗列赫译本，第 38 页）是这样引证内乌班智达著作的：“为了使苯教徒崇拜天，他便声称经书自天而降。”

③ 我曾在自己的书评中批评了这种译法（《亚细亚学报》，1952 年，第 100 页；《东方学报》第 10 卷，第 2 期，1957 年，第 372 页）。对于 bon 字的另外一种用法（唱），请参阅笔者本人对斯奈尔戈洛夫书的书评，载《泰东》杂志，新编第 14 卷，第 1 期，1968 年，第 125 页。

355—356 页；1956 年，第 13 和 77 页）。他是以一种与西伯利亚凯托人语言中的某个词之间的所谓相互关系为基础，而作出考证的。哈尔（Haarh，第 374 页等处）和图齐（1955 年第 199 页等处）同样也讲到了“女巫”（师母，女萨满）。

在已形成体系的苯教经文（从 11 世纪起）中，于“苯教徒”和“辛”之间似乎未曾有过区别。甚至苯教的立教人也叫作辛饶（gCeng-rab）或辛饶米保（gCeng-rab mi-bo），也就是说是一位著名的辛。在无论是由苯教“九乘”（斯奈尔戈洛夫，1967 年，第 9—10 页），还是由喇嘛教编年史提供的苯教分类中，苯教的不同领域就如同是被划分成了不同的辛一般①。这就是恰辛（phya-gcen）、囊辛（Snaṅ-gcen）、浦尔辛（'Phrul-gcen）和什巴辛（Srid-gçen），详见《大臣遗教》第 22 章和《宗教流派晶鉴史》等书。什巴辛是由举行殡葬仪轨的人组成的，后来在巴俄祖拉陈瓦的编年史（第 7 函，第 8 页）和《宗教流派晶鉴史》中又由都尔辛（dur-gçen）所取代。在苯教著作《大集密五续》中，特别列举了拉苯、恰苯、什巴苯和塔苯（Lta-bon）。由噶尔美 1972 年文第 30 页引证。巴俄祖拉陈瓦（编年史，第 7 函，第 10 页）讲到了在拉脱脱日赞普统治时代的“身苯”，此人叫作木苯觉诺恰尔。在五世达赖喇嘛的《西藏王臣记》以及《如意宝树史》中，讲到了说唱艺人、谜歌手和囊苯活佛（霍夫曼，1944 年。第 345 页）。在《金钥》（第一函，第 152 页）中，有人向苯教徒辛提出了一个问题，正是辛饶对此作了回答（第 348 页）。在同一篇文献中（第一函，第 70 页），5 位拉辛都是苯教徒。因此，苯教徒和辛被相提并论了。霍夫曼（1944 年，第 344 页）引证了《莲花生遗教》并指出，其中曾经讲到过从象雄前来的辛苯；但在其他地方（《金钥》），又讲到了苯和辛。因此，这两个不同的词事实上是同义词。

但在某些敦煌写本中，于辛和苯教徒之间却出现了对立。这

① 请参阅图齐，1949 年，第 71—718 页；霍夫曼，1950 年，第 349、419 和 299 页。

就是在一幅名表中出现的情况，其中的每个故事都因每个地区的出现而作了重复（P. 1285，第39—41行；拉露，1958年）。其中讲到某个人病了，于是便有100名男辛和100名女辛来了。虽然他们都从事占卜，但却找不到病因（因而他们无法治愈病人）。于是，该地区的苯教徒（如玛苯）便赶来了。他们洗涤病人口中和双手中的不净，从事占卜，并找到了病因。他解释了所出现的情况（第43行）。最后，病人痊愈，其健康状况甚至比过去更好①。同样的故事也在下一个地区木（dMu）地作了重复。但他们的功能却完全不同。木苯（木地的苯教徒）除垢和诊病②。在下一个地区岱地（雅砻），除垢者不再是一名苯教徒，而是一名辛（岱辛），但却未指出其功能作用（第86行）。在其后的一段文字中，又把几个地区集中在一起了（聂、达木、绑、宗和昆），其中不是指未获成功的100名辛集团，但在辛和苯教徒之间却未曾作出区别。这两个地区各自都有其辛（就如同对于岱地一样）。然而，在最后一个地区昆地中，治病者则为一名苯教徒，不过却被称为辛（昆—辛）。在下面的一段文字中（于俄地），成功者也是一名苯教徒。在此后的几个地区（汉地、尼婆罗和塘地）中，人们又发现了100名无能为力的辛，却在反对从事占卜和堪舆的苯教徒。

这幅8个地区的名表之后又附有另外一幅名表，其中未出现百名辛集团。但其中的每个地区都是治愈地神的辛。在这第二幅名表中，俄地有一名俄辛，他治愈了俄神。但在第三幅名表中，同一地区却有一名俄苯。

各个地区的同样故事，也出现在由托玛斯刊布的一卷敦煌写本中（1957年，第4篇文献的开头处，第46行）。100名男女辛

---

① 请参阅托玛斯，1957年，第1篇文献，第226—227行和第241行。

② 噶尔美（1986年，第81—82页）已经提到了这些作用，而且还指出人们在晚朝苯教中也发现了它们。

gto一词在一般情况下系指仪轨书。我未翻译它，因为从其前后文来看，该词始终位于dpyad之前，在并列句子中写作mo和phya、gto和dpyad。如果这里是指仪轨书，那么该词就应该位于dpyad之后，而并列句子又使人想到了前奏行为。

于其中也从事占卜和堪舆，但其他仪轨（如谢礼）的意义却不为人所熟悉。可他们自己并不是独自这样行事的。已提供其姓名的各种苯教徒（拉苯、佯苯和恰苯）都举行不同的仪轨，抓住幸运的机会或招魂、各种绳索（木神之绳、天神之绳和色神之绳）以及谢神和赎身（第163、164和222行）。在一系列的地区中，每个地区都有被请来的辛。他举行驱魔仪轨向地神酬谢的仪轨（第211和299等页）。我们应该指出一处特殊情况来。在汉地（第348页），人们不是邀请辛（第348行），而是一名苯教徒——汉地苯列当芒瓦（Leg-da rman-ba）。

在P. 1068号写本（第二部分，第28行；石泰安，1971年，第522页）中，人们召请“父亲”辛饶米保和都尔辛玛达（rMa-da），以向他们请教应该做的事情（有关这两个人物，详见下文）。其回答是苯教（可能应该读作“苯教徒”）应举行禳解仪轨，而辛却应该执行外治法的仪轨。同样的禳解和外治的仪轨要由三名苯辛赛扎或一名都尔辛玛达纳执行（第28行）。但由于禳解和外治尚不够，所以他们便举行真正的殡葬仪轨。如果本处的“撒扎”（gsas-drag）是辛，那么他们在敦煌写本P. 1047（第2部分，第285、313和316行）中，这都是一些苯教徒。他们能够镇伏妖魔。同样，在敦煌写本I. O. 7400. 1（托玛斯未转载原文，见其书，第140—141页）中，苯教徒的神谕包括已被妖魔吓呆的一个撒扎。此外，一名苯教徒举行禳解和外治仪轨，却未能获得成功（P. 1134，第88行）。

因此，苯教徒和辛们的作用始终相同，这就是治病（禳解和外治，gto一词的意义无疑更为广泛一些）和殡葬仪轨。但也包括驱魔的招魂或由此而带来的幸运。人们未把他们奉为召神人（苯教徒）和祭司（辛）。相反，有一次是一名辛说唱了一段故事（P. 1194，第53—55行）。正如噶尔美已经指出的那样，对于晚期已成体系的苯教来说，治病或者使死者还阳是最重要的，必不可缺的，但又是不充分的。我们还可以从中加入其他功能。所以，尽管大家不知道在上文遇到的晚期苯教中的绳索仪轨书的内容如何，但苯教徒们的功能之一，是在举行婚礼时的系木神之绳（《金钥》，法兰克版本，第13和111页）。噶尔美（1986年第89页）引证了《金钥》，其中提到了一根拴在囟门上的彩线（在《说库如意宝》中，也持相同的动机）。他将这种动机与P. 1047号写本中的一段文字作了比较，后者也是一部神谕书，其中的吉祥女子便是木神之绳。在敦煌写本中，司祭们也举行“夺命或祥运”的仪轨。在《金钥》中的情况也如此，为了举行同一种婚礼，苯教徒们“带来吉祥”（第13页作“phya ya blan-nas”，第111页作“phya g·ya blah”）。恰苯和佯苯也被列在各种苯教徒专家的名表中了（图齐，1949年，第715—716页）。

因此，敦煌写本中的苯教徒和辛们的特征，都被保存在晚期苯教的文献中了。在它们之间没有间断。甚至出现于其中的礼仪书故事的全部结构也如此。我们在上文征引的敦煌写本中已经发现了一种例证。同样的内容也多次出现在《十万龙经》中（请参阅石泰安，1971年，第432—484页；1981年，第213页）。但此类故事的一个例证，于整部著作中出现了许多歧异处。地神被激怒了。它在震怒之中以把疾病传给一人而进行报复。此人寻找病因及一种药。他首先请来了占卜师，接着是一名苯教徒，再接着是一名禳解和外治专家，最后才是一名医生。他们中的任何人都未获得成功。他必须邀请一名苯教徒，特别是辛饶。此人指出了治病的方法（忏悔的仪轨、诵读经文），并念诵咒语。最后，在龙和人之间出现了调和。一切变得比过去都更好了[①]。

3. 辛饶米保

因此，在敦煌写本和晚期的苯教经文之间具有连续性。以口头传说或写本中记载等这种或那种方式，使晚期的苯教徒熟悉、

① 非常遗憾，我忘记了有关全文页码的参考资料，而现在又无法得到《十万龙经》，以便重新找到这些页码。这种比原来的状况还要好的结果之原因，往往都反复出现在《十万龙经》中（如第106、116、143、153和174页），就如同在敦煌写本中一样（请参阅石泰安，1971年，第503、505—506页和注[78]）。同样的内容也出现在由劳佛尔于1960年发表的文献中。

并使用了已经出现在古代写本中的内容和专门的名词术语。最为引人注目的例证是辛饶米保，他在晚期苯教中是苯教的创始人。噶尔美（1975年，第178页）指出，此名作为在殡葬仪轨中召请的巫师，而在敦煌写本中共出现过5次（实际上是6次）。他认为这一切都可能会证明，这样一个人物确实存在过，他具有吐蕃血统并生活在公元7世纪之前。我觉得这种假设是不大可能的。这些文献并非是真实的历史资料，而是仪轨性的。提供了其名字的各种巫师辛和苯教徒们，都不是真实人物，而是仪轨书中的传说或神话故事的组成部分。无论如何，事实仍然是同一个名字被用于了敦煌写本和已成体系的苯教中，虽然其人物都不同。正如麦克唐纳夫人已经指出的那样（1978—1979年，第2卷，第19页），敦煌写本中的辛饶米保始终被称为“父亲”（pha）。这与晚期苯教中的辛饶大师（stun-pa）不同，但其名字相同。这不可能是由于一种偶然性造成的，也不可能是一种巧合。我们应该假设认为，当苯教的缔造者们（可能是11世纪）需要选择一个人名，以作为其宗教的传说性缔造人（早于释迦牟尼）时，他们选择了一个多次出现在敦煌写本中的名字。这里不大可能是指一种口传。组织完备的苯教的巫师们，应该是知道类似写本的。大家将会看到辛饶米保并不是延存到晚期苯教中的唯一的一个敦煌写本中的名字。要知道大家为什么选择了敦煌写本中的辛饶，以作为苯教中最著名的人物之问题，始终未果。一些不为人所知的因素可能对此作出过贡献。

我们现在来看一下敦煌文献。

①P. 1136号写本（未曾被噶尔美提到过）。该文献共包括两个故事。在前一个故事中（石泰安，1971年，第521页），尚未谈到使用一名苯教徒或一名辛的问题。在第二个故事中，一名少女死于事故，其面目变得模糊不清，其脖子上有某种东西使之受苦。其父兄请求“先祖”（父）辛饶吉米保（gCeng-rabs kyi myi-bo）帮助以使她能摆脱之。他告诉他们说恰苯琼摩应该能够这样做。一名恰苯本应该前往寻找他，但他却置之不理。另外一个

人物也这样做了。他从事了多种活动（其中包括“请辛进行占卜”，第56行）。女死者遮住了其闪闪发光的面庞，脖子摆脱出来了。父亲在准备坟墓，而其兄弟却在做其他的事。这样一来，女儿便感到很舒服了。

大家将会发现，辛饶仅仅是作为谋划者才介入其中的。这也是《十万龙经》中的情况，辛饶于其中解释恶行的原因，并声称这是必须要做的，但他没有直接行动。然而，在其他的写本中，辛饶也负责殡葬仪轨。

②Pt. 1194号敦煌写本。在第5行中提到了“父亲”辛饶（gçen-rabs，但尾音-s似乎又被划去了）① 米保和都尔辛马扎以及辛妥乌宇（Tho'u-yug），他们都讲了相同内容的某件事。在第16行中写作“父亲辛饶米保”。他于此也与都尔辛玛扎联系起来了。这种结合由下述事实而更为突出，这就是玛扎也被称为“父亲”。因此，这两位“父亲”的作用也是不相同的。此外，我们在一份巫师名表中特别提到9名父亲和9名苯，而不是辛（托玛斯，1957年，第四篇文献，第58、101和165行）。人们都讲到了供品，并且都声称要讲一个故事，也就是过去的故事（第24行）。其中重复提及一个故事的某个段落（第29行）。稍后（第53行），又提到由辛（是否为辛饶呢?）说唱的一个故事，而“父亲”都尔辛马扎却不负责殡葬仪轨。

③Pt. 1068.2号写本（请参阅石泰安，1971年，第522页）中记载着同一类故事。为了举行殡葬仪轨，人们便去请教“父亲”辛饶米保、都尔辛玛扎和辛拉伦扎。

④Pt. 1134号写本（请参阅石泰安，1971年，第491页以下），其中包括有许多故事。在第二个故事中提到了一次狩猎时的死亡和仪轨性的马匹。“父亲”都尔辛马扎后来未做任何事，

① 我更为喜欢rabs的拼写法，但抄写者似乎就如同在Pt. 1068.2号写本中一样坚持rab。在《十万龙经》中，几乎始终都写作gčen-rabs（如第95、97、155、158和186页，但第190页却写作gčen-rab）。第155和158页中的gčen-rabs是一种复数形式。相反，在《内库——苯教史》中却写作gčen-rab（第15页），而且还解释了rab一词。在《大宝集之无垢续》中（斯奈尔戈洛夫，1967年，第86页第21行）的情况也如此。

接着指出了死亡之路（第33行）。第三名“父亲”阿辛阿赤不去死亡之域。由于有三个人物，所以辛饶米保可能被省略了。在第三个故事中，仍然是指一次死亡。都尔辛（未带称谓词“父亲”）首先是与其他辛和苯同时提及的，他们都举行禳解仪轨和外治法（第48—50页）。稍后（第61行），又提到了父亲都尔辛马扎、圣者辛饶米保和圣者噶辛赤乌，两名“父亲”都尔辛玛扎和辛饶米保都前往墓中或坟地。

⑤Pt. 1289（请参阅石泰安，1971年，第520页）。该文献非常重要，因为它是唯一提供了一种图像的文献。“父亲”自地狱而来，辛饶吉米保也来自地狱。他左手执一个铃，右手执一根羽毛。这次死亡是因称谋害而造成的，死人被辛……（？）在晚期的苯教文献中，指殡葬仪轨的主要行为动词是 'dar（有关例证，请参阅斯奈尔戈洛夫1967年书的索引）。在《十万龙经》中（第217页），讲有一位都尔辛。大家可以把他与敦煌写本中的都尔辛马扎以及我们的动词 bdur 作以比较。刚才看到这句话（第72行）如下：çi ni bdur，rlag ni chol。它是由两个平行词组组成的，大家在其他地方也可以发现它们（Pt. 1136号写本，第7—8行，系指一项互助契约：“如果其中之一死亡，那么另外一个人就应该举行 bdur 仪轨，如果其中之一被害，那么另外一个就应该去寻找之。”）。可是，这同一个句子又被原封不动地运用到《十万龙经》中了（nag-po，第230页）。同样的句子也重复出现在《十万龙经》的其他地方（第308页）。某人死亡了，其子认为父亲应该到极乐世界去。人们为此而请来了一名都尔辛，请求此人设法防止其父堕落到恶道转生、并为他涤除不净。都尔辛于是便说：“çi-ba bsdur（'dur）-ba ya bkum-mo/brlog-pa bseal-ba ya bkum-mo。”有关晚期苯教中保留这种古老句子的情况，请参阅石泰安：《法兰西学院年鉴》，第69卷，第461页。

⑥S. 731号写本（托玛斯，1957年，第1篇文献上，第24行；石泰安，1971年，第490页）。“父亲”辛饶米保和都尔辛马扎利用一个人物死亡的机会，都去安排墓地，即负责死者的

后事。

4. 其他人物

选择辛饶米保作为主要人物，始终是一件神秘的事。其同伴都尔辛玛扎（纳）似乎在晚期苯教中未留下踪迹。但这后一种宗教，却保留了敦煌写本中的其他人物。这就是“嘉地”（汉地?）列当莽布的情况，他的一部著作《彭域教法史》被列在苯教《丹珠尔·经集》部第二函中了①。大家在噶尔美 1972 年书中便可以发现他（索引）。他是继辛饶米保死后的六贤士之一（第 24 和 75 页等处）。当然，在《宗教源流晶鉴史》中，也提到了他（霍夫曼，1950 年，第 415 页）。大家在《什巴续部口诀大全》（巴黎国立图书馆藏稿本 Pt. 493 号）中发现了他。在一份不同地区及其各自苯教徒的名表中，“嘉地”（rGya）苯教徒是列塘藏布（第 11 页），大家也称之为“嘉地苯”。

然而，此人已经出现在敦煌写本中了。他于其中也属于不同地区苯教徒的组成部分（见拉露的《小邦名表》），而这些地区均在一份名表中作了列举。这就是嘉地苯列当莽哇（Pt. 1285，见拉露，1965 年，第 171 和 200 页；第 138 行，见托玛斯，1957 年，第 4 篇文献，第 349 行，第 76 页）。在这份名表中，嘉地也如同其他地方一样是吐蕃之一地。借用了其名的晚期苯教徒并未理解其意义，从而将“嘉地”理解作“汉地”。但他们也利用这一机会而在敦煌写本中保留了“嘉苯”一词。这个名字极其奇特，如此反常而使人们从未想到一种口头传说。苯教徒们很可能是在一卷写本中找到了其名。

在另外一份不同苯教徒的名表中，情况也如此，这些苯教徒均为辛的化身，是辛饶的第二世系（《金钥》，弗兰格版本，第 27 页；丹增南达版本，第 59 页）。这都是一些佛陀天神苯（第 13 卷），但他们也都被称为苯教徒。由于该表过分冗长而无法于

---

① 罗开什·阐德拉（Lokesh Chandra）和洛本。丹增（Lopön Tenzin）：《苯教甘珠尔和丹珠尔目录》，载《印度—亚洲研究》第 2 卷，新德里 1965 年版第 15 页。

此全文转引，但我将捡出大家已经在敦煌写本中发现的那些人名。第一位是瓦苯鲁姆保。名表中的第五位是俄苯章或章祖，他已经在托玛斯的第四篇文献中被提到了（1957 年，第 1 卷，第 60、87、164 和 222 页）。我们于其中发现了一种三位一体人物的名字：拉苯—彭祖、雍苯—特勒、恰苯—库尔若（或库若）。《金钥》名表中的第三个名字，是木苯耶塘或耶乌—塘（台乌让）。他也出现在敦煌写本 Pt. 1285 的第 70 行中：木苯耶乌塘赞哇。最后，《金钥》中的第十二位苯教徒是恰苯特勒（丹增南达版本，第 4 页作特乌勒，第 60 页作恰苯阿尊特乌勒）。这就是托斯玛所说的佯苯特勒（同上），我刚刚讲到了他。本处的吻合性尤为引人注目，因为其中三个名字中的两个均属于敦煌写本中的一组三位一体人物的组成部分：拉苯、佯苯和恰苯。在《金钥》的名表中，第二位也是一名拉苯，但其名却叫作托噶尔（Thod-dkar）。在一部已成体系的苯教经文《嘉言宝藏》中，也提到了在聂赤赞普时代的拉苯和佯苯（由南喀诺布引证，1981 年，第 57 页）。《金钥》名表中的作者从中加入了某些名词，可能他是从与敦煌写本类似或相同的写本中找到的。这些名字如此特殊、罕见，以至于使一次中断的口传，也变得不大可能了。

另外一批专用名词也同时出现在晚期苯教和敦煌写本中了。这就是一些以一种特殊方式形成的女性名字：第一个和最后一个音节相同。在 Pt. 1040 号写本（一个故事）中，一名叫作塔阿彭玛塘的少女拥有多名求婚者。在 Pt. 1134（第 11 行）号写本中，天上有父亲贡尊恰和母亲塔阿乌尔（都尔）摩塘（第 67 行作塘阿珠摩塘。见石泰安，1971 年，第492 页）。此外（Pt. 1285，见拉露，1958 年，索引），大家在一系列的地区发现塔阿白摩塘是白域之女，塔纳嘉摩塘是嘉域之女，此外还有塔阿喇嘛等人。此外，有一对兄妹（拉露文，第 16 行），兄叫塘哇木塘，而妹叫塘木摩塘。然而，在由图齐引证的晚期苯教文献（1949 年，第 714 页）[①] 中，又提到了辛饶的 8 名女使者，其名字均以“塘

① 图齐引证了《如意宝树史》第 15 页。

阿”开始和以“摩塘”结束等。唯有其中心组成部分有所变化，但却始终都指一类神。在《十万龙经》中的情况也如此（第283—284页），两姐妹都被许婚于天神约保（Yo-po）。但她们抗婚，逃到了魔域，并在那里成为一个叫作塘阿珠摩塘的魔女的朋友。大家面对的是从两极以同样的方式形成的一些名字，而且始终都是女子的名字。这里不可能是一种偶然。晚期的苯教徒们也发现了这种古代模式。

麦克唐纳夫人（1971年，第312和319页）和噶尔美都指出过，某些敦煌写本中特有的名字被保存在《什巴续部大传》中了，后者是已成系统的苯教的一部编年史（14世纪）。这里是指国王身边亲信们的一份名表，其中许多名字都完全相同地出现在敦煌写本Pt. 1038中了。在编年史中，共有两名先祖（稍后又是两名辛保先祖）蔡氏和属卢氏，接着是一些大相洛日和聂保，同时还有侍官介氏和布氏。在Pt. 1038号写本中，大家可以读到苯教徒谢氏和卓氏、大相洛氏和聂氏、侍宫夏氏和布氏。这种借鉴的例证特别有意义的是，这卷Pt. 1038号写本还由于其他原因，而表现得如同是向晚期苯教传说过渡的一个例证（请参阅石泰安，1985年，第126页）。

在《十万龙经》中（第252、102和143页），女神南木吉贡杰如同一名优秀谋士一般行事。在其他地方（第277页），她又请教魔镜以揭示灾难之因。女英雄那同样的名字和同样从事占卜的苯教徒谋士的作用，也出现在一卷敦煌写本中（托玛斯，1957年，第一篇文献下，第71行）。

在敦煌写本中，贡尊恰是一个重要人物。我们在P. 1134（第10行，见石泰安，1985年，注[50]）和托玛斯的一卷写本中（1957年，第一篇文献上，第59—60行；同时也请参阅I. O. 739，第4页，第3行，托玛斯于其补遗中未作提供）可以发现之。在敦煌写本Pt. 1043中，他又以南木杰（gNam rče，应该作gNam-re）贡尊之名而出现。苯教文献保留了此名。在《金钥》（弗兰格版本，第6页，译本第312页）中，在贡尊恰地区或及城市中出现了其中的许多人物（第3和17页）。在《金钥》（第一函第454、497页和第二函第394页）也如此。

5. **地名及其形容词**

一般的墓地，特别是各个地区都被用一个以“四”或“八”为基础的数字所形容。我们于下文将要看到的《十万龙经》中的一种殡葬仪轨书，就包括被称为“四角”的墓地。在敦煌写本中，墓地获得了“四方”和“八绳”的称呼。作为例证，大家可以参阅拉露于1952年文中刊布的文献第10行和Pt. 1136号敦煌写本（石泰安，1971年，第501页）。但在其他地方，《十万龙经》讲到了一个或被称为藏（gçan，应该作gçen，辛）域塘摩珠吉（其中的tha应改正为thay，第230页），或者叫作（第238页）域辛玉塘嘉①。同一个形容词也被用于指玛域塘嘉，“人类”居住在那里（第312页）。它已经出现在敦煌写本Pt. 1285（拉露，1958年，索引）中了，写作SMra-yul thay-brgya（域塔嘉）。我在其他地方已经提醒大家注意，myi和rma或smra的意义相同，都是指人类（石泰安，1971年，第488页和注[10]）。事实上，在托玛斯的一篇文书中（1957年，第1篇文献上），人域吉廷（Skyi-mthin）与玛塔江（rgya，应读作brgyad）是相同的，玛布丹夏人就居住在那里。对于“人类”（作为“神秘的生灵”）的形容词，我掌握有敦煌写本Pt. 1134中的“myi-rma-bu mÇhin-rgyal之写法（石泰安，1971年，第497页，文献第161行，意为赭面人王）。在其他地方，其复合形式则以rMa myi-de bcun-po（玛米岱贡布）之形式而得以证明（Pt. 1136，见石泰安，1971年，第501页）。另一方面，在《十万龙经》中

① 我们在由劳佛尔发表的忏悔文中发现作skos-yul thān brgyad-ma（1900年，第33页，第76行），此文即《地神龙神的解脱》。

（第 248 页，被称为多罗那它版本；第 175 页）[1]，有一份世界上最早生灵的名表（这就是恰神、龙神、天神、星辰等；最后是 smra mi-bu，另外一种不同的写法为玛米）。

《十万龙经》中的一个故事是如此开始的（第 214 页，所谓多罗那它版本，第 2 页）。一位龙王昂特乌及其夫人共有 6 子，父亲为他们寻找某个地区（这是经常重复的一种内容）。儿子乘一匹马并携带生活给养前往羌喀纳嘉（另外一种不同的说法是“南嘉”）地区，以在那里狩猎鹿和羚羊，ça bçor，dgo ’grim。但他在那里没有找到它们，相反却与一个魔鬼建立了友谊。该地区确实是出现在敦煌写本中了。在 Pt. 1060（拉露，1965 年，第 192 页）中，羌喀南嘉是一个突厥地区。在托玛斯的文献之一中（1957 年，第一篇文献，第 53 行），羌喀南嘉是马匹和牦牛的家园。同一个地区也作为敦煌大事纪年中的第十三个小邦而出现（P. 1286，巴科书，第 80 页）。人们于坟墓问题上遇到的“八”和“四”之间反复变化的同时，我们又在 Pt. 1068 号敦煌写本（第二部分，第 7 行）中发现了羌喀南西的地名。非常值得我们注意的是，本处指狩猎的一句话与在《十万龙经》中完全相同：ça bçot，dgo ’drim。这句话完全是从其他地方引证的一种专门用语。大家于 Pt. 1289 第 50—51 行中发现在羌喀南嘉地区猎狩鹿（ça çor du gcegs）和猎狩羚羊（dgo ’drim du gcegs）。在数行文字之后（第 54—55 行），又写作羌卓南多。我们在 Pt. 1136 第 12 行中又发现了这种相同的变化——羌喀南嘉，但第 8—9 行却作羌卓南多，在那里也猎狩鹿和羚羊。最后，在 Pt. 1040（第 40 行）中，又作羌卓嘉地区。在 Pt. 1068 中的情况也如此（石泰安，1971 年，第 519 和 522 页）。《十万龙经》不仅仅保留了北方地区的名称，而且也保留了敦煌写本中，那种在同样背景下很

---

① 这部共分三卷的木刻本收藏于京都大学，其中有关大黑天神的部分收藏于东京的东洋文库（第 463 号）。它后来于多兰吉又以五卷本而重版，其标题为《大龙经藏》。它另外一次又以三卷本而在达尔胡西再版（1983 年），其标题为《十万黑白龙经》。据一条未具姓名的简介（无疑是出自施密德之手），这些版本均是以多罗那它时代的达当彭曲林（藏地）寺中雕制和收藏的木刻版本为基础。我未能核实这种断言。

典型和很特殊的句子。

在另外一个段落中（第 235 页），《十万龙经》不仅仅保留了敦煌写本中的一个不常使用的名词，而且还保留了某些典型的名词术语（石泰安，1971 年，第 500 页和注[62]）。有一个父亲将一匹玉尾金马送给了其儿子："它所寻求的是嫩稻苗，它喝的是蜜糖水。"这几句话几乎原封不动地出现在托玛斯的一篇文献中（1957 年，第一篇文献上，第 45 页，马匹）。我们也在 Pt. 1136（石泰安，1971 年，第 501 页）和 Pt. 1194（石泰安，1971 年，第 514 页）中发现了它。在《十万龙经》中，该马被一种魔鬼盗窃，并被置于一个叫作珠伦纳保古伦的地区。一名龙妃揭露说，该马在一个叫作"犀牛项铃"的地方。古地也出现在敦煌写本中了。在那些"领地"中（拉露，1958 年），大家发现了"魔域黑色九湾"，妖魔古沃喀就生活在那里。在托玛斯的一篇文献中的情况也如此（1957 年，第一篇文献下，第 18 行，原文第 49 行）：在"犀牛项铃"生活着魔王纳巴古曲。至于《十万龙经》中的国王那饲养马匹的马厩，也以同样的表达方式出现在敦煌写本 Pt. 1134 和 Pt. 1136 中了（石泰安，1971 年，第 495 页注[47]和 501 页）。

在《十万龙经》（第 265 页 = 139 叶和第 406 页）中，讲到了 rGya 地区，又叫作 gTan-bza（yul rGya-yul ni gTan-bza）。然而，在 Pt. 1285（拉露，1965 年）中，rGya 地的都城是 gTan-bza（在托玛斯 1957 年书，第四篇文献，第 348 行中作 gDaṅ-bza）。在《十万龙经》中（同上），父亲是汉地之王芒巴（rMaṅ-pa）。大家在拉露的著作中（1965 年）又发现了它，其中的汉地之王是 Mgin-mchahṅ，这就是托玛斯书中的米向芒布（1957 年，第四篇文献，第 348 行）。

在某些敦煌写本中，喜乐之域（噶域）系指死域（石泰安，1971 年，第 497 页注[52]；Pt. 1134 第 140 行作噶域或噶日，第 204 行作噶丹吉巴域）。然而，在《内库——苯教史》（注释，第 74 页）中却提到了一些专家，尤其是木曲登珠，此人会计算噶域的气温。在该文献中，这一地区似乎是位于苏迷庐山之巅，那里有一些医生（注释，第 125 页等处）。

6. **内容**

正如我过去已经指出的那样（1971 年，第 500—510 页），敦煌写本中的殡葬仪轨书经常包括另行加入的一节，文中介绍了人物的血统、身份以及仪轨情节。其中使用了这样一种表达方式："如果讲父亲，那就是某人；如果讲母亲，那就是某人。"这样一来，大家便在 Pt. 1134（第 11—12 行）中读到，在天上有 Pa da yab smos pal mgon-chun phya/ma da gum smo-na/Ta-a nur-mo-taā。在 Pt. 1194（第 33 行）中，又讲到 pa spos-na 和 ma-spos-na 为苍鹰的父亲和母亲（石泰安，1971 年，第 514 页）。在托玛斯的第四篇文献中（1957 年，第 118 行），又作 pha Du-gyi glaā-pa da/ma gyu'i 'pra mo gis smos ste。然而，这种表达方法也经常被用于《十万龙经》中。在所谓的多罗那它版本（请参阅注[14]，第 37 卷，第 248 页）中作："pha da gab smos-po Mon-r e rin-po logs/ma daā gun smos-po"（这句话在德格版第 307 页中付之阙如）。在德格版中，大家于其他地方也可以发现它，如第 221 页（其他的例证，如第 294、299 和 319 页）。德格版本的质量不好。例如，大家在第 216 页中读到 pha da yab Smon-pa，而在德格版本中却正确地写作 Smos-Pa。德格版本中（第 230 页）仅仅简单地作 yabni，另一个版本中的相应段落（第 22 页）则写得很正确："pha da yab smos-pa-ma da yum smos-pa。"在由米拉日巴模拟的仪轨道歌中，这句话的表达方式略有不同：pha da yab gsol-ba（对于 ma da yum 的情况也如此。见霍夫曼，1950 年，第 378—379 页）。但一种类似的表达方法，也出现在敦煌写本 Pt. 1134（第 24 行）中了，其中写作 pa da yab kyi mchan 为某一男子，ma da yum gyi mchan 为某一女子。

另外一种共同的内容已于上文中提出来了。这就是一位专家的干预，他首先作了诊断（口解和治疗）。在一般情况下，这种事先的干预是不够的，必须请教辛饶。最后，病人或死人“比过去好多了”。

敦煌写本中的整个故事，都在晚期苯教中的《金钥》中找到了。这就是孔子与三名比他更聪明的小童的相问书（苏远鸣，1954 年)。桑木丹·噶尔美（1975 年，第 1 页）刊布和翻译了《金钥》的全文，他发现（第 564 页）《金钥》的文本是一种改编文本，若不了解敦煌写本（Pt. 992)，其内容则是不可想象的。这两个故事相当近似，以至于噶尔美得以严格地引证了敦煌文书的各行文字。

7. 殡葬仪轨书

这种仪轨书已经由敦煌写本证实。它首先是由于拉露的著作，才为人所熟知的（1953 年)；其后又由哈尔（1969 年，第 368—370 页）和石泰安（1971 年)，作了仔细分析。非常引人注意的是，整个这部仪轨书都保存在《十万龙经》中了（第 217—219 页)，只有几处异文和变化。这就是我于本文开始处已经讲过的龙王昂特乌的历史。它首先讲到主要人物的死亡。殡葬仪轨于其中阐述了三次。但其记述相当混乱，而且辞含糊不清，使我根本不可能提供一种连贯的译本。一位医生首先徒劳无益地作了干预（第 216 页)。其父亲挖一坑以安葬尸体。其中的 ri（尸体）一词已经出现在敦煌写本中了①。人们请来了一名可以治病的占卜师，他对某种事情（生和死等）都作出了决断。人们于是便请求一名“什巴辛”支援，并且邀请了一名“什巴苯教徒”木曲登珠和辛王台乌宇。大家宰杀牲畜和准备供品。牲畜都被以某些形容词作了修饰。其中有些牦牛、马匹和飞鸟，然后是其他无修饰词的动物，再接着是一些供品（斧头、小斧子等)，其次又是一批带有形容词的（马匹、牦牛）或未带形容词（绵羊、山羊）的牲畜，还有待宰的山羊和绵羊。其后又列举了

---

① 拉露，1983 年，第 319 页注[1]和第 354 页作 rin-mkha。请参阅 Pt. 239（石泰安，1970 年，第 19 和 22 页)；托玛斯，1957 年，第 4 篇文献，第 290 行。

向支苯奉献的供品，这也是一些被用于驱邪的物品，特别是鹿茸、牦牛角和牙斯供（如同幻网一样的供物，yas-thay 也经常写作 ya-stay 或 yas-rtags）。一年的时间过去了。一种插曲又重新用于计算时间的“神镜”。这就是大家所说的“什巴诊疗”。人们于是便请来了都尔辛（详见上文）。占卜师在参阅了汉文卜辞之后，又决定了其时间。都尔辛、支苯、占卜师和玛巴（mag-pa?）恰恰是在龙头之上行事（焚烧、敲地?）。人们利用这一机会又按照我于上文指出的模式，而重新提到了龙的起源。经过这一小节文字之后，又开始了对于由玛巴、支苯、占卜师、都尔辛和什巴苯教徒木曲登珠举行的殡葬仪轨的描述。文中后者宣布说，某一匹马具有 do-ma 的作用，do-ma 一词在敦煌写本中系指举行仪轨使用的马匹和牦牛①。支苯取走了马匹和天牦牛。

龙开始动怒，并给占卜师制造了一种疾病。为了治好他的病，人们便请求辛饶帮忙。由于举行的仪轨和坛场，龙被迫前来。它抱怨说大家于其头上制造了一块“封闭地”（或者是“一块墓地”）。它被迫医好了占卜师，但它还是降病于玛巴和什巴苯教徒木曲登珠。依吉曲乌尊（辛饶的一名亲近或者是其一种变形）向他解释了病因。接着便是一幅殡葬仪轨表（第 218 页）。虽然大部分专业术语都是无法翻译的，但当把它们汇集成一幅名表之后，再与敦煌写本中提供的全部名词术语进行一番比较，则是颇有意义的。下面就是《十万龙经》中经编号的名词术语，及其敦煌写本中的对应词②。

①gçog-pa，其意义不明。该词已出现在 Pt. 1042 号敦煌写本中了（拉露，1953 年，第 110 行）。②çid-rab。应该读作 rabs，这是一种殡葬仪轨。我们在托玛斯的文献之一（1957 年，第四篇文献，第 271 行）中发现了 çi（d）-rab，但在第一篇文献上第 27 行中却作 çid-rabs，与 ’bra-rabs 相似。在 Pt. 1285（拉露，1958 年，第 181 页第 5 段）中，也有一个 çi-rabs 的词组。这后

① 请参阅石泰安，1970 年，注[47]；1970 年注[41]，第 41 和 493 页（Pt. 1136）。
② 请参阅石泰安，1971 年，注[61]。

一种形式已经出现在《大宝集之无垢续》（斯奈尔戈洛夫，1967年，第118和120页）中了。③se-sgo，指封闭地或墓地之门。④bçes-pa，其意未明。⑤do-ma，指举行殡葬仪轨的马匹和牦牛（见上文不远处）。⑥sgrib-lug，这是德格版中的拼写法，但在所谓多罗那它（大黑天神）版本中（第7页），却写作skyibs-lug，正如在敦煌写本中一样。这是指向死者引路的殡葬绵羊（Pt. 239，见石泰安，1970年，第162页和注[5]；Pt. 1134第122和188行，见石泰安，1971年，第496和498页）。⑦spur-khab，这里是指死尸之屋。⑧cha-log，大家可以比较Pt. 1134（第287、289、290行）中的cha-lob一词。⑨tho，我不懂其词义。⑩dri鸟、dri马、dri绵羊和dri牦牛。lam，指道路。

这份辞汇表于下文又带有某些歧异之处地被作了重复。在gçog-pa①之前，还有一句短语为Idem-ri idem-thu，我不理解这句短语。紧接着是çid-rabs②、sgo③、dkor-nor，这都是牲畜或财富（取代了bž s-pa）；do-ma⑤、sgrib-lug⑥、spur-khab⑦、cha-log⑧、tho⑨、dri，牲斋⑩、zas phub（初次获得的食物）和lam-sion、（指路）。这个故事仍在继续。

5. 神祇

在米拉日巴的证道歌中，他模仿了一种治病的苯教仪轨书（霍夫曼，1950年，第378—386页）。道歌中提到了以下神祇：①360尊耶卓（第379页），在《大宝集之无垢续》中也提到了同样的神（见斯奈尔戈洛夫，1967年，第70页）。②阳神、域神和战神（第382、383和386页）。③生命神。④女医神（第386页，在《大宝集之无垢续》第52页中作冬季医神）。⑤五鬼（第382和383页）。⑥牙魔和玛魔（第384页）。⑦龙魔（第384页）。⑧甲贡和甲波（第384页）。⑨赞神。这些神灵类别中的绝大部分，都在古典和近代的喇嘛教文献中经常被提及。但我最好是于此指出，它们已经出现在敦煌写本中的事实来。这样一来，ye-'brog①就已经出现在托玛斯的一卷写本中了（1957年，

第四篇文献，第 142 行和第三篇文献，第 36 行)。域神②出现在 Pt. 1042 号（拉露，1953 年，第 98 行)、I. O. 740. 1 的第 34 段和 I. O. 739 的第 16 页中了，而托玛斯却未发表它们。战神③出现在 Pt. 1048 号第 18 段（写作 tgra-b1a)、Pt. 1047 的第三和十八段、托玛斯的文献（第六十七篇文献，第 6 行）以及 Pt. 1051 的第 30 和 48 行中。生命神已由 I. O. 740. 1 的第 46 节（未由托玛斯刊布）和 Pt. 1046 的第二段中被提到了。女医神④（mo-sman）无疑与写本中的木门神（mu-sman)，托玛斯的第四篇文献和第 19 行以下，Pt. 1047 中那特别被经常提到的第 329 行中的 mu-sman mčhed-dgu，Pt. 1051 的第二段，请参阅 Pt. 1043 第六段中的 Čhu-sman 相同。对于 phun-ri⑤，大家可以比较 Pt. 1043 中的 dphu-sri（两次)，以及仅仅简单使用的 Sri（Pt. 1047 第 23 行的 mo-sri，Pt. 1051 第二段中的 Sri-gnon 以及托玛斯 1957 年书中的第四篇文献第 14 行)。牙一魔⑥出现在 Pt. 1043 第 20 段中，以 ya-mtut 的形式出现。但我在 Pt. 1047 的第 23、267、282、295 和 31 行中，又发现了 ya-bdud 的写法。

我还应该补充说明，在米拉日巴的道歌中，每次都要从事一次有关某方面的占卜。它叫作-Čha（phya 的单音节拼写法)。所以，有一些 Srog-Čha khyun-Čha、lnor-Čha 和 dgra-Čha。这些短语被无区别地运用于敦煌写本中，其中始终都写作 phya（托玛斯，1957 年，第六篇文献第 21 行：khyim-phya 和 Srog-phya，第 22 行作 dgra-phya 和 don-phya 等)。

9. 单独使用的“苯”（Bon）一词

由于大家在米拉日巴的道歌中，发现了如此之多的古术语，所以大家还可以从中增补另外一种颇有意义的细节。在米拉日巴模拟举行的仪轨期间，在遇到不吉利之卦的情况下，建议“必须举行苯教仪轨”（霍夫曼，第 383 页)、并让一名瑜伽行者“颂扬一名苯教徒”（第 383 页)。第二个名词术语出现在 Pt. 1134 的第 122 行中，它在有关殡葬马的问题上写道：“谁来歌颂苯教徒?”第一个术语同样也经常出现在一篇占卜文献 Pt. 1047 中。卦辞于其第一部分（第 81—82 行）是不吉利的下卦，魔鬼受到了金刚橛的打击，人们应该举行一次苯教仪轨。在第二部分（第 145—146 行）中，卦辞为吉祥上卦。但在举行一次苯教仪轨之后，却未获得好处。同样的结果也被归于了一次不吉祥的下卦（第 210—211 行）。我们在卦辞中遇到了“举行一次苯教仪轨”（第 213 行）的忠告。其他的例证也出现在第 284 行中：以举行苯教仪轨而讨魔鬼的欢心。如果举行一次苯教仪轨，那么一切都很好（第 295 行），苯教仪轨是有益的。大家在另外一篇占卜文 Pt. 1051 第 7 行中也发现了同样的术语：如果举行一次苯教仪轨。那样一切都很好，否则将很坏。在其他地方（Pt. 1134 第 44 行）又指出，为了使一个死者复活，不要举行苯教仪轨。

无论是在米拉日巴的著作中，还是在敦煌写本中，单独使用的 bon 字似乎就是指一种仪轨，它并不是作为一种哲学原理，或者晚期教理名称的苯教而使用的。

10. 语言和文体特征

古代写本中的某些罕见的辞汇和短语，已被保存在晚期苯教文献中了。在《十万龙经》中，我们发现了一份被触怒的地神名表（石泰安，1981 年，第 213 页和注[302]）。它包括在其他地方未曾出现过的一类地神 gzed。然而，这个罕见的名词也出现在 Pt. 1060 第 51 和 58 行中的一份神祇名表里（天神、魔、木神等）。

在敦煌写本的有关北方狩猎的故事中，共提到了两三类猎物：鹿（ça）、羚羊（dgo）和不见诸辞书的一种猎物名称 d asc-po）。所以，大家在托玛斯的一篇文献（1957 年，第四篇文献，第 207 行）中读到 Ça bros-le mě chis/d as-po'pral gna s bros-le mČhis，在第 208 行读到 ça d as（但托玛斯误读为 da s）。在《十万龙经》中介绍了北方的一次类似的狩猎，即在羌喀纳嘉，大家前往那里狩猎鹿和羚羊，但却未能找到它们。本来应该有一个人自那边而来，可是前来的却是一个魔怪。“那边”（pha-se）这个词组非常奇怪。其通用的短语应为 phar（pha-rol，chur 和 chu-rol 系指“从这里”）。用于指 pha-rol 的 phos 出现在一部大词典中了，但却未出现过 phos-se。同样也用 Chu-kha 来代替 chur，但却不作 chu se。然而，这种非常特殊的形式，已经出现在敦煌写本中了。在托玛斯的文献（1957 年，第 4 篇文献，第 203 行等处）中，我们遇到了 phas-se hyu 一词。大家在 Pt. 1289 第 54—55 行中就会读到：Bya-’brog Snam-Stod ha ça-žig pha-se bya。在同一篇文献的第 45 行中指出：“兄刚刚从那边而来，夫人由这里而来。”这无疑是一种方言或古老的形式。

本处需要指出另外一个小细节。在《十万龙经》（第 230 页）中，父亲击一面叫作“牦牛心”的鼓。这个如此奇特的名字，早已经出现在托玛斯的一篇文献中了（1957 年，第一篇文献下，第 56 行），其中有一个“牦牛心”（g·yag-snı）铃（arıl-bu）。

对于誓辞问题，《十万龙经》（第 153 页）中记载有：tha-chig Skam-la bčad，mna’ da mtho yon dgyis；第 18 行作：klu da mi g is tha-hig skam-la bgyis。带有 skam 的这个非常特殊的短语已经出现在托玛斯的文献中了（1957 年），第一篇文献上，第 103 行：tha-chigs ni skam-la bčhas……mna’b čhad mtho bčhad。另外一个短语在两种文献中也出现了。在《十万龙经》中（第 265 和 283 页），一名少女捕飞鸟，并准备把它作为一种不祥命运的使者而送走。在敦煌写本 Pt. 1194（第 44 行）中，一只飞鸟摆脱了一次不祥之兆。飞鸟与恶兆之间的关系，在现行语言中仍然具有生命力。恶兆的飞鸟与魔鸟和猫头鹰一样（见《汉藏大辞典》）。

两种很特殊的讲话方式同时出现在《十万龙经》和古文献中。前者在于两次重复主语，第一次是在开头处单独出现的，第二次则与另外一个字联合使用。最常见的例证是一个地名。这样一来，我们于托玛斯的文献（1957 年，第四篇文献）中发现了 yul Dags-yul（第 334 行）、yul mČhims-yul（第 336 行）、yul rko-yul（第 343 行）和 yul rGya-yul（第 348 行）等短语。此外，大家在《十万龙经》中发现了许多地名：yul ya bskos-kyi yul/mkhar ya bs-kos-kyi mkhar（第 103 页）、mkharsa-mkhar（第 221 页）、yul gçen-yul tha-brgyad，mkhar g en-mkhar rin-po-Čhe（第 238 页）、yul rGya-yul ni……，mkhar rGya mkhar（第 265 页），yul bdud-yul（第 371 页）；yul rGya-yul（第 406 页）。

另外一种特殊的写法是用“和”字将同义的两个字连接起来了，而实际上又不是一对词组。这样一来，人们对于“父亲”，叫作 pha da yab；对于“母亲”，却叫作 ma da yum。我们在上文已经于敦煌写本和《十万龙经》中发现了某些例证。在敦煌写本 Pt. 1134 第 11 行中，讲到了刚诞生的一个儿子：bços ba nams kyi sras。陶贝著作中的情况也如此（1980 年，第二十七篇文献，第 80 页）[①]。《十万龙经》中完全是同一个句子（第 294 页）：bços da nams-kyi sras。复合词 bços nams（诞生）被一个连词一分为二了。它与一个词组 so-nams（农业）联系起来了。《十万龙经》中有时写作 so da nams（第 221 页）或 so da nam bya（第 106、278 和 169 页）。在其他地方于有关占据一个地区的问题上，《十万龙经》写作 yul da sa bcai-ba（第 214 页）、yul da sa skal hi（第 221 页）等。在有关马匹的问题上，《十万龙经》中出现了一个组合词 rta da rma gčig，其中的 rma 是一个用于指“马”的古词。在托玛斯的写本之一中（1957 年，第一篇文献上，第 41 行），两个相同的词被置于一些平行句子中：rta bžags ni gham-la bžug，rma bžugs ni dgun-la bžugs，意为“马驻在天上”。这类的另外一个词组则不太清楚。当一个男子希望娶一个女子为妻时，《十万龙经》一般均讲“khab da dbyal”（第 103、95、101、185、142 和 214 页）。在托玛斯的一卷写本中

---

① 陶贝（第 81 页注②）提供了敦煌写本中的 pha da yab 的例证。他也引证了（注③）中的 mi da mchan 的例证，举出了 bços da nams kyi sras 的实例。

（1957 年，第 1 篇文献下，第 97 行），一男一女婚合，并生了一些孩子：khab da dbyal du bgyis-te。同样，在 Pt. 1040 第 8 行中，一个青年娶一个少女为妻：khab da dbyal du bla ste。在第一个例证中，明显是指一对夫妇，khab 系指男子，而 dbyal 则指女子。这个例证与 sra s da dbyal（夫妇）的词组相同（陶贝，1930 年，第三篇文献，第 51 页）。在《十万龙经》（第 203 页）中的情况也如此。但在其他的例证中，复合词中的两个字系指女子，这就是陶贝著作中的情况（1980 年，第二十七篇文献，第 11 行，第 80 页）。这里是指一名女子，khab da dbyal du bgyi，khab 一词保存下来了。在《汉藏大辞典》中，它被确定为“家”的尊称，如同“妻子、夫人”一般。但 dbyal 一词却未出现于其中，它在《十万龙经》中却以“妻子”的意义而单独使用①。

肯定还有其他许多借鉴自敦煌写本中的有组织的苯教的例证。我们必须系统地寻找和检录之。但这种苯教的文献非常浩繁，我无法全部参阅它们，而仅满足于某些文献，尤其是具有古老辞汇的《十万龙经》。大家还可以在我于此忽略不顾的喇嘛教

---

① 我利用这一机会而改正自己在《西藏的文明》（1980 年第 2 版，第 212 页）中所犯的一个错误，我于其中声称苯教徒们都被以 dbyal 相称。这一错误出自《十万龙经》中含糊而又奇怪的一段文字。有一个男子希望建造一座木塔，但却连一处家宅也没有。辛饶对他说：本世的男子都应该有一处家宅或造一处家宅。一个漂亮的女子出现了，他们结合在一起。妻子感到很冷，便说应该设法造一座土塔。男子于是便建造了一座土塔，但他却病倒了。dbysl-mo-sems 指出这是由于钉子，dbyal-mo gçen 给了他一些药剂。她前往汉地以在那里寻找诊病技艺。她获得这种技艺之后便求卜，从而获知了其夫患病的原因（因为他在一条龙的上面搞建筑）。但男子仍未痊愈。女子重新寻找原因，并指出了应该做的事，但仍然徒劳无益。dbyl-mo gçen（女占卜辛，可能为同一人）便去请教辛饶，请求他治愈男子。此人于是便康复了。

因此，女子扮演了一种类似苯教徒或其他占卜专家的角色。由此而产生了我的错误。一个类似的故事又出现在第 101 页中，其中讲到了某次婚姻。男女都在耕耘。龙动怒了。男子打了他。他返回家中，向其妻子（dbyal）叙述了所发生的故事。妻子从事占卜，却没有找到魔的名字。因此，她如同苯教徒一类专家们那样地行事。

在许多的这类故事中，出现了医生、占卜师（第 133 和 140 页等处）。bon-po 一名很少使用。大家于上文已经看到了支苯一词（与各种动物 dni 并存，见第 216—218 页），其中还讲到了可以镇伏一个病人之魔的魔—苯（第 186 页）。换言之，该词仅仅出现在“什苯教徒”或“续苯”（这是木曲登珠的称号，见第 216、368 和 373 页）和“什巴苯”（他为一名女子赐法名和举行度礼，见第 207 页）。

文献中捡出这类例证。正如噶尔美、克瓦尔内和我本人已经有机会指出的那样，在古代写本和晚期苯教文献之间没有断裂。该苯教的缔造者们可能掌握了一些与敦煌写本相同或类似的写本。在大部分情况下，大家应该拥有一种已写成的模式。不间断的口传例证也应该是很少的。

参考书目

1. 巴科（J. Bacot）、托玛斯（F. W. Thomas）和图散（Ch. Toussaint）：《敦煌吐蕃历史文书》，巴黎 1940 年版。

2. 布隆多（A. M. Blondeau），1970 年：《〈神鬼遗教〉译注》，载《拉露纪念文集》，巴黎 1971 年版。

3. 高狄奥（Gauthiot）与伯希和（P. Pelliot）：《〈善恶因缘经〉译注》，2 卷本，巴黎 1926 年版。

4. 《大辞典》，即《藏汉大辞典》，由张怡荪编纂，1985—1986 年版。

5. 哈尔（E. Haarh），1969 年：《雅砻王朝史》，哥本哈根 1969 年版。

——1950 年：《西藏苯教源流史》，美因茨文学科学院版，威斯巴登 1950 年版。

——1956 年：《西藏的宗教》，弗赖堡—慕尼黑 1956 年版。

6. 霍夫曼（H. Hoffmann），1944 年：《辛，宗教科学辞汇研究》，载德国《东方学报》第 89 卷，1944 年。

7. 桑木丹·噶尔美（Samten G. Karmay），1972 年：《嘉言宝藏——苯教史》，牛津 1972 年版。

——1975 年：《苯教历史和教理概论》，载《东洋文库研究部纪要》第 33 卷，东北 1975 年版。

——1975 年：《金钥中有关孔子和神幻之王孔子相问书》，载《东方和非洲研究学院学报》第 38 卷第 3 期，1975 年。

——1979 年：《喇嘛益西俄的教律》，载《黎吉生西藏研究纪念文集》，牛津 1979 年版。

——1983 年：《有关吐蕃王朝时代面对佛教的苯教记述》，载《西藏的佛教和哲学文集》，这是纪念乔玛的维也纳学术讨论会论文集，奥地利，1981 年 9 月 13—16 日，2 卷本，维也纳 1983 年版。

——1986 年：《黑头矮人的出现》，载《亚细亚学报》，1986 年。

——1987 年：《灵魂和玉石，一部藏文仪轨书》，载《人类学》杂志，第 78 卷，1987 年，人类学研究会编，巴黎版。

8. 克瓦尔内（P. Kvarne）1972 年：《西藏的佛教传说》，载《守护神》杂志，第 19 卷，第 1 期，1972 年。

——1971 年：《宁玛丹增的论典》，载《东方学报》第 33 卷，1971 年。

——1974 年：《苯教大藏经》，载《印度学—伊朗学学报》第 16 卷，第 1 期，1974 年。

——1985 年：《西藏苯教殡葬仪轨和苯教徒》，载《宗教图像学》杂志，第 12 卷，第 13 期，莱敦 1985 年版。

9. 拉露（M. Lalou），1933 年：《十万龙经》，载《温特尼斯纪念文集》，莱比锡 1933 年版。

——1938 年：《对龙的崇拜和医疗术》，载《亚细亚学报》第 230 卷，1933 年。

——1933 年：《王家苯教殡葬仪轨》，巴黎亚细亚学会 1953 年版（《亚细亚学报》第 3 期）。

——1958 年：《封地、毒药和医生》，载《亚细亚学报》，1958 年。

——1965 年：《古代吐蕃小邦名表》，载《亚细亚学报》，1965 年。

10. 劳佛尔（B. Laufer），1898 年：《〈十万龙经〉研究》，载《西藏民间宗教知识论丛》，赫尔辛克夫 1898 年版。

——1909 年：《苯教赎罪仪轨》，载《普鲁斯皇家科学院论丛》，语言—历史类第46卷，维也纳1900年版。

11. 李安宅，1948年：《藏语民族的巫术—宗教》，载《西南边疆人类学学报》第4卷，1948年。

12. 麦克唐纳（Ar. Macdonald）夫人，1971年：《敦煌吐蕃历史文书考释》，载《拉露纪念文集》，巴黎1971年版。

——麦克唐纳和今枝由郎，1978—1979年：《巴黎国立图书馆所藏敦煌藏文文献选》，第1—2卷，巴黎1978—1979年版。

13. 南喀诺布（Nam-mka'i Nor-bu），1981年：《蕃地教法史》，达姆萨拉1981年版。

14. 黎吉生（E. Richardson），1957年：《谐拉康藏文碑，论841—1042年间的吐蕃历史纪年》，载《皇家亚洲学会学报》，1957年。

15. 斯奈尔戈洛夫（D. L. Snellgrove）和黎吉生，1968年：《西藏文化史》，伦敦1968年版。

16. 苏远鸣（M. Soymié），1954年：《孔子项托相问书》，载《亚细亚学报》1954年。

17. 石泰安（R. A. Stein），1959年：《汉藏走廊古部族》，巴黎1959年版。

——1970年：《有关吐蕃苯教殡葬仪轨的一卷古文献》，载《亚细亚学报》，1970年。

——1971年：《敦煌藏文写本中从故事到仪轨书的变化过程》，载《拉露纪念文集》巴黎1971年版。

——1981年：《西藏的文明》第2版，巴黎1981年。

——1983—1986年，《古代吐蕃文献汇编》Ⅰ—Ⅳ，载《法兰西远东学院通报》，1983—1986，每年一篇。

——1988年：《西藏的印度教神话》，载纪念图齐的东方学专刊，《罗马东方丛刊》第56卷，第3期，罗马1988年版。

——1988年：《汉—藏会盟条约中的盟誓仪式》，载《通报》第74卷，1988年。

18. 陶贝（M. Taube），1980年：《柏林藏吐鲁番文书中的藏文文献》，载《柏林藏吐鲁番文书》第10卷，柏林1980年版。

19. 托玛斯，1957年：《西藏东北部的古代民间文学》，柏林科学出版社1957年版。

20. 图齐，1949年：《西藏画卷》，罗马1949年版。

——1950年：《藏王陵墓考》，罗马1950年版。

——1955年：《古代藏王的神圣特征》，载《东方和西方》第6卷，第3期，1955年。

——1970年：《西藏的宗教》，载图齐和海西希（Hessig）：《西藏和蒙古的宗教》，斯图加特1970年版。

21. 乌瑞（G. Uray）：《〈贤者喜宴〉中吐蕃历史纪年的线索》，载《华裔学者》第26卷，1967年。

译自《法兰西远东学院学报》，1988年，第74卷）

图书在版编目（CIP）数据

喜马拉雅的社会与宗教/（法）石泰安（R. A. Stein）等著；耿昇译．
—北京：中国藏学出版社，2017. 1（2024.5 重印）

ISBN 978 - 7 - 80253 - 459 - 9

Ⅰ. ①喜…　Ⅱ. ①石… ②耿…　Ⅲ. ①喜马拉雅山脉 - 社会发展史 - 研究
②喜马拉雅山脉 - 宗教史 - 研究　Ⅳ. ①K297. 5 ②B929. 2

中国版本图书馆 CIP 数据核字（2017）第 021969 号

喜马拉雅的社会与宗教

作　　者　[法]石泰安等著
译　　者　耿昇
出版发行　中国藏学出版社
责任编辑　季垣垣
封面设计　翟跃飞
印　　刷　北京隆昌伟业印刷有限公司
印　　次　2017 年 4 月第 1 版第 1 次印刷　2024 年 5 月第 1 版第 2 次印刷
开　　本　640 × 965 毫米　1/16
印　　张　36. 5
字　　数　491 千字
印　　数　3001—6000 册
书　　号　ISBN 978 - 7 - 80253 - 459 - 9/K · 490
定　　价　86. 00 元